HISTÓRIA DA VIDA PRIVADA NO BRASIL 4

HISTÓRIA DA VIDA PRIVADA NO BRASIL 4

Contrastes da intimidade contemporânea

Coordenação geral da coleção
Fernando A. Novais

Organizadora de volume
Lilia Moritz Schwarcz

COMPANHIA DE BOLSO

Grafia atualizada segundo o Acordo Ortográfico da Língua Portuguesa de 1990, que entrou em vigor no Brasil em 2009.

Nesta versão de bolso, não foram reproduzidas as ilustrações que constam da primeira edição da coleção *História da vida privada no Brasil*, publicada originalmente pela Companhia das Letras em 1998. As mais de quatrocentas imagens deste volume agora estão disponíveis na página do livro na internet: www.companhiadasletras.com.br/vidaprivada4

Capa
Jeff Fisher

Secretaria editorial
Fernanda Carvalho

Pesquisa iconográfica
Silvana Ieha

Preparação
Márcia Copola

Revisão
Huendel Viana
Angela das Neves

Índice remissivo
Probo Poletti

Dados Internacionais de Catalogação na Publicação (CIP)
(Câmara Brasileira do Livro, SP, Brasil)

História da vida privada no Brasil : Contrastes da intimidade contemporânea / organizadores do volume Lilia Moritz Schwarcz... [et al.]. — 1ª ed. — São Paulo : Companhia de Bolso, 2023. (História da Vida Privada no Brasil ; 4 / coordenação geral da coleção Fernando A. Novais.)

Outros organizadores: Laura de Mello e Souza, Luiz Felipe de Alencastro, Nicolau Sevcenko.

Bibliografia.
ISBN 978-65-5425-003-0

1. Brasil — Civilização — História 2. Brasil — Condições sociais 3. Brasil — Usos e costumes 4. Famílias — História — Brasil I. Schwarcz, Lilia Moritz. II. Souza, Laura de Mello e. III. Alencastro, Luiz Felipe de. IV. Sevcenko, Nicolau. V. Novais, Fernando A. VI. Série.

22-139130 CDD-390.0981

Índice para catálogo sistemático:
1. Brasil : Usos e costumes : História 390.0981
Inajara Pires de Souza — Bibliotecária — CRB PR-001652/O

EDITORA SCHWARCZ S.A.
Rua Bandeira Paulista, 702, cj. 32
04532-002 — São Paulo — SP
Telefone: (11) 3707-3500
www.companhiadasletras.com.br
www.blogdacompanhia.com.br
facebook.com/companhiadasletras
instagram.com/companhiadasletras
twitter.com/cialetras

SUMÁRIO

Introdução
SOBRE SEMELHANÇAS E DIFERENÇAS

Este quarto e último volume da coleção História da Vida Privada no Brasil apresenta muitas similaridades em relação aos anteriores, mas também possui algumas especificidades. Sua aparente vantagem é, na verdade, uma grande armadilha. De um lado, o "presente" parece estar diante de nós e as imagens se multiplicam, seja lá qual for a temática selecionada. De outro lado, porém, sobre o contemporâneo "todo mundo tem o que dizer" e se reconhece, ou não, nas análises dos especialistas.

Dessa maneira, não há como surpreender positivamente o leitor com descrições pormenorizadas de costumes e práticas da privacidade, recortes que alimentam a curiosidade apenas quando se recua a séculos e momentos passados. Além disso, a reprodução de uma iconografia, imediatamente paralela aos eventos, daria ao livro a feição de uma revista semanal, e, mais uma vez, pouco se avançaria na recuperação das particularidades do momento em que se vive.

A saída foi, portanto, alterar de algum modo o perfil dos colaboradores, dos capítulos e do material ilustrativo em si. Em primeiro lugar, na seleção dos autores deste volume, preferiu-se uma equipe mais interdisciplinar — composta de cientistas políticos, antropólogos, sociólogos, economistas, demógrafos, jornalistas e historiadores —, acompanhando o próprio predomínio percebido nos estudos do período posterior aos anos 1930. História e ciências sociais não se distinguem, por certo, por um recorte temporal: dados mais ou menos recentes. Mas, se esse não é um recorte teórico, acabou se impondo como uma opção "de fato", já que poucos profissionais da área vêm se dedicando, de forma prioritária, à análise da "história imediata".

O caráter mais ensaístico dos capítulos também resultou de uma opção deliberada: grandes temáticas constituem a base de argumentação dos diversos textos, que não se detêm, na maior parte das vezes, em uma região ou local. Crenças difundidas, costumes internalizados, ideações do cotidiano vão aparecendo em diferentes momentos do livro, formando uma "etnografia do familiar", buscando estranhar um passado que não é tão afastado mas cuja memória já começa a fraquejar. Por fim, o perfil ensaístico se mantém na produção da iconografia, uma vez que, no caderno de fotos digital, foram introduzidas, junto às imagens mais pontuais, sequências de desenhos e fotografias que acompanham de perto os argumentos dos diferentes capítulos.

Mas este quarto volume acompanha, sobretudo, a orientação da coleção como um todo. A própria definição dos capítulos procurou privilegiar a "longa duração" — conforme a definição de Fernand Braudel, que deu destaque ao estudo de durações lentamente ritmadas, imobilidades que permitiam decompor a história em planos escalonados —, vista, desta feita, sob uma perspectiva contemporânea. Recortes como religiosidades mistas, política e privacidade, mestiçagem cultural, "intimidade" em regiões de fronteira, comunidades vicinais como modelo de sociabilidade, arranjos familiares e "negociações" em comunidades imigrantes reintroduzem domínios já perseguidos em outros volumes. Juntam-se a eles novos assuntos, mais específicos ao contexto em questão: os anos da ditadura, quando só restou o "privado" para os militantes de grupos intelectuais advindos da classe média urbana, ou a quase simultânea invasão da privacidade pela televisão, que preenche espaços deixados pelo analfabetismo com uma cultura visual que, no limite, prescinde de instrução básica. Por meio de coincidências e particularidades, este quarto volume recupera uma proposta inicial da própria coleção, que sempre anunciou um diálogo entre estrutura e conjuntura, entre sincronia e diacronia histórica.

Em comum, vemos a construção de novos/velhos mitos locais: a afirmação de uma certa cordialidade advinda de um uso específico do privado, a rejeição ao trabalho manual, o modelo da democracia racial, a corruptela política que se transforma em exemplo, as festas populares e feriados que irrompem no tempo rápido dos centros urbanos, a violência do dia a dia transformada em fala sem lugar, as populações destituídas para quem o tema da privacidade pouco se coloca de modo concreto.

Com efeito, a coleção termina problematizando o local do público e do privado. Para além de se tratar de concepções polares — a afirmação de um depende da realidade do outro —, o que se verificou foi a singularidade de sua utilização no Brasil. Longe de um modelo fechado, no país o privado foi se afirmando enquanto um processo histórico e, mais especificamente, mediante um fator complicador. Em face do desconhecimento sistemático da esfera pública, dessa má consciência que se instaura diante do Estado e das instituições representativas, ocorre uma espécie de releitura do privado, desfocado dessa maneira.

Por outro lado, a pobreza vivenciada por grande parte da população, alijada de qualquer propriedade e dos meios mais elementares para a sobrevivência, coloca em questão a própria discussão mais imediata da privacidade, entendida como domesticidade e estabilidade. Isso sem falar dos setores que, apesar de experimentarem uma situação diferenciada, sofrem as decorrências históricas do exercício débil da cidadania e de sua frágil afirmação. Mais uma vez, se não se concretiza a representação do Estado, em seu lugar surgem novas noções do que hoje é "público" e do que cabe, em contraposição, à esfera do privado.

Além disso, diante da evidência de uma realidade global, a privacidade ficou como que sitiada, já que até dentro de casa não se está mais na "intimidade do lar". Visitantes cujas regras de etiqueta não primam pela discrição, como a televisão, o computador e a internet, fazem com que mesmo no âmbito doméstico se esteja conectado com o mundo de fora, que cada vez mais esfumaça as fronteiras entre o público e o privado.

Não se quer dizer, porém, que não existe vida privada nesses "recantos tropicais", e sim que a mera aplicação de modelos externos resulta em artificialidade, ou em uma leitura, no mínimo original, dessas noções, sobretudo quando comparadas aos casos clássicos. "A democracia no Brasil sempre foi um lamentável mal-entendido", dizia Sérgio Buarque de Holanda em seu livro *Raízes do Brasil*, desautorizando o uso imediato dos exemplos europeus e procurando por interpretações singulares que permitissem analisar as práticas de personalismo, as modalidades que levam à indeterminação entre a esfera pública e a esfera privada de atuação, suas mazelas e consequências na conformação nacional.

Do conjunto de textos que compõem este volume resta uma imagem de contrastes. *Moderno* e *arcaico* são adjetivos que, apesar de opostos, neste caso podem ser entendidos na sua absoluta simultaneidade. O Brasil nunca foi tão integrado e jamais tão particular. Riscado pela arquitetura verticalizada dos grandes edifícios que invadem as metrópoles, pintado pelas cores vivas das festas populares, das casas caiadas e dos bairros que ainda lembram as imagens guardadas da terra natal. Definido pela violência e pela sobrevivência dada pela provisoriedade ou destacado como um grande e potencial mercado consumidor, onde novas vogas e modas estão em consonância com os próprios centros produtores; o fato é que no país as imagens que trazem a convivência de polos opostos multiplicam-se. Altares com santos dispostos lado a lado com a televisão; casas de construção improvisada onde os aparelhos elétricos servem como motivo de decoração; a convivência de hábitos que lembram origens distintas, ou mesmo, como na primeira imagem do caderno de fotos digital, costumes misturados quando são Cosme e são Damião recebem doces tradicionais como oferenda, além de Coca-Cola, goiabada em lata e outros produtos industrializados.

Entender a vida privada na tensão do processo histórico, no movimento que se reatualiza monotonamente no tempo longo mas que é cortado pelas novas técnicas, como o computador e a televisão, que invadem o cotidiano, ou mesmo pela globalização: eis alguns dos desafios de mais este volume.

O novo momento se anuncia a partir dos anos 1930, com Getúlio Vargas, talvez o grande símbolo de como fazer da política a introdução do privado na vida pública e da vida pública no privado. O seu limite final esbarra nas incertezas do momento presente, de quem ninguém, por certo, é dono.

Lilia Moritz Schwarcz

1. IMIGRAÇÃO: CORTES E CONTINUIDADES

Boris Fausto

Um ensaio sobre a vida privada dos grupos imigrantes pressupõe uma indagação cuja resposta não é simples. Podemos formulá-la aproximadamente nos seguintes termos: em que medida, em razão de sua condição específica, os grupos de imigrantes tiveram — ou conforme o caso ainda têm — uma vida privada com traços distintivos que permitam recortá-la do quadro mais amplo da população componente do país receptor?[1]

A partir daí, optei por tomar como ponto de partida a mencionada condição específica de imigrante, destacando algumas de suas características mais abrangentes que, de algum modo, possam relacionar-se com o universo privado. Valendo-me de tal enfoque, selecionei duas características significativas, em alguma medida entrelaçadas na exposição.

Em primeiro lugar, a imigração representa um profundo corte, com vários desdobramentos, no plano material e no plano do imaginário. O corte não é sinônimo de apagamento de uma fase passada, na vida individual, familiar ou de grupo, integrando-se pelo contrário ao presente, com muita força.

Na época das grandes migrações, a viagem transatlântica marítima constitui, como se sabe, o veículo por excelência dos deslocamentos; ela é para o imigrante um momento que marca sua vida. A partida assinala o encerramento de uma parte da existência ou quase sempre o abandono da pátria — a exceção maior sendo representada pelos judeus —, à qual muitas vezes se deseja retornar, sem que se tenha certeza da possibilidade de retorno. No outro polo, a expectativa da chegada encerra esperanças, temores, incertezas.

Entre essas duas sensações contrastantes, a viagem marítima representa uma transição até certo ponto lenta, quando comparada com as bruscas passagens impostas pelo simples traslado de um aeroporto a outro, com horas apenas de intervalo. Não por acaso ela será sempre a viagem com *a* maiúsculo, embora suas condições possam variar conforme a classe em que se viaja (primeira, segunda, terceira), expressão transposta da divisão em classes sociais, sob forma numérica.

Algumas famílias ou pessoas formarão amizades nessa casa efêmera; tais amizades, se quase sempre não perduram ao longo dos anos no país de recepção, constituem com muita frequência um dado a ser mencionado: "Fulano veio no meu navio", "Conheço a família *x* desde o tempo em que viemos juntos da Europa", são frases que se assemelham às referências usuais a um companheiro ou companheira de escola, de prestação de serviço militar etc.

Não é ocasional o fato de que muitos imigrantes lembrarão detalhes da viagem — nome do navio, a comida, a mansidão do oceano e as tempestades, os portos intermediários em que se desce a terra e, sobretudo, a chegada. Impressões variáveis, de acordo com a condição de classe, as conexões familiares ou de amizade na nova terra, ou o país para onde se vai. Mas um traço genérico comum de ansiedade, estranheza, expectativa sublinha a chegada do imigrante, no período da imigração em massa, situado, aproximadamente, entre 1870 e 1930. O contraste entre a visão da Estátua da Liberdade e a triagem minuciosa e muitas vezes vexatória na Ellis Island acompanha a gente vinda dos quatro cantos da Europa que desce em Nova York; o verde gritante da vegetação, os homens e mulheres de pele escura impressionam os que desembarcam em Santos e no Rio de Janeiro, assim como a primeira visão de Buenos Aires associa-se aos barcos no porto e à fumaça das chaminés das fábricas, ao longe.

Se o olhar do imigrante, na chegada, prende-se a esse caleidoscópio, qual seria o olhar da população do país receptor? Temos uma pequena amostra, pelo menos da visão jornalística, em uma reportagem do *Correio Paulistano* referente à chegada dos primeiros imigrantes japoneses ao porto de Santos, em 1908. O repórter revela ter uma expectativa prévia das figuras que espera encontrar, derivada de imagens de gravuras japonesas, perpassando pelo texto uma certa decepção causada pela não identificação dessas imagens. Ele depara com gente vestida à ocidental, com trajes muito simples; porém, a decepção se reduz ao vislumbrar nas mulheres "os penteados que temos visto em pinturas japonesas, mas sem os grampos colossais que as mesmas pinturas nos apresentam". E fala da impressão agradável que lhe causam a limpeza da roupa e o cuidado das mulheres, calçadas com luvas brancas de algodão.

Alguns dos que descem — continua o repórter — distinguem-se por trazer ao peito medalhas por atos de heroísmo, conquistadas no curso da recente guerra russo-japonesa, em que os japoneses saíram vencedores. E todos, se não podiam comunicar-se, podiam ao menos dar demonstrações de esperança de um bom acolhimento, ao portarem duas pequenas bandeiras de seda — uma do Brasil e outra do Japão.[2]

Já assentado no Brasil, o imigrante busca amenizar o corte materializando, de várias formas, a lembrança da terra que deixou. Desse modo, o arranjo de sua casa tem características próprias, evidenciadas nos chamados objetos biográficos. Um retrato emoldurado de toda a família, tirado geralmente pouco antes da partida, uma imagem religiosa, baixelas, tapetes, uma caixa de madrepérola, ou simples talheres, são expostos como fragmentos de um mundo a que se deseja voltar mas que se suspeita jamais ser possível rever ou, talvez pior, ao revê-lo, não mais reconhecer seus traços originais.[3]

Aparecem por vezes, nas casas, referências explícitas a paixões coletivas e a figuras simbólicas do país de origem. Em 1929, percorrendo uma rua de São Paulo em que se concentram muitos membros modestos da comunidade espanhola, o poeta Guilherme de Almeida vislumbra, no interior de uma casa, "pinturas alegres de vinhas na cal da parede; sobre uma mesa, duas moringas frescas, de barro, cobertas por toalhinhas de *crochet*. Quadros: Afonso XIII vestido de rei torce os bigodes, entre um são José amarelo e lilás e uma folhinha heráldica com os quartéis de ouro e goles de Espanha, e a estrela verde e amarela do Brasil". Mais adiante, fala de um interior que parece uma igreja: "toda a corte celeste litografada cerca o retrato de um matador pregado sobre papelão e emoldurado de conchinhas e purpurina". Nessas descrições condensam-se, como se vê, ao lado dos signos integradores — emblemas da Espanha e do Brasil — duas imagens poderosas do país de origem: o rei e o matador.[4]

O deslocamento no espaço tem um forte componente de compulsão, determinado por várias razões, entre as quais predominam as de natureza econômica; mas encerra também uma escolha cujo acerto o imigrante avaliará ao longo de sua vida. A ideia de retorno, outra vez com exceção do que ocorre com os judeus, acossados pelas perseguições, aparece como uma possibilidade, ou mais ainda como um desejo. Não o retorno como um fracasso, e sim o retorno vitorioso, muitas vezes convertido em viagem de poucas semanas para rever parentes, entender as origens, exibir os traços invejáveis do êxito.

Esse desejo, sobretudo entre os que saíram moços de sua terra e envelheceram no país de recepção, sem possibilidade de retorno, pode ser particularmente forte, como indicam vários depoimentos. Em um relato colhido pelo antropólogo Carlo Castaldi nos anos 1950, uma mulher nascida em Polignano a Mare, pequeno porto da Puglia, ao norte de Bari, diz textualmente: "Faz quarenta anos que moro em São Paulo, mas volto para Polignano em sonho todas as noites". Outra informante, aos 96 anos, sessenta dos quais passados no Brasil, tem de Polignano uma visão do paraíso, mas um paraíso em que falta um dos elementos essenciais, a terra em abundância: "[Polignano era] [...] uma terra feita por Jesus para que nós a gozássemos. Nunca se ouvia uma palavra feia e havia uva para fazer vinho, azeitonas para fazer azeite, e uma água de fonte tão fria que nem se podia pôr o pé dentro dela; porém há mais mar do que terra, e a gente precisa emigrar para fazer economias, mas aqui eu me sinto perdida".[5]

Há situações, porém, em que o imigrante faz um esforço não para reter, idealizando, o passado, e sim para apagá-lo. É o caso de muitos judeus, que se referem à vida na Polônia, mesmo em época anterior à ocupação do país pelos nazistas, surgindo nos depoimentos frases do gênero: "Pra mim a Polônia pode sair do mapa, porque o que eu assisti...". Ou ainda: "Eu me lembro, a infância e tudo isso, como eram esses feriados católicos. Os judeus com barba não podiam sair na rua. Uma coisa triste. Quando eu cheguei aqui, foi um alívio. Era gostoso só pra não ver esses polacos. Era ótimo".[6]

A segunda característica específica do imigrante que trato de ressaltar diz respeito à sua condição de outro, a uma alteridade composta de olhares cruzados: do imigrante para o nacional e deste para o imigrante.

A visão do estrangeiro como outro, objeto de curiosidade algumas vezes, objeto de temor e desprezo quase sempre, tem fundas raízes na história do mundo ocidental. Em um estudo clássico, Jean Delumeau lembra que, apesar de os relatos de viagem durante a Idade Média e o Renascimento constituírem uma atração extraordinária, a massa da população tinha relativamente ao estrangeiro, no seu dia a dia, uma atitude muito restritiva. Daí a hostilidade contra os de fora; a cólera nas aldeias, expressa por meio dos charivaris, se uma jovem se casava com um homem vindo de fora; o silêncio dos habitantes diante das autoridades se um dos seus maltratava um forasteiro; as rixas entre camponeses de localidades vizinhas; a propensão a atribuir aos judeus a responsabilidade pelas epidemias. Delumeau cita um livro escrito em torno de 1450, no qual a maior parte dos europeus é apresentada de forma pejorativa: os ingleses seriam "cruéis e sanguinários, além de cúpidos"; os poloneses, "gente terrível e furiosa"; os suíços, "cruéis e rudes"; os napolitanos, "grosseiros, maus católicos e muito pecadores"; os sicilianos, "muito ciumentos"; os castelhanos, "gente de maus bofes, malvestidos, mal calçados, maus católicos".[7]

Em que medida essa condição de outro, estampada no estrangeiro, valeria no quadro específico da imigração em massa para o Brasil? Tem-se dito — e a afirmação me parece verdadeira — que a grande aventura imigratória, tomada no seu sentido mais amplo, teve um desfecho satisfatório, tanto no plano da ascensão social como no da integração na sociedade.

Entretanto, a constatação não pode chegar ao ponto de apagar o roteiro de dificuldades, o fracasso na realização de sonhos, a sensação de estranheza que o imigrante teve de enfrentar e tentar superar, muitas vezes penosamente, na nova terra. O número de retornos é, sob esse aspecto, eloquente, embora nem todos digam respeito a casos de insucesso.[8]

Na discussão que se segue, diante da dificuldade de lidar com um quadro muito variável da vida do imigrante — de acordo com sua inserção rural ou urbana, a região em que se instalou etc. —, optei por me concentrar quase totalmente no meio urbano, tomando como foco a cidade de São Paulo, cuja relevância é conhecida. Com essa concentração da abordagem, talvez tenha conseguido escapar a um excesso descritivo atraente mas que, em si mesmo, pouco explica.

A visão corrente que temos da São Paulo dos primeiros decênios do século XX como "cidade dos italianos", realça a significativa presença dos peninsulares, mas tende a obscurecer o impacto contraditório que produziu a instalação em grande número de imigrantes, desta ou daquela origem, na cidade. Os jornais da época sugerem, a esse respeito, a viabilidade de se fazer um recorte de classe. De um lado, bem ou mal, reconhecem-se os méritos de uma "impositiva" classe média estrangeira. Assim, falando da carestia da vida em São Paulo, o *Diário Popular* de 12 de março de 1892 associa-a, indiretamente, a um fenômeno de deslocamento social: "A classe média está sendo absorvida pelo elemento estrangeiro, pela considerável massa dos que emigraram para aqui e tomaram conta de toda a pequena indústria, de todo o pequeno comércio, de toda a pequena propriedade e que, enriquecida porque trabalha e gasta pouco, tem amplo e incontestável direito de fazer imposições, em seu exclusivo proveito".[9]

De outro lado, os costumes dos habitantes dos cortiços são censurados sem ressalva. Abundam nos jornais as queixas contra a troca de tiros, obscenidades, algazarras, pelas quais são responsabilizados estrangeiros moradores dos cortiços, quebrando o estilo de vida recolhido da cidade, cuja população se amplia enormemente.[10]

Entre outros exemplos, lembro dois autores paulistas de prestígio — Guilherme de Almeida e Alfredo Ellis Jr. —, os quais demonstram, em suas obras, a estranheza que lhes desperta a figura do imigrante. Seria injusto, porém, enquadrar ambos em uma mesma moldura.

O primeiro — participante discreto da Semana de Arte Moderna de 1922, figura emblemática do "patriotismo paulista" cuja bandeira cantou em verso, na época da Revolução de 1932 — mescla uma certa dose de simpatia à estranheza com que encara o imigrante; este, afinal de contas, estava construindo "a grandeza de São Paulo". O segundo, historiador de uma "raça de gigantes", constituída pelos paulistas em seu semi-isolado planalto, lança sobre o imigrante um olhar preconceituoso, com base em pressupostos científicos hoje ultrapassados.

Em uma série de reportagens, datadas de 1929, Guilherme de Almeida narra um passeio de automóvel, real ou imaginário, no caso pouco importa, que faz em visita aos bairros étnicos de São Paulo, habitados por portugueses, espanhóis, árabes, judeus, lituanos, japoneses, italianos. Desce em alguns lugares, colhendo impressões em que a estranheza brota dos contatos com as etnias mais "exóticas": judeus religiosos e japoneses. O primeiro contato com a paisagem humana do bairro do Bom Retiro sintetiza-se nesta descrição: "O auto passou rente da sobrecasaca larga. E a sobrecasaca foi se afinando de perfil, para alargar-se de novo, logo depois, vista de frente.

Cara a cara com a primeira cara do gueto paulistano. Cara? Barba e nariz. O primeiro judeu. Andava com um vagar digno da sua sobrecasaca".[11]

Simetricamente, veja-se a descrição dos sírios e libaneses que provêm da pena de Ellis: "[...] homens trigueiros, altos, de aspecto forte, abundantemente servidos de pelos, falando idioma muito gutural e incompreensível [...] muitas mulheres, com cabelos negros e olhos grandes, ilhados na cor morena de uma pele espessa; não poucos padres ortodoxos, muito barbados, metidos em suas batinas pretas, com chapéu muito alto e de formato diferente e desusado".[12]

Em outra passagem, Guilherme de Almeida refere-se ao então minúsculo bairro japonês, praticamente concentrado na rua Conde de Sarzedas. Ele entra em um restaurante e pergunta o que há para comer. A resposta parte de uma "japonesinha séria, distante, honesta, toda entre cortinas de cretone alegre, de desenhos quase tão japoneses como ela, em voz seca: — Não tem comida pra branco".[13] Guardemo-nos da ironia fácil contra o cronista. Quem já se lançou à experiência tem a mesma sensação de dificuldade e estranheza ao tentar ser servido em um restaurante coreano, entre aqueles que, nos dias atuais, abundam no bairro do Bom Retiro.

Ellis Jr., por sua vez, não hesita em referir-se ao árabe como negociante congênito por hereditariedade e por educação, chegando a dizer que, "desde os tempos de seus antepassados de Sidon e de Tyro, ele é capaz de mercadejar a própria vida, jurando não ganhar nada".[14]

Entretanto, apesar da virulência — ou quem sabe por isso mesmo —, essas imagens me parecem ser fundamentalmente defensivas. Ou seja, o preconceito expressava sobretudo a visão de camadas sociais em declínio ou a aversão de letrados, sensíveis à irrupção do pragmatismo e do mau gosto demonstrado pelos novos-ricos. Assim, Caio Prado Jr. refere-se ao conde Crespi como exemplo típico desta última propensão. Conta que o conde, em sua casa da avenida Paulista, mandou construir uma piscina de mármore, a primeira piscina particular de São

Paulo. Todas as tardes recebia, ao redor dela, pessoas da alta burguesia paulistana; exibia, nessas ocasiões, um serviço de ouro e apresentava-se com túnica e turbante, à oriental.[15]

Algumas cerimônias, relacionadas com momentos decisivos da existência ou do fim da existência, demarcam sensíveis diferenças entre nacionais e certos grupos de imigrantes. Comparecendo a um casamento israelita — índice em si mesmo de aproximação —, o nacional, assim como o imigrante de outra origem, terá a sensação de distância, revelada por um ritual que lhe é estranho, seja pelas orações, seja pelos gestos, que culminam com o simbolismo do copo quebrado sob os pés do noivo.

Falando ainda do caso dos judeus, também o ritual da morte e os discretos cemitérios, onde os mausoléus estão ausentes, serão elementos de nítida diferenciação. Predominam, no ritual, alguns princípios básicos, destacando-se entre eles a concepção de finitude do corpo e da alma, e a igualdade gerada pela morte. Daí, ao que parece, os procedimentos destinados a perpetuar apenas a imagem do morto enquanto vivo, nada representando o cadáver, a não ser por lastimável contraste com a pessoa viva; daí o desejo de afastar logo os parentes da presença do falecido, posto em um caixão fechado; daí, sempre que possível — o shabat constituindo circunstancialmente o maior impedimento —, o esforço por apressar o enterro.[16]

Sugiro que essas diferenças de ritual causam também olhares cruzados, a estranheza brotando, pois, tanto de um lado como de outro. Por exemplo, acredito que, para um israelita, a interiorização do ritual funerário judaico tem tal profundidade que lhe é difícil "suportar" o cerimonial. Quantos não evitam lançar o olhar para o corpo exposto no caixão aberto, bem-vestido, às vezes maquiado, recebendo o olhar compungido ou mesmo o beijo de parentes e amigos?

Se os estrangeiros despertavam sentimentos contraditórios nos nacionais, a mesma contradição surgia em sentido inverso, embora com traços diversos: de um lado, inveja da forma como os nacionais se apresentavam, comportando-se como "donos da terra"; de outro, desprezo pela sua suposta condição física doentia, pela aversão ao trabalho. Os estrangeiros não formavam, é bem verdade, uma frente homogênea, pois as diferentes etnias distinguiam-se umas das outras, elaborando ou reforçando imagens preconceituosas do "judeu da prestação", do "espanhol encrenqueiro", do "turco embrulhão" etc. Mas tinham em comum uma convicção essencial: todos se consideravam gente devotada ao trabalho, os verdadeiros construtores de uma cidade que ia se convertendo em metrópole.

VIDA FAMILIAR E VIDA PÚBLICA. AS MICROSSOCIEDADES

Até que o processo de integração viesse a se completar, o imigrante tendeu a contrapor vida privada a vida pública, com uma percepção e uma ênfase diversas dos nacionais. Fazendo um recorte da classe média para cima, podemos dizer que os nacionais conviviam bem com o poder público, instrumentalizando-o de acordo com suas possibilidades e interesses. O Estado será um campo de apropriação para as camadas mais altas e uma fonte de pequenas benesses para as menos favorecidas. Para esses "primos pobres da oligarquia", ele representará a possibilidade de um emprego tranquilo, alcançável por meio das conexões adequadas.

Tendencialmente, pelo contrário, enquanto não enraizado no país de recepção, o imigrante inclinou-se a encarar o Estado, corporificado em seus funcionários, como um aparelho temível de extorsão — ecoando, às vezes, percepções trazidas da terra que deixou. Diante de um fiscal em seu negócio, de uma intimação para comparecer a um órgão público, o imigrante pobre ou de classe média adotava muitas vezes uma atitude de humildade que não deixava de ser também instrumental. Se não sofria nenhum vexame, nenhuma grave arbitrariedade, sentia-se aliviado, nem pensando em reivindicar possíveis direitos.

Na base das percepções contrastantes, no confronto entre

nacionais e estrangeiros, estão fatores materiais e institucionais, levando-se em conta que os cargos públicos e os de representação política são vedados aos estrangeiros. A entrada destes por via indireta na vida política, e a de seus descendentes tanto nessa esfera como na dos cargos públicos de prestígio — diplomacia, magistratura, cátedras universitárias sobretudo na área do direito —, constituiu um processo relativamente longo, que teve suas peculiaridades conforme a região do país, a trajetória de ascensão social do imigrante e outros fatores.

A autopercepção do imigrante como outro e a visão etnocêntrica do nacional sobre ele contribuíram para reforçar laços de grupo e laços familiares, pelo menos em uma primeira fase. Essa fase não é demarcada por uma rigidez cronológica, variando especialmente de acordo com o momento de chegada e da experiência de vida das várias etnias.

A referência aos laços de grupo diz respeito à organização de microssociedades, situadas a meio caminho entre as esferas pública e privada, como é o caso dos clubes comunitários, teatros, associações de socorros mútuos formadas por pessoas de uma determinada etnia ou de uma determinada região do país de origem, sindicatos, templos religiosos etc.[17]

Entre a variedade de clubes, lembremos o Circolo Italiano, fundado em São Paulo em 1911, existente até hoje, que abriga gente de elite. Fotografias dos anos 1920 estampam imagens dos bailes a rigor realizados na associação, cuja atividade, entretanto, não se limitava a festas e comemorações. Nos anos que se seguiram ao triunfo do fascismo na Itália (1922), o Circolo Italiano viveu um período transitório de nítidas confrontações políticas. Por exemplo, quando o embaixador da Itália, visitando São Paulo, pronunciou um discurso, em 1926, foi interrompido, em meio a um tumulto generalizado, por gritos de "Viva Matteotti", em referência ao deputado socialista assassinado pelos fascistas.[18]

Com uma composição social oposta, destaquemos os centros populares inspirados pelos anarquistas, de vida transitória, de que é um bom exemplo, entre muitos outros, o Círculo Educativo Libertário Germinal. Ao comemorar seu primeiro ano de vida, no teatrinho Andrea Maggi, situado na rua dos Imigrantes, a associação anunciava um longo programa, todo ele em italiano: "1 — Conferência da camarada Elisabetta Valentini sobre 'La Donna nell avviamento alla emancipazione del proletariato'. 2 — Peça dramática 'La Miseria', de A. Bandoni. 3 — Lotaria gastronômica, artística e humorística. 4 — Conferência de A. Bandoni, 'Le Piague Sociale'. 5 — Baile familiar".[19]

Em um país carente de assistência social pública, as sociedades de socorros mútuos desempenharam um papel importante, proporcionando aos sócios auxílios em caso de enfermidade, de invalidez, assim como para a realização de um funeral decente. Sempre exemplificando, lembremos a pioneira Real e Benemérita Sociedade Portuguesa de Beneficência, organizada em 1859 e existente em nossos dias, cujo âmbito, ao longo dos anos, transcendeu as fronteiras da comunidade lusa. Contudo, em sua origem, as sociedades de socorros mútuos tinham uma destinação vinculada a uma determinada nacionalidade, ou mesmo, sobretudo no caso de italianos, a uma determinada região de origem. Entre 88 associações de socorros mútuos — 74 localizadas em São Paulo (capital) e catorze em Santos —, no período entre 1859 e 1935, Tania Regina De Luca registrou a existência de apenas uma que desde sua fundação tinha por objetivo atender a todos os imigrantes.[20]

No que diz respeito aos templos religiosos, ao lado das igrejas dedicadas à veneração dos "santos de imigrantes" — como a Nossa Senhora de Fátima, dos portugueses; são Vito, dos bareses —, ressalto o papel desempenhado pelas sinagogas como local de celebração religiosa, de festividades, propiciando estreitar relações, encaminhar negócios. Curiosamente, a separação dos sexos na sinagoga permitiu às mulheres transformar a discriminação em um trunfo, na medida em que, em seus espaços reservados, puderam mais livremente discutir assuntos domésticos, falar da vida alheia e até tricotar.[21]

Na constituição das microssociedades, os bairros étnicos desempenharam um papel importante. A tendência à concentração nesses espaços foi tanto mais frequente quanto maior era a diferença entre uma determinada etnia e a população nacional. Assim, no caso de São Paulo, muitos judeus e japoneses localizaram-se respectivamente no Bom Retiro e na Liberdade, onde era possível, sem ser molestado ou sem provocar estranheza, alimentar-se de uma comida tida como exótica, abrir açougues onde os fregueses encontravam carne kosher, realizar festas religiosas, com a possibilidade de ocupar as ruas, como ocorria com os italianos do Bixiga, do Brás e da Mooca.

Desse modo, os bairros étnicos representaram um fator de intimidade e segurança, em meio às vicissitudes da vida na cidade. O "judeu da prestação", ao voltar a seu ninho no Bom Retiro, retorna a seu mundo, depois de percorrer as ruas de São Paulo, com o pesado pacote de mercadoria às costas; o japonês feirante, depois de enfrentar com seu mutismo as freguesas que regateiam insistentemente, retorna também a seu bairro, com idêntica sensação.

Mas convém ressalvar que a vivência no bairro étnico não era sinônimo de vida privada, a tal ponto que a mudança do bairro será indício de maior privatização das relações interpessoais. O judeu ascendente que se muda do Bom Retiro para Higienópolis estabelece limites mais claros entre a vida comunitária e a vida familiar. Embora não abandone a primeira, construindo clubes e sinagogas à sua volta, já não terá um contato cotidiano com a comunidade e poderá encarar o bairro étnico como o bairro dos "tempos heroicos", aonde agora só vai para comprar comida kosher, ou para manter contato com velhos personagens que não quiseram ou não puderam se mudar.

As condições específicas dos imigrantes levaram sua vida privada, na dimensão familiar, a ter uma carga emotiva e funcional muito forte. A família não só era o ponto de apoio básico e muitas vezes único na terra de recepção, como ainda representava um extenso elo, abrangendo os que emigraram e os que ficaram na terra de origem.

Ao analisar os significativos retratos de imigrantes por ela reunidos, Miriam Moreira Leite observa como um traço distintivo aparece em alguns deles, apesar de as roupas domingueiras tornarem homogêneas as diferenças de classe. Trata-se da presença dos que "estão e não estão" entre os presentes, ou porque ficaram no país originário ou porque morreram. Nas palavras da autora, são fotografias que incluem em sua figuração uma fotografia anterior. O objeto-fotografia não se reduz aos retratados naquele momento, ao cenário de mesas, banquetas e outros elementos de composição; ele abrange retratos de outro ou outros membros da família, pendurados nas paredes, ou seguros formalmente pelas mãos dos retratados.[22]

Permeando as relações afetivas e emocionais, lembremos o papel estratégico desempenhado pelas alianças familiares, na busca da ascensão social e de prestígio. Famílias anônimas, aos milhares, ampliaram seus negócios, seus ganhos, mediante a absorção de parentes distantes mas confiáveis, de genros bem escolhidos e mesmo de conterrâneos assumidos como parentes. A transposição da família, do país de origem para o Brasil, deu lugar, em certos casos, a uma reformulação da estrutura familiar, em decorrência das necessidades geradas na nova terra. Descrevendo núcleos de japoneses e seus descendentes na zona rural do estado de São Paulo, Ruth Cardoso observa que, às vezes, as famílias abrigavam genros ou parentes jovens da esposa para aumentar seu potencial de produtividade. No Japão, seria inaceitável a convivência de duas linhas de descendência — masculina e feminina — na mesma casa.[23]

No que diz respeito aos filhos de imigrantes enriquecidos, as alianças matrimoniais representaram um elemento importante da fusão com a elite paulista. Os Crespi, os Weiszflogs, Siciliano, Matarazzo, Byington, Pereira Ignácio, Scarpa etc. ligaram-se desse modo à elite nacional, resultando tais alianças, quase sempre, em vantagens mútuas, no plano material e na obtenção de prestígio.[24]

Seria equivocado, porém, associar a família tão somente a um signo positivo, como suporte afetivo e material, pois, no seu interior, ocorrem fortes e às vezes explosivas tensões. Sob esse aspecto, membros da família imigrante — assim como de qualquer família — descarregam, em certas situações, no âmbito privado, problemas e frustrações reprimidos na vida social. Para além desse quadro geral, alguns elementos específicos integram a complexidade do relacionamento doméstico no âmbito familiar do imigrante e seus descendentes. Entre eles, destaquemos o conflito geracional, decorrente entre outros fatores da educação, trazendo como consequência a apreensão de dimensões diferentes da vida, o aprendizado da norma culta da língua do país, os contatos com gente de outras etnias, os quais conduzem a amizades e ligações afetivas não controláveis.

Na hipótese de grupos que têm como princípio religioso ou de sobrevivência cultural o casamento intraétnico — caso dos judeus e japoneses —, a escola e, sobretudo, a universidade serão elementos importantes na quebra, por vezes dramática e sempre dolorosa, da regra endogâmica. Daí o esforço de muitas famílias imigrantes no sentido de encaminhar os filhos para as "escolas étnicas", na fase do ensino fundamental, a fim de que eles interiorizem princípios que os tornem imunes às múltiplas "tentações" da vida universitária. Não se trata, evidentemente, de recusar a educação nacional, vista pelo contrário como um instrumento indispensável na busca da ascensão social e de prestígio. Trata-se, isto sim, de preparar os filhos, na tentativa de imunizá-los contra a tendência de assimilar-se ao "caldeirão" de uma nova cultura.

DIMENSÕES DA VIDA FAMILIAR

A CASA

Buscando explorar algumas dimensões da vida familiar, tão valorizada, trato de abordá-la por meio da casa, lidando com três fatores essenciais da convivência doméstica dos grupos imigrantes: a celebração religiosa, ou a festa que guarda conexão com as efemérides religiosas, a língua e a comida.

Convém lembrar que, ao me concentrar no mundo da casa,

não o encaro como um universo desligado do mundo da rua; ao contrário, um dos aspectos mais significativos da vivência doméstica me parece ser aquele em que se dá a confluência dos dois mundos no interior do lar. Desse modo, o jornal, o rádio e, posteriormente, a televisão constituem veículos por meio dos quais mensagens de um amplo e variado universo penetram na esfera privada, impondo determinados hábitos e uma nova organização do espaço e do tempo.

Lembro o exemplo de imigrantes, entre os quais figuravam não poucos analfabetos, que se reuniam para ouvir a leitura dos jornais de sua comunidade, sendo o caso mais expressivo o do *Fanfulla*, publicado em italiano, que chegou a ser um diário. Tais jornais, escritos na língua do imigrante, continham notícias do país de origem e principalmente matérias que diziam respeito à inserção do agrupamento étnico na vida da cidade. Eram, pois, um instrumento valioso no esforço da primeira geração para manter-se fiel às raízes e buscar transmiti-las a seus descendentes.

Por outro lado, devemos acentuar que os próprios elementos selecionados — religião, língua e comida — não são veículos de um circuito doméstico fechado. Eles fazem parte da interação entre o mundo da casa e uma esfera de socialização mais ampla, incidindo com maior amplitude em um ou em outro, de acordo com sua natureza, as circunstâncias e o correr do tempo. Em regra, a religião constitui um fator que tende a demarcar fronteiras, enquanto a comida revela uma tendência oposta. Assim, nas regiões do Oeste paulista urbanizadas por imigrantes, em torno de núcleos como São José do Rio Preto e Catanduva, os chamados pratos e doces típicos representaram um elo de contato entre as famílias, graças à ação das mulheres. O hábito de oferecê-los às vizinhas possibilitou que o bacalhau, o quibe, a macarronada, bem como os pastéis de Santa Clara, os *baklavas*, os torrones, passassem a integrar, indiferentemente, a mesa de portugueses, sírios ou italianos.

A forma de organização da casa é, em si mesma, índice da concepção e da própria possibilidade de existência de uma vida privada. Philippe Ariès descreve e analisa o longo processo pelo qual, no Ocidente da Europa, a "casa promíscua", em que os cômodos não constituíam espaços separados, deu lugar ao que ele chama de casa moderna, propiciadora da discrição, da intimidade, do isolamento.[25] É significativo observar como, no âmbito brasileiro, guardadas as diferenças, ocorreu processo semelhante. Nas palavras de Vainfas, rústicas ou requintadas, tudo parece indicar que as casas senhoriais de outrora ensejavam pouquíssimas condições de vivência privada. Se isso ocorria com as casas senhoriais, as dos pobres, pela precariedade das construções, impediam qualquer possibilidade de privatização.[26]

A cidade de São Paulo, especificamente, caracterizou-se por um modo de vida marcado pela precariedade e rudeza até a chegada das primeiras levas de imigrantes, por volta da década iniciada em 1860. A pobreza da arquitetura paulista, no âmbito de um quadro de isolamento do planalto, foi realçada por Carlos Lemos, revelando condições que, se não impossibilitavam a constituição de uma vida privada, limitavam-na consideravelmente. Lemos lembra que essa arquitetura se repetiu à exaustão, desde o século XVI, chegando incólume ao período de ascenso do açúcar, em fins do século XVIII; depois, ataviada tardiamente à maneira pombalina, alcançou o café, na segunda metade do século seguinte. Ela se baseava na taipa de pilão, única técnica possível em uma região sem pedras e sem indústria de cal. Vale a pena reproduzir seus traços gerais, na descrição de Lemos.

> A vida cotidiana nas casas paulistanas logo anteriores à vinda dos imigrantes ainda apresentava o ranço colonial. Dentro das velhíssimas taipas, as famílias circulavam na semiobscuridade dos cômodos mal iluminados que a terra socada das paredes permitia, tendo como centro de confraternização geral a varanda. Essa varanda, quase sempre, era o cômodo mais arejado da casa, era onde todos ficavam, principalmente depois das refeições e muitas delas, em especial

no interior, de clima quente, não passavam de um profundo alpendre todo aberto e contíguo à cozinha, olhando para o quintal, onde ficava a *casinha* ou *secreta*, onde se obrava em cima de um buraco que chamavam de sumidouro.[27]

Por volta de 1860, ainda segundo Lemos, surgiram as primeiras novidades, inclusive nas construções e nos critérios de planejamento das casas. Imigrantes alemães foram pioneiros no uso de tijolos nas construções em geral, começando assim a superar a taipa de pilão.

Entretanto, a forma inicial de moradia do imigrante pobre, no período da imigração em massa, em cidades como o Rio de Janeiro e São Paulo, era extremamente precária. A pobreza não permitia outra coisa senão viver em cortiço — essa senzala urbana, na feliz expressão de Lemos. O cortiço permitiu utilizar terrenos de pouco valor, geralmente situados nas várzeas, que ficavam inundadas durante as chuvas de verão; adensou também a população trabalhadora perto de seus locais de trabalho, e foi um bom negócio para os empreendedores capitalistas que começavam a se expandir.[28]

A promiscuidade reinante no interior dos cortiços impedia que o imigrante pobre, recém-chegado, estabelecesse uma esfera de vida privada. Entre as descrições existentes, seleciono um minucioso relato de um dos informantes de Castaldi, em que despontam a precariedade das condições de vida em geral, a extrema pobreza de certas pessoas e, ao mesmo tempo, a proximidade estratégica de alguns negócios:

> O cortiço em que morávamos era na rua do Carmo, entre a Ladeira do Carmo de um lado e o palácio do Bispo do outro. Os fundos do cortiço davam para a rua 25 de Março onde, naquele tempo, se encontrava o mercado de verduras, de miúdos e de peixe. Dos dois lados da entrada principal, havia três negócios: à esquerda de quem entrava, um carpinteiro; à direita, a barbearia de um tio meu e, pegado, a cantina de outro tio. Da entrada partia um corredor para o

qual davam alguns quartos; em cada quarto morava uma família; o quarto era muitas vezes dividido por uma cortina que separava os homens das mulheres da família. O corredor levava a um quarto, o maior da casa, em que cada qual tinha o seu fogareiro e onde havia um lavatório de uso comum, tanto para a limpeza pessoal como para a cozinha. As mulheres cozinhavam nesse aposento, mas cada família comia no seu próprio quarto. As condições higiênicas eram péssimas, usavam-se vasos cujo conteúdo era despejado num gabinete sanitário construído no quintal. Tomar um banho era difícil, porque todos tinham de se arrumar para tomá-lo no quarto. Os meninos usavam o quintal onde havia um tanque para lavar a roupa e um forno. As mulheres combinavam o dia de acender o forno, de modo a aproveitá-lo para fazer pão todas juntas [...]. Chegavam [os imigrantes] com a roupa do corpo, pois não possuíam outra bagagem. Alguns dormiam no chão, sobre jornais, outros investiam o pouco dinheiro que tinham na compra de uma cama. Às vezes, alguns dormiam até no quintal, protegendo-se da chuva como podiam.[29]

Se fosse ainda necessário sublinhar a descrição, lembro que os processos criminais da época expressam também a inexistência de privacidade nessas habitações. Neles não faltam referências a discussões, ameaças, gritos que vêm dos quartos vizinhos, através das precárias paredes, ou, nos crimes sexuais, alusões a resistências, sussurros, entregas.

A casa, com características de espaço privado, tem sido associada à ascensão da burguesia e à sedimentação de seus valores, ao longo do século XIX. A historiadora Michelle Perrot chama-a de "domínio privado por excelência, fundamento material da família e pilar da ordem social".[30] Entretanto, com base nesse anseio socialmente localizado, alcançar a casa própria tornou-se um objetivo generalizado nas camadas pobres.

No cenário brasileiro, por meio da compra, o imigrante almejava escapar a uma vida promíscua, combinando em seu esforço, além disso, uma estratégia de segurança e uma de ascensão social. O objetivo era a tal ponto essencial, na visão do recém-chegado, que preteri-lo, trocando-o pelo consumo de bens conspícuos, representava um indicador de "falta de juízo", cujas consequências danosas surgiriam cedo ou tarde.

O viajante Raffard, que visitou São Paulo em 1890, relata que o operário imigrante, morador em cortiço ou cômodo alugado em velho casarão abandonado por família importante, comprava a prestações um lote situado em arruamento popular, em zona fabril. Depois de pago, esse terreno era hipotecado, e com o dinheiro assim obtido era construída a casa, própria, de três ou quatro cômodos: quarto, sala, "varanda" (sala de jantar e de estar íntimo) e cozinha. Mais tarde, depois de serem pagas as prestações desse empréstimo, era a casa, por sua vez, hipotecada, e com o capital obtido o imigrante estabelecia-se por conta própria e assim iniciava sua ascensão social.[31]

A gente de classe média ou os pobres que em alguma medida se acomodaram, ao buscar um certo grau de privacidade, não deixaram de valorizar o contato com a vizinhança, como fonte de ajuda mútua e de informações. Cena típica dos bairros populares onde, ao cair da tarde, sentadas nas cadeiras postas na calçada, fugindo ao aperto das casas, as mulheres tricotavam, falavam da vida alheia, do tempo, das doenças, dos remédios infalíveis, de tal sorte que a socialização com os vizinhos ampliava os limites das relações interpessoais. Os homens, como um grupo separado, também tinham o hábito desse gênero de encontros. Veja-se este depoimento de um brasileiro, filho de imigrantes italianos, nascido em 1904, colhido por Ecléa Bosi: "[Os carroceiros calabreses] se reuniam na frente de casa, punham cadeiras na calçada e vinha um compadre, vinha outro e conversavam. Imagine a chegada de mais um compadre quando os outros já estavam sentados. Esse mais um cumprimentava: '*Buona sera!*' '*Buona sera! Come va?*' Ele trazia uma linguiça calabresa fininha na boca, dependurada, que ia mastigando, do outro lado um cachimbo de barro longo, com bambu. Tirava o cachimbo para responder: '*Bene!*' '*Cosa hai fatto?*' '*M'aggio fatto una vípeta d'acqua e sto benissimo.'* Que quer dizer: tomei um copo d'água, quase 'aspirei, sorvi'".[32]

Passando pelas construções de qualidade intermediária — a casa geminada, a isolada de ambos os lados, ostentando um jardim e um quintal nos fundos —, chegamos ao extremo oposto do cortiço, ou seja, o palacete mandado construir pelo imigrante enriquecido. Com frequência, ele constitui um indicador de que o imigrante vitorioso, ao mesmo tempo que trata de imitar o estilo de vida da elite, não procura apagar sua condição de adventício, buscando, pelo contrário, recriar formas arquitetônicas que relembram sua origem.

Além de expressar o êxito econômico de seu proprietário, o palacete combina a vida no interior do círculo familiar com outra dimensão, consistindo em um núcleo de prestígio e de proveitosos contatos com a elite. Caso típico das mansões que as famílias sírias e libanesas mandaram construir junto a suas fábricas do bairro do Ipiranga. Entre elas, destaca-se o palacete de Basilio Jafet, edificado na década de 1920, conhecido como Palácio dos Cedros, alusão às árvores-símbolos do Líbano plantadas em um terreno de 7500 metros quadrados. Com seus 28 dormitórios, uma dúzia de banheiros de mármore italiano, salões decorados com lustres franceses, móveis do Liceu de Artes e Ofícios e afrescos encomendados a artistas italianos, a mansão foi residência da família nuclear e centro de grandes recepções. Lá estiveram, em 1954, o então governador de Minas Gerais, Juscelino Kubitschek, e o presidente do Líbano, Camille Chamoun. No dia 7 de setembro, as autoridades que participavam das celebrações do Dia da Independência costumavam comparecer a um almoço que a família lhes oferecia.[33]

Se os Jafet ostentavam sua riqueza no velho bairro do Ipiranga, aproximando fábrica de palacete, os Matarazzo concentravam-se na Paulista, a avenida que constituía um dos maiores símbolos de prestígio e também de riqueza de São Paulo. Ficaram famosos os festejos comemorativos dos casamentos de duas filhas de Andrea Matarazzo, realizados na mesma data, em 1924, respectivamente com o sobrinho deste, Francisco

Matarazzo II, e um príncipe italiano. A festa não se limitou a um recinto fechado, pois o cortejo nupcial desfilou ao longo da avenida. Vários anos mais tarde, em 1945, outro casamento realizado na família, dessa vez com um nacional da família Lage, foi festejado durante três dias e três noites, ostentando um luxo que deu origem a uma irônica reportagem do jornalista Joel Silveira.[34]

No palacete, nem tudo era ostentação. Nele, o imigrante que chegara pobre e enriquecera ia refinando a etiqueta, com os olhos postos no paulista de elite que, por seu turno, imitava o francês. A falta de "classe" representava uma barreira, aliás logo superada, ao ingresso no mundo dos chamados paulistas de quatrocentos anos. Descrevendo o palacete mandado construir pelo casal Moraes Barros e a vida requintada que se desenrolava no interior dele, a filha do casal pondera que as famílias imigrantes, mesmo as mais abastadas, não eram convidadas porque não saberiam como se portar. Os estrangeiros — diz ela — viviam restritos a suas "colônias"; ainda assim, lembra-se que brincava com as crianças das famílias Crespi, Matarazzo e Siciliano, as quais passaram a ter *nannies* como ela.[35]

O emblemático dessa história é, mais do que qualquer outra coisa, o nome de quem dá o testemunho — a sra. Marina Moraes Barros Cosenza, ao que tudo indica casada com um *meridionale*, ou um descendente de *meridionale*, relacionado com a cidade calabresa de Cosenza.

FESTIVIDADES E RITUAIS RELIGIOSOS

Um aspecto importante da vida doméstica é representado pelos rituais e festas religiosas, ou alusivas à religião. Por causa da crença, estabelece-se, em alguns casos, um calendário que não segue o do país receptor. A diferenciação será tanto maior quanto a tradição religiosa do imigrante for diversa da majoritária no país, como ocorre com alemães protestantes, judeus, japoneses budistas ou xintoístas, sírios e libaneses ortodoxos, maronitas etc.[36] Nos bairros étnicos, o ritmo de vida nem sempre acompanha o da cidade, caso típico dos sábados judaicos que esvaziam, ou melhor, esvaziavam as ruas comerciais do Bom Retiro.

Os rituais familiares associam-se também aos momentos decisivos da vida dos membros de uma família, conforme a etnia — o nascimento, a iniciação como integrante da comunidade, o casamento, a morte.

Tomando o exemplo dos judeus, devemos ressaltar que as festas judaicas ocorrem em dois planos: o da sinagoga — espaço de sociabilidade mais amplo — e o da casa, com uma forte ênfase no reforço dos laços familiares. Aliás, para os primeiros grupos de imigrantes judeus, que vieram ao Brasil em pequeno número — caso, por exemplo, dos sefaradis,[37] provenientes da Turquia, que começaram a chegar a São Paulo nos anos 1910 e 1920 —, a divisão de espaços só aconteceu em um segundo momento. Desse modo, para a celebração do shabat, poeticamente situado entre a primeira estrela da sexta-feira e a primeira do sábado, ou das festas do calendário israelita, os chamados "turquinos" reuniam-se na casa de um dos membros da comunidade, misto de vivência privada e de centro comunitário.

Sigamos os passos de alguns rituais judaicos mais associados à vida familiar, começando pela cerimônia de circuncisão, originalmente realizada em casa com a presença de um *mohel*, que é não só um especialista na pequena cirurgia como uma figura que faz as rezas pertinentes, à semelhança de um rabino. O ato ocorre em regra pela manhã, sendo marcado pelo afastamento da mãe — a quem o *mohel* dirige previamente algumas palavras — e das outras mulheres. Terminada a circuncisão, o menino é entregue ao pai, ou a algum convidado de honra, procedendo o *mohel* à bênção de uma taça de vinho e a uma segunda bênção louvando a Deus pela eleição do povo de Israel. Depois, na tradição asquenaze,[38] serve-se um pesado café da manhã, composto de arenque, pão ázimo e vinho, entre outros pratos.

Outro ritual marcante, por simbolizar o ingresso na vida adulta e na comunidade, é o bar mitsvá, reservado em princípio ao sexo masculino, quando os meninos chegam à idade de treze anos.[39] Embora efetuado originalmente em uma sinagoga, caracteriza-se também por ser uma festa familiar, com muitos discursos, danças e abundante e variada comida. Na tradição asquenaze, surgem à mesa o guefilte fish, feito de carpa moída, os *vareniques* — bolinhos de batata, cobertos com cebola queimada —, os *blinis* — pãezinhos recheados de salmão ou caviar —, o peito de frango e, como bebida, a vodca. Na sobremesa, destacam-se os doces secos e as panquecas.

Entre as celebrações religiosas, destaquemos a de Pessach (Passagem), aproximadamente coincidente com a Semana Santa cristã, realizada para celebrar o Êxodo do Egito, rumo à Terra Prometida. Ela se desenrola, no âmbito doméstico, durante sete dias; seu ponto alto é o seder (ordem), jantar que acontece na primeira noite de Pessach, reunindo a família e um ou mais de um membro avulso da comunidade, pois não se deve deixar uma pessoa só em uma noite dessas, como não se deve deixar um cristão solitário no Natal.

A toalha bordada da mesa do seder passa de geração para geração, fazendo muitas vezes parte do "enxoval" que o imigrante judeu traz de sua terra de origem. Sobre ela, são colocados vários alimentos simbólicos: entre eles, doces feitos com uma base de matsá — o pão ázimo que é de rigor na semana de Pessach; ovo cozido e um osso, lembrando o cordeiro pascal e os ofertórios da época em que existia o Templo de Jerusalém; uma vasilha contendo água salgada, para se mergulhar salsinha, alface ou rabanete, simbolizando as lágrimas dos judeus, derramadas durante o Êxodo; o *haroset* (barro), um doce feito de pasta de amêndoas, maçãs e vinho, lembrando a argamassa que os judeus usavam nas construções do exílio, quando trabalhavam sob o chicote dos feitores. O seder é permeado pelo propósito de levar ao conhecimento das crianças — futuras portadoras da tradição — o episódio da fuga dos judeus do Egito. Elas cantam hinos e canções, ao mesmo tempo que devem responder questões girando em torno de um tema básico: "Por que esta noite é diferente das outras?".

Uma brincadeira envolve também a criança. Uma grande porção de pão ázimo é dividida em três pedaços, um deles representando a tribo sacerdotal dos Cohen, outra os Levy e uma terceira, o povo de Israel. O chefe da família senta-se sobre este último pedaço e as crianças tentam subtraí-lo; naturalmente, elas "conseguem" realizar a façanha e ganham prendas por sua habilidade.[40]

Em paralelo com os judeus, famílias japonesas — mesmo quando formalmente convertidas ao catolicismo — mantêm o culto doméstico dos antepassados, de acordo com a tradição xintoísta. Ele se materializa em um pequeno altar, formado de tabuletas de madeira, no qual são inscritos os nomes dos ascendentes da família. Em uma pequena cumbuca com areia, espeta-se o incenso, tão comum nas celebrações japonesas; em outro, coloca-se uma porção de arroz, a primeira colher retirada do arroz recém-preparado. Os antepassados não recebem apenas o arroz, mas os doces e as frutas mais bonitas, provocando a insatisfação das crianças que só podem comer os doces, já sem o mesmo sabor, no dia seguinte.[41]

Também o cerimonial da morte tem um recorte familiar, realizando-se em casa, com a presença de um monge budista. Cada um dos presentes coloca incenso em uma cumbuca, não o indiano, a que o olfato ocidental está acostumado, mas um incenso de "cheiro forte", impregnando o ambiente. O morto recebe uma saudação especial das pessoas, que devem bater palmas por três vezes e fazer uma reverência diante do corpo. Após o enterro, uma lauta refeição encerra essa etapa do cerimonial fúnebre.

As famílias católicas costumam celebrar uma missa de sétimo dia, em contraste com a tradição budista. Segundo esta, o espírito vaga durante 48 dias, só se libertando da terra no 49º, ocasião em que se realiza um cerimonial doméstico, composto de longas rezas, a que se segue uma mesa farta.

Por outro lado, mesmo no caso de identidade religiosa em

termos gerais, entre imigrantes e a população do país receptor, a veneração e a festa religiosa dos primeiros terá marcas próprias. Tomemos o exemplo do culto a são Vito, padroeiro dos imigrantes bareses oriundos de Polignano a Mare.

O culto tem profundas raízes na Itália meridional e na Sicília, tendo se iniciado em torno do ano 3 d.C. Em Polignano, o santo era celebrado com grandes festividades, em três datas dos meses de maio e junho. Como observa Castaldi, os longos séculos de intimidade que os polignaneses tinham com são Vito tornaram-no uma figura familiar em suas casas. Quando começaram a emigrar, muitos levaram consigo a imagem para que ela os defendesse das agruras da viagem, da desproteção na nova terra, das doenças e tantas outras aflições.[42]

A veneração do santo em São Paulo, a partir dos primeiros decênios do século XX, narrada com riqueza de detalhes por Castaldi, é um belo exemplo do encontro de ritual doméstico com festa comunitária religiosa. Nos lares e nos cortiços, os polignaneses mantiveram o culto de são Vito, materializado em imagens simples ou mais refinadas, de acordo com a condição social de seus possuidores. O culto doméstico combinava-se com manifestações da comunidade, que aconteciam no mês de junho, por ocasião dos festejos em honra do santo, em que se expressavam também a relativa riqueza e o prestígio de certas famílias. Castaldi lembra o caso de uma família fundadora da companhia polignanesa de peixe, que armava um altar na sua casa da rua Tabatinguera, cantava os hinos a são Vito e, à noite, queimava fogos de artifício. Mas, apesar dos esforços, a festa não se comparava com a organizada por outra família que dominava um cortiço da rua 25 de Março, sobre a qual há apenas essa alusão. Os mais pobres realizavam uma comemoração em um cortiço da rua Santa Rosa, esquina da rua do Gasômetro, que durante anos serviu de base aos recém-chegados: "No dia 15 de junho, improvisava-se um altar em que se colocava uma imagem de são Vito e ao qual os devotos levavam flores e velas. As mulheres preparavam as especialidades da sua aldeia, para oferecer às famílias que nessa ocasião lhes visitassem as casas.

À tarde, formava-se uma procissão que percorria a rua Santa Rosa do começo ao fim; à noite, no cortiço iluminado por lanternas chinesas, queimavam-se fogos de artifício".[43]

Com o correr dos anos, a festa se institucionalizou mediante a criação de comissões organizadoras; a Igreja do Brás converteu-se em ponto alto das comemorações e estas foram tomando cada vez mais caráter público, com o surgimento das missas em louvor a são Vito e a ênfase posta nas procissões e nas quermesses. É significativo ressaltar, porém, que ainda em torno de 1912-3 a imagem utilizada nas procissões não ficava permanentemente na Igreja do Brás. Objeto de culto doméstico de um membro da colônia, era emprestada à comunidade para as festas e, a seguir, devolvida a seu dono.

Mesmo uma festa cristã básica, como o Natal, pode conter, para o imigrante, notas típicas. Nos depoimentos de velhos, obtidos por Ecléa Bosi, um filho de imigrantes italianos, nascido no bairro do Brás em 1906, acentua: "O dia que meus pais mais estimavam era o Natal, que se festejava à moda italiana. Era o dia em que na casa de italianos não faltava nada. A árvore de Natal e o presépio eram uma tradição de todos os anos. A ceia era na véspera e o almoço no dia. Ainda comemoramos, minha esposa, minha filha, meus netos, como quando eu era menino, no Natal de meus pais. Minha esposa faz os doces da tradição: a *pezza dorci*, ou peça doce, que é um panetone".[44]

Uma festa familiar cara aos italianos era a Pascoela, espécie de suplemento da Páscoa, festejada na segunda-feira, após o domingo pascal. Em regra, na São Paulo dos primeiros decênios do século, comemorava-se a Pascoela com um piquenique familiar na Cantareira, no Bosque da Saúde, espaços aprazíveis distantes do centro. Os retratos da época mostram as famílias reunidas em torno da toalha branca, estendida sobre a grama ou sobre o mato ralo, na qual estão dispostos os pratos salgados, as garrafas de vinho e as sobremesas, destacando-se, entre elas, a *pastiera di grano*, que hoje pode ser adquirida nas confeitarias refinadas.

A LÍNGUA

A língua representou na vida do imigrante e de seus descendentes tanto um poderoso veículo de comunicação como um obstáculo aos contatos pessoais. A língua comum dos imigrantes portugueses em uma ponta, a dos árabes ou japoneses, em outra, facilitaram ou dificultaram enormemente o processo de integração no país receptor. Em suas memórias, o pintor e ensaísta Tomoo Handa refere-se às dificuldades dos japoneses de entender e falar português, a tal ponto que muitos tratavam de evitar penosos contatos com os brasileiros. Há também — diga-se de passagem — todo um universo inexplorado de piadas engendradas nos tempos da imigração em massa, nas quais, ora são ridicularizados os problemas encontrados pelo imigrante no uso da língua, ora é ressaltada sua esperteza na utilização de uma aparente deficiência. Tais piadas são muitas vezes transposição do mundo real. É bastante conhecida, por exemplo, a frase dos feirantes japoneses ou mesmo nisseis, em resposta a freguesas que regateiam com maior insistência: "No comprende".

A língua funciona também como forma consciente ou inconsciente de resistência à integração. É o caso, por exemplo, dos japoneses que se recusam a aprender o português — admitidas todas as dificuldades de aprendizado e também de outras etnias, incluindo-se nesta referência até mesmo os italianos que chegaram ao Brasil nos últimos decênios do século XIX.

Como decorre dos romances escritos por japoneses e nisseis analisados por Célia Sakurai, o japonês — por imposição dos mais velhos — foi em regra a "língua oficial" no círculo doméstico. Para preservar a continuidade e a manutenção dos laços com o país de origem, os filhos começavam a estudar em casa, com o objetivo principal de dominar desde cedo a língua japonesa.[45] Uma das personagens de um romance escrito por Hiroko Nakamura explica da seguinte forma as razões mais profundas da busca de conservação das raízes: "Os imigrantes japoneses tinham o compromisso de honra de só retornarem ao Japão como vencedores. Não podiam sequer pensar em levar seus filhos, nascidos aqui como *gaijin*. Era preciso que eles aprendessem a ler e a falar a língua japonesa. Esta era a maneira que eles encontravam de não terem seus filhos considerados como estrangeiros pelos japoneses, quando retornassem ao Japão".[46]

É significativo observar, porém, que ao longo dos anos os japoneses foram reconhecendo a dificuldade, se não a impossibilidade, de retornar ao país de origem. Dessa percepção decorreu a tendência a "aculturar-se", por meio da conversão muitas vezes formal ao catolicismo, da escolha de nomes cristãos para os filhos, da preferência por padrinhos brasileiros. Convidados a participar da mesa dos japoneses, tais padrinhos talvez tenham sido os primeiros nacionais a provar e a estranhar os pratos da cozinha nipônica, e por fim a aderir a eles.

Por sua vez, os italianos, provenientes de uma Itália unificada em data relativamente recente (1870), falavam em regra o dialeto regional e conheciam muito pouco o idioma italiano. Na vinda para São Paulo, as marcas distintivas se desdobraram no falar o dialeto, falar italiano e falar português. A superação do dialeto pela língua do país unificado se fez no Brasil por meio da leitura da imprensa italiana local e do ensino ministrado pelas escolas que a comunidade fundou. Tal superação representou um indicador de ascenso social, mas provocou sérios conflitos adaptativos, como sugere este testemunho obtido por Castaldi: "Em 1927, nosso pai alcançou o ápice da sua carreira de atacadista de cereais e nesse mesmo ano comprou um palacete perto da avenida Paulista. Na nova casa era proibido falar dialeto: 'todos', dizia meu pai, 'devem falar a língua de Dante'. Até seus velhos amigos que iam visitá-lo em casa deviam falar em italiano; no escritório, ao contrário, o dialeto era ainda permitido. Essa sua mania causou-lhe muitas inimizades e dentro de poucos anos encontrou-se isolado, tanto que, depois do casamento dos filhos (em geral com descendentes de italianos do norte, 'gente fina'), voltou a residir no Brás".[47]

Notem-se, nesse depoimento, as marcas prestigiosas da mobilidade ascendente: a casa na avenida Paulista, o uso do italiano associado a uma grande figura literária, o casamento dos filhos de um barês com "gente fina", ou seja, os italianos do Norte. Ao mesmo tempo, há um indício de "retorno às origens", por parte de um pai cujos filhos partiram do lar e que, em razão da língua e da ascensão social, se afastara de seu grupo. Regressar ao Brás significava retornar à referência básica, recusando o fausto e o isolamento que se impusera na avenida Paulista; significava também — é lícito sugerir — o retorno ao dialeto, agora revalorizado.

Do ponto de vista das relações entre língua e vida privada, é interessante observar alguns traços originais desse breve excerto. O esforço de ascensão social leva o pai do depoente a recusar, no interior do lar, o uso de sua língua íntima, utilizada entretanto em um espaço que denota outro tipo de intimidade: a intimidade dos amigos, transitando em um ambiente exclusivamente masculino, destinado aos negócios em primeiro lugar mas não só a eles, como é o caso do escritório.

No ambiente familiar, a língua constituiu uma fonte de estranheza entre as gerações ou, com outro sentido, de delimitação de fronteiras. O primeiro caso vincula-se à influência da instrução: ao aprender a norma culta do português, a segunda geração perceberá como seus pais e parentes falam mal a língua. Muitas vezes, diante de colegas e amigos, sentiam vergonha da fala mais ou menos estropiada de seus ascendentes, circunstância que geraria em muitos, anos mais tarde, um forte sentimento de culpa.

Para os pais, a língua de origem possibilitava a comunicação cifrada. Desse modo, ela servia de veículo para as conversas íntimas entre marido e mulher, longe do alcance de terceiros, especialmente das empregadas domésticas, no caso das famílias de classe média e alta, consistindo na língua do segredo, na feliz expressão de Castaldi. Ainda que os subalternos pudessem acender uma luz indicando anormalidade, tão logo a conversa estranha se iniciava, não podiam compreender o tema, versando sobre seus defeitos reais ou imaginários, sobre o orçamento doméstico, sobre negócios cujas cifras pareceriam assustadoras aos ouvidos de gente de poucos recursos.

Em São Paulo, a cozinha étnica surgiu em contraste com um regime alimentar prévio pouco variado, por parte da população nacional; essa frugalidade compatibilizava-se, aliás, com a simplicidade da existência, como tratei de lembrar, falando da habitação. Como observa Lemos, o passadio era simples, com cardápios de poucas variantes. Arroz, feijão, toda sorte de cozidos de carne herdados de Portugal e, principalmente, a paçoca e o cuscuz. A farinha de mandioca era fundamental, misturada no feijão, no prato ou já na panela de barro.[48]

Seria exagero atribuir apenas aos imigrantes a transformação dos itens dessa cozinha. A acumulação de riqueza, derivada essencialmente da expansão cafeeira, permitindo a multiplicação das viagens à Europa, a contratação de cozinheiros especializados, mudou os padrões alimentares da burguesia paulista, ela mesma em processo de constituição ao longo dessa mudança.[49]

Os pratos italianos — as massas em particular — levaram algumas décadas para serem socializados, até transformar-se em itens triviais dos menus das casas de família de qualquer etnia e dos restaurantes. É bem verdade que, já nos primeiros anos do século, as vendas de São Paulo ofereciam ingredientes da cozinha italiana, "montanhas de caixas de tomate siciliano e de massas napolitanas", como observou, em 1907, Gina Lombroso Ferrero. Na mesma época, hospedado em um hotel da cidade, o jornalista português Sousa Pinto notava: "Ao jantar, servem-nos minestra e risoto — é a Itália, não há que ver, a Itália com arroz de açafrão e queijo ralado".[50]

Mas, apesar dessas indicações, ainda na década de 1940 era necessário ir a um bairro de imigrantes — o Brás ou a Mooca — para se comer um *fusilli*, um *rigatoni*, um *cappelletti*. Levou ainda mais tempo para se perceber que o que se chamava genericamente de "comida italiana", era na verdade comida meridional, muito diferente da do Norte da península. Também a comida síria e libanesa ficou confinada, por longos anos, nos restaurantes de aparência modesta e de lautos pratos da rua 25 de Março e arredores, ou no interior das casas.

Nos lares dos imigrantes, outros pratos foram se integrando à cozinha étnica, por influência genérica do meio e das aptidões das cozinheiras em particular. Dou um exemplo extraído de minha história familiar. Os pratos de origem judaica sefaradi eram mesclados, em pequena escala, com arenques e pepinos acrescentados por meu pai, pertencente ao ramo asquenaze. Mas uns e outros não constituíam o trivial, composto de arroz, feijão, o prato de massa com tempero pesado de tomate e, algumas vezes, o torresmo e o tutu de feijão. A figura decisiva na combinação aparentemente inusitada desses pratos era a cozinheira de muitos anos, de ascendência ítalo-mineira.

De qualquer forma, a comida étnica representou, sobretudo nos primeiros tempos da imigração, uma ponte para a terra de origem, a manutenção de um paladar, assim como uma afirmação de identidade. Manter hábitos alimentares era relativamente fácil em uma cidade como São Paulo, mas o mesmo não acontecia no interior do estado. Handa faz um relato detalhado das dificuldades de seus patrícios, nas áreas de colonização, em que se mesclam aversões e tentativas de adaptação. Exemplificando, os japoneses começaram a participar, com muitas restrições, da matança de porcos, como forma de estreitar relações com gente de fora de seu círculo, porém na hora de comer ficavam enjoados, ao lembrar a matança do animal e o modo de limpá-lo. Por outro lado, como não encontravam peixe fresco, utilizavam bacalhau seco ao fogo, que achavam extremamente salgado, pois não o punham de molho. A minuciosa descrição de Handa refere-se também à dificuldade de lidar com os temperos da nova terra e à carência dos temperos apreciados pelos imigrantes; o shoyu — molho de soja hoje em dia corriqueiro em muitas casas paulistanas — era vendido apenas nas cidades e só começou a aparecer quando os japoneses foram se transferindo em maior número para os centros urbanos.[51]

Um dos significados mais importantes da comida étnica é o de ser a materialização de um elo afetivo poderoso para as gerações de imigrantes, sobretudo ao ser perpetuada por mãos femininas. O caso mais conhecido é o da macarronada domingueira da *mamma*, reunindo a família dispersa, que, lamentavelmente, acabou sendo caricaturada pelos comerciais de televisão.

Apesar dessa e de outras incursões deformadoras, a comida será sempre lembrada pelos descendentes de imigrantes como um elo com o passado, com personagens queridos mortos — mães, avós, tias, que preparavam pratos especiais cujo segredo levaram consigo —, com um tempo sem retorno da infância na casa materna.

Até mesmo apreciações muito negativas da terra de origem podem ser surpreendentemente contraditadas pela via dos frutos e da comida. A mesma pessoa, antes citada, que afirma ter se sentido aliviada ao deixar a Polônia, por causa da discriminação contra os judeus, refere-se ao país de forma quase edênica, em outra passagem de seu depoimento:

> A gente se juntava, as famílias, no inverno. Fazia comida, a gente tinha vida. Não tinha doenças. Eu me lembro até hoje. Quando vinha o tempo do verão, as frutas. O tempo dos cogumelos, que cogumelos eu comia na Polônia! Outro dia minha filha trouxe cerejas. Experimentei uma. Eu ainda tenho o paladar na boca das cerejas da Polônia [...]. O pão de lá, que coisa louca! Pão preto, pão branco, pães doces e tortas. O que não se tinha lá! Sorvetes, quando vinha o verão. A gente tinha o paraíso...[52]

Na minha história pessoal, os pratos da comida sefaradi, servidos no dia a dia ou em momentos comemorativos excepcionais, foram sempre uma referência afetiva. De um lado, porque representavam uma atenção, uma prova de carinho para com os mais jovens da família, que os "velhos" tinham dificuldade em expressar de modo mais explícito; de outro, porque vinham cercados de uma referência telúrica, da "terra" de clima ameno e de mares calmos, que ficara encravada no âmago do Mediterrâneo.

Para propiciar o congraçamento nos domingos e reduzir as possibilidades de que este se convertesse em palco de atritos, minha família inaugurou ou reinaugurou, com grande êxito, um *meze* — momento prévio à refeição principal. De pé, em torno da mesa do almoço, a família se servia de anchova, erva-doce, *hummus*, *iaprak* (denominação em turco da folha de parreira enrolada, com recheio de carne), tudo deglutido com uns bons goles de sambuca.

Até que ponto seria possível recortar uma vida privada específica dos "velhos imigrantes" e seus descendentes, no tempo presente? Se os contornos do tema são imprecisos para um passado distante, essa imprecisão se transforma em uma quase impossibilidade nos dias atuais. Os traços de uma vida privada específica foram sendo borrados, embora não eliminados de todo, pela integração das correntes imigratórias por diferentes vias que vão da ascensão social à socialização da comida e até mesmo dos rituais. Uma indicação menos óbvia desta última circunstância é a presença crescente de não judeus em rituais do calendário hebraico, recebidos como amigos da casa, assim como a atração exercida por tais celebrações.

Devemos ainda levar em conta que, a partir dos anos 1930, excetuando-se os primeiros anos da década com relação aos japoneses, a imigração para o Brasil perdeu muito de seu significado, não obstante a presença de novos contingentes de outras terras chegados principalmente a São Paulo, como os coreanos e gente de países limítrofes com o Brasil — caso dos bolivianos, paraguaios, argentinos etc. Mudou o eixo dos fluxos migratórios, concentrando-se o fenômeno nas migrações internas. Embora se trate de realidades diversas sob muitos aspectos, penso que os fluxos externos e os internos têm pontos comuns. Afinal de contas, cortes e continuidades, discriminação e preconceito, êxito, integração ou fracasso integram a história de vida de muitos nordestinos que migraram para o Centro-Sul. Uma incursão no terreno comparativo não seria tentadora?

2. AS FIGURAS DO SAGRADO: ENTRE O PÚBLICO E O PRIVADO

Maria Lucia Montes

A "GUERRA SANTA" E AS AMBIVALÊNCIAS DA MODERNIDADE

Doze de outubro de 1995. Em Aparecida do Norte, a tradicional chegada dos romeiros, que por vários dias já afluíam à cidade, agora lotava de gente os espaços monumentais entre a velha e a nova basílica. Sob a imensa passarela, e atingindo já a enorme praça circular que se estende em torno da basílica nova, réplica da de São Pedro de Roma, negros vindos de todo o Vale do Paraíba e mesmo de mais longe, do interior das Gerais, faziam ecoar a batida dos tambores no toque de congos e moçambiques, repetindo assim a prática centenária de louvor à Virgem, que divide com Nossa Senhora do Rosário e são Benedito sua devoção. No interior da igreja, os mesmos antigos cânticos, dos tempos de infância, e outros, mais recentes, surgidos das angústias terrenas, novas e velhas, e a sempiterna mesma piedade do povo. Missas ininterruptas, e as intermináveis filas da comunhão e dos fiéis pacientemente à espera de poder chegar aos pés da imagem milagrosa surgida das águas do Paraíba nos idos do século XVIII.[1] Fora do templo, a azáfama conhecida nas dependências de acolhimento aos romeiros, na sala dos milagres e, sobretudo, a movimentação frenética do comércio, local e ambulante, que nesse dia faz sua própria festa, atendendo às multidões que demandam a pequena cidade. Tudo comporia, pois, a imagem tradicional dessa capital da fé católica no dia em que atingiam seu ponto culminante os festejos da Senhora da Conceição Aparecida, que se repetem a cada ano desde sua entronização solene como Padroeira do Brasil, em 1931. Entretanto, esse ano, um fato inédito, como uma bomba, viria a estilhaçar essa piedosa imagem, e os ecos do escândalo por ele suscitado se estenderiam por meses a fio, surpreendendo a opinião pública e obrigando os especialistas a repensar a configuração do campo religioso brasileiro às vésperas do terceiro milênio.

É que nesse 12 de outubro, via Embratel, a televisão brasileira transmitiria para todo o país, ao vivo e em cores, a imagem do que seria considerado um ato de profanação e quase uma ofensa pessoal a cada brasileiro, provocando enorme indignação popular e mobilizando em defesa da Igreja católica não só sua hierarquia como também figuras eminentes de praticamente todas as religiões, além de levantar uma polêmica inédita nos meios de comunicação sobre uma instituição religiosa no Brasil. De fato, nesse dia, a Rede Record de televisão, adquirida quatro anos antes pela Igreja Universal do Reino de Deus, exibiria, durante uma cerimônia religiosa desse florescente grupo neopentecostal, um gesto de seu bispo, Sérgio von Helde, que desencadearia violentas reações. Durante a tradicional pregação evangélica, centrada no ataque aberto às crenças das demais religiões, opondo-lhes a ênfase quase exclusiva no poder do Cristo Salvador, o bispo se referia com horror aos descaminhos idólatras da fé católica em sua "adoração a uma imagem de barro", e que nesse dia preciso atingia seu ápice nas celebrações em Aparecida do Norte. E, para melhor ilustrar seu ponto de vista, negando qualquer valor sagrado à figura da Virgem da Conceição, pôs-se a dar pontapés numa imagem que a representava, afirmando que o poder do sagrado se encontrava em outra parte — naturalmente, nas crenças e ritos de sua própria fé.

O episódio, que ficaria conhecido como "o chute na santa", seria divulgado pela Rede Globo de televisão, que o retransmitiria várias vezes em horário considerado "nobre" e inclusive pelo *Jornal Nacional*. Reportagens sobre os métodos de recrutamento dos pastores e da clientela da Igreja Universal seriam a seguir exibidas pela Globo, além de uma série de vídeos fornecidos por um ex-pastor dissidente da Igreja, Carlos Magno de Miranda, em que se divulgavam cenas da intimidade do bispo Edir Macedo, chefe da Igreja Universal, em situações domésticas e em momentos de lazer, em meio aos quais frases inescrupulosas sobre como "arrancar dinheiro" dos fiéis, ditas em tom jocoso, eram claramente audíveis, como "lições" dadas aos pastores sobre as formas de angariar recursos para a Igreja. O pastor dissidente não se limitaria, porém, a fornecer à emissora, para divulgação, esse material no mínimo constrangedor, mas continuaria a apresentar novas denúncias contra a Igreja Universal em outros veículos de comunicação, inclusive publicações de grupos do próprio meio evangélico, como a *Revista Vinde*, ligada ao pastor Caio Fábio d'Araújo Filho, membro da Igreja Presbiteriana Independente, presidente da Associação Evangélica Brasileira, AEVB, e da Visão Nacional de Evangelização, Vinde. As alegações, centradas sobretudo na compra da TV Record, envolviam desde conluios escusos com o ex-presidente da República Fernando Collor de Mello e o tesoureiro de sua campanha eleitoral, Paulo César Farias, até ligações com o narcotráfico colombiano, que teria financiado parte da dívida do bispo Edir Macedo, contraída por ocasião da compra da emissora. Mais tarde, o envolvimento com políticos malufistas também viria à tona, ao lado de acusações de negociação de favores com o então ministro das Comunicações, Sérgio Motta. A isso tudo se seguiria um inquérito da Polícia Federal para apuração das possíveis fraudes, inclusive financeiras, em que se encontraria envolvida a Igreja Universal, desencadeando-se a partir daí operações que contaram com a cobertura da Procuradoria da República, de técnicos da Receita Federal e do Banco Central, além de uma ampla repercussão na mídia.

Tudo isso representava um desdobramento nem tão inesperado das batalhas que se travavam entre a TV Globo e a TV Record já por alguns meses, em meio a uma verdadeira guerra de imagens que agora apenas recrudescia. Um episódio anterior, em meados de 1995, envolvera uma polêmica minissérie da TV Globo retratando um pastor evangélico cujo fervor messiânico ao pregar a salvação espiritual só se equiparava à ganância apaixonada com que se entregava à conquista dos bens deste mundo.

Agora, o ataque direto à Igreja Universal, mediante a divulgação de suas práticas profanadoras e de seus negócios escusos, desencadearia não só a reação católica como também a reação defensiva dos próprios evangélicos, em meio a passeatas que, segundo a estimativa dos organizadores, no Rio de Janeiro e em São Paulo, chegaram a envolver quase 1 milhão de pessoas, embora sem contar com a unanimidade do apoio dos próprios evangélicos. De fato, na opinião do pastor Caio Fábio, por exemplo, que se negou a participar da manifestação no Rio de Janeiro, "as práticas da Igreja Universal geraram um constrangimento profundo no meio evangélico", tendo declarado à imprensa que a "igreja é uma máquina de arrancar dinheiro dos fiéis" e que ela é "o primeiro produto de um sincretismo surgido entre os evangélicos brasileiros; é uma versão cristã da macumba".[2] Já outro líder evangélico, presidente do Supremo Concílio da Igreja Presbiteriana no Brasil, o reverendo Guilhermino Cunha, declararia entender que "estamos vivendo sintomas de intolerância religiosa no Brasil e é hora de dizer basta a qualquer discriminação ou preferência por este ou aquele segmento cristão". Entretanto, recusar-se-ia a participar da passeata em São Paulo, em razão do outro componente essencial, este inteiramente profano, envolvido no conflito que chegou a ser denominado de "guerra santa": "É uma manifestação liderada pela Igreja Universal e vejo conflito de interesses entre a Rede Globo e a Record como pano de fundo deste pseudoconflito religioso".[3]

Qual a significação desses episódios, no panorama religioso brasileiro de meados da década de 1990?

Sem dúvida, eles indicavam transformações profundas, cujos efeitos só agora emergiam escancaradamente à superfície. Significavam, em primeiro lugar, a afirmação de um novo poder do protestantismo no Brasil, de dimensões inéditas em um país tradicionalmente considerado católico. Mas significavam também, já que essa nova visibilidade protestante se devia ao crescimento, no interior do protestantismo histórico, e muitas vezes em oposição a ele, das igrejas chamadas "evangélicas", uma transformação importante no próprio campo protestante. Por fim, visto que no centro da polêmica se encontravam as práticas da Igreja Universal do Reino de Deus, cuja proximidade com a *macumba* era apontada depreciativamente nos próprios meios evangélicos, a exemplo das declarações do pastor Caio Fábio, esses episódios evidenciavam que, na verdade, a transformação em curso no interior do protestantismo significava uma espécie de mutação interna, indissociável das vicissitudes por que passavam, graças à sua influência, as próprias religiões afro-brasileiras. Numa palavra, evidenciava-se, por meio desses episódios, que se achava em curso um *rearranjo global do campo religioso* no Brasil, cujos efeitos, oscilando entre o mundo público e o privado, ainda deveriam ser melhor explorados para que pudessem ser devidamente avaliados.

De fato, tais eventos, e a polêmica que se seguiu, deixavam claro para o grande público um fenômeno que os especialistas vinham já apontando havia algum tempo e logo passariam a explorar em profundidade,[4] e cujo sentido geral talvez pudesse ser indicado designando-o como as "ambivalências da modernidade" que enfim atingiam o universo religioso em um país onde a religião, na vida pública assim como na vida privada, sempre tivera um papel de reconhecida relevância. Nunca a economia política do simbólico[5] havia parecido mais adequada à explicação do fenômeno religioso no Brasil. Os sinais da transformação? A evidente ampliação e diversificação do "mercado dos bens de salvação". Igrejas enfim gerenciadas abertamente como verdadeiras empresas. Os modernos meios de comunicação de massa postos a serviço da conquista das almas. Instituições religiosas que, do ponto de vista organizacional, doutrinário e litúrgico, pareciam fragilizar-se ao extremo, mais ou menos entregues à improvisação ad hoc sobre sistemas de crenças fluidos, deixando ao encargo dos fiéis complementar à sua maneira a ritualização das práticas religiosas e o conjunto de valores espirituais que elas supõem. Uma maior autonomia reconhecida aos indivíduos que, um passo adiante, seriam julgados em condição de escolher livremente sua própria religião, diante de um mercado em expansão.

Assim, a religião que, no Brasil, por quatro séculos, na figura da Igreja católica, fora indissociável da vida pública, imbricada com a própria estrutura do poder de Estado por meio da instituição do padroado, pareceria enfim ter se inclinado definitivamente para o campo do privado, agora dependente quase de modo exclusivo de escolhas individuais.

Fluidez do campo religioso, baixo grau de institucionalização das igrejas, proliferação de seitas, fragmentação de crenças e práticas devocionais, seu rearranjo constante ao sabor das inclinações pessoais ou das vicissitudes da vida íntima de cada um: esses seriam os sinais que revelariam a face da modernidade — ou seria já da pós-modernidade? — enfim se deixando entrever no campo religioso brasileiro. Modernidade ambígua, no entanto, porque, de modo contraditório, ela mesma seria responsável por promover — surpreendentemente a partir da expansão do protestantismo, religião histórica da tolerância e do valor da razão como base da crença — o enrijecimento das posições institucionais, a disputa no interior do campo religioso em cada uma das confissões e a intolerância para com as crenças das igrejas ou formas de religiosidade rivais, elevando ao mesmo tempo o irracionalismo aparentemente mais delirante à condição de prova da fé. Da mesma forma, à privatização e intimização das crenças e práticas constatadas no universo religioso corresponderia, contraditoriamente, mostrando uma outra face dessa modernidade, um envolvimento cada vez maior e mais complexo por parte das igrejas com o mundo social, sua busca de controle dos instrumentos de riqueza e prestígio, e a disputa aberta de posições de poder na vida pública, graças à participação direta na política.

Embora esses sinais fossem mais visíveis no interior do protestantismo, em especial nas igrejas conhecidas como neopentecostais,[6] eles não deixariam de se fazer notar também nas outras religiões,[7] evidenciando que a ação dos fatores cuja presença denunciavam atingia o campo religioso em seu conjunto. Tomando-se o efeito pela causa, chegou-se mesmo a profetizar que o Brasil e toda a América Latina seriam protestantes no próximo milênio.[8] Ao mesmo tempo, diante dessas transformações, e fazendo eco a outros especialistas,[9] um renomado antropólogo chegaria a se questionar se, no Brasil, o campo religioso seria ainda o campo das religiões.[10] Quais as implicações desses fenômenos, da perspectiva de uma história da vida privada no Brasil? Como as transformações que eles anunciam incidem sobre o indivíduo e as escolhas morais que realiza, sobre sua vida doméstica, as práticas da intimidade, e como se acomoda, nelas, a experiência interior do sagrado que toda religião pressupõe? Quais suas consequências para a vida social, na redefinição de fronteiras entre o público e o privado? A resposta a essas questões supõe que se compreenda em primeiro lugar, ainda que de modo esquemático, a gênese das transformações que resultaram na atual configuração do campo religioso brasileiro, pois disso depende em parte nossa avaliação sobre o seu significado, de uma perspectiva centrada na história da vida privada.

UM CAMPO EM TRANSFORMAÇÃO

Uma das características mais notáveis que marcam a situação das religiões no Brasil atual, e no mundo contemporâneo de um modo geral, talvez seja aquela definida pelos especialistas como sua "perda de centralidade" com relação à capacidade de conferir significado à existência do homem e à sua experiência de vida. Em outras palavras, é o campo de abrangência o que mudou, no universo das religiões no mundo atual, concomitantemente ao progressivo processo de laicização que, desde o início da modernidade — quer a situemos no Renascimento, quer façamos dela sinônimo do domínio técnico propiciado pela Revolução Industrial no século XIX —, vem tomando conta das sociedades do mundo ocidental, evidenciando o significado da famosa metáfora weberiana do "desencantamento do mundo". Entendendo a religião como parte do universo da cultura, os antropólogos se acostumaram a considerar como característica que lhe é inerente seu poder de criar um corpo consistente de símbolos, práticas e ritos, valores, crenças e regras de conduta

— em outras palavras, um "sistema cultural" — capaz de responder às situações-limite, como o sofrimento e a morte, a ameaça de colapso dos valores morais ou a perda de inteligibilidade da experiência do mundo, em vista das quais se torna necessário ao homem recorrer a um *outro mundo* para ainda atribuir sentido ao que lhe ocorre nesta vida.[11] Hoje, portanto, numa sociedade cada vez mais dessacralizada, mais centrada no indivíduo e regida pelas regras do mercado, outras instituições e práticas, firmemente ancoradas *neste mundo*, responderiam em grande parte a essas demandas — da psicanálise ao consumo compulsivo compensatório, da busca do prazer e do lazer às drogas, como gostam de inventariar os psicólogos —, deixando a cargo de cada um a tarefa de encontrar num campo religioso também ele aberto às vicissitudes do mercado seus próprios caminhos e respostas, quase sempre compósitas, às poucas questões para as quais não encontra neste mundo outras já dadas e igualmente satisfatórias.

Constatar essas transformações significa pensar a religião com base em sua ancoragem na vida social, compreendendo que, nas múltiplas esferas de experiência em que o homem é chamado a conferir sentido à sua existência — em sua relação com o mundo da natureza, a vida social ou o universo do sobrenatural —, a religião pode desempenhar um papel de maior ou menor relevância, dependendo, em diferentes contextos ecológicos e sociais, do grau de integração a que é suscetível a experiência humana nessas várias esferas, podendo agregar-se de forma mais ou menos coerente em uma mesma *visão de mundo*, ou, mais propriamente, uma mesma *cosmologia*.[12] É dessa relação, portanto, que vai resultar a definição do que é encarado como parte da vida pública, coletiva, na multiplicidade dos papéis sociais que a cada um cabe desempenhar, e o que a cada um pertence no domínio da vida privada, na intimidade da experiência familiar, do convívio em um círculo de amigos ou na interioridade da própria consciência. E é diante desse quadro que se pode caracterizar o lugar que compete à religião, na definição das práticas e valores, das normas e das crenças que norteiam a ação do homem nesses diferentes domínios. Ora, o que se constata no mundo contemporâneo, como já foi assinalado, é, por assim dizer, um encolhimento do universo religioso sobre si mesmo: ameaçado, por um lado, por uma experiência multifária do mundo por parte do homem contemporâneo, e que compete com os significados veiculados no interior do universo religioso na tarefa de conferir significado à sua existência; e dilacerado, além do mais, pelo conflito e a concorrência interna, entre as diversas práticas e sistemas de crenças que, no interior do "mercado dos bens de salvação", disputam entre si a hegemonia no campo religioso, ameaçando pulverizá-lo em miríades de fragmentos desconexos. Assim, é sob esta dupla determinação — do grau de abrangência e da concorrência no mercado — que é preciso pensar o processo de transformação no campo religioso brasileiro que veio a determinar sua configuração atual.

País historicamente marcado pela influência da religião, o Brasil encontrou no catolicismo um conjunto de valores, crenças e práticas institucionalmente organizadas e incontrastadamente hegemônicas que por quatro séculos definiram de modo coerente os limites e as interseções entre a vida pública e a vida privada. Formalmente ligada enquanto instituição ao Estado até o final do Império, a Igreja católica entra no século XX sob o signo da romanização e, ao mesmo tempo, da tentativa de recuperação de seus laços privilegiados com o poder político.[13] Submetida à injunção de reorganizar-se institucionalmente, promovendo uma nova centralização do poder eclesiástico segundo os ditames de Roma, e obrigada a reencontrar para si um novo lugar na sociedade, a Igreja, desde meados dos anos 1920, abandonaria a posição defensiva em que se encontrava ante o avanço da laicização do Estado e a ideologia do progresso inspirada no positivismo, para engajar-se, com um novo espírito triunfante, na implementação da "Restauração Católica".[14] A inauguração da estátua do Cristo Redentor no alto do Corcovado, em 1931, e, dois anos mais tarde, a realização do II Congresso Eucarístico Nacional são símbolos desse espírito militante com o qual, recorrendo à tradição para solucionar suas longas décadas de crise, no mais puro estilo conservador, o catolicismo atravessará as décadas de 1930 e 1940, procurando dar corpo ao projeto de recriação de um "Brasil católico, uma nação perpassada pelo espírito cristão".[15]

Curiosamente, no bojo desse processo, a crescente presença das ordens estrangeiras, como consequência do triunfo da romanização, levará a Igreja a buscar manter sua influência na vida pública mediante um retorno "privatizante" sobre si mesma, procurando controlar instituições sociais capazes de formar o caráter e moldar as atitudes do homem por meio da educação, ao mesmo tempo que, no plano propriamente religioso, volta-se ainda uma vez para a esfera privada, reduzindo o catolicismo a uma dimensão puramente individual e familiar, ao incentivar a formação da consciência e as práticas de devoção.[16] A publicação de revistas como o *Lar Católico*, dos padres do Verbo Divino, o *Mensageiro do Rosário*, dos dominicanos, o *Almanaque de Nossa Senhora Aparecida*, dos redentoristas, ou as *Leituras Católicas*, dos salesianos, ajudam a difundir essa mentalidade, enquanto as Congregações Marianas, as Filhas de Maria ou os movimentos de Ação Católica propiciam concomitantemente, no plano devocional e litúrgico, a incorporação dos leigos nas paróquias. O que se visa, através dessas instituições e dessas práticas, é antes a transformação espiritual dos fiéis e, com ela, a consolidação do papel da Igreja na sociedade existente, mais que um processo de transformação social que a obrigaria a redefinir suas próprias posições. Quando um projeto de uma nova ordem social e política se esboça, nos meios intelectuais, ele é, por isso mesmo, francamente reacionário. Graças a Jackson Figueiredo, cuja ação incansável vinha sendo desenvolvida desde os anos 1920, o Centro Dom Vital, por ele criado e dirigido até sua morte, procura aliar à fé católica o espírito positivista da Ordem, descrente, porém, do Progresso, num mundo dilacerado pelo pluralismo ideológico dos regimes democráticos e a ameaça constante dos conflitos armados em escala mundial.[17]

Por isso, os "inimigos" da Igreja católica ainda são o protestantismo e as religiões afro-brasileiras, incorporadas sob a designação vaga de "espiritismo", ao lado do pensamento cientificista e da secularização, que ameaçam a posição institucional e a hegemonia espiritual do catolicismo num Brasil "verdadeiramente cristão".[18] Todavia, ao longo da década de 1940, contra o projeto abertamente reacionário de Jackson Figueiredo, graças à influência de Jacques Maritain, e o impacto da derrocada do fascismo e das ditaduras no final da Segunda Guerra Mundial, o pensamento de Alceu Amoroso Lima, que substituirá Figueiredo na direção do Centro Dom Vital, passa a liderar a corrente liberal do catolicismo.[19] Seria preciso, porém, esperar ainda pelos anos 1950 para que alguma preocupação social mais ampla começasse a se evidenciar no interior da Igreja, obrigando-a a declarar sua posição nessa frente. Mas aí, num clima de guerra fria, embora manifestando algum apoio aos projetos de desenvolvimento nacional do período, o catolicismo voltaria a retomar com novo vigor uma preocupação que chegara a inquietá-lo na década de 1920, após a Revolução de Outubro na Rússia, isto é, o perigo do "comunismo", representado pelas ideias marxistas e socialistas que já alcançavam alguma penetração significativa entre os intelectuais e, no final da década e nos anos seguintes, avançariam a passos largos no meio sindical e operário, ameaçando conduzir por uma via indesejada pela Igreja os projetos nacional-desenvolvimentistas. A expansão das atividades da Ação Católica e a atuação de d. Hélder Câmara na discussão de questões relativas ao Nordeste e à Amazônia são importantes nesse período.[20] Tudo isso, no entanto, pouco se afasta dos marcos conservadores mais ou menos explícitos pelos quais a Igreja católica pauta seus posicionamentos perante a vida pública, sendo a ética da vida privada, sobretudo a moral familiar, a ser cultivada inclusive nos Círculos Operários e no seio das Forças Armadas, a principal ênfase de sua vertente doutrinária e eclesial.[21] De certa forma, a Igreja ainda continuava a manter-se de costas para o povo, temendo fazer frente às suas demandas sociais e recusando-se a entender a linguagem em que tradicionalmente manifestara suas aspirações espirituais.

A guinada que começaria a reverter essa situação viria na década de 1960, sobretudo a partir de 1962, quando se realizou a primeira sessão do Concílio do Vaticano II. Postos em contato com as novas correntes do pensamento católico europeu e latino-americano, os bispos brasileiros dariam início a uma profunda mudança no seu discurso perante a realidade social, em seus posicionamentos políticos e em sua própria estrutura organizacional.[22] Abraçando a "opção preferencial pelos pobres" pregada pelas Conferências do Episcopado Latino-Americano — a de Medellín, primeiro, em 1968, e depois a de Puebla, em 1979 — que procuravam aplicar ao continente as diretrizes do Concílio, e começando a organizar as Comunidades Eclesiais de Base,[23] a Igreja daria início a uma verdadeira revolução, orientada por uma profunda e dilacerada revisão autocrítica de sua própria história,[24] procurando redescobrir ou reinventar sua vocação com base em uma releitura de sua atuação "do ponto de vista do povo".[25] Embora a descentralização e a democratização das estruturas de poder que resultaram desse processo, assim como a progressiva organização-incorporação das comunidades leigas de fiéis a ele concomitante, estivessem fundadas em uma preocupação profunda e sincera com o revigoramento da mensagem católica, pela vivência integral, individual e comunitária, do seu significado, que deveria ser absorvido como uma ética coerente capaz de reger a conduta do fiel na vida pública assim como na vida privada, o envolvimento social e político que, a partir de então, progressivamente iria tomar conta da Igreja nas décadas seguintes acabaria por levar sua atuação a pender mais para a vertente pública da vida social que para a interioridade da fé na vida privada.

E nem se poderia esperar da Igreja outra coisa. Em tempos de profunda conturbação social e política, foi criada a Tradição, Família e Propriedade, TFP, grupo ligado aos setores mais conservadores do catolicismo no Brasil, que seria emblemático dos estertores da reação ultramontana da Igreja católica à guinada à esquerda em que começava a engajar-se sua hierarquia. No mesmo sentido, mas em direção inversa, a presença da Igreja católica como porta-voz da sociedade civil na longa luta pela redemocratização do país nas décadas de 1970 e 1980,[26] tendo como figura-símbolo o cardeal arcebispo de São Paulo, d. Paulo Evaristo Arns, seria igualmente emblemática do novo compromisso da Igreja católica com as causas do povo, traduzidas agora nos novos ditames da Teologia da Libertação, em que fé e política se tornavam termos indissociáveis e praticamente intercambiáveis.

Um preço, porém, deveria ser pago pelo catolicismo nesse processo. Longe da vida pública, da política e do compromisso com os pobres e suas causas sociais, uma grossa massa de fiéis, ricos assim como pobres, não mais se reconheceria nessa nova Igreja, vista por muitos como incapaz de lhes fornecer respostas quando as exigências da fé não encontravam uma equivalência necessária no plano da política, como ao se precisar de conforto diante das agruras da dor íntima, da perda pessoal ou da carência espiritual, no âmbito da vida privada. Sentindo-se abandonados à própria sorte, muitos deles se bandearam para o lado do protestantismo então em plena expansão, e das religiões afro-brasileiras, que enfim conquistavam reconhecimento e legitimidade no campo religioso no Brasil. Quando a hierarquia — inclusive a de Roma — enfim voltou de novo a atenção para essa dimensão de suas tarefas eclesiais e evangelizadoras, sua resposta foi partir em busca da modernidade e das linguagens contemporâneas da fé já havia muito dominadas pelos novos grupos pentecostais dentro do protestantismo, através do controle dos meios de comunicação de massa, para que enfim o *Verbo* pudesse *se fazer Imagem*, como registraram em pertinente metáfora estudiosos que analisaram esse processo.[27] Ao mesmo tempo, a busca do vigor interior da crença, da experiência de exaltação da fé e do transporte espiritual diante do milagre, como diretriz para a recuperação de uma dimensão privada da experiência religiosa, inteiramente íntima e pessoal, resultaria, no interior da Igreja, numa outra aproximação a contrapelo com o pentecostalismo, representada pelo fortalecimento e progressiva expansão da Renovação Carismática Católica.[28]

Não fosse pelas agruras do tempo, a urgência quase insuportável das causas que a obrigavam a engajar-se na nervura viva do presente, ao lado do povo, e o fervor com que se dedicara a essa tarefa, trocando em sua atuação a orientação ética pela dimensão profética, na união da palavra de Deus com os rumos da história, a Igreja católica havia muito teria podido articular sua reação, detectando os sinais de alerta que apontavam para essa profunda transformação do campo religioso então em curso,[29] em face das vicissitudes de um "mercado dos bens de salvação" em processo de crescimento e diferenciação. O protestantismo era um velho e conhecido "inimigo" das hostes católicas, desde a década de 1940. Embora já em meados do século XIX se registrasse a presença protestante no Brasil, na verdade ela jamais chegara a ser objeto de hostilidade declarada por parte da Igreja católica, a ponto de um missionário americano afirmar, naquela época: "Estou convencido de que em nenhum outro país católico do mundo existe maior tolerância e um sentimento mais liberal para com o protestantismo".[30] Ao longo do século, anglicanos, luteranos, metodistas, presbiterianos, batistas, congregações tradicionais do chamado "protestantismo histórico" implantaram-se pacificamente no Brasil, ganhando adeptos ao ritmo da imigração estrangeira, núcleos junto aos quais se enraizaram, e da formação de uma classe média urbana, mas sem um crescimento que pudesse inquietar a hierarquia católica. Depois, nas primeiras décadas do novo século, chegariam ao país as primeiras igrejas pentecostais, a Congregação Cristã do Brasil, primeiro, em 1910, e que aos poucos irá se implantar em meio à colônia italiana de São Paulo. No ano seguinte será a vez da Assembleia de Deus, criada por missionários suecos em Belém do Pará, dando continuidade à presença, marcadamente minoritária, dos protestantes no Brasil.[31]

É somente após a Segunda Guerra Mundial que esse quadro começa a sofrer uma mudança radical, com a irrupção de um novo tipo de protestantismo de massa, que passa a crescer de uma maneira assombrosa com base nos grupos pentecostais. Sobretudo graças à ação missionária financiada por igrejas norte-

-americanas, em especial a International Church of the Foursquare Gospel, no início dos anos 1950, um grande empreendimento proselitista teria lugar no Brasil, por meio da Cruzada Nacional de Evangelização. Daí surgiriam as igrejas conhecidas como de "cura divina", como a do Evangelho Quadrangular, o Brasil para Cristo, Deus É Amor, a Casa da Bênção e outras, que vieram se somar à Congregação Cristã do Brasil e à Assembleia de Deus, estas fazendo parte do que se conheceria como o "pentecostalismo clássico". Essas novas igrejas pentecostais — que viriam a constituir o chamado "pentecostalismo neoclássico" —[32] rapidamente se implantam e passam a ganhar centenas de milhares de adeptos em velocidade crescente, sobretudo entre as camadas mais modestas da população. Será a partir de então que o "protestantismo" começará de fato a inquietar a hierarquia católica, passando a ser sistematicamente incluído entre os "inimigos" a cujo combate deveria entregar-se a fé católica, ao lado do "espiritismo" kardecista e do "baixo espiritismo", como eram então comumente designadas as religiões afro-brasileiras.

É que esse novo protestantismo de massa, ou "protestantismo de conversão",[33] trazia importantes inovações para o campo religioso, sob vários aspectos. Primeiro, no uso de instrumentos não convencionais de evangelização, centrados sobretudo na comunicação de massa, por meio do rádio, tendas de lona itinerantes junto às quais se agrupavam os adeptos potenciais para ouvir a nova mensagem evangélica, assim como nas concentrações em praças públicas, ginásios de esporte e estádios de futebol. Mas inovava também em sua própria mensagem, a "cura divina", para as doenças do corpo, da mente e da alma, aquelas mesmas que, firmemente ancoradas na imediatidade física do corpo ou na interioridade recôndita do espírito, mais de perto diziam respeito ao indivíduo. Era a essa dimensão privada de sua vida que a nova mensagem evangélica dirigia agora a atenção, longe da devoção altamente espiritualizada do catolicismo então ainda dominante, e diante da qual esses males deveriam parecer mesquinhos ou só vergonhosamente confessáveis. Por fim, o novo pentecostalismo inovava ainda, num país majoritariamente católico, do ponto de vista teológico e organizacional: suas igrejas prescindiam da hierarquia sacerdotal e negavam ao catolicismo e seus prelados o monopólio da salvação, agora colocada nas mãos dos próprios fiéis.

Muitos viram no crescimento dessas igrejas entre os segmentos mais pobres da população — que não por acaso se dá em uma época de crescente conquista de legitimidade no campo religioso por parte da umbanda e do espiritismo kardecista — também um elemento de ordem funcional ou utilitária. Num período de transformação social, com a aceleração do processo de industrialização e a consequente migração para os grandes centros urbanos de significativos contingentes populacionais vindos de um Brasil rural pobre em busca de melhores condições de vida na cidade, a emergência dessas igrejas viria ao encontro dos valores tradicionais da cultura desses migrantes,[34] em especial aqueles ligados a uma terapêutica mágica de benzimentos e simpatias ou à medicina tradicional de ervas e plantas curativas sobejamente conhecidas no meio rural de onde provinham. Para estes, a promessa da "cura divina" não seria algo estranho.[35] Por outro lado, no novo meio em que passam a viver, essas igrejas rapidamente reconstituem para esses novos trabalhadores que chegam aos grandes centros urbanos os laços de solidariedade primária de seu local de origem, perdidos com o processo migratório, dando-lhes enfim o sentimento de pertencimento que lhes falta na grande cidade, absorvendo-os numa *comunidade*: "Por mais humilde, mais incapaz, mais ignorante que seja, o convertido sente imediatamente que é útil e que nele depositam confiança: chamam-no respeitosamente *irmão*, seus serviços são solicitados por pessoas que falam como ele e que têm a certeza de pertencer ao *Povo de Deus*".[36] Por fim, para esses novos fiéis, a adesão às igrejas pentecostais emergentes seguramente representaria uma "subversão simbólica da estrutura tradicional do poder", como afirma Willems. Essas são igrejas que nascem sem os vínculos tradicionais que sempre uniram o catolicismo às classes superiores, rejeitando, por desnecessária, sua tutela paternalista. Ao rejeitarem também a hierarquia sacerdotal tradicional da Igreja católica, elas promovem a adesão a um sistema de crenças religiosas que "colocam o sobrenatural ao alcance imediato de todos os que abraçam a nova fé".[37] Assim, voltando as costas para o catolicismo, amplos setores das camadas populares emergem no campo religioso como sujeitos de suas próprias crenças e instrumentos de sua própria salvação, mediante uma adesão de foro íntimo, dependente apenas de sua consciência, inteiramente de cunho privado.

Apesar do extraordinário crescimento que o protestantismo conhece então, graças à multiplicação dessas igrejas evangélicas, sua presença pública é menos notória, pela característica mesma da nova fé que assim se difunde. Individualista, ela encerra os fiéis no âmbito da comunidade que partilha as mesmas crenças e as mesmas esperanças, longe da agitação da vida social mais ampla, ensinando a não ambicionar outra projeção senão aquela que se conquista no interior da própria Igreja. Assim, enquanto no caminho católico — num período de grande conturbação política no Brasil e sobretudo de profunda transformação no interior da própria Igreja, ao longo das décadas de 1950 e 1960 — os desafios sociais, que passarão a crescer cada vez mais como tema e problema teológico, eclesial e pastoral, irão progressivamente polarizar as posições da hierarquia da Igreja, atingindo também seu próprio rebanho, já o protestantismo evangélico afastará seus fiéis das tentações da participação na vida pública. Ao contrário, por quase três décadas a partir de então, até praticamente os anos 1980, os evangélicos multiplicarão sua visibilidade social apenas em razão do crescimento vegetativo de suas igrejas, mas nem por isso sua influência deixará de aumentar, sobretudo graças a uma estratégia descentralizada de ação evangelizadora, pela intermediação de organizações paraeclesiásticas que afluem do exterior para o Brasil durante o período. Sem estarem ligadas a uma Igreja em particular, mas abertas ao intercâmbio com todas as que se mostrarem dispostas a trabalhar com elas, essas organizações desenvolvem um tipo de ação segmentada, voltando-se indistintamente para pastores, homens de negócios, presidiários, mulheres, atletas ou crianças, entre outros grupos sociais. Embora seu impacto na reordenação do campo evangélico ainda não tenha sido devidamente avaliado, é provável que essas organizações tenham tido um papel importante na preparação da grande guinada que nele se iria produzir a seguir, a partir de meados da década de 1970.[38]

É que, então, começa a surgir um novo tipo de igreja evangélica, inédito no Brasil, sendo suas mais conhecidas representantes a Igreja Universal do Reino de Deus, a Igreja Internacional da Graça de Deus ou a Renascer em Cristo. Em menos de três décadas, essas igrejas conhecem um crescimento vertiginoso, diversificando suas atividades e formas de atuação a ponto de definir um perfil próprio, que as distingue entre si e mesmo no interior do campo evangélico, onde configuram o que veio a ser chamado de "neopentecostalismo".[39] Entretanto, apesar de suas diferenças significativas, o que aproxima essas igrejas é o mesmo uso extensivo e agressivo que fazem dos meios de comunicação, principalmente o rádio e a TV, como instrumento de evangelização de massa, dando corpo à ideia de uma "Igreja eletrônica" em que varia apenas o estilo — mais intimista na Renascer em Cristo, mais espetacular na Universal do Reino de Deus, por exemplo. Não é que com isso elas tenham abandonado as concentrações de massa como forma de proselitismo, já que, ao contrário, os eventos em estádios de futebol ou em grandes espaços públicos abertos têm multiplicado sua presença nos grandes centros urbanos por todo o país. Em alguns casos, elas chegaram mesmo a inovar, como na organização de enormes cortejos festivos que carreiam verdadeiras multidões para o local de uma grande manifestação previamente programada, ou, como no caso da Igreja Universal, mediante a compra sistemática de edificações de porte em lugares públicos de notória visibilidade, como cinemas e teatros, supermercados e galpões agora desativados, para neles instalar locais de culto que atraem grande número de fiéis, chamando a atenção por sua presença ostensiva, em contraste, por exemplo, com a presença constante porém mais modesta, sempre obedecendo a um mesmo padrão arquitetônico, das igrejas da Assembleia de Deus. Mas é sobretudo por intermédio da mídia que o poder dessa nova presença evangélica se faz sentir, penetrando na intimidade do lar a cada noite, graças à programação radiofônica e televisiva especializada que preenche os horários tardios de grande parte das emissoras com a difusão de sessões de culto, clipes musicais e mensagens religiosas, ou mesmo o horário integral de algumas estações de rádio e TV, de propriedade das próprias igrejas, a exemplo da TV Record, adquirida pela Universal no início da década de 1990.

Essa visibilidade reflete o crescimento, sem dúvida extraordinário, das igrejas pentecostais e neopentecostais, ao mesmo tempo que também ajuda a promover a influência protestante no Brasil. No interior do protestantismo em seu conjunto, são elas, de fato, as que têm conhecido um aumento mais significativo do número de fiéis, que se multiplicaram, sobretudo nas três últimas décadas, com velocidade quase espantosa, a ponto de terem, sozinhas, índices de crescimento que quase chegam ao dobro daquele registrado entre as igrejas evangélicas tradicionais — representando 5,57% e 2,99%, respectivamente, da população brasileira, segundo os dados do censo demográfico de 1991 do Instituto Brasileiro de Geografia e Estatística, o IBGE. Calculava-se, ainda segundo estimativas do IBGE, que os evangélicos em seu conjunto deveriam ter chegado a constituir 10,95% da população em 1996, um aumento mais que significativo, quando se considera que em 1970 seu número chegava apenas a 5,17%.[40]

É certo que se torna difícil delimitar com precisão a categoria "evangélico", já que engloba um número importante de igrejas com grande diversidade organizacional, teológica e litúrgica. Na verdade, o termo é usado ora englobando o conjunto das igrejas protestantes, as chamadas congregações "históricas" assim como as igrejas pentecostais, ora referindo-se apenas às diversas modalidades do pentecostalismo, "clássico", "neoclássico" ou "neopentecostal". Assim, "evangélico" torna-se antes uma categoria "nativa", um rótulo identitário por meio do qual, no grupo disperso, se demarcam fronteiras, incluindo-se ou não determinados segmentos no interior do grupo de acordo com aquele que dele se utiliza, no constante processo pelo qual se desconstroem e se refazem identidades.[41] Entretanto, malgrado essas indefinições no discurso "nativo", sem dúvida, no processo de construção contrastiva e relacional da identidade, *visto de fora*, "evangélico" remete a um conjunto de características que traçam um perfil relativamente bem definido de um grupo que engloba um número cada vez mais significativo de pessoas. E isso não deixaria de ter consequências.

Na verdade, o crescimento dos evangélicos, que lhes deu visibilidade pública, se refletiu também no interior do próprio grupo, que desde a década de 1980 procura, e agressivamente, marcar sua presença na cena pública, valendo-se da participação política. O grupo que se tornaria conhecido como a "bancada evangélica" do Congresso Nacional, durante os trabalhos da Assembleia Nacional Constituinte, representou um primeiro exemplo, inédito, de participação, no interior de um grupo que historicamente se mostrara avesso à política.[42] Desde então, a cada eleição, o acompanhamento dos apoios, adesões, divergências e alianças de candidatos evangélicos, e das próprias igrejas com relação a outros candidatos, se tornaria uma tarefa obrigatória dos analistas da religião e da política no Brasil.[43]

Também não é estranha a essa projeção pública dos evangélicos a forma peculiar de organização de suas igrejas. Atuando de modo disperso, elas não contam com uma organização institucional capaz de sobrepor-se à sua fragmentação e às divergências internas que exibem, representando-as como unidade, a exemplo da Confederação Nacional dos Bispos do Brasil, a CNBB, com relação ao catolicismo, apesar de algumas tentativas recentes nesse sentido. Assim, gozando de extraordinária autonomia, cada uma se projeta no espaço social segundo a iniciativa dos pastores ou de suas comunidades locais, e muitas vezes o próprio crescimento numérico de sua membresia permite-lhes desenvolver organizações paraeclesiásticas que, sem estar diretamente subordinadas às igrejas, asseguram-lhes, porém, a possibilidade de aumentar o âmbito de sua influência em setores diversos da sociedade civil. Nesse terreno, a Igreja Universal do Reino de Deus representa ao mesmo tempo a culminação dessa tendência e, paradoxalmente, quase a sua negação. De fato, organizando-se cada vez mais de forma centralizada, um pouco à semelhança da hierarquia católica, ela pauta, no entanto, sua atuação em moldes empresariais, encarando a tarefa de ocupar o espaço público e granjear prestígio social em termos profissionais. Não só conta com um bispo para as funções de "coordenador político" de sua atuação na vida pública como, na esfera civil, constitui uma verdadeira corporação, controlando uma série de empresas, que vão do ramo das telecomunicações ao turismo, do setor gráfico ao jornalismo, da movelaria ao setor bancário, além de ser proprietária de uma empresa de consultoria que funciona como um holding, administrando os bens da igreja no Brasil e no exterior. O que é peculiar a essas empresas é que muitas delas têm como sócios-proprietários ou acionistas majoritários parlamentares do Congresso Nacional, de diversos estados e filiados a diferentes partidos. E com a mesma desenvoltura com que gerencia seus negócios terrenos, a Universal também governa seus negócios espirituais. O próprio recrutamento de seu clero também obedece a um modelo empresarial de tipo *franchising*, uma vez que os pastores "adquirem" seus postos mediante contrato com a igreja, com cláusulas bem definidas de obrigações e direitos, e cuja rescisão pode até mesmo dar lugar a processos trabalhistas.[44] Assim, a fé e os negócios demonstram poder sem dificuldade caminhar no mesmo sentido.

Tudo isso é novo no panorama religioso brasileiro, ou pelo menos assim parece. A fé católica no Brasil, graças à sua Igreja apostólica e romana, sempre procurou garantir sua projeção na vida pública, social e política, por meios menos diretos, mais elitistas talvez, já que dependentes da relação privilegiada da hierarquia eclesiástica com o Estado e os governantes, ou então de uma cumplicidade mais ou menos declarada, fundada no compartilhar de objetivos sociais e políticos comuns, com as classes dirigentes da vida social e política do país. Mesmo ao firmar declaradamente sua presença na vida pública, nos duros anos do regime militar, a Igreja falou aos governantes de modo direto mas de igual para igual, na altaneira distância de quem, mudando de rumo, sabe que suas bases de poder estão em outra parte, no seio do povo, ainda que este fosse apenas "o povo visto do altar", na vívida expressão de um analista.[45] A participação de seus fiéis na vida pública por meio da representação política jamais resultou numa ação coordenada nos moldes desenvolvidos pela "bancada evangélica". Nem seus sacerdotes, à exceção talvez dos tempos coloniais e do Império, engajaram-se tão direta e publicamente na disputa política, pleiteando cargos eletivos. A formação de seus quadros especializados, longa e dispendiosa, arrisca-se a todo instante a sofrer solução de continuidade, em face da ameaça sempre presente da "crise das vocações". Seu poder econômico, certamente um verdadeiro império, nunca foi alardeado de forma aberta e com orgulho. Ou, talvez, nem tudo seja tão novo, afinal. Talvez o que espante, ou pareça novo, e mesmo chegue a chocar, é ver através do *outro* — uma religião minoritária — aquilo que nos envolve de tão perto e desde sempre que acabou por se tornar invisível. Talvez tudo resulte apenas de uma diferença de *estilo*, mais contido e eivado de meandros e mediações — maquiavelicamente dissimulado, como talvez alguém dissesse? —, num caso, mais agressivamente declarado, noutro. A ética de Inácio de Loyola, ali, a de Lutero e Calvino, aqui. Dois estilos de ação privada marcando diferentes instituições religiosas, a do contato face a face, íntimo e pessoal, e a da iniciativa privada. Uma prova a mais, se fosse necessária, de que diferentes religiões comportam diferentes cosmovisões, cosmologias, e de que é também a partir do seu interior que se definem as fronteiras entre o público e o privado. Nosso espanto, mediado pela ação do *outro* que produz o estranhamento, seria então, *a contrario*, uma prova a mais do grau de impregnação da cultura brasileira pelo etos católico, se provas fossem ainda necessárias. Talvez nem tudo seja tão novo, afinal.

O que importa registrar, porém, para além da novidade, é o modo como diferentes motivos, propulsionados por diferentes processos de desenvolvimento histórico, autônomos e separados, em diferentes circunstâncias sociais, envolvendo atores e visando setores distintos, se combinam para imprimir uma dinâmica própria ao processo de transformação do campo religioso brasileiro e promover a abertura do "mercado dos bens de salvação". Dessa forma, delineia-se um movimento simétrico e inverso no interior do catolicismo e do protestantismo, com relação à maior ou menor ênfase dada em momentos distintos a uma religiosidade íntima, devocional e comunitária, ou a um apelo mais abrangente à participação na vida pública, que se reflete na ética privada do fiel. Assim, enquanto o catolicismo se projeta na vida social e política, engajando-se decididamente na via da "opção pelos pobres", as igrejas evangélicas ainda se recolhem em uma religiosidade mais pessoal, quando muito comunitária, com base na experiência íntima da conversão. Ao contrário, é quando o catolicismo começa a viver a crise de apelo da Teologia da Libertação, com seu forte componente social e político, que as novas igrejas pentecostais emergem reivindicando sua participação na cena pública, por intermédio da disputa política em que se engajam seus líderes e mesmo da postura mais combativa de seus fiéis perante as demais religiões.

A característica peculiar dessas igrejas que vêm decididamente ameaçar a hegemonia católica nesse período não está, porém, nem em seu crescimento vertiginoso, nem em sua projeção pública inédita, nem em sua forma de organização, nem sequer no fato de terem feito da mídia eletrônica seu instrumento essencial de proselitismo e mesmo evangelização. O que as singulariza no panorama evangélico é que estas são igrejas *autóctones*. De fato, à diferença das igrejas pentecostais "neoclássicas" que as precederam, oriundas de empreendimentos proselitistas vindos do exterior, estas são igrejas nacionais, contando com líderes genuinamente brasileiros. E se é certo que os princípios doutrinários segundo os quais se organiza sua teologia são "importados", tendo sido originalmente formulados nos

Estados Unidos, é preciso reconhecer, contudo, que eles sofreram no Brasil um processo de reelaboração profunda, em especial na Igreja Universal do Reino de Deus. Na verdade, ao fazer da "guerra espiritual" uma agressiva arma de combate às demais religiões, ao catolicismo e em especial ao universo religioso afro-brasileiro, identificando neles a obra do Demônio que impede os homens de gozar de todos os benefícios que Deus lhes concede no momento em que o aceitam como Senhor, segundo ensina a "teologia da prosperidade", a Igreja Universal conseguiu reapropriar em seu benefício, mas pelo avesso, um rico filão da fé já dado na tradição das religiosidades populares no Brasil. E é nessa *retradução* doutrinária em termos das linguagens espirituais mais imediatamente próximas, no contexto brasileiro, que reside um dos fatores fundamentais do seu êxito.

Em particular no caso das religiões afro-brasileiras, essa situação seria francamente inquietante, não fosse pelo caráter quase habitual, nesse universo, da distorção de significado a que foram constantemente submetidas suas práticas e crenças. Oriundos do mundo da escravidão, os *candomblés*, *xangôs* ou *batuques*, como são chamados em diferentes regiões do Brasil, são o resultado de um amálgama peculiar entre distintas formas de religiosidade de nações africanas aqui forçosamente obrigadas ao convívio pelo poder do colonialismo escravocrata, ao mesmo tempo que também se transformam, em contato com o mundo do catolicismo do colonizador branco e com as religiões dos povos indígenas nativos da América. Assim, as tradições religiosas, fundamentalmente centradas no culto dos ancestrais, dos povos banto — congo, angola, quiloa, rebolo, benguela —, mais cedo incorporados ao processo de colonização,[46] bem como o rico universo jeje do culto dos *voduns*,[47] as formas religiosas fantiachanti ou de nações islamizadas como os haussá, mandinga, fula e outros, acabariam, em muitos casos, por se fundir ou confundir no panteão de origem nagô ou ioruba — keto, ijexá, egbá — do culto dos *orixás*.[48] De fato, no Brasil, em detrimento das demais etnias,[49] esses grupos passaram a ser encarados pelos estudiosos quase como paradigma da *pureza* das religiões afro-

-brasileiras,[50] considerando-se que teriam tido condições de conservar mais de perto suas tradições de origem pelo momento tardio — já no século XIX — em que significativos contingentes de escravos provenientes da Nigéria ou do Daomé são incorporados ao mercado brasileiro. Neles se incluiriam, em alguns casos, membros da realeza e de castas sacerdotais, o que permitiu uma certa aglutinação, ao seu redor, de súditos e devotos que estão na origem de algumas das mais importantes casas de candomblé do Brasil, ou *terreiros*, como seriam mais conhecidos.[51]

Entretanto, visto em perspectiva, e do ponto de vista dos próprios africanos no Brasil, esse fenômeno, que significou uma certa autonomia na organização dos seus cultos, seria relativamente recente. Sob as condições da escravidão, suas tradições culturais e religiosas só poderiam subsistir de modo fragmentário, expressando-se em meio aos *batuques* e *calundus* cuja presença é amplamente atestada nos documentos do período colonial[52] e na literatura dos viajantes,[53] sendo tomados no mundo dos senhores por "divertimento" a que se entregavam os negros, consentidos em razão dos benefícios morais e políticos que deles se esperava, isto é, a tranquilidade da senzala e a submissão dos escravos. Menor complacência, porém, teriam senhores e autoridades eclesiásticas para com as práticas mágicas indissociáveis dessas formas de religiosidade que, vistas como *feitiçaria*, foram objeto de constante perseguição pelos visitadores do Santo Ofício.[54] Mesmo após a independência, a missão cristianizadora que dera sentido ao empreendimento colonial português no ultramar e agora presidia à construção do Império no Brasil não se cansaria de condenar as práticas pagãs e a lassidão moral que campeavam soltas nas senzalas,[55] aparentemente desmentindo os esforços de integração dos escravos às devoções do catolicismo que se multiplicavam desde os primeiros tempos da colonização. Em fins do século XIX, porém, não seria tanto em nome da teologia quanto da ciência que as práticas religiosas dos africanos e seus descendentes no Brasil seriam objeto de nova desqualificação. Sob o signo do evolucionismo, a evidente miscigenação racial a que dera lugar a colonização no Brasil aparecia agora como risco de inviabilização da própria nação,[56] e as religiões afro-brasileiras figuravam práticas "animistas" e "fetichistas" habituais entre os povos "inferiores", como eram então considerados negros e índios no Brasil, sendo assim classificadas até mesmo pelos homens de ciência que se dedicaram ao seu estudo, nas primeiras décadas deste século.[57] Nesse período, e mesmo ao longo das décadas de 1930 e 1940, em nome de um novo projeto civilizatório, que incluiu desde extensas reformas urbanas na capital federal[58] até uma nova política sanitarista e depois eugenista para todo o país, os terreiros de candomblé passariam a ser objeto de rigorosa perseguição por parte da polícia e do Poder Judiciário, sendo igualmente denunciados como "curandeirismo" pela corporação médica seus ritos de caráter mágico-religioso.[59]

Assim, as religiões afro-brasileiras adentrariam o período de modernização da sociedade brasileira que se anuncia nos anos 1930 ainda sob o duplo peso da estigmatização e da perseguição. Não por acaso, será em meio à elite intelectual, retomando uma tradição já de finais do século XIX e início do XX, representada por exemplo por Aluísio Azevedo e Euclides da Cunha, que escritores e artistas dissidentes, como os participantes da Semana de Arte Moderna em São Paulo, ou francamente de esquerda, como Jorge Amado, procurarão, ao longo dos anos 1920 e 1930, resgatar em algum sentido positivo as tradições culturais dos africanos no Brasil, revalorizando suas práticas religiosas como constitutivas da própria identidade da nação,[60] ao mesmo tempo que se denunciam as condições de abandono e pobreza a que foram relegados os negros no país.[61] Assim também, entre os acadêmicos, Gilberto Freyre, com a publicação de *Casa-grande & senzala*, em 1933, inauguraria uma outra vertente dos estudos sobre o negro no Brasil, em que a contribuição das culturas africanas é incorporada de modo positivo — a ponto de inverter o viés racista dos teóricos marcados pelo espírito evolucionista, para dar lugar ao elogio da miscigenação —[62] numa tradição que seria desenvolvida por Arthur Ramos,[63] Edison Carneiro,[64] e posteriormente retomada por pesquisadores estrangeiros como Roger Bastide[65] e Pierre Verger.[66]

Por outro lado, entretanto, ainda nos anos 1920 ou 1930, as religiões afro-brasileiras conheceriam uma tentativa inédita de legitimação, que resultaria paradoxalmente em uma nova desqualificação e, ao mesmo tempo, na criação de um novo tipo de culto, a *umbanda*, que viria a constituir uma das formas de religiosidade mais populares no Brasil. De fato, sob a forte influência da mentalidade cientificista de fins do século XIX representada pelo evolucionismo e o positivismo, a criação na França, por Allan Kardec, de um espiritualismo que não mais se opunha à ciência, mas antes procurava incorporá-la em benefício de suas crenças, representaria, no Brasil dos anos 1930, um importante instrumento de reapropriação das religiões mediúnicas afro-brasileiras, inicialmente no Rio de Janeiro e logo em outros centros urbanos, por parte de uma pequena burguesia branca, urbana e letrada, que assim prestava homenagem ao espírito nacionalista do tempo ao criar uma religião "autenticamente brasileira", sem com isso abrir mão do projeto civilizatório que por décadas tinha servido de base à condenação desses cultos.[67] Incorporando à crença do kardecismo na possibilidade de comunicação com os mortos a tradição de culto aos ancestrais herdada sobretudo dos povos banto, e uma moral que reivindica a herança das virtudes cristãs, em especial a caridade, à pretensão de cientificidade da "evolução" até mesmo no plano espiritual, a umbanda procurará "expurgar" as religiões afro-brasileiras de alguns de seus aspectos mais "bárbaros", considerados próprios a uma forma de religiosidade "inferior". Por exemplo, o sacrifício de animais, visto como característico do "baixo espiritismo", da *macumba* ou da *quimbanda*, será abandonado pelos fiéis da umbanda que, em contrapartida, procurarão dedicar a finalidades mais "altruístas", de cura de doenças físicas e mentais, e de aconselhamento sobre problemas da vida pessoal, familiar ou profissional dos indivíduos, as *jiras* nas quais se incorporam, além dos orixás dos ritos jeje-nagô, exus e pombajiras, também espíritos de pretos velhos e caboclos, boiadeiros ou ciganas, nas *sete linhas* características do culto.[68] Garantia-se assim uma nova respeitabilidade — branca, civilizada e nacionalista — a religiões até então desqualificadas como próprias de negros incultos, mas ao preço de uma transformação que resultaria na "morte branca do feiticeiro negro", como qualificou com propriedade esse processo um analista.[69]

Entretanto, sob essa nova roupagem umbandista, as religiões afro-brasileiras, ao lado do espiritismo kardecista, rapidamente ganham adeptos ao longo das décadas de 1940 e 1950, embora ainda não se façam representar pelo próprio nome nas estatísticas dos censos oficiais, sendo a fé umbandista quase sempre escondida pelos próprios recenseados sob o rótulo genérico e bem mais legítimo de "espíritas" e, principalmente, ainda "católicos".[70] Mas é sobretudo na década de 1960 e em especial nos anos 1970 que a umbanda passará a granjear um crescente número de adeptos, superando o espiritismo kardecista em número declarado de fiéis e passando a inquietar também a Igreja católica, que então já sofria uma significativa concorrência por parte do protestantismo de conversão das novas igrejas pentecostais em expansão no período. Não por acaso, talvez, os censos passarão, a partir de 1964, a distinguir, no interior do "espiritismo", os kardecistas dos umbandistas, possivelmente pela legitimidade de que sempre gozou o espiritismo, por sua filiação positivista, junto aos círculos militares, assim como em razão do exacerbado nacionalismo anticomunista dos novos governantes que se apossam do poder nessa época. O que é certo, porém, é que, no espaço deixado em aberto pela disputa que separava os governos militares dos setores da Igreja católica já então em franca oposição ao regime, nunca cresceu tanto como nos anos 1970 o número de centros de umbanda e de federações umbandistas, que agora já não necessitariam requisitar da polícia autorização para o seu funcionamento mas seriam devidamente registrados em cartório por todo o país.

Já se associou, e com razão,[71] a gradativa legitimação das religiões afro-brasileiras, e em especial os sucessivos surtos de expansão da clientela da umbanda, ao processo de modernização que progressivamente toma conta da sociedade brasileira a partir da década de 1930 e se acentua nos anos 1950 e 1960, com a crescente expansão da industrialização e urbanização servindo como forte polo de atração para a migração interna, num processo que a consolidação do novo modelo econômico trazido com a era dos governos militares viria a ampliar ainda mais nos anos 1970. Assim, marcados por transformações sociais significativas, que se acentuam a cada década como um divisor de águas qualitativo em um processo contínuo, esses anos assinalam os períodos em que tais religiões conhecem um maior índice de crescimento. Não por acaso, também as igrejas pentecostais e os centros espíritas kardecistas passam então por um processo de expansão análogo ao dos centros de umbanda.[72] Ao mesmo tempo que a Igreja católica acabaria por voltar-se progressivamente para a esfera pública, demonstrando um engajamento social e político cada vez maior, aumentaria também a procura por essas religiões de intimidade e intervenção mágica no mundo como forma de poder.

Por outro lado, o *candomblé*, cuja presença numa cidade como o Rio de Janeiro já se evidencia desde o início do século,[73] registrando-se também, ao modo oblíquo do tempo, os intercâmbios constantes que as comunidades negras locais mantêm com centros como Salvador e Recife,[74] só na década de 1960 chegaria à metrópole paulistana. As condições socioeconômicas e culturais do período — o processo de metropolização da cidade que se acentua, o aumento da solidão do indivíduo num mundo cada vez mais sem referências fixas, a ausência de respostas institucionais, laicas e religiosas, às suas aflições, a influência da contracultura que se faz sentir em escala planetária, levando à busca, em culturas distantes e exóticas, de novos modelos de sociabilidade, novos sistemas de valores e uma nova espiritualidade, num mundo que começa a registrar sintomas de crise profunda — já foram invocadas como responsáveis pela atenção que passam a despertar entre as classes médias urbanas os cultos afro-brasileiros. Longe do estilo mais ascético da umbanda, essas religiões representariam assim a versão doméstica de um "exótico" que já não se necessita buscar nos modelos indianos da contracultura hippie. Intelectuais e artistas do eixo Rio-São Paulo se encarregariam de tornar conhecidas por todo o Brasil as referências aos candomblés da Bahia, ao mesmo tempo que, nos próprios meios religiosos afro-brasileiros, se iniciaria o movimento de "retorno às origens", invertendo o processo de legitimação que levara os candomblés a se diluir na versão mais soft da umbanda — agora, são os centros de umbanda que se "reconvertem" em terreiros de candomblé, tendo como modelo "puro" de religiosidade afro-brasileira a versão dos terreiros nagô da Bahia.[75] Só mais tarde os próprios baianos — suas elites intelectuais e políticas — reinventarão por inteiro a "Bahia negra", incorporando o candomblé ao patrimônio afro-brasileiro que se "resgata", juntamente com os afoxés carnavalescos, o Olodum e a axé music.[76]

Contudo, ao lado dos motivos de ordem social mais ampla, é preciso refletir também sobre as razões estruturais, inerentes às próprias religiões afro-brasileiras, que levam à sua legitimação crescente e sua aceitação cada vez mais ampla, inclusive por parte de elites que durante séculos só tinham visto nelas prova do atraso brasileiro e motivo de inquietação quanto à viabilidade de uma sociedade plenamente civilizada entre nós. Ao contrário da umbanda, que desde a sua criação se organizou segundo um modelo burocrático de funções que, para além da autoridade religiosa, ou sobrepondo-se à sua hierarquia, articulam sacerdotes e fiéis em instituições de direito civil agregadas em federações, a organização dos terreiros de candomblés, por razões históricas e mesmo de ordem cosmológica,[77] sempre obedeceu a um modelo inteiramente centrado na ordem do privado. Religiões de possessão essencialmente baseadas no culto dos ancestrais, elas sempre foram centradas nas estruturas de parentesco, voltando-se para a interioridade do indivíduo para mostrar seus vínculos com uma ordem cósmica de que ele participa como herdeiro e artífice.[78] Se entre os povos banto a religião se fundava numa cosmologia que fazia da encruzilhada, local por excelência de culto aos ancestrais e práticas iniciáticas, o ponto focal de contato entre o mundo dos homens e o *outro* mundo,[79] em nações africanas de origem jeje-nagô, o culto dos orixás teve em suas origens ancestrais divinizados, criando assim cultos dinásticos de cunho regional,[80] sem a abrangência generalizante que o panteão recriado no Brasil viria a conhecer. Assim, enquanto o apelo comunitário dessas religiões encontra seu fundamento em divindades hereditárias de famílias ou clãs, que ampliam seus atributos para se acomodarem ao convívio com deuses de tradições religiosas de distintos grupos étnicos, a própria organização interna dos terreiros reflete uma transformação simétrica e inversa àquela que se produz no mundo de *inquices*, *orixás* e *voduns*, fundando-se na reconstituição, no plano ritual, de uma ordem de parentesco mítica à qual os indivíduos se integram por meio da iniciação, passando a pertencer a partir de então a uma família de santo.[81]

Tudo isso reflete o complexo processo de reelaboração pelo qual passaram as religiões afro-brasileiras sob as condições da escravidão que, pela repressão mesma a que deram lugar, as ajudaram a manter-se encerradas na ordem do privado, fechadas sobre si mesmas, acentuando as características do segredo dessas religiões iniciáticas e a estrutura comunitária das práticas mediante as quais os indivíduos se religam à totalidade do cosmos nos ritos de iniciação, nas formas de culto ou nas práticas mágico-rituais que os sustentam no plano cósmico diante das vicissitudes da vida cotidiana. Mesmo a versão mais sincrética dessas crenças, na umbanda, apesar de sua organização institucional burocrática, nem por isso se voltará menos para as necessidades materiais e morais do indivíduo, nas agruras do sofrimento, da doença ou da pobreza, num movimento paralelo ao que é desenvolvido pelas igrejas pentecostais na mesma época, em face de um catolicismo cada vez mais voltado para a vida pública. Em tempos de transformação social, vividos como crise de civilização, é esse sentido de pertencimento comunitário, envolvendo na intimidade doméstica de uma família as figuras do sagrado, o que as elites intelectuais iriam reencontrar nos terreiros, como, antes deles, os migrantes rurais haviam ido buscá-lo nas religiões evangélicas.

Compreende-se assim que, diante da expansão do mercado dos bens de salvação, a Igreja católica, apostólica e romana passe progressivamente a ver ameaçada sua hegemonia, no interior do campo religioso brasileiro. É preciso dizer, todavia, que não basta entender a dinâmica do mercado dos bens de salvação e a oscilação entre o polo público e o privado da ênfase eclesial, doutrinária ou litúrgica das principais confissões que integram o campo religioso brasileiro, que esse breve esboço de evolução histórica desde a década de 1930 procurou resumir. O panorama atual do campo religioso no Brasil sem dúvida guarda as marcas da profunda transformação por que passou em pouco mais de meio século, e a lógica do mercado certamente impulsiona a diversificação da oferta dos bens de salvação a que têm acesso, de modo cada vez mais privatizado, indivíduos que hoje vivem mais de perto a crise das instituições e os dramas da fragmentação da experiência do mundo característicos das sociedades contemporâneas que já vêm sendo chamadas de pós-modernas. Entretanto, isso não é tudo. É preciso avaliar também o *espírito* que preside a essas transformações, entender o etos e a visão de mundo diferenciais que cada religião procura tornar congruentes ao seu modo específico[82] e que se desfazem e refazem, ou se esboçam e consolidam, ao longo desse processo, sob pena de se reduzir o significado da religião a epifenômeno do social, e assim avaliar mal o impacto das diferentes religiosidades que se confrontam no campo religioso contemporâneo no Brasil, da perspectiva da vida privada.

O ETOS CATÓLICO E AS RELIGIÕES NO BRASIL

Os estudiosos das religiões sempre reconheceram, no Brasil, desde os tempos coloniais, a curiosa mistura por meio da qual uma Igreja católica plenamente atuante na vida pública graças ao seu vínculo com o Estado, capaz portanto de promover a legitimidade do poder ou gerenciar a economia moral da propriedade privada, ainda que esta se referisse a outro ser humano, o escravo,[83] foi igualmente capaz de acomodar-se ao etos da sociedade em que se inseria[84] e assim incorporar sistemas de crenças particularistas e locais, adaptar-se a devoções de cunho privado e mesmo incentivá-las, como no caso das confrarias e irmandades,[85] ou criar práticas religiosas e devocionais de marcada característica intimista, como a que se traduz, por exemplo, nos *ex-votos* populares encontrados por toda parte no país. De fato, como assinala Moura Castro[86] a propósito das tábuas votivas do século XVIII em Minas, uma vez que vinham já prontos de Portugal os retratos oficiais de reis e autoridades, e não se tendo desenvolvido nas Gerais durante o ciclo do ouro uma classe de poderosos locais suficientemente estável para fazer-se perpetuar na tela dos pintores, ficou a cargo das pinturas de fatura rústica, dedicadas como ex-votos ao Cristo, à Virgem e aos santos, a responsabilidade de nos transmitir uma imagem da vida privada do tempo, refletida nas situações em que a religião é chamada a intervir, e que revela, em suas formas despretensiosas e às vezes pitorescas, os vestuários, os ambientes ou os hábitos daquela época.

Pintado geralmente em madeira de cedro, o ex-voto com frequência "mostra um aposento em que o ofertante se encontra acamado, quase sempre usando uma touca. O leito é reproduzido com riqueza de detalhes: lençóis alvos e rendados, mesmo quando o milagrado é de condição humilde, travesseiros roliços e muitas vezes um dossel, quase sempre vermelho, para proteger dos maus ares e talvez dos maus espíritos. O cortinado se arregaça para permitir que se veja a cabeceira da cama rústica. Nota-se a falta de cadeiras, nesse tempo ainda raras e privilégio das autoridades. Nos exemplares mais eruditos, elas às vezes aparecem, assim como outros móveis e algum detalhe arquitetônico. O santo protetor flutua envolto em nuvens convencionais, no plano superior ou a um canto do quadro. Uma faixa inferior é reservada ao texto que descreve de maneira sumária o ocorrido e costuma mencionar o nome do ofertante e a data em que ocorreu o milagre".[87] E a lista dos eventos miraculosos é extensíssima. O mais frequente é sem dúvida a cura de doenças de variada sorte, tal a que se registra como "M. M.

q ffez S. S. Anna, ahũ preto Luis escravo de Luiz Pra. que quebrando hũa perna pella Coixa e sendo Emcanada 3 vezes, sem denehuma soldar lhe abrio o Syrorgião a perna e serrando-lhes as pontas dos ossos por entercessão da milagrosa S. se vio Sam em 20 8tubro de 1732".[88] Mas há de tudo, como motivo de agradecimento, entre os milagres: enfermidades que vão de *istupor* a picada de cobra e gangrena, tentativa de assalto, nada incomum nos perigosos caminhos do ouro de então, e de que saiu ileso o atacado, risco de encalhe de um negreiro vindo de Angola com sua preciosa carga e que por intercessão de Santana pôde chegar a salvo ao porto, ou até mesmo as penas do amor, como se descobre em um ex-voto, não pintado mas escrito em forma de mandala, no qual se expressa um curioso *contrato* entre o eterno e o homem sofredor: "Devo q pagarei ameo gloriozo Padre Santo Antonio a qtia de 40 $ pa= minha mulher arependase de tudo q me tem feito o q for de mal pa= ella fique dezatinada pa. vir embora se este grande santo assim fizer obrigo a pagar adita qtia e qdo não pague obrigo meos bens presente e futuro pa. clareza paso esta q me assino Paciencia 19 de Fever 89 Gil Ferreira da Silva".[89]

Essa presença constante do sagrado, inextricavelmente imbricada com as comezinhas mazelas cotidianas da vida humana, mostra o quanto o catolicismo colonial brasileiro é, antes de tudo, impregnado de magia, uma religião íntima e próxima, que tem, nos santos, benévolos intercessores dos homens junto à divindade. E que dos santos se possa esperar com confiante e inocente certeza o milagre sempre possível, numa infinita variedade de situações do dia a dia, é o que registra um curioso sermão de Vieira sobre as múltiplas invocações de santo Antônio:

> Se vos adoece filho: Santo Antônio; se vos foge um escravo: Santo Antônio; se mandais a encomenda: Santo Antônio; se esperais o retorno: Santo Antônio; se requereis o despacho: Santo Antônio; se aguardais a sentença: Santo Antônio; se perdeis a menor miudeza da casa: Santo Antônio; e, talvez, se quereis os bens alheios: Santo Antônio![90]

Mais ainda, os santos eles próprios são figuras próximas, que se misturam com tranquila familiaridade à intimidade da casa e aos afazeres domésticos cotidianos, como indica um *bendito* ainda hoje cantado na região do São Francisco:

Santa Madalena
escreveu a Jesus Cristo.
O portador que levou
foi o Padre São Francisco.

Lá vem Santa Catarina,
com seu favinho de mel.
Veio fazer a papinha
para Divino Manuel.[91]

Mas esse catolicismo, cujo etos barroco aqui se reinventa, na distância da metrópole, a organização corporativa dos ofícios ou das devoções e a lassidão que a natureza dos trópicos e o convívio com índios e negros escravos propiciam, é também o que escande no plano do sagrado a vida pública por meio da festa, forma imprescindível de legitimação do poder e de incorporação desses diferentes estoques étnicos e culturais que aqui se confrontam e aos poucos se fundem, num Brasil em formação. A heresia não é apenas a referência mítica dos primeiros tempos do cristianismo em luta contra os pagãos sob o Império romano, nem a lembrança histórica dos tempos heroicos de reconquista da Europa cristã ao domínio do mouro, mas o amargo pão cotidiano com que a duras penas se alimenta a fé nas ordens religiosas, dos jesuítas primeiro, logo dos beneditinos, franciscanos, carmelitas e mercedários, confrontados com a inconstância da alma dos selvagens da terra[92] e, depois, com a "boçalidade" dos negros trazidos da costa africana, aparentemente incapazes, como os indígenas, de entender os mistérios da fé cristã. Assim, o espírito da Contrarreforma logo se encarregará de recriar aqui, com outros meios e em outras bases, o fausto europeu da "sociedade do espetáculo" e o etos barroco de sua cultura, pondo a arte a serviço da fé.[93] Desde os primeiros tempos jesuíticos, o teatro, a música, o canto, a dança e a poesia haviam se integrado ao arsenal catequético, evidenciando que era preciso aturdir as almas simples para conquistá-las e elevá-las por meio da imaginação e dos sentidos à grandeza inefável do sagrado. Mais tarde, a forma de construção dos templos, a profusão decorativa de suas talhas, a perfeição do entalhe e da encarnação dos santos, o esplendor do ouro que reluz em seus ornamentos e se alia à prata para dar aos objetos litúrgicos uma luz própria, a música, o canto e a oratória do sermão se encarregarão de produzir essa atmosfera mágica em que as verdades da fé impregnam a alma pelos cinco sentidos, em meio à névoa perfumada do incenso.

> A arte barroca tem que ser vista com os olhos da alma. Tudo o que nela se manifesta aponta para o invisível, o impalpável, o imponderável. Nada nela é estável. Sua lógica é dinâmica, interpolada. A arquitetura monumental das igrejas altera as percepções convencionais de espaço, luz e sombra e manipula a orientação urbana monopolizando os relevos, controlando as perspectivas e presidindo as praças. As imagens nos templos se movem, assumindo seu misterioso esplendor, quando conduzidas nos palanquins das procissões. É nas festas e celebrações, portanto, que o Barroco realiza plenamente sua magia aglutinadora. Então toda a cidade se move."[94]

Como um condensado cultural, evento em que "um ideal moral, religioso e poético ganha expressão estética, entre a vida comum e a arte",[95] a festa barroca pode assim ser lida como um *texto* no qual a sociedade fala sobre si mesma por meio da ritualização dos valores que impregnam em profundidade o cotidiano de seus membros,[96] tornando-se, portanto, índice privilegiado de mentalidade.[97]

Na verdade, desde os tempos coloniais, o catolicismo brasileiro traz a marca desse etos festivo. Nele, tudo dá lugar à celebração. Firmemente entranhadas na sensibilidade dos primeiros colonizadores, as devoções tradicionais do Reino desembarcam no Brasil já com os jesuítas e logo se transplantam para as celebrações nos aldeamentos indígenas, para depois ganhar os povoados, vilarejos e vilas que aos poucos irão se estendendo pelas capitanias, de norte a sul. O anjo Custódio, protetor do Reino, são Jorge guerreiro, cuja imagem a cavalo é acompanhada por guarnições militares nas procissões, são Sebastião que nos defende contra a peste, a fome e a guerra, o santo Antônio das mil invocações de Vieira, são exemplos dessas devoções.[98] Ao lado delas, são Miguel Arcanjo, indissociável da devoção às Almas, já que lhes rege o destino, decidindo, à inclinação de sua balança onde se contrapõem o peso das virtudes e o dos pecados, o caminho de glória ou de purgação a ser dado ao homem após sua morte. Não por acaso, essa é uma devoção que cresce no ciclo do ouro, tempo de ganância, cobiça e dos muitos crimes que se praticam em seu nome, e no qual a salvação do pecador é muitas vezes barganhada ao peso do ouro do pecado, em troca das missas perpétuas que a Irmandade de São Miguel e Almas se compromete a mandar rezar pelo espírito desgarrado. O Senhor do Bonfim e Nossa Senhora da Boa Morte são também invocados, com o mesmo fervor e idêntica finalidade.

No entanto, as celebrações maiores são as que se desdobram ao longo do calendário litúrgico, a festa de Reis, quando por tradição se coroa um rei negro e de que o Rei de Congo se tornaria o exemplo mais característico, a Semana Santa, com sua liturgia solene e suas procissões, entre a dor da morte do Cristo e o júbilo de sua ressurreição, e sobretudo Corpus Christi, a solenissima celebração da transubstanciação do Corpo de Deus, dando lugar ao cortejo que se desenrola por ruas esparzidas com ervas odoríficas e cuja passagem é saudada pelo povo das janelas recobertas por finos damascos e brocados. Logo será a festa do Divino Espírito Santo, celebração da abundância bem mais próxima de antigas tradições pagãs e que o cristianismo integra ao calendário litúrgico para neutralizar o poder de permanência da crença herética, como faz também com as celebrações do solstício de verão e das colheitas, com seus ritos mágicos, entre fogueiras e fogos de artifício, convertidas em festas em louvor a santo Antônio, são João e são Pedro, ou o solstício de inverno, com o qual faz coincidir a comemoração do Natal, com seu cortejo de folguedos.[99] Juntamente com estes, celebram-se com grandes festividades também os santos padroeiros, entronizados ao sabor do calendário de descobertas ou fixação da gente cristã no imenso território, bem como os santos patronos, encarregados de velar pelos membros das distintas corporações de ofícios, mecânicos e liberais, e logo também pelas associações leigas que se integram à Igreja nas confrarias, irmandades e ordens terceiras. Estas se distinguem segundo a categoria social dos que delas fazem parte e sua condição étnica, que separa brancos, negros e pardos, colocados aqueles sob a proteção do Santíssimo Sacramento, são Francisco ou as diversas invocações da Virgem, enquanto estes se agrupam sob a invocação de são Benedito, santa Ifigênia, santo Elesbão, a Senhora do Rosário, ou então, para os pardos, são José, o Senhor da Cruz ou são Gonçalo.[100] Contudo, quer delas façam parte homens brancos, negros ou pardos, as confrarias, irmandades e ordens terceiras compartilham um mesmo empenho: fazer construir e ornar suas igrejas com a máxima riqueza e reunir o melhor de seus recursos para o lustre de suas festas. É esse código partilhado do prestígio e da fé que transforma a competição em que todas elas se engajam, na execução da tarefa comum, em motivo de um extraordinário surto de criação, que faria multiplicar o esplendor da arte barroca por todo o território conquistado à brenha da selva pelos paulistas até o século XVIII.[101]

Entretanto, num outro registro, a sociedade colonial brasileira vive com intenso esplendor também um outro tipo de festividades, que chamaríamos civis, ou, talvez, cívicas, e cuja celebração, compulsória — assim como a de algumas festas religiosas consideradas oficiais, como o anjo Custódio, Corpus Christi ou os santos padroeiros —, tem lugar nas vilas de todas as províncias, por ordem do Senado da Câmara. Associadas aos ritos mundanos do poder temporal, a elas dão ensejo eventos significativos que envolvem a família real e a monarquia, do casamento de um príncipe ao nascimento de um herdeiro da Coroa, da morte de um monarca à aclamação do seu sucessor, passando também pela celebração das vitórias do reino sobre os inimigos, mouros a princípio, e logo espanhóis, nas guerras da Reconquista. E ainda na mesma chave se registram os festejos em ação de graças por ver-se livre a nação dos mais diversos perigos — a doença do rei ou a seca, a fome e a peste em meio ao povo, bem como os crimes políticos e a sedição, como ainda se veria no Brasil em 1792, por ocasião do julgamento dos inconfidentes e a execução de Tiradentes, celebrados no Rio de Janeiro e nas principais vilas de Minas com *te deum* e encenações de teatro em praça pública, ou sessões literárias no Senado da Câmara, como demonstração de júbilo por se acharem seus habitantes "livres do contágio" do projeto sedicioso.[102]

Nem espanta que um tão amplo rol de celebrações se incluísse entre as festas civis. Na concepção política do tempo, sustentada por uma cosmologia arcaica, que ordena em um mesmo eixo de homologias o espiritual e o temporal, a ordem sobrenatural, a natureza e a ordem social, não há, exceto pela humana falha no uso do arbítrio, distância entre a vontade divina e o funcionamento do corpo político, um "homem artificial" que tem como cabeça o monarca, no dizer de Thomas Hobbes, sendo a hierarquia social e de poder parte de uma ordem natural. Há muito o estudo das sociedades ditas "primitivas" nos ensinou a compreender o fundamento sagrado dessas formas de poder que suspendem a uma ordem cósmica os mínimos atos do seu exercício, e que fazem da política teatro e espetáculo, envolvendo em tabus e ritualizando ao extremo tudo o que cerca o governante ou lhe diz respeito, sob pena de ver desencadear-se uma série irrefreável de calamidades.[103] Também no Ocidente, desde os tempos medievais, se aprendera nas celebrações de Corpus Christi o valor da exibição simbólica espetacular dos mistérios da fé nas procissões e nas festas, fórmula que não só serviu de modelo à sacralização do poder real nos albores do absolutismo, graças à teoria dos "Dois

Corpos do Rei",[104] como também inspirou à realeza a compreensão do valor das entradas festivas ou do uso espetacular das insígnias — efígies, estandartes, bandeiras — tão cruciais em períodos de liminaridade, e que permitiria à monarquia triunfante aprender a proclamar, em ocasiões como o passamento de um monarca: "Le Roi est mort! Vive le Roi!".

Assim se compreende que, nas celebrações a que dá lugar esse tipo de religiosidade, não se possam distinguir com precisão as fronteiras entre o sagrado e o profano, o fervor íntimo da devoção e a mais pura expansão da alegria festiva. Quer se trate de uma celebração devota, quer de um casamento real, o programa festivo extenso, às vezes se prolongando por todo um mês, é sempre o mesmo.[105] A festa se anuncia por meio de pregão, afixado em lugares públicos e depois feito de viva voz por personagens de fantasia, "máscaras", ricamente trajados, às vezes a cavalo, e que assombram ou divertem a todos, pela gravidade da compostura ou as brincadeiras que fazem ao longo das ruas, sejam eles ligados a uma irmandade religiosa ou ao Senado da Câmara. Depois, atendendo ao costume devoto ou à injunção do poder, serão providenciadas "luminárias" por várias noites consecutivas, que, numa atmosfera de *ensueño*,[106] "dilatar(ão) o império do dia sobre as trevas da noite", como escreve o narrador do *Triunfo eucharistico* em 1734.[107] Missas, *te deum* e procissões estarão invariavelmente no centro das celebrações, sendo o cortejo mais ou menos solene ou espetacular segundo a ocasião, e comportando as maiores festas, quase sempre, música, cantos e danças, às vezes mesmo declamações poéticas, em meio aos andores e carros alegóricos graças aos quais a procissão constrói em linguagem estética uma *narrativa* sobre as verdades da fé, a honra dos dignitários de Deus e a grandeza dos homens. Por isso, a posição que cada um ocupa no cortejo é sempre motivo de disputas, já que nele literalmente se exibe a ordem social que ganha forma visível, permitindo *ler* através desses lugares a hierarquia de prestígio e poder na sociedade.[108] Seguir-se-á também um espetáculo de fogos de artifício, e logo, na parte mais "profana" da celebração, apresentações de teatro, de "comédias" ou "óperas", "espetáculo de touros" ou "cavalhadas", tudo se concluindo às vezes com banquetes que oferecem uns aos outros as autoridades de governo ou eclesiásticas e os poderosos locais, acompanhados de "serenatas" noturnas.[109]

O que importa assinalar com relação a esse etos festivo do catolicismo colonial é que ele evidencia que a religião, graças à cosmologia arcaica em que se inscreve, constitui a *mediação essencial* entre o público e o privado. As celebrações da vida privada dos grandes da terra, sacralizadas, adquirem imediatamente significação pública, política. Conversamente, a organização privada da devoção, na irmandade religiosa ou por intermédio da corporação de ofício, ganha uma projeção pública nos eventos festivos, religiosos ou civis, sendo espaço de exibição de riqueza e de disputa de prestígio e poder na vida social. Por outro lado, nenhum país vive impunemente sob o império da união do poder espiritual e temporal, de Igreja e Estado, por quatro séculos, sem que isso deixe na sociedade e na cultura marcas indeléveis. Na longa duração da história, uma astúcia opera, que dá continuidade profunda a estruturas de significação onde se inscreve a marca da religião, nas fronteiras entre o público e o privado, para além, ou aquém, das vicissitudes das instituições que as moldaram originalmente, e talvez, inclusive, da inexorável lógica do "mercado dos bens de salvação".

O que é extraordinário nesse catolicismo barroco que embebe a sociedade e a cultura brasileiras em sua formação é o quanto ele é capaz de permanecer como modelo hegemônico de cultura e princípio de legitimação da ordem social, para além do tempo da história europeia em que se convencionou fixar a vigência do barroco como estilo de arte e visão de mundo. Em pleno século XIX, arcos de triunfo, como aqueles construídos para as procissões de Corpus Christi, continuam a enfeitar as ruas do Rio de Janeiro por ocasião de solenidades presididas por d. João VI, rememoração, ainda, das "entradas festivas" com que o espetáculo do sagrado, do poder de Deus ou da realeza, costumava aturdir as almas simples para convencê-las das verdades da fé ou da legitimidade da hierarquia das posições sociais neste mundo. Seria preciso esperar pelos novos ventos da modernidade, que trazem consigo o projeto de independência política e outro modelo de cultura para as elites, com a Missão Artística francesa que chega ao Brasil em 1818, para que aos poucos se desarticulasse esse complexo cultural que se condensa na festa e que se desagrega juntamente com as formas materiais que lhe dão sustentação, com o fim da organização corporativa dos ofícios e a decadência das irmandades, em face da ofensiva de romanização do catolicismo já então em curso. Entretanto, ainda ao longo de todo o Império, mesmo — e talvez sobretudo — durante o Segundo Reinado, sob o governo do monarca ilustrado d. Pedro II, se manteria a tradição das celebrações festivas da realeza, e o baile da Ilha Fiscal encontraria, nas ruas, a contrapartida das congadas dançadas pelos negros, autorizados a festejar com o rei o fausto e o esplendor daquele que seria o último ato da monarquia.[110]

Na realidade, as marcas do catolicismo barroco que assim se deixavam ainda entrever, afirmando sua permanência, evidenciavam que ele fora capaz de sobreviver precisamente por sua capacidade de soldar num mesmo todo o alto e o baixo, as elites e a grossa massa do povo, tendo por mediação fundamental esta forma por excelência sensível, sensual, essencialmente estética, de transmissão de um etos e de uma visão de mundo, representada pela festa. Graças a ela fora possível unir numa mesma totalidade de sentido de pertencimento o colonizador e o colonizado, o europeu, o indígena e o africano, o senhor e o escravo, com todas as ambivalências e ressignificações que esse processo comporta, porque a festa, nesse catolicismo, sempre se recusara a separar o sagrado e o profano, a forma erudita da cultura e sua difusão de massa, o local e o universal, o público e o privado. Só aos poucos, no final do século, essas associações, que causavam espanto e horror aos viajantes,[111] passariam a ser vistas com estranheza também pelas elites locais e, escasseando cada vez mais os eventos festivos que permitiam reunir num mesmo todo aquela variegada multiplicidade de elementos, estes permaneceriam, *disjecta membra*, fragmentários e no entanto disponíveis, prontos a se agregar a outras celebrações, na inevitável transformação que lhes impõem a dinâmica da cultura e o processo de mudança social que, desde o fim do Império e através da República, seguiriam se acentuando de forma contínua. Assim, abandonada pelas elites e pelo poder eclesiástico, a antiga glória da festa iria permanecer como memória ou forma viva apenas entre os segmentos populares — estes mesmos a quem, no mundo colonial, se destinava a pedagogia da festa —, entre os quais desaprenderíamos, contudo, a entender a forma da *cultura*, para não ver mais que a contrafação degradada do *folclore*.

Essas são, no entanto, as bases do catolicismo popular, que viria a ser chamado de "tradicional",[112] e que se expressa nas folias de Reis ou do Divino, na celebração do antigo poder de são Sebastião ainda invocado contra a peste, a fome e a guerra que continuam a perseguir como ameaça constante a existência dos pobres, nas festas dos santos padroeiros, nas comemorações juninas, nos pastoris e bumba meu boi dos autos de Natal.[113] São suas marcas que se veem nesses maracatus que, tal como o cortejo processional que o desfile das escolas de samba recria, se deslocam agora, inteiramente "profanos" — todavia, será mesmo assim? —, para o Carnaval,[114] bem como nessas congadas e moçambiques que ainda celebram são Benedito, a Senhora do Rosário e a Aparecida, nessas devoções de maio, mês de Maria, quando comunidades negras ainda coroam seus reis de Congo,[115] nessas ladainhas em latim que os velhos rezadores ainda são capazes de recitar, nessas procissões e romarias a santuários que se espalham do Bom Jesus da Lapa e dos Perdões ao de Pirapora,[116] e que continuarão, em pleno século XX, ao Juazeiro do Padre Cícero.

É para esse catolicismo do devocionário popular, no entanto, que a Igreja, sob o império da romanização, volta decididamente as costas. Considerado forma de exteriorização "vazia" da fé, expressão da ignorância do povo ou obra de perversão e maldade, a ele o clero livra um combate sem tréguas ao longo das décadas de 1930 e 1940. Ouçamos o que dizem a seu respeito os senhores bispos, cardeais e arcebispos. Sobre as procissões: "De mais a mais é necessário que se compreenda que a religião não consiste em passeatas, que chamam de procissões, acompanhadas de ruidoso foguetório e de luzes artificiais. É preciso que se saiba que é uma acerba ironia e uma sacrílega irrisão querer coroar uma festa religiosa com baile e outros divertimentos profanos e perigosos, onde o homenageado é sempre e somente o demônio [...]. Uma religião que apenas se reduz a exterioridades e aparências, que só alimenta os sentidos sem penetrar a alma, não é senão farisaísmo redivivo, verberado tão severamente por Jesus, nosso Rei".[117] Mesmo em 1949, no projeto para o I Sínodo da Arquidiocese de São Sebastião do Rio de Janeiro, o cardeal Câmara prosseguiria no mesmo tom:

> Toleramos nas procissões as bandas de música, contanto que só toquem de quando em quando, permitindo assim ao clero e ao povo cantar ou rezar orações adequadas.
>
> Velem os responsáveis pelas procissões para que as peças tocadas por bandas obedeçam às determinações da Comissão de Música Sacra, cujos membros poderão, inclusive, fornecer repertório adequado.
>
> Renovamos a proibição de desfilarem nas procissões meninos e meninas, imitando determinados santos e santas, tolerando-se apenas os chamados "anjos" desde que se trate de crianças menores de 12 anos, estejam convenientemente vestidas e convenientemente preparadas para servir de edificação dos fiéis.
>
> Confiamos aos párocos e reitores de Igrejas, mediante avisos oportunos, cientificar os fiéis dessas nossas determinações, levando-os a mudar para tornar mais esclarecido o testemunho de sua devoção e de suas promessas.[118]

A adequação, a conveniência, a moderação e o recato, tão ao gosto da sociedade burguesa ao qual, com seu espírito elitista de então, se amolda a Igreja católica, só poderiam mesmo levar sua hierarquia a ver com horror e assim procurar enquadrar as manifestações do catolicismo popular, tão diametralmente opostas aos desígnios da romanização. A modéstia das roupas e dos modos, o controle da moralidade, principalmente da liberalidade sexual, eram considerados essenciais para a expressão da verdadeira fé, assim como para o controle da perturbação da ordem à qual inevitavelmente conduziria qualquer excesso nesse sentido. Assim, ao término da V Conferência Episcopal realizada em Luz em 1941, a pastoral coletiva do episcopado da província eclesiástica de Belo Horizonte declararia:

> Quanto à celebração do mês de Maria, está inteiramente em vigor a nossa resolução nº 21, das conferências de Juiz de Fora, a saber: determinamos que na celebração do mês de Maria atenda-se mais à piedade que às pompas exteriores, eliminando-se as ornamentações mundanas e as iluminações perigosas, e devendo a coroação de Nossa Senhora ser feita apenas aos domingos, dias santos, e no encerramento, por meninas que não tenham mais de sete anos [...]
>
> Haja porém todo o cuidado em evitar os exageros e tudo o que poderia causar má impressão e prejudicar a santidade de que se deve revestir o culto religioso. Assim, por exemplo, devem ser evitados os atos muito demorados ou feitos com precipitação e sem aquela gravidade própria da casa de Deus. Deve ser evitada a multiplicação desnecessária de altares, imagens ou associações religiosas. Devem ser evitadas novas devoções não aprovadas, entre as quais a da visita domiciliar de Nossa Senhora ou outros santos, assim como a admissão de adultos ao ato da consagração à Nossa Senhora, com rito próprio de crianças, ou ainda, na consagração das crianças, o uso do padrinho, com oferta de esmolas ou de velas.[119]

Mas o principal inimigo da hierarquia católica seria mesmo a *folia* dos santos, uma das formas mais antigas de devoção popular, reminiscência da atuação das irmandades e do espírito festivo do catolicismo barroco evidenciada nesses grupos devotos que saíam em cantoria de porta em porta levando o estandarte do santo e cuja presença nas casas dos fiéis era considerada uma verdadeira bênção. Destinavam-se a angariar esmolas para a festa, que deveriam custear as bandas de música, os foguetes, as danças e as abundantes refeições servidas a todos os presentes, em franco desacordo com os propósitos da Igreja, que desejaria ver esse dinheiro melhor empregado servindo à compra de material do culto, reforma dos templos, sustento do clero e das vocações sacerdotais. Assim, ainda na década de 1920, em conferência realizada em Montes Claros com seus bispos sufragâneos, o arcebispo de Diamantina determinaria: "Continuem os sacerdotes no trabalho de supressão do maldito passatempo de folias, a pretexto muitas vezes de honrar os santos, aos quais injuriam os falsos devotos com os muitos escândalos dados nessas ocasiões".[120] No mesmo sentido, quase duas décadas mais tarde, a V Conferência Episcopal dos bispos da província eclesiástica de Belo Horizonte continuaria a insistir, em 1941: "Nas festas religiosas, de acordo com o Concílio Plenário Brasileiro, proibimos jogos e danças, assim como os meios impróprios para obter recursos para as despesas, entre os quais os sorteios de dinheiro e o peditório pelas roças com bandeiras e cantorias (folias). Proibimos igualmente os esbanjamentos das esmolas dos fiéis em banquetes e bebidas, e determinamos que sempre haja prestação de contas por parte dos festeiros".[121]

Todo esse posicionamento do clero trai o olhar estrangeiro da hierarquia que, sob a política de romanização, ignora o catolicismo popular ou francamente abomina a indefinição de fronteiras entre o sagrado e o profano, o público e o privado, que se expressa no espírito festivo que lhe é próprio. Interessada em delimitar com rigor essas fronteiras, para melhor firmar o poder da hierarquia eclesiástica e, ao mesmo tempo, produzir uma interiorização intimista da fé, num âmbito privado e familiar de devoção, a servir de modelo inclusive para organizações sociais mais amplas, como os Círculos Operários, a Igreja católica faz eco, em seus diversos níveis de condenação, a um outro olhar mais antigo, estrangeiro voluntário este, que em inícios do século passado, já em moldes burgueses, se "envergonha" de seu país e de sua cultura, diante de estrangeiros verdadeiros, ao testemunhar, em 1806, uma procissão de meninos penitentes, organizada pelos mulatos de Olinda "para edificar e mover a compunçaõ do povo de Recife, e turba ingleza, já alli estabelecida". Eis o que descreve o observador:

> Quase duzentos rapazes de nove e dezasseis annos com cabeça, e pés descalsos, mas vestidos de saccos, ou cassa branca, desfilavaõ em duas compassadas alas: em distancias medidas hiaõ no centro vinte, ou trinta figuras allegoricas, ou homens vestidos com os simbolos de todas as virtudes christans. Toda esta encamisada era precedida de Huma devota Crus, adeante da qual marchava um medonho espectro, figurando a morte, com arqueada e longa fouse na maõ esquerda e ferós matraca na direita. Sobressahia a toda esta penitente chusma um duendo, sob a forma do Demonio; ou hum Diabo em carne; o qual dançando continuamente o deshonestissimo — Lundum — com todas as mudanças da mais lubrica torpeza, acometia com — mingadas — a todos indistinctamente. Ora as graves e figuradas virtudes; ora os individuos penitentes; ora a glebe expectadora, ora as molheres, e innocentes donzellas nas rotulas de suas casas terreas; tudo sem exceiçaõ era acometido pelo tal Diabo. Por fim nas ruas mais solemnes, e deante das Gallarias mais povoadas de senhoras, aqui se desafiava com o espectro da morte, e dançavaõ a competencia do qual mais torpe, mais lubrico, mais deshonesto se ostentaria nos seos detestaveis, e ignominiosos movimentos![122]

Assim, nessa religiosidade popular, as formas simbólicas que laboriosamente haviam sido introjetadas por culturas africanas e indígenas, permitindo que por meio delas se integrassem segmentos étnicos distintos à sociedade e à cultura brasileira em processo de formação, eram já — ou pareceriam ser — ininteligíveis a uma elite branca que não se reconhecia ou não queria reconhecer-se nessa imagem de si projetada pela devoção marcada pela inconfundível presença do negro. Com sua força integrativa, a festa traía uma perigosa zona de liminaridade, contraditoriamente perpassada pela negação e a atração, a fusão e a repulsa, a sedução e o horror, em cuja ambiguidade mesma as culturas afro-ameríndias haviam podido ao mesmo tempo transformar-se e resistir, integrar-se ao etos católico dominante e nele dissimular ou fundir outras visões de mundo, outros sistemas de crenças e práticas rituais. Era isso o que, agora, para o novo catolicismo romanizado e as "elites modernizadoras", se tornava preciso eliminar, definindo com precisão as fronteiras entre o sagrado e o profano, o público e o privado, para que a civilização triunfasse e a Igreja pudesse firmar em outras bases o poder da fé. Entretanto, este seria também o caminho para a progressiva perda de hegemonia do catolicismo e a abertura do mercado dos bens de salvação, com a emergência de outras religiões que disputariam com o catolicismo, *mas dentro de seus próprios referenciais*, a clientela popular por ele abandonada. Em outras palavras, talvez se possa dizer que é a partir das décadas de 1930 e 1940 que o catolicismo progressivamente *se protestantiza*, enquanto o crescimento do protestantismo a partir da expansão das igrejas pentecostais entre os setores populares se dá ao preço de sua *catolização* ou sua progressiva incorporação ao universo da *macumbaria*, que ele todavia condena, com a veemência do horror.

De fato, ao se voltar, desde a década de 1930, para uma fé internalizada, inteiramente concentrada na dimensão individualista e familiar das práticas devocionais, ou ao insistir na formação da consciência e do caráter por meio da educação, o catolicismo se recusaria a reconhecer a dimensão coletiva da celebraçao pública e festiva da devoção popular, fundada no entanto em uma fé intimista e próxima, firmemente enraizada no cotidiano. Graças a ela, os pequenos altares com as imagens do Cristo, da Virgem e dos santos sempre foram uma presença constante em todos os lares, e que o catolicismo tradicional foi capaz de conservar, apesar do esforço de elitização da Igreja por parte de sua hierarquia. Depois, a partir da década de 1960, paradoxalmente ao abraçar a "opção preferencial pelos pobres", a Igreja, em seu esforço de modernização, ainda uma vez progressivamente se afastaria do povo, ao desritualizar suas práticas litúrgicas. Fazendo o sacerdote voltar-se de frente para o público dos fiéis, ela o faz de certo modo voltar as costas para o Cristo, a Virgem e os santos do altar, nos quais o catolicismo tradicional sempre vira os símbolos de sua fé. Abandonado o latim e os solenes responsórios do canto gregoriano, substituído o órgão pelo violão, e os cantos devotos que falavam de um Deus distante mas familiar e acolhedor, pronto a ouvir e consolar as aflições dos homens, pelas novas canções militantes que convocam cada um à luta para que o Reino de Deus se realize na história, no discurso profético da Teologia da Libertação, o catolicismo perderia a antiga magia da fé tradicional que lhe proporcionavam suas celebrações revestidas de pompa. Perderia, ainda, o encanto solene de sua liturgia, o esplendor de suas procissões e a alegria de suas festas que, cortando transversalmente a história, na longa duração, sempre foram os meios pelos quais as grandes massas do povo, bem ou mal, se cristianizaram, ou reinterpretaram a fé católica na lógica de outras cosmologias afro-ameríndias,[123] na zona de ambiguidade que o recurso às formas sensíveis e ao jogo da imaginação sempre lhes permitira realizar, no interior da religiosidade barroca do mundo colonial. É nesse movimento de procurar produzir de si a imagem de uma religião internalizada, na qual, com fundamento em uma análise racional e científica do mundo, se faz apelo à consciência do indivíduo, ainda que para engajá-lo na recriação dos rumos da história, que, pode-se pensar, o catolicismo *se protestantiza*.

Simetricamente, não seria difícil dizer que, num processo paralelo mas inverso, o protestantismo *se catoliciza*. Na década de 1950, a ênfase que as igrejas pentecostais "neoclássicas", ou do "pentecostalismo de conversão", dão a um compromisso individual com a fé, fundando uma ética de recusa do mundo, como o império do mal, e de controle estrito da moralidade, apenas realiza, com o rigor clássico do protestantismo, o sonho de conversão moral das consciências que a Igreja católica pregava aos seus fiéis nas décadas de 1930 e 1940. As vestimentas características — terno escuro e gravata dos homens, saias compridas das mulheres — ou os hábitos peculiares com que geralmente se identificam os chamados "crentes", como os longos cabelos soltos ou atados em coque exibidos pelas mulheres, a Bíblia sempre carregada orgulhosamente na mão e a recusa de ter em casa aparelhos de televisão ou participar de festas onde o canto, a dança e a bebida podem incitar à depravação dos costumes, não estariam longe dos ideais de modéstia e decoro que, de maneira tipicamente burguesa, a Igreja católica exigia pouco antes — sem sucesso, porém — de seus fiéis, procurando afastá-los das devoções tradicionais do catolicismo popular, com seu séquito ambíguo de excessos na devoção e na celebração, que sempre podiam descambar para a temida "desordem".

Já nas décadas seguintes, porém, o protestantismo, sobretudo graças às igrejas neopentecostais, se aproximaria de outra forma do catolicismo e, de um modo geral, das religiosidades populares, pela pura e simples incorporação de algumas de suas práticas rituais, apenas algumas vezes invertendo o seu significado. Por exemplo, as grandes cerimônias de batismo por imersão, que tanta significação têm para a vida pessoal do convertido, realizadas coletivamente em ginásios de esporte, ao lado das concentrações de massa em estádios de futebol e praças abertas, ou a organização de grandes cortejos festivos para conduzir os fiéis a esses lugares, a exemplo do que tem feito a Igreja Universal do Reino de Deus, assim como o domínio do espaço pela presença de seus templos em lugares públicos de grande visibilidade, representam um investimento não habitual do protestantismo "clássico", que todavia aproxima esse "novo" protestantismo da antiga experiência do catolicismo tradicional na organização das grandes festas públicas de devoção. Mais ainda, a celebração de Pentecostes é claramente associada aos ritos tradicionais das festas do Espírito Santo quando, em uma celebração litúrgica da Igreja Universal realizada em um anfiteatro, uma imensa e larga tira de pano vermelho, como a bandeira do Divino, é estendida em todo o comprimento do templo por sobre a cabeça dos fiéis e, depois, permanecendo com uma ponta atada ao lugar central onde se desenvolve o culto, faz o contorno de todo o semicírculo, de maneira a cobrir sucessivamente todas as cabeças, antes de ser recortada em pequenos pedaços posteriormente entregues aos fiéis. Sem dúvida, há aqui uma clara reminiscência da bênção do Divino reverencialmente solicitada pelos fiéis católicos na cerimônia de beijar a sua bandeira, cobrindo com ela a cabeça por um instante para, em seguida, "trocar fitas" com o estandarte, retirando alguma já pendurada no topo do pendão, que uma enorme profusão colorida de finas tiras de pano já enfeita, e recolocando em seu lugar uma outra fita, que no ano seguinte poderá ser retirada da bandeira por outro fiel e guardada como relíquia, de efeito mágico-protetor, a ser usada depois em circunstâncias especiais de grande aflição, nas agruras cotidianas com que se defronta a existência humana.

Entretanto, é no plano da teologia que essas igrejas se aproximam de forma mais direta, embora nem sempre claramente visível, dos dogmas de outras tradições religiosas populares, e em primeiro lugar do catolicismo. De fato, o primeiro princípio doutrinário em que se fundamenta a prática religiosa das igrejas neopentecostais, independentemente de ser diferenciada sua liturgia, é a "teologia da prosperidade", segundo a qual todos os fiéis, ao se converterem, "nascidos de novo" em Cristo, são reconhecidos como "filhos de Deus". Ora, o Criador, Senhor do universo, tem direito sobre todas as coisas por ele criadas e, ao reconhecer os homens como seus filhos, no momento da conversão, coloca todas as coisas ao dispor deles, porque os tomou sob sua proteção para serem abençoados e terem êxito em seus empreendimentos. Como Rei e Senhor, Deus já lhes deu tudo no próprio ato de reconhecê-los como filhos e, assim, aos homens só resta tomar posse do que, desde já, lhes pertence. Há, no entanto, na doutrina neopentecostal, um segundo princípio, complementar a este, que é o da "guerra espiritual". Pois se Deus *já* deu ao homem *tudo* aquilo que necessita ou deseja, e mesmo mais, o que nem ele ainda sabe precisar ou querer, por que então nem todos alcançaram *ainda* a prosperidade, por que vivem em conflito e enfrentam adversidades, a miséria, a pobreza, a injustiça, a doença, a perda, o sofrimento, a dor? É porque tudo isso é obra do Maligno, que quer perder os homens e assim procura afastá-los de Deus, fazendo-os duvidar Dele, confundindo-os com falsas crenças ou falsas promessas, engajando-os na senda do pecado, do vício e do desespero, para levá-los à perdição final, que é a sua vitória. Assim, entre a prosperidade a que o fiel já tem direito desde a sua conversão e sua vida presente interpõem-se as forças do Mal, na astúcia de suas mil faces, e é para combatê-las que o fiel trava incessantemente, em todas as frentes, a incansável "guerra espiritual" que, ao lhe trazer a vitória, lhe permitirá gozar enfim da prosperidade que Deus já lhe concedeu. A participação na liturgia dos cultos de sua Igreja é o modo como o fiel trava esses infindáveis combates.

Colocada nesses termos simples, a teologia neopentecostal parece distante do catolicismo, muito mais próxima à doutrina protestante canônica da predestinação. Entretanto, quando melhor considerados os seus termos, essa aparência se desfaz. Como há muito nos fez compreender Max Weber,[124] a teoria da predestinação sempre se associou à ética do trabalho, cujos bons frutos eram vistos como prova da eleição, por Deus, dos seus filhos, que, ao terem êxito em seus negócios terrenos, se certificavam de serem objeto de Sua graça e, assim, terem também assegurada a salvação na vida eterna. Ora, ao *democratizar*, por assim dizer, os desígnios divinos, fazendo Deus estender potencialmente a todos os homens Sua graça, traduzida na prosperidade forçosa de que todos devem gozar, mediante o simples ato da conversão, a teologia neopentecostal incorporou o *espírito do capitalismo*, mas fazendo a economia da *ética protestante* do trabalho. A nova ética que toma o seu lugar tem algo da *aposta* jansenista de Pascal, retirando-se dela, porém, o dilaceramento existencial. *Aposta-se* na salvação e na graça da prosperidade material, da saúde física ou da paz espiritual como em um jogo, em que ao lance maior corresponderá maior recompensa: *é dando-se* à igreja e ao seu pastor *que se recebe* de Deus essa graça que de todo modo já nos foi por Ele garantida. A mediação do trabalho desapareceu, tanto no plano material como no espiritual. Materialmente, ele deixou de ser o elemento fundamental por meio do qual se conquista a prosperidade, sendo a fé algo mais próximo à "força do pensamento positivo", com o qual o homem enfrenta as adversidades do cotidiano, do que ao poder que o impulsiona a tocar adiante seus empreendimentos, apesar da incerteza de seus resultados. No plano espiritual, a mediação do trabalho também se torna irrelevante, dada a demonização hipostasiada do Mal. Não são obras que Deus requer de seus filhos, mas sua atenção e presteza no combate a uma força inteiramente exteriorizada, e por cuja ação, exceto por seu descuido, eles não são responsáveis.

Não por acaso, sobretudo na Igreja Universal, os cultos, ao vivo nos templos ou mostrados pela TV, se desenrolam como sessões de exorcismo, nas quais o Mal, sob todas as suas invocações possíveis, é chamado a manifestar-se e dizer seu próprio nome, para que possa ser depois escorraçado, em nome de Deus. Esvaziam-se assim o dilaceramento diante da tentação, a dúvida quanto ao caminho do Bem a ser trilhado, ou o sentimento de culpa por ser cúmplice na ação do Mal. Para a vida interior dos indivíduos, o impacto dessa operação não deixa de ser extraordinário. Os mais inconfessáveis sentimentos, os mais profundos temores ou as ações mais cuidadosamente encobertas — o ódio aos pais ou a um irmão, a incerteza quanto à identidade sexual, uma relação incestuosa ou perversa, por exemplo — são proclamados diante de um público que, graças à mídia, se multiplica em miríades de olhos e ouvidos que veem e não se escandalizam, escutam e não condenam, porque não se encontram perante algo pelo qual o indivíduo é responsável, mas apenas diante de mais um espetáculo em que o Maligno revela suas múltiplas faces. Lavado de todo mal e de toda culpa, como em seguida à confissão e à penitência no catolicismo, o homem de fato *renasce*, pela graça do Cristo que ele agora reconhece como Senhor e Salvador.

Entretanto, o que inquieta são as figuras do sagrado por trás das quais o Maligno revela sua ação. Os cultos da Igreja Universal, mas também de outras igrejas neopentecostais, se povoam de feitiços e *macumbarias*, de exus e pombajiras, de *trabalhos* da direita ou da esquerda, de orixás malévolos e falsos santos, de benzimentos, rezas, pajelanças e operações espirituais abortadas, além de falsas promessas de pais de santo de umbanda e candomblé ou beatos milagreiros que enganam um povo crédulo e ignorante. Nisso também os neopentecostais não inovam, ou nem tanto. A perseguição às crenças religiosas e práticas rituais de origem afro-ameríndia era já um fato sob o catolicismo, desde os tempos coloniais. Em tempos modernos, as elites e mesmo os intelectuais se encarregariam de desqualificá-las em nome da ciência e da civilização, enquanto a Igreja católica, ainda nos anos 1940, como vimos, acabaria por demonizar as devoções de pobres e negros, mesmo travestidas sob as formas do catolicismo popular. No Brasil, havia muito, portanto, que o Diabo tinha cor, e esta nunca fora branca: aqui também a visão católica apenas se reproduz, na prática neopentecostal.

Onde essas igrejas inovam, porém, é na operação de apropriação reversa que fazem das religiões afro-brasileiras. Se a forma do culto é a do exorcismo, velho conhecido da Igreja católica, o que se exorciza é sobretudo o conjunto das entidades do panteão afro-ameríndio incorporado às religiosidades populares, das devoções e práticas mágico-rituais do catolicismo ainda conservadas pelos pobres às religiões de negros perseguidos só recentemente apropriadas pelos estratos médios das populações urbanas. Assim, o que a nova liturgia evangélica realiza é um ecumenismo popular negativo, ou às avessas, incorporando todas as figuras do sagrado das religiosidades populares sob a mesma designação comum das múltiplas identidades do Tinhoso. O que os ritos neopentecostais supõem, e põem em ação, é um profundo conhecimento dessas outras cosmologias que sustentam tais religiosidades, assim como as técnicas de produção e manipulação do transe das religiões de possessão.

Sob a mesma forma ritual geralmente já conhecida pelo fiel nos terreiros de candomblé e de umbanda, as entidades do panteão afro-brasileiro são chamadas a incorporar-se no *cavalo* para, depois de "desmascaradas" como figuras demoníacas enviadas por alguém conhecido para fazer um *trabalho* contra a pessoa, ser devidamente "exorcizadas" e submetidas à injunção de não mais voltar a atormentar aquele espírito, pelo poder de Deus. A prática é tão comum que já se fala de exus e pombajiras específicos aos cultos neopentecostais, versão própria, produzida nessas igrejas, das entidades dos terreiros de candomblé e centros de umbanda, de que elas são uma imagem distorcida e quase caricatural. Não por acaso setores dissidentes entre os evangélicos falariam de "versão cristã da macumba" a respeito dessas práticas.

Da Bíblia e seus versículos recitados com ardor pelos pastores, pouco sobrou nesse processo. A teologia protestante foi, de fato, substituída por esse ecumenismo popular negativo, única cosmologia em operação ao longo de todo o rito francamente mágico que é ali executado. Se, na vida íntima do fiel, os efeitos liberatórios da confissão do inconfessável e da admissão do inadmissível são evidentemente reconhecidos, também se registram casos em que a prática ritual é capaz de produzir um surto psicótico reativo. Para alguém levado a uma igreja neopentecostal que tenha sido um verdadeiro praticante dos ritos das religiões afro-brasileiras, ou tenha mantido algum tipo de crença nas práticas de um catolicismo tradicional aprendido na infância, como o costume de acender velas ou invocar a proteção do anjo da guarda ou das santas almas num momento de aflição, a transposição negativa, num rito de exorcismo, de crenças, valores e práticas rituais que por anos se agregaram para compor um etos e uma visão de mundo minimamente coerentes, como é próprio de toda religião, pode ter um efeito de profunda desestruturação psíquica. Não é impunemente que se revertem cosmologias.

Contudo, é necessário inventariar também outras formas de incidência sobre a vida privada desses bruscos câmbios de registro religioso na interpretação da experiência de vida a que têm acesso os indivíduos na sociedade brasileira contemporânea pela crescente expansão do mercado dos bens de salvação. É preciso verificar, sobretudo, como essas mudanças se expressam na redefinição de fronteiras entre o público e o privado, nas formas de sociabilidade que a partir daí se desenvolvem ou se retraem, e nos efeitos que são assim produzidos para o indivíduo, na sua vida íntima assim como em sua vida social mais ampla.

SOB O SIGNO DA VIOLÊNCIA

Rio de Janeiro, Acari, 1995. Quando o pesquisador deu início ao seu trabalho de campo nos subúrbios cariocas, bem perto da Baixada Fluminense, o complexo urbano que se esconde sob o nome de uma única favela — na realidade, são quatro: Parque Acari, Coroado, Vila Esperança e o conjunto habitacional conhecido como Amarelinho — começaria a revelar intrincados meandros de sua realidade social e de seu viver cotidiano. Um mundo de ruas estreitas e becos, ao lado de outras mais amplas onde o comércio prospera, espaço minuciosamente entrecortado por redes de sociabilidade que definem diferentes sentidos de pertencimento a microáreas rivais. Como saber que, ao atravessar uma rua, se deveria ter notado que na outra calçada "fazia mais calor", porque se havia passado para "o outro lado", controlado por outras regras, dependentes de um outro esquema de poder? Um bicho de sete cabeças.[125] Associações de moradores e políticos, agentes do governo, organizações não governamentais e igrejas, tráfico e polícia, e a imprensa sempre à espera da notícia mais sensacional sobre os embates entre a ordem e o crime organizado, que não podem deixar de ocorrer numa zona de subúrbio marcada pela violência. Moradores e tráfico, tráfico e polícia, polícia e políticos, e a imprensa alerta para noticiar o crime mais espetacular que não pode deixar de ocorrer nessa zona próxima à Baixada marcada pela violência. Tráfico, moradores, polícia e logo o Exército nas ruas estreitas, governo, políticos e igrejas, e a imprensa que não poderá deixar de noticiar a morte espetacular do chefe do tráfico, nessa zona marcada pela violência. De tanto serem repisadas, as imagens da violência passam a ganhar consistência própria, uma realidade onipresente no imaginário urbano, que assusta os moradores da Zona Sul mas nem tanto a gente dos próprios subúrbios, acostumada ao convívio cotidiano com a luta em que não há heróis e vilões, no embate entre o tráfico e a polícia, mas só vítimas, que são os próprios moradores.[126]

No entanto, para além das imagens, o cotidiano de Acari se desenrolava com a tranquila pachorra da vida dos subúrbios, só às vezes movimentada pelas correrias dos *meninos* em choques com grupos rivais, ou a incursão eventual da polícia, mais temida e perturbadora que as escaramuças do tráfico. Os moradores mais antigos se lembravam ainda dos tempos quase heroicos em que desbravavam o lugar a foice e picareta, derrubando o mato para ali construir um lar para a família. Migrantes, muitos. Naquele tempo se festejavam ainda os santos de junho, com suas fogueiras e sortes, e se organizava a *caipira*, divertimento de todos. Então não havia bandido em Acari, diziam. É claro que existira Tonicão, mas este é quase um herói civilizador, assassino que matava quando preciso, para dar exemplo de respeito às mulheres e às famílias, e distribuía cadernos às crianças, cobrando frequência à escola, "para depois não terem de levar a vida do Tonicão". Agora, Jorge Luís estava à frente do tráfico, moço bom, conhecido de todos, nem sabiam como fora se meter naquilo, mas era um pouco fraco.

Como um mapa, a modo de escrita em código cifrado, pichações diversas, inscrições, símbolos e estranhos desenhos marcavam então os becos e ruas no complexo de Acari, demarcando territórios. Por toda parte, imagens pintadas de são Jorge, Ogum guerreiro, às vezes ao lado de um salmo da Bíblia, valendo em sua linguagem forte por um *fechamento de corpo*. Também por toda parte, pintados em verde, maiores ou menores, os triângulos, sozinhos ou ao lado da sigla TC, marca do Terceiro Comando, que divide com o Comando Vermelho o controle do tráfico na Baixada. Num pequeno nicho, comum nessas favelas da região, perto do Cruzeiro, tal como nos vilarejos nordestinos onde se venera a figura do Padre Cícero, imagens de são Jorge e da escrava Anastácia, ao lado de uma foto de Tonicão. Na quadra de areia, zona de lazer para o joguinho de futebol, o baile funk, mas também para as reuniões mais importantes da comunidade, mais uma vez são Jorge, próximo a um desenho de Bob Marley quase flutuando por sobre uma folha de *Cannabis sativa*, depois rabiscada por cima, disfarçada em almofada ou saco de batatas. No Coroado, sob uma coroa pintada de verde, dois antebraços, um branco, outro negro, mãos se apertando cerradas: dir-se-ia um conhecido símbolo de poder encontrado nas igrejas católicas, se não se soubesse que significam também o pó branco e a folha negra, na linguagem do tráfico, além de indicar a unidade da favela do Coroado e de Parque Acari, sob um comando comum. Numa parede lateral, uma bela paisagem de cartão-postal da baía de Guanabara, vendo-se nitidamente desenhados, ao lado do Cristo Redentor do Corcovado, o sambódromo e o Maracanã. Logo abaixo, um urubu vestido com uma camisa do Flamengo e as insígnias do time. Ladeando a figura, imagens de Nossa Senhora Aparecida, de são Jorge e de são Jerônimo, Xangô justiceiro. No Amarelinho, uma inscrição, "Mister King", indicando o Reizinho, dono do tráfico local, além do nome do "doador" da pintura — um deputado federal. Num beco levando ao coração da *boca de fumo*, uma sucinta inscrição, obviamente em atenção às crianças: "É expressamente proibido jogar futebol ou andar de bicicleta nesta área. Os responsáveis serão severamente punidos".[127]

Toda uma ética se explicitava ali, pontuada pelas figuras do sagrado que assim inscrevia suas marcas no cotidiano dos moradores da favela, sinais deixados nas perigosas zonas liminares de fronteira, afirmando valores e regras de conduta conhecidos e respeitados, a reger o mundo doméstico da família e outro universo em que circulava a gente do tráfico, distinguindo espaços proibidos e permitidos, numa linguagem simbólica por todos partilhada. Para explicar sua origem, nem era preciso procurar pelas igrejas. Aliás, muitas havia, na enorme favela: 34

ao todo, quatro católicas, fechadas a maior parte da semana ou reduzidas às atividades do centro comunitário, inúmeros templos pentecostais, sobretudo da Assembleia de Deus. Dos terreiros de umbanda, sabia-se que muitos os frequentavam, mas tampouco tinham grande visibilidade, ao contrário da Fábrica de Esperança localizada às portas de Acari, um empreendimento evangélico dirigido pelo pastor Caio Fábio e que já então desenvolvia um importante trabalho social na região. No entanto, colocando a comunidade *e* os traficantes sob a proteção comum dos santos católicos e dos orixás, o santo guerreiro e o sábio rei da justiça, usando salmos como *rezas bravas*, aqueles símbolos retomavam o elemento mágico comum às devoções do espontâneo ecumenismo popular, invocando a proteção no combate, para os que se sabiam em meio à guerra, e a justiça como linha divisória, a separá-los da comunidade mas também, enquanto justiça divina, a defendê-los da justiça dos homens, pela qual se sabiam nem sempre com razão perseguidos. Por outro lado, associando-se a fortes imagens de identificação étnica — o urubu da equipe de futebol mais popular do Rio, considerada como "time de pobre e de preto", o estádio e a passarela do samba, ao lado da imagem de Bob Marley e, significativamente, da escrava-santa, Anastácia —, aqueles símbolos falavam de um sentido de pertencimento comum a todos os membros da comunidade, numa dupla construção identitária contrastiva, distinguindo, por um lado, os traficantes e as famílias, mas, por outro, afirmando também a integração de uns e outros numa mesma condição, de negros ou mestiços pobres, desvalidos e injustiçados, tendo que participar, cada um a seu modo, certo ou errado, da luta comum pela sobrevivência.

Nem era diferente a situação em outros subúrbios pobres do Rio, ou na periferia da grande metrópole paulistana. Em Vigário Geral, por exemplo, a vida voltara a reconstituir alguma ordem, após a chacina da polícia em 1992, quando, a propósito de uma rixa entre as diferentes gangues do tráfico que dominam áreas vizinhas, a favela fora certa noite invadida de surpresa, sendo sumariamente eliminados, à porta de um bar ou dentro de casa, dormindo em suas camas, 22 pessoas — todos trabalhadores, nenhum bandido.[128] A casa, pertencente a uma família de evangélicos, onde haviam sido baleadas seis pessoas, entre as quais duas crianças, fora comprada, por intermédio do pastor Caio Fábio, e depois reconstruída, para tornar-se a Casa da Paz. Então, ali já estavam em funcionamento um centro de saúde, graças à organização Médicos sem Fronteiras, uma biblioteca onde escritores de renome vinham dar palestras às crianças, cursos de arte e de computação. À frente da Casa da Paz, Caio Ferraz, nascido ali mesmo, mas que conseguira, de forma inédita em Vigário, obter um diploma universitário, formando-se na Universidade Federal do Rio de Janeiro em sociologia, tocava o trabalho. Com a colaboração voluntária de profissionais das mais diversas áreas e do pastor — eram "os dois Caios"— fazia verdadeiros milagres com o orçamento apertado. A *boca de fumo* ficava logo ali, no final da ruazinha estreita da Casa da Paz. Caio conhecia todos os *meninos*, colegas de infância, e precisava de muita firmeza quando, com apenas um passe de ônibus no bolso e sem um tostão para pagar as contas a vencer na manhã seguinte, eles vinham lhe oferecer, como amigos, de bom coração e para ajuda, a féria do dia ou da semana, às vezes um bolo de notas, quase 30 mil reais, num saco amarelo de compra de supermercado. Era preciso recusar, delicada mas decididamente, para manter a separação. Assim, respeitavam-se, na distância: um mesmo código comum de valores tornava possível a comunicação. Pois muitos dos envolvidos com o tráfico queriam mesmo que a Casa da Paz prosperasse, e para lá mandavam seus irmãos menores ou seus filhos, um jeito de tentar garantir para eles um futuro distinto daquele que, sabiam, os esperava.

É certo que a "zona neutra" que separa Vigário Geral de Parada de Lucas era ainda chamada de Paralelo 38, e que as escadarias que dão acesso à favela, passando por sobre a linha da estrada de ferro, guardavam as marcas das muitas balas da polícia que, segundo comentário bem-humorado dos moradores, costumava praticar tiro ao alvo por lá, depois que a instalação da Casa da Paz conseguira garantir que nenhum destacamento policial entraria em Vigário sem que a população fosse previamente avisada. Quanto ao mais, na quadra ao lado da estação, continuavam a ter lugar os bailes funk no fim de semana. Na sexta-feira, após o acerto de contas da semana, era a vez de os *meninos* produzirem a festa, providenciando com frequência imensos carros de som de trio elétrico, que mal passavam pelas ruazinhas estreitas, sob a proteção das AR15, empunhadas com orgulho pela *guarda* do chefe. À entrada da favela, numa pracinha dando para a quadra, um pequeno nicho envidraçado: seu Zé Pilintra, Cosme e Damião, são Lázaro e Ogum guerreiro são Jorge velavam por Vigário Geral, em troca da oferenda da garrafa de cachaça, dos doces e do prato de pipocas. Na esquina oposta da praça, um templo evangélico.

Também em São Paulo, no bairro de periferia onde fica o terreiro de candomblé, se reconheceria uma atmosfera em nada distinta desta dos subúrbios cariocas. Figura popular no bairro, o pai de santo era querido e respeitado por todos. Na *feitura de santo*, por ocasião da iniciação dos *iaôs*, uma parte dos animais sacrificados na *matança* era sempre reservada à vizinhança pobre, principalmente quando o terreiro ficava ainda num bairro mais distante, ao lado de uma favela que crescera em torno da pedreira costumeiramente frequentada pela gente da casa de santo para as oferendas a Xangô. As *saídas de iaô* e as grandes festas dos orixás atraíam gente de longe, apesar da fama de "lugar perigoso" às vezes atribuída ao bairro. "Perigoso" significava que, como em grande parte dos bairros de periferia, ninguém podia escolher seus vizinhos, e, vez por outra, se descobria que alguém "saíra de circulação" por ter se envolvido em pequenos crimes de furto, às vezes mesmo coisa mais pesada, como assalto ou drogas. No entanto, a casa jamais fora assaltada e nunca se soube de carro algum à sua porta, da numerosa clientela que frequentava o terreiro para o jogo de búzios, os *trabalhos* habituais ou em dia de festa, que jamais fosse tocado. Como um código de honra, esta era uma regra por todos conhecida e acatada, tanto em razão da vizinhança como pelo respeito devido à casa de santo. Assim, entre os vizinhos, muitos eram os que, contraventores ou não, vez por outra participavam do toque como *ogans*, participando também com suas famílias, invariavelmente, das festas. Aqui também, portanto, um universo comum de sentido, perpassado pelas figuras do sagrado, tornava possível a negociação do convívio cotidiano, num universo onde a violência fazia presentes as suas marcas.

Então, as coisas começaram a mudar,[129] e com uma rapidez espantosa. Em Acari, pouco antes do início da Operação Resgate, que resultaria na ocupação militar das favelas cariocas em 1996, Jorge Luís, acossado, fugira para a Bahia. Preso em Salvador, morreria enforcado nas dependências da polícia carioca: suicídio, como a alegação oficial sempre faz constar nessas circunstâncias. Seu enterro se transformaria em um grande evento local, com dezenas de carros e ônibus alugados levando os moradores para o cemitério. Na ocasião, um "culto ecumênico", proposto por uma igreja evangélica, fora realizado na quadra de areia, e embora a ele tivesse comparecido um significativo número de pessoas, nenhuma liderança de qualquer outro credo religioso dele tomou parte. De Jorge Luís diriam que era "o último de sua linhagem", que evidentemente remontava a Tonicão: à frente do tráfico, seu lugar seria agora tomado por um jovem do segundo escalão na hierarquia de poder, conhecido e temido por ter sido sempre encarregado do "serviço sujo" do tráfico. Em Vigário Geral, a novidade era uma estação de rádio comunitária, instalada pelo tráfico, mas que difundia ao longo de todo o dia uma programação evangélica, com músicas e pregações contínuas. À porta da Casa da Paz, uma mulher, que por horas caminhara pela ruazinha estreita, indo e voltando, indo e voltando, sentara-se, e chorava, dialogando com o invisível. Enlouquecera, segundo contaram, depois que seus três filhos foram mortos na guerra do tráfico. Agora, a palavra de Deus, em versão evangélica, era a única coisa que a religava de novo com o mundo, do qual logo se alheava, entretanto, diante da dor insuportável. Na periferia de São Paulo, pela primeira vez se soube que a casa do pai de santo fora roubada, dinheiro grande do pagamento de obras de ampliação do terreiro levado por um *ogan* da casa, para pagar dívidas contraídas no envolvimento com drogas. Logo depois se saberia que fora preso, em meio a um assalto. Dessa vez, o pai de santo que, anteriormente, em várias ocasiões fora à delegacia pagar fiança para livrá-lo da prisão, se recusaria a repetir o gesto solidário, e o jovem amargaria na cadeia por um ano.

De repente constatava-se que ocorrera uma espécie de salto qualitativo: por trás da violência, se começaria a vislumbrar a face do terror.[130] Em Acari, finda a ocupação militar, que trouxera a paz mas congelara os negócios na favela, fazendo minguar o dinheiro ao pôr em quarentena o tráfico, tudo parecia ter voltado à "normalidade", mas logo se sentiria que não era bem assim. "Sanguinário", como se descrevia o novo chefe, ele não respeitava mais nada nem ninguém e não hesitaria em matar a mãe ou os próprios companheiros, segundo se dizia, se cruzassem seu caminho atrapalhando os negócios, ou num momento de desvario, enlouquecido pela droga. Seus vínculos com Acari eram tênues, já que o objetivo era ganhar rápido o dinheiro e ir consumir na Zona Sul, em Copacabana, ou no Metropolitan, na Barra da Tijuca. Ele próprio mandaria caiar alguns muros onde a linguagem simbólica das imagens inscrevera a marca de líderes de outros tempos ou de valores que deveriam ser deixados para trás. No seu rastro, as igrejas evangélicas acentuariam a conexão dos símbolos sagrados das religiões afro-brasileiras com as obras do Maligno e, certa tarde, se veriam as belas figuras de são Jorge e Bob Marley ser cobertas de cal, por um negro, na quadra de areia. A linguagem cifrada das imagens que falavam de uma comunidade de sentido na percepção do mundo entre os moradores da favela deixara de existir. Em seu lugar, no deserto branco da cal, só o terror e a fé militante para combater o Maligno, confrontando-se face a face. Os triângulos verdes e a insígnia TC migrariam para a Lapa, ao lado da Cinelândia.

Também em Vigário Geral as mudanças seriam bruscas e profundas. Sem dificuldade para negociar com os *meninos* a segurança da favela por ocasião dos eventos organizados pela Casa da Paz, como um memorável show de Caetano Veloso, Caio começaria, no entanto, a receber insistentes telefonemas anônimos com ameaças de morte, dirigidas a ele, à mulher e à filha de menos de dois anos. Sob a pressão da opinião pública e do governo, a polícia começara a "limpa" de seus quadros, e havia muito em jogo e muito a perder. Recrudescendo as ameaças, Caio iria abrigar-se, como um foragido, sob proteção da Polícia Federal, em Brasília, para onde de todo modo já fora chamado a comparecer, mas algumas semanas mais tarde, ironicamente para receber do presidente da República um prêmio por sua atuação em defesa dos direitos humanos. Entretanto, nem ali podendo se sentir seguro, e sem qualquer perspectiva de retorno a Vigário Geral, acabaria por viajar com a família para os Estados Unidos, solicitando e obtendo das autoridades americanas o apoio necessário, na condição de exilado político.

Em São Paulo, pouco mais de um ano depois, quase incidentalmente, uma pesquisa imobiliária daria ocasião a um estranho mapeamento dos municípios vizinhos da grande metrópole, tendo por critério a segurança definida segundo a maior ou menor proximidade desses lugares às periferias "bravas" da cidade e um cálculo de probabilidades sobre o tempo que demoraria para serem incluídos nas rotas do tráfico. E, nessa tarefa, a gente do terreiro era mestra, podendo dar lições. Mais que familiarizados com os códigos da violência, e acostumados a circular por lugares distantes e ermos, à procura dos poucos espaços da natureza ainda não devorados pela cidade — pequenas cascatas, pedreiras ou trechos de mata, essenciais à prática dos ritos dessas religiões em que o sagrado se evidencia em cada coisa do mundo —, conheciam como a palma da mão as últimas áreas habitadas que era preciso atravessar para atingi-los, assim como as densas redes de sociabilidade que as recortam e os símbolos pelos quais se dão a reconhecer, transformando espaços em lugares. Então, toda uma complexa trama de relações, surpreendente por inesperada, em se tratando de São Paulo, começaria a se revelar. A rota do tráfico corria por enclaves, de periferia a periferia, dentro e fora da cidade e, entre um e outro ponto, a favelização de uma área de ocupação recente significava potencialmente a formação de outro enclave. Nas áreas de enclave, tal como no Rio, foguetes eram linguagem e os clubes de baloeiros, quase sem exceção, faziam parte da rede, anunciando a chegada de um *carregamento*. Nas escolas, crianças eram recrutadas como *aviões* por um par de patins, as mais velhas em troca da primeira arma, também aqui símbolo de status. Por uma gentileza feita a uma mulher, poderosa chefia do tráfico em uma das maiores favelas da zona norte, alguém se confrontaria com a embaraçosa obrigação de recusar um pacote de meio quilo de *erva* da melhor qualidade, oferecido em retribuição.

Dando continuidade à lista de surpresas, se descobriria que, num bairro de baixa classe média, para escândalo dos vizinhos, a Polícia Federal viria a investigar as atividades de um grupo de escolares entre catorze e dezessete anos, que montavam em casa um sistema de radiotransmissão, interferindo na rede telefônica e da TV a cabo da rua. A conclusão da perícia policial seria a de um inocente passatempo de meninos inteligentes e irrequietos, em competição com amigos de um bairro distante bastante favelizado, que já tinham montado a sua própria estação. Entretanto, visto da periferia, o mesmo fato evidenciaria uma outra significação: a montagem, a serviço do tráfico, de uma rede de comunicação radiofônica que permite captar as frequências utilizadas pela polícia e transmitir escancaradamente suas mensagens em código cifrado que, nas casas vizinhas, são ouvidas por todos, substituindo o som da TV, inclusive em horários "nobres". Por isso, a mãe-pequena do terreiro já avisara o vizinho, dono de um desses sistemas, para ficar longe de seus três sobrinhos adolescentes, ameaçando-o de morte caso tentasse influenciá-los a usar drogas ou cooptá-los para as atividades da rede. Para maior segurança, encarregara-se de ocupar todo o tempo livre dos jovens com atividades educacionais e desportivas, incentivando inclusive o pendor artístico de um deles, para o desenho e a música. E, como se fosse uma coisa natural, concluiria dizendo que o desenho era uma atividade útil para o futuro profissional do adolescente, e a música poderia incentivá-lo a frequentar... a igreja evangélica! Lá, ao menos, esta seria uma prática saudável, longe das tentações de uma carreira artística que, também ela, levaria quase inevitavelmente ao envolvimento com as drogas. Assim, diante da violência que agora fechava o cerco em torno das famílias, aqui também ser evangélico significava adquirir uma credencial de respeitabilidade.

Nesse contexto, o crescimento evangélico entre as chamadas "classes populares" começa a revelar um outro e inquietante significado. A violência, que agora estende seus tentáculos aparentemente sem regras, ou pelo menos não mais permitindo a negociação do convívio dentro de regras conhecidas ou minimamente estáveis, faz com que, acuados, esses segmentos no entanto habituados ao convívio cotidiano com a contravenção e o crime organizado, num contato próximo e familiar dentro das redes de vizinhança, agora sejam obrigados a procurar em outro lugar uma ancoragem simbólica para dar conta de uma experiência do mundo que parece chegar aos confins de sua inteligibilidade. Sem atingir as fronteiras do terror de modo homogêneo em toda parte, essa cultura da violência verdadeiramente nova que parece esboçar-se aponta, no limite, para o sagrado, em face do sentido dolorosamente concreto que agora adquire a presença do Mal. Caso extremo, Acari ilustra essa tensão imposta pela violência não mais inteligível mas com a qual a cada dia se é obrigado a conviver, não como um fato esporádico, mas como uma *atmosfera* que passa a envolver cada ato cotidiano da existência, no lugar de moradia, no interior da família, no recesso mais íntimo do lar e, por fim, na consciência mais interior do indivíduo. Em Acari, no tráfico, não se fala mais em *matar*, mas *picar*, no sentido absolutamente literal do termo: não basta assassinar, é preciso *esquartejar* o inimigo. E o *saco* — desses mesmo de *lixo*, dos grandes, de cem litros, suficientes para conter os pedaços de um ser humano — se tornou, metonimicamente, sinônimo da operação de extermínio, da qual, agora, cada um tem a sensação de poder ser a próxima vítima. Por isso, o tema circula em conversas de botequim ou é motivo de *practical jokes* horripilantes, dos quais todos riem, exceto quem é deles objeto, pois a ameaça de hoje pode ser uma realidade amanhã. Na verdade, os povos indígenas há muito nos ensinaram a compreender que só se ri do que se teme — o jaguar, o feiticeiro, os espíritos dos mortos.[131] Ou a certeza da iminência da própria morte.

Nos jornais populares, as costumeiras imagens das vítimas de crimes continuam a se reproduzir, mas com uma característica nova: a foto é sempre tirada de viés, de uma forma que acentua a deformação da imagem, enfatizando um detalhe ainda reconhecível — um braço que parece mutilado, a mão cujos dedos não se veem, um pedaço de orelha, um fragmento de pé descalço — que se torna absurdo ou incompreensível, sem a totalidade do ser humano a que devem ter pertencido. Na verdade, não há mais seres humanos, apenas coisas *picadas*, pedaços — de inimigos ou de vítimas. Ruído ou música cacofônica ininterrupta, escandida entre o sobressalto em clave alta de violino e a angústia constante que, no tom abafado de um baixo, produz um zumbido contínuo, este é propriamente o *terror*, pano de fundo invariante da experiência de vida e contra o qual é preciso agarrar-se com unhas e dentes à vontade de sobreviver e encontrar um sentido para a existência, no varejo do cotidiano. Isso é o que dá uma credibilidade nova à hipóstase do Mal como criatura autônoma, "solto por si, cidadão". De fato, por ali anda o "Diabo na rua, no meio do redemunho...". Mas ali também o Diabo tem cara, e sobretudo cor. Negro como a noite, as trevas, a morte. Falso como os falsos amigos, as falsas promessas, dos pais de santo ou dos caboclos e pretos velhos dos terreiros. Mentiroso como esses orixás que se dizem deuses e são apenas expressão das múltiplas faces do Demônio. Lúgubre porque, com sua mentira e falsidade, leva à perdição nas trevas da morte, como tudo o que é obscuro, sombrio, negro.

As metáforas falam por si. A demonização das religiosidades afro-brasileiras que se produz nesse contexto assume características de verdadeiro etnocídio, porque se estende, para além do universo religioso, à totalidade de um patrimônio cultural negro, preservado ou recriado ao longo de séculos de história no Brasil, e que sempre constituiu um universo de significados partilhados, permitindo a construção positiva de uma identidade de contraste. Diante de uma religião que se apropria em negativo de todo um conjunto de símbolos que conformam o etos e a visão de mundo próprios às religiosidades afro-brasileiras, na situação-limite em que a violência se transforma em terror, o que é grave é que não sobra às pessoas nenhuma opção, sejam elas brancas ou negras. Ou se serve aos desígnios do Maligno, ao se manter qualquer contato com esse universo cultural demonizado, ou se está do lado de Deus, que agora só tem uma única face.

No interior das religiões cristãs, a diferença essencial entre o catolicismo e o protestantismo talvez esteja no grau de *abertura à alteridade* que são capazes de suportar em seu interior. O catolicismo barroco que serviu de matriz à formação das religiosidades populares no Brasil, com seu etos festivo, sem nunca separar o público do privado, o sagrado do profano, não obstante a violência para a qual serviu de instrumento de legitimação, na ordem social escravocrata, ou a constante perseguição a que submeteu a *feitiçaria* dos negros, fora, *apesar de tudo*, capaz de permitir a incorporação, em um universo comum de sentido, de muitas crenças e práticas rituais *outras*, afro-ameríndias, teimosamente sobreviventes nas formas de devoção desse catolicismo negro que dá lugar aos batuques e candombes ou se expressa nas congadas e moçambiques do Rosário e são Benedito. Este seria também o espaço em que, penosamente, fragmentos de cosmologias africanas seriam preservados e ressignificados,[132] para mais tarde reorganizar-se, dando origem aos candomblés e sua reinvenção na umbanda. Na visão de mundo do novo protestantismo que ganha uma significação quase inquestionável nas periferias pobres sob o império da violência e do terror, não há lugar para o *outro*. Inteiramente incorporado, mas com um sinal negativo, o universo dessas religiosidades só pode ser, também, integralmente rejeitado.

Não é difícil entender que as igrejas neopentecostais tenham mudado a face do protestantismo e que o próprio pentecostalismo esteja, de fato, mudando.[133] Certamente já ficou para trás o tempo em que a obtenção de uma franchising da Igreja Universal por um pastor incluía a obrigação de fechar um certo número de terreiros de candomblé e umbanda, e em que o espírito militante dos fiéis os levava a agredir a golpes de Bíblia pais de santo e iaôs em dia de festa de terreiro. Nada disso é já preciso. A mídia multiplica de forma muito mais eficaz o proselitismo ao exibir suas sessões de exorcismo, e nos subúrbios e periferias pobres das grandes metrópoles os neopentecostais já não precisam perseguir de forma direta seus inimigos. Assumindo a face do Maligno, o terror, cuja associação com as religiões afro-brasileiras é cada vez mais enfatizada, já se encarregou por conta própria de desestruturar o antigo significado daqueles símbolos, diante de um tipo de violência que parece desafiar as formas conhecidas de atribuir inteligibilidade à experiência do mundo. Sem alternativa, muitos dos que até ontem eram vistos como seus adversários acabam por ser atirados para os braços do Cristo Salvador.

Obviamente, não se quer com isso preconizar o "fim" das religiões afro-brasileiras. Não são suas crenças e ritos que parecem ameaçados pelo avanço do neopentecostalismo, mas as condições sociais de sua reprodução, pelo menos nas grandes metrópoles. Os iniciados não deixaram de "crer" nos antigos deuses da África, e nem poderiam fazê-lo, até porque o etos e a visão de mundo que uma religião integra não são suscetíveis, como aliás nenhum outro fenômeno de cultura, de ser alterados por nenhum tipo de decreto ou decisão voluntária. Todavia, voltando os terreiros a novamente fechar-se sobre si mesmos, ou recolhidos os seus *assentamentos* ao espaço privado da casa dos filhos de santo, em seu recanto mais íntimo, sem o espaço coletivo dos ritos de iniciação e das grandes festas públicas que marcam seu encerramento ou a celebração da descida dos deuses à terra para cantar e dançar com os homens, as novas gerações, mais uma vez socializadas no convívio de um Deus único e ciumento que faz ver como obra do Demônio essas crenças e ritos — e agora de forma verossímil, num contexto em que a violência se aproxima do terror —, certamente irão apreender de um modo muito particular, mesmo no espaço privado da própria casa, o seu significado. Por outro lado, naturalmente também não é essa uma situação característica dos cultos afro-brasileiros por toda parte. O Brasil é muito grande, as variações regionais das religiões afro-brasileiras são significativas, e não é em toda cidade que a mudança social e a dinâmica da cultura imprimem ao campo religioso esse ritmo de transformação que vem ocorrendo nas grandes metrópoles. Mesmo ali, talvez os terreiros se rearticulem, sob o impacto das classes médias que a eles não cessam de afluir, ou talvez mesmo, diante da demonização de suas crenças e práticas rituais, se vejam crescer no seu interior, reativamente, os cultos de Exu, tradicional versão católica do Diabo.[134] Ou talvez todo esse processo venha a provocar uma reorganização institucional, com a criação, tal como ocorreu com a umbanda, de federações que acabem por lhes garantir, inclusive, uma nova projeção no espaço público, a exemplo dos próprios evangélicos. Mas esta será, seguramente, já uma outra forma de existência, ou uma nova "versão", das religiões afro-brasileiras.

De qualquer modo, tudo isso serve para relativizar o alcance explicativo do pressuposto metodológico do individualismo possessivo[135] que sustenta a teoria do mercado dos bens de salvação: passando por um processo de expansão, e regido como todo mercado pela lógica do interesse, este faria da escolha religiosa no mundo contemporâneo uma questão de opção individual. Entretanto, na delicada trama social que sustenta, para os homens, a credibilidade de um sistema de interpretação de sua experiência do mundo, entre o indivíduo e a sociedade interpõe-se uma infinidade de mediações. No caso da religião, como se sabe, as instituições — igrejas, templos, sinagogas, terreiros, centros, e as organizações mais abrangentes de que são parte —

responsáveis pela sistematização e transmissão das crenças, assim como das práticas litúrgicas, nos rituais e nos cultos, constituem mediações essenciais. Contudo, elas não são as únicas, já que, para além da organização interna do sagrado, na crença e na prática ritual e devocional, outros sistemas de valores e práticas ritualizadas, ligados a outras dimensões profanas da vida social, com suas miríades de símbolos e signos, dialogam com esse sistema interpretativo, passíveis ou não de ratificá-los ou se mostrar com eles compatíveis. É assim que, nas sociedades, se constituem *comunidades de sentido* mais ou menos abrangentes: é em função delas que a experiência do mundo se torna interpretável e é no seu interior que também se define o lugar da religião.

Até bem pouco tempo atrás, nas periferias das grandes metrópoles brasileiras, sob a égide das religiões afro-brasileiras, ou mesmo no catolicismo tradicional, o valor da *reciprocidade*, mediação essencial entre o homem e o sagrado, transitava sem solução de continuidade entre a organização institucional da fé, no campo da religião, e a ordem social mais imediatamente dada à experiência individual, na vida doméstica ou nos círculos de amizade, trabalho e vizinhança. Um mesmo universo de significações corroborava reciprocamente a interpretação dessas diversas dimensões da experiência, fazendo da *comunidade* um valor passível de permanente reinvenção — da vizinhança às Comunidades Eclesiais de Base,[136] passando pela família de santo do terreiro — porque passível de ser encarnado em realidades diversas mas imediatamente tangíveis e socialmente significativas. Agora, num universo onde a violência se transforma em terror, é diante do processo de dissolução dessas comunidades, graças à fragmentação dessa *comunidade de sentido* que lhes dava sustentação, permitindo inclusive negociar com a violência as fronteiras da ordem e da desordem, que se desloca o lugar da religião.

Não, porém, de toda e qualquer religião, mas daquelas religiosidades populares que, em seu espontâneo ecumenismo, sustentadas por cosmologias em que o sagrado é capaz de ordenar de forma mais ampla também outras dimensões profanas da experiência individual e comunitária, situavam para além da afiliação institucional de cada pessoa a uma ou outra confissão religiosa o valor do sistema de dons e contradons a que a reciprocidade obriga. Em seu lugar, um Deus exclusivista reserva agora à comunidade dos seus fiéis a lógica desse sistema de trocas, prometendo a eles somente as benesses da prosperidade nesta vida e a salvação no outro mundo. Nesse contexto, para todos os demais excluídos da comunidade dos *renascidos* no Cristo Salvador, não é a liberdade individual de escolha o que preside à sua adesão a um (novo) credo religioso ou sua permanência na fé herdada de seus pais ou aprendida na infância. Diante de uma realidade cada vez mais incompreensível com que se defronta e a solidão que agora experimenta, é a *pressão da comunidade* na qual se insere, nas relações familiares, de trabalho ou vizinhança, ou a *procura da comunidade*, velha ou nova, na qual procura manter-se ou inserir-se, o que determinará suas atitudes religiosas, buscando compartilhar com outros um sistema de interpretação do mundo ao seu redor capaz de dar sentido às experiências-limite em confronto com as quais, nos confins do sofrimento, do colapso moral ou da própria inteligibilidade do vivido, o sagrado volta a emergir como fonte de significado para a existência humana.

Nesse sentido, toda religião toca a ordem do privado, pressupondo uma adesão íntima e profunda do indivíduo a um sistema cultural no qual um mesmo etos e uma visão de mundo a ele congruente conformam sua interpretação dessas experiências. Todavia, assim como a construção dessas cosmologias, também a adesão à fé pressupõe um trabalho mais amplo do social que, anterior aos indivíduos, molda para eles suas "opções" no campo religioso. Não por acaso, também no interior do catolicismo, é a mesma busca da comunidade que, num mundo cada vez mais erodido pelos valores do individualismo possessivo, leva a Igreja católica a empreender um novo esforço para reinventar o sentido de uma fé íntima e ao mesmo tempo capaz de expressar-se intensamente no plano comunitário, reapropriando-se de sua antiga tradição de celebrações festivas, graças ao Movimento de Renovação Carismática. Entretanto, para além dessas questões que dizem respeito à construção social da vida religiosa, é tempo já de nos perguntarmos de modo mais preciso qual o significado que assumem essas transformações no campo das religiões no Brasil, quando consideradas da ótica do mundo privado.

AS METAMORFOSES DO SAGRADO, ENTRE O PÚBLICO E O PRIVADO

Visto em perspectiva, ao longo de mais de meio século de história, é evidente que o impacto das mudanças do campo religioso no Brasil, que procuramos pontuar através de alguns exemplos significativos, foi grande e profundo. O progressivo processo de modernização da sociedade brasileira que ocorre nesse período traz inevitavelmente consigo o corolário conhecido da laicização, e a consequente "perda de centralidade" da religião na economia dos sistemas simbólicos graças aos quais os indivíduos atribuem significado à sua existência. À medida que, numa sociedade cada vez mais complexa, a experiência da vida social se torna múltipla e fragmentária, as instituições que pretendiam formular sistemas de interpretação abrangentes, capazes de enfeixar numa totalidade única a compreensão da realidade, derivando daí os preceitos adequados à orientação da conduta nas diversas dimensões da vida privada, vão perdendo gradativamente sua força normativa. É nesse contexto que os indivíduos são chamados cada vez mais a depender de si mesmos na eleição dos valores necessários ao desempenho dos variados papéis sociais que passam a ser deles requeridos, com base no leque de escolhas progressivamente mais amplo que a vida social lhes oferece como modelos alternativos de conduta, traçando a partir daí seu próprio *projeto*.[137] E as igrejas, como as demais instituições, não escapam a essa regra.

A transformação mais visível que se dá no interior do campo religioso em razão desse processo atinge, como não poderia deixar de ser, o domínio da moral, e sobretudo da moral sexual. As estruturas da família patriarcal, que se consolidaram ao longo da história brasileira juntamente com o predomínio inconteste da Igreja católica, vão aos poucos perdendo sua consistência. O valor da virgindade feminina a ser preservada até o casamento, tendo como modelo a santidade de Maria, Virgem Mãe de Deus, passa cada vez mais a ser questionado, à medida que a modéstia deixa aos poucos de ser vista como um atributo fundamental da mulher. Na sociedade em transformação, que cada vez mais se revela centrada no indivíduo, a nova consciência da realidade física do corpo humano faz com que este passe progressivamente a ser encarado da perspectiva de valores estéticos inteiramente profanos, exigindo-se muito esforço de homens e mulheres, na *malhação* e nas academias de ginástica e musculação, para conformar o seu porte físico aos padrões de beleza ditados pela moda. Nos antípodas da visão cristã, é a nudez de um corpo jovem e saudável que deve ser exibida na força de sua beleza triunfante, não o corpo macerado pelo sofrimento do Cristo na Cruz, ou o corpo belo mas pecador da Madalena arrependida, também ele, como o corpo virtuoso de Marta e Maria, escondido pelo panejamento abundante da estatuária religiosa das igrejas. Assim, pouco espaço sobra ao valor do recato feminino, pilar da moralidade familiar católica há pouco mais de quatro décadas, e que vai desaparecendo aos poucos numa sociedade que acaba por aceitar, embora de forma a princípio relutante, a moda da minissaia, do topless e agora o sexo via Embratel, graças ao Disk-Erótica e outros serviços 0900 da Telebrás.

Perdido o seu controle sobre o corpo, em especial o corpo feminino, uma das "posses essenciais" que deve ser garantida de forma normativa em toda sociedade, em geral pela religião, para se garantir também a submissão das almas e, com ela, o controle da riqueza e do prestígio e a hegemonia do poder de uma classe,[138] é o destino social do corpo, na institucionalização da reprodução humana mediante o casamento, que também escapa aos poucos ao domínio do sagrado. O desconforto familiar diante da jovem que *deu um mau passo*, perdendo a virgindade e, pior ainda, engravidando antes do matrimônio, ou, de forma inversa e simétrica, o estrito rigor na conduta exigido à mãe de família *largada pelo marido*, assim como a obrigação de aceitar um casamento imposto pela família, por razões de conveniência na preservação do patrimônio ou pela simples autoridade paterna inquestionável, que aos poucos vão se amenizando para dar lugar a uma atitude mais liberal ou flexível em relação às condutas "desviantes", representam uma erosão profunda das estruturas da família patriarcal, que sempre teve por modelo normativo valores éticos impregnados pelas figuras do sagrado, graças ao imaginário cristão da Sagrada Família.

Do mesmo modo, a dupla moral sexual que, sob o estrito controle desses valores, encerrava a mulher no mundo privado da casa e da vida doméstica, permitindo ao homem, destinado a projetar-se na esfera pública, uma liberdade na vida privada que era negada à mulher, foi também perdendo pouco a pouco sua força normativa. Formas tradicionais de conduta masculina, como as experiências sexuais da juventude, valorizadas enquanto prova de virilidade e admitidas inclusive no recesso do próprio lar — tendo como parceiras mulheres de condição social inferior, herança, ainda, da sociedade escravocrata —, ou a tolerância para com a infidelidade conjugal, após o casamento, passaram a ser inevitavelmente postas em questão, na reivindicação de maior liberdade feminina e maior igualdade entre os sexos, a partir da progressiva incorporação da mulher ao mercado de trabalho, em tempos feministas de emergência do Women's Lib. É em face da concorrência desses novos padrões valorativos que se aprofunda a crise moral nas instituições religiosas católicas, já sem força para impor de modo unívoco uma ética que reinara inconteste quase até meados do século, na sociedade brasileira ainda tradicional. Assim, seria a ameaça representada pela aids, mais que os esforços das igrejas nesse sentido, que traria de volta à ordem do dia valores como a fidelidade conjugal e a própria instituição do matrimônio, aparentemente de novo em moda entre a juventude yuppie das classes médias urbanas.

É claro que, no plano institucional, os conservadores, dentro e fora da Igreja, continuaram a lutar com palavras e obras, sermões, campanhas, bulas papais e lobby político, contra o divórcio, pilar da moral familiar em que se assentou por décadas o catolicismo no período. Perdida porém essa batalha, sua luta agora se estende ao aborto, encontrando inesperados aliados entre os adeptos de novas religiosidades que, contemporâneas ao surgimento dos movimentos ecológicos, dividem sua lealdade entre as reivindicações modernas da liberação feminina e a sabedoria mais antiga de religiões de outros povos, essencialmente centradas no valor da vida. Mas a atitude conservadora defensiva não é privilégio católico, já que também os protestantes assumem posições semelhantes, como foi demonstrado pela atuação da "bancada evangélica" nos trabalhos da Assembleia Nacional Constituinte. Entretanto, o êxito de tais iniciativas parece ser apenas modesto, a se julgar pela grita contra a degeneração dos costumes que se levanta a cada nova ofensiva legislativa mais liberal em relação a essas matérias, ou mesmo contra os meios de comunicação de massa, em especial a televisão, a cada novela que, aos olhos dos conservadores, parece se entregar a uma exibição desenfreada da sexualidade, em detrimento de uma formação moral saudável das novas gerações.

Todavia, escancaradas as portas a uma nova moral a partir do surgimento desses novos padrões de sexualidade, era inevitável que as figuras do sagrado fossem perdendo, e de modo cada vez mais profundo, sua função enquanto modelos normativos na determinação das condutas na vida privada. Mesmo na esfera mais interior da existência em que se define para os indivíduos sua identidade como seres humanos sexuados, os padrões aos poucos se deslocam de um universo social de valores tradicionalmente admitidos, no qual características físicas e formas de conduta convencionais eram definidas sem ambiguidade, determinando a distinção entre o masculino e o feminino, para um plano íntimo da consciência, em que a identidade sexual se redefine, para além das funções biológicas ou das convenções sociais, como uma questão de escolha individual no uso do corpo e dos prazeres. Assim, a homossexualidade deixa paulatinamente de ser encarada como patologia física ou moral, "contra Deus" e "contra a natureza", como costuma caracterizar ainda hoje um preto velho de terreiro — cujo *cavalo* é ele próprio homossexual — as práticas sexuais de alguns de seus devotos, na continuidade estabelecida pela entidade entre um imaginário dos tempos da escravidão, de que seria originária, e o mundo contemporâneo, revelada nesses padrões de uma moral tradicional segundo os quais julga a conduta de filhos de santo que nem por isso deixam de explicitar suas preferências sexuais. De fato, adornos masculinos, como brincos e pulseiras, bem como roupas enfeitadas, há muito deixaram de levantar suspeitas de homossexualidade, no terreiro assim como, de um modo geral, na sociedade brasileira.

Na verdade, todo esse movimento de abertura liberalizante no domínio da moral que gradativamente vai ganhando a sociedade no período encontra ressonâncias profundas nos meios religiosos afro-brasileiros. Religiões de possessão, em que a dança e o canto são elementos essenciais dos cultos, elas sempre tiveram com relação ao corpo uma postura muito distinta da tradicional denegação cristã que, incorporando em benefício de uma nova fé os ensinamentos platônicos, sempre viu na encarnação uma queda, considerando o invólucro corpóreo da alma fonte de sofrimento ou perdição que faz do *soma* (corpo) *sema* (sepultura). No candomblé e na umbanda, o corpo é um mediador essencial graças ao qual, no transe, os deuses e os espíritos tutelares descem à terra para festejar com os homens, *incorporados* nos seus filhos, *cavalos* de que eles se apossam, corpos dóceis que se entregam à celebração do sagrado com a força e a alegria selvagem da própria vida. Ademais, nessas religiões, a identidade do indivíduo é sempre uma questão em aberto, porque estritamente vinculada ao plano cósmico em que é reconhecido seu vínculo com uma divindade. Desse modo, não é essencial que um homem seja filho de um orixá masculino, tal como uma mulher não é necessariamente filha de uma *iaba*, sendo a identidade sexual de ambos determinada tanto pela sua constituição biológica como pelo *santo* que rege sua cabeça. Assim, a figura do *adé*, o homossexual, é considerada perfeitamente normal nos terreiros.[139]

Além disso, o colapso da moral familiar, que tanto desestruturou o domínio católico ou protestante sobre a conduta privada dos fiéis, não teve o mesmo efeito no interior das religiões afro-brasileiras, e por duas razões. Primeiro porque, constituindo originariamente religiões de clãs, nações e grupos étnicos, elas sempre operaram, tanto em suas construções cosmológicas como em suas formas organizacionais, com base em estruturas de parentesco muito mais amplas, que jamais se confundiram com a família nuclear burguesa, modelo inextricavelmente imbricado na moralidade familiar cristã. Por outro lado, a família de santo de que vem a fazer parte um iniciado é uma reconstrução simbólica, mítica e ritual, do sistema de parentesco que une e opõe entre si os deuses e seus filhos na terra, sendo integrada por indivíduos que apenas esporadicamente têm também entre si vínculos de sangue. A segunda razão é de ordem histórica, já que, saídas do universo da escravidão e constantemente perseguidas ou desqualificadas pela Igreja e pelas elites ao longo de séculos, era natural que as religiões afro-brasileiras contassem, entre seus sacerdotes e adeptos, com pessoas oriundas dos segmentos mais desprivilegiados da sociedade, tendo só em tempos relativamente recentes incorporado também indivíduos das classes médias urbanas e intelectuais. Para os negros pobres herdeiros da moral da senzala de onde se originaram essas religiões, o modelo burguês da moralidade familiar dominante na vida social nunca teve o mesmo sentido que para aqueles que o erigiam em paradigma da conduta na vida privada.

Contudo, não é só no plano da moralidade que as transformações que têm lugar na vida social e no campo religioso trazem consequências para a esfera do privado, incidindo também sobre os hábitos individuais e familiares, as formas de sociabilidade e os ritos da intimidade. Assim, a frequência à missa dominical ou a participação nas grandes celebrações do calendário litúrgico católico, que desde os tempos coloniais sempre foram ocasião de exibição de prestígio social, riqueza e poder, e que conservaram ainda no meio rural uma importante função de sociabilidade, oferecendo a pessoas isoladas em núcleos familiares distantes a oportunidade do encontro, facilitando negócios e trocas, e criando para os jovens a possibilidade do flerte, do namoro e de um futuro casamento,[140] perdem progressivamente sua importância, à medida que avança o processo de urbanização e modernização da sociedade brasileira. Em seu lugar, é a missa, a oração cotidiana e mesmo as grandes cerimônias litúrgicas, como a bênção do papa por ocasião do Natal ou da Páscoa, que vêm aos fiéis, como realidade sonora primeiro, graças ao rádio e, depois, ao vivo e em cores, pela televisão. Num lar devoto, isso acabaria por propiciar tanto um estreitamento dos laços familiares como, no mais das vezes, uma forma conveniente de se desincumbir de uma obrigação herdada de um outro tempo, como um hábito de infância, para o catolicismo meramente formal de muitos dos que, nos censos, se declaram católicos praticantes. Quanto aos jovens, já não são mais necessárias as missas e festas litúrgicas como ocasião de encontro, substituídas pela sessão de cinema ou o passeio nos shopping centers. É contra esse pano de fundo que se compreende o quanto é significativa, da perspectiva da vida privada, a renovação que os grupos carismáticos pretendem introduzir no interior do catolicismo. Reiterando o valor da experiência íntima do sagrado, a fé, impregnada agora de um novo fervor, se transforma em celebração interior e, ao mesmo tempo, comunitária, nesses grupos que se reúnem em torno de práticas devocionais de cunho doméstico, as novenas rezadas de casa em casa ou a peregrinação de uma imagem milagrosa pela vizinhança, tentando reatar no plano do sagrado os laços de solidariedade familiar e vicinal ameaçados de ruptura pelo progressivo isolamento do indivíduo.

Por outro lado, se mudam às vezes de forma radical alguns

hábitos e formas de conduta dos fiéis pela adesão à mensagem evangélica difundida pelas igrejas do pentecostalismo de conversão "neoclássico" — as vestimentas sóbrias padronizadas para homens e mulheres no culto dominical, o corte do cabelo e o penteado que passam a se conformar a um mesmo estilo uniforme, estranho às modas do momento, ou a recusa de continuar a participar de redes de sociabilidade que davam ocasião a divertimentos profanos e deixar-se influenciar pelos meios de comunicação de massa que os difundem, juntamente com valores morais tidos como nefastos, como no caso da televisão —, o "neopentecostalismo" das igrejas evangélicas contemporâneas exige bem menos dos seus fiéis, em termos do que deve ser deixado para trás ao se aceitar o Cristo Salvador. Nem por isso, entretanto, ele deixa de propiciar novos hábitos aos seus adeptos, levando-os a engajar-se também em outras redes de sociabilidade. Como em outras igrejas evangélicas, mas sobretudo no caso da Igreja Universal do Reino de Deus, a extensão da rede física dos locais de culto, com suas portas sempre abertas e seus pastores disponíveis em diversos horários diários para a pregação e a oração comunitária dos fiéis, faz com que, em muitos locais, sua presença seja mais visível até mesmo que a dos templos católicos. Sem depender, como eles, da tradição histórica que fixou sua localização em lugares hoje muitas vezes engolidos pela expansão urbana, esses templos evangélicos, de implantação recente e situados em pontos estratégicos que já contavam anteriormente com a frequência do público, hoje oferecem o espetáculo insólito de pessoas que saem apressadas dos escritórios à sua volta, mesmo no centro da cidade, para, aproveitando o horário de almoço ou no final do expediente, se dirigir aos locais de culto evangélico e ouvir a palavra de Deus. Em geral, não são estes os templos frequentados por tais pessoas nos cultos dominicais, a que assistem, juntamente com a família, em igrejas próximas ao seu local de moradia, integradas em redes de vizinhança que transformam o agrupamento de fiéis em uma verdadeira comunidade religiosa, da qual participam pessoas próximas e conhecidas, a exemplo do que acontece com os grupos carismáticos dentro da Igreja católica. No entanto, distantes do ambiente doméstico da família e da vizinhança, esses templos situados em locais de grande movimento respondem, para os fiéis, a uma demanda individual pelo sagrado que deve acomodar-se ao ritmo vertiginoso da cidade movida pelo capital e a necessidade do trabalho, ao mesmo tempo que recriam para eles, diante do anonimato em que se perdem, na voragem da vida urbana, um certo ar de família, na cumplicidade silenciosa que passam a manter com os demais fiéis, com os quais, em hora certa, voltam a encontrar-se a cada dia, às vezes sem jamais se falar. Desse modo, aglutinando ao seu redor uma rede frouxa de sociabilidade à qual acabam por integrar-se os fiéis, esses templos se inscrevem na lógica do *pedaço*,[141] recriando para seus frequentadores um novo sentido de pertencimento à cidade. Assim se revelam as inúmeras mediações que, no domínio do sagrado, se interpõem entre o indivíduo e a vida social mais ampla, demonstrando que, diante da realidade urbana, a vida privada não se confina apenas num isolamento individualista, mas, ao contrário, se estende para além da esfera doméstica, nos limites da casa e do círculo familiar.

Da mesma forma, tal como acontece no universo evangélico, também a nova legitimidade conquistada pela umbanda e, mais recentemente, pelo candomblé estende para além das fronteiras do terreiro novos e velhos hábitos ou formas de sociabilidade de seus adeptos, que ganham nova visibilidade social. A revalorização dessas religiões afro-brasileiras e, em especial, o novo significado atribuído às suas origens africanas dão lugar a uma verdadeira transformação no estilo de vida dos fiéis. Vestimentas ostensivamente coloridas, batas, gorrinhos e panos da costa em tecido africano, fios de conta de pedras e cerâmicas importadas, cabelos à moda "afro", de corte geométrico ou em *dreadlocks*, passam a ser exibidos nos terreiros por ocasião dos *toques*, e migram dali para a danceteria, a lanchonete ou o bar mais próximos, orgulhosamente fundidos com outros símbolos de afirmação de identidade étnica, numa época em que começam a surgir e depois consolidar-se os movimentos negros.

Todavia, diferentemente do que ocorre em outras religiões, o pertencimento ao universo religioso afro-brasileiro incide de modo muito mais direto sobre a vida privada dos seus adeptos, exigindo a observação de formas de conduta específicas que alteram significativamente a rotina do seu cotidiano. A começar pelo próprio ritual de iniciação, que exige o recolhimento do iaô por 21 dias na camarinha do terreiro, suspendendo durante esse tempo qualquer atividade, familiar, profissional ou de outro tipo, a que se entregue habitualmente. Depois, como parte da própria iniciação, há toda uma série de prescrições e restrições alimentares que acompanham o tempo do rito, de acordo com o que é considerado *ewó* do santo, ou seus tabus, que retraduzem para o plano do cotidiano episódios dos mitos por meio dos quais se caracterizam atributos, qualidades e idiossincrasias dos orixás, que os iniciados fazem seus, ao se tornar seus filhos. A partir de então, pelo resto de sua vida, esses tabus deverão ser respeitados, sob pena de provocar a *quizila* do santo para com aquele a quem deveria proteger.

Mesmo após o término do tempo ritual de recolhimento do iniciado, toda uma série de comportamentos prescritos é dele esperada no período de *resguardo* que, tal como o de uma parturiente, se estende por um tempo que varia, nos terreiros, de quarenta dias a alguns meses: o uso obrigatório da roupa branca e do *quelê*, o pesado colar que recebe durante a iniciação, e que deve ser levado enrolado em um lenço ao redor do pescoço, a obrigação de comer e beber em vasilhame simples de ágata branca, sentado em uma esteira no chão ou em um pequeno banco de altura menor que a das cadeiras de uma casa, a interdição do uso de talheres, que o obriga a comer com as mãos, a proibição de manter relações sexuais, a obrigação de nunca deixar descoberto o *ori*, a cabeça que foi inteiramente raspada durante a iniciação, mantendo-a protegida por um boné ou, no caso das mulheres, envolta no pano da costa enrolado em turbante, para evitar que seja exposta ao calor do sol ou ao sereno da noite, o que impõe ao iniciado a obrigação de recolher-se ao pôr do sol. Assim se adquire todo um conjunto de hábitos relativos ao trato com o corpo, cujos efeitos incidem de forma imediata sobre a alma ou, de modo mais preciso, sobre a totalidade da (nova) pessoa que passa a existir a partir do rito de iniciação, ao fim do qual, tendo adquirido uma outra identidade, recebe até mesmo um outro nome ritual, seu nome-no-santo.[142]

Mesmo para o não iniciado, cliente de um terreiro de candomblé, a realização de rituais simples exige dele uma consciência do próprio corpo como sede do sagrado que é inteiramente estranha à sua experiência cotidiana de vida. De fato, após uma prática divinatória corrente no candomblé utilizada para identificar a causa espiritual de algum problema pessoal, de ordem física, afetiva, familiar ou mesmo profissional e material,[143] o consulente pode ser aconselhado a submeter-se a um *ebó*, ritual de *limpeza* comumente requerido para *descarregar* o indivíduo de energias estranhas àquelas que lhe são próprias em razão de sua filiação cósmica ao domínio do seu orixá, e que, sobrecarregando-o, podem provocar desequilíbrios que resultam em doenças físicas e psíquicas ou, de modo geral, em empecilho à realização de seus projetos e suas tarefas cotidianas. Em situações mais graves, o consulente poderá ser solicitado a dar um *bori*, a oferta ritual de um sacrifício à sua *cabeça*, correspondendo já a um começo de iniciação na religião, uma vez que se destina a reforçar as próprias energias da pessoa, selando por meio do *ori* (cabeça) sua aliança com o sagrado de que é parte, a força cósmica do orixá *dono* de sua cabeça. Mesmo nesses ritos mais simples, se requer daquele que a eles se submete, ainda que de forma mais branda ou por um tempo menor, o respeito a prescrições e tabus rituais exigidos do iniciado, como as proibições alimentares e de ingestão de bebidas alcoólicas, a interdição da sexualidade e a obrigatoriedade do uso de roupas brancas, ou pelo menos claras, além do *contra-egum*, fina tira de palha da costa trançada que é amarrada apertada no braço, e que deve protegê-lo da influência nefasta dos espíritos dos mortos.

Para o cliente do terreiro assim como para o iniciado, o que está em jogo é uma complexa cosmologia ordenada em torno da noção de *axé*, força cósmica que impregna e dá forma a cada coisa e a cada criatura existente no mundo — pedra, água, terra, planta, vento, folha, fogo, chuva, bicho ou ser humano —, fazendo do rito um instrumento de troca do *axé* entre o homem e a totalidade do cosmos, segundo a lógica do dom e do contradom.[144] A participação em um ritual significa, portanto, a *abertura* do corpo humano a esse influxo de energias cósmicas, e assim se compreende que ele deva ser preservado também da carga nefasta e indesejada que poderia atingi-lo nesse processo. Daí a incisão feita na cabeça do iniciado — a *abertura da cura* — mas também a obrigação do resguardo do *ori*, mantendo a cabeça sempre coberta. Daí também as interdições alimentares e sexuais, independentemente de se tratar de um iniciado ou simples consulente a quem foi prescrito um *ebó*. Daí, por fim, a regra que interdita a uma mulher menstruada, período em que está com o corpo *naturalmente aberto*, o acesso ao quarto de santo ou não lhe permite *redobrar* ritualmente a abertura do corpo, submetendo-se a um *ebó*.

Todo esse conjunto de práticas rituais literalmente molda, para o iniciado, seu corpo como veículo do sagrado e, com ele, recria sua própria identidade. Graças aos hábitos que assim vão sendo adquiridos, ele passa a ter de si mesmo uma visão distinta — de seu corpo físico, de sua vida psíquica, de seus problemas cotidianos e de seus relacionamentos pessoais, familiares, afetivos ou profissionais — e que se reitera nas obrigações rituais que passam a incumbir-lhe a partir da iniciação, como voltar periodicamente à casa do pai de santo onde se encontra o *assentamento* de seu orixá para limpá-lo, ou celebrar festivamente a cada ano a data de sua iniciação, verdadeira comemoração de aniversário, já que assim se marcam os anos decorridos desde o "nascimento" do *seu* orixá, bem como a progressão do filho de santo nas etapas de iniciação nos segredos da religião, correspondendo a um processo contínuo de construção de sua própria identidade. Tudo isso representa uma interferência constante do tempo do sagrado, através do calendário ritual, no tempo comum dos afazeres cotidianos e sua rotina, tanto que o apoio da família e dos amigos se torna essencial para o cumprimento integral de todas as prescrições rituais, do recolhimento para um *bori* à iniciação e desta às *obrigações*, na festa de celebração do seu aniversário, sobretudo as maiores, como as de sete e catorze anos.

No entanto, nessa trajetória, o iniciado não está só. A iniciação o insere em uma rede de sociabilidade, na família de santo, que o obrigará a manter para com seus irmãos de santo — que participaram com ele do ritual de iniciação, no mesmo *barco* — e sobretudo para com os *mais velhos* — em termos de anos de iniciação — uma relação de reverente e incondicional respeito, na observância de uma hierarquia rígida de prestígio e poder que ordena a vida do terreiro. Em compensação, ao longo de sua trajetória *no santo*, isto é, em face das inúmeras obrigações que contrai para com o sagrado através da iniciação, e das quais terá de desincumbir-se, ele deverá poder contar com a ajuda de sua família de santo, caso a família consanguínea não possa auxiliá-lo a enfrentar as inúmeras despesas que a realização de tais encargos acarreta, da compra de roupas e objetos rituais aos animais do sacrifício, que depois serão redistribuídos a todos, nas grandes festas que se celebram nessas ocasiões.

É claro, porém, que esse é o preceito, a regra, que nem sempre correspondem necessariamente à realidade. De fato, mesmo num agrupamento religioso firmemente estruturado como a família de santo, fundado em fortes laços obrigatórios de solidariedade, já que legitimados no plano do sagrado, se fazem sentir os efeitos desagregadores do individualismo, que acompanham o processo de modernização da sociedade brasileira. É comum ouvir nos terreiros queixas constantes do pai de santo contra seus filhos nem sempre disponíveis para ajudar na manutenção da casa ou vir em socorro de um irmão de santo em dificuldade, sendo então outras as pessoas, de fora da casa — amigos ou clientes de posição social mais alta, geralmente elevados à condição honorífica de *ogans*, *ekedes* ou *obás* da casa, auxiliares do culto ou conselheiros eméritos —, que são chamadas a realizar essas tarefas. De qualquer modo, um filho de santo sempre poderá contar com a solidariedade irrestrita de seu pai de santo, que muitas vezes acolherá e abrigará no terreiro, por meses a fio, toda a sua família, numa situação de emergência do cotidiano dos pobres como o desabamento de um barraco na favela, o despejo da casa cujo aluguel não foi pago, ou simplesmente o desemprego do pai ou da mãe de família. Também para as pessoas enfermas sozinhas ou abandonadas pela família, como ocorre com frequência com os portadores do vírus da aids ou com os que manifestam essa doença, o terreiro pode representar o último refúgio onde encontram acolhida e solidariedade até a morte. Ao mesmo tempo, a incorporação de não iniciados à vida do terreiro, na figura dos amigos beneméritos chamados a ajudar nas situações de necessidade, não é estranha à lógica do sistema de parentesco e à ideia da família extensa que sustenta a organização das atividades dessa família imaginária reinventada por meio do sagrado que é a família de santo.

Assim se vê como, de múltiplas maneiras, o pertencimento ao universo religioso afro-brasileiro afeta a vida privada de seus adeptos. Da reinserção em redes de sociabilidade que se constituem também em redes de solidariedade — tendo como modelo a família e também a ela se estendendo — à reconstrução integral da identidade através da iniciação e da série dos ritos que a completam, passando pelo aprendizado de novos hábitos cuja influência se explicita no pensar e no falar, no vestir-se ou no portar-se, com base em uma experiência interior avassaladora da sacralidade, graças ao transe, e que a inscreve na intimidade do próprio corpo, é toda a vida privada do indivíduo que é percorrida pelas figuras do sagrado. Ao mesmo tempo, no entanto, o terreiro é talvez, entre todos os locais de culto religioso, aquele em que o público e o privado mais se confundem, sob a lógica do espetáculo que ali preside aos ritos e às celebrações cerimoniais. De fato, o que ali se celebra é o que há de mais íntimo e privado nos indivíduos — sua identidade pessoal, transfigurada pela divindade, e o poder de cada filho de santo, enquanto *cavalo* de seu orixá, de pretos velhos e caboclos, de dar corpo às figuras do sagrado, para que os deuses e os espíritos tutelares venham à terra cantar e dançar entre os homens. Entretanto, toda essa celebração, que diz respeito de forma exclusiva à interioridade mais íntima de cada indivíduo e simultaneamente à totalidade da ordem cósmica de que ele é parte, só revela seu significado profundo no ato de sua exibição pública, para dar a ver o poder e a alegria dos deuses ou o momento mais solene de afirmação da (nova) identidade de cada filho de santo, nas festas em louvor aos orixás ou que encerram cada etapa da iniciação dos homens no convívio íntimo com a vida dos deuses.

Contudo, essa característica, mais visível numa religião iniciática como o candomblé, põe em evidência uma dimensão da vida religiosa que mais de perto diz respeito ao domínio do privado, independente da confissão à qual cada um se afilia. Trata-se da sacralização do tempo, que todo rito religioso efetua, e que constitui uma mediação essencial entre o público e o privado. Em toda sociedade, o nascimento, a entrada na vida adulta, o casamento ou a morte dão lugar a ritos de passagem, cujo final é quase sempre celebrado festivamente. Diferentes grupos humanos sempre reconheceram a necessidade de celebrar de forma solene esses momentos, mesmo quando não se acompanham de uma comemoração religiosa institucionalmente estabelecida. Em alguns agrupamentos sociais, podem-se mesmo celebrar efemérides intermediárias como, por exemplo, os aniversários, natalícios ou de celebração de momentos de transição de status, como as bodas de prata ou de ouro que comemoram o casamento, tal como ocorre nas nossas modernas sociedades do mundo ocidental, onde o princípio da individualidade passa desde o Renascimento a dominar progressivamente a organização da vida social e a cultura. As religiões sacralizam esses momentos, servindo como elemento essencial de ordenação da vida privada, ao mesmo tempo que projetam de volta o indivíduo na vida social, permitindo ao ritual coletivo reiterar o significado íntimo da celebração e ao indivíduo reconstruir sua identidade social, ao ser colocado perante a sociedade em uma nova posição.

Batizado, crisma, primeira comunhão, casamento, missa de bodas de prata e de ouro, de corpo presente, de sétimo dia, de mês, de ano e de aniversário, são cerimônias que, no catolicismo, ungem com a bênção da sacralidade esses momentos de ruptura e transição. Também entre os evangélicos o batismo é a celebração de um novo nascimento, assim como a cerimônia do bar mitsvá judeu constitui, para o jovem na entrada da adolescência, uma confirmação do seu pertencimento à comunidade, na reiteração das verdades da fé de seus ancestrais em que foi criado, à semelhança do ritual de crisma entre os católicos. E se comemorações dessa natureza estão ausentes nas religiões orientais, nem por isso elas deixam de celebrar ritos funerários e em honra aos ancestrais, tal como ocorre em outras religiões tradicionais, ou simplesmente mais conhecidas, no Brasil. Nas religiões afro-brasileiras, a iniciação e o *axexé* são ritos mediante os quais os indivíduos passam a integrar-se à vida da coletividade religiosa e depois dela são dissociados, por ocasião da morte. Por influência do catolicismo, a umbanda também batiza seus filhos ou celebra seu casamento, em geral em ocasiões solenes, coincidindo com festas católicas, como a de são João, que batizou Jesus antes do início de sua pregação, ou datas comemorativas celebradas pelos negros como verdadeiras festas cívicas, a exemplo do que ocorre ainda hoje em muitas partes do território brasileiro no dia 13 de maio, em que se comemora a abolição da escravidão, ainda que os movimentos políticos negros tendam a desacreditar essa data, preferindo substituí-la pela celebração da memória de Zumbi dos Palmares.

A festa é, pois, indubitavelmente, a marca característica desses momentos de ruptura e transição. No Brasil, ao longo de sua história, a solenidade e as celebrações festivas sempre escandiram o registro do tempo da vida privada, nesses ritos domésticos e da intimidade, projetando-se igualmente como metáfora na vida pública, graças à celebração dos acontecimentos da vida privada dos grandes e poderosos deste mundo enquanto eventos que dizem respeito à vida de toda a coletividade — do Reino, primeiro e, depois, da Nação —, ou dando lugar a celebrações privadas que constituíam ao mesmo tempo instrumentos de projeção pública dos indivíduos ou grupos sociais, como nas festas das irmandades e confrarias religiosas dos tempos coloniais. Assim, dada a tradição festiva das religiosidades no Brasil, talvez a festa seja ainda hoje, apesar de tudo, um bom indicador de mentalidade para se pensar o lugar da religião na redefinição de fronteiras que as transformações da sociedade brasileira acabaram por produzir, permitindo-nos visualizar de uma perspectiva mais ampla as metamorfoses no sagrado, entre o público e o privado.

De fato, no Brasil contemporâneo, são ainda as festas que permitem aos ritos da intimidade ser reprojetados no espaço público, criando, nessa trajetória, um processo contínuo de ressignificação do motivo original da celebração. Disso são exemplos as muitas manifestações culturais tidas como "folclóricas" e cujo fundamento religioso é na maior parte das vezes ignorado pelos espectadores que assistem aos belos espetáculos a que elas dão lugar, embora não pelos que delas participam diretamente. Batuques, candombes, congadas, moçambiques, catopês são ainda hoje quase por toda parte no Brasil expressões das metamorfoses de um catolicismo negro arcaico, assim como as folias de Reis e do Divino, juntamente com os guerreiros, os bois-bumbás e os pastoris nordestinos, guardam de modo mais ou menos explícito as marcas das cerimônias religiosas que a eles davam ocasião, nas celebrações das devoções tradicionais do catolicismo ou nas festas em louvor aos santos juninos e nos autos de Natal. De parte da vida pública, como ocasiões festivas de exibição ou espetáculo nas festas devotas e cívicas do catolicismo barroco colonial, essas manifestações hoje se transformaram praticamente em patrimônio familiar, como tradição piedosamente conservada pelo grupo doméstico, na família extensa, ou em redes de vizinhança integradas por conterrâneos, podendo se constituir, por isso mesmo, em poderosos instrumentos de afirmação coletiva de identidade. Nesse sentido, constituem hoje celebrações privadas que adquirem significação pública, já que se realizam na e por meio da intimidade doméstica do grupo familiar ou de vizinhança, ao mesmo tempo que conferem aos que delas participam uma nova forma de projeção, em termos de prestígio e de poder, no espaço social — ainda que este seja apenas o espaço restrito da rua, do grupo de vizinhança ou do bairro em que os celebrantes dessas alegres devoções são conhecidos.

Ao mesmo tempo, porém, o caráter público dessas festas projeta de volta seus efeitos sobre a vida privada dos que delas participam. Nessas devoções características do catolicismo popular, a realização das festas supõe que sejam previamente incluídas em um complexo cálculo de probabilidades, que envolve o rearranjo contínuo das tarefas sagradas e profanas de indivíduos ou de pequenas coletividades. Dada a dispersão dos membros que hoje integram grupos de foliões de Reis, ternos de congos ou moçambiques, graças às condições da vida moderna, muitas vezes marcada por uma trajetória de migração para os grandes centros urbanos, é a realização das festas o que lhes oferece a ocasião de refazer seus laços de solidariedade primária, reunindo famílias e conterrâneos, ou mesmo permitindo sua volta "para casa", que será sempre a do seu lugar de origem. Congadas levam migrantes mineiros, operários da grande indústria automobilística do ABC, de volta a pequenos municípios do Sul do estado como Monsenhor Paulo ou Cordisburgo por ocasião das festas do Rosário ou de São Benedito,[145] e a morte de um velho Rei de Congo que ficou para trás no processo migratório, firmemente ancorado no distante lugar de origem, pode fazer esses mesmos trabalhadores urbanos encarar de modo altivo a ameaça do desemprego, preferindo enfrentar a demissão sumária por abandono de serviço a faltar com sua obrigação em tal ocasião solene e dolorosa.[146]

Da mesma forma, a organização e apresentação de folias de Reis podem dar lugar a cada ano, entre dezembro e janeiro, a um intenso circuito de sociabilidade e reciprocidade, deslocando entre bairros pobres da periferia de uma grande metrópole e pequenas cidades interioranas grandes grupos familiares que, divididos pela migração, ainda são os que, lá e cá, permitem a realização da celebração devota. Na mesma categoria devem ser ainda pensadas as romarias tradicionais, a Juazeiro do Padre Cícero, a Aparecida do Norte, a Bom Jesus da Lapa ou Pirapora: também sua organização constitui quase sempre um empreendimento doméstico e familiar que se estende depois à vizinhança, no aluguel dos ônibus, caminhões ou mesmo cavalos que permitirão aos romeiros chegar ao santuário e comemorar na cidade o reencontro com conhecidos e amigos, na celebração de laços de afeto travados em suas anteriores excursões devotas. Em outra dimensão, é ainda uma reafirmação de pertencimento e reforço de laços de solidariedade comunitária o que se encontra em algumas celebrações religiosas oficiais do catolicismo. A procissão de Corpus Christi pode mobilizar uma cidade inteira na confecção do *tapete* de flores, serragem colorida e outros materiais heteróclitos com os quais se reinventa, na geografia do chão, o esplendor dos tecidos adamascados de colchas e toalhas que em antigos tempos coloniais enfeitavam as janelas das ruas por onde desfilaria, sob o pálio, o Corpo de Deus. Também a celebração da Semana Santa em Nova Jerusalém, que reconstitui no espaço de uma cidade cenográfica o grande drama da Paixão de Cristo, ou a festa do Círio de Nazaré em Belém do Pará, embora incluídas no calendário turístico oficial dos seus respectivos estados, nem por isso deixam de ser ocasiões de um reencontro festivo da família e de amigos distantes, que retornam para a festa, ainda que por um breve período, ou só para comer os pratos típicos preparados especialmente para essas ocasiões, a *comida branca* feita com leite de coco — arroz, feijão, o peixe e a verdura amarga — na Semana Santa pernambucana, o tacacá, a maniçoba e o pato no tucupi, que não podem faltar no banquete em família na celebração do Círio de Nazaré.

Essas festas marcam momentos em que a religião transborda por sobre a vida social mais ampla e daí volta a refluir para a esfera do privado, reinventando outra forma de sacralidade, na celebração íntima do reencontro familiar e dos laços de amizade. No entanto, ancoradas em outras instituições, as celebrações festivas de caráter devoto podem também resultar em outros tipos de projeção social, que cada vez mais parecem pender para o lado profano, guardando apenas tênues vínculos com o motivo religioso da celebração, embora nem por isso percam seu significado de devoção para os que delas participam. Membros de ternos de congos ou foliões de Reis que se exibem num Festival Folclórico em Olímpia podem ter os olhos voltados para sua projeção na mídia e a esperança de um contrato com uma gravadora, ainda que também, e no mais das vezes, se interessem mesmo pelos prêmios em dinheiro, que permitirão a renovação das roupas e dos instrumentos do grupo, garantindo a sua continuidade. Da mesma forma, a apresentação dos bois-bumbás em Parintins, filhos longínquos dos autos devotos natalinos, cada vez mais transforma o Festival Folclórico da Ilha de Tupinambarana, na distante Amazônia, em um "espetáculo global", hoje transmitido pela TV para todo o país. Assim também, as festas juninas esvaziam o Congresso Nacional das bancadas nordestinas, ainda que os parlamentares talvez se empenhem menos em retornar às suas tradições religiosas de origem que em exibir os sinais exteriores de uma devoção que lhes poderá granjear preciosos votos nas eleições seguintes. Desse modo se evidencia que aqui também, como nas antigas celebrações festivas dos tempos coloniais, são tênues as fronteiras entre o sagrado e o profano, a devoção e o interesse, a vida pública e a vida privada.

Ao mesmo tempo, porém, no fulcro da tradição das religiosidades no Brasil, os ritos coletivos podem facilmente se transformar também em celebrações domésticas, de cunho familiar. Nossas festas propriamente modernas, celebrações de massa, típicas da sociedade de consumo, em que só de longe ressoam os ecos dos motivos religiosos da celebração, constituem, no entanto, ocasiões propícias para a comemoração da alegria, no convívio em família, mediado pela muito antiga lógica da reciprocidade que obriga ao dom e ao contradom, na troca de presentes. O Natal, apesar de tudo, ainda comemora o nascimento do Cristo, a Páscoa, sua ressurreição, e a celebração do Dia das

Mães não por acaso foi escolhida no mês de maio, mês de Maria, Mãe de Deus e dos homens. No mesmo veio, ainda que em sentido inverso, nossas celebrações oficiais, e portanto laicas, num Estado e num país que se querem modernos, podem de repente se transformar em festas cívicas envoltas num halo religioso, marcando momentos em que a vida social adquire um caráter sagrado, ao serem vividos intensamente no plano individual, como experiência íntima, profunda e significativa. Como no nosso catolicismo barroco arcaico, a vida dos grandes e poderosos continua a ser motivo de celebração religiosa no Brasil. Todavia, ao contrário do que ocorria nos tempos coloniais, em que se comemorava a alegria do nascimento e dos desponsórios reais, hoje é sobretudo a morte que se transfigura em motivo de festa, capaz de projetar os ritos da intimidade na vida pública e, inversamente, converter o evento oficial em celebração íntima da dor, que transforma o luto em festa cívica, de Getúlio Vargas e Tancredo Neves ao cantor sertanejo Leandro, da dupla Leandro e Leonardo, passando por outros heróis como Elis Regina, Ayrton Senna ou os jovens Mamonas Assassinas. É que nesses heróis mediáticos se projeta uma identificação positiva de nós mesmos, de construção tão difícil num país marcado ao longo de tantas décadas recentes pelo signo da crise — econômica, política e social — sob o qual se deu a modernização da sociedade brasileira.

Não é, pois, de estranhar, em contrapartida, que em tempos recentes as quatro vitórias da Seleção Brasileira de futebol na disputa da Copa do Mundo e a perspectiva da conquista de um pentacampeonato em 1998 tivessem transfigurado o evento desportivo em ritual que literalmente transformou e transtornou, de alto a baixo, do Oiapoque ao Chuí, a vida da nossa sociedade, interferindo de maneira direta na vida pública e privada de cada brasileiro. Nas ruas, a bandeira nacional se redesenhou de mil formas no chão das calçadas, nos muros das casas, suspensa aos edifícios mais altos, suas cores se transmutaram em camisetas, biquínis, chapéus, e enfeitaram rostos jovens de um outro tipo de *caras-pintadas*, inocentemente festivos, sem a tensão que, das Diretas Já ao impeachment do presidente Fernando Collor de Mello, fez do corpo marcado com as insígnias da Pátria a linguagem do protesto político. Sob o signo da festa desportiva, a bolsa de valores, os bancos, os estabelecimentos comerciais e as repartições públicas encerraram temporária ou antecipadamente suas atividades nos dias de jogo da Seleção Canarinho, e nas grandes cidades o trânsito se converteu em verdadeiro inferno nas horas que antecediam o início de cada partida, para depois dar lugar a uma calmaria de deserto, nas vias públicas abandonadas por motoristas, pedestres e até policiais, que corriam de volta às suas delegacias para, como quase todos os demais 150 milhões de brasileiros, poder grudar os olhos na telinha da TV. Então, cada um inventou seu próprio rito, criou suas próprias fórmulas mágicas, usando a mesma roupa, um anel, o sapato ou aquele chapéu usado no dia da primeira vitória, invocando seu santo mais forte, fazendo despacho em terreiro, e cada um amaldiçoou seu amuleto, renegou seu santo e seu orixá e proferiu impropérios contra o juiz, os jogadores ou o técnico da Seleção a cada falta marcada, a cada passe de bola que não deu certo, a cada ofensiva do adversário. Todos nós, cada um de nós se concentrava em um só objetivo, à espera de soltar aquele grito angustiado preso na garganta, ecoado por 150 milhões de bocas brasileiras exultantes, quando finalmente se pudesse repetir com o locutor desportivo o tão desejado "GOOOOOOL!!! É do Brasil!!!". Depois, tudo dando certo, se Deus quisesse, a recepção dos heróis pentacampeões da Copa do Mundo deveria transformar a comemoração oficial em alegria interior de cada um, motivo de intenso sentimento íntimo de celebração, no orgulho do se saber brasileiro e de pertencer à Pátria — Pátria não, "Mátria", ou então Patriazinha, meiga e gentil, mãe amada Brasil, como cada um provavelmente diria no coração, em variações sutilíssimas do amor sobre o tema do poeta. Todavia, Deus não quis. E o silêncio das ruas, a cabeça baixa, a tristeza que se via estampada em cada rosto, refletindo uma dor íntima profunda, foram a contraprova da extensão do confuso sentimento de perda, pessoal e coletiva, que cada um experimentou naquele domingo fatídico da decisão da Copa Mundial em que a sorte, incerta e infiel, se voltou para o time adversário e não mais sorriu para a Seleção Brasileira. A festa aconteceria nas ruas de Paris. E se nessas celebrações falta o motivo religioso explícito, não nos enganemos. As festas cívicas, desde os tempos da Revolução Francesa, sempre foram um instrumento privilegiado de metamorfose do sagrado, graças ao qual se procurou transferir da figura do rei a sacralidade que ele já tomara emprestada à celebração de Corpus Christi, e que a partir de então se encarnaria na Nação e na Pátria.[147]

Não surpreende, portanto, que os especialistas em questões de religião[148] se interroguem com razão se, no mundo moderno, o campo religioso é ainda o campo das religiões. Na sociedade brasileira contemporânea, não é só o evento desportivo na disputa do Campeonato Mundial de futebol que recria no plano de uma sacralidade transfigurada o sentido íntimo do pertencimento e da celebração. Também as escolas de samba do Rio de Janeiro, num rito verdadeiramente religioso, conclamam seus membros a dar o melhor de si, antes do início do desfile, lembrando-lhes que vai entrar na avenida a *nação* mangueirense, do Salgueiro, da Viradouro ou da Beija-Flor. Assim também, as torcidas organizadas de futebol se reúnem sob o signo da *nação* corintiana, palmeirense,[149] do Mengo, do Grêmio ou do Atlético, não sendo portanto difícil entender por que, em 1984, o locutor desportivo Osmar Santos, no comando da enorme campanha nacional pela eleição direta para os cargos políticos majoritários, a cada comício reunia a diversidade do povo no sentimento de pertencimento a uma mesma pátria sob a bandeira dos times de futebol, explicitando assim a diferença e, apesar dela, o objetivo comum de todos os brasileiros: "Diretas Já!".[150] Da mesma forma, o pertencimento a um fã-clube de astro da mídia, como Xuxa ou Angélica, ou de um grupo musical de sucesso, funkeiro, rockeiro ou sambista de partido alto, poderá determinar modas e hábitos de consumo com características de culto idólatra e fetichista. Sem esquecer, em todo o mundo, como contraprova, os atos de violência ritual praticados contra as figuras desse novo imaginário de um sagrado do espetáculo, reinvenção do sacrifício expiatório das religiões, com ou sem motivo religioso explícito, como no assassinato de John Lennon ou no atentado ao papa, passando pela morte do presidente Kennedy para chegar à recompensa oferecida pelo assassinato de Salman Rushdie no Estado teocrático do Irã do aiatolá Khomeini.

No Brasil, longe dessa violência ritual, sob o signo da festa em que se redefinem os contornos do profano e do divino, do público e do privado, nas metamorfoses do sagrado, também o campo religioso em sentido estrito se redesenha como território de estranhas misturas, onde os efeitos modernos da laicização se fazem sentir, acarretando uma perda de influência das igrejas e o rearranjo constante de sua projeção na vida pública diante da ampliação do mercado dos bens de salvação, mas onde, ao mesmo tempo, elementos de religiosidade nitidamente pós-modernos, de caráter comunitário, típicos do novo *tempo das tribos*,[151] reinventam formas arcaicas de devoção, lançando-nos de volta ao passado em direção ao futuro. De fato, algumas práticas religiosas contemporâneas no Brasil não só redescobrem formas tradicionais de devoção e culto dos tempos coloniais como também incorporam e ressignificam práticas de outras religiões, de outros tempos ou de outras gentes, o que se evidencia no ressurgimento de religiosidades de fundo esotérico,[152] na nova presença das religiões orientais, como a redescoberta e reinvenção do hinduísmo, do xintoísmo e do budismo,[153] ou na invasão dos centros urbanos por religiões da floresta que se organizam em torno do culto do Santo Daime.[154]

Na verdade, nestes novos tempos de globalização, num mundo em que se pensaria a religião em declínio, e quando a civilização ocidental pareceria testemunhar seu triunfo definitivo, assiste-se ao que talvez se pudesse chamar de vingança da pós-modernidade, numa espécie de retorno do recalcado. Em todo o planeta, os países desenvolvidos do Ocidente hoje testemunham os efeitos da exportação de suas formas de organização social, seus regimes políticos, seus padrões e hábitos de consumo e suas religiões dominantes, com seus modos de regulação da vida privada, do cuidado do corpo à intimidade da alma, do estreitamento do círculo de relações do indivíduo à desagregação e reordenação das estruturas familiares. Engolindo em escala planetária todo espaço da diferença, submetendo os povos do mundo ao império de modelos que se repetem, monotonamente homogênos, em toda parte, é no entanto do interior dessa civilização global, saindo de suas próprias entranhas, que hoje se assiste ao ressurgimento dessas religiões *outras* que ela parecia ter tragado no movimento vertiginoso de sua expansão, e que se reafirmam como uma das linguagens por excelência de expressão da diferença, constituindo ao mesmo tempo o epicentro de um processo de transformação igualmente vertiginoso, que completa nas sociedades contemporâneas o ciclo das metamorfoses do sagrado.

Essas novas/velhas religiosidades, orientais, esotéricas, "primitivas", arcaicas, ou simplesmente novíssimas, recém-inventadas sob o império de uma crise de civilização em escala global, hoje se difundem, transfiguradas, por toda a Terra, ressignificando-se em cada novo contexto ao qual são forçadas a adaptar-se. Assimiladas sobretudo — embora não só — num universo de classe média, elas começam a adquirir força de verdadeiros movimentos de massa, fragmentários e dispersos, porém agrupando comunidades lábeis que se fracionam e se rearticulam ao sabor de vicissitudes locais ou sob o efeito de onda de um movimento dissidente iniciado a milhares de quilômetros, em alguma parte do mundo. Talvez aqui, mais que em qualquer outro domínio das religiões no Brasil, se pudesse dizer que verdadeiramente opera a lógica do mercado, fazendo da escolha religiosa uma questão de opção ou simplesmente reinvenção individual, diante de um mundo visto como malévolo ou doente, ameaçado e ameaçador, do qual é preciso isolar-se para salvar-se. Aqui, só se pode contar com a autoajuda ou, no máximo, com a ajuda comunitária dos que partilham a mesma crença, fundada no entanto em cosmologias que agora se abrem para a totalidade da vida como um valor em si mesma. Tal como no universo de outras religiões iniciáticas ou de conversão, no qual muitas dessas religiosidades se inscrevem, também aqui a adesão acarretará, como entre os filhos de santo do candomblé ou os membros de grupos pentecostais evangélicos e da Renovação Carismática católica, uma reordenação profunda ou até mesmo integral da vida privada do novo adepto, reorganizando sua visão de si mesmo e de suas relações com os outros, ampliadas agora à escala cósmica, transformando suas práticas no cuidado de si, seus hábitos alimentares e suas redes de sociabilidade, sua compreensão dos próprios problemas interiores, suas formas íntimas de devoção, os cultos e ritos públicos de que participa, a partir de uma nova e intensa vivência do sagrado. Aqui, a sacralidade, que se inscreve no mais íntimo recesso do corpo e da alma e os transfigura, é alimento, saúde, limpidez, iluminação, gratidão, comunhão interior e benévola cumplicidade para com o fluir e o fruir da própria vida, na totalidade do cosmos.

Em contrapartida, se importamos do resto do mundo essas religiosidades globais, também em quase todo o mundo hoje podemos encontrar, no mercado planetário dos bens de salvação, produtos tipicamente nacionais, como os templos da Igreja Universal do Reino de Deus, solidamente implantados em Portugal, e os terreiros de umbanda e candomblé que hoje se difundem por toda parte na Europa e já começam a firmar presença nos Estados Unidos, às vezes em consórcio com outras religiosidades "exóticas", como o budismo tibetano,[155] as práticas terapêuticas xamânicas de origem indígena[156] ou os *toques de palo* dos imigrados cubanos de Miami. Por isso se compreende que, ao mesmo tempo que as instituições religiosas procuram renovar-se em termos organizacionais e expandir seu âmbito de atuação, conversamente, em escala local, as igrejas acabem por enrijecer-se ou fragmentar-se, apostando nos movimentos de caráter setorial, no caso do catolicismo ou algumas igrejas evangélicas, buscando uma nova projeção pública, em outros, ou simplesmente enfrentando uma incógnita quanto ao futuro, no caso das religiões afro-brasileiras, em face de um contexto de violência urbana que hoje representa para elas uma verdadeira ameaça. Entretanto, enquanto se estilhaçam as instituições, "longe das igrejas, perto da magia",[157] é a importância do sagrado que assim se reafirma, demonstrando que a religião na sociedade brasileira ainda é um elemento essencial na demarcação de fronteiras entre a esfera pública e a vida privada, num mundo que lentamente volta a reencantar-se.

3. NEM PRETO NEM BRANCO, MUITO PELO CONTRÁRIO: COR E RAÇA NA INTIMIDADE

Lilia Moritz Schwarcz

HISTÓRIAS DE MISCIGENAÇÃO E OUTROS CONTOS DE FADAS

O livro *Contos para crianças*, publicado no Brasil em 1912 e na Inglaterra em 1937,[1] contém uma série de histórias cujo tema central é muitas vezes o mesmo: como uma pessoa negra pode tornar-se branca. Esse é, também, o núcleo narrativo do conto "A princesa negrina". Na história — que parece um misto de "Bela Adormecida", "A Bela e a Fera" e "Branca de Neve", tudo isso aliado a narrativas bíblicas nos trópicos —, um bondoso casal real lamentava-se de sua má sorte: depois de muitos anos de matrimônio Suas Majestades ainda não haviam sido presenteados com a vinda de um herdeiro. No entanto, como recompensa por suas boas ações — afinal, nos contos de fadas os reis e cônjuges legítimos são sempre generosos —, o casal tem a oportunidade de fazer um último pedido à fada-madrinha. É a rainha que, comovida, exclama: "Oh! Como eu gostaria de ter uma filha, mesmo que fosse escura como a noite que reina lá fora". O pedido continha uma metáfora, mas foi atendido de forma literal, pois nasceu uma criança "preta como o carvão". E a figura do bebê escuro causou tal "comoção" em todo o reino que a fada não teve outro remédio senão alterar sua primeira dádiva: não podendo mudar "a cor preta na mimosa cor de leite", prometeu que, se a menina permanecesse no castelo até seu aniversário de dezesseis anos, teria sua cor subitamente transformada "na cor branca que seus pais tanto almejavam". Contudo, se desobedecessem à ordem, a profecia não se realizaria e o futuro dela não seria negro só na cor. Dessa maneira, Rosa Negra cresceu sendo descrita pelos poucos serviçais que com ela conviviam como "terrivelmente preta" mas, "a despeito dessa falta, imensamente bela". Um dia, porém, a pequena princesa negra, isolada em seu palácio, foi tentada por uma serpente, que a convidou a sair pelo mundo. Inocente, e desconhecendo a promessa de seus pais, Rosa Negra deixou o palácio e imediatamente conheceu o horror e a traição, conforme previra sua madrinha. Em meio ao desespero, e tentando salvar-se do desamparo, concordou, por fim, em se casar com "o animal mais asqueroso que existe sobre a Terra" — "o odioso Urubucaru". Após a cerimônia de casamento, já na noite de núpcias, a pobre princesa preta não conseguia conter o choro: não por causa da feição deformada de seu marido, e sim porque ela nunca mais seria branca. "Eu agora perdi todas as esperanças de me tornar branca", lamentava-se nossa heroína em frente a seu não menos desafortunado esposo. Nesse momento algo surpreendente aconteceu: "Rosa Negra viu seus braços envolverem o mais belo e nobre jovem homem que já se pôde imaginar, e Urubucaru, agora o Príncipe Diamante, tinha os meigos olhos fixos sobre a mais alva princesa que jamais se vira". Final da história: belo e branco, o casal conheceu para sempre "a real felicidade".[2]

Quem conta um conto, aumenta um ponto. Se o dito é verdadeiro, nesse caso a insistência na ideia de branqueamento, o suposto de que quanto mais branco melhor, fala não apenas de um acaso ou de uma ingênua coincidência, presente nesse tipo de narrativa infantil, mas de uma série de valores dispersos na sociedade e presentes nos espaços pretensamente mais impróprios. A cor branca, poucas vezes explicitada, é sempre uma alusão, quase uma bênção.

Apesar de João Batista Lacerda se achar distante da literatura de ficção, não são muito diferentes as conclusões desse cientista — diretor do famoso Museu Nacional do Rio de Janeiro —, que, ao participar do I Congresso Internacional das Raças, realizado em julho de 1911, apresentava a tese intitulada *Sur les Mestis au Brésil*. Nesse ensaio a mensagem era clara: "É lógico supor que, na entrada do novo século, os mestiços terão desaparecido no Brasil, fato que coincidirá com a extinção paralela da raça negra entre nós".[3] O livro, já por si contundente em sua defesa do branqueamento — ainda mais porque o Brasil fora o único país da América Latina convidado para o evento —, trazia na abertura a reprodução de um quadro de M. Brocos, artista da Escola de Belas-Artes do Rio de Janeiro, acompanhado da seguinte legenda: "*Le nègre passant au blanc, à la troisième génération, par l'effet du croisement des races*" [O negro passando para branco, na terceira geração, por efeito do cruzamento de raças]. Também o antropólogo Roquete Pinto, como presidente do I Congresso Brasileiro de Eugenia, que aconteceu em 1929, previa, anos depois e a despeito de sua crítica às posições racistas, um país cada vez mais branco: em 2012 teríamos uma população composta de 80% de brancos e 20% de mestiços; nenhum negro, nenhum índio. É por isso mesmo, e por esses exemplos e outros tantos, que não soa estranho em tal contexto que, nem mesmo diante do feio príncipe de nome indígena, a cor negra parece superior: fazendo uma paródia com nosso conto, é mais feia que o mais feio dos homens.

Parafraseando Roland Barthes — "Não sei se, como diz o provérbio, as coisas repetidas agradam, mas creio que, pelo menos, elas significam" —,[4] é possível perceber uma intenção na reiteração. Na verdade, *raça*, no Brasil, jamais foi um termo neutro; ao contrário, associou-se com frequência a uma imagem particular do país. Muitas vezes, na vertente mais negativa de finais do século XIX, a mestiçagem existente no país parecia atestar a falência da nação. Nina Rodrigues, por exemplo, um famoso médico da escola baiana, adepto do darwinismo racial e dos modelos do poligenismo — que defendiam que as raças humanas correspondiam a realidades diversas e portanto não passíveis de cruzamento —, acreditava que a miscigenação extremada era ao mesmo tempo sinal e condição da degenerescência.[5] Como ele, também Euclides da Cunha, em sua famosa obra *Os sertões*, oscilava entre considerar o mestiço um forte ou um desequilibrado, mas acabava julgando "a mestiçagem extremada um retrocesso" em razão da mistura de "raças mui diversas".[6]

Já a versão romântica do grupo, que se reunia em torno do Instituto Histórico e Geográfico Brasileiro (IHGB), elegeu os bons nativos — quase rousseaunianos — como modelos nacionais e basicamente esqueceu-se da população negra.[7] Nesse caso, a mestiçagem era comparada a um grande e caudaloso rio em que se misturavam — harmoniosamente — as três raças formadoras. Ao menos é essa a tese do naturalista alemão Carl von Martius, que venceu o primeiro concurso promovido por essa instituição e cujo tema era: "Como escrever a história do Brasil". Vejamos os conselhos: "[...] no desenvolvimento sucessivo do Brasil se acham estabelecidas as condições de aperfeiçoamento das três raças humanas, que nesse país são colocadas uma ao lado da outra, de uma maneira desconhecida".[8]

Por fim, na representação vitoriosa dos anos 1930, o mestiço transformou-se em ícone nacional, em um símbolo de nossa identidade cruzada no sangue, sincrética na cultura, isto é, no samba, na capoeira, no candomblé e no futebol. Redenção verbal que não se concretiza no cotidiano, a valorização do nacional é acima de tudo uma retórica que não tem contrapartida na valorização das populações mestiças discriminadas. Nesses termos, entre o veneno e a solução, de descoberta a detração e depois exaltação, tal forma extremada e pretensamente harmoniosa de convivência entre os grupos foi, aos poucos, sendo gestada como um verdadeiro mito de Estado; em especial a partir dos anos 1930, quando a propalada ideia de uma "democracia racial", formulada de modo exemplar na obra de Gilberto Freyre, foi exaltada de maneira a se menosprezar as diferenças diante de um cruzamento racial singular.[9] Assim, comparado ao período anterior, quando miscigenação significava no máximo uma aposta no branqueamento, esse contexto destaca-se na valorização diversa dada à mistura, sobretudo cultural, que repercute em momentos futuros.

Nas tantas expressões que insistem em usar a noção — "esse é um sujeito de raça", "eta sujeito raçudo"... —, nas piadas que fazem rir da cor, nos ditos que caçoam, na quantidade de termos, revelam-se indícios de como a questão racial se vincula de forma imediata ao tema da identidade; de uma identidade que desde a época da colonização foi marcada pela "falta". Nem bem colonos, nem bem colonizados; nem portugueses, nem escravos; desde os primeiros momentos de país independente uma questão pareceu acompanhar os debates locais: "Afinal, o que faz do Brazil, Brasil?". A partir de então, muitos daqueles que se propuseram a definir uma "especificidade nacional" selecionaram a "conformação racial" encontrada no país, destacando a particularidade da miscigenação.

O conjunto dessas afirmações poderia indicar uma grande visibilidade e um trato frequente do tema no Brasil. No entanto, o que se observa é o oposto: "raça" é quase um enredo, um palco para debates de ordem diversa. Se no exterior *made in Brazil* é sinônimo da reprodução de nossos exóticos produtos culturais mestiços, dentro do país o tema é quase um tabu. A não ser de maneira jocosa ou mais descomprometida, pouco se fala sobre a questão: livros não despertam interesse, filmes ou exposições passam quase despercebidos. O filme *Quilombo*, que traz a loira atriz Vera Fischer — um outro símbolo nacional — no papel principal, causou pouco impacto. As comemorações do centenário da abolição da escravidão em 1988, apesar de sua agenda carregada, pouca mídia e comoção surtiram.

A situação aparece de forma estabilizada e naturalizada, como se as posições sociais desiguais fossem quase um desígnio da natureza, e atitudes racistas, minoritárias e excepcionais: na ausência de uma política discriminatória oficial, estamos envoltos no país de uma "boa consciência" que nega o preconceito ou o reconhece como mais brando. Afirma-se de modo genérico e sem questionamento uma certa harmonia racial e joga-se para o plano pessoal os possíveis conflitos. Essa é sem dúvida uma maneira problemática de lidar com o tema: ora ele se torna inexistente, ora aparece na roupa de alguém outro. É só dessa maneira que podemos explicar os resultados de uma pesquisa realizada em 1988, em São Paulo, na qual 97% dos entrevistados afirmaram não ter preconceito e 98% — dos mesmos entrevistados — disseram conhecer outras pessoas que tinham, sim, preconceito. Ao mesmo tempo, quando inquiridos sobre o grau de relação com aqueles que consideravam racistas, os entrevistados apontavam com frequência parentes próximos, namorados e amigos íntimos. Todo brasileiro parece se sentir, portanto, como uma ilha de democracia racial, cercado de racistas por todos os lados.[10]

Em 1995, o jornal *Folha de S.Paulo* divulgou uma pesquisa sobre o mesmo tema cujos resultados são semelhantes. Apesar de 89% dos brasileiros dizerem haver preconceito de cor contra negros no Brasil, só 10% admitem tê-lo. No entanto, de maneira indireta, 87% revelam algum preconceito ao concordar com frases e ditos de conteúdo racista, ou mesmo ao enunciá-los.[11]

Os resultados parciais de um trabalho sobre os bailes negros em São Paulo podem ser entendidos de forma inversa mas simétrica. A maioria dos entrevistados negou ter sido vítima de discriminação, porém confirmou casos de racismo envolvendo familiares e conhecidos próximos.[12] Investigações sobre a existência de preconceito de cor em diferentes núcleos brasileiros têm apresentado conclusões convergentes. Em pequenas cidades costuma-se apontar a ocorrência de casos de racismo apenas nos grandes conglomerados (a atriz que foi barrada em uma boate; a filha do governador do Espírito Santo, que não pôde usar o elevador social), mas o contrário também acontece — na visão dos habitantes de São Paulo e do Rio de Janeiro, é nas pequenas vilas que se concentram os indivíduos mais radicais. Isso para não falar do uso do passado: quando entrevistados, os brasileiros jogam para a história, para o período escravocrata, os últimos momentos do racismo.[13]

Distintas na aparência, as conclusões das diferentes investigações são paralelas: ninguém nega que exista racismo no Brasil, mas sua prática é sempre atribuída a "outro". Seja da parte de quem age de maneira preconceituosa, seja daquela de quem sofre com o preconceito, o difícil é admitir a discriminação e não o ato de discriminar. Além disso, o problema parece ser o de afirmar oficialmente o preconceito, e não o de reconhecê-lo na intimidade. Tudo isso indica que estamos diante de um tipo particular de racismo, um racismo silencioso e sem cara que se esconde por trás de uma suposta garantia da universalidade e da igualdade das leis, e que lança para o terreno do privado o jogo da discriminação. Com efeito, em uma sociedade marcada historicamente pela desigualdade, pelo paternalismo das relações e pelo clientelismo, o racismo só se afirma na intimidade. É da ordem do privado, pois não se regula pela lei, não se afirma publicamente. No entanto, depende da esfera pública para a sua explicitação, numa complicada demonstração de etiqueta que mistura raça com educação e com posição social e econômica. "Preto rico no Brasil é branco, assim como branco pobre é preto", diz o dito popular. Não se "preconceitua" um vereador negro, a menos que não se saiba que é um vereador; só se discrimina um estrangeiro igualmente negro enquanto sua condição estiver pouco especificada.

O tema da raça é ainda mais complexo na medida em que inexistem no país regras fixas ou modelos de descendência biológica aceitos de forma consensual. Afinal, estabelecer uma "linha de cor" no Brasil é ato temerário, já que essa é capaz de variar de acordo com a condição social do indivíduo, o local e mesmo a situação. Aqui, não só o dinheiro e certas posições de prestígio embranquecem, assim como, para muitos, a "raça", transvestida no conceito "cor", transforma-se em condição passageira e relativa.

Mas se no país a questão é ambígua, deve-se dizer que a própria discussão é de modo geral recente: o conceito "raça" data do século XVI, e as teorias são ainda mais jovens, tendo surgido em meados do século XVIII. Antes de estar ligada à biologia, a noção compreendia "grupos ou categorias de pessoas conectadas por uma origem comum".[14] Foi só no século XIX que os teóricos do darwinismo racial fizeram, dos atributos externos e fenotípicos, elementos essenciais, definidores de moralidades e do devir dos povos.[15] Vinculados à biologia, a grande ciência do século XIX, e por ela legitimados, os modelos darwinistas e as concepções deterministas raciais sofreram, após a Segunda Guerra Mundial e a derrocada dos impérios europeus na África, críticas severas que, ao mesmo tempo que desmontavam os últimos discursos que falavam da "boa colonização" e do "fardo imperialista", revelavam, em contrapartida, o radicalismo diante das diferenças culturais, completa ou parcialmente destruídas, e a incompreensão a respeito destas.

Foi nesse contexto, e com o apoio institucional da Unesco, a qual patrocinou três reuniões sobre o tema — nos anos de 1947, 1951 e 1964 —, que se tentou deslocar a importância biológica do termo *raça*, limitando-o a um conceito taxonômico e meramente estatístico. Compostos de cientistas sociais e geneticistas, os encontros chegavam a conclusões quase culpadas acerca do assunto ao admitir que o fenótipo era apenas um pretexto físico e empírico. Sob "a capa da raça" introduziam-se considerações de ordem cultural, na medida em que à noção se associavam crenças e valores. O conceito deixava, assim, de ser considerado natural, já que denotava uma classificação social baseada numa atitude negativa para com determinados grupos.[16]

Como diz o filósofo Kwame Appiah, "a verdade é que não existem raças; não há no mundo algo capaz de fazer aquilo que pedimos que a raça faça por nós [...] até a noção do biólogo tem apenas usos limitados [...]. Insistir com a noção de raça é, portanto, ainda mais desolador para aqueles que levam a sério a cultura e a história".[17] Raça é, pois, uma construção histórica e social, matéria-prima para o discurso das nacionalidades. Raça, como diz Thomas Sowell, "antes de um conceito biológico, é uma realidade social, uma das formas de identificar pessoas em nossa própria mente".[18] É esse o sentido da fala de Toni Morrison, Prêmio Nobel de literatura em 1993: "Eu gostaria de dissuadir aqueles que leem literatura dessa maneira [...]. Raça é a última informação confiável que se pode obter sobre alguma pessoa. É informação real, mas fala de algo próximo do nada".[19]

Mas, ainda que seja verdade, tudo isso não torna o tema uma falsa questão. Ou seja, demonstrar as limitações do conceito biológico, desconstruir o seu significado histórico, não leva a abrir mão de suas implicações sociais. De um lado, o racismo persiste enquanto fenômeno social, justificado ou não por fundamentos biológicos. De outro, no caso brasileiro, a mestiçagem e a aposta no branqueamento da população geraram um racismo à la brasileira, que percebe antes colorações do que raças, que admite a discriminação apenas na esfera privada e difunde a universalidade das leis, que impõe a desigualdade nas condições de vida mas é assimilacionista no plano da cultura. É por isso mesmo que no país seguem-se muito mais as marcas de aparência física, que, por sua vez, integram status e condição social, do que regras físicas ou delimitações geracionais. É também por esse motivo que a cidadania é defendida com base na garantia de direitos formais, porém são ignoradas limitações dadas pela pobreza, pela violência cotidiana e pelas distinções sociais e econômicas.

Dessa forma, assim como não existem bons ou maus racismos — todo tipo de racismo é igualmente ruim —, é preciso pensar nas especifidades dessa história brasileira que fez da desigualdade uma etiqueta internalizada e da discriminação um espaço não formalizado.

PELA HISTÓRIA: UM PAÍS DE FUTURO BRANCO OU BRANQUEADO

As teorias raciais só chegaram aqui a partir de meados do século XIX, no momento em que a abolição da escravidão tornava-se irreversível. Neste país de larga convivência com a escravidão, onde o cativeiro vigorou durante mais de três séculos, estima-se, apesar dos dados imprecisos, a entrada de um total de 3,6 milhões de africanos trazidos compulsoriamente: um terço da população africana que deixou seu continente de origem rumo às Américas.

Um contingente desse vulto acabou alterando as cores, os costumes e a própria sociedade local. A escravidão, em primeiro lugar, legitimou a inferioridade e, enquanto durou, inibiu qualquer discussão sobre cidadania. Além disso, o trabalho limitou-se exclusivamente aos escravos, e a violência se disseminou nessa sociedade das desigualdades e da posse de um homem por outro.[20]

Por outro lado, com a distância da Metrópole, e mesmo a

partir de 1822, com a montagem de um Estado mais centralizado, engendrou-se progressivamente uma sociedade dicotômica, na qual o clientelismo se tornou uma moeda estável, quase acima do poder público enfraquecido. Um uso relaxado das leis e das instituições públicas impôs-se entre nós, na medida em que a letra da Constituição destinou-se desde sempre a poucos, e em especial aos mais desfavorecidos. Como diz Sérgio Buarque de Holanda, "em terra onde todos são barões não é possível acordo coletivo durável...".[21]

Se esse raciocínio vale para os homens livres em geral, é preciso dizer que uma quantidade ainda mais significativa da população esteve fora da sanção da lei: os escravos, que como "coisas" estavam formalmente impedidos de usufruir das benesses do Estado. Com efeito, os cativos tinham em seu senhor, até praticamente a década de 1880, o árbitro quase absoluto de seu destino.[22] Tal situação levava, por sua vez, a uma postura viciada em relação às possíveis ingerências do Estado nesses "bens privados" e desenhava uma sociedade pautada nas relações pessoais.

Foi só com a proximidade do fim da escravidão e da própria monarquia que a questão racial passou para a agenda do dia. Até então, enquanto "propriedade", o escravo era por definição o "não cidadão". No Brasil, é, portanto, com a entrada das teorias raciais que as desigualdades sociais se transformam em matéria da natureza. Tendo por fundamento uma ciência positiva e determinista, pretendia-se explicar com objetividade — valendo-se da mensuração de cérebros e da aferição das características físicas — uma suposta diferença entre os grupos. A "raça" era introduzida, assim, com base nos dados da biologia da época e privilegiava a definição dos grupos segundo seu fenótipo, o que eliminava a possibilidade de se pensar no indivíduo e no próprio exercício da cidadania. Dessa maneira, em vista da promessa de uma igualdade jurídica, a resposta foi a "comprovação científica" da desigualdade biológica entre os homens, ao lado da manutenção peremptória do liberalismo, tal como exaltado pela nova República de 1889.

No entanto, as teorias não foram apenas introduzidas e traduzidas no país; aqui ocorreu uma releitura particular: ao mesmo tempo que se absorveu a ideia de que as raças significavam realidades essenciais, negou-se a noção de que a mestiçagem levava sempre à degeneração. Fazendo-se um casamento entre modelos evolucionistas (que acreditavam que a humanidade passava por etapas diferentes de desenvolvimento) e darwinismo social (que negava qualquer futuro na miscigenação racial) — arranjo esse que, em outros contextos, acabaria em separação litigiosa —, no Brasil as teorias ajudaram a explicar a desigualdade como inferioridade, mas também apostaram em uma miscigenação positiva, contanto que o resultado fosse cada vez mais branco.

Com efeito, tingido pela entrada maciça de imigrantes — brancos —, introduziu-se no Brasil um modelo original que, em vez de apostar que o cruzamento geraria a falência do país, descobriu nele as possibilidades do branqueamento. Dessa forma, paralelamente ao processo que culminaria com a libertação dos escravos, iniciou-se uma política agressiva de incentivo à imigração ainda nos últimos anos do Império, marcada por uma intenção também evidente de "tornar o país mais claro".[23]

Assim o processo de abolição brasileiro carregava consigo algumas singularidades. Em primeiro lugar, a crença enraizada de que o futuro levaria a uma nação branca. Em segundo, o alívio decorrente de uma libertação que se fez sem lutas nem conflitos e sobretudo evitou distinções legais baseadas na raça. Diferentemente do que ocorrera em outros países, onde o final da escravidão desencadeou um processo acirrado de lutas internas, no Brasil, a abolição, tida como uma dádiva, gerou uma certa resignação (em especial quando comparada a outras situações similares). Além disso, em lugar do estabelecimento de ideologias raciais oficiais e da criação de categorias de segregação, como o apartheid na África do Sul ou a Jim Crow[24] nos Estados Unidos, já nesse contexto projetou-se aqui a imagem de uma *democracia racial*, corolário da representação de uma *escravidão benigna*.

No processo de construção do Estado nacional, o Brasil representava, desde então, um caso interessante, já que praticamente nenhum conflito étnico ou regional se manifestara ou ganhara visibilidade e qualquer dominação racial oficial fora instituída depois da abolição.[25] Ademais, após 1888, a inexistência de categorias explícitas de dominação racial incentivava ainda mais o investimento na imagem de um paraíso racial e a recriação de uma história em que a miscigenação aparecia associada a uma herança portuguesa particular e à sua suposta tolerância racial, revelada em um modelo escravocrata mais brando, ao mesmo tempo que mais promíscuo. Difícil imaginar uma mera licenciosidade em um país tão dependente do cativeiro negro e que ganhou a triste marca de ter sido o último a abolir a escravidão.[26]

De toda maneira, ao contrário de outras nações, onde o passado escravocrata sempre lembrou violência e arbítrio, no Brasil a história foi reconstruída de forma positiva, mesmo encontrando pouco respaldo nos dados e documentos pregressos. Em 14 de dezembro de 1890, Rui Barbosa — então ministro das Finanças — ordenou que todos os registros sobre escravidão existentes em arquivos nacionais fossem queimados. A empreitada não teve sucesso absoluto — e não foram eliminados todos os documentos —, mas o certo é que se procurava apagar um determinado passado e que o presente significava um outro começo a partir do zero. Desde então, uma narrativa romântica falando de senhores severos mas paternais e escravos submissos e prestativos encontrou terreno fértil ao lado de um novo argumento que afirmava ser a miscigenação alargada existente no território brasileiro um fator impeditivo às classificações muito rígidas e apenas bipolares: negros de um lado, brancos de outro.

Em um país onde o modelo branco escapava ao perfil anglo-saxônico, uma vez que já era em si miscigenado, as cores tenderam, de fato, a variar de forma comparativa. Quanto mais branco melhor, quanto mais claro superior, eis aí uma máxima difundida, que vê no branco não só uma cor mas também uma qualidade social: aquele que sabe ler, que é mais educado e que ocupa uma posição social mais elevada. Nesse contexto, em que o conflito passa para o terreno do não dito, fica cada vez mais difícil ver no tema um problema; ao contrário, ele se modifica, nos anos 1930, em matéria para exaltação.

> Uma feita o Sol cobrira os três manos de uma escaminha de suor e Macunaíma se lembrou de tomar banho. Porém no rio era impossível por causa das piranhas vorazes que de quando em quando na luta pra pegar um naco da irmã espedaçada pulavam aos cachos para fora d'água metro e mais. Então Macunaíma enxergou numa lapa bem no meio do rio uma cova cheia d'água. E a cova era que nem a marca dum pé de gigante. Abicaram. O herói depois de muitos gritos por causa do frio da água entrou na cova e se lavou inteirinho. Mas a água era encantada porque aquele buraco na lapa era marca do pezão de Sumé, do tempo que andava pregando o Evangelho de Jesus pra indiada brasileira. Quando o herói saiu do banho estava branco louro de olhos azuizinhos, água lavara o pretume dele [...]. Nem bem Jiguê percebeu o milagre, se atirou na marca do pezão de Sumé. Porém a água já estava muito suja do pretume do herói e por mais que Jiguê esfregasse feito maluco atirando água para todos os lados só conseguia ficar da cor do bronze novo [...]. Maanape então é que foi se lavar, mas Jiguê esborrifara toda a água encantada para fora da cova. Tinha só um bocado lá no fundo e Maanape conseguiu molhar só a palma dos pés e das mãos. Por isso ficou negro bem filho dos Tapanhumas. Só que as palmas das mãos e dos pés dele são vermelhas por terem se limpado na água santa [...]. E estava lindíssimo no Sol da lapa os três manos um louro, um vermelho, outro negro, de pé bem erguidos e nus [...][27]

Escrito por Mário de Andrade em 1928, *Macunaíma* nascia clássico ao falar das desventuras desse herói brasileiro sem nenhum caráter. Para além das outras interpretações que a obra mereceu e merece, a passagem acima pode ser entendida como uma releitura do mito das três raças formadoras da nação: o índio, o negro e o branco.[28] Dessa vez de forma metafórica, o herói de nossa gente, um "preto retinto", vira branco, um de seus irmãos vira índio e o outro negro (branco na palma das mãos e na sola dos pés). *Macunaíma* parecia representar "o resultado de um período fecundo de estudos e de dúvidas sobre a cultura brasileira",[29] assim como trazia uma série de intenções, referências figuradas e símbolos que no conjunto "definiam os elementos de uma psicologia própria de uma cultura nacional e de uma filosofia que oscilava entre o otimismo em excesso e o pessimismo em excesso".[30]

Mário de Andrade incorporava em seu livro toda uma cultura não letrada, em que se inseriam indígenas, caipiras, sertanejos, negros, mulatos, cafuzos e brancos, cujo resultado foi, menos que uma análise das raças, uma síntese local de culturas. Afinal, a fórmula "herói de nossa gente" veio substituir a expressão anterior — "herói de nossa raça" —, numa clara demonstração de como o romance dialogava com o pensamento social de sua época.

Na verdade, estava em curso um movimento que negava não só o argumento racial como o pessimismo advindo das teorias darwinistas sociais, que, como vimos, detratavam a miscigenação aqui existente. Autores como Nina Rodrigues, Sílvio Romero, João Batista Lacerda, Oliveira Viana e mesmo o contemporâneo Paulo Prado — cujo livro *Retratos do Brasil: Ensaio sobre a tristeza brasileira* data, também, de 1928 — interpretaram, com ênfases e modelos diferentes, os impasses e problemas advindos do cruzamento experimentado no Brasil. Mas o contexto era outro. O momento parecia propício para se arriscarem explicações de ordem cultural sobre esse país que ainda se via como um ponto de interrogação: "Terra tropical e mestiça condenada ao fracasso, ou promessa de um eldorado sul-americano?".[31]

No entanto, se a conformação local não era mais motivo de vergonha e infortúnio, significava ainda um argumento fundamental. Era a cultura mestiça que, nos anos 1930, despontava como representação oficial da nação. Afinal, como qualquer movimento nacionalista, também no Brasil a criação de símbolos nacionais nasce ambivalente: um domínio em que interesses privados assumem sentidos públicos. O próprio discurso da identidade é fruto dessa ambiguidade que envolve concepções privadas e cenas públicas, na qual noções como povo e passado constituem elementos essenciais para a elaboração de uma nacionalidade imaginada.[32] Nesse sentido, a narrativa oficial se serve de elementos disponíveis, como a história, a tradição, rituais formalistas e aparatosos, e por fim seleciona e idealiza um "povo" que se constitui a partir da supressão das pluralidades.[33]

É claro que todo esse processo não se dá de maneira aleatória ou meramente manipulativa. Na verdade, no Brasil dos anos 1930, dois grandes núcleos aglutinam conteúdos particulares de nacionalidade: o nacional-popular e sobretudo a mestiçagem, não tanto biológica como cada vez mais cultural. É nesse contexto também que uma série de intelectuais ligados ao poder público passa a pensar em políticas culturais que viriam ao encontro de "uma autêntica identidade brasileira". Com esse objetivo é que são criadas ou reformadas diversas instituições culturais que visavam "resgatar" (o que muitas vezes significou "inventar", ou melhor, "selecionar e recriar") costumes e festas, assim como um certo tipo de história. Se o último monarca gabava-se de usar uma murça real feita de papos de tucano — como uma homenagem "aos caciques indígenas da terra" —, ou se Floriano Peixoto, em estátua de gosto duvidoso, consagrava a união das raças como a união da nação, é só com o Estado Novo que projetos oficiais são implementados no sentido de reconhecer na mestiçagem a verdadeira nacionalidade.[34]

Além disso, não se pode esquecer o papel de São Paulo, que, em vista da pujança econômica obtida no cenário nacional, passava a buscar elementos que destacassem sua própria cultura, "sua modernidade". Mas os paulistas não estavam sós. Ao contrário, a publicação de *Casa-grande & senzala*, cuja primeira edição data de 1933, é igualmente emblemática e sinaliza para esse movimento de conformação de ícones da identidade. Retomando a temática e a experiência da convivência entre as "três raças", Gilberto Freyre trazia para seu livro a experiência privada das elites nordestinas e fazia desta um exemplo de identidade. A obra oferecia um novo modelo para a sociedade multirracial brasileira, invertendo o antigo pessimismo e introduzindo os estudos culturalistas como alternativas de análise: "Foi o estudo de antropologia sob a orientação do professor Boas que primeiro me revelou o negro e o mulato no seu justo valor — separados dos traços da raça os efeitos do ambiente ou da experiência cultural".[35]

O "cadinho das raças" aparecia como uma versão otimista do mito das três raças, mais evidente aqui do que em qualquer outro lugar. "Todo brasileiro, mesmo o alvo, de cabelo louro, traz na alma quando não na alma e no corpo, a sombra, ou pelo menos a pinta, do indígena e/ou do negro",[36] afirmava Freyre, tornando a mestiçagem uma questão de ordem geral. Era assim que o cruzamento de raças passava a singularizar a nação nesse processo que leva a miscigenação a parecer sinônimo de tolerância e hábitos sexuais da intimidade a se transformarem em modelos de sociabilidade. O próprio autor reconhecia que compunha, com o conjunto de sua obra, uma história da sexualidade brasileira, cujo resultado era uma mistura bem-feita e original; uma cultura homogênea apesar de resultante de raças tão diversas. É isso que o poema de Manuel Bandeira saúda:

> Casa-Grande & Senzala
> *Grande livro que fala*
> *Desta nossa leseira*
> *Brasileira*
> *Mas com aquele forte cheiro e sabor do Norte*
> *Com fuxicos danados*
> *E chamegos safados*
> *De mulecas fulôs com sinhôs.*
> *A mania ariana*
> *Do Oliveira Viana,*
> *Leva aqui sua lambada*

Bem puxada.
Se nos brasis abunda,
Jenipapo na bunda,
Se somos todos uns Octoruns
Que importa? É lá desgraça?
Essa história de raça,
Raças más, raças boas
— Diz o Boas —
É coisa que passou
Com o franciú Gobineau.
Pois o mal do mestiço
Não está nisso
Está em causas sociais,
De higiene e outras coisas que tais
Assim pensa, assim fala
Casa-Grande & Senzala
Livro que à ciência alia
A profunda poesia
Que o passado evoca
E nos toca
A alma do brasileiro,
Que o portuga femeeiro
Fez e o mau fado quis
Infeliz![37]

Freyre mantinha intocados em sua obra, porém, os conceitos de superioridade e de inferioridade, assim como não deixava de descrever e por vezes glamourizar a violência e o sadismo presentes durante o período escravista.[38] Senhores severos mas paternais, ao lado de escravos fiéis, pareciam simbolizar uma espécie de "boa escravidão", que mais servia para se contrapor à realidade norte-americana. A novidade era a intimidade do lar — em contrapartida às omissões sobre a vida do eito — virar matéria de ciência, enquanto uma certa convivência cultural parecia se sobrepor à desigualdade social. Mas Freyre não era voz isolada: datam dessa época os estudos de Donald Pierson sobre as relações raciais em Salvador. Claramente marcado pelo modelo de Freyre, Pierson introduzia em seu livro *Brancos e pretos na Bahia*, datado de 1945, a "cor" como elemento empírico e analítico em substituição a "raça", argumentando que no Brasil a ausência de regras revelava, por sua vez, uma mobilidade maior.[39]

Para além do debate intelectual, tudo leva a crer que, a partir dos anos 1930, no discurso oficial "o mestiço vira nacional", ao lado de um processo de desafricanização de vários elementos culturais, simbolicamente clareados. Esse é o caso da feijoada, naquele contexto destacada como um "prato típico da culinária brasileira". A princípio conhecida como "comida de escravos", a feijoada se converte em "prato nacional", carregando consigo a representação simbólica da mestiçagem. O feijão (preto ou marrom) e o arroz (branco) remetem metaforicamente aos dois grandes segmentos formadores da população. A eles se juntam os acompanhamentos — a couve (o verde das nossas matas), a laranja (a cor de nossas riquezas). Temos aí um exemplo de como elementos étnicos ou costumes particulares viram matéria de nacionalidade. Era, portanto, numa determinada cultura popular e mestiça que se selecionavam os ícones desse país: da cozinha à oficialidade, a feijoada saía dos porões e transformava-se num prato tradicional.[40]

Mas esse não é, por certo, um exemplo isolado. A capoeira — reprimida pela polícia do final do século XIX e incluída como crime no Código Penal de 1890 — é oficializada como modalidade esportiva nacional em 1937.[41] Também o samba passou da repressão à exaltação, de "dança de preto" a "canção brasileira para exportação". Definido na época como uma dança que fundia elementos diversos, nos anos 1930 o samba sai da marginalidade e ganha as ruas, enquanto as escolas de samba e desfiles passam a ser oficialmente subvencionados a partir de 1935.

Não é também por uma feliz coincidência que o novo regime introduz, nesse período, novas datas cívicas: o Dia do Trabalho, o aniversário de Getúlio Vargas, do Estado Novo, e o Dia da Raça — 30 de maio de 1939 —, criado para exaltar a tolerância de nossa sociedade. Da mesma maneira, a partir de 1938 os atabaques do candomblé passam a ser tocados sem interferência policial.[42] Até o futebol, esporte de origem inglesa, foi progressivamente associado a negros, sobretudo a partir de 1923, quando o Vasco da Gama passou a ser o primeiro clube brasileiro a aceitar negros em sua equipe, processo este que tenderá a se afirmar com a profissionalização dos jogadores. O momento coincide, ainda, com a escolha de Nossa Senhora da Conceição Aparecida para padroeira do Brasil. Meio branca, meio negra, a nova santa era mestiça como os brasileiros. Tal qual um Macunaíma às avessas, nesse caso, a imersão nas águas do rio Paraíba do Sul teria escurecido a Virgem e sua "súbita aparição" feito dela uma legítima representante da nacionalidade.[43] Em seu conjunto prevalece, assim, a ideia de uma troca livre de traços culturais entre os vários grupos, coerente com as interpretações de Freyre que, em tal contexto, eram recebidas como modelos harmônicos de convivência racial.[44]

Vinculada a todo esse ambiente, e em especial às rodas de samba, é que surge a famosa figura do malandro brasileiro. Personagem caracterizada por uma simpatia contagiante, o malandro representava a recusa de trabalhos regulares e a prática de expedientes temporários para a garantia da boa sobrevivência. A malandragem, evidentemente mestiça, ganha uma versão internacional quando, em 1943, Walt Disney apresenta pela primeira vez Zé Carioca. No filme *Alô, amigos*, o alegre papagaio introduzia Pato Donald nas terras brasileiras, tudo com muito ritmo, cachaça e direito a Carmen Miranda — mais um símbolo para exportação —, que misturava samba, maracas e frutas tropicais. Na música "Aquarela do Brasil", alguns dos novos símbolos:

Brasil,
Meu Brasil brasileiro,
Meu mulato inzoneiro,
Vou cantar-te nos meus versos.

O sucesso foi tal que Zé Carioca retorna com o desenho *Você já foi à Bahia?*, mostrando aos americanos quão exótico e harmonioso era o país, de norte a sul. Era o olhar vindo de fora que reconhecia no malandro uma síntese local: a mestiçagem, a ojeriza ao trabalho regular, a valorização da intimidade nas relações sociais. Como dizia Wilson Batista, um dos grandes sambistas da malandragem:

Meu pai trabalhou tanto
Que eu já nasci cansado.
Ai, patrão,
Sou um homem liquidado.[45]

Nas canções da época, como "Mulato de qualidade" — composta por André Filho em 1932 —, ou no sucesso "O que será de mim", de Francisco Alves, Ismael Silva e Nilton Bastos, datada de 1931, impunha-se uma nova figura nacional:

Minha malandragem é fina,
Não desfazendo de ninguém.
Deus é que dá a sina.
E o valor dá-se a quem tem.

Deus é, portanto, brasileiro, e o país passa a ser representado por essa figura. Bem-humorado, bom de bola e de samba, o malandro era mestre em um tipo de postura resumida, nos anos 1950, na famosa expressão "jeitinho brasileiro": aquele que longe dos expedientes oficiais usava da intimidade para seu sucesso.

A dimensão da influência dessa personagem pode ser avaliada com base na ação do Estado, que, em oposição à divulgação de tal imagem, por meio do Departamento Nacional de Propaganda (DNP), a partir de 1938 procurou alterar a representação do trabalho e do trabalhador. Já em 1939, uma portaria oficial proibia a exaltação da malandragem, e no início dos anos 1940, achando que muitos sambas ainda faziam apologia da malandragem, o Departamento de Imprensa e Propaganda (DIP) "aconselhou" os compositores a adotar "temas de exaltação ao trabalho e de condenação à boemia". A atitude levou ao surgimento de uma série de sambas descrevendo personagens bem-comportados e, inclusive, alguns ex-malandros convertidos em pacatos operários. É isso que diz o samba "O bonde São Januário", de Wilson Batista e Ataulfo Alves:

Quem trabalha é que tem razão,
Eu digo e não tenho medo de errar.
O bonde São Januário
Leva mais um operário,
Sou eu que vou trabalhar.

A canção continua: "Antigamente não tinha juízo", e termina afirmando: "A boemia não dá camisa a ninguém". No entanto, não faltaram as paródias (talvez de autoria do próprio Wilson, flamenguista inveterado): "O bonde São Januário/ Leva um português otário/ Para ver o Vasco apanhar [...]".[46]

Assim, reprimido ou não, o malandro carregava para os anos 1930 o preconceito que pairava com relação ao trabalho, sobretudo manual, desde o período escravocrata. Dessa feita, porém, a aversão ao labor, ainda associada "a coisa de preto", ancorava-se na mestiçagem e vinculava-se à nova imagem da vagabundagem. A cor está presente, mas é quase um cenário que resguarda as diferenças; enquanto o critério é ainda a fenotipia, o acento já não recai na distinção biológica e sim na cultural. Isso sem falar da figura da mulata, que, exportada em virtude de sua beleza exótica e sensual, convertia-se cada vez mais em ícone de uma certa brasilidade. De toda forma, nesse movimento de nacionalização uma série de símbolos vão virando mestiços, assim como uma alentada convivência cultural miscigenada se torna modelo de igualdade racial. Modelo pautado em uma visão oficial, nesse caso, a desigualdade e a violência do dia a dia até parecem questões a serem menosprezadas.

O impacto e a penetração desse tipo de interpretação, que destacava a situação racial idílica vivenciada no país, levaram, em 1951, à aprovação de um projeto de pesquisa financiado pela Unesco e intermediado, no Brasil, por Alfred Métraux. Confiante nas análises de Freyre e Pierson, a instituição alimentava o propósito de usar "o caso brasileiro" como material de propaganda e com esse objetivo inaugurou o Programa de Pesquisas sobre Relações Raciais no Brasil. A hipótese sustentada era que o país representava um exemplo neutro na manifestação de preconceito racial e que seu modelo poderia servir de inspiração para outras nações cujas relações eram menos "democráticas". Para tanto foram contatados especialistas reconhecidos como C. Wagley, Thales de Azevedo, René Ribeiro, Costa Pinto, Roger Bastide, Oracy Nogueira e Florestan Fernandes, entre outros, que deveriam pesquisar "a realidade racial brasileira".[47]

Da parte da Unesco havia, portanto, a expectativa de que os estudos fizessem um elogio da mestiçagem e enfatizassem a possibilidade do convívio harmonioso entre etnias nas sociedades modernas. No entanto, se algumas obras — como *As elites de cor* (1955), de autoria de Thales de Azevedo — se engajavam no projeto de ideologia antirracista desenvolvido pela organização, outras passaram a efetuar uma revisão nos modelos assentados. Este é o caso das análises de Costa Pinto para o Rio de Janeiro e de Roger Bastide e Florestan Fernandes para São Paulo, que nomearam as falácias do mito: em vez de democracia surgiam indícios de discriminação, em lugar da harmonia o preconceito.

Particularmente reveladoras são as análises de Fernandes, que aborda a temática racial tendo como fundamento o ângulo da desigualdade.[48] Em suas obras estará em questão não só a tese da democracia racial brasileira como as bases de sua construção. "A ausência de tensões abertas e de conflitos permanentes é, em si mesma, índice de 'boa' organização das relações raciais?",[49] perguntava o sociólogo paulista, questionando a frágil decorrência entre uma afirmação e outra. Enfrentando os impasses gestados por essa sociedade recém-egressa da escravidão, Florestan Fernandes problematizava a noção de "tolerância racial" vigente no país, contrapondo-a a um certo código de decoro que, na prática, funcionava como um fosso intransponível entre os diferentes grupos sociais. A inovação partia das bases teóricas dessa escola: em lugar das análises culturalistas, as visadas sociológicas, centradas no tema da modernização do país, e valendo-se da investigação do processo que levava à passagem do mundo tradicional ao moderno, abria-se uma ampla discussão sobre a situação das classes sociais no Brasil.[50]

O autor notava, ainda, a existência de uma forma particular de racismo: "um preconceito de não ter preconceito". Ou seja, a tendência do brasileiro seria continuar discriminando, apesar de considerar tal atitude ultrajante (para quem sofre) e degradante (para quem a pratica).[51] Resultado da desagregação da ordem tradicional, vinculada à escravidão e à dominação senhorial, essa polarização de atitudes era, segundo Fernandes, uma consequência da permanência de um etos católico. Seriam os *mores cristãos* os responsáveis por uma visão de mundo cindida que levava a seguir uma orientação prática totalmente adversa às obrigações ideais. É por isso que o preconceito de cor no Brasil seria condenado sem reservas, como se representasse um mal em si mesmo. Não obstante, a discriminação presente na sociedade mantinha-se intocada, desde que preservado um certo decoro e que suas manifestações continuassem ao menos dissimuladas.

O racismo aparece, dessa maneira — e mais uma vez —, como uma expressão de foro íntimo, mais apropriado para o recesso do lar; quase um estilo de vida. É como se os brasileiros repetissem o passado no presente, traduzindo-o na esfera privada. A extinção da escravidão, a universalização das leis e do trabalho não teriam afetado o padrão tradicional de acomodação racial; ao contrário, agiriam no sentido de camuflá-lo.

Novamente, e por meio de análises diversas, a especificidade do preconceito no Brasil ficava evidenciada nesse seu caráter privado e pouco formalizado. O resultado é confundir-se miscigenação com ausência de estratificação, além da construção de uma idealização voltada para o branqueamento. Chegamos, de tal modo, não só ao "quanto mais branco melhor" como à já tradicional figura do "negro de alma branca"; branca na sua interioridade, essa figura representou, sobretudo até os anos 1970, o protótipo do negro leal, devotado ao senhor e sua família, assim como à própria ordem social.[52] A partir dessa imagem, podemos vislumbrar o paradoxo da situação racial vivenciada no Brasil: uma alentada mobilidade social teria eliminado algumas barreiras existentes no período escravocrata, mas criado outras de ordem econômica e mesmo moral; qual seja para aqueles que não compartilhavam de semelhante figurino ou que se opunham a certos códigos morais vivenciados de forma cada vez mais internalizada.

Assim, um racismo dissimulado e assistemático era diagnosticado por Florestan Fernandes, que utilizava de maneira inovadora dados estatísticos para calçar suas interpretações. Nos resultados do censo de 1950, o sociólogo encontrava não só diferenças regionais (com uma grande maioria de negros e mulatos no Nordeste) como concentrações raciais de privilégios econômicos, sociais e culturais.

O conjunto das pesquisas apontava, portanto, para novas facetas da "miscigenação brasileira". Sobrevivia, enquanto legado histórico, um sistema enraizado de hierarquização social que introduzia gradações de prestígio com base em critérios como classe social, educação formal e origem familiar e em todo um *carrefour* de cores e tons. Quase como uma referência nativa, o "preconceito de cor" fazia as vezes das raças, tornando ainda mais escorregadios os argumentos e mecanismos de compreensão da discriminação. Chamado por Fernandes de "metamorfose do escravo",[53] o processo brasileiro de exclusão social desenvolveu-se a ponto de empregar termos como *preto* ou *negro* — que formalmente remetem à cor da pele — em lugar da noção de classe subalterna, nesse movimento que com frequência apaga o conflito e a diferença.

TABELA 1:

População brasileira, segundo as regiões fisiográficas e a cor, em 1950

Regiões fisiográficas	Cor					Total
	Brancos	Mulatos	Negros	Amarelos	Cor não declarada	
Norte	577 329 31%	1 171 352 63,5%	90 061 5%	1446 0,07%	4467 0,2%	1 844 655 100%
Nordeste	5 753 697 46%	5 339 729 42,7%	1 374 899 11%	216 0,002%	25 936 0,2%	12 494 477 100%
Leste	9 878 386 52,8%	6 007 294 31,7%	2 959 423 15,6%	5967 0,03%	41 937 0,2%	18 893 007 100%
Sul	14 836 496 87%	696 956 4%	1 093 887 6,5%	316 641 2%	31 313 0,2%	16 975 293 100%
Centro-Oeste	981 753 56,5%	571 411 32,3%	174 387 10%	4812 0,3%	4602 0,3%	1 736 965 100%
Brasil	32 027 661 61,6%	13 786 742 26,6%	5 692 657 11%	329 082 0,6%	108 255 0,2%	51 944 397 100%

Fonte: Instituto Brasileiro de Geografia e Estatística — Conselho Nacional de Estatística, *Recenseamento geral do Brasil (1/7/50)*, Rio de Janeiro, Serviço Gráfico do IBGE, 1956, v. I, p. 5, apud F. FERNANDES, *A integração do negro na sociedade de classes*.

TABELA 2:

*Distribuição percentual da população brasileira segundo a cor, pelas regiões fisiográficas do país, em 1950**

Regiões	Brancos	Mulatos	Negros	Amarelos
Norte	1,8%	8,5%	1,6%	0,4%
Nordeste	17,9%	38,7%	24,1%	0,06%
Leste	30,8%	43,5%	52%	1,8%
Sul	46,3%	5,1%	19,2%	96,2%
Centro-Oeste	3,06%	4%	3,1%	1,5%
Brasil	100%	100%	100%	100%

Fonte: idem.

* Foram omitidas as respostas sem cor declarada.

TABELA 3:

*Posição na ocupação das pessoas economicamente ativas da população brasileira, em 1950**

Cor	Posição na ocupação			
	Empregados	Empregadores	Por conta própria	Membro da família
Brancos	4949919	519197	2873663	1790529
	60,83%	82,66%	59,01%	61,7%
Mulatos	1912111	78448	1457496	799824
	23,5%	12,49%	29,93%	27,56%
Negros	1249578	19460	503961	274988
	15,36%	3,09%	10,35%	9,47%
Amarelos	25003	11018	33991	36793
	0,31%	1,75%	0,7%	1,27%
Total	8136611	628123	4869111	2902134
	100%	100%	100%	100%

Fonte: idem.

* Foram omitidas as respostas sem declaração de posição.

TABELA 4:
*Diplomados com 10 anos e mais na população brasileira, segundo a cor, em 1950**

Cor	Cursos realizados		
	Elementar	Médio	Superior
Brancos	4 523 535 84,10%	928 905 94,22%	152 934 96,87%
Mulatos	551 410 10,25%	41 410 4,20%	3568 2,26%
Negros	228 890 4,26%	6794 0,69%	448 0,28%
Amarelos	74 652 1,39%	8744 0,89%	924 0,59%
Total	5 378 487 100%	985 853 100%	157 874 100%

Fonte: idem.
* Foram omitidas as respostas sem declaração de cor e de grau de ensino.

A chegada dos anos 1970 traz, porém, todo um movimento de contestação aos valores vigentes, que eram questionados na política oficial ou mais alternativa, na literatura, na música. Data dessa época, também, o surgimento do Movimento Negro Unificado (MNU) que, ao lado de outras organizações paralelas, passava a discutir as formas tradicionais de poder.[54] Apoiado, em boa parte, nas conclusões de Florestan Fernandes e da Escola Paulista de Sociologia, o MNU tornou mais forte o coro daqueles que já demonstravam o lado mítico da democracia racial: exaltada enquanto modelo, mas dificilmente encontrada na realidade.

Nas diferenças no acesso à educação e ao lazer, na distribuição desigual de rendas, estavam as marcas da discriminação, que fugia da alçada oficial, mas era evidente no cotidiano. Por certo, os primeiros estudos dos anos 1950 foram importantes na futura desmontagem do mito. No entanto, em sua desconstrução, de alguma maneira circunscreveram o tema da raça a uma questão de classe e abandonaram a cultura: em um contexto assinalado pela radicalização política, o tema racial parecia subsumido a uma questão maior, ou seja, a luta entre classes sociais. Era via modernização e democratização do Estado que a questão racial, entre outras, se solucionaria no Brasil e não por meio do enfrentamento de suas especificidades.

Apesar de ser essa, sem dúvida, uma forma privilegiada de entender a questão, foram os estudos mais recentes que, seguindo a voga dos números, retomaram o tema e demonstraram que o preconceito de cor não estava exclusivamente atrelado a uma questão econômica e social; ao contrário, persistia como um dado divisor em nossa sociedade. Insistindo na tese da desigualdade desenvolvida por Fernandes e opondo-se ao argumento que continuava a destacar uma certa brandura de nosso racismo, uma nova série de estudos quantitativos investiu, a partir dos anos 1980, na análise das profundas desigualdades que separam negros dos demais grupos e brancos de não brancos.

QUANDO A DESIGUALDADE É DA ORDEM DA INTIMIDADE E ESCAPA À LEI

Uma das especificidades do preconceito vigente no país é, como vimos, seu caráter não oficial. Enquanto em outros países adotaram-se estratégias jurídicas que garantiam a discriminação dentro da legalidade, no Brasil, desde a proclamação da República, a universalidade da lei foi afirmada de maneira taxativa: nenhuma cláusula, nenhuma referência explícita a qualquer tipo de diferenciação pautada na raça.

No entanto, assim como silêncio não é sinônimo de inexistência, o racismo foi aos poucos reposto, primeiro de forma "científica", com base no beneplácito da biologia, e depois pela própria ordem do costume. Se tal constatação não fosse verdadeira, como explicar o surgimento nos anos 1950 de leis que culpabilizavam, pela primeira vez, a discriminação? Assim como não se inventam regras se não existe a intenção de burlá-las, o certo é que a Lei Afonso Arinos, de 1951, ao punir o preconceito, acabava por formalizar a sua existência. Contudo, por causa da falta de cláusulas impositivas e de punições mais severas, a medida mostrou-se ineficaz até mesmo no combate a casos bem divulgados de discriminação no emprego, escolas e serviços públicos.[55]

Tudo leva a crer que mais uma vez estamos diante da forma dúbia com que os brasileiros respondem às regras. Caso ainda mais significativo é o da Constituição de 1988, regulamentado pela lei n. 7716, de 5 de janeiro de 1989, que afirma ser o racismo um crime inafiançável.[56] Analisando-se seu texto, depreende-se uma reiteração do "preconceito à la brasileira", de maneira invertida, mas mais uma vez simétrica. Só são consideradas discriminatórias atitudes preconceituosas tomadas em público. Atos privados ou ofensas de caráter pessoal não são imputáveis, mesmo porque precisariam de testemunha para a sua confirmação.

O primeiro artigo da lei já indica a confusa definição da questão no país: "Serão punidos, na forma desta Lei, os crimes de preconceitos de raça ou de cor", ou seja, *raça* aparece como sinônimo de *cor*,[57] numa comprovação de que, aqui, os termos são homólogos e intercambiáveis. Os demais artigos são também reveladores:[58]

> Artigo 3º — Impedir ou obstar o acesso de alguém, devidamente habilitado, a qualquer cargo da Administração Direta ou Indiretamente, bem como das concessionárias de serviços públicos: Pena — reclusão de 2 (dois) a 5 (cinco) anos.
> Artigo 4º — Negar ou obstar emprego em empresa privada [...]
> Artigo 5º — Recusar ou impedir acesso a estabelecimento comercial, negando-se a servir, atender ou receber cliente ou comprador [...]

Artigo 6º — Recusar, negar ou impedir a inscrição ou ingresso de aluno em estabelecimento de ensino público ou privado de qualquer grau [...]
Artigo 7º — Impedir o acesso ou recusar hospedagem em hotel, pensão, estalagem, ou qualquer estabelecimento similar [...]
Artigo 8º — Impedir acesso ou recusar atendimento em restaurantes, bares, confeitarias ou locais semelhantes abertos ao público [...]
Artigo 9º — Impedir o acesso ou recusar o atendimento em estabelecimentos esportivos, casas de diversões ou clubes sociais abertos ao público [...]
Artigo 10 — Impedir o acesso ou recusar atendimento em salões de cabeleireiros, barbearias, termas ou casas de massagem ou estabelecimentos com a mesma finalidade [...]
Artigo 11 — Impedir o acesso às entradas oficiais em edifícios públicos ou residenciais e elevadores ou escada de acesso aos mesmos [...]
Artigo 12 — Impedir o acesso ou o uso de transportes públicos como aviões, navios, barcas, barcos, ônibus, trens, metrô ou qualquer meio de transporte conhecido [...]
Artigo 13 — Impedir ou obstar o acesso de alguém ao serviço em qualquer ramo das Forças Aéreas [...]
Artigo 14 — Impedir ou obstar, por qualquer meio ou forma, o casamento ou convivência familiar e social [...]
Artigo 20 — Praticar, induzir, ou incitar pelos meios de comunicação social ou por publicação de qualquer natureza a discriminação de raça, cor, etnia [...]

A lei é, em primeiro lugar, pródiga em três verbos: *impedir*, *recusar* e *negar*. Racismo é, portanto, de acordo com o texto da lei, proibir alguém de fazer alguma coisa por conta de sua cor de pele. No entanto, o caráter direto e até descritivo da lei não ajuda quando de fato é preciso punir. No caso mais clássico, o do porteiro que impede o acesso de alguém a alguma boate ou a um edifício, seria necessário que um terceiro testemunhasse o acontecido e que a polícia fosse até o local para que se caracterizasse o crime. Na impossibilidade do cumprimento dessas exigências, a saída foi trocar a atitude por uma placa que desde 1996 deve constar nas entradas dos prédios, e de preferência ao lado dos elevadores sociais (pois os de serviço — a regra da intimidade diz — são mesmo para os serviçais, majoritariamente negros), com os seguintes dizeres: "É vedada, sob pena de multa, qualquer forma de discriminação em virtude de raça, sexo, cor, origem, condição social, idade, porte ou presença de deficiência física e doença não contagiosa por contato social ao acesso dos elevadores deste edifício".[59] Novamente a esfera pública só maquia o costume da intimidade, que é conservado enquanto tal.

Por outro lado, tomando-se o texto da lei, fica caracterizado que racismo no Brasil é passível de punição apenas quando reconhecido publicamente. Hotéis, bares e restaurantes, clubes, ônibus e trens, elevadores... são locais de grande circulação, e neles a discriminação é condenável. Não existem referências, porém, à possibilidade de a pena ser aplicada quando algum abuso desse tipo ocorrer, por exemplo, no interior do lar ou em locais de maior intimidade. Para esses casos, mais uma vez, o texto silencia.

Além disso, a lei chega a descrições detalhadas dos locais ou veículos em que o racismo pode ser punido, mas, de novo, é pouco específica quando se trata de delimitar a ação da justiça. Somente é possível ocorrer a prisão quando há flagrante ou a presença de testemunhas e a confirmação do próprio acusado. Contudo, como é que se prende alguém que, sinceramente, discrimina afirmando não discriminar? O fato é que o ofensor na maior parte dos casos se livra da pena, ora porque o flagrante é quase impossível, ora porque as diferentes alegações põem a acusação sob suspeita.[60] Apesar de bem-intencionado, o texto não dá conta do lado intimista e jamais afirmado da discriminação brasileira. As regras são sempre avançadas, mas só fazemos driblá-las, razão por que a lei — expressão de uma demanda social — é poucas vezes acionada.

Exemplo dessa ineficácia é a atuação da Delegacia de Crimes Raciais de São Paulo. Nos três primeiros meses de 1995, a instituição registrou 53 ocorrências — menos de uma por dia.[61] Tal constatação parece revelar, porém, não a inexistência do preconceito, e sim a falta de credibilidade dos espaços oficiais de atuação. A lei é para poucos, ou como afirma o ditado brasileiro: "Aos inimigos a lei, aos amigos tudo".[62] Na falta de mecanismos concretos, a discriminação transforma-se em injúria ou admoestação de caráter pessoal e circunstancial.

No entanto, se no plano das leis tudo parece referendar a representação de um país de convivência racial democrática, tal constatação soa estranha em vista dos dados recentes, os quais demonstram que não há, na sociedade brasileira, e sobretudo no que se refere à população negra, uma distribuição equitativa e equânime dos direitos. Essa afirmação pode ser comprovada com base em graus e esferas diferentes. Comecemos pelos espaços públicos de atuação e pelos resultados gerais da demografia, para chegarmos cada vez mais à privacidade.

A distribuição geográfica desigual representa um fator de grande importância na análise da conformação brasileira. Praticamente metade da população classificada no termo *parda* encontra-se na região nordeste (49,8%), sendo a fração correspondente à branca de apenas 15,1%. Ao contrário, nas áreas do Sudeste (Rio de Janeiro e São Paulo) e do Sul acham-se 64,9% da população branca e somente 22,4% da população parda.[63] Essa divisão desigual é, por sua vez, um dos elementos que explicam a difícil mobilidade ascendente dos não brancos, obstaculizada pela concentração destes nos locais geográficos menos dinâmicos: nas áreas rurais em oposição às cidades e, dentro das cidades, em bairros mais periféricos.[64]

Dados concernentes ao mercado de trabalho demonstram, também, notórias evidências de desigualdade racial. Tomando-se os onze ramos de atividades selecionados pelo IBGE, nota-se que a maior parte da população ocupada (84,25%) se concentra nos seguintes ramos: agrícola (24,6%), prestação de serviços (17,6%), indústria (15,7%), comércio (11,6%), social (8,1%) e construção civil (6,6%).[65] Quanto ao quesito "cor", entretanto, com exceção do setor agrícola, evidencia-se o predomínio branco e, às vezes, amarelo na distribuição da população no interior das atividades. As populações preta e parda aparecem de modo claramente desproporcional na distribuição de empregos.

Tal situação reflete-se, de forma imediata, no perfil e na renda dos grupos. Usando o censo demográfico de 1960, o sociólogo Valle e Silva comprovou que a renda média dos brancos era o dobro da renda do restante da população e que um terço dessa diferença podia ser atribuído à discriminação no mercado de trabalho.[66]

Mas não é só sob esse ângulo que pode ser percebida a desigualdade existente no Brasil. Sergio Adorno investigou a existência de racismo nas práticas penais brasileiras, partindo do princípio de que a igualdade jurídica constitui uma das bases fundamentais da sociedade moderna: supõe que qualquer indivíduo — independentemente da sua classe, gênero, geração, etnia, ou qualquer outra clivagem socioeconômica ou cultural — deve gozar de direitos civis, sociais e políticos.[67] Em sua pesquisa o sociólogo constatou um tratamento diferenciado, pautado na cor: "[...] isto é, se é negro, é mais perigoso; se é branco, talvez não seja tanto".[68] Além disso, no preenchimento de formulários notou que quando o indiciado tinha o direito de definir sua cor, branqueava sempre a resposta: "Sou moreno claro, quase branco". Adorno pôde observar também que conforme o andamento do processo penal alguns tendiam a "enegrecer" e outros a "embranquecer", ou subitamente "tornar-se pardos". Ou seja, no curso do inquérito, a partir do momento que se provava que o réu era trabalhador e pai de família, o acusado transformava-se mais e mais em "moreno claro", sendo o inverso também verdadeiro. Os dados são ainda mais conclusivos quando esclarecem o perfil geral das condenações: "a) réus negros tendem a ser mais perseguidos pela vigilância policial; b) réus negros experimentam maiores obstáculos de acesso à justiça criminal e maiores dificuldades de usufruírem do direito de ampla defesa, assegurada pelas normas constitucionais vigentes; c) em decorrência, réus negros tendem a merecer um tratamento penal mais rigoroso, representado pela maior probabilidade de serem punidos comparativamente aos réus brancos".[69]

Com relação à educação, os resultados mostram-se também reveladores. Interpretando os dados da Pesquisa Nacional por Amostra de Domicílio (PNAD) de 1982 — e trabalhando com os índices referentes a São Paulo —, a pesquisadora Fulvia Rosenberg verificou uma clara desigualdade no que diz respeito ao acesso ao ensino básico. Além do mais, atestou-se a maior concentração de negros nas instituições públicas — 97,1% comparados aos 89% brancos — e nos cursos noturnos: 13% negros e 11% brancos. A autora não deixa dúvidas sobre a discriminação existente: "[...] a população pobre frequenta escola pobre, os negros pobres frequentam escolas ainda mais pobres [...] toda vez que o ensino propicia uma diferenciação de qualidade, nas piores soluções encontramos uma maior proporção de alunos negros".[70]

Quanto à taxa de alfabetização, há diferenças notáveis: no grupo de indivíduos definidos como pretos chega-se a 30% de analfabetismo, dado elevado quando comparado não tanto aos 29% atribuídos à população parda, como aos 12% entre brancos e 8% entre os amarelos, isso sem contar as variações regionais.[71] Por outro lado, enquanto o branco brasileiro médio tem menos de quatro anos de escolaridade, a expectativa para o restante da população é de dois anos.[72] Na verdade, a maioria dos brasileiros, não importando a raça, não chega ao segundo grau. Boa parte interrompe os estudos na quarta série ou antes, sendo que nesse item a população branca obtém em média duas vezes o nível de escolaridade dos não brancos. A respeito do saneamento básico destinado às classes populares, Rosenberg demonstrou que as populações negras são as mais preteridas no atendimento a essa infraestrutura urbana. São evidentes as consequências dessa distribuição desigual, acima de tudo no que concerne às taxas de mortalidade infantil causada por endemias e epidemias.

GRÁFICO 1:

Pessoas de 7 a 14 anos de idade que frequentam escola, segundo a cor e o tipo de rede escolar — Brasil

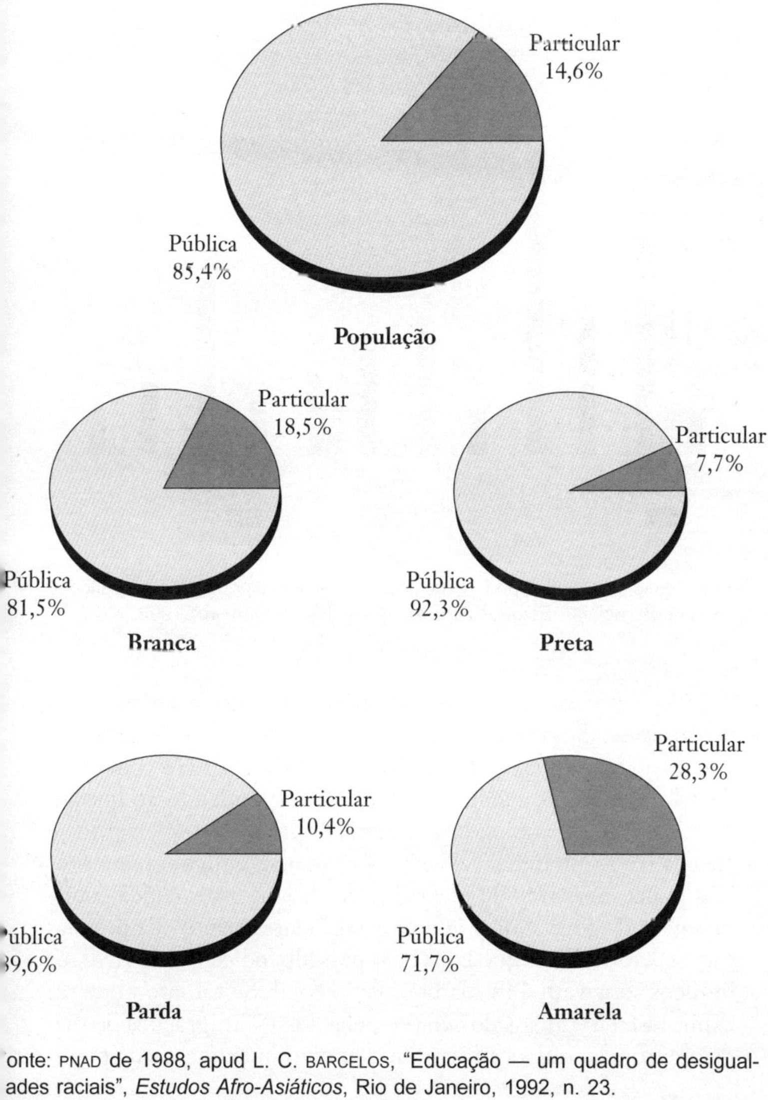

onte: PNAD de 1988, apud L. C. BARCELOS, "Educação — um quadro de desigualdades raciais", *Estudos Afro-Asiáticos*, Rio de Janeiro, 1992, n. 23.

GRÁFICO 2:
A cor do Brasil (% por região)

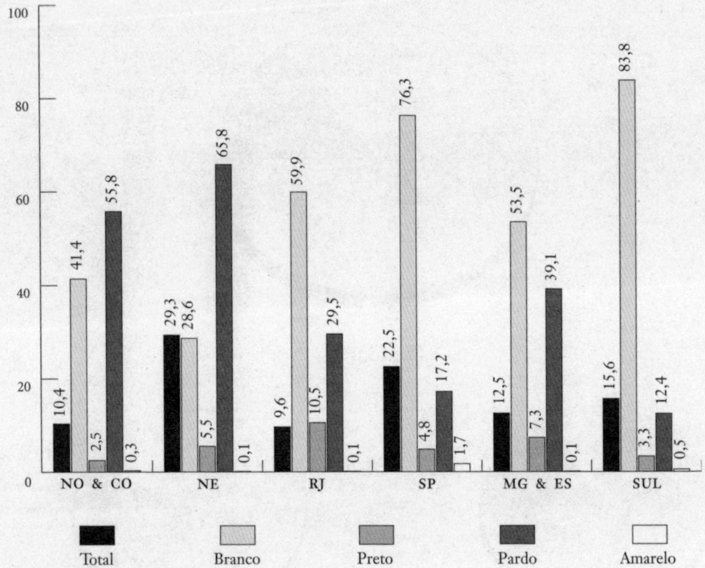

Fonte: PNAD de 1988, apud N. do VALLE E SILVA, "Aspectos demográficos dos grupos raciais", *Estudos Afro-Asiáticos*, Rio de Janeiro, 1992, n. 23.

Mas é preciso tratar das informações que nos aproximam da privacidade. Segundo as estimativas da PNAD, levantamento anual conduzido pelo IBGE, o Brasil contava em 1988 com cerca de 141 milhões de habitantes. Destes, respondendo ao quesito "cor", 55,5% diziam-se brancos, 5,4% pretos, 38,6% pardos e apenas 0,5% amarelos.[73] Mesmo levando-se em conta os critérios pouco objetivos de identificação da cor, esses dados continuam sendo reveladores de um certo "clareamento" da população, se lembrarmos que no século passado, no censo de 1890, os brancos somavam 44% da população total. Se tal fato pode ser explicado, em inícios do século, pelas fortes imigrações de origem europeia, que ocasionaram o embranquecimento da popu-

GRÁFICO 3:
Pessoas ocupadas segundo o setor de atividade e a cor

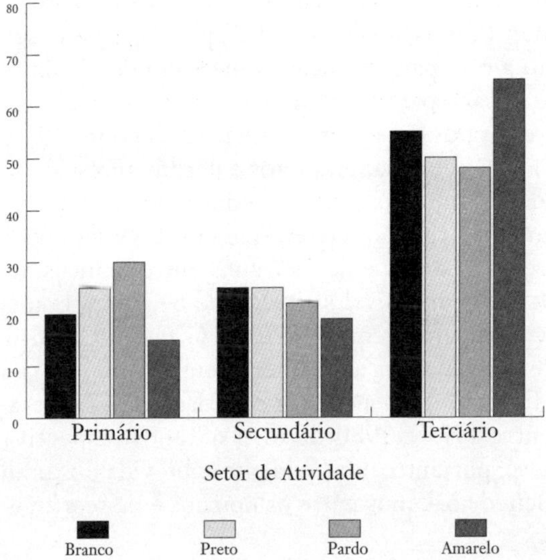

Fonte: PNAD de 1987, apud M. A. R. BATISTA e O. M. GALVÃO, "Desigualdades raciais no mercado de trabalho", *Estudos Afro-Asiáticos*, Rio de Janeiro, 1992, n. 23.

lação,[74] o mesmo argumento não vale para os dias de hoje, quando a chegada de estrangeiros ao país deixou de constituir elemento relevante na sua evolução demográfica. Os dados apontam, na verdade, um crescimento endógeno, em que a dinâmica passa a ser administrada basicamente pelos regimes de mortalidade e de fecundidade e pelo padrão de casamento. É a combinação desses fatores da privacidade que determina atualmente a mudança na cor da população brasileira.

Com efeito, os componentes demográficos recentes parecem indicar uma consistente redução da população negra, um aumento correspondente do grupo pardo e uma lenta diminuição — eventualmente uma estabilidade a médio prazo — da população que se autoidentifica como branca.[75] Os dados reforçam, dessa maneira, a existência não de um branqueamento, mas antes de uma "pardização". No que diz respeito à mortalidade infantil, uma insofismável disparidade pode ser aferida: enquanto a taxa para crianças brancas era de 77 óbitos de menores de um ano para cada mil nascidos vivos, o número correspondente para os pardos era 105 e para os pretos 102.[76]

De forma semelhante, pretos e pardos apresentam taxas de mortalidade adulta maiores que a dos brancos. "Entre homens, a esperança de vida ao nascer, que era da ordem de 41,6 anos entre pretos e pardos e de 49,7 anos entre brancos no período de 1950-5, atinge o nível estimado de 64,1 para brancos e 57,7 para pretos e pardos em 1975-80."[77] O mesmo quadro praticamente se mantém para as mulheres: entre 1950 e 1955 a estimativa de 43,8 anos para as pretas e pardas e de 52,6 para as brancas, e entre 1975 e 1980 de 61 e 68 anos respectivamente.[78] Percebe-se, portanto, uma evidente sobrevida dos brancos, que é da ordem de 6,4 anos entre os homens e de sete anos entre as mulheres.

Novos argumentos significativos podem ser desenvolvidos com base na reprodução. Estimativas indicam que entre os anos de 1980 e 1984 a redução mais intensa de fecundidade se dá entre mulheres pardas (uma queda da ordem de 22%). Com esse resultado aproxima-se a estimativa de pretas e pardas — 4,3 e 4,4 filhos respectivamente — e reduz-se a diferença entre estas e as brancas, cujo número de filhos caiu de 2 para 1,4.[79] Mais uma vez, a desigualdade nas condições de vida determina a diminuição (em razão da mortalidade mais acentuada) do número de filhos dos grupos pretos e pardos.

Com relação aos padrões de matrimônio — incluindo-se aqui não só as uniões formais como também as consensuais —, novamente aparecem variações importantes. O grupo definido no censo como preto casa-se em geral mais tarde, com a idade média de 23,4 anos para as mulheres e 26,3 para os homens, enquanto o grupo pardo contrai matrimônio com a idade média de 22,5 anos para as mulheres e 25,4 para os homens. Um dado indicador das variações nos padrões de casamento é o celibato definitivo (grupo de pessoas que jamais chegou a casar-se) mais acentuado entre pretos homens — 7,8% — do que entre brancos e pardos: 5,2% e 5,5%. Esses números mostram que o casamento civil — uma das grandes inovações da República — é ainda um privilégio, sobretudo, dos brancos.

Por fim, apesar de apresentar um nível inferior ao observado em outras sociedades miscigenadas, a maior parte dos casamentos no Brasil é endogâmica, isto é, os cônjuges são do mesmo grupo de cor. No país da alardeada mistura racial o nível de endogamia chega a 79%, mas a proporção varia muito de grupo para grupo. A endogamia é maior entre brancos do que entre pretos e mais acentuada à medida que nos dirigimos para o Sul do país. Realmente, se a mestiçagem vem aumentando, como atesta o crescente contingente de pessoas que se definem como pardas, isso ocorre mais "à custa dos casamentos de mulheres brancas com homens pretos do que o contrário. Ou seja, o cruzamento tendente ao embranquecimento é mais acentuado por parte dos homens".[80] Assim, apenas 58,6% dos homens pretos estão casados com mulheres da mesma cor, ao passo que 67% das mulheres pretas têm cônjuge do mesmo grupo. Segundo a demógrafa Elza Berquó, na "disputa entre sexos" as mulheres brancas competem com vantagens no mercado matrimonial com as pardas e pretas.

Dessa forma, mais uma vez, apesar de bem-intencionado, o corpo da lei não dá conta do lado dissimulado da discriminação brasileira. Na verdade, as leis parecem andar de um lado e a realidade do outro. A própria imagem oficial do país buscou privilegiar aspectos culturais da mistura racial e do sincretismo, e minimizou a desigualdade do dia a dia, que se revela tanto na esfera pública como na esfera privada. As populações preta e parda não só apresentam uma renda menor, como têm menos acesso à educação, uma mortalidade mais acentuada, casam-se mais tarde e, preferencialmente, entre si.

No entanto, se a questão se limitasse a qualificar esse racismo silencioso, já estaria há muito sanada ou ao menos divulgada satisfatoriamente. O problema é que o tema da raça carrega, no Brasil, outras facetas que não se limitam ou se resolvem a partir do exercício da delação. Antes do ato político existe, ainda, um obstáculo formal. Como distinguir quem é negro e quem é branco no país? Como determinar a cor se, aqui, não se fica para sempre negro, e ou se "embranquece" por dinheiro ou se "empretece" por queda social?

CENSO E CONTRASSENSO: NOMES E CORES OU QUEM É QUEM NO BRASIL

O teu cabelo não nega, mulata [...]
Mas como a cor não pega, mulata,
Mulata, eu quero o teu amor
Lamartine Babo e irmãos Valença

Faz parte de um certo modelo brasileiro negar e camuflar o conflito antes mesmo que ele se apresente de forma evidente. Em 1900, por exemplo, diante da constatação de que este era mesmo um país mestiço e negro, preferiu-se, simplesmente, retirar o quesito "cor" do censo demográfico. Dessa maneira, embora os censos tenham sido realizados no Brasil em 1872, 1890, 1900, 1920, 1940, 1950, 1970 e 1980, o item "cor" não foi utilizado pelo menos em três momentos: 1900, 1920 e 1970.[81]

Nos dois primeiros levantamentos, de 1872 e 1890, deu-se mais ênfase à obtenção de informações sobre pretos, brancos e mestiços; no de 1872, os grupos eram ainda diferenciados segundo a condição de escravos e livres.[82] Já o censo de 1950 distribuiu a população em quatro grupos segundo a cor: brancos, pretos, amarelos e pardos, designação sob a qual reuniu aqueles que se declararam índios, caboclos, mulatos ou morenos ou nem sequer declararam sua cor. Em 1960, por sua vez, a pesquisa relativa à cor distinguiu cinco grupos: brancos, pretos, amarelos, índios e pardos, tendo divulgado, porém, as declarações que diziam respeito aos índios no grupo dos pardos. Por fim, em 1980, o IX Recenseamento Geral restringiu-se aos mesmos grupos do censo de 1950 e enquadrou no grupo dos pardos "os mulatos, os mestiços, os índios, os caboclos, os mamelucos, os cafuzos etc.".[83]

Esse breve resumo nos leva a algumas direções. Em primeiro lugar, o termo *pardo* surge como um verdadeiro saco de gatos ou como a "sobra do censo". O nome mais se parece com um curinga: tudo o que não cabe em outros lugares encaixa-se aqui. Mas os censos dizem mais. Falam de uma certa confusão nos termos que se expressa de maneiras diversas conforme a situação. Já durante o período escravocrata fazia-se uma distinção semântica entre dois termos aparentemente sinônimos entre si: *negro* era o escravo insubmisso e rebelde, *preto* era o cativo fiel. É isso que mostra a notícia que foi veiculada no jornal *Correio Paulistano* em 1886, a qual altera os termos como se correspondessem a realidades distintas: "Certo dia o *preto* João Congo, estando tranquilamente a trabalhar na fazenda de seu senhor, notou que dois *negros* fugidos se aproximavam e que logo foram dizendo: — 'Sai dessa vida, *preto velho*, ela não serve para ti'. Ao que o *preto leal* reagiu: — 'Eu não é que não vou ficar andando de par a par tal qual *negro quilombola*'. Ao que os *negros* irados disseram: — 'Então, *preto covarde*, tu vais é morrer'".

O resultado da nossa indeterminação nas distinções raciais faz com que o fenótipo, ou melhor, certos traços físicos como formato de rosto, tipo de cabelo e coloração de pele se transformem nas principais variáveis de discriminação. Oracy Nogueira, em 1954, já arriscava uma explicação nesse terreno: teríamos um preconceito de *marca* — uma classificação quase imediata — por oposição ao preconceito de *origem*, mais próprio ao contexto norte-americano, no qual quem descende de uma família negra (a menos de três gerações), e a despeito da aparência, é sempre negro.[84] No Brasil, a mistura de definições baseadas na descrição da cor propriamente dita e na situação econômica e social teria gerado uma indeterminação, consolidada em 1976, depois que o IBGE fez sua Pesquisa Nacional por Amostra de Domicílio. De forma diversa à do censo, em que a cor é determinada pelo pesquisador, nesse caso os brasileiros se atribuíram 136 cores diferentes, reveladoras de uma verdadeira "aquarela do Brasil".

Como se pode notar, a pesquisa gerou uma quantidade razoável de reações que variam entre a resposta positiva e direta, a visão negativa e mesmo alguma ironia. De toda maneira, elas permitem avançar uma série de considerações sobre "nossa coloração". Apesar de as categorias censitárias — branca, negra, indígena, amarela e parda — cobrirem cerca de 57% das respostas espontâneas da PNAD, o conjunto de nomes mostrou-se muito mais complexo do que o abrangente termo *pardo*. O resultado da enquete indica a riqueza da representação com relação à cor e o quanto a sua definição é problemática. Como qualquer classificação, essa listagem guarda seus próprios critérios e uma certa ordenação pouco explícita. Mas nada como arriscar algum tipo de organização. Em primeiro lugar, a maior parte dos termos procura descrever a cor, da forma mais precisa possível. "Amarela, verde, azul e azul-marinho, branca, bem-branca ou branca-suja, café ou café com leite, chocolate, laranja, lilás, encerada, marrom, rosa e vermelha" são definições que buscam reproduzir quase didaticamente a coloração, numa clara demonstração de que no Brasil raça é mesmo uma questão de marca.[85] Pouco se fala de *origem*: nenhum dos termos remete à África e, a não ser no caso de "polaca" e "baiano", a descendência não é sequer mencionada, isso para não insistir no evidente branqueamento geral presente nas respostas.

Chamam atenção também os nomes no diminutivo e no aumentativo: "branquinha, bugrezinha-escura, loirinha e morenão". Nesse caso, a delimitação revela um certo jogo da intimidade e, por outro lado, no que se refere aos negros, a reprodução de estereótipos com relação à sexualidade: o diminutivo para as mulheres, o aumentativo para os homens.

Outros termos demonstram ainda uma grande proximidade entre os atributos raciais e os fisionômicos. A cor do cabelo, por exemplo, passa a definir o entrevistado quando termos como *castanha*, ou *loira*, *loira-clara* ou *loura* sintetizam a condição.

Uma nova série de denominações — "miscigenação, es-

1. Acastanhada
2. Agalegada
3. Alva
4. Alva escura
5. Alvarenta
6. Alvarinta
7. Alva-rosada
8. Alvinha
9. Amarela
10. Amarelada
11. Amarela-queimada
12. Amarelosa
13. Amorenada
14. Avermelhada
15. Azul
16. Azul-marinho
17. Baiano
18. Bem-branca
19. Bem-clara
20. Bem-morena
21. Branca
22. Branca-avermelhada
23. Branca-melada
24. Branca-morena
25. Branca-pálida
26. Branca-queimada
27. Branca-sardenta
28. Branca-suja
29. Branquiça
30. Branquinha
31. Bronze
32. Bronzeada
33. Bugrezinha-escura
34. Burro quando foge
35. Cabocla
36. Cabo-verde
37. Café
38. Café com leite
39. Canela
40. Canelada
41. Cardão
42. Castanha
43. Castanha-clara
44. Castanha-escura
45. Chocolate
46. Clara
47. Clarinha
48. Cobre
49. Corada
50. Cor de café
51. Cor de canela
52. Cor de cuia
53. Cor de leite
54. Cor de ouro
55. Cor-de-rosa
56. Cor-firma
57. Crioula
58. Encerada
59. Enxofrada
60. Esbranquecimento
61. Escura
62. Escurinha
63. Fogoió
64. Galega
65. Galegada
66. Jambo
67. Laranja
68. Lilás
69. Loira
70. Loira-clara
71. Loura
72. Lourinha
73. Malaia
74. Marinheira
75. Marrom
76. Meio-amarela
77. Meio-branca
78. Meio-morena
79. Meio-preta
80. Melada
81. Mestiça
82. Miscigenação
83. Mista
84. Morena
85. Morena-bem-chegada
86. Morena-bronzeada
87. Morena-canelada
88. Morena-castanha
89. Morena-clara
90. Morena cor de canela
91. Morena-jambo
92. Morenada
93. Morena-escura
94. Morena-fechada
95. Morenão
96. Morena-parda
97. Morena-roxa
98. Morena-ruiva
99. Morena trigueira
100. Moreninha
101. Mulata
102. Mulatinha
103. Negra
104. Negrota
105. Pálida
106. Paraíba
107. Parda
108. Parda-clara
109. Parda-morena
110. Parda-preta
111. Polaca
112. Pouco-clara
113. Pouco-morena
114. Pretinha
115. Puxa para branca
116. Quase negra
117. Queimada
118. Queimada de praia
119. Queimada de sol
120. Regular
121. Retinta
122. Rosa
123. Rosada
124. Rosa-queimada
125. Roxa
126. Ruiva
127. Russo
128. Sapecada
129. Sarará
130. Saraúba
131. Tostada
132. Trigo
133. Trigueira
134. Turva
135. Verde
136. Vermelha

branquecimento, mista" — aponta de que maneira a imagem de uma nação mestiça e branqueada tornou-se um grande senso comum. Além disso, a quantidade de variações em torno do termo *branca* ("branca, branca-avermelhada, branca-melada, branca-morena, branca-pálida, branca-queimada, branca--sardenta, branca-suja, branquiça, branquinha") demonstra de forma definitiva que, mais do que uma cor, essa é quase uma aspiração social.

Não há como esquecer, por fim, os nomes que usam a raça como uma situação passageira, quase uma circunstância. "Queimada de praia, queimada de sol, tostada..." são definições que sinalizam como no Brasil, muitas vezes, não se *é* alguma coisa, mas se *está*.

Sem a pretensão de ter analisado a totalidade de "combinatórias" que a lista pode oferecer, o que se quer evidenciar é o seu caráter descritivo, que, mais do que fornecer uma solução — já que a partir dela o IBGE voltou a optar pelo velho termo *pardo* —, indica uma ambiguidade.[86] Essa miríade de nomes, as diferentes denominações fenotípicas e/ou sociais presentes nos diversos nomes revelam um "cálculo racial brasileiro". O dado mais notável não é a multiplicidade de termos, mas a subjetividade e a dependência contextual de sua aplicação.[87] De fato, a identificação racial é quase uma questão relacional no Brasil: varia de indivíduo para indivíduo, depende do lugar, do tempo e do próprio observador. Quanto mais claro aquele que pergunta, mais "escura" pode ser a resposta, e vice-versa. O mesmo entrevistado alterará sua formulação tendo em mente a pessoa — a cor e a posição social e cultural — que faz a questão. As definições são volúveis, do mesmo modo que a subjetividade das situações. Como diz Caetano Veloso sobre si mesmo e em relação a outros: "Gil é um mulato escuro o suficiente para mesmo na Bahia ser chamado de preto. Eu sou um mulato claro o suficiente para mesmo em São Paulo ser chamado de branco. Meus olhos são, sem embargo, muito mais escuros do que os dele".[88]

Estamos falando de um certo "uso social" da cor que não só

leva a terminologia a se mostrar subjetiva, como torna seu uso — em conversas, em documentos oficiais (como a certidão de nascimento e a de óbito) ou na vida privada — objeto de disputa. Com uma forte preferência pelo branco ou por tudo o que "puxa para o mais claro", joga-se o preto para o ponto mais baixo da escala social: "Os negros que não querem se definir como 'negros' e têm uma condição um pouco melhor tendem a se autodefinir como 'escuros' ou, mais ainda, como 'pardos' ou 'morenos'. Algo parecido acontece com os mestiços: aqueles com uma condição melhor na rua tendem mais a se autodefinir como brancos. Nesse sentido o termo *pardo* forma uma categoria-resto que contém os mais escuros 'sem jeito' — aqueles negros com renda, escolaridade, e status baixos demais para se aventurarem no jogo dos códigos de cor e do status [...]".[89] Nesse "status racial", pardo não é preto nem branco, já que na prática se aproxima, na representação popular, dos negros. Estamos, portanto, diante de uma categoria interna, oficializada pelo costume e dificilmente compreensível para aqueles que conhecem o país apenas de passagem.

Esse tipo de cálculo da identidade racial, é claro, não nasce no Brasil no nosso século, tampouco nos últimos anos. Já em finais do século XIX apostava-se no branqueamento da nação de forma científica ou apelando-se para a Providência Divina. É o que anunciava uma notícia de 1887, no jornal *Correio Paulistano*, que com o sugestivo título "Milagre" documentava a "cura" de um escravo "que branqueava-se a olhos vistos". Na verdade, o cativo apresentava manchas claras pelo corpo — talvez sinais de uma doença de pele hoje em dia conhecida como vitiligo. No entanto, mal de uns, promessa e redenção para outros, no Brasil a moléstia convertia-se em esperança de branqueamento. Uma certa negociação em torno da raça também pode ser atestada com base no relato do viajante Saint-Hilaire, que narra como em determinado dia teria visto um mulato-claro junto a uma tropa de burros. O próprio viajante se mostrara espantado ao ser informado de que aquele era o dono dos animais. De pronto redarguiu: "Então ele não é mais mulato!!!".[90] Também o inglês

Henry Koster, que esteve no Brasil na época de d. João, nos idos de 1809, comenta sua surpresa ao encontrar pela primeira vez um soldado negro. Mais uma vez, a resposta que recebeu é reveladora: na opinião das testemunhas, não se tratava de um negro, e sim de um oficial.[91] Esses exemplos, apesar de afastados no tempo, não parecem tão distantes quando comparados a casos recentes. Uma docente universitária estranhou quando o pesquisador do censo de 1980 anotou como branca a sua raça. Quando reclamou, alegando que sua cor estava mais para o negro ou pardo, ouviu a seguinte resposta do profissional: "Mas a senhora não é professora da USP?".

"Raça social" é a expressão encontrada por Valle e Silva para explicar esse uso travesso da cor e para entender o "efeito branqueamento" existente no Brasil.[92] Isto é, as discrepâncias entre cor atribuída e cor autopercebida estariam relacionadas com a própria situação socioeconômica dos indivíduos. No país dos tons e dos critérios fluidos a cor é quase um critério de denominação, variando de acordo com o local, a hora e a circunstância. É isso também que faz com que "a linha de cor" no Brasil seja, no limite, um atributo da intimidade, na qual se distingue "raça oficial" de "raça social". É pelo mesmo motivo, ainda, que os dados estatísticos provenientes do censo, no que se refere à raça, sejam quase irreais ou dificilmente interpretados. Dessa maneira é que pode ser entendida a campanha encabeçada pelo IBASE (Instituto Brasileiro de Análise Social e Econômica) que veiculou na mídia, em 1991 — e em razão da "inflação branca" do censo —, a seguinte mensagem: "Não deixe sua cor passar em branco: responda com bom 'censo'".

PARA TERMINAR: "A DESCENDÊNCIA DA FALTA OU LEVANDO A SÉRIO O MITO"

> O moreno veio da descendência da falta. Quando, no terminá do século passado, que veio esse século nosso que tamo convivendo, então, aí não existia, assim, lagoas. Quando achava, era uma pocinha aqui, outra ali. Então, nessa épo-

ca, aqueles que chegava na frente e pegava aquela fartura de água, que dava o banho, lavavam. Então, aqueles, aqueles, aqueles, ficaro bem claro. E foi ficando, foi afracassando, foi afracassando, mas aquela aguinha sempre ficava aquele tantim. Então, diz que o moreno, moreno mesmo, ficô moreno pela falta de água. Então, aquele pouco que tinha é o que passava. Então aqueles que como tinha bastante faltura, então ficaro tudo claro. Ficô branco, ficô alemão, ficô italiano, ficô gringo, ficô quase tudo que é diversão de gente, né? Então aqueles que se proximaro mais. E nós fiquemos preto porque cheguemo atrasado. Então, aonde nós tema mais uma parte de moreno, por essa parte aí [...] eu sô moreno. Sô moreno. Tem uns filho bem moreno, cabelo bem crespinho. Minha filha é uma índia, uma bugra. O cabelo dela é uma prumionha. Já têm otros que é bem claro, têm uns cabelo duro. O meu avô era branco. A minha sogra era preta. Preta do cabelo duro igual essa minha esposa aí. A falecida minha esposa tinha um cabelo em meia costa. Era bem clara. A mãe era morena. O meu avô era gringo casado com uma bugra, daquela do brinquim na orelha, bem pretinha. Então aí fica, diversas cores.[93]

Seu Antônio Francisco, chefe dos moçambiqueiros na comunidade de Aguapé, município que fica a 150 quilômetros de Porto Alegre,[94] conta sua história, sem saber que, de alguma maneira, recontava *Macunaíma*. No entanto, o eixo pelo qual ele reconstrói a narrativa é outro; no caso, trata-se de pensar na "fartura": quem tem muito é branco, quem tem pouco é preto. Na verdade, é difícil e inútil descobrir "quem conta quem, ou como conta o quê". Mais interessa pensar como essa tentativa contínua de descrever e entender a cor faz parte de um léxico local que, na impossibilidade de explicar a especificidade da convivência racial no Brasil, segue produzindo versões. O branqueamento, enquanto modelo, foi uma descoberta local, da mesma forma que é no Brasil que a raça se apresenta como uma situação passageira e volúvel, em que se pode empretecer ou embranquecer. “Branca de Neve” não é, por certo, uma história nacional (assim como o branco sempre simbolizou a paz, por oposição ao negro, a cor do mal), mas foi aqui que a coloração virou distinção, e as meninas negras são sistematicamente impedidas de assumir o papel principal. Isso para não falar dos anjos das procissões, das peças de encerramento escolar — cujos papéis principais ficam quase sempre reservados para as crianças mais claras — ou das populares novelas brasileiras.[95]

Mesmo levando em conta os novos nichos que têm se constituído mais recentemente, identificados pela cor negra e por uma certa elevação econômica e social, percebe-se como ao mesmo tempo que se criam valores (os quais revelam um movimento novo de busca da autoestima e de recuperação das contribuições do grupo), reproduzem-se modelos ou naturalizam-se traços culturais. Na revista *Raça Brasil: A Revista dos Negros Brasileiros*, exemplo da descoberta desses novos comportamentos, permanecem por vezes intocados padrões brancos de sociabilidade. Publicada pela primeira vez em setembro de 1996, *Raça Brasil* trazia já em seu título o suposto de que, no Brasil, raça é a negra. O título da publicação pode ser comparado ao eufemismo tão próprio de nossa sociedade que, a fim de evitar as designações *preto*, *negro* e mesmo *mulato*, usa a expressão “homens de cor”, como se branco não fosse cor e raça fosse sempre a negra. Também a capa evidencia a procura de um perfil: na maioria dos números aparecem casais, em boa parte identificados como modelos de agências famosas ou como astros de TV. O próprio texto de abertura do primeiro número da revista reforça uma série de estereótipos ao definir “a cara da nossa raça: black, colorida, com balanço e ginga, bem brasileiros”; ou ao defender — no número 8 — que “ser negro é ser alegre por natureza”. Por outro lado, em algumas seções (“Gente” ou “Negro gato/a”, por exemplo) a insistência recai em personalidades negras, como Carlinhos Brown, Sandra de Sá, Marcelinho Carioca, Pelé, Celso Pitta e Vicentinho, que no limite representam nomes de sucesso, reconhecidos publicamente.

Assim, se a criação de uma revista como essa (e seu sucesso) pode ser encarada como uma prova da afirmação da diferença e de uma alteração de postura, demonstra também, com suas cores, nomes e temas, que raça é de fato um tema local e particular. Longe de um caso isolado, "a raça está por toda parte": nas piadas que inundam o cotidiano, nas expressões do dia a dia, na propaganda de turismo e na discriminação violenta mas escondida do Judiciário, do mundo do trabalho e da intimidade. É particular pois a discriminação pouco aparece nos discursos oficiais. É específica porque se afirma no privado, talvez como categoria nativa, neutralizada pelo costume. Quase como uma etiqueta, uma regra implícita de convivência, no Brasil cor combina com prestígio e com lugar social, e apesar de silenciosa é eloquente em sua aplicação.

No entanto, parece insuficiente ficar alardeando um preconceito retroativo — como mostrou Florestan Fernandes — ou delatando a existência de um "racismo cordial". Demonstrar — mais uma vez — as falácias do mito da democracia racial (que é de fato um mito) talvez seja menos importante do que refletir sobre sua eficácia e permanência, para além de seu descrédito teórico, que data de finais dos anos 1950.

Quem sabe esteja na hora de "levar a sério" o mito, o que implica evitar associá-lo à noção de ideologia — de falsa ideologia — ou compreendê-lo apenas como um mascaramento intencional da realidade. Em vez de insistir nas "mentiras" que o mito da democracia racial contém, naquilo que *esconde*, pensemos um pouco no que ele *afirma*, nas recorrências que parecem não fruto do acaso, mas resultado de um excesso de significação: afinal, mesmo desvendando suas falácias, o mito permanece oportuno. Apesar de destruída a suposta imagem da tolerância portuguesa e de seu desejo de miscigenação, uma certa mistura cultural distintiva permanece digna de ser destacada, como motivo de identidade.

"Penso que a confusão racial brasileira revela uma miscigenação profunda", diz Caetano Veloso,[96] opondo-se àqueles que se limitam a indicar a existência de um racismo hipócrita porque escondido e, portanto, mais nocivo que o americano. Na verdade, desconstruído o conceito biológico de raça, verificadas as suas implicações, a problemática se mantém, como se existisse um certo bloqueio na sua explicitação. Se a resposta com certeza não se reduz à afirmação de uma harmonia, talvez seja melhor pensar não no que o mito esconde, mas no que afirma: de que maneira diz respeito à realidade. Quem sabe, no Brasil, parafraseando o antropólogo norte-americano Marshall Sahlins, o mito tenha virado história e a história realidade, ou melhor, quem sabe a história não passe de uma metáfora.[97] A oportunidade do mito se mantém, para além de sua desconstrução racional, o que faz com que no Brasil, mesmo aceitando-se o preconceito, a ideia de harmonia racial se imponha aos dados e à própria consciência da discriminação.

"Somos racistas, mas nosso racismo é melhor, porque mais brando que os outros", eis uma das novas versões de um mito que não para de crescer entre nós. É possível dizer que algumas coisas mudaram: não é mais tão fácil sustentar publicamente a igualdade de oportunidades em vista da grande quantidade de dados que comprovam o contrário. Talvez hoje em dia seja até mais fácil criticar o mito da democracia racial do que enfrentar a sua manutenção. O fato é que mudamos de patamar e que não mudamos: o lugar-comum parece ser delatar o racismo (que precisa, de fato, ser delatado), mas o ato se extingue por si só.

Reconhecer a existência do racismo, porém, não leva à sua compreensão, tampouco à percepção de sua especificidade. Se a mestiçagem não é um "atributo" exclusivo e inventado no Brasil,[98] foi aqui que o mito da convivência racial harmoniosa ganhou sofisticação e penetração ímpares, o que lhe assegurou um lugar de modelo. Foi também no Brasil que a cor virou o "somatório" de muitos elementos físicos, sociais e culturais, e parece variar conforme o dia (pode-se estar mais ou menos bronzeado), a posição de quem pergunta e o lugar de onde se fala (dos locais públicos à intimidade do lar).

Insistir no mito significa, portanto, recuperar uma certa forma de sociabilidade inscrita em nossa história que, já presente na escravidão, sobreviveu alterada no clientelismo rural e resistiu à urbanização, em que o princípio de classificação hierárquica se manteve, sustentado por relações íntimas e laços pessoais. Herdeiros de uma determinada tradição, segundo a qual a iniciativa de colonização teria sido sempre entregue a particulares: residiria aí a singularidade da colonização ibérica, marcada pelos fortes vínculos pessoais, que tornam fluidas as delimitações entre esferas públicas e privadas de atuação.

Nesse sentido, no Brasil, "privado" não seria uma categoria imediatamente contraposta a "público", ao menos no sentido tradicional do termo. Em face de uma concepção frágil do Estado e de um uso débil das instituições públicas, a esfera privada parece referir-se à família extensa e não ao indivíduo, que permanece distante das leis.[99]

Não foram poucos os pensadores que atentaram para essa questão. Sérgio Buarque de Holanda, em 1936, chamava a atenção para um traço definido da cultura brasileira, conhecido por meio da expressão de Ribeiro Couto, o qual afirmava que daríamos ao mundo "o homem cordial". No entanto, para Holanda cordialidade não significava "boas maneiras e civilidade". Na civilidade, dizia ele, "há qualquer coisa de coercitivo [...] é justamente o contrário de polidez. Ela pode iludir na aparência".[100] Na verdade, o famoso historiador estava mais interessado em entender como cordialidade vinha do "coração", ou melhor, falava das relações pautadas na intimidade e na afetividade e que, portanto, desconheciam o formalismo. Tal qual uma ética de fundo emotivo, no Brasil imperaria "o culto sem obrigação e sem rigor, intimista e familiar".[101]

Raízes do Brasil trazia, assim, um alerta ao apego irrestrito aos "valores da personalidade" numa terra onde o liberalismo impessoal teria se caracterizado apenas como um "mal-entendido".[102] Estava em questão, dessa maneira, a possível — e desejável — emergência de instâncias de representação que se sobrepusessem às persistentes estruturas intimistas. É nesse sentido que se podem traçar paralelos, por exemplo, com a expressão "dialética da malandragem", elaborada em ensaio clássico de

Antonio Candido.[103] Por meio da figura do bufão, que aparece com alguma regularidade na literatura brasileira, e tendo como base o romance *Memórias de um sargento de milícias*, de Manuel Antônio de Almeida, Candido alcança uma estrutura específica, uma certa dialética da ordem e da desordem em que tudo seria lícito e ilícito, burlesco e sério, verdadeiro e falso. Nesse local, a intimidade seria a moeda principal e o malandro reinaria, senhor dessa estrutura avessa ao formalismo que leva à "vasta acomodação geral que dissolve os extremos, tira o significado da lei e da ordem, manifesta a penetração dos grupos, das ideias e das atitudes mais díspares".[104]

Também Roberto DaMatta retomou essa complicada relação entre esferas públicas e privadas de poder, mostrando a existência no Brasil de uma sociedade dual, em que conviveriam duas formas de conceber o mundo. Um mundo de "indivíduos" sujeitos à lei e outro de "pessoas", para as quais os códigos seriam apenas formulações distantes e destituídas de sentido.[105]

Ora, raça no Brasil sempre foi um tema discutido "entre pessoas" e fora do estatuto da lei: uma questão privada. Nessa sociedade marcada pela desigualdade e pelos privilégios, "a raça" fez e faz parte de uma agenda nacional pautada por duas atitudes paralelas e simétricas: a exclusão social e a assimilação cultural. Apesar de grande parte da população permanecer alijada da cidadania, a convivência racial é, paradoxalmente, inflacionada sob o signo da cultura e cada vez mais reconhecida como um ícone nacional.

Não é por mera coincidência que os livros do escritor Jorge Amado, muitas vezes castigados pela crítica, tenham no exterior e mesmo no Brasil — onde o autor sempre chega ao topo da lista dos mais vendidos — uma receptividade tão grande: seu universo literário é povoado por malandros, pais de santo, capoeiras e mulatos. É esse o mundo que Pierre Verger retratou, unindo pela fotografia África e Brasil. Isso sem esquecer da arte de mestre Didi, que traduziu o sincretismo em suas esculturas, ou de tantos artistas, mais ou menos conhecidos, que todo dia recriam a mistura de culturas em seus objetos. Talvez tenha sido Darcy Ribeiro o "último apóstolo da mestiçagem", procurada em seu livro *O povo brasileiro* desde os tempos da colonização: o Brasil aparece como uma "nova Roma", e os brasileiros como um "povo germinal". Menos do que acatar totalmente a fórmula, interessa entender como é esse o tipo de discurso que encontra acolhida do público.

É ainda forte e corre de forma paralela, portanto, a interpretação culturalista dos anos 1930, que transformou a miscigenação em nosso símbolo maior. No entanto, se a mistura de grupos e culturas foi, nos termos de Gilberto Freyre, sinal de *amolecimento*, significou, também, o *enrijecimento* do sistema de dominação, que passa a ser reproduzido no âmbito da intimidade.[106] Nesse sentido, é na história que encontramos as respostas para a especificidade do racismo brasileiro, que já não se esconde mais na imagem indelével da democracia racial, mas mantém a incógnita de sua originalidade e de sua reiteração constante. Se o mito deixou de ser oficial, está internalizado. Perdeu seu estatuto científico, porém ganhou o senso comum e o cotidiano.

Parece que nos encontramos na encruzilhada deixada por duas interpretações. Entre Gilberto Freyre, que construiu o mito, e Florestan Fernandes, que o desconstruiu, oscilamos bem no meio das duas representações, igualmente verdadeiras. No Brasil convivem *sim* duas realidades diversas: de um lado, a descoberta de um país profundamente mestiçado em suas crenças e costumes; de outro, o local de um racismo invisível e de uma hierarquia arraigada na intimidade. Afinal, o que dizer de um país onde 50% da população negra tem uma renda inferior a dois salários mínimos? Como entender a democracia racial em uma nação onde só 4% da população negra chega à universidade?

É nesse país também que notícias de crimes como o que aconteceu no Bar Bodega passam sem fazer grande alarde. A referência é a uma chacina ocorrida em 10 de agosto de 1996, num dos muitos "botecos" de classe média da cidade de São

Paulo. Os culpados logo foram encontrados — em mais um ato de "extrema competência da polícia brasileira" — e (por acaso) eram todos pretos. Mais estranheza do que o fato em si, causaram seus desenlaces. Cerca de dez dias depois a polícia libertou os (agora) ex-suspeitos e apresentou os novos: todos brancos. No entanto, se o evento chocou pouco dentro do cotidiano violento do país, mais impressionante foi a pouca repercussão: a imprensa a princípio mal comentou o caso e raros órgãos reclamaram. Afinal é esse tipo de postura que explica os dados de criminalidade que apontam que, sujeitos às mesmas penalidades, os negros têm 80% de chance a mais do que os brancos de serem incriminados.[107] É como se persistisse um certo pacto histórico: não se nomeiam publicamente as diferenças, do mesmo modo que não se cobram do Estado políticas oficiais nesse sentido. Assim, os constrangimentos são sempre privados.

Não obstante, é esse mesmo país que interrompe o seu cotidiano para assistir ao Carnaval de fevereiro, em que grandes políticos decidem seu futuro de acordo com os conselhos de seus orixás, que exporta a capoeira, o samba e até o candomblé, e onde a Igreja católica dialoga com outros santos para poder sobreviver. O fato é que, no Brasil, "raça" é conjuntamente um problema e uma projeção. É ainda preciso repensar os impasses dessa construção contínua de identidades nacionais que, se não se resumem à fácil equação da democracia racial, também não podem ser jogadas na vala comum das uniformidades.

Resta entender a convivência. Não basta resumir a questão da mestiçagem e a temática racial a um problema econômico. Limitá-la, porém, exclusivamente a uma explicação cultural significa essencializá-la. No Brasil, subsiste um certo discurso da identidade que se afirma para fora e para dentro com base na ideia da mistura: mistura de credos, de religiões, de cores, de costumes e de raças. Mas esse é, também, o país do racismo internalizado do ritual "Você sabe com quem está falando?", tão bem analisado pelo antropólogo Roberto DaMatta, no qual se repõem em uma só questão as hierarquias que, aqui, parecem prescindir da lei para se afirmar.

Entre os dois polos, fiquemos com ambos. Como dizia o jesuíta Antonil no século XVI, "o Brasil é o inferno dos negros, o purgatório dos brancos e o paraíso dos mulatos", ou, como na música de Caetano e Gil, um país de "quase brancos, quase pretos", mas "o Haiti é [mesmo] aqui".

4. PARA NÃO DIZER QUE NÃO FALEI DE SAMBA: OS ENIGMAS DA VIOLÊNCIA NO BRASIL[1]

Alba Zaluar

> *Foi assim que o clã, a tribo, os povos souberam — e é somente assim que amanhã, no nosso mundo dito civilizado, as classes e as nações, como os indivíduos, devem saber — se opor sem se massacrar, e se dar sem se sacrificar uns aos outros. Aqui está um dos segredos permanentes de sua sabedoria e de sua solidariedade.*
>
> MARCEL MAUSS, *Ensaio sobre a dádiva*

O TEMA E SEU PÚBLICO NO BRASIL

Quando o povo unido comemorava as pequenas conquistas da democracia no início dos anos 1980, não poderia imaginar que outros problemas por vir seriam tão mais difíceis e ardilosos a ponto de confundi-lo e desuni-lo nas décadas seguintes. O tema da violência,[2] embora já preocupasse então a população, ficou quase esquecido até os últimos anos dessa década, quando se tornou um dos que mais ocupam o debate público na grande imprensa, e o acadêmico em seminários e congressos. Passou a fazer parte das conversas cotidianas na casa, na rua, na escola, nos estabelecimentos comerciais, nos jornais, nas rádios, em todos os canais da televisão, nos inquéritos e processos judiciais, onde quer que se comentasse o que acontecia e o que poderia acontecer. Incorporou-se igualmente nas práticas informais, pertencentes ao campo dos acordos tácitos da vida cotidiana, que não são explicitadas em nenhum código, mas gozam do aceite das pessoas nas suas interações sociais, adquirindo a invisibilidade do que é "natural" ou habitual, mesmo na esfera das instituições criadas para defender a lei.

O espaço conquistado na mídia, nos últimos anos, não fugiu às ambivalências que caracterizam os meios poderosos de comunicação hoje existentes, propiciadas pelo interesse que desperta o tema no seu público. Se a divulgação rápida tem permitido informar o público e capacitá-lo para pensar a respeito do que acontece, muitas vezes tem se chegado perto da vulgarização, que distorce a informação e confunde mais do que esclarece. As notícias de violência tornaram-se mercadorias. Elas vendem bem o veículo, quanto mais sensacionalistas e impactantes forem. Em veículos que passam um discurso da seriedade, o próprio conceito de violência tem sido usado de maneira abusiva para encobrir qualquer acontecimento ou problema visto como socialmente ruim ou ideologicamente condenável, resultando disso a confusão com a desigualdade social, a miséria e outros fenômenos. Como efeito não previsto nem desejado, em todos os veículos, outra distorção do renome "midiatizado" torna-se presente nas subjetividades dos que cometem os atos violentos. Entre jovens bandidos, a fama de matador, sobretudo quando devidamente registrada no jornal, com nome e, melhor ainda, com foto, é comemorada como a conquista da glória, a saída da obscuridade pessoal. Não importa o teor da notícia nem a imoralidade do ato, pois não é o ato de praticar o crime que é visto, mas a foto ou o nome de seu autor no jornal.[3]

O caráter ideológico dos discursos fica ainda mais claro quando o adjetivo *violento* é utilizado sistematicamente para caracterizar o "outro", o que não pertence ao seu estado, cidade, raça, etnia, classe social, bairro, família ou grupo. Em algumas cidades, o crime e a violência são como um artifício ou um idioma para se pensar sobre o "outro".[4] Ao mesmo tempo que o paroquialismo nas imagens do crime se reforçou no Brasil, o crime violento tornou-se cada vez mais inequivocamente parte de processos globais econômicos e socioculturais, sem que isso trouxesse mudanças em políticas públicas de segurança e de prevenção e tratamento nas práticas sociais mais associadas à violência. Isso porque o tráfico de drogas ilegais tem trazido, principalmente pelo seu próprio funcionamento interno, um aumento notável dos crimes violentos, em especial dos homicídios entre homens jovens que dele participam. Às vezes em processos paralelos, às vezes em processos perversos de interação com o tráfico e o uso de drogas (legais e ilegais), a chamada violência doméstica e a violência institucional sofreram crescimento em seus registros oficiais nas duas últimas décadas, sem que disso tenha resultado um conhecimento maior a respeito dos seus mecanismos e círculos viciosos. Os efeitos acumulados do desconhecimento e da falta de políticas estratégicas de segurança redundaram no reforço do medo e dos preconceitos, com o páthos social que carregam.

Contudo, não convém ampliar, como muitos têm feito, os efeitos do medo num contexto de pânico moral provocado pela mídia. As imagens veiculadas pelos meios de comunicação de massa são suficientemente plurais, diferenciadas e mesmo divergentes, além de haver múltiplos participantes envolvidos no debate público,[5] para que se possa reduzi-las a uma só visão preconceituosa sobre certos setores da população ou exagerar a incidência dos crimes violentos. Estes inequivocamente aumentaram durante os anos 1980 nas regiões metropolitanas do Brasil,[6] nos anos 1990 em cidades do interior, especialmente as situadas nas inúmeras rotas do tráfico, as mais afetadas pela recente curva ascendente dos crimes violentos, em particular o homicídio entre homens jovens.

Para se ter uma ideia mais precisa do efeito devastador do crescimento dos homicídios, no conjunto habitacional Cidade de Deus, na cidade do Rio de Janeiro, o qual contava com cerca de 120 mil habitantes na época da pesquisa, em torno de 380 pessoas (das quais 77 menores) estavam envolvidas no tráfico de drogas. Os 722 jovens mortos na guerra de quadrilhas entre 1978 e 1991 representaram a substituição total do contingente de traficantes e seus ajudantes por duas vezes nesse curto período de tempo.[7] Segundo as estatísticas policiais, na região metropolitana do Rio de Janeiro, a taxa de homicídios triplicou na década de 1980, passando de 23 mortes em cada 100 mil habitantes em 1982 para 63,03 em 1990, período em que a população da cidade aumentou 1,13%, ou seja, permaneceu quase estacionária. Entretanto, esse aumento impressionante de homicídios aconteceu principalmente nos municípios da periferia pobre da região, sem dúvida também porque os empecilhos para a investigação policial são lá ainda maiores. Os homicídios atingem mais os adolescentes e jovens adultos do sexo masculino das metrópoles, cidades e regiões mais ricas, assim como as de maior crescimento populacional e econômico do país. Dentro das metrópoles, são as áreas e bairros mais pobres os mais afetados.[8] Os homens, sobretudo na faixa etária de quinze a 39 anos, foram as maiores vítimas de mortes violentas (84%), isto é, na proporção média de oito homens para cada mulher em 1989. Em 1991, as estatísticas do Ministério da Saúde apontavam que, entre os vinte e os 39 anos, morriam 12,5 homens para cada mulher no Brasil, o quadro de um país em guerra. A taxa de mortes violentas provocadas por arma de fogo — que inclui homicídios, suicídios e acidentes — na faixa etária de quinze a dezenove anos subiu, no Rio de Janeiro, de 59/100 000 em 1980 para 184 em 1995; na faixa dos vinte a 24 anos aumentou de 111/100 000 para 276, taxa maior que a dos negros americanos da mesma idade assassinados (Sistema de Informações de Mortalidade — Ministério da Saúde). Segundo essa fonte, o crescimento das mortes violentas no Brasil entre 1980, quando eram 9% do total, e 1990, quando eram 12% do total, fez o Brasil atingir índices iguais aos da Venezuela, México e Panamá, o dobro dos índices dos Estados Unidos. Só o da Colômbia é superior. Em 1984, os mais atingidos eram os homens nas faixas etárias entre quinze e dezenove anos (93,7/100 000) e vinte e 29 anos (178,1/100 000), enquanto as mulheres nas mesmas faixas apresentavam taxas de 20,5 e 24,5, respectivamente. Em 1991 o quadro das mulheres permanecia igual, enquanto o dos homens se agravava, chegando a taxas de 117,5 (65% do total de óbitos na faixa de quinze a dezenove anos) e de 192,1 (59% do total de óbitos na faixa de vinte a 29 anos). Dessas mortes violentas, em torno de 55% eram homicídios.[9]

O aumento real ou o percebido como tal têm consequências

nos planos simbólico, econômico e político. O crime cometido nas ruas, especialmente o crime violento, é hoje uma das preocupações centrais das populações metropolitanas brasileiras, segundo as sondagens de opinião feitas com uma certa regularidade. As novas imagens da cidade não são mais associadas à utopia liberal da liberdade e da segurança, seja no Rio de Janeiro e São Paulo, seja em Nova York, perdendo as velhas virtudes cívicas — civilidade, segurança, tato e confiança.[10] As cidades, hoje, têm suas imagens tomadas pela deterioração da qualidade de vida urbana, em que o temor da vitimização, tanto quanto a experiência direta dela, desmonta os operadores simbólicos com os quais se praticam os jogos sociais.

Entre os habitantes da cidade, o medo que acompanha as explicações para as experiências concretas de violência tem seguido numerosas direções, conforme a natureza do fato noticiado com destaque pela imprensa falada, escrita e televisiva. Uma delas é a direção paroquial, mencionada acima, quando se culpa a presença de nordestinos em São Paulo[11] ou de pobres favelados e negros em outras capitais brasileiras, ou ainda quando transfere a responsabilidade de uma cidade para outra, como foi o caso das imagens da cidade do Rio de Janeiro veiculadas na imprensa de outros estados, principalmente na de São Paulo. Nos anos 1990, a generalização de imagens da cidade como um ambiente violento e os sentimentos de medo e insegurança dela decorrentes passaram a fazer parte do cotidiano dos seus moradores, mas atingiram particularmente os que vivem nas favelas e bairros pobres. Essas ameaças à segurança quebram o equilíbrio das tensões em que se monta a paz social, vindo a alimentar os círculos viciosos da violência cotidiana em que os pobres tornam-se os mais temidos e os mais acusados, justificando a violenta e injusta repressão que sofrem.

O quadro é, assim, paradoxal. Os que mais padecem enquanto vítimas da violência difusa e privatizada são também os mais apontados como seus agentes. A pobreza é o determinante, ora da vitimização, ora da ação violenta. Para isso tem contribuído a própria ideia de causalidade, repetidamente usada tanto pelos jornalistas quanto por acadêmicos, que vincula um acontecimento a outro num lapso de tempo — como o tiro certeiro no coração seguido da morte de quem foi alvejado. Esta ideia mostra-se inadequada para pensar os complexos arranjos pelos quais as violências, de diversos tipos, se manifestam. Os dados estatísticos e as imagens e significados atribuídos aos "fatos" da violência são produzidos em processos sociais simultâneos e variados, para os quais a ideia de causalidade baseada em eventos sucessivos é inadequada. Nos tempos de globalização, em que local e global estão em permanente contato, significados podem ser transmitidos pelo contágio das ideias em fluxos às vezes tão rápidos que permitem falar em epidemia,[12] hábitos podem ser lentamente interiorizados, o que faz necessária uma reconstituição histórica de longa duração. Na sociologia atual não se busca mais a explicação numa visão sequencial de causa e efeito nem nas determinações da estrutura da produção que transformam as pessoas em meros fantoches do econômico. Antes, opta-se pelo modelo interacional, já presente na ideia do fato social total, feito do entrelaçamento de eventos e interpretações, coisas e representações, construídos por pessoas que vivem, ou seja, participam de tais fatos, sentem-nos e os pensam.[13] Em vez de sistemas internamente solidários, um conjunto de fatos cruzados forma "configurações" ou "constelações", nas quais se mantêm as tensões e disparidades internas e nas quais a ordem e a desordem são sempre relativas.[14] Esses arranjos sempre renovados mobilizam a exterioridade e a interioridade, o objetivo e o subjetivo, e não permitem pensar apenas em termos das "vítimas" da estrutura nem em atores meramente calculistas e plenamente conscientes, ou seja, culpados pelas consequências de seus atos. No modelo interacional, a causalidade flui entre os fatos sociais resultantes de variadas ações e carregados de diferentes sentidos, o que permite falar em complexidade. Esta ideia é cada vez mais parte do idioma dos que pensam os novos desenvolvimentos em curso nas sociedades, ora caracterizadas como pós-modernas, ora como de risco, ora como de alta modernidade.

Entre as transformações sociais recentes, estariam os novos processos mundiais de difusão cultural, seja de novos estilos[15] de consumo, seja de padrões comportamentais, inclusive o do uso de drogas ilegais e o dos novos hábitos de violência. As manifestações desta, tanto nas cidades brasileiras quanto nas de outros países, não podem ser entendidas sem levar-se em conta os efeitos da globalização da economia, que incluem a difusão rápida dos produtos culturais em que se baseiam esses estilos.[16] E, sem entender essa nova violência, não se podem entender as fraturas que todas as cidades apresentam hoje.[17]

A caracterização da sociedade no pós-guerra tem sido objeto de intensa polêmica em torno do processo de transformação acelerado do qual resultariam a fragmentação social, a atomização e a importância cada vez maior das atividades de lazer e consumo na definição das novas identidades. As marcas desse processo estariam em várias camadas da população. No plano das subjetividades, essas marcas seriam a individualização crescente em que a possibilidade de escolha tornaria o indivíduo mais responsável pela sua própria biografia e por suas identidades (já que elas deixam de ser inteiramente prescritas), fazendo da crítica um passo necessário para a participação societária e política.[18] No plano da justiça, tais transformações provocariam a fragilização dos controles morais convencionais, que até certo ponto prescindem da lei mas que ainda não foram substituídos amplamente por uma nova ética pós-convencional fundamentada na liberdade pessoal e no entendimento com os outros por meio do diálogo, da mutualidade e do respeito ao direito alheio.[19] Este ainda se baseia predominantemente na concepção do contrato interpessoal, que demarca o domínio do privado existente também nos contratos mafiosos.[20] A ideia acerca dos compromissos de cada um com os demais no espaço público[21] não se disseminou nas práticas sociais do final de milênio, dominado pela ideia do mercado, mas é isso que marca a luta ideológica atual.

Daí que as práticas centradas nas gratificações narcísicas das imagens especulares,[22] ou nos hábitos mais imediatos de busca do prazer, seja no jogo, nas drogas ou na diversão, ganham maior importância na vida de vários setores da população, especialmente os mais jovens, o que torna lucrativo o investimento nos negócios que exploram o seu consumo, organizando atividades criminosas em torno dos que são proibidos pela lei. As mudanças no consumo observadas como um dos efeitos do processo de globalização — do consumo familiar para um consumo de "estilo", muito mais caro, que inclui o uso de drogas —[23] favoreceram igualmente o aumento impressionante verificado em certos crimes contra a propriedade (furtos e roubos) e contra a vida (agressões e homicídios). Completam o quadro das cidades globais ou duais as transformações do trabalho, isto é, o crescimento do mercado informal e dos vínculos precários com as empresas, situação há muitas décadas conhecida nas cidades brasileiras.

Fazem parte desse cenário, portanto, os riscos caracterizados como as inseguranças e azares advindos da própria modernização e do desenvolvimento tecnológico.[24] Não tão visíveis quanto a miséria do século XIX nas cidades europeias, fugindo à percepção direta, mas provocando destruição e ameaças principalmente à população mais pobre. Pois, se a riqueza se acumula no topo da pirâmide, os riscos invisíveis dos desastres ecológicos, do desemprego, dos efeitos perversos da revolução sexual, do uso disseminado de produtos químicos na agricultura e nas casas, dos remédios adulterados, falsificados e fora de prazo, assim como do uso abusivo daquelas substâncias chamadas de "drogas" e proibidas, ou mesmo de armamentos portáteis, mas extremamente eficazes na destruição (como os fuzis AR15 e KA17), inflam-se embaixo. Daí que a correlação entre a pobreza, a falta de informação e o baixo nível educacional adquiriu contornos ainda mais sinistros neste fim de milênio, permitindo formas extremas de exploração na selvajaria de um capitalismo que tenta fugir dos controles coletivos, seja na forma de lei, seja na forma das negociações informais, em que as palavras são fundamentais. Por isso, é tão difícil entender a violência e lidar com ela: ela está em toda parte, ela não tem nem atores sociais permanentemente reconhecíveis, nem "causas" facilmente delimitáveis e inteligíveis. Os críticos dessa situação costumam apontar como saída as associações de diversos tipos que fortalecem o social e são alternativas para o mercado e o Estado.[25]

O ESTADO NACIONAL E O ENIGMA DO CRIME NO FINAL DO MILÊNIO

Assiste-se, assim, nos países mais avançados tecnologicamente, à perda do monopólio estatal de violência legítima, fundamento de sua soberania, em proveito de empresas privadas de segurança, de grupos ou indivíduos armados e de organizações ou redes transnacionais do crime. Nos Estados Unidos, que detêm 43% do mercado de armas no mundo, existem hoje 67 milhões de pessoas armadas ou 70 milhões de armas, sendo produzido, a cada ano, mais 1,5 milhão delas. O comércio interno de armas nesse país é o único não regulamentado, e escapa aos controles do Estado e dos consumidores. O comércio internacional (e o tráfico transnacional) de armas convencionais de guerra movimentou 22,8 bilhões de dólares em 1995, destinadas seja aos países em guerra civil, seja às máfias[26] ou bandos armados que assolam quase todas as regiões do planeta.[27] Hoje, no cenário da violência no mundo, não se pode excluir o impacto local do contrabando de armas, que, embora legalmente comerciada em seus países de origem, entram ilegalmente em países do chamado Terceiro Mundo, entre os quais o Brasil. Além disso, pelos dados do Núcleo de Estudos da Violência da Universidade de São Paulo, apenas no vigilantismo existem aqui mais de mil empresas, que empregam mais de 400 mil homens armados. Só em São Paulo estes somariam 90 mil, dez vezes o número de policiais civis do estado. Por outro lado, não se tem nenhum cálculo sobre o número de armas privadas hoje existentes no Brasil, nem mesmo das pertencentes a traficantes.

Contudo, apesar das dificuldades em se obter um cálculo preciso de atividades ilegais, vários estudos avaliam que a produção de cocaína aumentou dramaticamente a partir de 1982, tendo dobrado entre 1985 e 1988, segundo as estimativas da United Nations Drug Control Programme (UNDCP) em 1997. Este órgão também calcula que a participação nos negócios ilícitos das drogas tenha atingido a cifra de 400 bilhões de dólares anuais em 1995, o que corresponde a 8% do comércio internacional, maior do que a parte que cabe ao setor de veículos e ao de ferro e aço; igual à dos setores de petróleo, têxtil e de turismo. Os preços da cocaína desde o produtor até o consumidor final indicam que os lucros passaram a ser obtidos em escalada. Entre um e outro, o aumento chegou à taxa de 1000% a 1500%, no qual o que é pago aos camponeses que produzem as folhas de coca representa uma fração ínfima.[28]

Coincidentemente, foi então que em boa parte do mundo, assim como no Brasil, a cocaína começou a ser oferecida por preços baixos. Em 1984, como afirmaram consumidores entrevistados, "nevou" no Rio de Janeiro, nossa mais conhecida cidade tropical.[29] No entanto, se estratégia houve, ela fez parte de mudanças ocorridas internacionalmente, pois, não obstante a política de "guerra às drogas", segundo o relatório da UNDCP de 1997, o preço dessa substância baixou de modo espetacular a partir de 1981, atingindo, em 1995, um valor cinco vezes menor, e o consumo generalizou-se, tendo sido observado em todas as classes sociais em vários países no continente americano.

Seguindo rotas cada vez mais ampliadas e tecnologicamente mais sofisticadas nos cinco continentes, as cargas de cocaína que aqui chegavam dos países andinos produtores da folha de coca e da cocaína através do interior de Rondônia, Mato Grosso, São Paulo ou Paraná passaram a ser enviadas para a Europa e os Estados Unidos por portos e aeroportos do Sudeste e do Sul do Brasil. Como acontece em outros países, para recompensar sua passagem na malha de contatos e barreiras, bem como para movimentar o comércio ilegal, as formas de pagamento tornaram-se variadas: além do realizado em moedas correntes, de preferência em dólar, o feito em espécie, que consiste em todos os objetos crescentemente roubados em conexão com o tráfico e o consumo de drogas ilegais (armas, veículos, toca-fitas, aparelhos eletrodomésticos), assim como nas próprias drogas. Todas essas mercadorias "sujas" começaram a servir, de acordo com os valores estabelecidos no mercado ilegal, para tais finalidades.[30] O controle cada vez maior das redes[31] de comunicação e dos fluxos financeiros, montado pelas máfias, asseguraria a legalização dos lucros assim obtidos, a continuidade das operações sigilosas e a tendência à monopolização e concentração de renda nos pontos-chave da distribuição. Os personagens dessas redes comerciais que mais lucram, segundo estudos feitos em outros países e resenhados no relatório da UNDCP de 1997, afora os produtores da cocaína refinada na Colômbia, são os grandes intermediários, especialmente os traficantes do atacado e os lavadores de dinheiro, ou seja, os que transformam o dinheiro "sujo", ganho em negócios ilegais, em dinheiro "limpo" de negócios legais variados.

Na ponta do consumo, que articula o micro com o macro, a demanda que garante os altos lucros do empreendimento ou da "indústria da droga", como dizem alguns, seria decorrente tanto de mudanças nos estilos de vida quanto da montagem de círculos viciosos para os usuários abusivos de drogas, os quais, segundo o mesmo relatório, já enfrentam variados problemas socioeconômicos, tais como repetição ou baixo rendimento escolar, desemprego, discriminação, pobreza, conflitos familiares etc. Esse usuário é empurrado para baixo na ladeira da mobilidade social. Além disso, a separação entre traficante e usuário, sombreada pelas leis pouco claras, torna-se tanto mais difícil quanto mais obcecada pela droga a pessoa é.

Hoje, é fato aceito que a necessidade de pagar ao traficante leva o usuário a roubar, assaltar e algumas vezes a escalar o seu envolvimento no crime. A entrada na carreira criminosa, entretanto, é o resultado da interação de várias situações de vida dos jovens que se iniciaram no uso da droga ilegal: as relações dentro de sua família, as relações de sua família com a vizinhança e da vizinhança com as instituições do sistema de justiça local.[32] Ainda que haja estudos que afirmem que a delinquência precede o uso de drogas,[33] não há dúvida de que os usuários compulsivos ou problemáticos tendem a se envolver profundamente em atividades criminosas, de fato, várias vezes mais do que os não usuários.[34]

Segundo o relatório da UNDCP de 1997, pesquisas nos Estados Unidos concluíram que mais homens do que mulheres usam drogas ilegais; os mais novos (dezoito a 25 anos) mais do que os mais velhos; os desempregados mais do que os empregados; os solteiros e divorciados mais do que os casados. Estudos também mostram que, dependendo das atividades comerciais, os padrões de distribuição das drogas ilegais são divergentes, ou seja, variam se o tráfico é feito por atacado, por intermediários ou a varejo;[35] variam segundo a droga negociada; variam conforme o tipo de organização do pagamento — se em folha, se obedecendo a políticas pessoais; finalmente, variam se o narcotráfico está aliado ou não a grupos terroristas, e se e como compete pelas parcelas do mercado. No caso da cocaína, que é o que mais nos afeta no Brasil, a indústria é concentrada e não está baseada em pequenos estabelecimentos; o comércio, por sua vez, organizou-se em cartéis e máfias nos seus mais altos níveis, porém ficou ramificado e descentralizado em pontos intermediários e no varejo. Sua lucratividade, embora não exista consenso a respeito das taxas, favorece principalmente os grandes atacadistas e intermediários melhor colocados na rede hierárquica de conexões.[36] Os lucros não são gerados pelo aumento da produtividade ou pela maior exploração do trabalho, mas pela própria ilegalidade do empreendimento,[37] que faz a cocaína ser mais cara do que o ouro em alguns locais.[38]

Tudo indica que, no fim do século XX, as formas de violência, que irrompem em quase todos os países do mundo ocidental formando um novo padrão, estão vinculadas ao crescimento das máfias e redes do crime-negócio.[39] Entre as drogas ilegais, a cocaína hoje se associa a um estilo de valorização do dinheiro, do poder e da violência. Em Nova York, o mesmo padrão se encontra no tráfico de heroína, que desde a década de 1960 implantou-se em bairros negros e porto-riquenhos, assim como no tráfico mais recente do crack.[40]

O REVERSO DA CIVILIZAÇÃO E A DESREGULAMENTAÇÃO DO CONFLITO

No início do século XX, predominaram nos países europeus os chamados crimes de sangue, cometidos entre conhecidos e familiares em espaços privados.[41] Após a Segunda Guerra, tanto os países europeus quanto os Estados Unidos e o Brasil viveram períodos de relativa tranquilidade no que se refere aos índices de violência internos, com baixas taxas de crimes contra a pessoa. Depois, enquanto na França e nos Estados Unidos os crimes violentos, em especial o assalto e o homicídio, começaram a aumentar rapidamente nos anos 1960,[42] chegando a dobrar no caso dos homicídios, no Brasil isso só foi acontecer no final da década de 1970. Todavia, a subida vertiginosa dos homicídios afetou, no caso dos três países, sobretudo homens jovens entre quinze e 29 anos, e agora, em vez de crimes de sangue, os crimes são cometidos em locais públicos por pessoas que pouco ou nada se conhecem, exatamente o padrão encontrado nas guerras em torno da divisão de território e butim entre quadrilhas de traficantes. Nos Estados Unidos, a taxa de homicídios já era mais alta em decorrência da rivalidade violenta entre gangues existentes nos guetos de várias cidades desde o início do século XX.

Assim, grandes diferenças aparecem quando se comparam os países europeus com os Estados Unidos, bem como com outros países do continente americano. Nos Estados Unidos, durante a década de 1960, quando os direitos civis foram finalmente assegurados aos negros e quando foram instaurados programas de "guerra à pobreza" (nem sempre bem-sucedidos), a taxa de homicídios entre os negros atingiu cifras quase vinte vezes maiores do que a taxa entre os brancos.[43] As gangues juvenis, desde o início do século XX, movimentavam-se na lógica do orgulho associado ao bairro, criando mitos de distinção social dentro de grupos social e racialmente homogêneos. Já na década de 1960, em razão de profundas mudanças no comportamento e da expansão do tráfico de drogas ilegais nos guetos negros e latinos, em Chicago, a gangue dos Blackstone Rangers e a gangue Devil's Disciples, e em Los Angeles os Bloods e os Cribs, todas compostas de negros, lutavam violentamente entre si tanto por causa do orgulho associado à concepção guerreira da masculinidade quanto pelo acerto de contas no tráfico de drogas.[44]

Em 1970, nos Estados Unidos, as taxas de homicídios entre os negros estavam entre 102 mortes em cada 100 mil habitantes na faixa dos quinze aos 24 anos, 158/100 000 na faixa dos 24 aos 34, e 126/100 000 entre os 35 e 44, taxas que progressivamente diminuíram até 1985.[45] Lá — sabe-se pela investigação policial competente —, 87% dessas mortes foram infligidas por negros a outros negros. A partir desse ano, em consequência da epidemia de crack, as taxas de homicídios voltaram a subir, principalmente entre os mais jovens, para atingir, em 1988, o mesmo nível de 1970. É o alto índice de homicídios entre os negros que leva observadores conservadores a afirmar que não existe um problema criminal naquele país, mas um problema negro e jovem do crime, nessa peculiar visão segregada da sociedade americana. Ou, pior ainda, que os políticos conservadores devem lavar as mãos e manter a consciência tranquila, pois a responsabilidade pela matança é dos próprios negros. Se uma das funções das guerras entre nações foi resolver a questão do excesso populacional dos países envolvidos, essa nova guerra privatizada do final do milênio passado parece contribuir para eliminar uma parcela cada vez mais considerável dos chamados, ora "excedentes", ora "marginais", ora "excluídos". Uma desordem bem-vinda em nome da futura ordem embranquecida.

Mesmo assim, alguns autores negam a importância da segregação étnica e racial nos Estados Unidos, assim como da divisão territorial e da organização vicinal baseada na gangue, inventada por diferentes etnias de imigrantes desde o início do século XX para perseguir o enriquecimento e o sucesso em negócios ilegais (drogas ilícitas — álcool durante os anos da proibição —, jogo, venda de mercadorias roubadas, lutas, prostituição) ou em negócios legais (bodegas, bares e formas variadas da "lavagem de dinheiro"). Isso sempre foi feito com base nos valores da liberdade individual e no uso da força ou violência para "ser um vencedor". Esquecendo esse passado, tais autores explicam o fascínio do jovem pelas armas e pela defesa violenta do território como efeito da participação recente do país em guerras pelo mundo ou mesmo da pobreza. Assim, seria essa a razão da luta territorial nos guetos negros e latinos, principais redutos da miséria e da criminalidade violenta nas cidades americanas, bem como o fascínio pelo aparato militar e o poder baseado no terror exibido pelos jovens pertencentes a gangues.[46] Sem dúvida, o etos guerreiro — os comportamentos que estimulam a alegria e a liberdade de competir para vencer o adversário, destruindo-o fisicamente, e o prazer de infligir dor física e moral ao vencido —[47] reforçou-se nos Estados Unidos porque seus homens foram mobilizados a lutar em todos os continentes, em guerras cada vez mais localizadas e menos moralmente apoiadas pelos habitantes dos países invadidos e por grande parte da população americana. Mas as gangues violentas já existiam antes mesmo de as glórias militares do país se espalharem pelo mundo, embora nunca tenham tido tanta importância na Inglaterra ou na França imperiais, que promoveram muitas guerras entre Estados até meados do século XX. Elias já havia chamado atenção para o fato de que a pacificação dos costumes na Europa sempre foi um processo no interior das nações, não entre elas.

Não há dúvida também de que, nos países europeus onde exista um controle severo de armas de fogo, não se encontra o mesmo nível de conjunção entre a facilidade de obtê-las privadamente e a penetração do crime organizado na vida econômica, social e política observado nos Estados Unidos,[48] e extensivo a vários países do continente americano. Isso com certeza diminui a expectativa de vida de jovens pobres, negros e latinos nesse continente em comparação com a dos jovens da Europa, onde a taxa de homicídios apresentou queda vertiginosa, porém, lenta desde o final da Idade Média,[49] e, mais rapidamente, desde o século XIX, quando os duelos foram proibidos por lei, deixando de ser a forma usual de resolver conflitos entre homens.[50] Hoje, essa taxa varia entre 0,5 (na Inglaterra) e pouco mais de 3 mortes (na Finlândia, na Itália e na França) em cada 100 mil habitantes.[51] Nos Estados Unidos, nem os brancos de classe média estão a salvo do etos violento, a julgar pela taxa de homicídios oito vezes mais alta que a média europeia exibida por esse setor da população.[52] A imprensa também tem noticiado regularmente homicídios que envolvem, enquanto vítimas e autores, crianças e adolescentes brancos de pacatas cidades do interior. Isso comprova a afirmação de Elias de que a penetração da violência nas subjetividades seria mais profunda nos Estados nacionais em que o monopólio legítimo da violência não estaria assegurado. De fato, os instrumentos moderníssimos da violência, que, como os *personal computers*, se espalham pelas unidades domésticas,[53] podem vir a ser meios infalíveis de destruição postos à disposição dos que precisam satisfazer as pulsões de morte de um orgulho excessivo. A Constituição americana, em virtude dos hábitos adquiridos na conquista do território pelos pioneiros, continuou a garantir a qualquer cidadão o direito de ter e negociar armas. No imaginário cinematográfico cultuou-se a figura do homem armado, o pioneiro, o caubói que, sozinho, enfrenta todos os inimigos da vila com um dedo rápido no gatilho, posteriormente transformado no soldado solitário que enfrenta todos os perigos do mundo. Na vida política, permitiu-se a permanência de lobbies de negociantes e milícias profundamente interessados na inexistência de um efetivo monopólio da violência legítima pelo Estado, monopólio este considerado anticonstitucional.

Consequentemente, o etos ou hábito da civilidade decorrente do processo de pacificação dos costumes que modificou a relação entre o Estado e a sociedade está mais claro hoje em países europeus do que nos Estados Unidos, embora, em vários aspectos, a história de longa duração apresente similaridades em todos eles. Na Inglaterra, tal processo teve diversos elementos que interagiram entre si em novas configurações. Elias focaliza alguns dos que ocorreram nesse país mediante o desenvolvimento do jogo parlamentar, no qual as partes em disputa passaram a confiar em que não seriam mortas ou exiladas uma pela outra, caso perdessem o jogo. Nesse jogo, instituído no século XVII, a partir da revolução liberal de Cromwell, as lutas não eram mais feitas pela espada, mas pelo poder do argumento, da persuasão e pela arte do compromisso. Do mesmo modo, as práticas esportivas tornaram-se uma representação simbólica da competição entre segmentos, facções e até mesmo Estados-nações, de caráter não violento e não militar, visto que suas regras excluíam a possibilidade de que algum contendor fosse seriamente ferido. Em outras configurações, a pacificação dos costumes teria sido efetuada na difusão dos hábitos corteses, a partir da nobreza, por todas as outras classes sociais, como ocorreu na França.

Na sociedade assim pacificada, o monopólio estatal da violência legítima foi consolidado por mudanças nas características pessoais de cada cidadão: o autocontrole das emoções e da violência física, a diminuição do prazer de infligir dor ao adversário e destruí-lo na liberdade irrestrita da luta privada. Na balança de conflitos entre esse prazer e o orgulho pelo autocontrole conquistado na civilidade, o pêndulo inclina-se, em quaisquer sociedades pacificadas ou domesticadas, para o último. As gratificações simbólicas da autoestima, da notoriedade, da ostentação de poder e riqueza, ou aquelas advindas da própria disputa, em que se liberam as agressividades, continuam a aparecer em lutas prolongadas, porém controladas por regras convencionadas, as quais levam os conflitos para o plano simbólico, no que Elias denominou de "equilíbrio de tensões".[54] Isto foi conseguido na institucionalização das disputas emocionantes, mais do que tudo pelo "prazer de competir", dos esportes e outras atividades competitivas reguladas, desde que costumes pouco rígidos e frouxamente aplicados, que permitiam as explosões de emoções e de violência nos jogos da Idade Média, os quais terminavam muitas vezes na morte dos participantes, fossem superados pelo treinamento, pelas regras claras e pelo autocontrole individual.

Mas, nessa evolução em que o papel do mediador e o das regras convencionadas passaram a ocupar um lugar cada vez maior, a dinâmica do jogo seguiu pressupondo a tensão e a cooperação, a solidariedade local e o interesse pela luta continuada ao mesmo tempo. O esporte e outros jogos instituídos desde a Inglaterra só foram eficazes porque a tensão — o *agon* dos gregos — se manteve, permitindo a expressão de emoções conflituosas, assim como a busca da glória, individual e coletiva, em detrimento dos outros que permaneceram na obscuridade. Não é outra a tensão constitutiva da reciprocidade, base da sociabilidade humana, que inclui tanto o bem doado por generosidade quanto a competição com o rival presenteado em circuitos simétricos e assimétricos da troca. A reciprocidade não se restringiu, como sugeriu o próprio Marcel Mauss, às sociedades ditas tribais ou primitivas, nem teve unicamente o caráter positivo da generosidade.[55]

O processo civilizador, portanto, não ocorreu apenas nas sociedades ocidentais. Nele, a possibilidade de retrocesso está sempre presente, visto que resulta da boa proporção entre o orgulho de não se submeter a nenhum compromisso exterior ou poder superior, típico do etos guerreiro, e o orgulho advindo do autocontrole, próprio da sociedade domesticada. Por isso não teria atingido na mesma intensidade todas as pessoas, classes sociais ou sociedades, o que nos permite distinguir sociedades nacionais que adotaram a democracia liberal e sociedades tribais que desenvolveram outros recursos para conter a violência interna.[56] Nas sociedades nacionais, onde o Estado nacional é fraco no monopólio da violência, um prêmio é colocado nos papéis militares, o que termina na consolidação de uma classe dominante militar. Onde os laços segmentais (familiares, étnicos ou locais) são mais fortes, o que acontece em bairros populares e vizinhanças pobres, mas também na própria organização espacial das cidades que confunde etnia e bairro, o orgulho e o sentimento de adesão ao grupo diminuem a pressão social para o controle das emoções e da violência física, resultando em baixos sentimentos de culpa no uso aberto da violência nos conflitos. No caso dos bairros populares, isso é interpretado como efeito da segregação dos papéis conjugais, do pai autoritário e distante, da centralidade do papel da mãe na família, da dominação masculina violenta e do controle intermitente e violento sobre as crianças.[57] Assim, no Brasil, uma exacerbação dos localismos, seja de estados, cidades ou bairros, pode estar ajudando a criar as mesmas condições para o retrocesso da civilidade.

Por fim, a cultura política e cívica, cuja dimensão central é a liberdade individual, mais do que a igualdade ou a solidariedade, favoreceria o fortalecimento do "etos guerreiro". Esse valor cultural explica por que, nos Estados Unidos, o processo de individuação e de competição no mercado foi muito mais rápido e disseminado, enquanto na França, na Inglaterra e nos países escandinavos o comunitarismo, a solidariedade e a coletividade tiveram peso maior nos arranjos sociais do Estado do bem-estar. Por isso, o crescente individualismo demonstrado pelas organizações juvenis surgidas em países europeus é atribuído, por alguns autores, à disseminação do modelo americano de sociedade.[58] Neste estão incluídos os valores da liberdade no mercado, assim como a busca desenfreada do sucesso a qualquer custo e da fama que se adquire por ter muito dinheiro.

Esses processos ao mesmo tempo cotidianos e estruturais, privados e públicos, cuja importância custou-se a avaliar no Brasil, tiveram aqui consequências ainda mais penosas que alhures, onde houve um preparo para enfrentar este que é um dos grandes desafios deste milênio: a volta à pulverização da violência, à banalização da violência entre os civis, à interiorização nas subjetividades dos comportamentos violentos que vão se tornando habituais. Não é possível esquecer, porém, que a saída via vida associativa e via trabalho voluntário no terceiro e quarto setores, que não são nem Estado nem mercado e que reforçam o tecido social mediante a teia da sociabilidade, sempre foi importante nos Estados Unidos e continua a funcionar eficazmente na prevenção e no tratamento dos mais expostos à fascinação da violência.

Por isso mesmo, não me baseio nem na teoria da modernização, que considerava a relação impessoal como um de seus sinais imprescindíveis, nem na teoria da oposição entre o público e o privado, em espaços delimitados e concorrentes. As articulações, os sombreamentos e as permutações entre uma esfera e outra é que foram focalizados nesta interpretação do caso brasileiro.

O ENIGMA DO CRIME NOS ANOS RECENTES NO BRASIL

No início do século passado, no primeiro período republicano, quando houve um surto notável de criminalidade, predominaram os atentados à ordem pública como razão para prender pessoas.[59] Boris Fausto comparou o número de detidos por esse motivo com o número de pessoas que foram processadas efetivamente em São Paulo. Descobriu que, entre 1912 e 1916, as prisões por vadiagem, embriaguez e desordem, que apenas desobedeciam a regras do comportamento público no município, correspondiam a 86% de todas as prisões. Os que haviam cometido crimes, assim definidos no Código Penal, representavam cerca de 14% desse total. Entre estes, prevaleciam os roubos, furtos e os crimes de sangue ou vinganças privadas, cometidos entre conhecidos em espaços privados.[60] Logo, as graves questões relativas à fraqueza institucional já estavam presentes desde o início da República.

Após um período de relativa tranquilidade no pós-guerra, a partir da década de 1980, assim como ocorreu desde os anos 1960 nos países já mencionados, as taxas de crimes violentos, todos interpessoais, em especial o assalto, o sequestro e o homicídio, começaram a subir rapidamente, chegando a aumentar, no último caso, algumas vezes em várias cidades.[61] Mesmo que não existam séries históricas para todas essas quatro últimas décadas e para todas as regiões, estados e cidades, é fato que, desde os anos 1980, o Brasil conheceu em quase todos os seus estados e grandes cidades, mas principalmente nas regiões metropolitanas (São Paulo, Rio de Janeiro, Salvador, Belo Horizonte, Recife, Porto Alegre, Brasília), um novo crescimento da criminalidade e da violência. Como entendê-lo?

A urbanização acelerada, da década de 1950 até a de 1970, fez surgirem grandes regiões metropolitanas e muitas cidades médias no interior do país, notavelmente na região Sudeste, onde se encontram Rio de Janeiro e São Paulo — as duas maiores metrópoles brasileiras. A partir dos anos 1980, porém, os movimentos migratórios já haviam mudado a sua direção: não se davam mais nem do Nordeste para o Sudeste, nem, no Sudeste, para as cidades do Rio de Janeiro e de São Paulo. Ao contrário, a principal corrente migratória do período saiu do Sul, especialmente do estado do Paraná, para o Centro-Oeste e o Norte do país.[62] Nos anos 1990, São Paulo e Rio de Janeiro cresceram muito pouco, enquanto algumas cidades médias continuaram a ter notável incremento populacional. A migração ou o aumento populacional, portanto, não podem explicar o crescimento da criminalidade violenta, que ocorreu sobretudo no Sudeste, embora a densidade populacional seja tida como uma de suas fontes. O Nordeste, apontado como o principal foco da violência costumeira no Brasil, e palco da violência interpessoal e coletiva do cangaço, apresenta hoje, excetuando-se o estado de Pernambuco, as taxas de homicídios mais baixas no país.[63]

Dificilmente a violência política, mesmo que não de todo ausente do cenário passado e recente do país, no qual assume formas de violência coletiva, forneceria a explicação para o surto atual de violência interpessoal e privada. Apesar da oscilação entre o centralismo e a descentralização, com várias interrupções no caminho, o jogo parlamentar também foi instituído no Brasil desde o Império, o que ajudaria na formação subjetiva que valoriza o autocontrole. Apesar dos retrocessos, é inegável que nossa tradição parlamentar liberal, estabelecida pela força que sempre tiveram as oligarquias de várias regiões do país, mostrou-se mais forte do que esperavam os adeptos do autoritarismo. O lugar da violência, não a virtual ou a possível, porque esta permanece presente todo o tempo em qualquer sociedade, já que a paz é sempre precária, mas a efetivamente vivida, é ainda assunto para acirrado debate com base nas ideias sobre o homem cordial brasileiro.[64] Na história hoje conhecida não há registros de guerras civis, nem de guerras entre católicos e protestantes, cristãos e judeus, muçulmanos e judeus. Os episódios localizados de explosão de ódio social, racial e religioso não deixaram grandes feridas que sangrassem por todo o país. O mesmo não se pode dizer dos séculos de escravidão, marcados pela violência interpessoal profunda.[65] Contudo, nunca houve leis raciais proibindo casamentos inter-raciais nem, na República, segregação racial em espaços públicos ou movimentos de supremacia branca. A miscigenação no Brasil não é uma mentira. O sincretismo religioso e a *hibris* cultural, conceitos tão em moda nos tempos da globalização, já haviam sido mobilizados por Gilberto Freyre para interpretar os processos culturais brasileiros. A festa dos santos católicos, realizada nos espaços urbanos, pública e privada a um só tempo, que incorporou crenças e práticas de outros sistemas simbólicos e de outras religiões, inclusive as dos ex-escravos, ajudou a assinalar a falta de ortodoxia que sempre caracterizou os processos de criação simbólica no país, muito embora desigualdades e assimetrias continuassem a existir.[66]

Durante o período militar (1964-84), "página infeliz da nossa história",[67] ao contrário do que aconteceu em outros países da América Latina, o Congresso não ficou permanentemente fechado, e o governo continuou a usar a corrupção adicionada ao clientelismo como estratégia para controlar os políticos que corroboravam as decisões dos militares, o que provocou atitudes fortemente anticlientelistas e antiestatais nos movimentos sociais ligados à oposição, além de ter facilitado o aparecimento das redes e dos circuitos da lavagem do dinheiro do crime organizado no período da redemocratização. Não há, pois, no Brasil, nada semelhante ao fenômeno *la violencia*, que devastou os membros de partidos políticos na Colômbia na década de 1950, nem guerrilhas urbanas ou rurais duradouras, vinculadas ao narcotráfico, que tornaram o quadro da violência peculiar nesse país. Mesmo admitindo-se que o militarismo reinante deve ter de algum modo penetrado na sociedade civil, não foi a geração que viveu o regime militar a que desenvolveu o "etos guerreiro". Justamente quando o país reentrava na democracia o crime violento recrudesceu. O militarismo explica, porém, a continuidade das práticas militares na polícia e o surgimento do Esquadrão da Morte nos anos 1960 e seus congêneres, práticas estas ainda mais inadequadas para enfrentar o novo tipo de crime que aparecia.

Também o esporte foi aqui disseminado durante o século XX por influência dos ingleses que gerenciavam empresas e construíam estradas de ferro. Das suas origens elitista e estrangeira, espalhou-se rapidamente na população pobre de trabalhadores urbanos que conviviam com os engenheiros e empresários ingleses, não nos clubes, mas nos campos das fábricas e das pequenas cidades do interior. Roberto DaMatta[68] já chamou a atenção para a importância do esporte na internalização de um ideal de sociedade democrática em que as regras valem para todos e em que a mobilidade social é possível pelo próprio mérito. O esporte-alegria-do-povo sem dúvida contribuiu para a formação subjetiva que permite a pacificação dos hábitos na convivência social. No esporte e nas atividades artísticas, inclusive as populares, a glória imortalizada nos feitos individuais também foi o móvel da ação. Este continua sendo um modo de vencer o anonimato e transcender a obscuridade na cidade-espetáculo que é ao mesmo tempo a cidade-plateia, no cenário urbano dos torneios regulamentados.

Por que, então, retrocedeu em parte o processo civilizatório, isto é, a capacidade de lidar com os conflitos interpessoais no plano do simbólico mediante regulações coletivas?

Para compreender isso, é preciso começar pela discussão de como a pobreza afeta os jovens, principais agentes e vítimas dessa criminalidade violenta. As pesquisas mostram que existe no Brasil, assim como em outros países, um processo de feminização e de infantilização da pobreza. Dados do IBGE[69] indicam que, em 1989, 50,5% das crianças e adolescentes brasileiros pertenciam a famílias cuja renda familiar per capita era menor do que meio salário mínimo, enquanto 27,4% estavam em famílias com renda inferior a um quarto de salário mínimo. Destas últimas famílias, 56% eram chefiadas por mulheres. Cerca de 40% do total destas se encontravam abaixo da linha de pobreza, enquanto por volta de 30% das famílias nucleares completas se achavam na mesma situação. O aumento da proporção de famílias chefiadas por mulheres e com crianças menores de dez anos nos percentuais de renda mais baixa no país é fato apontado por numerosos estudos.[70] Segundo outros dados de Rosa Ribeiro da Silva, do IBGE, tirados do censo de 1991, no decil mais baixo de renda da população brasileira, 30,4% das famílias eram chefiadas por mulheres, enquanto entre os 10% mais ricos esse percentual era de apenas 8,4%, e no 1% mais rico, 3,4%.[71]

Isso vem constituir o que se denominou a nova pobreza: apesar da entrada maciça das mulheres no mercado de trabalho, pouco mudaram as ideias acerca dos papéis complementares dentro da família, fato ainda mais agravado pela fácil dissolução dos casamentos e o aumento do número de famílias em que a mãe é o único elo entre os irmãos criados juntos. Entre os pobres, esse processo se dá sem a ajuda financeira e, na maior parte das vezes, sem a presença afetiva e moral do pai. A busca do pai em um personagem do universo escolar não é de modo nenhum drama particular dos migrantes nordestinos que passam pela Central do Brasil, como contado no belíssimo filme de Walter Salles lançado em 1998. Os efeitos da revolução sexual, que marcou globalmente as quatro últimas décadas, durante a qual os laços do casamento se afrouxaram, a responsabilidade paterna encolheu e a liberdade sexual tornou-se mais importante do que a criação dos filhos, se fizeram sentir de modo particularmente perverso entre os pobres dos países menos desenvolvidos, onde a política de bem-estar nunca se efetuou, onde quase não há proteção contra o desemprego e onde o sistema escolar permaneceu pouco preparado para os desafios dessa modernidade do século XX.

É real também que, para compensar as perdas salariais advindas do processo inflacionário, assim como as novas demandas de consumo por bens duráveis e de vestuário, as famílias pobres passaram a recorrer ao trabalho infantil e juvenil como complemento à renda familiar. Vários estudos apontam para o aumento dessa categoria de trabalho no setor urbano da população, durante a década de 1980. No entanto, o maior contingente desses jovens e crianças, muitos dos quais trabalham na rua, permanece ao largo das atividades criminosas, embora se encontre em posição mais vulnerável à influência dos grupos organizados de criminosos. Apenas poucos deles terminam envolvidos pelas quadrilhas de ladrões ou de traficantes, com os quais cooperam de arma na mão e vida no fio. Não basta, pois, explicar o envolvimento com o crime por meio da vontade ou necessidade iniciais de ajudar a família na complementação da renda ou em função da falta de oportunidades no mercado de trabalho para os jovens em questão, ainda que essa necessidade permaneça no pano de fundo de suas ações e decisões pessoais. Prova disso é o percentual baixo dos pobres que optam pelo crime como meio de vida — em torno de 1% do total da população de um bairro pobre do Rio de Janeiro: 380 pessoas pertencentes às quadrilhas de traficantes e aproximadamente 1200 que participam de roubos e furtos, de uma população calculada entre 90 mil e 120 mil habitantes.[72]

O surgimento do novo mercado informal/ilegal é outro fio que compõe a teia do entendimento do que se passa nas cidades brasileiras. Além de estimular a competição individual desenfreada pelo espaço, com pouco ou nenhum limite institucional nas conquistas e nos conflitos interpessoais,[73] a ocupação das principais ruas dos maiores centros urbanos do país pelos vendedores ambulantes de objetos roubados de caminhões, de residências e de passantes, assim como de objetos contrabandeados, reúne o comércio informal ao ilegal. A mistura de uma saída para o desemprego com empreendimentos econômicos criminosos está também patente em alguns ferros-velhos, ourivesarias, oficinas mecânicas e antiquários, que viraram centros de receptação e de lavagem de dinheiro. Assim sendo, os efeitos da pobreza e da urbanização acelerada no aumento espetacular da violência nos últimos anos não serão compreendidos se não se analisarem os mecanismos institucionais e as redes mais ou menos organizadas do crime-negócio.[74] Este atravessa classes sociais, tem variados níveis de organização e não sobrevive sem algum apoio institucional das agências incumbidas de combatê-lo.

A inflação galopante, da qual o país padeceu até 1994, por sua vez, não foi apenas um fato econômico.[75] Por ter sido também fato psicológico e social, provocou efeitos perversos sobre o comportamento da população, especialmente a que vivia de salários e nada ganhava com ela, na medida em que corroeu e contaminou a confiança mútua sem a qual não há relação social estável entre os agentes econômicos. Retirou, por isso, a credibilidade do governo, pois sempre foi considerada um "roubo" pelos assalariados, ajudando a aprofundar a crise de autoridade e governabilidade no país ao mesmo tempo que fornecia justificativas — "todos estão roubando" — para furtos, roubos e assaltos que passaram a ser cometidos pelos que se empenharam em "ganhar dinheiro fácil". Com o mesmo imaginário, outros começaram a cometer crimes econômicos cada vez mais ousados, auxiliados pelas dificuldades crescentes à contabilidade e ao controle sobre os orçamentos públicos provocados pela inflação. Como esta aumentou num ritmo alucinante, propiciou igualmente a instalação no país das redes e dos circuitos em que opera o chamado "crime organizado", já que ajudou a criar as miragens do "dinheiro fácil". Tal quadro monetário, portanto, facilitou a corrupção e a lavagem do dinheiro sujo, tão necessárias para o estabelecimento das conexões criminosas, por sua vez tornadas mais rápidas e eficientes pelo trânsito livre e o sigilo oferecidos no sistema financeiro mundial. Controlada a inflação, com o sucesso do Plano Real, que estabilizou a moeda no país, restaram a volatilidade e a magia dos novos arranjos financeiros internacionais e a permanência de sistemas internacionais de lavagem do dinheiro sujo, provenientes tanto da corrupção governamental como do tráfico de drogas ilegais.

Por isso mesmo não se pode entender o problema da criminalidade violenta nas cidades brasileiras a partir dos anos 1980 apenas como efeito da permanência dos hábitos culturais da violência costumeira no Brasil, também bastante diminuídos no pós-guerra. Nem sequer, como vimos, reduzi-lo à questão da miséria ou da migração rural-urbana que marcaram o país nas décadas de 1950 e 1960, mas que nem por isso provocaram o aparecimento da curva ascendente de crimes violentos observada só recentemente. Em 1980 o Brasil já era um país de economia diversificada e moderna, porém com instituições e tradições políticas e jurídicas antigas, o que fez com que apresentasse não apenas uma das piores distribuições de renda do mundo como também grandes desigualdades no acesso à Justiça e na justiça distributiva. Estas últimas se revelam quando pessoas são sistematicamente excluídas dos serviços, benesses, garantias, pensados em geral como direitos sociais de cidadania, oferecidos ou assegurados pelo Estado, ou ainda quando não conseguem exercer direitos civis ou humanos, os chamados direitos formais das constituições nacionais e demais leis escritas ou das declarações dos direitos universais do homem. Aparecem igualmente quando as pessoas não são capazes de exercer sua crítica a essas leis e, mais que tudo, ao funcionamento efetivo do sistema de justiça. Por isso, tais direitos não são reais e apontam para o descompasso entre a letra da lei e as práticas institucionais, um problema sempre grave no Brasil.

O SAMBA CIVILIZADOR NO SÉCULO XX E SUAS FALHAS

Duas histórias, narradas por diferentes autores em épocas diversas, falam de fatos reais, acontecimentos que remetem a verdades históricas de uma mesma cidade e um mesmo país que comporta espantosa diversidade nas relações entre diferentes raças, diferentes classes sociais, entre funcionários do Estado e pessoas comuns, na impossibilidade de chamá-los de cidadãos. Uma conta a fraqueza institucional ou, melhor, os aspectos surrealistas do nosso sistema de justiça, continuado na República, história narrada com a ironia e o espírito crítico que mantiveram aceso o debate no espaço público erudito. A outra demonstra a força societária e cultural no Brasil, em que o erudito e o popular se encontraram de diversas maneiras. É nelas que se pode constatar como se daria a segregação e a construção de barreiras entre segmentos da população, e onde se ergueriam as pontes e os caminhos dos fluxos constantes entre seus pedaços.

O livro de Aluísio Azevedo — *Mattos, Malta ou Matta* —, publicado como romance-folhetim na revista *A Semana* a partir de 1885 e só cem anos depois como livro, narra, com muito humor e ironia, uma história real macabra acontecida em 1884, quando a notícia da prisão de um suposto desordeiro, seguida dias depois pelo anúncio do enterro de um homônimo, deu ensejo a um acirrado debate na imprensa da época. Os detalhes da história são de uma terrível atualidade, deixando claro que, em quase 110 anos de história republicana (1889-1998), os problemas do sistema de justiça no Brasil permaneceram os mesmos, embora multiplicados várias vezes. Na época, a mídia carioca já exercia uma vigilância crítica permanente do que acontecia nas esferas jurídico-policiais e na política governamental, acompanhada pelos literatos e sambistas, pois o primeiro samba registrado como tal era feito de ironias ao chefe de polícia. No primeiro caso de mistério e de flagrante desrespeito aos direitos mínimos de cidadania, não há favelados nem negros. Há apenas pessoas exiladas de um sistema de fato liberal e igualitário, de um Estado que exerça minimamente suas funções de proteção e garantia. Na narrativa de Plinio Doyle, que apresenta o livro:

> Mas quem seria esse Castro Malta ou Castro Mattos, personagem da mais impressionante novela de mistério, que teve por cenário o Rio de Janeiro imperial? Era um ilustre desconhecido? Seria um operário, encadernador, empregado da Casa Laemmert, como queriam os jornais? Vagabundo, eterno desempregado, desordeiro, bêbado habitual, capoeira conhecido, segundo a Polícia? Ladrão, como disse uma testemunha? [...]

Tudo começou, depois do obituário, com um *post-scriptum* de *O Paiz*, na primeira página, onde o jornalista indagava sobre o destino que teria sido dado a João Alves Castro Malta, preso pela Polícia no dia 17 e desaparecido desde então; os amigos, que procuravam Castro Malta, suspeitavam que o falecido e enterrado como Castro Mattos, fosse o mesmo Castro Malta, cujo nome fora trocado; por mero engano, disse a Polícia mais tarde; propositadamente, para encobrir um crime monstruoso, dizia sempre *O Paiz*, diziam os amigos do verdadeiro Castro Malta, dizia a imprensa toda. E o *post-scriptum* terminava pedindo a abertura de um inquérito para apurar esse caso "tão estranho, tão confuso, tão emaranhado de circunstâncias contraditórias", e ainda, para honra das próprias autoridades, indispensável se tornava a exumação do corpo para verificação de sua identidade e para o conhecimento de sua verdadeira *causa mortis*...

A outra história, nada incomum entre sambistas na década de 1930, é a dos empregos e atividades de Geraldo Pereira, narrada em sua biografia.[76] Nela, os encontros, a convivência e as trocas entre brancos e negros, morro e cidade, e até mesmo sambistas e policiais, não permanecem ocultos por quaisquer impedimentos ideológicos. Outros livros recentes sobre a história musical do Rio de Janeiro reconstituem os encontros entre os músicos e literatos eruditos com os poetas e compositores populares, na mistura de gêneros e estilos musicais que sempre marcou a produção cultural do Rio de Janeiro.[77] Essa história, como tantas outras contadas nos livros citados, pode ajudar a esclarecer o enigma da interiorização de um etos civilizado numa população tão afastada das instituições enquanto tais e tão desrespeitada no sistema de justiça vigente no país. Nela, nem os favores do policial impediram o espírito crítico do sambista de se manifestar, mesmo quando era uma portaria de polícia que estava em questão. E apesar de criar o Bloco das Sete, Geraldo Pereira não perdeu o emprego arrumado pelo policial amigo dos sambistas. Os princípios ambíguos, porém eficazes, da reciprocidade preencheram os vazios institucionais e criaram simbolicamente as outras armas, que não matam, com as quais foi possível viver os conflitos sociais de modo regrado:

> Ficou pouco tempo como ajudante do irmão na tendinha do Buraco Quente. Insatisfeito, queixou-se aos amigos que logo trataram de conseguir um emprego para ele: foi ser soprador de vidro na Fábrica de Vidro J.S. [...]. Não permaneceu muito tempo nessa insólita profissão. O próprio Manoel Araújo (seu irmão, dono de tenda no morro e camareiro da EFCB) arranjou, meses depois, uma colocação para ele como auxiliar de apontador na Central do Brasil. Passava o dia fora, mas à noite, quando voltava para o morro, reunia-se com os amigos para improvisar sambas e batucadas na casa de Alfredo Português, figura muito querida na Mangueira e de grande importância na vida de Geraldo Pereira. Alfredo Português era carpinteiro, pedreiro, pintor e sambista fundador da Escola de Samba Unidos da Mangueira [...]. Era "um lusitano não de Trás-dos-Montes, mas de cima do monte" — como gostava de afirmar — e pai adotivo do compositor Nelson Sargento.
>
> Geraldo já andava bem enturmado com o pessoal do samba no morro quando conheceu o major Couto, policial amigo e protetor de vários sambistas, que o levou para a Prefeitura. Tinha 18 anos de idade quando tirou sua carteira de motorista e foi trabalhar no volante do caminhão da Limpeza Urbana, emprego que preservou até a morte. Por ser apadrinhado do "major" Couto, Geraldo Pereira desfrutava de muitas regalias [...]. Numa dessas noitadas de samba no Santo Antônio, Geraldo ajudou a fundar o bloco "Depois das Sete", título inspirado em portaria da Secretaria de Polícia, que proibia a venda de cachaça depois das sete horas da noite. Como o mote já estava dado, os seus alegres sambistas jogaram o bloco nas ruas com uma alegoria bastante interessante e oportuna: um boneco preto sambando em cima de barril de aguardente...

A última história, ocorrida já sob os efeitos do período Vargas, repete-se na biografia de vários sambistas, todos identificados com a figura do malandro. Ismael Silva, Nelson Sargento, Geraldo Pereira, Heitor dos Prazeres, Cartola e tantos outros conseguiram empregos por influência de políticos e membros da elite de quem se tornaram amigos. Vários deles tiveram também relações pessoais de muita proximidade com comerciantes portugueses que participavam das escolas de samba. O governo, desde logo, começou uma longa história de apoio às manifestações culturais brasileiras e de intervenção nelas. Jornalistas, desde o início, acompanharam ativamente a montagem do maior sistema de criação cultural popular e urbano do país. Foi Roberto Marinho, então diretor do jornal *O Globo*, quem patrocinou o desfile de escolas de samba na cidade, quatro anos depois do primeiro, nos idos de 32:

> O primeiro desfile da Deixa Falar, em 1929, tem seu "caminho aberto por uma comissão de frente que montava cavalos cedidos pela polícia militar e tocava clarins" [...]. Quatro anos depois dessa estreia, o desfile de escolas de samba já ganhara ajuda financeira da Prefeitura do Rio de Janeiro e o patrocínio do jornal *O Globo*, que "também formulou o regulamento para o certame, no qual se estabelece a proibição dos instrumentos de sopro e a obrigatoriedade da ala das baianas" [...]. Já em 1935 o desfile passara a constar do programa oficial do carnaval carioca elaborado pela Prefeitura. Seis anos não é um tempo longo para a oficialização de uma prática cultural tão nova. Em 1937 o Estado Novo determinou que os enredos das escolas tivessem caráter histórico, didático e patriótico [...]. Os sambistas de morro aceitaram a determinação. E o carnaval do Rio, exportado para o resto do Brasil (existem escolas de samba em Manaus e Porto Alegre), serviu de padrão de homogeneização para o carnaval de todo o país.[78]

Comentando o projeto político de construção de uma identidade nacional do período Vargas, quando Villa-Lobos, em 1935, inclui um samba de Ernani Silva numa apresentação de canto orfeônico, e a edição especial da *Hora do Brasil*, transmitida diretamente para a Alemanha nazista, toca um samba da Mangueira, o antropólogo Hermano Viana se pergunta como teria sido recebida lá aquela batucada afro-brasileira. De qualquer modo, segundo ele, o samba já representaria, para os radialistas, a "nossa cultura". A vitória do samba era, portanto, a vitória do projeto de nacionalização e modernização da sociedade brasileira.[79] Voltaremos ao samba mais adiante.

Esse é sem dúvida um ponto de contraste com os Estados Unidos. Lá, embora tivessem sido proibidos de batucar — uma série de leis estaduais baniu o uso de qualquer forma de tambor pelos escravos após uma rebelião em 9 de setembro de 1739 —, os negros inventaram um sapateado nos estados do Sul, de maior influência francesa e espanhola, sem que essa autoria africana tivesse sido reconhecida. Segundo a denúncia de um recente espetáculo musical criado por afro-americanos após "tremenda pesquisa histórica", o sapateado teria sido apropriado pelos artistas brancos, que se enriqueciam no show business e no cinema com suas apresentações.[80] Uma das afirmações mais comuns sobre as relações raciais no Brasil é a de que os negros teriam sido privados de suas criações culturais como sinal diacrítico da sua identidade, absorvidos que foram pela identidade nacional. Por isso, os negros brasileiros teriam ido buscar na música negra americana os símbolos da diferença que lhe teriam sido tomados e que lhes permitiriam explicitar o conflito racial daqui, encoberto sob esse "truque". Ora, esse musical parte da perda do barulho, do batuque, reconquistado plenamente hoje com o funk, ao qual também incorporaram o ritmo brasileiro do samba e passos da capoeira. Como os negros brasileiros, apesar das proibições policiais no início do século passado, não sofreram essa perda,[81] ter o funk como símbolo autêntico da negritude[82] enquanto o samba não o é, parece no mínimo esdrúxulo. E se a *soul food*, ao contrário da feijoada, permaneceu símbolo da identidade negra, a feijoada como comida típica de uma região de Portugal nunca foi comida africana, nem só de escravos, e não poderia, portanto, ser símbolo dos negros no Brasil. É mais o resultado da mistura cultural brasileira, em que as sombras e as fronteiras entre africano e europeu, negro e branco nunca foram muito nítidas, do mesmo modo que na miscigenação.[83]

De todo modo é interessante repetir os argumentos de Eric Hobsbawm,[84] que escreveu uma notável história social do jazz cujas similaridades com a história do samba no Brasil surpreendem o leitor, o que nos obriga a matizar este contraste entre Brasil e Estados Unidos. Segundo este autor, o jazz também teria sido absorvido pela cultura oficial, assim como o music hall na Inglaterra, o cabaret na França e o flamenco na Espanha, por uma combinação de democracia, transformação nos meios de comunicação de massa e orgulho nacional. Dessa forma, o jazz, tanto quanto o samba brasileiro e as esculturas africanas, tornou-se produto exótico de nobre selvagem para representar a diferença nacional entre os Estados Unidos e o mundo.[85] Simultaneamente, no final do século XIX, as manifestações de cultura popular que antecederam esses gêneros musicais foram transferidas para cafés e teatros, onde iniciaram sua profissionalização. Nesta, a simplicidade dos gêneros populares sofisticou-se com a mistura de elementos eruditos de diferentes procedências, sem se deixar engolir por estes. O mesmo aconteceu com o jazz, derivado do ragtime de ritmo sincopado mas acrescido de contribuições diversas, numa "mistura de elementos europeus (espanhóis, franceses, anglo-saxões) e africanos que se cristalizaram".[86] Dos espanhóis, os ritmos da habanera; dos espanhóis e franceses, a tradição católica de profusos festivais públicos, carnavais, paradas e fraternidades em que surgiram as bandas com seus instrumentos de sopro (exatamente como no samba); e dos anglo-saxões, a música religiosa e a língua. A mistura não é nossa.

Podemos retornar ao samba. A nacionalização e a profissionalização nos cafés, bares e teatros da boemia urbana, ocorridas um pouco mais tarde no Brasil, a cristalização do samba enquanto gênero musical brasileiro, fizeram aparecer no cenário nacional a figura do músico e artista popular, então associado ao malandro, que adquire aos poucos a capacidade de viver de sua produção. Os sambas, inicialmente compostos em rodas por meio da improvisação de muitos, tornam-se mercadorias compradas, vendidas, roubadas. Essa passagem não se deu sem problemas. Uns adotavam a postura de que "samba é que nem passarinho, quem pegar é dono". Outros lutavam pela moralização da autoria. Lendo as biografias de sambistas já citadas, com as histórias das relações entre eles, entre eles e as casas de música, entre eles e os músicos e artistas eruditos, entre eles e o governo, encontram-se conotações do termo *malandro* que foram muito pouco exploradas e que demonstram o erro de generalizar a sua definição. Na malandragem (ou na boemia que marcou essas transformações na vida artística pela reunião do popular com o erudito, pelo encontro de artistas eruditos e populares em bares, cafés e teatros) sempre conviveram vários tipos ou, melhor, várias reputações. Dependendo da situação vivida, o termo *malandro* assume a acepção bastante negativa do malandro golpista e desonesto que rouba música e faz sujeira, até a conotação simpática do sambista boêmio, que convive com os amigos nos bares e diverge da mulher excluída desse ambiente. Malandro perigoso e fora da lei era apenas o "ladrão perigoso" e, mais comumente, o malandro "da pernada" ou "da batucada", ambos denotando o capoeira que ainda brigava na rua, sinônimo de *brigador*. Apesar de todos os conflitos existentes, especialmente em torno da autoria dos sambas que agora rendiam dinheiro, raríssimos eram os casos de morte, embora muitos os de briga e de provocação ou resposta via samba. No conflito mais famoso de disputa de autoria, referindo-se a Sinhô, Heitor dos Prazeres deu o seu recado:

Olha ele, cuidado!
Ele com aquela conversa, é danado.
Eu fui perto dele pedir o que era meu;

ele com cinismo comigo chorava mais do que eu.
Vive de tratantagem com todos os seus amigos.
De tanto truque que tem, chega a andar pensativo
[1928]

E depois que Sinhô desistiu de processá-lo, atacou de novo:

Eu lhe direi com franqueza: tu demonstras fraqueza.
Tenho razão de estar descontente.
És conhecido por bamba sendo o rei dos meus sambas.
Que malandro inteligente!
Assim é que se vê — tua fama, Sinhô.
Desta maneira és rei — eu também sou!
Eu sei que este é — o teu modo de viver...
só não adoto — é o teu proceder
[1929]

Esses comportamentos não expressavam apenas uma relação negativa com o trabalho industrial. O malandro boêmio criava, aprendia música, tocava, promovia extensos circuitos de reciprocidade e possuía preocupações morais. Ele amava o seu trabalho prazeroso porque não tinha rotina, nem obrigação, nem horário e porque era o centro de um vasto circuito de reciprocidade (músicas feitas juntas, trocadas, exibições em outras favelas e bairros da cidade reunindo os competidores e rivais) no qual se constituía a sociabilidade sociável dos mais longínquos e altos recantos da cidade.

Disso tudo resultou um outro processo que, a partir do Rio de Janeiro, se espalhou pelo país: a instituição de torneios, concursos e desfiles carnavalescos envolvendo bairros e segmentos populacionais rivais. Desde o início do século XX, os conflitos ou competições entre bairros, vizinhanças pobres ou grupos de diversas afiliações eram representados e vivenciados em locais públicos que reuniam pessoas vindas de todas as partes da cidade, de todos os gêneros, de todas as idades, criando associações, ligações, encenações metafóricas e estéticas das suas possíveis desavenças, seguindo regras cada vez mais elaboradas. O samba reunia também pessoas de várias gerações, sendo uma atividade de lazer para toda a família, o que quer dizer que, nos ensaios, nas diversas atividades de preparação do desfile, no barracão onde juntos trabalhavam, os valores e regras da localidade e da classe dos trabalhadores urbanos conseguiam ser transmitidos de uma geração para outra, mesmo que não completamente.[87] O samba, como o *kula* dos trobriandeses, analisado por Marcel Mauss, é um fato social total, ou seja, um daqueles raros fenômenos que têm a propriedade de ligar as pessoas em extensos anéis de reciprocidade, mobilizando suas disposições internas e concretizando ações simultaneamente em diversos planos: econômico, religioso, político, psicológico. Assim, a cidade era representada como o lugar do espetáculo e como a própria plateia da rivalidade e do encontro dos diferentes segmentos e partes em que esteve sempre dividida. Nessa cidade-espetáculo e cidade-plateia o fim da obscuridade era perseguido por pessoas e grupos na criação poética, na fantasia gerada num imaginário que fazia da palavra, da dança e da música seus principais instrumentos. Era isso que permitia ao sambista cantar em seus versos:

> *Qualquer criança*
> *bate um pandeiro*
> *e toca um cavaquinho*
> *acompanha o canto de um passarinho*
> *sem errar o compasso*
> [Tio Hélio da Serrinha]

Ou ainda:

> *Meu Império,*
> *Vamos caprichar neste carnaval*
> *nós iremos disputar*
> *a grande prova real.*
> *Imperial! quero te ver no jornal*
> *como uma verdadeira glória*

para ficar com o nome na história
Provaremos ao subúrbio
e toda a cidade
que nosso sonho foi realidade...
[Silas de Oliveira, "Samba em
homenagem ao Império Serrano"][88]

Mas o samba também promovia a confraternização entre bairros e morros cariocas, como fez Noel Rosa na sua famosa polêmica com Wilson Batista:

Quem é você que não sabe o que diz?
Meu Deus do céu, que palpite infeliz!
Salve Estácio, Salgueiro, Mangueira
Oswaldo Cruz e Matriz,
que sempre souberam muito bem
que a Vila não quer abafar ninguém
só quer mostrar que faz samba também.
Fazer poema lá na Vila é um brinquedo
Ao som do samba dança até o arvoredo
Eu já chamei você pra ver
Você não viu porque não quis
Quem é você que não sabe o que diz?
[1932?]

Os sambas antigos, que falavam de embates variados transpostos para o simbólico, cantados pelas grandes massas no Carnaval e fora dele, impressionam pelo contraste com as atuais imagens do masculino. As transações conflituosas entre os sambistas, adeptos da vida boêmia, e suas mulheres revelam o sofrimento e a capacidade de superá-lo sem a morte de um deles. Em nenhum deles aparece a categoria "sujeito homem"[89] encontrada a partir da década de 1980 para justificar os chamados crimes passionais em que a mulher e seu amante traidores são punidos com o assassinato.[90] São tantos os sambas antigos em que essa concepção de honra masculina está ausente que seria impossível relacioná-los. Apenas um exemplo, bem escolhido, basta:

Se você jurar
que me tem amor
eu posso me regenerar.
Mas se é para fingir, mulher,
a orgia, assim, não vou deixar.
[...]
A mulher é um jogo
difícil de acertar
e o homem é um bobo
não se cansa de jogar.
O que eu posso fazer
é, se você jurar,
arriscar e perder
ou, desta vez, então ganhar
[Ismael Silva, 1931]

Havia, porém, uma brecha na atividade civilizatória do samba carioca. Como os desfiles precisavam de patrocinadores e como, em consequência da profissionalização de outros componentes da escola, esta tendesse a se tornar empresa geradora de dinheiro, embora legalmente registrada como grêmio recreativo sem finalidade lucrativa,[91] começou uma longa história de associação com os bicheiros da cidade.[92] Estava aberta a porta para tornar as escolas de samba instrumentos de prestígio social e de investimento político dos bicheiros e outros personagens do mundo do crime no Rio de Janeiro. A vinculação dos bicheiros com o tráfico de drogas já constou do processo criminal contra eles ao fim do qual foram condenados e presos no início dos anos 1990. Mas as evidências disso são contestadas até hoje. Ainda mais veementemente rejeitada é a participação de traficantes na direção das escolas,[93] embora haja inequívocos indícios de que ensaios e desfiles são ocasiões hoje propícias para a venda das drogas legais e ilegais a frequentadores de todas as classes.

Desde a década de 1980, com a explosão do tráfico de cocaína em toda a cidade, a favela, em que as quadrilhas se armaram para vender no mesmo comércio que movimenta o resto da cidade e do país, passou a ser representada como covil de bandidos, zona franca do crime, habitat natural das "classes perigosas", extensão dos malandros, tal como definidos pelos modernistas fascistas ou conservadores de São Paulo que se opunham a Mário de Andrade.[94] No quadro atual, em que as notícias jornalísticas veiculam as imagens do Rio de Janeiro derivadas mais de Menotti del Picchia e Plínio Salgado do que de Mário, a cidade mudou no imaginário da mídia e das pessoas no vasto território nacional. Não mais a terra do samba modernizador, nacional, vitorioso e, deve-se acrescentar, civilizador, mas da violência e do crime. A figura do malandro, antes associado ao universo do samba, passou a ser, no discurso paroquial da mídia de diversos estados, extensão e causa do banditismo atual.

O ETOS GUERREIRO NO CRIME E SEU ENIGMA

Hoje, os trabalhadores pobres, que criaram essas variadas organizações vicinais e nelas conviveram, assistem ao esfacelamento de famílias e associações, tão importantes na criação de cultura e na conquista de autonomia moral e política. Dentro da família, as divisões e afastamentos se dão pelo pertencimento a diferentes comandos (o Vermelho, o Terceiro, o Negro), e por posições diferentes na trincheira da guerra que às vezes separa polícia de bandido, soldado de suboficial e de bandido, assim como pela conversão às igrejas pentecostais, que proíbem o contato com as outras religiões, apresentadas via Embratel e satélite como manifestações do diabo. O processo de globalização de cultura, efetivado pela rápida difusão dos novos estilos de cultura jovem, transformou em parte os jovens em consumidores de produtos especialmente fabricados para eles: vestimentas, estilos musicais, drogas ilegais. A família não vai mais junta ao samba, e o baile funk não reúne gerações diferentes no mesmo espaço. O tio traficante gostaria de expulsar da favela o sobrinho que faz parte do outro comando ou da polícia ou do exército; a avó negra e mãe de santo não pode frequentar a casa dos seus filhos e netos pentecostais porque estaria "carregada pelo demo". A família está partida, o que não aconteceu em algumas etnias nos Estados Unidos, onde os jovens das gangues defendem a honra familiar.[95] A classe social está partida, as organizações vicinais estão paralisadas e esvaziou-se o movimento social, o que também acontece, dentro de suas especificidades, nos bairros da periferia de Paris, onde surgiram as *galères*.[96] Mais ainda, o processo civilizador retrocedeu, tornando preferenciais ou habituais os comportamentos violentos nos conflitos dentro da classe social, da família, da vizinhança. A fragmentação das organizações vicinais e familiares facilitou o domínio dos grupos de traficantes no poder local, que, por sua vez, aprofundou a ruptura dos laços sociais no interior da família e entre as famílias na vizinhança, acentuando o isolamento, a atomização e o individualismo negativo.

Nesse processo, as quadrilhas organizadas transformaram-se num poder central em algumas favelas,[97] onde já expulsam moradores incômodos, matam rivais, alteram as redes de sociabilidade e interferem nas organizações, ficando a um passo de impor currais eleitorais e espalhar o terror. O jogo de futebol realizado de arma na mão e sem que haja manifestação do juiz é emblemático dessa situação. Em algumas escolas de samba e blocos de Carnaval, a interferência na escolha do samba para o desfile anula as regras convencionadas e os critérios de justiça anteriormente aceitos que, embora mantivessem acesas e emocionantes as disputas, não amedrontavam concorrentes nem calavam opositores.[98] As contestadas e silenciadas eleições nas associações de moradores em vários locais aceleraram o esvaziamento delas e, consequentemente, a participação pública nas discussões a respeito da alocação dos bens e serviços na localidade e na decisão dos próprios critérios e justificações a serem aceitos. Em outros locais, em particular os que estão sendo atendidos no projeto Favela-Bairro, a retomada do trabalho nas associações neutraliza os efeitos negativos do tráfico.

As "quadrilhas" são compostas de um número relativamente pequeno de pessoas, em geral jovens, que se organizam com a finalidade de desenvolver atividades ilegais para o enriquecimento rápido de seus membros. Mesmo entre os "quadrilheiros" ou "bandidos" (nomes locais), é preciso fazer várias diferenciações importantes que os colocam em outras categorias, avaliadas moralmente pelo mal que causam a suas vítimas. Bandidos são os que usam arma na cintura, vivem de suas atividades ilegais permanentemente e têm uma característica pessoal e interna: a "disposição para matar".

Outras oposições se aplicam aos membros das quadrilhas, diferenciando os chefes (também chamados "homens de frente", "cabeças") dos que obedecem ao seu comando ("teleguiados"), dos que enriquecem como donos de bocas de fumo e dos que trabalham para o chefe como vendedores (que podem ser, de acordo com a hierarquia, "vapores", "gerentes", "aviões"). "Fiz porque quis, ninguém me influenciou não" é uma declaração comum entre os jovens que entram nas quadrilhas para afirmar sua ilusória independência, para não serem identificados com os teleguiados ou laranjas.[99] Por isso as quadrilhas, ao contrário das galeras, carregam o nome de seus chefes como seus patronímicos, muito mais do que o nome dos bairros ou nomes de animais selvagens e povos guerreiros, como se faz nas gangues americanas.[100] Contudo, o fascínio pelas armas, o poder imposto pelo terror aos moradores do local onde atuam, a preocupação aristocrática e militar com os nomes das organizações acima das quadrilhas — comandos e falanges —, a mesma defesa até a morte de um orgulho masculino construído sobre o controle do território assim obtido observados entre as gangues, também são encontrados nas quadrilhas de jovens traficantes nos bairros pobres e favelas do Rio de Janeiro a partir da década de 1980. Para segurar uma boca de fumo, o chefe não pode mais "vacilar", ou seja, trair, hesitar ou ter medo na hora da luta contra rivais, comparsas, clientes em dívida ou alcaguetes.[101] A figura do chefe ou do "homem de frente" é construída imaginariamente como aquele que mantém os comandados na linha e controla o crescimento dos concorrentes nas vendas ou nas armas.

Atraídos por essa identidade masculina, os jovens, nem sempre os mais destituídos, incorporam-se aos grupos criminosos em que ficam à mercê das rigorosas regras que proíbem a traição e a evasão de quaisquer recursos, por mínimos que sejam. Entre esses jovens, no entanto, são os mais destituídos que portam o estigma de eternos suspeitos, portanto incrimináveis, quando são usuários de drogas, aos olhos discriminatórios das agências de controle institucional. Com uma agravante: policiais corruptos agem como grupos de extorsão, que pouca diferença guardam com os grupos de extermínio que se formam com o objetivo de matar os eternos suspeitos. Quadrilhas de traficantes e assaltantes não usam métodos diferentes dos primeiros, e tudo leva a crer que a luta pelo butim entre eles estaria levando à morte os seus jovens peões. No esquema de extorsão e nas dívidas com traficantes ou policiais, os jovens que começaram como usuários de drogas são levados a roubar, a assaltar e algumas vezes até a matar para pagar aqueles que os ameaçavam de morte — policiais ou traficantes —, caso não consigam saldar a dívida. Muitos deles acabam tornando-se membros de quadrilhas, seja para pagar dívidas, seja para se sentirem mais fortes diante dos inimigos criados, afundando cada vez mais nesse círculo diabólico que eles próprios denominam "condomínio do diabo". Entre os rapazes ou meninos, o principal motivo de orgulho advém do fato de que fazem parte da quadrilha, portam armas, participam das iniciativas ousadas de roubos e assaltos, adquirem fama por isso e podem, um dia, caso mostrem "disposição para matar", ascender na hierarquia do crime.[102]

Na atividade altamente rendosa do tráfico no varejo, traficantes médios, donos de vários pontos de venda, obtêm grandes lucros: com a venda de apenas duzentos gramas de cocaína pagam um quilo ao "matuto" ou intermediário do comércio no atacado, que a deixou em consignação. Dos cerca de 500% de lucro, obtidos em parte da mistura da cocaína com outras substâncias mais baratas, a metade vai para o dono dos pontos, entre

20% e 30% para o seu gerente, que faz a contabilidade, e percentuais variados para o "vapor", que permanece no ponto de venda distribuindo "papelotes" para os "aviões" ou "esticas", que finalmente os entregam aos "fregueses da pista" que os encomendaram. Esses últimos, os mais comumente presos e processados, nem sempre recebem salários, mas "cargas" para vender com direito a pequenos percentuais de lucro, que conseguem vendendo para o freguês a preços mais altos do que os vigentes no ponto. Por essas "cargas" tornam-se responsáveis, podendo consumi-las e também "malhá-las" para aumentar seus lucros, mas expondo-se à pena de morte decretada pelo traficante para os que reincidem em não pagar ou em deteriorar excessivamente a mercadoria. As estratégias de recrutamento deles, dentro do cálculo racional de quantos vendedores o ponto necessita (de dez a trinta), baseiam-se tanto na possibilidade de "ganhar fácil" quanto na sedução que esse poder e essa fama exercem. Ali chegam, entretanto, outros pequenos intermediários — prostitutas, motoristas, porteiros, vendedores ambulantes —, vindos de outros bairros para se abastecer de "papelotes" e vendê-los a um preço mais alto nos locais onde moram ou trabalham.

Essas redes cambiantes e extensas estão divididas pelos comandos e compreende-se por que jovens pobres matam-se uns aos outros devido a rivalidades pessoais e comerciais, seguindo o padrão estabelecido pela organização que, além de criar regras militares de lealdade e submissão, distribui fartamente armas de fogo moderníssimas.

A organização, segundo eles, nada mais é do que uma rede de troca de informações, apoio a presos e de suprimentos de drogas e armas, quando estas faltam nas favelas que se consideram "amigas", rede da qual estão excluídas as "inimigas".

Outras declarações a pesquisadores e jornalistas revelam os motivos pelos quais alguns jovens resolvem aceitar os convites de algum grupo armado para assaltar: "pela sensação", "pela emoção", "para fazer onda" (exibir-se), "para aparecer no jornal". A busca da imortalidade para eles está agora vinculada à fama midiática assim obtida. Na circularidade do bolso cheio de dinheiro fácil que sai fácil do bolso, ficam compelidos a repetir sempre o ato criminoso, como se fosse "um vício", conforme eles próprios dizem.[103] Não se trata, pois, de nenhuma guerra civil entre pessoas de classes sociais diferentes nem mesmo de guerra entre polícia e bandidos. Na região metropolitana do Rio de Janeiro, uma pesquisa afirma que 57% dos homicídios cometidos contra jovens tinham relação com o tráfico de drogas.[104] Nessas mortes, os pobres não estão cobrando dos ricos, nem perpetrando alguma forma de vingança social, pois são eles as principais vítimas da criminalidade violenta, pela ação ou da polícia ou dos próprios delinquentes. Vivem, de fato, segundo as regras da vingança privada, graças à predominância de um etos guerreiro e à ausência de uma instância jurídica, estatal ou não, na resolução de conflitos. Junto a outras crianças e adolescentes, morrem numa "guerra" pelo controle do ponto de venda, mas também por quaisquer motivos que ameacem o status ou o orgulho masculino dos jovens em busca de uma virilidade — do "sujeito homem", como afirmam — marcada como resposta violenta ao menor desafio, por conta de rixas infantis, por um simples olhar atravessado, por uma simples desconfiança de traição ou ainda apenas porque estavam lá no momento do tiroteio. Despojado dos hábitos da civilidade que já haviam penetrado o cotidiano das classes populares, um homem, nesse etos, não pode deixar provocações ou ofensas sem respostas, e deve defender sua área, pois a tentativa de invasão pelo inimigo também é interpretada como emasculação.[105]

Exatamente por estar num meio social pobre, no qual a solidariedade e a necessidade de cooperar sempre foram marcas, a quadrilha, enquanto um dos centros de reprodução da criminalidade como meio de vida — ensino das técnicas, transmissão de valores e de histórias de seus personagens, internalização das regras da organização —, opõe-se à família e com ela compete, bem como com outras formas de organização vicinal: os times esportivos, os blocos de Carnaval e as escolas de samba. Por isso mesmo, para os moradores, a quadrilha é uma agência de socialização que inspira temor, pois encaminha seus filhos para a violência e a morte prematura. Na ótica dos próprios jovens, a quadrilha é uma "escola do crime", um aprendizado do vício, uma engrenagem da qual não se consegue sair quando se quer.

Em outra pesquisa recente nas escolas da região metropolitana do Rio de Janeiro, meninos e meninas entrevistados falaram dos constrangimentos impostos pelas novas organizações juvenis, nas quais a demonstração de força e agressividade é o passaporte para a aceitação social e a aquisição de prestígio e poder.[106] As referências aos crimes cometidos por influência do grupo de pares — "colegas" ou "traficantes" — porque os "colegas chamam", porque "se mistura", porque "vê os outros fazer" são muito comuns. Os preconceitos e "brincadeiras" entre colegas mais mencionados são os relativos a pressões para ir ao baile, à praia, à rua, para brigar, quase sempre com palavras de baixo calão que implicam suspeita sobre a virilidade do menino: *use-e-abuse-c&a*, *cu-d'água*, *vacilão*, *galinha*, *patinho*. Como contou um aluno de Duque de Caxias sobre o seu lazer:

> P: L., o que você faz para se divertir?
>
> R: Eu vou pra qualquer baile que tiver por aí, eu vou.
>
> P: E você tem galera?
>
> R: Tenho. [...] [Menciona os nomes dos colegas] Moleque sai na porrada mesmo, não peida não. Eles batem muito. Até eu, eles não me bate, não. Mas até eu, às vezes, quando sai porrada, moleque quebrar a gente, eu: Ah, Geovani, vamos embora quebrar aqueles moleque ali. Aí a gente vai, faz o maior galerão no baile, e sai dando bico. Até eu fico com medo às vezes. Mas eu sou acostumado. Antigamente, eu não sabia brigar [...] o meu apelido, antigamente, era Galinha. Não sabia brigar. Patinho, Cu-d'Água. Ficavam me esculachando: "Qual é, mané?". Agora não, agora, qualquer coisa eu saio na porrada logo. Quando eu vejo que não dá na mão comigo, deixo passar. Mas também, não quero só que me implica comigo. Moleque bota pilha, eu [...] melhor uma pedra logo. Moleque quer me encarar, eu dou logo um tecão [tiro] nele.

P: Então você aprendeu a brigar na rua?

R: Na rua. Dentro de casa não aprendi brigar, não. Dentro de casa aprendi lavar louça, fazer tudo de mulé. Na rua, não. Antigamente eu lavava louça, agora é ruim eu lavar louça. Quem lava é a minha irmã. Fazia... mas também foi bom, agora eu sei fazer arroz, feijão, canjica, qualquer coisa que mandar eu fazer, eu faço. Ovo.

P: Você gosta de fazer isso?

R: Gosto, aprendi com a minha mãe...

A referência a dois mundos cada vez mais opostos e discrepantes, o da casa e o da rua, este redefinido como o espaço da violência incontrolada, é a maior transformação da vida privada nos últimos vinte anos. Outros dados comprovam a imagem da rua como o local do perigo e do mal, em razão da presença nela de traficantes, ladrões, assaltantes que pressionam os meninos e os atraem a reunir-se a eles, assim como impressionam, violentam ou seduzem as meninas. Por isso mesmo, o pior medo em relação à escola é o de se repetir o que acontece na rua nos locais menos vigiados do seu interior, como os banheiros, ou nas suas imediações sitiadas pelos traficantes. Daí a recorrência das demandas de vigilância dentro dela e de segurança fora dela. Assim, torna-se preocupante constatar que a rua, para os alunos dos Centros Integrados de Educação Popular (Cieps) (68%), é ainda mais perigosa, uma vez que os de escolas comuns a apontam com menos intensidade (42%), e que, para os alunos dos Cieps (36%) mais do que para os de escolas comuns (16%), os principais responsáveis pela desorientação sejam os colegas e os traficantes. Várias entrevistas de mães e de alunos, especialmente de meninas, referem-se aos perigos existentes nos banheiros, onde crianças são instadas a usar drogas ou praticar sexo com colegas. Pelo código que proíbe a delação de colegas, que é fortemente punida, nem professores nem diretores são informados do que se passa. Por causa do assassinato da diretora de uma escola em Jacareí, no estado de São Paulo, que havia expulsado dois alunos que traficavam dentro do estabelecimento, ficamos sabendo o que acontece quando funcionários tomam medidas para impedir a continuidade do negócio. Na pesquisa, um dos depoimentos mais dramáticos nos foi dado por uma mãe cuja filha frequentava um Ciep em Duque de Caxias:

> Ah! Mas já perguntei a ela [...] qual a causa de você não querer ficar mais no Ciep? Ela respondeu: "Mãe, não é a tia, a merenda pra mim é ótima... mas tem uma coisa. As tias não sabem. As colegas têm vícios e já tentaram fazer até com que eu faça o que elas fazem". Aí eu perguntei: "Mas que vício?". Ela respondeu: "Não é cigarro, é um pozinho branco que as meninas colocam na mão dentro de um papel e ficam cheirando no banheiro e mandaram eu cheirar várias vezes. A senhora sabe me dizer o que é isso?". Eu falei pra ela: "Isso é um tipo de tóxico, droga que as professoras e os diretores de repente não estão nem sabendo. Onde é que eles fazem isso?". Ela me falou: "Mãe, é no banheiro, a tia nem sabe". "E você não falou ainda com a tia?" "Mãe, eles ameaçam a gente, se eu falar que eu vi... lá fora eles vão me bater, eles me ameaçam... 'Ah! Se você contar, eu vou te arrebentar.'" Sabe que criança tem medo. Fica com aquele receio e não fala. E aí o problema vai crescendo...

A lógica da guerra provocada pelas pequenas feridas no orgulho vem a ser também a base para a formação da "galera", que junta os jovens de um mesmo bairro em atividades recreativas, como no depoimento da menina acima reproduzido, principalmente o baile funk, consolidado no cenário musical carioca no final da década de 1970, quando as quadrilhas começavam a espalhar o seu império nas favelas.

Embora a quase totalidade dos membros das galeras seja de estudantes e trabalhadores, esses jovens, para escapar da marca de "otário" — alguém a quem falta esperteza, alguém que se submete ao trabalho por salário baixo e que não se veste nem consome como os ricos —, dão enorme importância à vestimenta, ao baile e às brigas que assinalam as divisões territoriais entre os bairros. Isso os membros da galera compartilham com os membros da gangue: mais humilhante do que ser pobre é ser "bobo", identificado com quem não tem disposição para brigar. Apesar de não contarem, ao contrário das gangues, com chefia instituída, regras explicitadas e rituais iniciáticos, essas diversas organizações juvenis recém-aparecidas nas cidades brasileiras têm, como as primeiras, uma estreita relação com seus bairros, cujos nomes são seus únicos patronímicos. Essas novas organizações compõem o quadro das alternativas de atrações, disposições e ganhos colocados para os jovens pobres. O recuo notável no monopólio legítimo da violência pelo Estado no Brasil e o aumento do contrabando e do comércio de armas puseram nas mãos de jovens, principalmente os pobres, as armas com que passaram a construir novas imagens de si mesmos, do seu bairro, da cidade e do mundo. Não só provocaram a morte de homens jovens em números e proporções só encontrados nos países em guerra, mas também destruíram formas de sociabilidade que mantinham unidas as "comunidades" onde esses jovens nasceram e cresceram.

Porém, ao contrário das gangues, as galeras cariocas tampouco são organizações que empreendem o enriquecimento de seus membros por meio de práticas ilícitas. Os que enriquecem nas galeras são os DJs e MCs que criam estilos de dança funk ou fazem música funk para os bailes. Se praticam atividades ilícitas, os jovens desses bandos o fazem de maneira transitória e intermitente, mais próximos da "deriva",[107] da qual saem com o crescimento, do que da delinquência assumida e procurada como meio de vida, se bem que a lógica da guerra entre galeras possa terminar às vezes em tragédia, com agressões graves e assassinatos.

Assim, reencontramos, no imaginário dos próprios jovens, argumentos da sociologia da juventude que entende esta como a fase da vida do hiperconformismo a seu grupo de pares na iniciação sexual, na música partilhada, no uso de drogas ilegais, na adoção de diferentes etos guerreiros. Em alguns dos grupos de jovens, em razão da liderança autocrática, o conformismo é muito mais acentuado. No Brasil, as características dos grupos recém-surgidos — as quadrilhas de traficantes e as galeras —, por diferentes que sejam entre si, têm várias continuidades ou clamorosas semelhanças com as gangues das cidades americanas. Ora, os processos culturais estão cheios de casos de imitação, também chamados de difusão cultural, que nunca, entretanto, chegam a reproduzir exatamente a versão original. As galeras cariocas e as quadrilhas brasileiras podem ser interpretadas como recriações locais das gangues, enquanto organizações vicinais de juventude, que ressaltaram alguns elementos e apagaram outros, incorporando ainda terceiros inexistentes nestas.

Além das características já mencionadas, destaca-se o aspecto festeiro das galeras, cuja atividade principal não é a luta entre si, mas o baile.[108] Aqui a sociologia da classe social volta à cena. Mesmo sendo uma imitação incompleta da gangue, a galera guarda algo das manifestações culturais populares encontradas no Brasil, especialmente o seu caráter festivo, no qual a catarse das emoções, inclusive da rivalidade e do orgulho masculino, faz-se de modo competitivo, porém regrado. Por isso mesmo, o processo civilizatório pôde ser retomado nos bailes, por meio dos concursos, do estabelecimento das regras de convivência e da apresentação controlada do agonismo (tensão competitiva) entre pessoas e grupos.[109]

Outro elemento nessa configuração peculiar das organizações juvenis no Rio são os apelidos dados aos jovens das galeras e aos das quadrilhas. Ao contrário do que acontece nas gangues, onde predominam nomes nobres ou de animais selvagens,[110] aqui as alcunhas são diminutivos carinhosos, de longe os mais comuns (Zé Pretinho, Escadinha, Robertinho de Lucas, Marcinho VP, Buzininha, Parazinho etc.), ou aumentativos zombeteiros (Cabeção, Charutão, Xaropão), e alguns poucos, mais recentes, incluem adjetivos como *nefasto*, *diabo* etc. Durante as pesquisas de campo feitas na década de 1980, descobri que os bandidos mais perigosos de Cidade de Deus eram chamados Manoel Galinha, Jorge Devagar, Ailton Batata e Zé Pequeno. Os apelidos, afora uns poucos, de fato negam o etos da virilidade, tão importante nesse imaginário estruturado pela posse real da arma de fogo e pelo "dinheiro fácil" no bolso, e são como uma alusão irônica aos limites desse etos.[111]

Fica no ar a questão, o enigma mesmo que cada um desses jovens guarda dentro de si, porque se trata também de um exercício da liberdade cada vez mais possível nas sociedades contemporâneas: por que tão poucos se juntam a quadrilhas; por que muitos outros (mas nem todos) formam galeras funk, por que, apesar do novo fascínio das armas, do chamado "dinheiro fácil" e da fama midiática, tantos outros optam ainda pelos times esportivos, pelas escolas de samba, pelos pagodes e outras formas de lazer que, por não constituírem nenhum tipo de organização juvenil, reúnem adultos e jovens da mesma camada social?

Essa questão escapa às determinações da pobreza e da exclusão. Para além de qualquer nexo de causalidade objetiva, mesmo os que se dão no plano do simbólico, alguns desses jovens, e não todos submetidos às mesmas condições, "delegam ao mundo o poder de seduzi-los para a criminalidade",[112] mundo no qual participam como sujeitos de suas ações. Delimitando esse pequeno espaço de liberdade estão as mudanças rápidas, derivadas de muitas ações anteriores, na organização familiar, nas relações sexuais, na aceitação dos valores associados ao consumo, especialmente o consumo de "estilo", mudanças que provocaram o que se poderia chamar de anomia social difusa. Além do mais, o enraizamento do crime organizado nas instituições, mediante as estratégias de corrupção dos atores, o funcionamento desigual do sistema de justiça, em razão das práticas organizacionais criadas e mantidas pelos agentes que nele atuam, assim como o Código Penal obsoleto, resultado de políticas públicas adotadas na República, criaram "ilhas de impunidade",[113] que desfazem as ideias de justiça e de bem, tão necessárias aos jovens em formação.

OS NÓS DO SISTEMA DE JUSTIÇA NO BRASIL

As atividades econômicas ilegais, que não são poucas, por estarem libertas do imposto, nossa principal relação com o

Estado nacional, tendem a ser muito lucrativas para certos personagens estrategicamente posicionados em suas redes de contatos. Com tanto lucro, fica fácil corromper policiais e, como não há lei para proteger os negócios desse setor da economia, quaisquer conflitos e disputas são resolvidos por meio da violência. Sem isso, não seria possível compreender a facilidade com que armas e drogas, que não são produzidas em favelas, chegam até elas e aos bairros populares do Rio de Janeiro, nem como as mercadorias roubadas — automóveis, caminhões, joias, eletrodomésticos —, usadas na troca com as drogas ilegais, alcançam o seu destino final no Paraguai e na Bolívia, passando pelo interior de São Paulo.[114] A corrupção e a política institucional, predominantemente baseada em táticas repressivas da população pobre, adicionam mais efeitos negativos à já atribulada existência dos pobres. A conivência e participação de policiais e de outros atores políticos importantes na rede do crime organizado é peça fundamental na resolução do quebra-cabeça em que se constituiu a repentina explosão de violência, no Brasil, a partir do final da década de 1970.

Assim, o escopo da análise deve ser ampliado até incluir as instituições locais — a polícia e a justiça —, com as quais os jovens pobres, seduzidos pela própria imagem de homem insubmisso e desafiador, estão em permanente contato, seja fugindo delas ou associando-se a elas. Neste país do continente americano, a entrada das armas é bem mais fácil do que na Europa, o que nos ajuda a entender a taxa muitas vezes mais alta de homicídios aqui. As armas de fogo são postas nas mãos dos adolescentes pobres, que, mais uma vez, “erram cegos pelo continente”, como diz o poeta.[115] Esses, em plena fase de fortalecimento da identidade masculina, aprendem rápido um novo jogo mortal para afirmá-la. Há, então, um fluxo de recursos — armas, drogas e até dinheiro — cuja fonte transcende a prática mortal e criminosa desses adolescentes e que os aproxima, mais uma vez, dos membros das gangues dos Estados Unidos, país de onde a maioria dessas armas é contrabandeada. A certeza do samba magistral de Chico Buarque vira dúvida: como vai passar?

Contudo, o próprio funcionamento ineficiente e iníquo do sistema de justiça no Brasil certamente teve um papel crucial no modo como a crise da moralidade, o enfraquecimento do etos do trabalho, a importância cada vez maior do lazer e do prazer de gastar na sociedade de consumo, bem como as novas organizações transnacionais, inclusive as criminais, vieram a se concretizar neste país. Sabe-se hoje que um percentual absurdamente alto de homicídios não é investigado de forma correta, e a autoria deles jamais se esclarece. Um estudo feito em São Paulo[116] encontrou porcentagens mais elevadas de condenações na Justiça Criminal entre autores de roubo, furto e tráfico de drogas do que entre autores de homicídios e lesões corporais. A Polícia do Rio de Janeiro, por sua vez, recebe de volta do Judiciário 92% dos inquéritos de homicídio por estarem malfeitos, ou seja, apenas 8% dos assassinatos registrados pela Polícia na forma de inquérito foram julgados.[117] Também em São Paulo, pesquisa feita durante o ano de 1991 revelou que apenas 1,38% dos homicídios cometidos contra crianças e adolescentes até dezessete anos foi de fato investigado, com identificação do morto e do autor, resultando em inquéritos policiais posteriormente transformados em processos penais julgados.[118] A atividade policial no Brasil tem ainda hoje pouca legitimidade devido à noção disseminada de que a Polícia não está presente apenas no aparelho do Estado, mas se ramifica nas redes que exercem atividades ilegais, ou seja, trata-se de uma polícia que está na fronteira entre o crime e a lei.

O fluxo na Justiça[119] é afetado pela sua infraestrutura, que é reconhecidamente deficiente em virtude do pequeno número de juízes por habitantes da cidade ou por processos em cada vara e do pequeno número de varas existentes em cada cidade. A consequente morosidade no fluxo ajuda a criar obstáculos que podem ser afastados mediante a propina oferecida a um funcionário administrativo, desse modo encarecendo e retardando decisões, o que desanima as partes, especialmente as mais pobres, de exercer seus direitos constitucionais. Apenados em final de sentença são as principais vítimas e os mais radicais críticos desse sistema, mas a precariedade do Judiciário é também tema das reclamações constantes dos advogados e das partes nos processos. Entretanto, mesmo nesse critério, não se podem tirar conclusões generalizadoras a respeito do funcionamento do sistema, visto que, em caso de processos criminais, prolongar a espera do julgamento passa a constituir uma estratégia da defesa com a finalidade de beneficiar o réu.

O maior entrave à realização da justiça encontra-se em outro campo. As imposições do processo penal muitas vezes deixam o Judiciário ou a Defensoria Pública de mãos atadas, seja por causa da discriminação sofrida por réus com certas marcas sociais ou por aqueles que não têm apoio familiar, seja porque a lei não pode ser suficientemente precisa, como no caso dos crimes relativos às drogas, de tal modo que a incursão num dos dois artigos do Código Penal que cuidam dessa matéria passa a depender das ideologias naturalizadas dos agentes jurisdicionais.[120] Nesses crimes, a classificação — se de uso (artigo 16), se de tráfico (artigo 12) — expõe a centralidade da linguagem na interpretação que os autos fazem da situação social, tanto a vivida no momento do flagrante, que resulta no auto da prisão em flagrante (APF), como as vividas posteriormente, com a participação de outros atores: juízes, advogados, promotores, defensores públicos. Assim, os preconceitos, as verdades tácitas da rotina de uma delegacia ou posto policial, bem como os conflitos interpessoais e a construção moral da pessoa do acusado, surgem como elementos fundamentais na condução do processo judicial e na construção do que será apresentado como os "fatos" dos autos.

A ilusão do "dinheiro fácil", que também atrai tantos jovens pobres, revela a sua outra face: o jovem que se encaminha para a carreira criminosa enriquece, não a si próprio, mas a outros personagens, que quase sempre permanecem impunes e ricos. São eles receptadores de produtos roubados, traficantes do atacado, contrabandistas de armas, policiais corruptos e, por fim, advogados criminais, que cobram até 10 mil dólares para defender acusados de uso de drogas ilegais e 20 mil dólares para defender acusados de tráfico.

Devido às peculiaridades da Lei n. 6368, que versa sobre o uso e o tráfico de drogas, a criminalização de certas substâncias, tais como a maconha e a cocaína, deu à polícia um enorme poder. É ela que fornece a prova que, no discurso dos variados atores do processo judicial, registrados na pesquisa realizada entre 1991 e 1997, precisa ser reafirmada como elemento mais importante para a condenação: a droga com os réus encontrada, prova material obtida necessariamente no flagrante. São os policiais que dão os passos iniciais: o registro do APF e do BO, que poderá redundar ou não em inquérito policial, que por sua vez poderá ou não vir a se transformar em denúncia, resultando num processo judicial. Nesse fluxo, os policiais montam os registros escritos das provas que vão decidir quem será ou não processado por uso ou por tráfico. No artigo 16 da Lei n. 6368, a pena é de seis meses a dois anos de privação de liberdade, que pode ser substituída por trabalho comunitário. No artigo 12, o crime é considerado hediondo e a pena é de três a quinze anos de prisão. Jovens do sexo masculino mestiços, brancos ou negros e mulheres de idades variadas são presos como traficantes por carregarem pequenas quantidades de maconha ou cocaína. Para mostrar sua eficiência ou pressionados para provar que não fazem parte do esquema de corrupção, policiais prendem simples usuários ou pequenos vendedores ("aviões"). As quantidades apreendidas não funcionaram como fator diferenciador, pois encontraram-se casos classificados como "posse e uso" em que a quantidade apreendida era de 1860 quilos de maconha e casos classificados como "tráfico" em que esta era de apenas dois gramas.

Nas entrevistas feitas com alguns policiais, promotores e juízes, fica patente a naturalização das imagens associadas aos traficantes: "Um traficante se conhece pelo olhar", ou "A gente sabe quem é traficante, quem não é". Outros argumentam racionalmente que a quantidade de droga apreendida não é tudo, pois o estoque pode estar no fim ou no começo, tanto para o usuário como para o traficante. Por isso, valorizam outras provas materiais: lista de nomes de possíveis fregueses ou armas encontradas com os indiciados. E, é claro, a confissão do réu, que primeiro é feita na presença de um delegado de polícia e, posteriormente, repetida ou não na presença do juiz. Segundo o artigo 200 do Código Penal, a confissão no interrogatório policial "será divisível e retratável, sem prejuízo do livre convencimento do juiz, fundado no exame das provas, em conjunto".

Pela lei de processo penal brasileira em vigor, visto que o juizado de instrução ainda não está em funcionamento, todas as evidências juntadas aos processos, mesmo quando solicitadas por magistrados, que têm pleno poder para tal, ou promotores e advogados, são fornecidas pela polícia. O juiz e os advogados são virtuais prisioneiros dessas provas, que incluem a quantidade de droga encontrada e a descrição da apreensão feita por ele. A estas junta-se, posteriormente, o testemunho feito pelo policial da situação que gerou o APF, na fase do inquérito e, depois, na fase do processo, seguido do depoimento do indiciado, que muitas vezes se torna a sua confissão do uso. Se o advogado o conseguir, essa confissão é reforçada pela perícia técnica no exame toxicológico, feito em precárias condições, mas que é prova material usada para confirmar a dependência do réu para com a substância, caso em que este obterá exclusão da culpabilidade. Consequentemente, o Judiciário, na maior parte das vezes, apenas legitima uma engrenagem discriminatória na qual os usuários pobres e os pequenos traficantes, que são vigiados mais de perto pelos policiais e que se tornam mais conhecidos deles, segundo a cultura organizacional prevalecente nas polícias militares brasileiras, e que ainda por cima não podem contar com a argumentação e os truques de bons advogados nem com o dinheiro necessário para azeitar o funcionamento desse sistema, terminam condenados à pena de privação de liberdade, enquanto os grandes distribuidores de drogas e de armas raramente o são.

Em Campinas, os processos judiciais nas varas criminais relativos ao uso ou tráfico de drogas ilícitas[121] cresceram várias vezes durante a década de 1980. Em 1991 havia quatro vezes mais acusados de uso e de tráfico de substâncias ilegais do que em 1981, o que evidencia o aumento do consumo; esse aumento, porém, pode ser efeito do reforço da vigilância policial. O número de acusações de uso sempre foi sistematicamente maior que as de tráfico ao longo desses anos, mas os processos contra os usuários aumentaram muito mais no final da década. Quando desagregados por sexo, os dados revelaram que os homens acusados de usar drogas ilícitas constituíam quase o dobro dos acusados de traficar no fim dos anos 1980, ao passo que as mulheres, bem menos processadas, eram acusadas em dobro de tráfico.[122] No Rio de Janeiro, a importância das políticas institucionais no registro dos dados fica muito clara, pois só em meados dos anos 1980 tem-se um aumento espetacular do número de processos por uso de drogas ilegais, que dobra entre 1981 e 1986 (de 573 para 1099), quando uma política repressiva ao tráfico se impôs, caindo para níveis ainda mais baixos em 1991 (386), durante o governo populista de Leonel Brizola. Já os processos relativos ao tráfico permaneceram estáveis ao longo da década: de 640 processos em 1981, passaram para 603 em 1986 e chegaram a 502 em 1991.[123] Ou seja, com exceção do que ocorreu neste último ano, os processos classificados no artigo 16 sempre suplantaram os relativos ao tráfico. As mulheres foram, salvo em 1986, igualmente processadas em dobro por tráfico, mas a participação relativa delas nesse crime teve apenas pequeno incremento durante a década (25% — de 46 processos para sessenta). No que se refere ao crime de uso, o pico foi em 1986 (76 processos), quando triplicou em relação a 1981 (25 processos), e terminou em 1991 com apenas 46 processos.

A proporção de condenações também subiu durante a década em Campinas. Em 1981, 41% dos acusados de tráfico foram condenados a penas de privação de liberdade; 58% dos acusados de uso tiveram o mesmo destino, com penas mais curtas. Em 1986, 69% dos supostos traficantes foram condenados, o mesmo acontecendo com 49% dos supostos usuários. Em 1991, 85% dos acusados de tráfico e 62% dos acusados de uso foram enviados para a prisão. Em suma, menos e menos pessoas foram absolvidas da acusação de tráfico em todos esses anos — em

1981, 33% dos processados; em 1991, apenas 7,8%.[124] Os números totais dos enviados à prisão subiram espetacularmente: de oitenta pessoas em 1981 para quatrocentas em 1991, numa cidade que cresceu a uma taxa anual de 2,23% durante a década, passando de 664 559 habitantes em 1980 para 846 084 em 1991.[125] No Rio de Janeiro, cidade que cresceu menos ainda (1,13%), as condenações seguiram um fluxo diferente, o que também comprova a importância da subjetividade dos juízes e demais atores do processo. Em 1981, 15% dos homens e 20% das mulheres foram condenados por uso, ao passo que, em 1991, 37% dos homens e 25% das mulheres o foram, um aumento proporcional nas condenações por uso maior para os homens. Quanto ao crime de tráfico, as condenações revelaram maior condescendência com as mulheres no início da década: 32% das acusadas e 47% dos acusados foram condenados. Em 1991, as condenações por tráfico atingiram 58% das mulheres denunciadas e 62% dos homens, aumento bem menor do que o verificado em Campinas. No Rio de Janeiro, cidade cosmopolita, 54% dos acusados de tráfico e 84% dos processados por uso foram absolvidos ou tiveram seus processos arquivados em 1981, enquanto, respectivamente, 38% e 63% em 1991 não sofreram nenhuma penalidade, ou seja, a proporção de condenados também subiu durante a década, sobretudo nos casos julgados como crimes de tráfico.

A idade dos acusados também variou. Na cidade de Campinas, em 1981, 71% dos processados por uso de drogas ilícitas tinham menos de 25 anos; em 1986, 68%; e, em 1991, 47%. Tráfico era a acusação de homens mais velhos: apenas 25% deles tinham menos de 25 anos em 1981 e 17% em 1991; 41% estavam entre 26 e trinta anos de idade. Entre as mulheres, as mais novas e solteiras — 50% entre dezoito e 25 anos; 3% com mais de quarenta anos; 74,3% solteiras — tenderam a ser mais acusadas de tráfico, enquanto apenas 34,6% entre dezoito e 25 anos, e 25,7% com mais de quarenta anos foram acusadas de uso apenas. No caso das mulheres, há, portanto, uma tendência a favorecê-las desde a fase do inquérito em virtude não apenas do gênero, mas das responsabilidades familiares. Entretanto, numa população em que predominam os brancos, na qual apenas 18,3% é classificada oficialmente de parda ou preta, 50% das acusadas eram brancas e 50% negras ou mestiças (pardas).

Embora seja um fato reconhecido pelos juízes, promotores e defensores entrevistados que tanto os usuários como os traficantes vêm de todas as classes sociais, ou seja, não se trata apenas de pobres, os acusados cuja qualificação profissional foi registrada exerciam sobretudo ocupações de baixa renda: 70% deles eram pedreiros, serventes, trocadores, motoristas, empregadas domésticas, faxineiros, manicuras e prostitutas. Únicas exceções a essa regra foram os poucos estudantes e raros profissionais liberais acusados de uso em 1986 e 1991. Mas nem todos os pobres padecem o destino da condenação nesses processos. Quando trabalham para traficantes maiores, contam com advogados que instruem o depoimento e negociam com os outros envolvidos no mesmo inquérito quem vai assumir a droga encontrada no APF.

A despeito desse enorme esforço repressivo em Campinas, e das crescentes despesas com os homens quase todos jovens e pobres processados e mantidos nas prisões superlotadas e violentas, o crime não diminuiu na cidade. Muito pelo contrário, Campinas apresentou um crescimento impressionante nos crimes usualmente conectados a drogas: o furto triplicou em quatro anos; assaltos e roubos tiveram um aumento de 50%; a cidade passou a ocupar lugar na mídia como um local violento, na qual crianças e adolescentes são mortos como nas grandes metrópoles do Rio e de São Paulo, e a sua taxa de homicídios subiu de modo espetacular no final dos anos 1980 e nos anos 1990, atingindo os níveis do Rio de Janeiro. As entrevistas com juízes, promotores, advogados e prisioneiros[126] revelaram os mecanismos que dificultam a eficácia desse esforço repressivo: nem os usuários processados dizem o nome do vendedor, nem os vendedores pequenos revelam quem é o seu fornecedor, em virtude da regra que pune com a morte quem fala. Os vendedores "inseridos no contexto", ou seja, da quadrilha, têm advogado pago pelo traficante médio que lhes forneceu a droga, e só falam o que foi previamente combinado com o advogado, que instrui o depoimento, embora isso não seja legal. O vendedor independente, que não tem fornecedor certo e que, portanto, não recebe assistência de um advogado particular, também não denuncia para não morrer, e vem a ser condenado com mais frequência por ficar nas mãos dos poucos e assoberbados defensores públicos. Como as audiências constituem o momento principal do processo, um mero atraso de cinco minutos pode significar a condenação do acusado, para não falar da construção moral da sua pessoa, a qual pode influir na sentença.

Na construção simbólica do inquérito, outros elementos vêm afetar a condenação num ou noutro artigo do Código Penal: no artigo 16 é possível pagar fiança e responder em liberdade ao processo, que tem prazo mais longo para sua conclusão; o artigo 12 é inafiançável, além de ter prazo mais curto: três meses a partir da prisão preventiva legal. A confissão de uso por parte de indiciados nos inquéritos policiais é fomentada por essas vantagens e como estratégia de defesa para, mesmo condenados, receberem pena mínima. Segundo os promotores, o prazo da prisão preventiva é insuficiente para uma investigação aprofundada, que incluiria quebra de sigilo bancário e escuta telefônica, ademais ainda não regulamentados, o que torna os processos no artigo 12 facilmente manipuláveis, visto serem as provas materiais parcas e, portanto, inconclusivas. Como, segundo a lei brasileira, o réu pode mentir para defender-se sem que isso constitua crime, a instrução dada pelo advogado a seu cliente antes do depoimento, apesar de proibida, vem a ser decisiva para o desfecho do processo. É assim que os juízes de Campinas explicam o fato de o número de absolvições ser maior para os traficantes do que para os usuários.

Entretanto, nas duas cidades, promotores e magistrados, nos processos por tráfico, ficam entre a palavra do acusado e a do policial que lhe deu o flagrante, ou na dependência de provas materiais nem sempre existentes, tais como listas de telefones e de quantias (que podem ser referentes a clientes), armas ou material para embrulhar pequenas quantidades da droga, ou de provas que podem ser obtidas mediante solicitação à Polícia Técnica, tais como os laudos de dependência química. Desse modo revela-se a pluralidade de práticas institucionais que questionam a referência a uma cultura organizacional una. Na falta de provas materiais, tal como concebidas, e diante da dúvida, juízes afirmam ter que ficar com a palavra do policial, pois a de um "morador de favela não mereceria o mesmo respeito". A credibilidade do argumento de defesa e a força da confissão do réu não estão, portanto, igualmente distribuídas na população. Quanto mais pobre o acusado, menos crível o seu depoimento ou o de seus vizinhos e colegas, o que o prejudica duplamente: seu testemunho não convence o juiz e ele não pode contratar advogado particular para melhor atuar na interação com quem vai julgá-lo. Isso quer dizer que a economia do inquérito remete desde o início ao plano do simbólico, embora não apenas porque, na prática, a confissão seria a rainha das provas, visto que confirmaria a certeza moral do juiz, por denotar penitência, ou compreensão de que se errou, além da vontade de reparar o erro cometido.[127] Essa concepção unitária de uma cultura organizacional "inquisitorial", que contaminaria até mesmo o Judiciário, não se confirmou na comparação entre as varas criminais de Campinas e do Rio de Janeiro, indicando muito mais a existência de tensões e fragilidades na prática dos juízes do que as certezas de uma cultura bem integrada.

Na interação simbólica durante a fase do inquérito e a fase do processo, o acusado passa por diferentes estágios, nos quais se trata da construção moral da sua pessoa. Como o tema das drogas tem forte carga moral e emocional, essa construção, comandada pelo advogado com o auxílio de testemunhas que atestam a idoneidade moral do acusado, é feita em discursos que em Campinas apresentam a droga como diabólica para absolver o acusado de usá-la ou traficá-la, com a afirmação de que é pessoa moralmente confiável e que, portanto, não pode ter envolvimento com tal substância nefasta. No Rio de Janeiro, as ideias preconcebidas a respeito das favelas e o estigma de que nelas estariam instalados os pontos de venda de drogas ilegais na cidade tornam a defesa de réus flagrados com drogas ilegais, mesmo que em ínfimas quantidades, e processados no artigo 12, bem mais árdua. Mas nas duas cidades, se a defesa conseguir convencer o juiz de que o acusado é um trabalhador, ou alguém com nível educacional e idoneidade moral, este último pode vir a ser absolvido. Segundo os juízes, isso só teria efeito quando a prova material é dúbia, o que acontece na maioria dos casos. Não obstante, eles próprios admitem que o tipo de droga e a quantidade apreendida no flagrante não importam tanto quanto o perfil do réu para definir a extensão da pena. Nas palavras de um magistrado do Rio de Janeiro: "Primeiro procuro saber onde mora o acusado e o que ele faz". Para outros, seriam as circunstâncias da prisão, a qual é narrada pelo policial que a fez, o "fato" realmente relevante.

Apesar dos esforços da defensoria pública e das poucas entidades que se propõem a atender gratuitamente o pobre, na justiça criminal ainda predominam diferenças cruciais entre os que conseguem pagar advogados e os que apenas contam com um defensor público sobrecarregado de trabalho. Os dados da pesquisa em 1991, no Rio de Janeiro, indicam ser esse um dos principais fatores no resultado do processo quando o crime é o mais grave (artigo 12): se condenação, absolvição ou arquivamento. Isso pode ser examinado nas estatísticas relativas ao resultado dos processos: entre os acusados de tráfico foram condenados 57% dos que tinham advogado particular (106 casos) e 68% dos que foram assistidos por um defensor público (85 casos), proporção ainda mais acentuada para os réus pardos e negros (55,56% de 63 casos defendidos por advogados particulares para 78,85% de 52 casos defendidos pelos dativos) do que para os brancos (60,47% de 43 casos defendidos por particulares e 51,5% de 33 casos defendidos por dativos). Entre os acusados de uso, crime considerado bem mais leve, foram condenados 29,5% dos defendidos por advogados e 41,86% dos assistidos por defensores, mas nesse artigo do Código Penal não há grandes diferenças quando se correlaciona a cor do acusado com o resultado do processo: entre os pardos e negros, 46% dos assistidos por defensores públicos foram condenados e 6% tiveram seus processos arquivados, enquanto 50% dos defendidos por advogados particulares tiveram a mesma sorte. Já entre os brancos, 37,5% dos defendidos por dativos foram condenados e 39% tiveram seus processos arquivados, ao passo que 69% dos assistidos por particulares foram absolvidos e 3,7% tiveram seus processos arquivados.

Essas diferenças relativas à condição de defesa devem, portanto, ser combinadas com outras registradas entre os réus, tais como gênero e cor da pele, que mostraram clemência maior para grupos específicos, respectivamente mulheres e pessoas classificadas como brancas. No último caso, a discriminação se revela maior nos crimes considerados mais graves (e, consequentemente, na severidade da pena) do que na proporção de condenações. Assim, entre os processados por uso, 65% são classificados como brancos, enquanto 35% são negros e pardos; entre os acusados de tráfico, 60% são classificados como negros e pardos, ao passo que 40% são brancos. Entre os condenados por uso, os brancos são 6% mais numerosos do que os negros e pardos (56% para 44%, respectivamente); entre os condenados por tráfico, os negros e pardos ultrapassam os brancos em 26% (63% para 37%). Entre os absolvidos, as proporções são outras: 56% de brancos para 44% de negros e pardos na acusação de uso; 55% de negros e pardos para 45% de brancos na acusação de tráfico, o que se explica pelo fato de que há 20% mais negros e pardos processados por tráfico.

No funcionamento da Justiça Criminal, que constitucionalmente estaria baseada na igualdade, encontram-se, pois, modos substantivos de argumentar decorrentes da justificação das demandas por justiça e da avaliação desta, na qual as noções de honra, confiança e reputação, bens imateriais não mercantis e não controlados pelo Estado porque privados, são invocadas nas disputas judiciais, transformando reputações privadas em públicas. Essas disputas, por sua vez, decorrem da preparação prévia (ou instrução) que o advogado particular faz com seu cliente, bem como das imagens associadas desde logo às mulheres ou aos homens; às pessoas classificadas como brancas ou não. O público, ou o institucional enfraquecido, filtra a seu modo o privado e destina alguns a padecer no inferno prisional. Assim, a defasagem entre os direitos formais e os direitos reais, entre a letra da lei e as práticas judiciais, não escapa à discussão sobre o "pluralismo controlado", no qual as diferenças étnicas, raciais, de gênero e de idade, assim como de crença religiosa ou ideologia política, estariam contempladas. Entretanto, esse pluralismo dependeria sobretudo da discussão pública dos critérios de distribuição e das avaliações a que são submetidos os que estão sendo julgados pelos códigos escritos.

Nesse novo cenário, a pobreza adquire novos significados, novos problemas e novas divisões. A privação não é apenas de bens materiais, até porque muitos deles têm mais valor simbólico do que necessidade para a sobrevivência física. A privação é material e simbólica a um só tempo e, por isso, é de justiça, é institucional. E a exclusão também tem que ser entendida nesses vários planos. As drogas, por exemplo, são usadas por grupos profissionais bem remunerados e prestigiados, ou por estudantes universitários de famílias prósperas. A grande diferença, e aqui está outra manifestação da desigualdade, é que os usuários pobres não têm o mesmo acesso a serviços para tratá-los no caso de abuso, nem para defendê-los, no caso de problemas com a Justiça. Em suma, sem uma política pública que modifique a atual criminalização do uso, nem uma política de redução do risco no uso de drogas na área da saúde, nem prevenção do uso na educação do jovem, não conseguiremos modificar o atual cenário de violência e injustiça existente no país.

Na sociedade globalizada, em que coletividades organizadas do tipo empresa, fábrica, sindicato e partido perdem a importância que tinham no passado, a educação adquire novas funções e novo escopo. Em vista do descrédito institucional, a saída estaria em um processo educativo generalizado. Nele, portanto, as políticas públicas deveriam se ocupar mais em prevenir a exclusão do que em reinserir os excluídos, mais em criar uma sociabilidade positiva do que em remediar a negativa. Os atores desse projeto seriam diferentes: uma série de associações de diversos tipos, junto às quais o Estado ainda seria o principal ator do social, criando nova legitimidade para a sua intervenção.

Para isso, é imprescindível a recuperação das redes de sociabilidade vicinal e o fortalecimento das organizações vicinais, com a participação efetiva dos moradores no espaço público construído pela crítica social que desenvolveram no passado, assim como no processo recente de decisão sobre a urbanização de favelas, sobre a distribuição dos serviços e recursos do Estado, revitalizando sua tradição política baseada no associativismo, na produção e crítica cultural, bem como na festa. Essa prática social é indispensável para se desconstruir a violência difusa, que está em toda parte porque tomou conta de corações e mentes, principalmente dos homens mais jovens que se trata de reconquistar.

5. CARRO ZERO E PAU DE ARARA: O COTIDIANO DA OPOSIÇÃO DE CLASSE MÉDIA AO REGIME MILITAR

Maria Hermínia Tavares de Almeida
e Luiz Weis

Na tarde quente do domingo 21 de junho de 1970, um grupo de amigos se reuniu em um apartamento da rua Haddock Lobo, no Jardim Paulista, em São Paulo, para cometer, diante de um aparelho de TV, o supremo crime de lesa-pátria: torcer contra a Seleção numa final de Copa. Com a agravante de que ia se decidir naquele dia o tricampeonato mundial de futebol e, portanto, se a Taça Jules Rimet ficaria para sempre no Brasil ou na Itália. O pessoal do apartamento, mais ou menos uma dúzia de homens e mulheres, tinha em comum a faixa de idade, perto dos trinta, o fato de exercer profissões de alguma forma aparentadas, como advocacia, jornalismo, publicidade, pesquisa de mercado, arquitetura, e terem ainda, regra geral, melhorado de vida nos anos recentes. Além disso, vários estavam no segundo casamento, e quase todos já haviam, pelo menos, fumado maconha. A maioria fez, fazia ou pretendia fazer "terapia". Gostavam de jazz, Nara Leão e Chico Buarque. Também gostavam de futebol e achavam que aquela seleção, de Pelé, Tostão, Gérson e Rivelino, merecia ganhar todas as Copas em todos os tempos.

Acontece que esses antitorcedores tinham igualmente outra coisa em comum: aninhados no confortável regaço da categoria que, talvez à falta de melhor, se convencionou chamar classe média intelectualizada, abominavam o golpe militar que seis anos antes havia deposto um presidente e amputado as liberdades democráticas da Constituição de 1946, vindo a implantar, lenta, gradual e seguramente, a ditadura que alcançaria a plenitude ano e meio antes da Copa, com a promulgação do Ato Institucional nº 5, o AI-5. Ao que soubessem, não havia entre eles ninguém que pertencesse a alguma organização de resistência armada ao regime, dessas que assaltavam bancos e sequestravam embaixadores, nem ao mais comedido Partido Comunista Brasileiro (PCB), o clandestino "Partidão". Mas todos com certeza conheciam alguém que estava do lado de lá, davam dinheiro para esse ou aquele movimento, liam e passavam adiante panfletos com denúncias de torturas e eliminação de presos políticos, e até abrigavam pessoas perseguidas, em situações de extrema necessidade.

O desejo deles de que o Brasil perdesse aquela histórica partida não resultava da suposição, que pipocava aqui e ali, segundo a qual a derrota representaria um tremendo prejuízo político para o regime, por sua manifesta intenção de ser identificado pelo povo com as glórias do escrete canarinho. Aos olhos daquela fração ínfima da, digamos assim, intelligentsia de esquerda que subira ao apartamento da Haddock Lobo na esperança de ver, em cores, o Brasil entregar o ouro aos italianos, a ideia de que a ditadura poderia sair mais forte ou mais fraca do Estádio Nacional do México era, no jargão do grupo, simplista, mecanicista, esquemática — em português, uma tolice. A turma ia torcer contra não em razão de um cálculo, tolo que fosse, porém sempre cálculo, coisa de cabeça. Era, antes, uma reação de estômago.

Tinha a ver com a burrice e a prepotência escarrapachadas por toda a parte, com o novo-riquismo da classe média arrotando milagre nos seus Fuscas zerinhos e com o desinteresse geral em saber o que acontecia com os desafetos do regime a partir do momento em que eram jogados dentro de uma Veraneio. Tinha a ver com as fichas que todos deviam preencher quando se mudavam de apartamento e que o síndico do prédio encaminhava ao Dops (Departamento de Ordem Política e Social). Tinha a ver com o mal-estar — e, por que não, o medo — diante do gozo feroz da turba que ocupava as ruas depois de cada jogo, como aquela que percorrera a avenida Nossa Senhora de Copacabana, depois do 1 a 0 sobre a Inglaterra, duas semanas antes, urrando: "Um, dois, três, pau na bunda da rainha", espancando os carros que não tivessem na antena a fitinha verde-amarela ou o adesivo "Brasil, ame-o ou deixe-o" no vidro. Tinha a ver com o ar de felicidade — previsível e intolerável — com que os generais apareceriam na mídia festejando a vitória. Por tudo isso, torcer a favor seria "uma forma de colaboracionismo", no dizer do escritor Luis Fernando Verissimo.[1] Mas, como recorda um daqueles na contramão, quase trinta anos depois, "doía tanto torcer contra o Brasil, tamanha a solidão de exilado que se sentia, que, se a Seleção afinal perdesse, ninguém iria para casa feliz".

De ambiguidades como essa se fazia a vida cotidiana de uma parcela dos brasileiros desde o início contrários à ditadura — e que, no domingo do Tri, passados seis anos, dois meses e 21 dias do golpe, ainda tinham atravessado na garganta o interminável Primeiro de Abril de 1964. Interminável porque começou no dia 30 de março, quando o general Carlos Luís Guedes se preparou para marchar de Belo Horizonte a Brasília; prosseguiu na madrugada de 31, quando o general Olympio Mourão Filho deixou Juiz de Fora a caminho do Rio de Janeiro, e se estendeu ao dia 2, quando chuvas de papel picado cobriram o centro das principais cidades à medida que as últimas notícias das rádios, ouvidas por muitos milhares de pessoas, em casa, nos escritórios, nos bares e nas lojas, confirmavam que o presidente João Goulart partira para o Uruguai e que os militares se preparavam para assumir o controle político do país. Mas, enquanto setores da população comemoravam nas ruas a queda do governo constitucional — a Revolução, como se iria dizer —, outros receberam, chocados e atônitos, o triunfo do golpe. Que havia um clima de conspiração nas Forças Armadas, poucos entre aqueles que acompanhavam de perto a crise política podiam duvidar. Os rumores e as denúncias eram cada vez mais frequentes e consistentes. Portanto, uma aventura localizada, como as de Aragarças e Jacareacanga no governo Kubitschek, não surpreenderia ninguém. Raros, porém, acreditavam, primeiro, na hipótese de que um levante viesse a ter apoio disseminado dos generais em postos de comando e, mais ainda, que Goulart saísse mansamente do Planalto.

Ao se instalar no poder, em 9 de abril, os militares obrigaram a história política brasileira a dar uma reviravolta: com efeito, desmoronava a primeira experiência democrática que o país vinha construindo, aos trancos e barrancos, ao longo de dezoito anos. O golpe iria também mudar radicalmente a vida daqueles brasileiros que não viam motivos para comemorar a derrocada de um governo civil eleito, o qual, mal ou bem, tentava implantar reformas em benefício do povo. Eles acabariam se opondo de distintas maneiras a um regime militar apoiado pelos estratos mais conservadores da sociedade. Nestas páginas se irá descrever no que consistiu essa mudança — a experiência cotidiana de ser oposição durante os vinte anos de autoritarismo no Brasil.

É rigorosamente impossível saber de que lado estava no Primeiro de Abril a maioria dos brasileiros com alguma opinião política. Mas é certo que os que não se conformaram com a nova ordem foram muitos e diversos, nas origens sociais, bem como nas formas de resistência e de protesto adotadas. Este texto trata apenas de um segmento das oposições que existiram em algum momento do período 1964-84 — aquele, como os torcedores do contra em 1970, constituído por membros da já referida classe média intelectualizada: estudantes politicamente ativos, professores universitários, profissionais liberais, artistas, jornalistas, publicitários etc. Deixa-se de fora, portanto, setores oposicionistas da maior importância no combate ao regime e na construção dos caminhos que conduziriam o país de volta à democracia: os políticos profissionais do Movimento Democrático Brasileiro (MDB), a Igreja (desde a alta hierarquia até as pastorais e comunidades de base) e ainda as oposições sindicais e populares de modo geral — todos estes, em graus, circunstâncias e com consequências diversas, interlocutores do grupo examinado. No caso deles, porém, ainda é escassa a literatura disponível no que diz respeito à interação vida pública-vida privada, que é o que mais interessa aqui.

A participação de membros da classe média intelectualizada no conjunto das oposições foi, de todo modo, significativa. Segundo os dados de *Brasil: nunca mais*, tabulados por Ridenti,[2]

4124 pessoas foram processadas durante o regime militar. Das 3698 cuja ocupação é conhecida, 906 — praticamente uma em cada quatro do total, formando o maior grupo — eram estudantes. Seguem-se os 599 profissionais liberais com formação superior (16,2%) e os 319 professores, representando 8,6% do conjunto. Conforme o mesmo autor, dos 9549 envolvidos em processos — como denunciados, indiciados ou testemunhas —, para os quais há informações sobre escolaridade, em torno de 60% tinham curso universitário, quase divididos por igual entre os que já haviam completado a faculdade e os que ainda estavam na graduação. Além disso, esse grupo deixou uma herança cultural rica e ainda viva no país.

Embora fluidas, as fronteiras do universo oposicionista talvez sejam mais simples de demarcar do que propriamente a esfera — pública ou privada — das ações de oposição e seu entrelaçamento com o cotidiano dos opositores. É consenso considerar *privado*, em sentido amplo, o âmbito da chamada sociedade civil: as atitudes, atividades, relações, instituições e formas de organização não voltadas para o sistema político, ou, mais especificamente, não orientadas para influenciar, conquistar ou exercer o governo. Assim, fazem parte do universo privado: a família, o círculo de amizades, as relações amorosas, a experiência religiosa ou mística, o trabalho, o estudo, o lazer, o entretenimento e a fruição da cultura.

Nos regimes de força, os limites entre as dimensões pública e privada são mais imprecisos e movediços do que nas democracias. Pois, embora o autoritarismo procure restringir a participação política autônoma e promova a desmobilização, a resistência ao regime inevitavelmente arrasta a política para dentro da órbita privada. Primeiro, porque parte ponderável da atividade política é trama clandestina que deve ser ocultada dos órgãos repressivos. Segundo, porque, reprimida, a atividade política produz consequências diretas sobre o dia a dia. Pode implicar perda de emprego; mudança de casa; afastamento da família, dos amigos e parceiros, e, ainda, prisão, exílio, morte. Um traço peculiar do regime imposto em 1964 gerou efeitos também peculiares para a vida privada de seus opositores. A "Revolução de Março" foi essencialmente uma ordem autoritária pouco institucionalizada. Suas regras eram cambiantes, e móveis as divisas entre o proibido e o permitido. Manteve, distorcidas, instituições e liturgias próprias do sistema democrático: eleições (semicompetitivas), partidos políticos (cerceados), espaço (estreito) para o Congresso, Assembleias Legislativas e Câmaras Municipais. Por isso, ao tratar do Brasil, o cientista político espanhol Juan Linz preferiu escrever *situação autoritária*, em vez de *regime autoritário*.[3] Pois, se para ele o autoritarismo em geral se caracteriza pelo pluralismo limitado e pela existência de fronteiras pouco definidas entre o proibido e o permitido, essa fluidez era ainda mais acentuada aqui, dada a institucionalização apenas parcial do regime, sobretudo nos quatro anos e oito meses que transcorreram entre a posse do marechal Castelo Branco e a edição do AI-5.

Nesse ambiente, fazer oposição podia significar uma infinidade de coisas. De fato, as formas de participação e o grau de envolvimento na atividade de resistência variavam desde ações espontâneas e ocasionais de solidariedade a um perseguido pela repressão até o engajamento em tempo integral na militância clandestina dos grupos armados. Entre esses dois extremos, ser de oposição incluía assinar manifestos, participar de assembleias e manifestações públicas, dar conferências, escrever artigos, criar músicas, romances, filmes ou peças de teatro; emprestar a casa para reuniões políticas, guardar ou distribuir panfletos de organizações ilegais, abrigar um militante de passagem; fazer chegar à imprensa denúncias de tortura, participar de centros acadêmicos ou associações profissionais, e assim por diante.

Dadas as características do regime, qualquer desses atos envolvia riscos pessoais impossíveis de ser avaliados de antemão. Daí que a incerteza quanto às consequências da ação — salvo na situação-limite de participar de movimentos armados —, a insegurança e, inevitavelmente, o medo terem sido sensações básicas, cotidianas e comuns a quem quer que tenha feito oposição à ditadura, marcando a fundo a vida privada dos oposicionistas.

Por certo, as experiências, subjetivas e objetivas, da condição de adversário do poder militar variaram amplamente desde o dia em que João Goulart, o último presidente civil do ciclo de 1946, fugiu para o Uruguai até o dia em que João Figueiredo, o último general-presidente do ciclo de 1964, saiu pela porta dos fundos do Palácio do Planalto. A dinâmica política do regime, o salto de modernização capitalista ocorrido no período e, por último, porém não menos decisivo, as percepções, ideias e utopias predominantes na heterogênea e briguenta família oposicionista definiram o modo pelo qual tais experiências foram vividas nas fronteiras imprecisas entre o público e o privado. A oposição percorreu de distintas maneiras os três períodos em que se pode dividir a história do autoritarismo, de acordo com o maior ou menor espaço aberto à competição política e o grau maior ou menor de exercício das liberdades públicas e individuais.[4]

Do AI ao AI-5 (1964-8). Passado o surto inicial de repressão às lideranças civis e militares identificadas com o governo deposto, e a feroz perseguição aos sindicalistas urbanos e rurais, os dois primeiros presidentes militares concederam razoável liberdade de movimento às oposições. O segmento aqui selecionado criou um circuito denso e ativo, que incluía a atuação na imprensa, na área cultural, especialmente em teatro e música, nas escolas e universidades. Sua experiência está marcada pelo modo como encara o novo regime e avalia a atuação das esquerdas no passado recente. Para a grande maioria dos opositores, o autoritarismo não é senão um retrocesso violento, porém transitório, condenado ao fracasso "a curto prazo" devido a seu previsível isolamento político e a inevitável estagnação que resultaria da recém-implantada política econômica, tida como submissa aos interesses dos grupos mais retrógrados da elite dominante.[5] Os nacionalistas e, sobretudo, os comunistas são objeto de crítica implacável. Ao PCB se atribui a parcela maior de culpa pela implantação do regime de força, por ter o partido abandonado as metas revolucionárias e substituído o trabalho de organização das massas pelo reformismo eleitoral e a acomodação oportunista com o janguismo.

Testar os limites da ação permitida torna-se uma rotina comum aos membros das oposições intelectualizadas: o que se pode escrever em uma coluna de jornal, o que se pode compor e cantar, o que se pode encenar ou ensinar sem atrair represálias pessoais; que grau de repressão enfrentará o protesto público — o panfleto, a assembleia, a passeata, o comício, a manifestação. Faz parte do cotidiano interessar-se ou participar — como militante, simpatizante ou mero curioso — no inesgotável debate de ideias, estas não tão inesgotáveis, e dos recorrentes duelos envolvendo política prática travados entre e dentro dos agrupamentos de esquerda que se vão multiplicando como por cissiparidade. Ridenti[6] registra nada menos de trinta organizações clandestinas de esquerda ao longo da ditadura. Havia de tudo: desde o venerando Partidão, até os Comandos de Libertação Nacional (Colina), a Corrente Revolucionária de Minas Gerais (Corrente), passando pelo Partido Comunista do Brasil (PCdoB), a sua Ala Vermelha, mais o Partido Comunista Brasileiro Revolucionário (PCBR), a Ação Libertadora Nacional (ALN) e a Vanguarda Popular Revolucionária (VPR). Para uma parte dessa oposição intelectualizada, a ação pública apenas antecipa a atividade política clandestina e conspiratória, visando à derrubada do regime pelo levante de massas ou pela ação guerrilheira das vanguardas — primeiro passo, segundo alguns, para a implantação do socialismo no Brasil.[7] Era, na linguagem do regime, o terrorismo.

Desde antes do golpe, a Revolução Cubana, de 1959, vinha ocupando espaço cada vez maior no imaginário da esquerda. Essa tendência irá se acentuar dramaticamente depois de 1964. A interpretação dominante que dela se faz então torna plausível a ideia de uma revolução conduzida por uma minoria iluminada, de inabalável determinação, e revigora a utopia socialista.[8] Os acontecimentos de 1968 no exterior — as rebeliões estudantis, sobretudo na França e na Alemanha, a Guerra do Vietnã e a mobilização antiamericana que a escalada do conflito alimenta por toda parte — reforçam a convicção de que grandes transformações podem estar prestes a ocorrer, se houver firme vontade para tanto. Enfim, o aquecimento do clima político na América Latina em geral parece dar lastro à crença de que o combate armado ao regime brasileiro tem futuro.

Do AI-5 ao início da abertura (*1969-74*). Esses foram os anos lacerantes da ditadura, com o fechamento temporário do Congresso, a segunda onda de cassação de mandatos e suspensão de direitos políticos, o estabelecimento da censura à imprensa e às produções culturais, as demissões nas universidades, a exacerbação da violência repressiva contra os grupos oposicionistas, armados ou desarmados. É, por excelência, o tempo da tortura, dos alegados desaparecimentos e das supostas mortes acidentais em tentativas de fuga. É também, para a classe média, o tempo de melhorar de vida. O aprofundamento do autoritarismo coincidiu com, e foi amparado por, um surto de expansão da economia — o festejado "milagre econômico" — que multiplicou as oportunidades de trabalho, permitiu a ascensão de amplos setores médios, lançou as bases de uma diversificada e moderna sociedade de consumo, e concentrou a renda a ponto de ampliar, em escala inédita no Brasil urbanizado, a distância entre o topo e a base da pirâmide social.

A combinação de autoritarismo e crescimento econômico deixou a oposição de classe média ao mesmo tempo sob o chicote e o afago — a versão doméstica do "amargo caviar do exílio" de que falava Fernando Henrique Cardoso. Para aqueles que não partiram "num rabo de foguete", como diria a canção, rumo à fantasia suicida da insurreição armada, a realidade era uma sucessão de conflitos morais, impulsos, sentimentos e pensamentos contraditórios. De um lado, a rejeição da ordem ditatorial; o horror (e o pavor) da tortura; o desconforto bilioso e persistente com o cotidiano contaminado pela prepotência que descia do Planalto e se derramava pelas planícies; o distanciamento psicológico diante da maioria integrada à normalidade, cantando: "Eu te amo, meu Brasil, eu te amo"; o sufocamento duro e estúpido das artes e da cultura em um de seus momentos mais fecundos; a inconformidade com o caráter iníquo do modelo econômico, que já adensava nas esquinas a população de crianças pedintes. De outro lado, a proliferação de novas profissões e atividades bem remuneradas para quem tivesse um mínimo de formação, abrindo as portas à efetiva possibilidade de acesso a posições confortáveis na sociedade aquisitiva em formação. De um lado, não perder um número dos jornais alternativos. De outro, para os novos aquinhoados, investir na bolsa. De um lado, comprar um televisor em cores, deixando o preto e branco para a empregada. De outro, torcer contra o Brasil na final da Copa. De um lado, ter dinheiro para fazer turismo na Europa. De outro, ter medo de não receber o visto de saída.

A modernização da sociedade apressou também a mudança dos padrões de conduta privada — a marca registrada da década de 1960. Para a geração da classe média de esquerda que chegou à idade adulta sob o autoritarismo, o peso das circunstâncias políticas sobre as relações afetivas e familiares (acelerando, quem sabe, os vaivéns amorosos) misturava-se à liberação sexual e ao consumo de drogas, em especial maconha e LSD. Fumava-se e se tomavam bolinhas por prazer, angústia ou perplexidade, e também para afrontar o entranhado conservantismo do regime no plano dos costumes, para construir uma forma de ser oposição, de compor por vias transversas um perfil político de rejeição ao status quo — ainda que a esquerda tradicional, não menos do que a resistência militarizada, desdenhasse a contracultura como a mais recente floração do escapismo e da inconsequência. Seja como for, desde o choque repressivo de dezembro de 1968 até o sopro de vida trazido pela anticandidatura de Ulysses Guimarães ao Planalto e o insuspeitado abalo eleitoral de novembro de 1974, a política, em sentido estrito, estiolava-se, praticamente reduzida à solidariedade e aos debates a portas fechadas — em círculos restritos que não raro coincidiam com os das relações privadas — sobre a natureza do modelo econômico, o padrão de distribuição da renda e os dilemas do regime autoritário. No mais, era olhar com atenção os carros parados nas imediações, antes de entrar em casa; tentar driblar a censura nas redações ao escrever a notícia ou, ao lê-la, decifrar a informação camuflada ou distorcida pela autocensura; saber onde estava preso algum suposto desaparecido; ouvir relatos do cárcere, e torcer para não acabar ali.

A longa transição rumo ao governo civil (1975-84). Esse período, que começa com a posse do general Ernesto Geisel na Presidência, guarda alguma semelhança com o primeiro, o de 1964 a 1968, do ponto de vista do espaço aberto às oposições: seus limites ora se ampliam ora se retraem; de novo não há parâmetros definidos para o que é tolerado ou interditado. A tortura e morte do jornalista Vladimir Herzog, o Vlado, no Destacamento de Operações de Informações — Centro de Operações de Defesa Interna (DOI-Codi), de São Paulo, no auge da selvagem temporada de caça aos comunistas, tentativa da ultradireita de estrangular a controlada abertura em gestação, pareceu extinguir a luz no fim do túnel. Mas a crítica pública ao regime voltaria a se ampliar, englobando então crescente número de dissidentes civis e militares do autoritarismo. De toda forma, o medo e a incerteza permanecem até quase o término do período.

O que muda radicalmente a partir de 1975 são os prognósticos sobre o destino da ditadura e as perspectivas da oposição. Já não se imagina, pelo menos enquanto vige o AI-5 e antes do grande acerto político que tornaria possível a concessão da anistia, que o autoritarismo possa ser liquidado a curto prazo. Tampouco, que possa ser derrubado pela pressão das massas ou, menos ainda, pela ação revolucionária das vanguardas. O colapso da ideia insurrecional se faz acompanhar de outra mudança de pensamento e atitude em amplos setores da oposição de classe média: a democracia passa a ser valorizada como um objetivo em si e, com ela, a organização da sociedade e a participação no jogo eleitoral, mesmo sob limitações.[9] A aproximação com o MDB, o partido de oposição legal, se intensifica a despeito das reservas dos setores mais radicalizados. O movimento pela anistia é o marco da virada, ao restituir a atividade política ao domínio público. As reuniões anuais da Sociedade Brasileira para o Progresso da Ciência (SBPC) tornam-se instâncias de denúncia do regime, merecedoras das atenções da mídia. O desgaste do governo Figueiredo, embora alimente o receio de um surto de endurecimento do regime, estimula ações oposicionistas "como se" — isto é, o desfecho do confronto parece líquido e certo a essa altura. O restabelecimento das eleições diretas para governador de estado em 1982 e a segunda rodada de expressivas vitórias das oposições permitem divisar o ocaso do ciclo militar. O movimento das Diretas Já será o ponto culminante da luta pela redemocratização. Política, de um lado, e vida privada, de outro, recuperam, enfim, sua normalidade.

NO TRABALHO, OS RISCOS DO OFÍCIO

Fez-se oposição ao autoritarismo de múltiplas formas, com variável intensidade e diversos graus de envolvimento político. Uns tomaram posição contra a intervenção militar desde o Primeiro de Abril e assim permaneceram. Outros, numerosos outros, mudaram de lado — neste ou naquele sentido — com o passar do tempo. Uns fizeram oposição dentro dos partidos, os legais, os proscritos ou os nascidos já sob o regime. Outros, no âmbito de organizações profissionais e grupos de convivência. Outros ainda como franco-atiradores, bissextos e descompromentidos. A despolitização da vida pessoal, durante períodos menos ou mais extensos, especialmente depois da malograda queda de braço de 1968, também foi uma alternativa corriqueira. Sob esse aspecto, ex-combatentes da resistência ao regime passaram a se igualar à maioria dos brasileiros. Eis por que, ao descrever as modalidades de oposição ao autoritarismo e seus efeitos sobre a experiência cotidiana, é indispensável levar sempre em conta a relativa fluidez da condição oposicionista. Não se pode esquecer, além disso, que ela se incrusta, de um modo ou de outro, numa história que atravessa duas décadas e se identifica pela propensão à instabilidade: ditadura e "ditabranda" se alternavam e se confundiam.

Apenas uma minoria muito restrita da população de classe média intelectualizada fez da resistência ao regime uma atividade em tempo integral. Nessas circunstâncias, naturalmente, subvertiam-se de alto a baixo os padrões habituais da vida privada, então submetida aos imperativos da luta organizada. Já para a parcela maior dos membros desse mesmo grupo, ser de oposição significava desenvolver formas de participação política compatíveis com a rotina cotidiana: trabalho ou estudo, família, amores, amizades, entretenimento. Mas nem quando o exercício da oposição coexistia com a vida privada esta ficava imune à sua presença: o resultado desse inevitável entrelaçamento era um equilíbrio frágil, uma tensão sempre pronta a estalar. No universo afetivo e familiar, muitas vezes não havia como saber se uma crise era efeito ou causa da ação política de resistência. Na esfera profissional, a própria natureza do ofício e as condições em que era exercido tendiam a expor seus praticantes, menos ou mais, à tentação do oposicionismo e a determinar o tipo de oposição praticado. Em alguns casos, trabalho e política praticamente coabitavam: na advocacia, na produção artística e cultural, no jornalismo.

Entre 1964 e 1979, 17 420 brasileiros foram envolvidos em processos judiciais com base na Lei de Segurança Nacional: 2183 testemunhas, 6395 indiciados e 7367 denunciados.[10] O número de detidos naqueles quinze anos é desconhecido, mas sem dúvida foi muito superior. Abriu-se um fecundo campo de atuação para advogados. Algumas dezenas deles virtualmente se especializaram em defender os perseguidos do regime militar. Quase todos acabaram militando, como se diz na profissão, duplamente: nos tribunais militares e nos movimentos de contestação ao arbítrio. A advogada Anina de Carvalho, em depoimento para o livro *Memórias do exílio*, descreveu sua experiência, em muitos pontos semelhante à de outros tantos colegas. Filha de industrial, fez-se de esquerda quando estudava Direito. Depois do golpe de 1964, passou a ajudar estudantes presos e se tornou advogada do grêmio da Faculdade de Filosofia da Universidade de São Paulo, vindo a defender numerosos jovens detidos em passeatas ou congressos. Em 1967 topou pela primeira vez com um caso de tortura. Foi também a primeira vez que sofreu intimidações pessoais devido ao seu trabalho. A partir de então, começou a compartilhar o medo experimentado por seus clientes — e a atividade profissional se converteu em atividade política deliberada. Em suas palavras: "Ele ficou desaparecido muito tempo. Levou mais de um mês para localizá-lo. Impetrei habeas corpus contra tudo que foi autoridade do Rio, de São Paulo e de Brasília. Bati em tudo o que foi porta de general e no fim encontrei-o no Serviço Secreto do Ministério da Guerra. Aí fui interrogada pela primeira vez. Morri de medo! Foi a primeira fase de opção. Uma opção política, muito mais do que profissional. Sabia que profissionalmente eu podia ganhar muito mais fazendo advocacia normal, sem me meter naquilo".[11]

A partir de dezembro de 1968, com a vigência do AI-5 e a intensificação da violência repressiva, agravaram-se de forma radical as condições de trabalho dos advogados de presos políticos — cujas convicções, em muitos casos, não os distinguiam de seus clientes. A tortura tornou-se prática generalizada, as garantias individuais viraram letra morta, bem como muitas das prerrogativas tradicionalmente associadas ao exercício da advocacia. Podendo efetivamente advogar muito pouco, sob o terrorismo de Estado, os advogados valiam-se ao menos do tardio acesso aos seus clientes presos — consumada a fase de interrogatório e, quem dera, da tortura — para desempenhar a função humanitária de elo de ligação entre os presos e suas famílias. Conta Anina de Carvalho: "Eu ia à cadeia todos os dias, das 9 da manhã ao meio-dia, durante dois anos. Vendo uma leva cada dia, já que todos no mesmo dia não podia. Com a vantagem que todos sabiam que eu estava lá na parte da manhã, e que se houvesse algum galho eles me mandavam um recado por um outro preso. Então, eu requisitava o preso imediatamente".[12] No cárcere, a presença assídua de um advogado era indício de vida. Mas o que representava um intervalo de alívio e esperança para os de dentro se traduzia em crescente carga psicológica para quem vinha de fora. A incerteza e os conflitos íntimos pesavam no cotidiano. "Tive momentos de dúvida", reconhece Anina. "Era desquitada, com duas crianças pequenas. Era arrimo de família e sozinha. É lógico que a gente pensa um pouco. Mas achei que o dever profissional era mais importante do que os problemas pessoais e toquei pra frente."[13]

A pressão sobre os advogados de presos políticos crescia na razão direta do aumento da repressão. Ameaças anônimas por telefone e carta somavam-se às represálias da burocracia militar, recusando petições por qualquer motivo, submetendo os defensores a vexames e constrangimentos nas visitas aos clientes e, não raro, convocando-os, também eles, para depor. Anina de Carvalho: "A partir de meados de 70 as coisas foram piorando muito. Sofri muita perseguição, ameaças, na própria Auditoria e na Operação Bandeirantes. Houve censura em minha correspondência. Sentia um clima de tensão muito grande em torno de mim. Nos primeiros dias de 71, as coisas pioraram e achei que era preferível sair do Brasil".[14] Quem ficou continuou a se angustiar com o destino dos detentos, a aflição de suas famílias, as ameaças mais ou menos veladas, a arbitrariedade miúda do policial de plantão, do funcionário do presídio, do escrivão da Justiça Militar.

Embora as condições tenham se abrandado com a liberalização progressiva do regime, a partir de 1974 — descontada a feroz recaída do ano seguinte —, o ambiente de incerteza e temor persistiu pelo menos até o fim do AI-5. Mas foi justamente a disseminação do arbítrio que empurrou muitos advogados, não necessariamente de esquerda, nem necessariamente desafetos de primeira hora do poder militar, a um intenso engajamento político, mediante a mobilização da Ordem dos Advogados do Brasil (OAB), em torno das mesmas questões relacionadas com seu cotidiano profissional: o respeito aos direitos humanos, a começar do restabelecimento do habeas corpus; a abolição da censura; a denúncia da forma pela qual se obtinham as confissões que incriminavam os réus processados nas auditorias militares; a reconstituição das verdadeiras circunstâncias em que um preso "desapareceu" ou "morreu atropelado na tentativa de fuga"; a luta pela anistia e a volta do Estado democrático de direito. Para os advogados que o quisessem, fazer oposição e buscar justiça eram práticas que se sobrepunham e se complementavam. Que poderia ser mais político e corajoso, por exemplo, do que se empenhar em desmascarar as farsas montadas pelos órgãos repressivos e sacramentadas em documentos oficiais das Forças Armadas? Tratava-se, ao mesmo tempo, de desvendar a verdade sobre casos específicos de "desaparecimentos" e assim expor o caráter, a natureza de uma ditadura.

Uma de suas dimensões mais conhecidas foi a virulência (e a falta de inteligência) com que o regime atacou a produção artística e cultural do país — com impacto às vezes devastador sobre os seus profissionais. Só em 1969, o primeiro ano da era do AI-5, foram censurados dez filmes e cinquenta peças teatrais, segundo o então chefe do Serviço de Censura de Diversões Públicas, Aluisio Mulethaler de Souza.[15] Mesmo em 1976, quando o regime acenava com a distensão, foram censurados 74 livros — uma em cada três obras examinadas — e 29 peças.[16] Em alguns casos, a proibição era total. Vedavam-se a encenação de espetáculos, a exibição de filmes e a divulgação de canções. Em outros, extirpavam-se frases, situações, personagens, estrofes. Quase sempre, o objetivo era calar, mais do que a obra, o autor. A repressão às atividades artísticas foi proporcional à sua importância como veículo de crítica ao autoritarismo e expressão de ideias libertárias, bem como ao prestígio público desses artistas. Razão de reprimir havia: pois não se tratava de manifestações de uma Grande Arte, rarefeita e acessível apenas aos iniciados. Ao contrário, era a nova cultura de massa que se instalava no Brasil, com a força da TV, o crescimento da indústria fonográfica, a popularização do cinema nacional e mesmo do teatro. Já a intolerância aos trabalhos artísticos caracterizados pela experimentação de novas propostas estéticas, como o tropicalismo — tidas oficialmente como instrumentos de subversão política e "solapamento da moral familiar" —, só se explica pelo primarismo dos comissários do regime para assuntos culturais — o que, por sinal, não foi exclusividade da ditadura brasileira.[17]

A censura introduzia a mais completa incerteza no cotidiano de quem fazia teatro, cinema, música e literatura, pela simples razão de ser arbitrária, imprevisível: o sinal verde podia mudar para vermelho onde e quando menos se esperasse. Não se vetava apenas o que fosse manifestamente indesejável como enunciado político: sustentar, por exemplo, que no dia 1º de abril de 1964 houve um golpe militar no Brasil, em vez de dizer que no dia 31 de março de 1964 começou no Brasil uma revolução redentora — e daí *ad nauseam*. Mas se vetava tudo aquilo que aos olhos dos militares e de seus aliados civis parecia atentar contra os valores da "civilização cristã ocidental", ameaçada de maneira simultânea e sincronizada pelo movimento comunista internacional e pela chamada revolução nos costumes. Em 1970, o cardeal-arcebispo de Porto Alegre, d. Vicente Scherer, deu sua bênção à censura prévia de publicações, sob o prussiano argumento de que "o abuso dos prazeres sexuais", a seu juízo estimulado pelas imagens e escritos merecedores de censura, "leva ao amolecimento do caráter e da vontade".[18] Nessa categoria, evidentemente, cabia tudo aquilo que assim parecesse ao censor. Era a apoteose do "Festival de besteiras que assola o país", o Febeapá, no inesquecível registro do jornalista carioca Sérgio Porto, o Stanislaw Ponte Preta, como assinava suas colunas. O humorista, que morreu em 1968, lavava a alma de seus leitores da oposição com mordazes tiradas do tipo "a dupla caipira Costa e Silva", como ele fulminava o marechal *troupier* que havia sucedido ao "intelectual" Castelo Branco na Presidência da República.

Em caso de dúvida, como todo bom burocrata, o censor preferia errar por excesso a por falta. Do contrário, como explicar que entre os cortes feitos na peça de Millôr Fernandes *O homem do princípio ao fim*, de 1966, houvesse, além de passagens da carta-testamento de Getúlio Vargas, uma oração de Santa Teresa de Ávila?[19] Em 1968, foi proibida a peça *Um bonde chamado Desejo*, do americano Tennessee Williams. No começo dos anos 1970, proibiu-se o livro do empresário brasileiro Kurt Mirow — não tanto, talvez, pelas acusações aos monopólios que sustentavam o seu conteúdo, mas pelo título, inaceitavelmente infeliz para a época e o grau de instrução dos censores:

A ditadura dos cartéis. Como não, se também fora vetado *O vermelho e o negro*, o romance do francês Marie-Henri Beyle, codinome Stendhal, escrito em 1830? Afinal, dizia um investigador do Dops paulista nos anos 1970, o perigo era "sexo, marxismo e ideias exóticas" — que ele pronunciava "secho, marchismo e ideias ejóticas".

No meio teatral, onde a censura podia quebrar uma companhia, pelo desperdício de dinheiro investido numa produção banida mesmo depois de liberada, a dúvida hamletiana era muito terra a terra: afinal, o que poderia ser ou não ser mostrado ao público? Essa era uma das principais preocupações do dramaturgo e diretor Augusto Boal e de seus colegas, em 1971: "Eu tinha acabado de ensaiar *Simón Bolívar* e estava cansado. Um dos atores tinha me perguntado: — Afinal pra que é que a gente fica ensaiando tanto? A censura não vai mesmo deixar que a gente faça essa peça... Eu não acreditava nada em nenhuma 'abertura', como muitos otimistas [...]. Mas não queria de jeito nenhum aceitar a autocensura. Não queria facilitar o trabalho deles".[20] Dado que as regras eram tudo menos claras, adotava-se uma estratégia do tipo ensaio e erro: ia-se adiante até que não fosse mais possível; então, se recomeçava. Ou se fazia uma conta de chegar, com base no princípio do boi de piranha: recebiam-se com resignação aquelas incursões mais óbvias da tesoura — as quais, se supunha, não desfigurariam a obra toda — para, de algum modo, fazer passar o recado que realmente interessava.

Esse jogo de roleta-russa podia ser fatal, como demonstra o episódio narrado por Luiz Carlos Maciel sobre a montagem, por ele dirigida em 1968, de *Barrela*, peça de Plínio Marcos sobre uma curra homossexual numa prisão: "Na época em que Plínio escreveu e tentou montar a peça teve problemas com a censura. Passados uns tempos (e já com ele famoso), pensamos que seria mais fácil descolar a montagem, escapando um pouco da censura — o que seria improvável, em face das condições, mas aceitávamos de antemão cortes, principalmente dos abundantes palavrões [...]. O texto da peça foi enviado para a censura em Brasília, mas não recebemos resposta. Como eu disse, imaginávamos que iam proibir alguns palavrões ou expressões chulas, e ficamos frios. No dia da nossa estreia, a censura enfim nos respondeu: a peça estava integralmente vetada! Nada de cortes: não tinha uma só palavra que tivesse sido liberada".[21]

Desastre semelhante aconteceu, em 1973, com *Calabar*, peça de Ruy Guerra e Chico Buarque que reavaliava o papel de Domingos Fernandes Calabar, apresentado habitualmente como traidor pela historiografia brasileira, durante a ocupação holandesa em Pernambuco, no século XVII. Submetida à censura, saiu liberada com cortes. A montagem foi iniciada, mas às vésperas da estreia, em vez de mandar um agente ao ensaio final, como de praxe, a censura solicitou o texto para novo exame. Depois de quatro meses, veio finalmente a decisão: estavam proibidos a peça, o nome Calabar e a notícia de que estavam proibidos. Os cenários foram reaproveitados no show Tempo e Contratempo, no Teatro Casagrande, do Rio de Janeiro, e as músicas, embora mutiladas algumas, puderam ser ouvidas no disco *Chico canta*.[22]

A censura abateu-se duramente sobre músicos e compositores de oposição. Não surpreende: a canção popular, pelo lugar que ocupa na indústria cultural e na cultura da juventude, foi o mais amplo canal de denúncia do autoritarismo no Brasil. E nenhuma outra criação artística simbolizou com tanto vigor a oposição ao regime, nem tão explicitamente convocou à sua derrubada — pelo menos até o "Hino nacional" cantado por Fafá de Belém nos comícios pelas Diretas Já, em 1984 — quanto "Pra não dizer que não falei das flores", de Geraldo Vandré, que horrorizou os militares para todo o sempre pelos seus versos explícitos sobre o que se ensinava nos quartéis ("morrer pela pátria/ e viver sem razão"). O discurso em que o jovem deputado federal Márcio Moreira Alves pedia às moças que não entregassem os espadins nem dançassem com os cadetes de 1968 pode ter servido de pretexto para o AI-5, porque a Câmara se recusou a dar licença para processar o autor. Mas, em matéria de ofensa sentida pelo generalato, nem de longe se compara à letra de Vandré. Quanto mais não seja porque seu veículo foi a TV — o centro de gravidade da *pop culture* em ascensão no Brasil. A participação de jovens compositores e intérpretes em programas de televisão, sobretudo nos festivais promovidos anualmente pela TV Record a partir de 1965, lhes assegurou imediata fama nacional, a começar junto ao público universitário. Sua projeção no rico chão de estrelas da música popular brasileira, ou MPB, como se passou a dizer então, deu-lhes ao mesmo tempo uma audiência inédita e não menos inéditas atenções por parte do aparato de repressão.

Geraldo Vandré foi para o exílio, e a patente de inimigo musical número um do regime foi concedida ao compositor e cantor Chico Buarque de Holanda — que assim se tornou protagonista da mais longa e acidentada história de atritos com a ditadura e a censura. Três de suas composições — "Vence na vida quem diz sim", "Tanto mar" e "Cálice", esta última em parceria com Gilberto Gil — foram totalmente vetadas. Cinco outras canções perderam palavras ou versos inteiros, considerados imorais ou críticas veladas ao governo. O boicote se sucede à censura como a noite ao dia. Em 1971, por sugestão da Polícia Federal, a música "Apesar de você", que havia sido liberada (embora até as cordas do violão de Chico soubessem que "você" era codinome de Emílio Garrastazu Médici, o terceiro general-presidente do ciclo de 1964), foi retirada do show de Elizeth Cardoso no Canecão.[23] Naquele mesmo ano, a Rede Globo tomou a decisão de banir o compositor de seus programas. A emissora só voltaria a levá-lo ao ar nos anos 1980. Em 1973, a gravadora Phonogram, durante o show Phono 73, desligou o som dos microfones de Chico Buarque, quando ele falou três vezes "cale-se", temendo que fosse cantar a censurada "Cálice". Mas em nenhum momento ocorreu a alguém vetar as gravações do sambista Julinho da Adelaide, brasileiríssimo *nom de plume* a que recorreu, por força da necessidade, o compositor Francisco Buarque de Holanda.

À censura e ao boicote, que afetavam o ganha-pão, somavam-se outras formas de pressão, mais pessoal. Narra o autor Humberto Werneck: "As intimações para depor eram frequentes e pontilharam toda a primeira metade dos anos 70. Chegavam sob a forma de um impresso de 'Intimação ou Convite'. Chico diz que recebeu bem mais de vinte e guardou algumas. Ele se tornou habitué de um serviço do Dops na praça Marechal Ancora, no centro do Rio de Janeiro, onde geralmente era interrogado por um certo inspetor Sena".[24] Pouco depois Chico Buarque comentaria: "Eu me sinto um indivíduo vigiado e por isso mesmo marginal. Não é que me tratem mal, mas é uma rotina à qual nunca vou me acostumar, mas que já assimilei como sendo parte integrante de minha vida, desde que resolvi viver neste país, que é o único que tenho. Então, isso perturba minha vida particular e minha atividade de criação [...]. O resultado é um medo, exagerado até, de todos os lados...".[25]

Houve momentos em que a política recobriu por inteiro a vida dos opositores do regime. Luiz Carlos Maciel relata como, em 1968, o cotidiano de gente como ele estava cercado de todos os lados pela política: "Me lembro que pouco antes da estreia, num dia comum de ensaio, recebemos a notícia da morte do estudante Édson Luís, no restaurante do Calabouço. Os estudantes estavam se organizando em várias manifestações de protesto. Plínio (Marcos), que estava comigo, num bar perto do teatro, no momento da notícia, resolveu: — Todos os teatros vão fechar hoje em protesto. Nada de espetáculos! — Mas como, Plínio? Como é que a gente vai fazer isso?, perguntei. Ainda tem de convocar assembleia da classe e... Ele me cortou sem se abalar: — Nada de assembleia. Vamos formar grupos e fechar os teatros, um por um. Os estudantes ajudam".[26]

Escreveu Zuenir Ventura, referindo-se à classe média intelectualizada: "Os que viveram aqueles tempos guardam a impressão de que não faziam outra coisa: mais do que fazer amor, mais do que trabalhar, mais do que ler, fazia-se política. Ou melhor, fazia-se tudo achando que se estava fazendo política. A moda era politizar — do sexo a orações, passando pela própria moda, que durante pelo menos uma estação de 68 foi 'militar': as roupas mimetizavam a cor e o corte das fardas e das túnicas dos guerrilheiros".[27] O AI-5 tirou das ruas os suspeitos de sempre: estudantes, artistas, professores, jornalistas, advogados. Mas a política ia e vinha como a nuvem que dizem que é. Para os artistas identificados com a oposição, não havia torre de marfim onde se abrigar, ainda que o quisessem. As escaramuças com a censura, o clima de opressão, o exílio voluntário, enfim, se intrometiam no trabalho e tornavam os destinos pessoais indissociáveis das atitudes públicas de cada qual e das contingências da política.[28]

Dos mais importantes grupos profissionais de classe média que se opuseram à ditadura, os jornalistas eram, a rigor, os únicos assalariados, no sentido clássico do termo — empregados em empresas privadas. Não eram profissionais liberais pagos pelos clientes, como os advogados com banca própria; nem servidores públicos, como os professores universitários, habituados à liberdade no trabalho e à segurança na carreira (até os expurgos e as aposentadorias compulsórias do AI-5); tampouco eram artistas ou produtores de cultura, cujos vínculos com financiadores, patrocinadores e organizações que os contratavam tinham suficiente elasticidade para lhes assegurar um grau de independência acima do alcance do jornalista com carteira assinada. Se este quisesse fazer política de oposição e continuar levando vida normal, a condição de assalariado inevitavelmente restringiria suas atividades *subversivas*. Não apenas pela óbvia necessidade de conservar o emprego, mas também para ficar fora das listas negras de indesejáveis políticos, compiladas a quatro mãos — segundo se dizia nas redações — pelos serviços de segurança e pelo patronato. Ter o nome numa dessas listas era quase meio caminho andado para a prisão, mais dia, menos dia.

Além disso, os novos padrões de desempenho exigidos dos jornalistas com ambições profissionais, bem como a lealdade deles esperada pelas empresas que lhes proviam o ganha-pão e as perspectivas de carreira, não raro colidiam com seus projetos e práticas de resistência à ordem autoritária. Isso porque no curso do regime militar, sobretudo na sua primeira metade, os meios de comunicação de massa no Brasil passaram por profundas transformações. Em nenhum outro período a mídia nacional modernizou-se tanto e tão rapidamente. A TV Globo começou a operar em 1965. Em 1966 surgiram a revista *Realidade* e o *Jornal da Tarde*. Em 1968, a revista *Veja*. O *Jornal Nacional* foi ao ar em 1969. O *Globo Repórter*, em 1972. Essas mudanças no *business* da comunicação — mudanças técnicas, tecnológicas, administrativas, de escala empresarial e de relacionamento do setor com o mercado e o Estado — afetaram de modo substancial o exercício do jornalismo no país, o dia a dia dos jornalistas e suas escolhas políticas possíveis. Nem os jornais chamados alternativos ou nanicos — notadamente os tabloides *O Pasquim*, *Opinião* e *Movimento* — puderam desconhecer as novas preocupações com a qualidade técnica dos produtos, próprias da grande imprensa, embora outros fossem os interesses e as prioridades de seus editores. Na derradeira edição, de 23 de novembro de 1981, *Movimento* ressaltou que um dos objetivos da imprensa alternativa era "destruir o mito de que jornalista é um técnico, se não da neutralidade, ao menos da objetividade".[29]

A crescente "industrialização" do jornalismo, exigindo grandes investimentos, condicionava a conduta e os cálculos dos senhores da mídia, seja diante do governo — no triplo papel de fonte de financiamento, anunciante e censor —, seja diante das redações. Nelas, redefinia os patamares de remuneração, os critérios de ascensão profissional, a estrutura de comando e os jogos de poder. Refletia-se ainda nas relações dos jornalistas com as fontes oficiais (principalmente nas áreas política, militar e econômica); ajudava a estabelecer a hierarquia dos fatos e a acolhida dada aos diferentes personagens que seriam notícia nas publicações e emissoras, o tom e a forma de tratamento das matérias. Em conjunto e cada qual a seu modo, esses fatores tendiam a desestimular o jornalismo voltado para a denúncia desabrida do regime ditatorial, induzindo soluções de compromisso. Falava-se muito em crítica "construtiva" e liberdade "com responsabilidade", duas estupendas amostras da sintaxe dos militares e escribas a eles fiéis. Faziam companhia a outra preciosidade que faiscava no discurso do poder e nas colunas da imprensa: a democracia "relativa".

Os empresários, quase sem exceção, tinham algo além de interesses econômicos em jogo para não atazanar os generais com cobranças impertinentes por mais democracia, liberdade de pensamento, criação artística e intelectual, respeito aos direitos humanos, apuração das crescentes brutalidades cometidas pelos órgãos repressivos e punição dos responsáveis. Também suas convicções os faziam adeptos da nova ordem: desde que a guerra fria aportara no continente, com a entrada de Cuba na órbita soviética, eles compartilhavam com os militares a certeza de que a imatura democracia brasileira estava na mira do chamado movimento comunista internacional. A mídia em peso havia apoiado com entusiasmo a derrubada de Goulart, pela qual havia clamado e para a qual havia conspirado, assim como exultara com o fim das "reformas de base", da influência dos sindicatos no governo, da ação das Ligas Camponesas e das restrições aos capitais estrangeiros. Os "excessos" do Primeiro de Abril eram questões de somenos; logo passariam. Quantos editoriais, por exemplo, foram escritos contra a mais brutal manifestação pública do golpe recém-vitorioso — o desfile pelas ruas do Recife, amarrado a um veículo militar, do sexagenário dirigente comunista Gregório Bezerra?

Entre os maiores jornais brasileiros, apenas o *Correio da Manhã*, do Rio de Janeiro, voltou-se contra o novo regime tão logo começaram seus atos de violência. Já em 3 de abril de 1964, o jornal estampou o editorial "Terrorismo, não", responsabilizando o governador Carlos Lacerda, um dos líderes civis do golpe, pela truculência da polícia carioca. Em pouco tempo, por sua independência e pelo vigor de suas críticas ao autoritarismo, assinadas por alguns dos principais nomes do patriciado intelectual e jornalístico brasileiro — Antonio Callado, Carlos Heitor Cony, Hermano Alves, Márcio Moreira Alves, Otto Maria Carpeaux e Paulo Francis, entre outros —, o matutino se tornou uma espécie de porta-voz informal da elite oposicionista. Depois de prolongada agonia financeira, estimulada pelo regime, o *Correio da Manhã* deixou de circular em junho de 1974. Regra geral, as empresas jornalísticas tampouco se dispuseram a sair em defesa de seus profissionais acusados de subversão. E, embora a crônica dos primeiros tempos da ditadura registre gestos de honradez e decência de proprietários de órgãos de comunicação e seus executivos, registra também expurgos e vilanias. À parte as questões de caráter, o fato é que a imprensa brasileira, espelho do tempo, estava ainda longe de considerar a democracia um valor absoluto. Para a mídia conservadora, nos idos de abril, a suspensão presumivelmente breve dos direitos civis era o preço a pagar pelo restabelecimento da ordem e a supressão da ameaça comunista. Esse argumento continuaria a ser defendido uma década depois do fim da ditadura — e do comunismo — pelo economista e diplomata Roberto de Oliveira Campos, ministro do Planejamento do primeiro governo militar. Um dos mais brilhantes pensadores da direita brasileira, que sempre mereceu da imprensa tapete vermelho, tratamento de guru e espaço abundante, Campos escreveu: "É sumamente melancólico — porém não irrealista — admitir-se que, no albor dos anos 1960, este grande país não tinha senão duas miseráveis opções: 'anos de chumbo' ou 'rios de sangue'...".[30] Para não raros jornalistas de esquerda, de seu lado, a adesão à democracia era utilitária: defendiam-na, antes de tudo, como esquerdistas de outras profissões, porque propiciava o avanço dos movimentos de massa. "Sem comida a liberdade/ é mentira, não é verdade", ensinava antes do golpe "Zé da Silva é um homem livre", música de Geni Marcondes e letra de Augusto Boal, gravada no disco *O povo canta*, produzido pelo Centro Popular de Cultura (CPC), em 1964. O CPC era ligado à União Nacional dos Estudantes (UNE) e ao Partido Comunista Brasileiro.

De certo modo, como a resistência dos franceses à ocupação alemã na Segunda Guerra Mundial, a oposição da imprensa brasileira ao regime de 1964 parece ter sido mais idealizada do que entendida nas suas devidas proporções — e contradições. Durante a maior parte do tempo, as relações com o poder, mesmo daquela parcela da indústria preocupada em resguardar sua independência editorial, por princípios ou para fazer boa figura perante o mercado, caracterizaram-se não pela contestação retilínea à asfixia das liberdades públicas, mas por um labirinto de acertos, negociados e renegociados sem cessar em torno do que poderia ser noticiado e como. Os assuntos que ouriçavam os militares nem sempre eram políticos em sentido estrito. A revista *Realidade*, por exemplo, teve apreendida uma edição especial sobre a mulher. Sua pauta costumeira era definitivamente indigesta para a pudicícia oficial: comportamento sexual, drogas, rebelião juvenil, conflito de gerações, fidelidade conjugal, divórcio, aborto etc. Depois do AI-5, a revista foi se descaracterizando até morrer em surdina. O caso solitário de ruptura plena foi o dos jornais *O Estado de S. Paulo* e *Jornal da Tarde*, da família Mesquita, sob censura prévia desde agosto de 1972. No ano seguinte, o *Estado* passou a preencher os espaços das matérias proibidas com versos de *Os lusíadas*; o *Jornal da Tarde*, com receitas culinárias (muitas delas deliberadamente sem pé nem cabeça, para irritação dos leitores de mente literal, a anos-luz da política). Os censores só se foram em 3 de janeiro de 1975, véspera do centenário do jornal.[31]

Acomodações e conflitos eram igualmente o prato de todo dia no relacionamento entre os comandantes das editoras e os generais das redações, na grande e na pequena imprensa. O tabloide *Movimento*, por exemplo, foi fundado por jornalistas que deixaram o semanário *Opinião* em protesto contra o afastamento do seu editor pelo dono da empresa que publicava o jornal. Na imprensa convencional, capitulações e confrontos podiam ser suscitados pela decisão de contratar (ou demitir) um jornalista antipático ao regime; pela intenção de afrontar (ou acatar) a Polícia Federal, com seus bilhetinhos e telefonemas; pela ideia de promover (ou tratar discretamente) as facções e personalidades do universo político e militar identificadas com a "linha branda", favoráveis ao que se chamou, em diferentes períodos, descompressão, distensão e, enfim, abertura. A razão da discórdia podia ser também a conveniência de publicar (ou engavetar) episódios de corrupção envolvendo figurões de Brasília e seus prepostos nos estados. Sobretudo, podia ser espetar (ou poupar) o nervo exposto do regime: a tortura.

Para a negociação ser ao menos admissível, o órgão ou a empresa jornalística tinha de dar evidências prévias de boa-fé, demonstrações cabais de não estar aliada aos inimigos do regime. O que excluía liminarmente a imprensa alternativa sob censura, obrigada ainda por cima a mandar os originais à Polícia Federal em Brasília, para tornar inviável sua operação industrial e matá-la de inanição. O semanário *Opinião* foi produzido sob censura prévia desde seu oitavo número, em janeiro de 1973, até deixar de ser publicado, em abril de 1977. *Movimento* sofreu censura prévia durante 153 semanas, a contar do número de estreia, em julho de 1975. Nesses quase três anos, segundo os editores do jornal, foram proibidas, na íntegra, 3093 matérias.[32] No caso da grande imprensa, supunha-se que a moeda de troca junto às autoridades fosse a distribuição equânime de estocadas a amigos e desafetos do autoritarismo. Ao atacar com dureza uma figura desagradável ao regime, por exemplo, uma publicação acreditava estar adquirindo as indispensáveis indulgências para divulgar (ou o perdão por ter divulgado) denúncias incomparavelmente mais graves no campo das violações dos direitos humanos. A esperteza poderia dar certo ou não. De qualquer modo, para os jornalistas envolvidos, o gambito equivalia a um pacto com o diabo, com todas as suas implicações para a alma e a imagem de cada um.

O convívio com a censura exigia dos profissionais em cargos de direção disposições as mais diversas e contraditórias, da temeridade à resignação, além de fartas reservas de humor. Em 14 de dezembro de 1968, o *Jornal do Brasil* (*JB*), do Rio de Janeiro, sob a chefia de Alberto Dines, driblou os censores instalados na redação desde a véspera, dia do AI-5, publicando no alto da primeira página, espaço habitual da previsão meteorológica, o seguinte texto: "Tempo negro. Temperatura sufocante. O ar está irrespirável. O país está sendo varrido por fortes ventos. Máx.: 38°, em Brasília. Mín.: 5°, nas Laranjeiras". Trinta e oito foi o número do Ato Complementar que fechou o Congresso. Laranjeiras é o nome do palácio, no Rio, onde o marechal Costa e Silva reuniu o gabinete para anunciar a decisão de editar o ato institucional.[33] A censura prévia no *Jornal do Brasil* durou menos de um mês. Os donos do matutino assumiram o compromisso de acatar ao pé da letra os telefonemas e bilhetes proibindo fatos e nomes. As proibições podiam ser coerentes, descabidas, tontas — ou imprevisíveis. Certo dia, um colega de jornal procurou o novo editor-chefe do *JB*, Carlos Lemos, para pedir que não desse o caso da empregada de sua família, que matara o filho recém-nascido. Lemos conta ter lhe respondido que, se o caso não tivesse repercussão, o jornal o ignoraria; se tivesse, iria publicar algo, discretamente. Para seu espanto, pouco depois chegou o aviso de que a notícia estava proibida. Como veio a saber depois, um oficial do Exército, parente da mulher do colega, fora mais eficaz do que este: simplesmente pediu o veto à Polícia Federal.[34]

Duas dimensões da vida nacional estavam definitivamente fora da barganha, por desnecessária: a política econômica (o falado modelo) e a resistência armada (o terrorismo). No primeiro caso, a substância, os meios e os fins buscados, primeiro, pela dupla Bulhões-Campos e, depois, por Delfim Netto, mereceram o apoio rasgado dos proprietários da grande imprensa e, se não a simpatia, a neutralidade benévola ou cínica dos principais editores. No segundo caso, podia a mídia trombar com o governo pelo destaque dado às ações dos movimentos de contestação; ou, a partir de certo ponto, até por sua mera divulgação. Mas a abominação da guerrilha era mandamento sagrado. O repúdio abrangia, como desde antes do golpe, o noticiário relativo ao PCB. Nos escalões inferiores — e mais jovens — das redações, os agrupamentos que imaginavam derrubar a ditadura pela força provavelmente tinham mais simpatizantes do que o Partidão, execrado como conciliador e reformista. Mas seria mais fácil um militante da VPR passar pela alfândega do Galeão com uma caixa de granadas do que um repórter contrabandear uma notícia favorável à luta armada para dentro de um jornal.

Os comunistas, de longe, eram os mais organizados jornalistas de oposição. Não que fossem muitos. Porém, escolados, davam a devida importância à ocupação de postos nas redações, de modo a formar redes de proteção recíproca e dar emprego a outros militantes e simpatizantes. Isso não significa que o seu ativismo fosse necessariamente mais combativo ou temível do que o dos colegas de outros ramos da esquerda. Tanto que suas figuras mais conhecidas no meio mereciam até a confiança de donos de jornal. Estes mantinham os "comunas" nos empregos, fingindo não saber aquilo que eles fingiam não ser. Era um arranjo confortável para ambas as partes. De um lado, porque os membros do "clube", como chegou a ser moda se referir ao partido, representavam um antídoto às surpresas que os "porralocas" poderiam aprontar numa redação. De outro, porque a competência profissional era ponto de honra para os comunistas, a maioria absoluta dos quais fazia por merecer o salário no fim do mês. De outro ainda, porque sua presença permitia aos empregadores preocupados com essas coisas provar que não discriminavam ninguém por motivos ideológicos. O arranjo convinha aos jornalistas do Partidão também porque — num ofício em que nove de cada dez praticantes pertencem a alguma "patota" — eles podiam se outorgar uma espécie de superioridade moral na competição por cargos e salários com colegas de outras panelinhas, formadas a partir de afinidades mais pedestres do que a luta pela justiça social.

No PCB, fora dele, ou contra ele, ser jornalista de oposição significava, na prática, cultivar duas regras essenciais à profissão: informar e fazer pensar. Elas foram se tornando cada vez mais valiosas para a resistência democrática à medida que a censura oficial, somada à censura interna, estreitava o rol de assuntos publicáveis e a maneira de abordá-los, e à medida que a ressaca de 1968, combinada com o chumbo do AI-5 e a crença no milagre econômico, *alienava*, como era de rigor dizer, ponderáveis parcelas da população letrada da dimensão política das questões que lhes deveriam dizer respeito. Desse modo, a oposição jornalística não consistia em outra coisa senão em querer transmitir ao público os fatos que contavam, com precisão e objetividade, e as diversas ideias que pudessem iluminá-los. Ao trazer dentro de si a denúncia do autoritarismo, as ideias e fatos divulgados conteriam também a semente da restauração democrática.

Mais fácil falar do que fazer. Não só pelo cerceamento declarado ou oblíquo das notícias, personagens e reflexões indesejáveis, mas também pela prevalência, nas redações, do interesse supremo pelo apuro técnico do trabalho como tal. Por inclinação profissional, cálculo pessoal, desdém pelos políticos, indiferença pela política ou resignação ao jogo imposto de cima, um bom número de jornalistas de primeiro time aplicou o valor de seu talento — e do seu poder de contratar, promover e demitir — para produzir jornais, revistas e noticiosos de TV em que a informação politicamente significativa saía, quando saía, desvitalizada, carregada de irrelevâncias, ironias e efeitos formais. O ceticismo cultivado com elegância comprazia-se especialmente em alfinetar o pensamento de esquerda. Jornalistas detestavam a censura, mas desprezavam os estudiosos que alertavam para a crescente concentração da renda nacional. Anos depois, em 1979, eles fariam a festa com a declaração do carnavalesco Joãosinho Trinta, na época, da Acadêmicos do Salgueiro: "O povo gosta de luxo. Quem gosta de miséria é intelectual".

A miopia política da imprensa — surpreendida como qualquer coronel em seu quartel com o voto de protesto no MDB naquele mesmo ano — tinha a ver com o fato de numerosos jornalistas focalizarem quase exclusivamente um só ator — o governo. E essa escolha, por sua vez, resultava do peculiar relacionamento entre o profissional e suas fontes no poder. No Brasil, antes do golpe de 1964, os governantes corrompiam jornalistas com mordomias, viagens, empregos públicos, financiamentos para casa própria, quando não dinheiro vivo. No regime militar, os termos da transação foram ficando cada vez mais rarefeitos e sofisticados, a ponto de ela nem ser identificável pelo que era. Isso porque, com a modernização da mídia, o metro mais rigoroso para avaliar a competência básica de um profissional tornou-se a sua aptidão em trazer da rua informações importantes e exclusivas. Como a rua — a sociedade —

deixara de ter vez e voz, o endereço da informação passou a ser o gabinete. Os mais atilados militares, tecnocratas e políticos de primeiro escalão dispunham de uma moeda de alto valor de troca para seduzir os jornalistas influentes nas redações: a notícia. O profissional de tendência oposicionista se via, dessa forma, diante de um dilema moral e político: esquematicamente, ou ele se daria bem com os poderosos da hora, ou manteria com eles apenas a relação formal compatível com suas convicções. No primeiro caso, sairia do gabinete portando informações quentes e inéditas, que pavimentariam seu prestígio profissional, mesmo quando não pudessem ser publicadas, mas sempre vazadas aos patrões, chefes e colegas próximos. Na segunda hipótese, ele seria tratado como qualquer repórter sem luz própria, virtualmente confinado aos textos burocráticos dos press releases e às declarações ocas "em *on*" — nada, em suma, que fizesse a fama e a fortuna de um jornalista na nova mídia brasileira. É sabido que esse arranjo contribuiu para domar durante os anos críticos o potencial oposicionista de um certo número de bons profissionais aparentados com a esquerda e o centro.

Condicionado pelos compromissos, receios e convicções de quem lhes pagava o salário; pela censura externa, interna e própria; pela despolitização das redações e publicações; pela primazia dada à técnica, como um fim em si; pelo convívio forçado com partidários do regime, provocadores e informantes dos serviços de repressão; pela dupla contaminação, política e profissional, da vida particular; pelas idiossincrasias dos chefes, que se sobrepunham até às professadas convicções democráticas deles próprios; pelo grampeamento rotineiro dos telefones; e pela eterna incerteza sobre o que o censor, o patrão e o editor iriam permitir ou proibir, o cotidiano dos jornalistas de oposição lhes dava o sentimento desalentador de travar uma interminável batalha inglória. Como diz um jornalista na peça *A resistência*, de Maria Adelaide Amaral, ironizando o texto de um abaixo-assinado de colegas: "'Protestamos contra a demissão arbitrária [...]'. Nós temos protestado contra tantas coisas arbitrárias [...]. E o que é que tem adiantado?".[35] Para os mais engajados, ficar sem emprego não era apenas perder o depósito em conta no fim do mês; era tornar-se mais vulnerável à repressão: pelo pouco que valesse como escudo — e foi valendo cada vez menos na escalada do terror estatal —, o emprego conferia ao jornalista um arremedo de salvo-conduto. Já o fato de estar na rua sugeria que o jornalista talvez fosse um agitador: o desemprego era um estigma político.

O emprego não salvou Vlado Herzog de ser torturado e morto no DOI-Codi de São Paulo, onde se apresentou para depor no sábado 25 de outubro de 1975, como tinha sido acertado com os agentes que foram buscá-lo na noite anterior na TV Cultura, seu lugar de trabalho. Vlado era mais um de uma longa relação de jornalistas e profissionais liberais presos e torturados nas *razzie* promovidas pela facção hidrófoba do Exército para expor as supostas ligações do PCB com o MDB e os "liberais" do regime. Os jornalistas presos antes de Vlado passaram por terríveis sessões de tortura. Sua morte poupou do sofrimento físico os que entraram depois. (Mas a tortura de presos políticos "comuns" continuou pelo menos até a morte do operário Manoel Fiel Filho — cujo nome viria a ser outro símbolo da resistência — poucos meses mais tarde.) A morte de Vlado, como se sabe, mudou a história do regime. Mas não deixa de ser significativo que, para desmascarar a farsa oficial de sua morte, se tivesse construído espontaneamente a imagem de um Vlado apolítico, que não existia nem fazia justiça à sua memória "como se, caso não fosse um cidadão igual aos outros, o regime pudesse ser absolvido de sua morte, indefeso, numa repartição do Exército. Vlado fazia política e tinha plena consciência do que fazia [...]. Não cultivava ilusões sobre a 'neutralidade' do jornalismo; tampouco se sentia tentado [...] a buscar refúgio e consolo na técnica da profissão. A 'isenção' do jornalista e o apreço à forma pela forma, Vlado os percebia, naquelas circunstâncias precisas, como desserviço ao país e à busca da liberdade".[36]

> De fichário novinho embaixo do braço, mais o livro *Homem e sociedade*, do Octavio Ianni e do Fernando Henrique Cardoso, lá fui eu. Todo mundo ouvia rádio de pilha. Os professores se aglutinavam no segundo andar. Os alunos corriam feito barata tonta pelo prédio inteiro. Os mais antigos se reuniam em assembleia. E, finalmente, aconteceu uma "aula". Eduardo Kugelmas convocou, trêmulo, todo mundo para sua sala e começou um estranho discurso sem pé nem cabeça sobre os Sistemas Sociais. Bombas explodiam lá fora. Gritos e tiros. E eu perguntei à Vania Guarnieri: "São as tropas do Sul?". Ela: "Não, são as tropas do Adhemar de Barros". E eu: "Por que a gente tá tendo aula se lá fora tem uma guerra?". Ela, irritada, sem largar o lápis: "Porque é o único jeito de não nos prenderem". Supostamente havia um "acordo ético" entre professores, alunos e policiais: o estudante que estivesse tendo aula e o professor que estivesse dando aula não poderiam ser presos. Nunca se deu tanta aula ao mesmo tempo, nem jamais tantos foram à aula com tanto prazer![37]

Para Consuelo de Castro, caloura do curso de ciências sociais da Faculdade de Filosofia da Universidade de São Paulo, na rua Maria Antônia, o encontro com a política se deu no primeiro dia de aula, no Primeiro de Abril de 1964. Seu colega Éder Sader, veterano do mesmo curso e militante de esquerda, também estava lá: "Nessas horas", recordaria, "a gente vai para onde se encontra o pessoal próximo. Eu poderia ir para a sede do Partido Socialista, na praça Carlos Gomes, ponto de encontro entre a esquerda. Ou poderia ir até o Sindicato dos Metalúrgicos, na rua do Carmo, centro da mobilização operária em São Paulo. Ou para o Sindicato dos Gráficos, na rua da Figueira, onde mantinha ligações. Mas fui para a Faculdade de Filosofia, onde era estudante, onde estava a maioria dos meus amigos e onde tínhamos o Grêmio para 'tentar fazer alguma coisa'".[38]

Nos anos seguintes, em todo o país, para muitos outros calouros e veteranos, as faculdades seriam o lugar onde estavam os amigos, onde se tentaria "fazer alguma coisa" contra a ditadura e onde se aprenderia a chegar aos sindicatos (dos metalúrgicos, dos gráficos, dos jornalistas...), aos teatros (Arena, Opinião, Tuca, Paramount, Casagrande...), aos cinemas (Paissandu, Coral, Trianon...), às associações profissionais (ABI [Associação Brasileira de Imprensa], OAB...), ou onde quer que se identificasse uma fortificação oposicionista.

Na segunda metade dos anos 1960, o Brasil dispunha de um sistema universitário nacional, mas apenas 2%, se tanto, da população entre vinte e 24 anos estava matriculada em alguma faculdade. (Trinta anos depois, seriam 12%.) Entre 1965 e 1970, por mínima que continuasse a ser a parcela de estudantes de nível superior na faixa etária correspondente, os números absolutos deram um salto sem precedentes: nesses seis anos, o total de universitários aumentou 2,7 vezes, passando de 155 mil para 425 mil (ou algo como 5% do seu grupo de idade). Numa instituição de elite, como a Universidade de São Paulo, mas já aberta às classes médias, a convivência entre os alunos, e deles com muitos professores, era intensa — condição primeira para o crescimento do ativismo estudantil e sua significativa presença social. A hostilidade do regime ao mundo acadêmico, em especial aos cursos de humanidades, tidos como "antros de subversão", só fazia aumentar o poder de sedução da vida universitária sobre os jovens e o "espírito de corpo" que se formava naturalmente nas escolas, ao qual era quase impossível ficar alheio. Sob o autoritarismo, a universidade era o ambiente onde política e vida privada se confundiam numa experiência única — e inédita — para um número expressivo de estudantes. Pois, naqueles anos, a política tinha a ver com tudo o que representava para um jovem o fato de entrar numa faculdade: novos hábitos, novas amizades, novos gostos, novos conhecimentos, novas convicções.

Franklin Leopoldo e Silva descreveu com propriedade essa fusão entre as dimensões privada e pública do cotidiano de um estudante universitário: "O espaço da rua Maria Antônia configurava de certa maneira o lugar da cumplicidade dos que questionavam a ordem 'burguesa'. Era de certa forma o palco onde se criavam, se ensaiavam as atitudes e os comportamentos que deveriam concretizar a recusa da ordem estabelecida nos seus vários aspectos, desde a maneira de se portar, de se vestir, de falar, até a postura que se deveria assumir perante os valores éticos tradicionais. E, acima do que nisso havia de exagero, afetação ou imitação, pairava algo importante: essa modalidade de contestação derivava de ideias e participava da mesma índole da contestação sociopolítica que visava à transformação da sociedade".[39] Entre os estudantes que aderiram à luta armada a partir de 1968, por exemplo, alguns já tinham feito política no curso secundário.[40] Mas a grande maioria se fez militante de oposição nas faculdades.

A iniciação política incluía expor-se à ebulição das assembleias estudantis, comparecer a atos públicos em recinto fechado, participar de greves e engrossar as passeatas de protesto. Passava também pela indispensável tomada de contato e não menos necessária demonstração de familiaridade com o amplo repertório de livros e publicações de esquerda: "Líamos Brecht, Marcuse e Lukács, a revista *Civilização Brasileira* e a *Paz e Terra*. Mais tarde, *Teoria e Prática*. E os artistas teóricos brasileiros: Gullar (de *Cultura posta em questão*) e Glauber Rocha (*Por uma estética da fome*, que nos ajudava a refletir sobre seus próprios filmes: 'a mais nobre manifestação da fome é a violência'...). Era também o momento de abertura para a América Latina: ao lado do fascínio pelas figuras políticas ('Che' Guevara, Debray, Camilo Torres) começávamos a descobrir poetas e ficcionistas latino-americanos (Carlos Fuentes, Neruda, Nicolás Guillén, Miguel Ángel Asturias, Cortázar. Octávio Paz e Borges viriam depois)", lembra uma estudante de letras de então.[41] Zuenir Ventura constata que, em 1968, Marx, Mao, Guevara, Lukács, Gramsci e Marcuse estiveram na lista dos best-sellers, no Rio de Janeiro, ao lado de Norman Mailer, James Joyce e Hermann Hesse.[42] Ressalta o impacto causado por *A revolução brasileira*, de Caio Prado Jr., pela primeira edição completa em português de *O capital*, de Karl Marx; pelo lançamento da trilogia *O profeta armado*, *O profeta desarmado* e *O profeta banido*, de Isaac Deutscher, sobre Trótski, e de *O Vietnam segundo Giap*.

Ainda que raramente fizesse parte da bibliografia dos cursos acadêmicos, a literatura marxista era consumida com sofreguidão pelos estudantes politicamente ativos. As leituras municiavam os sucessivos debates sobre as mazelas da sociedade brasileira e a melhor maneira de transformá-la — em suma, sobre "o caráter da revolução brasileira", como se costumava dizer com alguma pompa e muito otimismo. Aí se confrontavam duas facções. De um lado, os *reformistas* asseguravam que o Brasil vivia ainda a etapa da revolução burguesa e era prematuro pensar em ir além. De outro, os *revolucionários* sustentavam que o país poderia marchar desde logo para o socialismo, ou pelo menos para um governo de tipo popular-revolucionário, a partir do qual, em pouco tempo, se daria o grande salto para o socialismo, a exemplo de Cuba. Para eles, a luz vinha também da Ásia, da China de Mao e do Vietnã de Ho Chi Minh. "Os textos marxistas eram lidos como verdadeiras bíblias", testemunhou Herbert Daniel, à época estudante de medicina em Minas Gerais. "Pescávamos nos clássicos a razão de tudo. Destrinchávamos atentamente para explicar por que nunca se avançara o marxismo no Brasil. Ali encontrávamos sempre argumentos novos para provar que a esquerda brasileira nunca fizera a revolução porque abandonara o 'verdadeiro marxismo'. E toma marxismo em cima da moçada!" Um livro circulava de mão em mão entre os já iniciados: "Assim como os textos de Althusser, o livro de Debray, 'Revolução na revolução?', era distribuído em cópias mimeografadas de mão em mão. A tradução não era nenhuma perfeição, mas ninguém estava ali para se preocupar com detalhes acadêmicos. O mais importante eram as ideias que tirávamos daquelas ideias. Se Debray fazia uma pergunta, nós respondíamos, sem dúvida, que estava feita uma revolução no esquema da revolução latino-americana. Que viva Cuba!".[43]

Embora generalizada, a efervescência política nos primeiros anos de governo militar evidentemente não tinha a mesma intensidade em todas as instituições e em todos os cursos. As faculdades de filosofia e de direito, sobretudo, atraíam os alunos das outras escolas que davam corpo ao movimento estudantil. Para a maioria, a experiência política, mesmo quando intensa, circunscrevia-se às assembleias e reivindicações, aos debates e protestos públicos. Alguns, no entanto, mergulharam mais fundo, tornando-se militantes das muitas organizações em que aquele se alicerçava. Desde antes de 1964, no meio universitário, o Partido Comunista Brasileiro disputava espaço com os agrupamentos católicos de esquerda — a Juventude Universitária Católica (JUC) e, a partir de 1962, a Ação Popular (AP). Era também fustigado por pequenos grupos mais à esquerda, como a Política Operária (Polop) e os trotskistas da IV Internacional. Depois do golpe, o número de organizações cresceu proporcionalmente mais que o número total de militantes, porque boa parte das novas siglas nascia dos "rachas" nas organizações existentes, em especial no Partido Comunista.[44]

As opções de cada qual eram fortemente influenciadas pelo ambiente político e cultural nas escolas e pelas afinidades pessoais com os colegas. A rejeição ao reformismo do PCB era um sentimento mais difundido do que as ideias claras sobre as alternativas a seguir: "O ambiente do movimento estudantil na Universidade de São Paulo, onde cursei o primeiro ano de ciências sociais, era de crítica aos partidos comunistas tradicionais. Várias correntes se formavam, algumas com conotações trotskistas, e outras, fortemente influenciadas pelo impacto das revoluções cubana e chinesa. Muitos de nós passamos a integrar essas organizações movidos por vínculos intelectuais e relações de amizade, sem uma avaliação teórica muito profunda. Na concepção da época, a única forma de participar do processo de mudanças que a sociedade brasileira exigia era militar num desses grupos".[45] Foi assim que o estudante Vinícius Caldevilla se aproximou, primeiro, do Partido Operário Comunista (POC) e, depois, cansado de "tanta reunião", mudou-se com um grupo de amigos para a Ação Libertadora Nacional (ALN), em busca de ação revolucionária imediata.

Alfredo Sirkis descreve uma trajetória semelhante: "No CAp [Colégio de Aplicação do Rio de Janeiro], aqueles poucos que naquela época transavam o intrincado e misterioso mundinho das organizações tinham contato com uma área política diferente, que quase não existia no movimento universitário carioca, mas que tinha força no paulista e mineiro [...]. Eu não era sequer um iniciado naquele estranho mundo. Ouvia fiapos de conversa e ficava interessado, mas, ao mesmo tempo, perplexo. Pra que tantas siglas. Deviam era se juntar... As divergências entre uns e outros, eu também não pescava bem. Eu entendia por que não o partidão: era ligado à URSS, stalinista e defendia a transição pacífica".[46] No final de 1968, sua atuação no movimento estudantil o levou à periferia de uma organização armada e, daí, à militância clandestina em tempo integral. Os jovens que fizeram esse percurso foram movidos pela crença na revolução, cujo próximo advento tudo mudava. Cesar Queirós Benjamin, que entrou para a luta armada com dezesseis anos, assinala: "O que se sentia, se dizia, o que se achava é que era possível fazer a revolução. Essa certeza dava sentido a tudo. Fora dessa ideia radical não tinha sentido jogar sua vida. Ninguém joga a vida para virar deputado".[47] Era essa também a sensação da aluna de ciências sociais que corria de um lado para outro, no dia 3 de outubro de 1968, quando o infame Comando de Caça aos Comunistas (CCC) atacou os estudantes entrincheirados no prédio da Faculdade de Filosofia, na rua Maria Antônia. Afinal, a moça pensava, estava-se em guerra, como o Vietnã estava em guerra; nessas circunstâncias, arriscar a vida era algo natural. Por isso aqueles jovens de vinte e poucos anos, dispostos a morrer, também estavam prontos para matar — até pessoas inocentes.

De tal modo a política ocupava o centro dos interesses dos universitários mobilizados contra o autoritarismo, que ela proporcionava os critérios supremos pelos quais julgavam o que lhes era ensinado em aula. Os alunos dos cursos de ciências sociais, por exemplo, inventaram uma espécie de hierarquia para situar os autores clássicos e o progresso do pensamento sociológico. No rés do chão ficava o *positivista* Émile Durkheim. No meio da escada, o *idealista* Max Weber. No topo de tudo, portador da verdade, o *dialético* Karl Marx. A jornalista e ex-aluna de ciências sociais Judith Patarra relata como Iara Iavelberg, a futura companheira do guerrilheiro Carlos Lamarca, criticava as aulas de psicologia social, incapazes, segundo ela, de relacionar a teoria à vida concreta, isto é, "aos problemas dos trabalhadores e à ditadura".[48] Éder Sader, por sua vez, observou:

> Não foram poucas nossas decepções. Eu me lembro que após nossa primeira aula de economia política, com o prof. Wladimir Pereira, fomos pedir alguns esclarecimentos sobre a teoria do valor-trabalho. Qual não foi o espanto do professor, que não somente não rezava por aquela cartilha como ainda não parecia ter alguma familiaridade com o seu conteúdo... O funcionalismo dos sociólogos nos incomodava. Os antropólogos desancavam o evolucionismo, que me aparecia como uma teoria com alguma proximidade com o que eu aprendera com Engels. Em suma, pouca relação havia entre o marxismo que estudávamos em seminários de militantes e as ciências sociais que nos eram apresentadas na rua Maria Antônia.[49]

A vida estudantil não era feita só de aulas, assembleias e passeatas. Da escola ia-se para os bares das imediações, cinematecas ou cinemas de arte, teatros, shows de música. Mas a política ia junto, como também se entrelaçava com as relações amorosas, ajudando a racionalizar atrações e rejeições, e a justificar tanto os comportamentos ditos tradicionais quanto sua transgressão. "Não só os filmes, peças e canções passaram a ser julgados politicamente, mas até os namoros e as fossas tinham de passar pelo crivo da ideologia", recorda o jornalista e escritor Ruy Castro.[50] Na peça *Prova de fogo*, de 1968, sobre a ocupação estudantil do prédio da Faculdade de Filosofia, em São Paulo, Consuelo de Castro coloca na boca do dirigente universitário Zé Freitas o discurso da ruptura com os padrões convencionais, utilizado para justificar o comportamento masculino tradicional:

> ZÉ: Casar? (*Ri*) Eu não, Rosinha. O casamento é uma instituição falida! Lembre-se bem do que eu vou te dizer agora. (*Olhos nos olhos dela*) Eu sou contra a família, a propriedade privada... (*Abre os braços*) e o Estado! Sou pela Revolução total nas maneiras de ser e agir.
>
> ROSA: Eu sei. Você vive me dizendo isto. Mas eu não posso, por exemplo, continuar namorando você, sendo noiva do Frederico. Isto também é ser pequeno-burguesa?
>
> ZÉ: Larga dele. Pronto. Pra que esse negócio de aliança, casamento... Isto acabou, Rosinha. Faz muito tempo que isto acabou.
>
> ROSA: Se Frederico sabe, ele me mata.
>
> ZÉ: Que mata nada! Vocês meninas vivem cheias de fotonovelas na cabeça. A coisa é tão simples, meu Deus...
>
> ROSA: Simples? Muito simples! Se a gente continuasse a namorar... você ia continuar dormindo cada dia com uma? Um dia com uma na cadeira de grego, outro dia comigo aqui no telhado, outro dia na sala 19...
>
> ZÉ: São outros quinhentos. Primeiro a gente tem que ver se dá certo. (*Abraça-a. Os dois ficam abraçados rindo. Uma garrafa de molotov cai no chão. Zé arrasta Rosa para que ela não se molhe na gasolina.*)[51]

Vinícius Caldevilla conta que a esperteza de Zé Freitas não tinha nada de excepcional: "Muitos embarcávamos em projetos ambíguos, namorando alguma moça 'certinha' do Clube Paineiras ou do Paulistano e ao mesmo tempo vivendo paixões ardorosas com colegas da faculdade, militantes políticas, algumas já integradas na vida profissional".[52] Em alguns casos, porém, a conversão à causa revolucionária modificava, sim, valores e comportamentos. Relata Sirkis: "Lembrei-me de uma conversa com o Minc um dia, no ônibus, voltando do CAp. — 'O bom mesmo é a gente trepar com a namorada da gente, com alguém que a gente gosta'. Na época a afirmação me soara perversa. Pô, a namorada a gente tem que respeitar, não pode comer assim, sem mais nem menos, como se fosse puta ou breguete, pensei. Com o passar do tempo começou a fazer sentido. Era um dos âmbitos da revolução que tinha que se fazer dentro da gente. Naquele fim de noite, já meio de porre, decidi que fazer programa com empregadinhas era contrarrevolucionário".[53]

O clima de festa revolucionária nas universidades murchou no final dos anos 1960, com o AI-5, as detenções e a violência institucionalizada, as demissões de professores, o ingresso dos estudantes mais radicais nas organizações armadas e seu rápido desmantelamento pelo regime. "Fomos presos, torturados, mortos, exilados e não chegamos a lugar nenhum", comentaria depois o ex-líder estudantil Vladimir Palmeira.[54] Não foram poucos os que desistiram da política ou "desbundaram", como se falava na época. Uns trataram de ter emprego e levar vida normal, outros foram fazer contracultura. Fernando Gabeira conta seu encontro com um antigo militante secundarista, ele na clandestinidade e o secundarista no "desbunde": "Bom secundarista estava meio hippie, com um olho bandeiríssimo. Era ainda 69 e quem virava hippie e puxava fumo era um pouco assim como quem virava protestante de repente".[55] Em 1973, um texto na revista *Rolling Stone* ensinava a uma hipotética mãe:

> Em primeiro lugar a senhora tem que entender que seu filho deixou de ser aquele animal político e social que marcou todas as gerações até a Segunda Guerra Mundial. Até há cinco anos talvez a senhora pudesse encontrar algum pôster de Che Guevara nas paredes do quarto do seu filho, ou talvez o visse em alguma passeata, atirando bombas em consulados, reclamando pão e cultura para o povo, pregando a igualdade de classes, gritando e pichando os muros: 'Yankees, go home!'. Era a chamada juventude universitária, a senhora se lembra? Todos com aspirações a guerrilheiros. E de repente, em menos de cinco anos, acontece

essa mudança louca do sangue para o vinho. Acho que seu filho finalmente entendeu que nenhum sistema político é capaz de resolver os problemas do homem, nem socialmente e muito menos individualmente.[56]

No começo da década de 1970, nas mesmas escolas e bares onde poucos anos antes se previa o fim da ditadura para breve e, quem sabe, a revolução para logo depois, falava-se baixo, olhando de lado, sobre prisões, torturas, desaparecimentos. Não obstante, aos poucos, a política estudantil voltaria a despertar, os centros acadêmicos e diretórios seriam disputados por chapas ligadas às novas siglas, com nomes apropriados ao tempo e ao lugar, como Refazendo, Caminhando, Liberdade e Luta, que brotaram da rearticulação dos antigos grupos políticos — AP, PCdoB, PCB, trotskistas.

A retomada se fazia sob novas condições ambientais, por assim dizer. A população universitária continuava a crescer graças à expansão do número de vagas. Parte substancial dessa expansão era absorvida pelas faculdades privadas, onde a atmosfera era radicalmente distinta da química política e cultural das universidades públicas, que haviam sido o epicentro da agitação estudantil em 1968. Mesmo essas iam se ampliando e ocupando espaços afastados entre si; nessa medida, se tornavam pouco favoráveis ao florescimento do tipo de sociabilidade que as transformara em centros de contestação. Além disso, a inexistência de uma articulação nacional entre os membros da segunda geração de lideranças estudantis pós-64 ajudou a produzir uma multiplicidade de experiências locais, de alcance também local. Talvez mais importante do que isso, outras eram igualmente as expectativas — pessoais e prosaicas — das novas fornadas de calouros. Pelo menos na primeira metade dos anos 1970, a política já não mobilizava nem uma fração do estudantado para quem havia sido paixão e projeto, tampouco ocupava o mesmo território no cotidiano dos jovens politicamente ativos. Escreve Claudio Novaes Pinto Coelho: "Entre 1964 e 1968 as tentativas de mudança comportamental estavam articuladas com a luta política antiditatorial [...]. Apenas a partir de 1969 começaram a aparecer os primeiros sinais de existência de um movimento voltado especificamente para transformações individuais [...]".[57]

Marcelo Rubens Paiva, então presidente de centro acadêmico na Universidade Estadual de Campinas (Unicamp), escreveu uma letra que mostra o lugar que a política passara a ter na vida de um estudante de oposição nos anos 1970 — e que não ocorreria a nenhum militante de veia musical nos idos de 1968:

Fazer um som com o Cassy
Dançar com a Nana
Fazer amor com a Ana
Fofocar com a Gorda
Rir com a Laurinha
Discutir política com a Veroca
Dar uma bola com o Tucum
Jogar futebol com o Maurão
Ir ao cinema com o Richard
Pegar onda com o Bino
Ficar olhando a cara da Virgínia
Descobrir Campinas com o Rubão
Ver televisão com a Biguinha
Ir a uma festa com a Quitinha
Conhecer os amigos da Li
Dar amendoim para os pombos com a Gureti
Escrever cartas pra Cris [58]

Mais uma vez — embora em outro tom — a música parecia servir de símbolo de identificação de grupo e expressão de inconformismo. Pois o que cada um achasse do "caráter da Revolução Brasileira" já não constituía um elemento importante para distinguir um grupo de outro. Entre os estudantes de oposição em São Paulo, conta ainda Marcelo Rubens Paiva, "havia dois tipos de festa, a dos ortodoxos e dos heterodoxos. Os primeiros mantinham-se fiéis à 'revolução'. O hit era 'Caminhando e cantando' (Vandré). Os segundos preferiam 'Expresso 2222' (Gil) e 'Over the Hills and Far Away' (Led Zeppelin). A festa ganhava um duplo sentido. Era um ato de contestação; negava-se o som que tocava em discotecas. Era a maneira de reagir contra o conformismo narcisista proposto pela era 'disco'. Era não pagar pela cultura oficial, mas criar espaços alternativos. Parte dos jovens se recusava a pisar num shopping center: costurava sua própria roupa, comprava acessórios em feiras hippies. Pregava-se o fim da sociedade de consumo".[59] A oposição à ditadura se deslocava do âmbito estritamente político — a derrubada do regime — para o universo social e cultural do dia a dia.

Os estudantes politicamente ativos combinavam de forma nova política e vida pessoal. Ao que parece, o cotidiano universitário era muito semelhante ao dos engajados de 1968: saguão de faculdade, barzinho, cinemateca, shows de música, leitura, aulas. Mas o espírito era outro, como narra um ex-universitário paulista:

> Estudante da Faculdade de Filosofia da USP [Universidade de São Paulo] e da ECA [Escola de Comunicação e Artes da mesma universidade] participei do braço cultural da Liberdade e Luta, conhecida com o delicioso nome de Libelu — um curioso e original amálgama político-comportamental, em que o trotskismo convivia com o rock, com o fuminho e com as meninas do pós-queima-dos-sutiãs. O que nós fazíamos? Frequentávamos o Riviera, o Ponto 4 (depois o Bar da Terra, primeiro posto avançado na Vila Madalena), íamos ao cineclube da GV [Fundação Getulio Vargas] (onde uma dupla de Barretos, o Zaga de Lucca e o Hugo "Terceira Via" Mader, nos apresentou todo o Godard e todo o Julinho Bressane), rolava muito Stones nas festas sempre com cerveja, líamos Adorno, Walter Benjamin, Barthes, Foucault, Bataille, Cortázar, Bandeira e Murilo Mendes — alguns, como o Rodrigo Naves, o melhor orador da Libelu, liam Sartre —, passávamos carnaval na Bahia,

shows de Gil e Caetano eram obrigatórios, assistir às aulas do Davi Arrigucci Jr. também, nosso coração batia apelos surrealistas, nossa mestra era Marilena Chaui, anulávamos nossos votos, éramos leitores de Paulo Francis, nosso padrão de jornalismo era *Le Monde* e tomamos um porre quando, finalmente, o Corinthians foi campeão [em 1974].[60]

NA CLANDESTINIDADE, OS RITUAIS DO ISOLAMENTO

O mundo particular virava de ponta-cabeça quando se fazia da oposição à ditadura uma profissão de tempo integral nos partidos e movimentos políticos proibidos. Cedo ou tarde, a participação se tornava sinônimo de existência clandestina, dominadora infiltração da privacidade pela política: nessas circunstâncias, tudo ficava subordinado aos imperativos da luta contra o regime. Rigorosamente tudo: assim que caiu na clandestinidade, como se dizia então, o jornalista Fernando Gabeira mudou de bar.[61] Mudava-se de bar, de casa, de bairro, de cidade, de nome. Largava-se o estudo ou o trabalho, deixava-se de ver parceiros, parentes e amigos. O sustento vinha da organização. Enquanto fosse possível, fingia-se levar vida normal para aplacar a curiosidade alheia. Depois, nem isso; submergia-se de vez. Alguns tiveram de sumir assim que os militares tomaram o governo — algo de que duvidavam até acontecer.

Um caso exemplar de desaparecimento a toque de caixa foi de ninguém menos que o veterano dirigente comunista Luís Carlos Prestes, então com 66 anos. Conta sua mulher, Maria Prestes: "Ao chegar em casa, notamos que havia perto da nossa residência um automóvel parado para conserto. Desconfiamos. Nossos seguranças, que há horas observavam os acidentados, confirmaram as suspeitas. De imediato o Velho voltou para nosso veículo e se escondeu lá dentro. Dei um tempo. Em voz bem alta, com o motorista, marquei a hora de sua chegada no dia seguinte. Disse que o Velho precisava descansar, por isso não ia mais sair. Nos meus olhos ficaram [sic] a imagem do motorista Rubens batendo a porta, acionando o motor, subindo a rua Dr. Nicolau de Souza Queiroz. Não pudemos nem nos despedir. Só deu tempo de jogar no carro o pijama, o chinelo e a escova de dentes. Assim ele escapou do perigo de ser preso no dia 1º de abril".[62]

Para a cientista política italiana Donatella della Porta, que estudou a ação de grupos políticos armados em seu país e na Alemanha, a clandestinidade significa, necessariamente, o rompimento das relações sociais mais amplas e a adesão a movimentos centralizados e compartimentados, que reforçam o isolamento social. Nesse ambiente, a vida da organização será definida por sua dinâmica interna, mais do que pelos estímulos do mundo exterior. A sobrevivência do grupo e a solidariedade com os companheiros alcançados pela repressão prevalecem sobre qualquer objetivo político. A ideologia do movimento se torna mais rígida e ritualizada; deixa de ser essencialmente uma forma de comunicação com a sociedade e se converte em instrumento de reforço da lealdade do militante à organização.[63] Também no Brasil pós-64, quem ia para a clandestinidade — por escolha política pessoal, para escapar à prisão ou por ordem do partido —, passava a viver dentro da organização, em todos os sentidos: confinado a suas casas, só ou quase só se relacionando com outros companheiros.

Do velho PCB aos novos movimentos voltados para a contestação armada, todas as organizações tiveram de montar (ou também reativar, como no caso do Partidão) uma rede de "aparelhos" — lugares onde alojar camaradas, equipamentos gráficos, material de propaganda — e, eventualmente, armas. No Partido Comunista, escolado por décadas de existência ilegal, a única, exclusiva tarefa de certos filiados era esconder em casa quem a direção lhes encaminhasse, pelo tempo que fosse necessário, sem prejuízo, aos olhos da vizinhança, da rotina do lar. Naturalmente, nem os anfitriões nem os hóspedes conheciam a identidade uns dos outros. Em 1970, um professor universitário de São Paulo, que soube estar sendo procurado por ter acolhido uma pessoa ligada a grupos armados, pediu socorro a um jornalista amigo seu, ligado por sua vez ao PCB. Alguns dias depois, com as precauções de praxe, foi parar num sobradinho onde vivia uma família operária, na Zona Leste da cidade — de onde só sairia, com documentos falsos, para ser tirado do país. Detalhe: o professor não era nem tinha sido do PCB.

A preocupação absoluta com a segurança era obviamente comum a todas as organizações — embora não se possa dizer o mesmo da competência com que por ela zelavam. Muito importante era saber escolher o apartamento que serviria de aparelho. Essencial, e talvez o aspecto mais difícil da condição de clandestino, era construir um cenário de normalidade. Alguns moravam em pensões, dizendo-se estudantes ou vendedores; outros alugavam moradia e ostentavam vida de casal. Em cada caso, havia que simular o dia a dia do jovem que vai para a faculdade, do marido que sai para o trabalho, da mulher que fica cuidando da casa... Como as rotinas da atividade política ilegal não eram exatamente aquelas de quem trabalha ou estuda, manter a fachada não raro exigia do militante ficar flanando pela cidade, fazer hora em bancos de jardim ou no escuro do cinema, até poder voltar para casa como um cidadão igual aos outros. As relações com os vizinhos deviam ser cordiais, sem dar margem a intimidades. Receber visitas desavisadas, só em último caso, pois um cômodo podia estar abrigando um companheiro escondido ou servindo de depósito para os mais variados tipos de materiais esquisitos.

O estudante secundarista Alfredo Sirkis vivia numa casa "sujíssima": "No armário embutido, uma mala cheia de molotovs velhos, rolhas vazando, fedendo ácido sulfúrico e gasolina. Um saco de cloreto de potássio. O revólver da guerra do Paraguai, várias caixas de munição e dois novos 32 que conseguimos. Correntes, barras de ferro e quilos de documentos, panfletos e livros de esquerda. Que fazer com aquilo tudo?".[64] Não só por fingimento, mas também pelo equilíbrio emocional dos ativistas, tentava-se reproduzir nos aparelhos um mínimo de normalidade cotidiana — quase sempre em vão. Era preciso estar sempre atento a tanta coisa, à atitude dos vizinhos, ao movimento de pessoas, aos carros estranhos estacionados na rua: "Dormir, santa inocência, um dia isso seria uma dádiva, além de perigoso. Aprendemos, com o decorrer dos anos e das fugas, a acordar com os ruídos suspeitos, tipo quatro portas de carro batendo ao mesmo tempo, sinal de tira e de tiros, que podem nos salvar ou nos matar. Perdemos o gesto e o cotidiano banais, a possibilidade do tédio...".[65]

O dia a dia nos aparelhos, inevitavelmente, era um árduo exercício de convivência forçada. A todo instante se deviam compartilhar espaços limitados com pessoas de origens e hábitos diversos, em condições materiais difíceis, 24 horas por dia sob tensão. Podia, também, ser uma pungente experiência de solidão, como a de Ruth, personagem do romance *A metade arrancada de mim*, do militante da VPR Izaías Almada: "Estava ali há dez dias, tendo saído apenas duas vezes: para cobrir um ponto em Copacabana e para abastecer-se num supermercado das redondezas. O rádio de pilha, ouvido baixinho, era seu contato com a cidade e o país. A queda de dois companheiros em São Paulo obrigara a organização a tomar severas medidas de segurança até que as coisas se acalmassem. Era inevitável que o isolamento involuntário a deixasse às voltas com uma espécie de ciclotimia revolucionária, substituindo o desejo de realizar ações espetaculares de propaganda política por outro menos digno: abandonar tudo aquilo".[66]

Naqueles espaços confinados, havia também vida amorosa. Quase todos os relatos e as obras de ficção sobre a experiência da clandestinidade mencionam relações entre homens e mulheres nascidas da vida em comum nos aparelhos. A nova moralidade sexual dos anos 1960 ajudava, mas sempre foi assim. Em 1952, por exemplo, Maria do Carmo Ribeiro, que cuidava de uma casa do Partido Comunista no bairro do Jabaquara, em São Paulo, começou ali uma união de 38 anos e sete filhos com Luís Carlos Prestes. Foi também compartilhando de um esconderijo, escreve a jornalista Judith Patarra, que Iara Iavelberg e Carlos Lamarca iniciaram sua breve e intensa relação amorosa.[67]

Amizades e amores estavam sujeitos, é claro, a rupturas inesperadas. Na vida clandestina, por definição, a instabilidade era a regra. Quanto mais não seja, havia que dar o fora, trocar de casa e de nome, à menor suspeita de que a repressão pudesse ter descoberto o endereço utilizado. As frequentes mudanças acabavam tendo alto custo emocional, pois, enquanto o medo permanecia, se perdia contato com os sinais e objetos do cotidiano que ajudam a compor a identidade de cada um. Herbert Daniel descreve da seguinte forma o que teria sido o cotidiano de um hipotético militante da luta armada: "Na maior parte das vezes o 'esvaziamento do aparelho' se fazia precipitadamente [...] mesmo sem a maletinha providencial, onde tinha o mínimo indispensável para se ir levando [...]. Não ter nada não era razão também para infelicidade. A gente descobre rapidamente que precisa de muito pouca coisa [...]. A falta que os objetos deixam é como marca e símbolo: uma necessidade de se continuar nas coisas que a gente faz [...]. Aí a gente vê, nessa ausência, a gente mesmo como era. Por isto vamos carregando aparentes inutilidades vida afora: memória viva. Ao termos de abandonar drasticamente nossos pequenos cacos, perdemos contato conosco mesmo, a vida passa a ser descontínua. Cacos".[68]

A clandestinidade também impunha um modo diferente de se relacionar com a cidade. A pessoa comum pode atravessar a cidade sem vê-la. O ativista precisa dominá-la, conhecê-la intimamente para permanecer anônimo e seguro: "Avenida Brasil, via Dutra, chegamos a nosso destino sem incidentes, o Rio é passado, emigrar não é novidade para mim. Aproveito os primeiros tempos para andar, velho hábito que facilita o conhecimento da cidade. Cada manhã escolho um bairro, pego um ônibus, desço e esquadrinho rua por rua, estudo as entradas e saídas, as comunicações com os bairros vizinhos, as padarias onde tomar café enquanto observo um ponto, as ruas tranquilas para montar aparelhos, os bancos a serem assaltados. A regra mais importante para a segurança de um guerrilheiro é o domínio da topografia".[69] A sensação de insegurança era incessante; o medo, uma companhia inescapável: "A noite cai sobre São

Paulo, tomo atalhos e caminhos de rato que só eu conheço, penso nas vivências do dia, enquanto tomo o rumo de casa. Sentidos alertas, inquieto, algo não me passa na garganta [...] Deixar as ruelas quando se tem a cabeça a prêmio é um erro fatal. Avenida de mão dupla, com canteiro no centro, bairro abastado, trânsito fluente, ligo o rádio, concentro-me em guiar rápido. Os carros diminuem a marcha, param. Sinal de batida, de carro ou de tira...".[70]

Boa parte da vida clandestina era consumida na rebuscada tarefa de manter contato com outros militantes, alojados em outros aparelhos, para combinar reuniões, transmitir decisões, planejar atos espetaculares, ou apenas reconstituir os quadros da organização, rotineiramente dizimados pelos serviços de segurança. Os contatos eram feitos em lugares públicos, os célebres "pontos", pois as regras da clandestinidade — nem sempre cumpridas à risca — proibiam um militante de saber onde viviam e como se chamavam de verdade os demais companheiros. "Cobrir um ponto" era sempre um risco. A rotina requeria disciplina e invejável memória: "Os pontos eram o maior perigo", lembra Herbert Daniel. "A maior parte dos militantes foi presa assim, nos *pontos caídos*. Como eu sempre tinha um número gigantesco de contatos a fazer, em várias cidades do país, multiplicava o risco da queda. Pior, para mim, era ter de guardar de cabeça lugares, datas, horários, às vezes com semanas de antecedência. Excluía, evidentemente, a hipótese de deixá-los por escrito, pois nunca se sabe se o tempo será bastante para o banquete de banqueiro de bicho, isto é, se a polícia vai dar folga para engolir as minhas listas. Boa memória, sem problema, eu tinha; mas não queria ter. Fazia esforço para apagar da lembrança dados comprometedores. Cheguei a esquecer, com sinceridade, o endereço dos meus pais."[71]

Não se devia permanecer por muito tempo no lugar marcado. A pontualidade era a regra de ouro. Obviamente, a ansiedade crescia com a espera. Quando alguém faltava a um encontro era sinal de que algo tinha dado errado; talvez o companheiro tivesse sido preso. Sirkis narra uma dessas situações:

O ponto era na Silveira Martins, a um quarteirão da Bento Lisboa. Levava os dois revólveres, um na cintura, o outro na japona [...] Três para as seis. Dobrei a rua do Catete, peguei a Silveira Martins e fui subindo. Estava meio escuro. Passavam carros, as pessoas anônimas, uma a uma. Ao longe a esquina do ponto. Seis horas, respirei fundo e avancei. O 32 pesava na cintura e eu ia com a mão no bolso da japona crispando o cabo do outro. Não estava... Continuei subindo no mesmo toque, até a Bento Lisboa. Deixei passar cinco minutos de irreal fim de tarde. Deve ter se atrasado. Já deve estar lá. Tem que estar. Desci a rua ligeiro, a angústia sufocando no peito. O revólver com o cabo grudento de suor ficou sozinho no bolso da japona, badalando contra o flanco. Não sentia mais o peso do outro, na cintura. Cruzei de novo a esquina do ponto e parei atrás de uma árvore. O ponteiro cruzava os cruciais dez minutos de tolerância e meus olhos ansiosos tentavam identificar os vultos que subiam a rua. Silhueta familiar ao longe. Era o Minc. A esperança me invadia, aumentava, enquanto o vulto ia tomando forma cada vez mais perto. Era ele, a mesma ginga, o mesmo andar ligeiramente curvado pra direita. A camisa... O vulto crescia... Não era ele porra nenhuma. Vi os traços na luz do poste. Nem parecido. Vi o Minc chegando mais umas duas ou três vezes e passados vinte minutos, me convenci que não viria mesmo. Tinha furado mais um ponto.[72]

O enclausuramento na clandestinidade chegava a ser insuportável. Burlando regras básicas de segurança, de vez em quando o ativista aparecia na casa de um velho amigo ou de um parente, cujo endereço, supunha, não era vigiado pela polícia; ou simplesmente ia dar uma volta por lugares que costumava frequentar antes de mudar de vida. Se o pior não lhe acontecesse, o resultado da aventura seria com toda a probabilidade ouvir um causticante sermão sobre o "liberalismo pequeno-burguês do companheiro", que podia pôr em risco a sobrevivência da organização toda. Judith Patarra relata uma das escapadas de Iara Iavelberg, já muito procurada pelos órgãos da repressão: "Peruca de cabelos curtos, escuros, vestido de algodão estampadinho, irreconhecível, aproveitou um intervalo para pesquisar vitrinas na rua Augusta, talvez um doce na Yara, os primeiros morangos. Seguiu a Alameda Santos, contemplou sem saudade a casa onde funcionava o TUSP... e viu descerem do automóvel estacionado Éder e Regina Sader, susto e alegria nos rostos. Patinou pela ponte invisível, Iara Iavelberg, presente. A passear na Augusta, ninguém me segura, de outra vez no cabeleireiro uma conhecida quase caiu da cadeira".[73]

Havia muito de ritual no cotidiano dessas organizações. Eram liturgias destinadas a cimentar e tornar a cimentar a lealdade e a adesão dos militantes. O compromisso com o projeto político de derrubar o regime pela força e, a partir daí, impor uma nova ordem social, era necessário, porém insuficiente. O que se exigia era uma espécie de reforma moral *guevarista*, capaz de transformar o "pequeno-burguês" em revolucionário de tempo integral. Por isso, embora as reuniões geralmente tivessem por objetivo planejar ações concretas, suas funções internas de agregação, integração e identificação com o grupo eram tão ou mais decisivas que suas consequências externas. A importância dessas funções crescia na razão direta do isolamento dos movimentos radicais.

Relata Sirkis:

> Nas reuniões de crítica e autocrítica [...] procurávamos exorcizar os nossos *ranços pequeno-burgueses* e nos imbuir da ideologia revolucionária do proletariado. Eram reuniões tensas, intermináveis. Algumas tinham o aspecto positivo de levantar discussões mais profundas e até heterodoxas na esquerda de então. As pessoas abrindo seus problemas existenciais, tentando analisar a própria formação familiar etc. No entanto, a maioria se assemelhava, sobremaneira, às práticas religiosas de certos conventos de frades, na sua busca do *mea culpa*, da expiação da origem impura, do pe-

cado original de ser pequeno-burguês. Nestes psicodramas se intrincavam as ânsias mais legítimas de uma libertação no sentido pleno, de fazer a revolução também por dentro, a busca do *homem novo*, com estes ritos semirreligiosos, tendendo fortemente pro sadomasoquismo.[74]

Dessa carga ao menos estavam isentos os militantes do Partidão, em cujas bases os ritos eram mais convencionais. Começava-se quase sempre com uma "análise do quadro internacional", derivava-se para um diagnóstico sobre "as contradições de classes na situação nacional e dentro do regime", examinava-se a "correlação de forças", criticavam-se os "grupelhos aventureiros e irresponsáveis" e concluía-se, com um certo anticlímax, quem sabe, com a troca de informações as mais variadas, distribuição de tarefas, coleta de dinheiro e entrega de repartes do jornal *Voz Operária*. Para sossego dos presentes, a intimidade de cada um não estava em pauta. Às vezes, saía-se da reunião para uma roda de pôquer.

O isolamento social e o cerco militar aos grupos armados neles exacerbavam a rigidez ideológica, que transformava incidentes miúdos e antipatias pessoais em divergências políticas, e estas, sucessivamente, até o alto da escada, em confrontos insanáveis e cisões definitivas. Sirkis, ainda uma vez, arrola as acusações de que foi alvo e que precipitaram sua saída do Movimento Revolucionário 8 de Outubro (MR-8) e do país. Todas diziam respeito a comportamentos que poderiam pôr em risco o movimento ou que não casavam com o modelo de militante revolucionário. Nenhuma delas tinha a ver com o impacto propriamente político da atividade da organização, com seu descolamento da política brasileira: "O companheiro Felipe [A. Sirkis] era acusado de: 1) ter proposto abandonar o embaixador alemão dentro do aparelho e fugir, no fim da ação, quando dos problemas com o carro; 2) ter pensado em viajar pro exterior para se exilar, durante as quedas de abril de 70; 3) gastar mais dinheiro que os outros. Receber ajuda familiar ocasional e não dividir com a organização; 4) badalar em áreas de desbundados que fumam maconha; 5) só gostar de circular e marcar pontos na zona sul; 6) ser *recuísta* e derrotista; 7) ter ameaçado de agressão um companheiro, durante uma ação, pra ficar com a metralhadora".[75]

Poucos militantes tiveram atuação clandestina durante todo o período autoritário. Ela podia ser interrompida pela morte, pela prisão, ou pelo abandono voluntário do exílio interno ou do "desbunde" e pela volta à vida normal. A decisão de cair na clandestinidade não parece ter sido difícil, em especial para os que a tomavam pela primeira vez. Sair dela espontaneamente, ao contrário, era um ato imerso em dilacerações morais. A solidariedade com os que ficavam, com os que já estavam presos, e a memória dos que haviam morrido tornavam excruciante a escolha entre continuar e partir. Pela boca do narrador do seu romance *Em câmara lenta*, Renato Tapajós expressou como ninguém a tensão entre compromisso moral e opção política, vivida pelo militante da luta armada fadado à derrota: "Como é que eu vou recuar com todos os olhos, com todos os rostos, com todas as lembranças dos mortos olhando para mim e os meus companheiros, os que vão morrer continuando? Como é que eu posso desertar da luta inútil quando por ela morreram tantos e ela também morreu. Por que isso [mudar a forma de atuação política] ou sair do país é desertar, é largar os outros no fogo e procurar um caminho certo, quando os outros estão morrendo? Porque o meu compromisso é com os mortos e com os que vão morrer".[76]

NAS PRISÕES, SOLIDÃO E SOLIDARIEDADE

"Pensava lindos planos (na imaginação são mais fáceis de fazer), ia escapando da chuva que não parava de cair, me encostando contra as paredes dos edifícios, quando de repente senti que me agarravam as mãos e diante de mim apareceu um sujeito que vinha me seguindo sem que eu percebesse [...]. Eu não sabia o que dizer. A situação era insólita. Mas, ao mesmo tempo, era o tipo de coisa que podia acontecer com qualquer brasileiro, independentemente de raça, religião ou cor. Todo brasileiro sabe, no seu íntimo, que isso pode acontecer a qualquer um: ser preso no meio da rua, ser conduzido a uma delegacia ou quartel, esperar, esperar, esperar, sem que saiba muito bem por quê, sem que sua família seja avisada, sem que possa chamar um advogado."[77] Assim o dramaturgo Augusto Boal foi preso na rua, em 1971, em São Paulo, quando ia para casa depois de um longo dia de ensaios da peça *Simón Bolívar*, cuja encenação, como já se viu, acabou proibida pela censura.

No dia do AI-5, dois anos e pouco antes disso, o jornalista e escritor Carlos Heitor Cony fora apanhado na porta de casa, no Rio de Janeiro. Reagiu como Boal. Ele também sabia que aquilo podia acontecer com qualquer um: "Morava no Leme, cheguei em casa aí por volta das 11hs. Estranhei uma Kombi que me cortou o caminho. Na calçada, havia um homem que se aproximou, apresentou-se como major e me convidou a dar um pulo no Ministério da Guerra, o general Sizeno Sarmento, comandante da região Militar aqui do Rio, queria bater um papinho comigo. 'A essa hora? Não pode ser amanhã?' O major disse que não. Eu não tinha nada a falar com o general e desconfiava que ele nada tinha a falar comigo. Fui convidado a passar para a Kombi, onde me enfiaram uma venda nos olhos, eu não deveria saber para onde me conduziam. A Kombi deu várias voltas pela cidade, uma hora depois me levaram por um corredor, abriram uma porta e me tiraram a venda. Vi uma cela mal iluminada, com dois catres lado a lado".[78]

Sempre um choque, mesmo quando previsível, o momento da prisão podia ser menos ou mais brutal. A descrição da "queda" de Ruth, a já citada personagem de Izaías Almada, reproduz com fiel realismo o tratamento dado desde a primeira hora aos opositores armados do regime:

> Não chegou ao final da primeira página, interrompida por violentas batidas na porta da sala. O susto paralisou-a por segundos, mas logo venceu a inércia do medo e correu até a janela. Em frente ao edifício estavam paradas duas camio-

netes C-14. Nas batidas da porta já pressentira a tragédia [...] Ao ouvir a porta dos fundos ser posta abaixo, entrou em pânico. Tentou correr para o quarto em busca do revólver. Dois policiais se jogaram em cima dela e outros três tomaram posição de combate: — Fique deitada com as mãos na nuca, sua puta. Onde é que estão os outros? [...] Um dos policiais abriu a porta da frente deixando entrar mais quatro agentes, todos com as armas prontas para disparar. Estavam excitados, nervosos. Revistaram rapidamente o apartamento, que não era grande. Por onde passavam arrebentavam tudo. A frustração de encontrarem apenas uma mulher aumentou-lhes a violência. Queriam saber se havia mais armas além do revólver encontrado. Furaram os colchões e sofá, quebraram gavetas e armários, destruíram a geladeira e o fogão. Dois dos policiais mantinham Ruth presa ao chão...[79]

Ser preso era um risco a que se expunham todos os que faziam, ou se diziam de, oposição ao autoritarismo, fosse qual fosse o grau de seu efetivo envolvimento político — sem falar naqueles, nem tão poucos, que não eram nem a favor nem contra o regime, e ainda assim detidos e maltratados, antes que alguém se desse conta do engano. A prisão, pois, era um acontecimento ao mesmo tempo esperado e surpreendente, uma ameaça incrustada no cotidiano de cada um, uma possibilidade, nunca esquecida por completo, que se tratava de exorcizar, por vezes, com as armas do humor negro e da ironia. Nas organizações clandestinas, a preparação para a eventualidade da queda incluía a liturgia da exaltação do comportamento legendário de militantes de todas as épocas e lugares que sofreram as piores torturas sem entregar nenhum nome ou endereço, passava pelo ensino de regras práticas para preservar a organização em circunstâncias extremas e chegava, em certos casos, a lições de respiração iogue para sentir menos dor física.

A angústia, como registra Boal, é o primeiro sentimento de quem vai preso. De olhos vendados, ou sentindo já o cheiro acre do capuz encardido, ele se pergunta para onde o estão levando e o que lhe irá acontecer, o que os interrogadores vão querer descobrir, o que poderá contar e sobre o que deverá calar. Como uma doença, porém, a prisão é algo para o qual nunca se está preparado. Lembra Fernando Gabeira: "Todos nós, em diferentes níveis, estávamos estupefatos. Por mais que nós enviássemos bilhetes da cadeia, por mais que colecionássemos histórias escabrosas, não conseguiríamos apreender aquele processo em sua complexidade, antes de vivê-lo na carne. Preparávamos álibis, escrevíamos manuais sobre comportamento na tortura, antevíamos nossas fraquezas e qualidades, mas, no fundo, fomos surpreendidos com o que vimos no interior dos quartéis".[80]

Depois da queda, havia uma via-crúcis a percorrer: dos centros de interrogatório — os falados porões da ditadura ou da repressão, onde tudo, literalmente, podia acontecer — aos presídios para onde se era levado quando havia acusação formal e onde o único medo, a rigor, era o de ser embarcado para nova estadia no inferno. No Brasil dos militares funcionaram 224 locais de tortura. Especialmente após o AI-5, a fase de interrogatório equivalia muitas vezes a um sequestro. Segundo pesquisa feita pela equipe que escreveu *Brasil: nunca mais*, 84% das prisões efetuadas (ou 6256 casos) não foram comunicadas ao juiz, conforme mandava a lei, e 12%, comunicadas fora dos prazos legais.[81] Assim, como nem a detenção os serviços de segurança admitiam, o preso ficava incomunicável e totalmente à mercê dos captores. Na melhor das hipóteses, sairia dali sem queimaduras, os dentes e as unhas no lugar, mas ultrajado, com a memória escalavrada pelas súplicas, urros e insultos que atravessavam as grades e as paredes. Na pior das hipóteses, conheceria uma experiência-limite de medo, dor, desespero e também de luta furiosa pela sobrevivência.

Carlos Heitor Cony relata uma história de prisão humilhante, por que passou em 1965, ainda sob a "ditabranda": "O oficial de dia nos chamou aos pares, ele [Glauber Rocha] e eu fomos os primeiros a ser fichados. A inspeção preliminar consistiu num vexame. Ficamos nus, segurando nossas roupas e sapatos, em posição de sentido. Essa cerimônia — segundo me explicaram depois — ajudava a desmoronar o que restava do moral dos presos. Ainda estávamos nus, olhando um para o outro, e sendo examinados pelo oficial de dia, quando o telefone tocou. Era alguém do Ministério da Justiça recomendando que tivéssemos um tratamento diferenciado dos demais prisioneiros. Os outros presos foram dispensados da cerimônia".[82] Já Renato Tapajós descreveu a situação da tortura como um embate quase animal entre quem destrói e quem está sendo fisicamente destruído. Esse embate ocorre em um mundo à parte, feito de "grito, dor, sangue, cheiro de sangue e, muito frequentemente, urina e fezes".[83]

Nas duas circunstâncias, a vida privada se desmancha e o cotidiano se torna uma loteria. As referências rotineiras mais primárias perdem substância: tempo de atividade e tempo de repouso, o que é da noite e o que é do dia. A existência passa a ser regulada pelos interrogatórios, evidentemente sem hora certa para começar, menos ainda para terminar: "No quartel da Polícia do Exército, na rua Barão de Mesquita, o domingo saíra do ventre do sábado sem que isso fosse notado por ninguém: a mesma febril atividade do dia anterior, os mesmos rostos cansados e marcados pela dor, a mesma incessante correria e gritaria dos homens. No corredor à minha frente era cada vez maior o número de pessoas deitadas no chão e encostadas na parede, enquanto a meu lado o drama da tortura continuava a se desenrolar. Para nós, o sábado não tinha virado domingo".[84]

Cada qual como pudesse, tentava-se sobreviver fisicamente aos inquisidores. Tentava-se também, nos intervalos das sessões de tortura, preservar as feições da condição humana, pela solidariedade com os demais presos. Todos os testemunhos de quem conheceu as cadeias da ditadura registram a importância desses atos solidários, para a própria integridade emocional. Relata Gabeira:

> Ainda na PE [Polícia do Exército] desci e baixei várias vezes para interrogatório. Nosso sistema defensivo funcionava

bem. Cada vez que alguém baixava era esperado ansiosamente pelos companheiros. Algumas famílias fizeram entrar frutas e meu pai colocou uma lata de goiabada vinda de Minas. Recolhíamos aquilo tudo, fazíamos um fundo coletivo e, cada vez que alguém voltava da sala de interrogatório, era recebido carinhosamente. Fazíamos um círculo em torno da pessoa, curávamos os ferimentos com os poucos recursos que tínhamos, dávamos uma das frutas que estavam na reserva. A solidariedade tornava possível suportar aquela situação e, às vezes, até cantávamos. Alguns soldados permitiam; outros não. Houve soldados que pediam que cantássemos porque se aborreciam ali em cima, tirando guarda diante das celas.[85]

Como em todos os cárceres políticos de todos os tempos, as mínimas manifestações de solidariedade tinham enorme significado para quem as recebia: um sorriso, o punho ou o polegar erguido, quando, indo ou voltando da tortura, se passava sem capuz diante da cela de um companheiro; palavras rápidas trocadas antes que fechassem a porta; um cigarro ou uma peça de roupa limpa vindos não se sabia de onde; uma Novalgina escondida dentro da barra de uma calça mandada por parentes ou amigos. Tudo isso amenizava um pouco a tremenda sensação de terror, solidão e desamparo que a todos submergia no ciclo dos interrogatórios. Podia-se ser herói sendo engraçado. No DOI-Codi de São Paulo, em 1975, numa cela cheia de comunistas, onde um dos presos, um estudante de Santos, tinha os pés em carne viva e outro, um velho trabalhador, nem comer conseguia sozinho, um capitão da Marinha mercante, também ele torturado, passava o dia narrando aventuras, contando piadas, distribuindo apelidos e troçando de todos.

Sobreviver exigia também o esforço de reconquistar algum espaço para a experiência privada — mesmo que fosse na memória ou em sonho. Leia-se o jornalista Álvaro Caldas: "Comecei a empreender, na solidão daqueles primeiros dias, uma tortuosa e fecunda volta à infância, que começou no ventre materno e continuou pela cadeia afora, com a reconstituição de episódios, com a paciente recordação da vida familiar dos primeiros tempos que jamais iria se esgotar. Essa volta à infância, creio eu, foi um dos fenômenos típicos experimentados pela maioria dos presos e foi também uma das presenças dominantes dos meus sonhos".[86] Cada milímetro conquistado aos inquisidores era precioso. Por isso, a relação com guardas, carcereiros, funcionários subalternos podia ser decisiva. Para o preso político, significava descobrir e tirar proveito da humanidade dos homens comuns, movidos por pequenos interesses, os quais às vezes era possível discernir, e por atitudes e sentimentos nem sempre inteligíveis. Era fácil o diálogo utilitário com os carcereiros que se dispunham a contrabandear uns cigarros ou uma escova de dentes em troca de um dinheiro escondido. Ou daquele juiz de futebol que trabalhava no Dops de São Paulo e calculadamente servia leite fresco aos presos recém-transferidos, acompanhado de um aviso: "Nunca esqueça que eu te tratei bem". Mais complicado era atinar com atitudes como as dos guardas lembrados por Gabeira, que pediam aos presos torturados que cantassem para quebrar a monotonia de seu ofício. Ou do soldado do DOI--Codi que deixou boquiaberta uma estudante presa ao lhe pedir que interpretasse os pesadelos dos quais acordava "com um peso no peito", sempre com muito sangue jorrando de todos os lados, e que ao pobre-diabo pareciam totalmente sem sentido. Ou ainda do investigador da polícia paulista que em um fim de expediente mandou chamar à sala de interrogatório a professora universitária presa, conhecida por sua ótima memória, para que cantasse sambas brasileiros dos velhos tempos. Esse patético elenco de coadjuvantes do terror de Estado contribuía, ora para amenizar, ora para tornar ainda mais insólito o dia a dia dos prisioneiros do regime.

Segundo os autores de *Brasil: nunca mais*, 144 pessoas foram assassinadas na tortura, em fugas simuladas ou no ato da detenção; outras 125 simplesmente "desapareceram", sem que sua detenção fosse reconhecida pelas autoridades.[87] Dos que lograram sobreviver, uns puderam responder em liberdade aos processos com base na Lei de Segurança Nacional quando pronunciados pelos promotores militares; alguns foram libertados sem ao menos figurar em inquéritos policiais, mas um bom número passou temporadas de duração variável em presídios, convivendo com condenados por crimes comuns. Havia ainda situações intermediárias, quando os presos já haviam feito seus depoimentos formais no Dops, porém permaneciam, sem saber até quando, nas repartições militares, onde novas levas de detentos passavam pelas mesmas torturas.

A mudança para o presídio foi invariavelmente descrita pelos que a viveram como um trânsito do Inferno ao Purgatório. Antes de mais nada, significava que os órgãos de segurança reconheciam que eles estavam presos. O fim da fase de incomunicabilidade era uma garantia de vida e, salvo exceções, o término do suplício físico. Era ainda a possibilidade de ter visitas, cama com lençóis, de cozinhar a própria comida, de tomar banho de sol todos os dias, de ouvir rádio e assistir à TV, de receber livros e revistas — ainda que às vezes os censurassem ou os retivessem. Ao mesmo tempo, era a perspectiva de passar anos na cadeia. Havia que adaptar-se à falta de privacidade nas celas coletivas — algo previsivelmente difícil para os jovens de classe média —, à sequência monótona de dias sempre iguais, às eternas recriminações políticas, uns culpando as facções dos outros pelo malogro do combate à ditadura — razão, em última análise, de estarem todos ali.

Como nos conventos, a estratégia para amenizar o tédio e o estresse do enclausuramento era a implantação de uma rigorosa rotina de atividades diárias — só que, em vez de cânticos e orações, feita de exercícios físicos, limpeza e arrumação da cela, leituras, atividades manuais, jogos, televisão, cursos, debates. Muitos presos políticos que tinham frequentado faculdade lembrariam dos tempos de presídio como aqueles em que puderam estudar disciplinadamente, o que nunca antes haviam feito no turbilhão da liberdade. Outros descobriram ou desenvolveram habilidades manuais e artísticas: costurar, tecer, fazer crochê, produzir objetos, desenhar, pintar. Outros ainda viriam a se gabar de que na cadeia eram imbatíveis no pôquer. A ideologia da militância de esquerda dava o tom, algo entre o espírito bolchevique e a cultura de quartel, aos procedimentos para as regras de convívio e a distribuição das incumbências cotidianas. No Presídio Tiradentes, em São Paulo, "nas reuniões coletivas realizadas nas celas, se fazia, de início, a avaliação do quadro político nacional; em seguida, das medidas de solidariedade que podiam ser tomadas com relação às famílias dos presos com menos recursos econômicos; e, por fim, das providências para agilizar a administração da cela: distribuição de tarefas para a limpeza, alimentação, horários de estudos, etc.".[88]

A política, evidentemente, continuava a reinar, soberana. Sempre que possível, os presos preferiam coabitar com companheiros de organização, como seria de esperar. Assim se constituíam as celas da VPR, VAR-Palmares (Vanguarda Armada Revolucionária), ALN etc. Em todas, a discussão política ocupava um espaço de honra na rotina diária. Servia para reiterar o compromisso ideológico de cada um e, mais ainda, quem sabe, para dar a cada um uma sensação vicária de liberdade: como se a repressão tivesse aprisionado os corpos mas não a consciência e a vontade. As discussões sistemáticas eram o prosseguimento da luta contra a ditadura por outros meios. Renato Tapajós: "Havia os que achavam que a prisão era a continuidade, sem mudança, do mesmo confronto que havia lá fora e que, portanto, cabia aos presos gerar constantes fatos políticos para intensificar o atrito com as forças da repressão. Havia os que pensavam — como nós — que a prisão mudava as condições da luta e que, por isso, devíamos evitar o confronto e aproveitar a situação para estudar, planejar, avaliar, refletir e fazer a autocrítica da política adotada e que levara a sérios reveses. E havia os que pensavam que ali era o fim da linha e que não havia mais nada a fazer, senão ficar quieto, esperando o momento de voltar à rua. Essas diferentes visões da situação geravam intermináveis discussões, ácidos confrontos, intensificando antipatias, gerando ódios pessoais e políticos".[89]

O que houvesse de animosidade entre os presos era em alguma medida contrabalançado pela solidariedade nascida da experiência comum da tortura e do confinamento. Tanto assim que os mesmos relatos que reiteram os conflitos de convicções entre os militantes presos mencionam também as amizades construídas no espaço apertado das celas, com base nos sentimentos compartilhados da recordação do sofrimento físico, do convívio com suas sequelas no corpo e na mente, da saudade das pessoas queridas, dos pequenos dissabores do espaço limitado e da ansiedade pela lentidão da passagem do tempo. A solidariedade e a amizade se expressavam no cotidiano com os escassos meios de quem está preso. A então estudante e hoje professora universitária Nair Kobashi lembra, por exemplo, o sentido mais profundo dos rituais de cozinha no presídio: "Para mim, e acho que para muitas outras duplas de cozinheiras, fazer belas comidas era uma forma de expressar afeto. Pequenos gestos que, naquele contexto, adquiriam significados especiais".[90]

A arquitetura improvisada das celas coletivas recorria aos materiais que estivessem à mão para criar ambientes onde se pudesse ficar só: os "mocós", cujos limites eram marcados por varais que sustentavam lençóis, cobertores, "uma floresta de panos", como escreveu Tapajós.[91] Nos mocós, guardava-se o que se tinha de mais íntimo: fotos, cartas, pequenas lembranças e, por que não, também um doce que a família tinha mandado e que não se queria dividir. No cotidiano austero e disciplinado dos presídios, dois momentos especiais aparecem sistematicamente nos relatos: o dia de visitas e o dia da partida. Conta a funcionária pública Rita Sipahi: "Desde a manhã — as visitas eram depois do almoço —, algumas celas se transformavam em verdadeiros camarins. Roupas escolhidas sendo passadas, cabelos tratados, trocas de acessórios — 'Você me empresta aquele cinto?' —, peças de vestuário sendo procuradas — 'Você vai usar aquela blusa de veludo hoje?' As maquiagens consumiam algumas imaginações. Era uma algazarra, uma correria nos últimos momentos do camarim. Em seguida, estávamos prontas para entrar em cena, ainda que tensas, uma tensão muitas vezes ampliada pela noite maldormida ou em branco [...]. De repente os pátios viravam praças: as pessoas se abraçavam, riam, se cumprimentavam, choravam, formavam grupos. As crianças corriam, brincavam e às vezes reclamavam. Por algumas horas, tudo ficava colorido".[92]

Os preparativos dos homens não eram menos meticulosos. Narra Álvaro Caldas: "Naquela vida de preso no Regimento Sampaio em que as semanas transcorriam iguais e sem novidades, a visita era o grande acontecimento. Exigia preparação, quase um ritual, que começava no sábado de manhã, com o corte do cabelo e da barba [...]. O sabonete especial, a colônia perfumada, a calça mais apertada — tudo isso era desentocado no dia da visita. E até a brilhantina saía do vidro para ir prender os cabelos mais retocados. Não tinha espelho — era proibido ter vidro, gilete, dinheiro, e outras coisas mais na cela — e o jeito era chegar perto do companheiro e pedir para dar o toque final no cabelo. A visita impunha sacrifícios e um deles era não comer cebola no almoço".[93] A libertação de alguém era sempre festejada com a "Canção do adeus", a "Internacional" ou aquela estrofe do "Hino da Independência" que todos conheciam: "Ou ficar a pátria livre/ ou morrer pelo Brasil". Quem saía deixava quase todo o patrimônio acumulado na cadeia: aparelhos de TV, rádios, roupas, materiais de trabalho, lençóis, cobertores. Os amigos que ficavam retribuíam com uma lembrança: um livro do poeta preferido do companheiro ou da companheira, um desenho, uma blusa feita nas sessões de crochê durante as arrastadas tardes do presídio. A política, enfim, se calava.

NA FAMÍLIA, SEGREDOS E MENTIRAS

Sob o autoritarismo, a vida afetiva e familiar — último reduto de privacidade dos adversários do regime — foi duplamente envolvida. Primeiro, porque a classe média intelectualizada viveu mais intensamente que outros setores da sociedade brasileira as mudanças de valores e comportamentos que acompanharam o processo de modernização socioeconômica do país e constituíram nos célebres anos 1960 a cultura das novas gerações urbanas. Segundo, porque sua participação política, pelas circunstâncias em que se dava e pelos objetivos a que, em muitos casos, visava, invadia por todos os poros o cotidiano familiar de cada um. Não por acaso, Zuenir Ventura escolheu abrir seu *1968, o ano que não terminou* com o memorável "réveillon da casa da Helô", que reuniu a nata da esquerda carioca e onde todos os limites da moral convencional foram alegremente transgredidos, de caso pensado. Pelas contas do autor, "17 casamentos — modernos ou não — se desfizeram naquela noite ou em consequência dela".[94]

A tão falada "revolução dos costumes" foi uma experiência pessoal marcante para as mulheres e os homens — nessa ordem — de classe média que caminhavam e cantavam na contramão da nova ordem política: pelo poderoso conteúdo emocional dessa experiência e por ter sido ela indissociável da atitude dos protagonistas em face dos governos militares. Como já se viu, boa parte dos jovens que entraram na universidade a partir do final dos anos 1950 teve de se confrontar na pele e na alma com a questão da fidelidade e do sexo antes do casamento — em suma, o "amor livre", para usar uma expressão que já então começava a virar clichê. Não que desde sempre as moças invariavelmente casassem virgens, até que a morte as separasse de seus maridos, e a monogamia fosse, portanto, a única realidade que elas chegassem a conhecer. Mas nos anos 1960 assistiu-se no Brasil a uma peculiar conjunção. De um lado, tomou o poder pela força uma parcela daqueles brasileiros para quem a "dissolução dos costumes" era parte da insidiosa subversão comandada pelo movimento comunista internacional. De outro, para os filhos do *baby boom* do pós-guerra que chegavam à idade adulta, entravam na ordem do dia os "questionamentos", como também era praxe dizer, do desdenhosamente chamado "casamento burguês", tido como o suprassumo da hipocrisia e da desigualdade de oportunidades eróticas entre os sexos.

Em consequência, a contestação da moralidade sexual foi não só uma experiência duplamente socializada — como valor disseminado no grupo e experiência comum de vida —, a exemplo do que acontecia nos Estados Unidos e na Europa, mas também uma expressão de identidade política. No seu romance fortemente autobiográfico, *Quem não ouve o seu papai, um dia... balança e cai*, a atriz Maria Lucia Dahl descreve a reação culturalmente correta de uma jovem de esquerda que rejeita os padrões do casamento convencional: "Ela está com Aluísio em uma festa em casa de amigos. Elza vai pegar uma bebida na cozinha e, sem querer, dá de cara com o marido beijando uma moça na boca. Elza fica um tempo olhando sem ser vista, depois vira as costas e volta de novo pra sala. Fica sentada num sofá pensando no seu 'casamento moderno'. O que as pessoas esperam que ela faça? Obviamente nenhuma cena de ciúme. Nada afetava sua relação com Aluísio, que era 'moderna'. Assim ele tinha estabelecido e ela acreditado. Todos os outros casais eram antiquados e neuróticos. Eles, não. Contavam-se tudo. Eram modernos. Aluísio sabia de seu caso com Osvaldo, e, apesar de detestá-lo, não dizia nada, porque devia ser assim. Cada um é dono de si e faz o que quer, contanto que conte depois. Não poderia haver traição".[95]

O desejo de romper com o modelo burguês de casamento e de família transparece na maneira como várias mulheres envolvidas na luta contra o governo militar iriam depois se referir a suas próprias famílias. Os recorrentes enunciados do tipo "venho de uma família tradicional", "minha família era pequeno-burguesa", mais do que uma tentativa de caracterização sociológica de suas origens, servem para marcar um afastamento crítico por parte das narradoras, que superaram ou imaginavam ter superado aquele padrão familiar.[96] No caso das mulheres, o repúdio aos comportamentos tradicionais, "pequeno-burgueses", se fazia em nome de um ideal de autonomia que deveria se realizar não apenas como possibilidade de viver livremente a paixão e as pulsões sexuais. Isso tudo também estava fortemente associado à ideia de existir no mundo para além da vida doméstica, por meio da realização profissional, da independência financeira que o trabalho poderia assegurar e, por último, porém não menos importante, da atividade política. Embora muito poucas tivessem fôlego para percorrer de ponta a ponta os dois maçudos volumes de *O segundo sexo*, um feminismo à la

Simone de Beauvoir inspirava as jovens que tratavam de negar os valores herdados da família.

A contestação dos modelos estabelecidos de relacionamento afetivo e sexual permitiu também que o tema do homossexualismo começasse a emergir de sua secular clandestinidade e passasse a ser encarado como uma possibilidade erótica legítima. Obviamente, como transparece na narrativa de Maria Lucia Dahl, as novas formas de conceber as relações amorosas, a vida em comum com a pessoa querida e a família que daí talvez resultasse estavam encharcadas de tensões, conflitos e ambiguidades. Zuenir Ventura observa que tais mudanças de valores "nem sempre foram absorvidas pelas organizações políticas como um fenômeno paralelo, convergente ou aliado". Diz ele: "A esquerda — mesmo a radical, que sonhava com a Revolução geral — olhava para aquele movimento com a impaciência de quem é interrompido em meio a uma atividade séria pela visão inoportuna de um ato obsceno. Manifestava um soberbo desdém ideológico pelas travessuras comportamentais da geração de Leila Diniz".[97] Na realidade, as organizações políticas de esquerda incorporaram de forma desigual os novos padrões de comportamento.

Para os "caretas" do Partido Comunista Brasileiro, por exemplo, esse assunto nem merecia figurar entre as "contradições" a partir das quais se deviam obrigatoriamente descrever os conflitos sociais e o desfecho possível do combate à ditadura. Já nas organizações armadas, a rejeição dos "valores burgueses" e as circunstâncias mesmas da clandestinidade acentuavam a natureza instável das relações amorosas — e a poucos ocorreria contestar esse estado de coisas. Até nesses movimentos, porém, a tolerância comparativamente maior em relação às novas expressões da sexualidade acabavam de certo modo neutralizadas por uma espécie de ascese revolucionária, que empurrava as chamadas questões pessoais, as relações afetivas e o sexo para um plano secundário. Como no Partidão, as exigências da militância tinham supremacia absoluta sobre a subjetividade dos militantes. Reflete Herbert Daniel sobre sua experiência, particularmente dilacerada:

> Meus problemas pequeno-burgueses me preocupavam, como tantos empecilhos que eu tivesse para poder me tornar um bom revolucionário. Entre eles a sexualidade, mais explicitamente, a homossexualidade. Desde que comecei a militar, senti que tinha uma opção a fazer: ou eu levaria uma vida sexual regular — e transtornada, secreta e absurda, isto é, puramente "pequeno-burguesa", para não dizer "reacionária", ou então faria a revolução. Eu queria fazer a revolução. Conclusão: deveria "esquecer" minha sexualidade [...]. Foi assim que durante todos os meus anos de militância minha homossexualidade nunca foi problema (*para* os outros). *Para* os companheiros que, se desconfiavam, calavam. Isto não são coisas sujeitas a comentário. Se alguém percebeu no gesto oblíquo, no olhar irrequieto, numa frase descontrolada, a marca distintiva da homossexualidade na minha vida, não chegou a falar comigo.[98]

É bem verdade que no caso das organizações para as quais a derrubada da ditadura era não um objetivo em si, porém um meio de chegar, afinal, ao socialismo, o ideal revolucionário supunha o reconhecimento da igualdade entre "companheiras" e "companheiros". Esse valor se concretizava mais frequentemente na divisão igualitária das tarefas cotidianas do que na distribuição das responsabilidades políticas. Um testemunho revela os limites típicos desse ensaio de democracia sexual: "Em relação à questão das tarefas domésticas, todos os homens eram meio domésticos, lavavam pratos. Não era grande desdouro, não era essa a questão. Isso fazia parte do esquema revolucionário. A mulher deixou de ser virgem, o homem deixou de ser macho, lava pratos, faz comida, é bom cozinheiro. Eu acho que isso não era o fundamental. As análises, as grandes análises, a estratégia e a tática, isso era o que importava. E isso eram eles que faziam".[99]

Na segunda metade dos anos 1960, os novos comportamentos incluíam crescentemente alguma incursão ao território das drogas: o "baseado", o "ácido" ou o "pó", sobretudo o primeiro. De início, essa não era uma experiência amplamente compartilhada pelos grupos da oposição jovem-classe-média-intelectual. Da mesma forma como a direita civil e a militar os rotulavam de "esquerda festiva", os militantes puros e duros das organizações insurrecionais associavam a maconha e o LSD, para não falar em cocaína, ao "desbunde", ao abandono do compromisso revolucionário. Parecia-lhes óbvio que a busca da fruição individual, hedonista, era incompatível com as responsabilidades da militância visando o aniquilamento da ordem burguesa. Esse conflito constitui por sinal o núcleo dramático da peça *Rasga coração*, escrita por Oduvaldo Viana Filho em 1974 e só liberada pela censura cinco anos depois. A peça opõe os valores do pai "careta", militante comunista, aos do filho rebelde, que compartilha das crenças, símbolos e comportamentos da contracultura "hippie": maconha, misticismo, ioga, cabelos compridos, liberdade sexual. E o general Milton Tavares de Souza, comandante militar em São Paulo, dizia: "O movimento hippie foi criado em Moscou"![100]

A difusão do consumo de drogas na classe média de esquerda tinha a ver em alguma medida com o desmoronamento das quimeras revolucionárias e o triunfo esmagador da repressão. Em *Nobres & anjos*, um estudo sobre o consumo de tóxicos na classe média da Zona Sul do Rio de Janeiro, entre 1972 e 1974, o antropólogo Gilberto Velho observa que no grupo que ele chama "intelectual-artístico-boêmio" o uso de drogas se expandiu em paralelo ao decréscimo do interesse pela política. O livro registra, entre outros, o seguinte depoimento:

> Eu fui marxista, pelo menos achava que era. Li muito — Marx, Engels, Mao, Trótski e Brecht. Em termos de Brasil, Caio Prado, Celso Furtado, Nelson Werneck Sodré. Nunca pertenci a nenhum partido, namorei um pouco uma certa época, mas me desiludi com a caretice e a intolerância reinantes. Tudo muito moralista, castrador [...] Para mim, não há diferença entre um coronel de direita e um coronel de esquerda. A intolerância e o autoritarismo são os mesmos. O que vale para mim atualmente é a tua

liberdade individual assumida, vivenciada corajosamente. É preciso ter coragem para assumir a vida da gente, sem tutelas políticas. No fundo as pessoas querem um pai que lhes diga o que devem ou não fazer. O momento da verdade em que você está sozinho diante de você mesmo, é esse momento de que as pessoas têm medo e se protegem com capas — comunista, fascista, marxista, liberal, sei lá. Essas coisas hoje em dia não me interessam, não me emocionam. Estou preocupado em me conhecer, sem subterfúgios e facilidades. Para isso, os chamados tóxicos me têm ajudado, assim como a análise...[101]

A busca da verdade pessoal, por meio da psicanálise, das drogas ou, no extremo, da vida em comunidades alternativas, podia ter uma conotação antiautoritária. No auge da ditadura, início dos anos 1970, "puxar fumo", "viajar" ou "cheirar" não eram apenas formas de gratificação dos sentidos, mas, à semelhança da revolução sexual, um modo de contestar — outro verbo característico da época — o conservadorismo da sufocante ordem política. Já nas democracias do hemisfério norte, afrontavam o autoritarismo, que aos jovens parecia permear todas as dimensões da vida. Dos protestos de 1968 derivariam direta ou indiretamente outras agendas políticas — a defesa do ambiente, o feminismo, a promoção dos direitos das minorias, parte, enfim, dos chamados "novos movimentos sociais". No Brasil dos militares, a máxima "o pessoal é político", mote desses movimentos, adquiria, porém, um significado peculiar.

Quaisquer que fossem os valores e o estilo de vida efetivos dos intelectuais, profissionais liberais e estudantes de oposição, a vida política se derramava sobre a rotina diária e as relações pessoais, de forma ora sutil ora brutal. Mesmo quando o envolvimento com a oposição se limitasse à solidariedade aos oposicionistas de tempo integral, o cotidiano se alterava. Dentro de casa, nem tudo podia ser dito alto e bom som. Era preciso ter cuidado com o que se conversava perto da empregada. Quando se emprestava a casa para um encontro político, era necessário que os vizinhos achassem que se tratava de uma reunião social. As crianças eram ensinadas a ser discretas com amigos e colegas. Uma professora universitária, filha de intelectuais, ainda se lembra do clima de mistério que, na sua infância, cercava alguns amigos da família às vezes convidados, ao que parecia, a dormir na casa, e da perplexidade que sentia quando os pais a advertiram expressamente para não falar deles na escola. Da perspectiva infantil, não era para menos. Afinal, os mesmos pai e mãe que viviam dizendo que se deve sempre contar a verdade, de uma hora para outra pediam às crianças que mentissem, ou que pelo menos não mencionassem algumas coisas que aconteciam em casa. A política, assim, tornava-se um segredo de família.

A participação em organizações clandestinas, essa então alterava radicalmente os afazeres e a divisão do trabalho doméstico. Conta uma militante da luta armada: "[...] na minha organização a mulher funcionava como o homem da casa, ou seja, éramos nós que, por questões de segurança, mantínhamos nossos companheiros. No meu caso, por exemplo, era eu quem tinha um emprego, enquanto meu companheiro lia, estudava e participava. Ele era um profissional! Assim, e apesar das organizações serem umas igrejas muito fechadas, a ponto de não se poder receber os amigos em casa, nós mulheres continuamos mantendo o contato com o mundo de fora".[102] Muitas mulheres, às vezes nem tão "politizadas", viam-se no papel de chefe de família quando o homem caía na clandestinidade. Para o companheiro, isso quase sempre significava separar-se da mulher e dos filhos, que por sua vez tratavam de continuar levando vida normal, com ou sem apoio material da organização. Mas a vida normal era impossível. Não são poucos os filhos de militantes que em criança passaram pelo trauma da separação, de ignorar por onde andava o pai, da incerteza de vê-lo novamente. Alguns ficariam sabendo muito depois que era falso, um "nome de guerra", o nome pelo qual chamavam o pai. Difícil também podia ser a vida na escola: ter de dizer o que os pais faziam e, não conseguindo, ter de explicar por que eles não tinham uma profissão como todo mundo.[103] Maria Prestes recorda os obstáculos que enfrentou para sair legalmente do país, por conta da atrapalhada situação de seus filhos, consequência da quase permanente clandestinidade em que vivera o secretário-geral do PCB: "A preparação da viagem para o exílio foi um suplício. Quando comecei a providenciar os documentos, vivi uma série de complicações. O Pedro e o Yuri tinham certidões de nascimento sem o nome do pai. Na certidão do Paulo o Velho era somente declarante [...] Os burocratas da polícia federal cinicamente diziam que somente na presença do pai concederiam os passaportes".[104]

Tampouco as famílias dos jovens que saíram de casa para fazer política clandestina conseguiam retomar uma existência cotidiana regular. Ficavam sempre à espera de um telefonema, que às vezes custava a vir, de um bilhete escrito às pressas, de notícias dadas por amigos. Enfim, o reencontro das famílias separadas pela clandestinidade era sempre uma operação arriscada e rodeada de ansiedade. Era preciso achar um lugar seguro, despistar a polícia, que poderia estar vigiando os parentes que levavam vida legal. De novo, Maria Prestes: "A partir desta festa [o aniversário de dois anos da filha], que foi uma simples reunião, tentei sempre encher a nossa casa de gente, organizar piqueniques a Santos, Guarujá e outros lugares do interior paulista. No meio do tumulto eu desaparecia. Quando isso acontecia, os meninos já sabiam que tinham que cuidar da casa sozinhos. No primeiro sumiço viajei até o Rio de Janeiro para ter o tão esperado encontro com o Velho após o golpe militar".[105]

Naturalmente, a prisão de pais, mães, maridos, mulheres, irmãos, irmãs, filhos ou filhas transformava a vida diária em pesadelo. Não foram raros os casos em que os serviços de segurança tratavam de quebrar o silêncio dos militantes mais teimosos tomando como refém, ameaçando ou até torturando um parente seu. Mesmo quando não se chegava a tais barbaridades, o abalo era imenso. Ironicamente, a família tradicional, tão criticada pelos jovens embarcados na revolução dos costumes e na esperança de revolução social, foi o grande apoio dos presos e perseguidos. Quando as organizações destruídas pela repressão saíam de cena, era à família que se recorria em busca de abrigo, dinheiro, providências para sair do país, além de afeto e solidariedade. Quando se ia preso, a família assumia as tarefas indispensáveis: constituir advogado, tentar legalizar a prisão e quebrar a incomunicabilidade, cuidar dos filhos deixados à solta, não perder um único dia de visita, fazer chegar ao cárcere tudo o que pudesse amenizar a vida ali. Nessa empreitada para a qual nunca estiveram preparados, alguns pais, mães e membros da família se converteram em militantes eles próprios e criaram novas formas de fazer política. Transformaram a solidariedade familiar e privada em atividade pública. Assim, a partir de experiências concretas e particulares, infundiram vida real na campanha genérica das associações civis pelos direitos humanos. Não foi outra a origem do Movimento pela Anistia, na segunda metade dos anos 1970. Por esse caminho, o drama das famílias cuja intimidade fora estilhaçada, de um lado, pela violência do regime, de outro, pela resistência, armada ou não, à ordem autoritária, ganhou a envergadura de questão política, ponto crucial da agenda — afinal vitoriosa — da oposição.

Este texto é dedicado a Carlos, Bruno e Marina.

Os autores agradecem a Albertina de Oliveira Costa pelas generosas sugestões de fontes bibliográficas e pelos valiosos comentários ao texto. A Inês Zanchetta e Susana Camargo, pelo acesso a informações e documentos.

6. ARRANJOS FAMILIARES NO BRASIL: UMA VISÃO DEMOGRÁFICA

Elza Berquó

No Brasil, as uniões matrimoniais foram regidas por sistemas legais que variaram ao longo do tempo, o que dificulta comparações por períodos muito extensos. Durante o Império, o vínculo religioso católico era indissolúvel e determinava o estado conjugal das pessoas. A partir de 1870, de acordo com a lei n. 1829, deu-se a organização do registro civil pelo Estado, ficando a Igreja obrigada a enviar à autoridade civil a série de informações registradas. Na República, a lei de 24 de janeiro de 1890 criou o casamento civil, que é independente do religioso e o único a ter validade jurídica e civil.

O tipo de informação a respeito do estado conjugal da população, através dos censos, também variou bastante. Segundo Jardim,[1] "o recenseamento geral da população do império, realizado em 1872, só considerou, quanto ao estado civil, na 'lista de família' adotada para recolher as informações, os solteiros, casados e viúvos; o de 1890, no 'mapa' destinado à coleta de informações, acrescentou àqueles quesitos o que se referia à condição de *divorciado*; o de 1900 também, no seu 'boletim individual', inquiriu sobre os divorciados; o de 1920 voltou ao critério do de 1872; o de 1940 inclui no 'boletim de família' o quesito relativo à condição de desquitado, estabelecendo nas instruções para preenchimento daquele boletim que as pessoas casadas segundo a lei estrangeira e que tivessem obtido o divórcio, em vez de *desquitado* deviam responder *divorciado*, ao prestarem as suas informações. O recenseamento de 1950 adotou diretriz semelhante".

Em 1942, foi introduzido no Código Civil o artigo 315, que estabeleceu a separação sem dissolução de vínculo, ou seja, o desquite. Ainda nesse ano, a lei n. 4529, de 30 de julho, regulamentou a anulação do casamento.

Hoje, continua em vigor a lei n. 6015, de 31 de dezembro de 1973, que regulamentou o registro dos fatos vitais, e a de n. 6515, de dezembro de 1977, que instituiu o divórcio, permitindo aos divorciados que contraíssem novo matrimônio.

Tendo, portanto, por base principalmente os dados censitários, este capítulo pretende realizar um balanço sobre os arranjos familiares existentes no Brasil e suas mudanças nas últimas décadas.

Cortes temporais no calendário da história surpreendem estruturas populacionais específicas, conformadas por processos demográficos que são, a um só tempo, resultado de mudanças nas formas e concepções de viver e sobreviver de uma sociedade e condicionantes de novas possibilidades e estilos de vida das diferentes camadas sociais.

Oportunidades e fatalidades que se sucedem ao longo do ciclo vital das pessoas modelam suas biografias, e as situações em que ocorrem refletem-se nas configurações familiares, quando examinadas em um momento dado. A situação de uma mulher morando sozinha com um filho, por exemplo, pode ser o efeito de vários acontecimentos. Casou-se, teve um filho só ou apenas um sobreviveu, depois separou-se ou ficou viúva e ainda não voltou a casar-se ou nunca o fará. Ou ela se casou, teve mais de um filho e, ao separar-se, o marido ficou com a guarda dos demais filhos, ou estes moram com os avós por causa da separação ou viuvez da mãe. Ou então ela é mãe solteira, seja biológica, seja adotiva. Ou, ainda, se for mais velha, os demais filhos já podem ter morrido ou saído de casa para formar novas famílias ou partir em trajetórias migratórias à procura de outros destinos.

Do ponto de vista demográfico, interagem, nesse caso, processos que resultam da "evolução dos níveis e padrões da fecundidade", do "*quantum* e do tempo da nupcialidade", das separações e divórcios e dos recasamentos, das alterações das curvas de mortalidade e seus diferenciais por sexo e idade, e da intensidade dos deslocamentos espaciais da população. A força desses processos depende, por sua vez, de transformações econômicas, sociais e culturais que têm lugar no decorrer do tempo.

Como diz Ryder,[2] o significado da passagem do tempo para um indivíduo é, em parte, o problema da sobrevivência, isto é, do modo como atravessar as distintas etapas do ciclo vital até o envelhecimento. Para uma população, esse significado é o problema da reposição. Se uma população deve persistir, a despeito da mortalidade de seus membros, novos seres humanos precisam continuamente ser criados e preparados para repor os que morrem. A família é, acima de tudo, a instituição a que é atribuída a responsabilidade por tentar superar os problemas da passagem do tempo tanto para o indivíduo como para a população.

Pode-se dizer que, do ponto de vista demográfico e estatístico, mudanças e permanências vêm marcando a estrutura familiar brasileira nas últimas décadas. O caráter nuclear da família, isto é, casal com ou sem filhos, continua predominante, mas o "tamanho" da família diminuiu, e cresceu o número de uniões conjugais sem vínculos legais e de arranjos monoparentais — aqueles caracterizados pela presença do pai com filhos ou da mãe com filhos, contando ou não com outros parentes habitando conjuntamente. Entretanto, as maiores transformações vêm ocorrendo no interior do núcleo familiar, assinaladas pela alteração da posição relativa da mulher e pelos novos padrões de relacionamento entre os membros da família. Estaria havendo uma tendência à passagem de uma família hierárquica para uma família mais igualitária,[3] tendência inicialmente mais visível nas camadas médias urbanas e, com o tempo, passando a permear também as camadas populares.

O exame dessas transformações nos arranjos familiares, que foram observadas a partir do censo de 1950, requer um olhar prévio no cenário matrimonial do país dessa data em diante.

O CENÁRIO MATRIMONIAL

O comportamento matrimonial dos brasileiros nas últimas décadas alterou-se em alguns aspectos, mantendo-se em outros. Aumentou o número de separações e divórcios, conservou-se o da média das idades ao casar, e o papel das uniões não legalizadas cresceu na preferência das pessoas.

Com base nos censos brasileiros, a composição da população por estado conjugal nos últimos cinquenta anos revela que a maior parte da população de quinze anos ou mais declara-se casada,[4] legalmente ou não, vindo em seguida os solteiros (tabela 1). Enquanto a proporção de casados apresentou tendência média ascendente entre 1940 e 1991, caiu a de solteiros, que passou de 40,8% a 31,8% no mesmo período. As categorias "viúvos" e "divorciados ou separados" exibiram tendências contrárias, declinando a primeira e ascendendo a segunda.

Os ganhos na expectativa de vida ao nascer, ao longo desses anos, foram responsáveis pela redução do número de pessoas viúvas no espectro conjugal. Os diferenciais por sexo nos ganhos de anos por viver, com sobremortalidade masculina, justificam um número mais elevado de viúvas do que de viúvos, embora em ambos os casos se registrasse declínio nas tendências. Entre as mulheres, a proporção de viúvas caiu de 8,8% em 1960 para 8,2% em 1991, enquanto no segmento masculino a viuvez representou 2,5% e 1,6% nessas mesmas datas.

Já a idade média no ato do casamento legal sofreu pouquíssimas alterações. Os últimos dados disponíveis mostram que em 1994 os homens se casaram, em média, aos 27,6 anos, idade equivalente àquela registrada vinte anos antes (gráfico 1). O mesmo sucedeu com as mulheres, cuja idade quando do casamento civil variou de 23,7 a 24,1 anos entre 1974 e 1994. Manteve-se, portanto, ao longo dos últimos vinte anos, o traço cultural de ser o homem mais velho do que a mulher no ato do casamento legal, e a diferença de idade entre eles nesse momento, em torno de 3,6 anos, permaneceu praticamente constante.

Retrocedendo no tempo, verifica-se que para os homens, já

TABELA 1:
Pessoas de 15 anos de idade ou mais segundo estado conjugal
Brasil, 1940-91

Anos	Solteiro	Casado	Viúvo	Divorciado ou separado	Total
1940	40,8	51,6	7,3	0,3	100,0
1950	39,0	54,2	6,6	0,2	100,0
1960	34,0	57,7	5,7	2,4	100,0
1970	36,6	55,5	5,4	2,5	100,0
1980	34,6	57,9	5,0	2,5	100,0
1991	31,8	59,0	4,9	4,4	100,0

Fonte: Fundação Instituto Brasileiro de Geografia e Estatística (IBGE), censos de 1940 a 1991.

em 1940, a média de idade no ato do casamento legal era de 27,1 anos, a qual se manteve quase inalterada até nossos dias. Com as mulheres não ocorreu o mesmo. Em 1940, elas se casavam no civil mais cedo, em média aos 21,7 anos, idade que veio crescendo sistematicamente e passou a 23,3 anos em 1950, 23,8 em 1960 e 24 em 1970.[5]

A alta progressiva nos índices de escolaridade entre as mulheres e seu ingresso no mercado de trabalho podem ser evocados como determinantes do aumento de idade ao casar. Por outro lado, entre aquelas que iniciaram a vida conjugal via uniões não formais, pode ter se prolongado o tempo para legalizá-las.

O fato de os homens se casarem com mulheres mais jovens é uma constante praticamente universal e, segundo parte significativa das interpretações,[6] deve-se às relações de poder entre os sexos. Embora em alguns contextos as relações de gênero venham se tornando menos assimétricas, não tiveram ainda impacto visível na diferença entre as idades de homens e mulheres ao casar. São raros em nosso meio os estudos sobre as "moedas de troca" oferecidas pelas mulheres e aceitas pelos homens no mercado matrimonial, além da juventude. A persistência do fato mencionado, no caso do Brasil, que conta com um superávit de mulheres em todas as faixas etárias a partir dos quinze anos,

GRÁFICO 1:
Média das idades ao casar no civil
Brasil, 1974-94

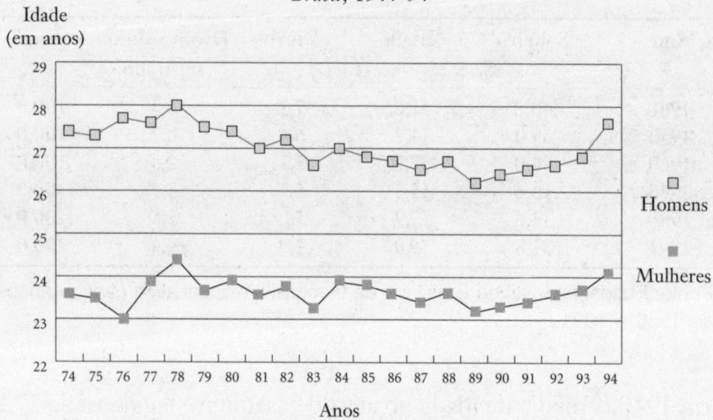

Fonte: Fundação IBGE, *Estatísticas do Registro Civil.*

tem, como se verá mais adiante, consequências diretas no celibato feminino e no avolumado segmento de separadas e viúvas com poucas chances de recasamento.

Se, por um lado, como vimos, a presença de casados lato sensu é majoritária e ascendente no cenário matrimonial, houve um declínio na taxa bruta de nupcialidade legal (número de casamentos legalizados por mil pessoas) entre 1979, quando atingia 7,83, e 1994, quando passou a 4,96, como demonstra o gráfico 2. Saliente-se a grande queda do número de casamentos legalizados em 1983, pior ano da crise da chamada "década perdida",[7] quando a renda das famílias baixou de maneira significativa. A partir daí, há uma ligeira recuperação até 1986, ano em que a curva de nupcialidade é marcada por um declínio sistemático que prossegue até os dias de hoje.

Em contrapartida, as taxas brutas de separações judiciais, isto é, desquites e divórcios (por mil pessoas), sofreram alta ao longo do período, atingindo, em 1994, valor quatro vezes maior do que o correspondente em 1979 (gráfico 3). Acredita-se que o intenso crescimento na primeira metade da década de 1980

GRÁFICO 2:
Taxas brutas de nupcialidade
Brasil, 1979-94

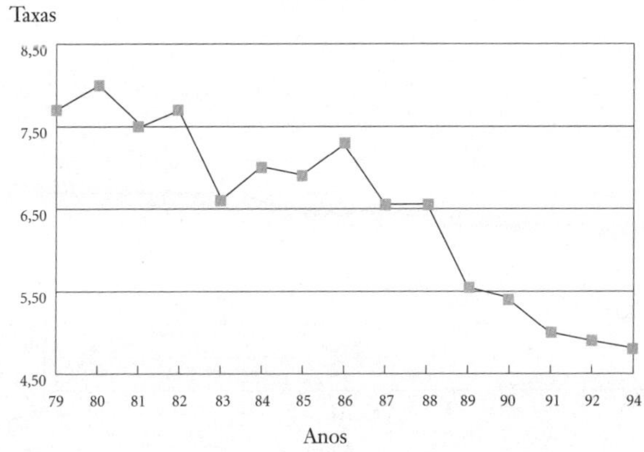

Fonte: Fundação IBGE, *Anuário estatístico do Brasil 1960-91 e 1994.*

reflita, em grande medida, a oficialização de separações anteriores à lei n. 6515, de dezembro de 1977, que, como foi dito no início deste capítulo, instituiu o divórcio no país, dando aos divorciados o direito de contrair novo matrimônio. Até então, os casados no civil só dispunham do desquite, introduzido no Código Civil em 1942, que estabelecera a separação sem dissolução de vínculo. Saturada essa demanda reprimida, a curva reflete, nos anos seguintes, a própria dinâmica do comportamento matrimonial, com taxas ascendentes de divórcios.

Observando o total de pessoas casadas segundo o tipo de vínculo matrimonial, nota-se que vem ganhando importância no país o número de casamentos não legalizados — a coabitação sem vínculos legais ou união consensual (tabela 2). Representando, em 1960, 6,5% do total das uniões registradas, em 1995 a taxa das consensuais chegou a 23,5%, isto é, quase um quarto de todos os casamentos se enquadra nessa categoria informal. Por outro lado, o peso relativo das uniões apenas religiosas caiu de 20,2% para 4,5% no mesmo período. Embora desde a República, segundo a Constituição de 1891, a união re-

GRÁFICO 3:
Taxas brutas de separações e divórcios
Brasil, 1979-94

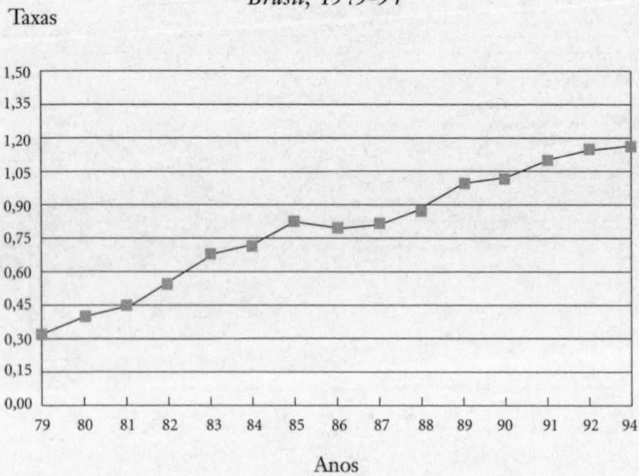

Fonte: Fundação IBGE, *Anuário estatístico do Brasil 1960-91 e 1994.*

conhecida legalmente seja somente a civil, o casamento apenas religioso continuou a ser valorizado pelas pessoas, sobretudo nos contextos marcados pela ausência de cartórios do registro civil. Apesar de haver muitas restrições aos conceitos de rural e urbano, pode-se dizer que no meio rural, ainda hoje, de cada cem casamentos, dez se realizam só na igreja.[8]

O declínio do número dos casamentos civis e religiosos, ainda que esse tipo de união continue predominante no cenário matrimonial, e o crescimento do número de uniões realizadas apenas no civil reforçam outra vez a queda do prestígio do casamento religioso, mais evidente nos centros urbanos.

Entre as décadas de 1950 e 1960, quando os estudos demográficos passam a ser realizados de forma mais sistemática, as uniões consensuais tiveram uma ocorrência maior nos estratos mais pobres da população, além de constituírem, antes do divórcio, que, como vimos, foi instituído só em 1977, a única alternativa para uma nova união após a dissolução de um casamento civil. Estudos[9] mostram, entretanto, que nas uniões mais recentes a consensual assume importância, e vem atraindo

TABELA 2:

Pessoas de 15 anos de idade ou mais, casadas, segundo o tipo de união Brasil, 1960-95

Tipo de união	1960	1970	1980	1991	1995
Civil e religioso	60,5	64,6	63,8	58,0	55,0
Só civil	12,8	14,1	16,3	18,4	17,1
Só religioso	20,2	14,4	8,1	5,2	4,5
Consensual	6,5	6,9	11,8	18,4	23,5
Total	100,0	100,0	100,0	100,0	100,0

Fonte: Fundação IBGE, censos de 1960, 1970, 1980 e 1991, e Pesquisa Nacional por Amostra de Domicílio (PNAD) de 1995.

a atenção também das camadas médias como primeira opção de vida conjugal.[10] Seria uma espécie de "casamento experimental" com grandes perspectivas de adoção por parte das coortes[11] mais jovens, principalmente aquelas que vivem nos grandes centros urbanos. De experimental pode se tornar definitivo, significando uma ruptura com valores e normas tradicionais. De fato, trabalhando com o censo de 1991, notou-se que, entre os rapazes de quinze a dezenove anos já "casados", 64% uniram-se consensualmente, taxa que correspondia a 46% das jovens na mesma faixa etária.[12] Tais resultados vieram confirmar outras análises que documentaram ter quadruplicado, na Grande São Paulo, a proporção de uniões consensuais entre quinze e dezenove anos no período de 1970 a 1980.[13]

A restrição civil a casamentos legais de mulheres com menos de dezesseis anos e de homens com menos de dezoito não explica, por si só, a elevada taxa de uniões não legalizadas. A transitoriedade que caracteriza essa fase da vida, aliada à percepção da instabilidade do vínculo conjugal de seus familiares e amigos, pode levar os jovens a buscar formas de união mais coerentes com seu estilo de vida.

Para Greene,[14] em um contexto de compressão do mercado matrimonial, ocasionado por um déficit de homens nas faixas etárias em que as pessoas costumam casar-se, como é o caso do Brasil, as uniões consensuais funcionariam como um mecanismo por meio do qual os homens poderiam mover-se entre várias uniões instáveis, "dividindo-se" entre diversas mulheres ao longo dos anos.

Ainda segundo a autora, quando a diferença de idade entre os cônjuges não é usada para atenuar a compressão do mercado matrimonial, o casamento informal pode cumprir esse papel. Essa mesma autora,[15] utilizando dados da PNAD de 1984, revelou a presença de uma correlação negativa entre a "razão de sexos" e a probabilidade de as mulheres assumirem uniões consensuais, ou seja, a maior disponibilidade de maridos potenciais permite às mulheres escolher o tipo de união que querem assumir, se formal ou consensual.[16]

De qualquer maneira, porém, as mulheres continuarão em desvantagem, uma vez que o censo de 1991 acentuou ainda mais, quando comparado ao de 1980, razões de sexo desfavoráveis às mulheres a partir dos 25 anos (tabela 3). De fato, o déficit de homens em termos absolutos chega a 800 mil na faixa dos 25 aos 39 anos.

ARRANJOS FAMILIARES

Vem crescendo sistematicamente no país o número de unidades domiciliares[17] ou domésticas. De 17,6 milhões, em 1970, passou a 26,3 milhões dez anos mais tarde, apresentando um aumento médio anual da ordem de 4,1%, bastante superior ao da população total no mesmo período: 2,5%. Dados de 1995 registram 42 milhões de unidades domiciliares, o que representa uma alta anual de 2,8% em relação a 1991, quando a população cresceu a uma taxa anual de 1,3%.

Essa situação pode ser explicada, em boa parte, pelo crescimento acentuado do número de separações e divórcios, os quais, na grande maioria dos casos, levam os membros do casal, que ocupavam um domicílio, a necessitar de mais um. As migrações internas podem igualmente contribuir nesse sentido. Movidos pela falta de oportunidade de trabalho ou pela inexistência de escolas em seus lugares de origem, ou ainda por ne-

TABELA 3:
*Razões de sexo por faixa etária**
Brasil, 1980 e 1991

Idade	1980	1991
15-19	97,7	98,7
20-24	97,2	98,0
25-29	96,8	95,5
30-34	97,9	95,6
35-39	96,9	94,5
40-44	99,5	97,2
45-49	97,8	95,7
50-54	98,1	95,8
55-59	98,9	90,7
60 e +	89,9	85,2
Total	96,9	95,0

Fonte: Fundação IBGE, censos de 1980 e de 1991.
* Total de homens em uma faixa etária dividido pelo total de mulheres na mesma faixa etária, multiplicado por 100.

cessidades outras, fragmentos de famílias ou pessoas sozinhas deslocam-se no território nacional, formando novos domicílios nos lugares de destino. Também atuam como determinantes do aumento do número de unidades domiciliares, novos estilos de vida, como uniões estáveis que não envolvem coabitação, jovens vivendo sozinhos ou em companhia de outros jovens fora da casa dos pais, e arranjos de adultos, aparentados ou não, morando juntos.

Por outro lado, nos últimos cinquenta anos vem caindo no país o número médio de pessoas por unidade domiciliar, o qual de 5,1 passou a 3,6 entre 1950 e 1995 (gráfico 4).

Além dos já mencionados determinantes do aumento crescente do número de unidades domiciliares, o rápido declínio da fecundidade vem exercendo papel decisivo na queda do "tamanho médio" dos arranjos domésticos. De fato, de 6,2 filhos por mulher entre 1940 e 1960, a taxa de fecundidade total passou a 5,6 em 1970, caiu para 4,2 em 1980 e chegou a 2,5 em 1991.

GRÁFICO 4:
Tamanho médio do arranjo domiciliar
Brasil, 1950-95

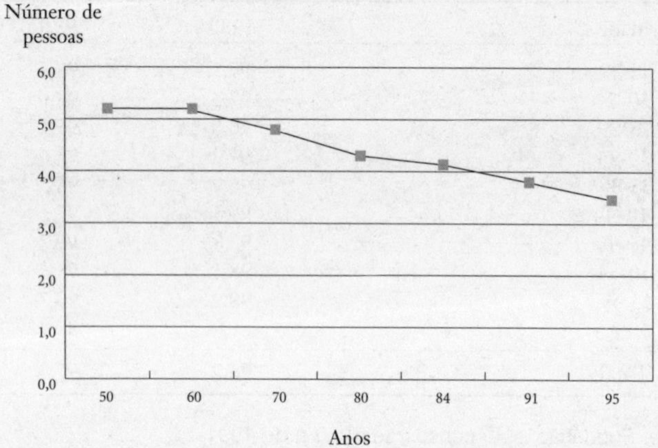

Fonte: Fundação IBGE, censos de 1950 a 1991; PNADs de 1984 e 1995.

Os arranjos que se tornaram menos frequentes foram aqueles de sete componentes ou mais: em 1950, representavam 28% do total e, em 1995, apenas 6% (gráfico 5). Em seguida vêm os arranjos de cinco ou seis pessoas por domicílio, cujo número passou de 25%, em 1950, para 20% em 1995. Em contraposição, cresceu muito o número de arranjos de três ou quatro pessoas, que, de 30% em 1950, atingiu 46% em 1995. Duas pessoas por domicílio compõem os arranjos cuja taxa também sofreu alta no período, passando de 12% a 21%. O número de pessoas morando sozinhas esboça tendência a crescimento a partir de 1975, alcançando 8% dos arranjos vinte anos mais tarde.

Desde logo chama a atenção o fato de os arranjos familiares representarem a maioria esmagadora dos arranjos domésticos (tabela 4), confirmando resultados anteriores.[18] Com efeito, não chegam a 0,5%, ao longo dos últimos 25 anos, situações envolvendo arranjos de não aparentados que compartilham o mesmo domicílio.

GRÁFICO 5:
Proporção de arranjos domésticos por número de componentes
Brasil, 1950-80, 1984 e 1985

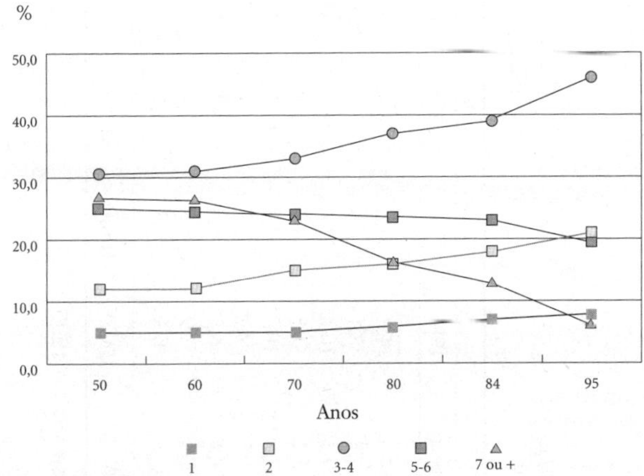

Fonte: Fundação IBGE, censos de 1950 a 1991; PNADs de 1984 e 1995.

Focalizando os arranjos familiares, vê-se que continuam mais frequentes os do tipo casal com filhos, que alcançam ainda hoje mais de 50% do total, embora esse índice apresente tendência declinante. Aumentam, por outro lado, os arranjos do tipo casal sem filhos, cuja taxa evidencia queda, porém, quando a família abriga parentes ou agregados. Já a categoria "família monoparental" sofreu crescimento acentuado, tendo praticamente dobrado seu peso nas últimas décadas, isto é, em 1970, 1980 e 1990.

Além de revelar que morar só é situação que vem marcando presença crescente no período enfocado, a tabela 4 permite observar um declínio da taxa da chamada família ampliada ou estendida, isto é, aquela com que habitam parentes ou agregados: de 14,5% do total de arranjos familiares em 1970, caiu para 11,0% em 1995. Por sua vez, o percentual das famílias nucleares cresceu à custa do aumento do número das "monoparentais", passando de 74,6% a 77,3%. Eliminadas as monopa-

TABELA 4:
Arranjos domésticos
Brasil, 1970-95

Arranjos domésticos	Anos				
	1970	1980	1987	1991	1995
Casal com filhos	57,6	54,8	54,6	53,3	51,7
Casal com filhos + parentes + agregados	9,8	8,1	6,9	7,7	6,1
Casal sem filhos	9,2	10,6	10,6	11,0	11,2
Casal sem flhos + parentes + agregados	2,2	1,8	1,6	1,8	1,7
Monoparental	7,8	10,7	12,3	12,5	14,4
Monoparental + parentes + agregados	2,5	2,7	2,7	3,1	3,1
Morando sozinha	5,8	6,5	6,5	6,4	8,1
Parentes, agregados	2,7	2,9	3,3	3,7	3,4
Outros	0,3	0,4	0,3	0,4	0,3
Total	100,0	100,0	100,0	100,0	100,0

Fonte: Fundação IBGE, censos de 1970, 1980 e 1991, PNADS de 1987 e 1995.

TABELA 5:

Arranjos familiares segundo o número de componentes

Brasil, 1995

2 pessoas		3 ou 4 pessoas		5 ou 6 pessoas		7 ou + pessoas	
Casal	54,5	Casal com 1 ou 2 filhos	72,9	Casal com 3 ou 4 filhos	72,5	Casal com 4 ou + filhos	69,2
Monoparental	34,4	Monoparental com 2 ou 3 filhos	12,8	Monoparental com 3 ou 4 filhos	6,2	Monoparental com 5 ou + filhos	4,4
Parentes	10,1	Casal com filhos + parentes + agregados	3,5	Casal com filhos + parentes + agregados	16,0	Casal com filhos + parentes + agregados	22,0
Outros	1,0	Monoparental com parentes + agregados	4,7	Casal sem filhos + parentes + agregados	0,6	Casal sem filhos + parentes + agregados	0,2
Total	100,0	Casal sem filhos + parentes + agregados	3,5	Monoparental + parentes + agregados	3,9	Monoparental + parentes + agregados	3,6
		Parentes + agregados	2,4	Parentes	0,7	Parentes	0,5
		Outros	0,2	Outros	0,0	Outros	0,0
		Total	100.0	Total	100,0	Total	100,0

Fonte: Fundação IBGE, PNAD de 1995.

rentais, o índice das nucleares caiu de 66,8%, em 1970, para 62,9%, em 1995. Quanto à coabitação de pessoas aparentadas, com ou sem agregados, sua média de 3% vem se mantendo ao longo do tempo.

Examinando os tipos de arranjos familiares para diferentes tamanhos de família, verifica-se, como era de esperar, que o número de famílias ampliadas aumenta quanto maior é o número de componentes da família. Assim, nos arranjos de três ou quatro pessoas, 75,7% das famílias são nucleares e 11,7% são ampliadas, proporção que sobe para 20,5% em famílias com cinco ou seis membros, atingindo 25,8% naquelas com sete ou mais (tabela 5). No que diz respeito às nucleares monoparentais, a taxa de 34,4% em famílias com duas pessoas cai para 12,8%, 6,2% e 4,4% nos arranjos de três ou quatro, cinco ou seis e sete ou mais componentes, respectivamente.

Os arranjos de duas pessoas, seja um casal sem filhos, seja um dos cônjuges com um filho, reúnem, em geral, pessoas mais jovens, casadas ou separadas há pouco tempo, ou que tenham vivenciado experiências recentes fora de uniões. Do total de famílias monoparentais, a metade encontra-se no último arranjo citado, aquele que traz um dos cônjuges com um filho.

Acomodando 62% do total de 1,4 milhão da categoria de parentes que moram juntos, os arranjos de duas pessoas representam 10,1% das possibilidades na situação em que há dois componentes no domicílio.

FAMÍLIAS MONOPARENTAIS

Tendo aumentado na sociedade brasileira, o que se constatou a partir dos anos 1960, quando se sistematizaram os estudos do censo, as famílias monoparentais apresentam aspectos muito especiais. Em primeiro lugar, 82% delas referem-se a famílias nucleares, isto é, só a mãe ou só o pai na companhia de filhos. Tal registro, para 1995, vem acentuar ainda mais a situação já verificada em 1980, quando esse percentual correspondeu a 79% — maior, por sua vez, do que o observado em 1970 (75%).[19]

TABELA 6:

Famílias monoparentais segundo o sexo do chefe
Brasil, 1970, 1980, 1987, 1991 e 1995

Chefe	1970	1980	1987	1991	1995
Homens	17,7	19,1	11,8	10,9	10,4
Mulheres	82,3	80,9	88,4	89,1	89,6
Total	100,0	100,0	100,0	100,0	100,0

Fonte: Censo de 1970, 1980 e 1991; PNADs de 1987 e 1995.

Contrastado, entretanto, com os demais arranjos familiares, o monoparental revela maior frequência de coabitação de outros parentes: 18%. Entre os casais com filhos, o núcleo familiar se amplia em virtude da presença de outros parentes no domicílio em apenas 11% das ocorrências, as quais equivalem a 14% dos casos de famílias extensas do tipo casal sem filhos e parentes. Em segundo lugar, o aumento das monoparentais se deve a situações em que a unidade familiar coexiste com outras no mesmo domicílio.[20]

A chefia feminina é outra característica associada a esse tipo de arranjo familiar. Pela tabela 6 percebe-se que a grande maioria das monoparentais vem de há muito, isto é, a partir dos estudos de 1970, sendo chefiada por mulheres. O aumento do número de separações e divórcios, com menor chance de recasamento para as mulheres, a sobremortalidade masculina, produzindo mais viúvas que viúvos, e os emergentes estilos de vida — novas formas de união sem coabitação ou prole sem casamento — são os principais determinantes de tal situação.

Um vigoroso rejuvenescimento das mulheres-chefes é observado comparando-se suas distribuições etárias em 1970 e em 1995.[21] Na década de 1970, 25% dessas mulheres tinham menos de quarenta anos, índice que subiu mais recentemente para 42%. Essa mudança se deveu a uma inversão na proporção de mulheres maduras exercendo chefia, que, de 53%, passou a 37%. Pouco se alterou, por outro lado, o peso relativo do número de idosas.

TABELA 7:

Mulheres-chefes em arranjos monoparentais segundo estado conjugal e idade Brasil, 1970 e 1995

Estado conjugal	Total		– de 40 anos		40 a 59 anos		60 anos e +	
	1970	1995	1970	1995	1970	1995	1970	1995
Solteira	9,4	14,2	22,2	28,0	6,4	4,8	2,3	2,9
Separada ou divorciada	27,3	49,2	43,5	63,0	27,1	52,3	9,5	14,2
Viúva	63,3	36,6	34,3	9,0	66,5	42,9	88,2	82,9
Total	100,0	100,0	100,0	100,0	100,0	100,0	100,0	100,0

Fonte: Fundação IBGE, censo de 1970 e PNAD de 1995.

TABELA 6.

Mulheres em diferentes situações familiares conforme a idade
Brasil, 1970, 1980 e 1995

Faixas etárias	Mulheres com marido e filhos	Mulheres sozinhas com filhos*	Mulheres-chefes de outros arranjos familiares sem filhos
1970			
– de 40 anos	64,0	24,9	18,5
40 a 59 anos	32,6	53,1	36,1
60 anos e +	3,4	22,0	45,4
Total	100,0 (12 150 196)	100,0 (1 415 431)	100,0 (713 094)
1980			
– de 40 anos	64,7	37,0	24,3
40 a 59 anos	31,6	42,8	29,7
60 anos e +	3,7	20,0	46,0
Total	100,0 (16 833 990)	100,0 (2 182 456)	100,0 (1 426 206)
1995			
– de 40 anos	60,5	42,3	21,3
40 a 59 anos	34,4	37,5	28,2
60 anos e +	5,1	20,2	50,5
Total	100,0 (24 254 456)	100,0 (6 594 445)	100,0 (936 619)

Fonte: Tabulações especiais dos censos de 1970 e 1980, e PNAD de 1995.

* Incluem também famílias monoparentais ampliadas pela presença de outros parentes e/ou agregados.

Analisando o estado conjugal das mulheres-chefes das monoparentais, constata-se que em 1995 a maioria delas, 49%, eram separadas ou divorciadas (tabela 7), o que não ocorria em décadas passadas, sobretudo nos anos 1970, quando as viúvas predominavam nesse tipo de família. De um lado, a expectativa de vida masculina cresceu no período, reduzindo a chance de viuvez feminina; de outro, aumentou o número de separações e divórcios, deixando maior contingente de mulheres sem marido ou companheiro. Vale notar igualmente que cresceu o peso relativo da quantidade de mães solteiras.

A incorporação, nesta análise, da idade da mulher vem mostrar que o papel das separações como determinantes da chefia feminina é mais pronunciado entre as mais jovens, isto é, aquelas que têm menos de quarenta anos. É também nessa faixa etária que o status de mães solteiras registra sua maior expressão.

Os dados expressos na tabela 8 revelam ainda que a "estrutura" etária das mulheres sozinhas com filhos distingue-se daquelas em que se encontram as mulheres-chefes de outros tipos de arranjos domésticos e daquela própria das que vivem com seus maridos ou companheiros e filhos.

As chefes de monoparentais são mais jovens que as mulheres que chefiam outros tipos de arranjos. Por outro lado, são mais velhas que as esposas com filhos, uma vez que fazer parte de uma monoparental implica ter percorrido uma trajetória de vida que, em média, requer mais tempo: casar, ter filhos, descasar ou enviuvar, situações que, como já vimos, envolvem 86% das famílias chefiadas por mulheres.

Já as chefes de outros arranjos familiares sem filhos, que podem ser o resultado de um variado conjunto de ocorrências cumulativas, encontram-se em ciclos de vida mais avançados. Mulheres maduras ou mesmo idosas, separadas ou viúvas, que não tiveram filhos ou cujos filhos já faleceram ou deixaram o domicílio para ingressar em novos arranjos domésticos ou familiares ou constituí-los, podem compor essa categoria, que também pode ser composta de mulheres que nunca se casaram.

É de se notar ainda que, comparativamente, o efeito do

tempo no processo de mudança se fez sentir de forma mais clara no caso das mulheres sozinhas com filhos, que são cada vez mais jovens. Ou seja, casar, ter filhos e se separar cada vez mais leva menos tempo.

Retomando-se uma tradição na sociedade brasileira, sobretudo nas camadas populares, desde os anos 1950 tem se associado a situação de mulheres no comando da família, cuidando dos filhos, sem a presença de marido ou de companheiro, a uma característica da vida familiar dos segmentos mais pobres da população.[22] Vários autores[23] assinalaram a relação entre chefia feminina e pobreza tanto como causa quanto como consequência uma da outra. Mães solteiras, separadas ou viúvas são as mais pobres nas camadas populares. As chefes de família, por outro lado, enfrentam dificuldades e desvantagens no mercado de trabalho.

Na tentativa de arejar tal linha de argumentação, alguns analistas[24] salientam a importância de se levar em conta que a pobreza que caracteriza as condições das chefias femininas não se deve exclusivamente à ausência de um marido ou companheiro, mas também ao fato de as mulheres-chefes fazerem parte das camadas populares. O crescimento intenso desse tipo de arranjo familiar nos dias atuais abrange igualmente mulheres pertencentes às camadas médias urbanas. Nesse caso, uniões conjugais desfeitas ou interrompidas alteram o padrão de vida das mulheres e de seus filhos.

Como diz Oliveira,[25] "há uma complexa articulação de processos que se encontra à raiz do aumento das famílias monoparentais chefiadas por mulheres. Processos que convivem com diferenças sociais significativas entre segmentos da sociedade brasileira, mas que apontam para mudanças importantes na condição feminina em nosso meio".

PESSOAS QUE MORAM SOZINHAS

Morar sozinho em um domicílio é uma situação que apresenta índices ascendentes no conjunto dos arranjos domésticos.

De 5,8% em 1970, o número dessa configuração cresceu para 6,5% em 1980 e para 8,1% em 1995. Ao atingir uma taxa média da ordem de 5,4% ao ano entre 1980 e 1995, ultrapassando muito a do crescimento da população total no mesmo período, esse arranjo, que em 1995 envolveu 3 423 989 pessoas, ainda está longe de ter o peso relativo que tem em alguns países do chamado Primeiro Mundo, como a Grã-Bretanha, por exemplo, onde o percentual de sozinhos corresponde a 25% da população, mesmo levando-se em consideração os contextos culturais e políticos diferentes.[26]

No Brasil, até 1980 havia mais homens do que mulheres morando sozinhos, situação que se altera a partir de 1991, com um índice de 52% de mulheres nos domicílios unipessoais. O fato de no passado haver mais homens morando sós poderia decorrer da maior autonomia pessoal e econômica com que eles sempre contaram. Os processos de mudança envolvendo as mulheres, principalmente nos grandes centros urbanos, que concentram maior contingente de pessoas morando sozinhas, podem responder por esse recente crescimento (81% em 1991, em comparação com 77% da população total).

Deve-se levar em conta, entretanto, que morar só tem significados distintos conforme a faixa etária em que se encontra o indivíduo. A interação dos eventos que vão modelando as trajetórias individuais e familiares e se acumulam ao longo do tempo acaba por produzir situações, transitórias ou definitivas, específicas por idade. Predominam, entre os sozinhos, as pessoas com sessenta anos ou mais, o que correspondeu a 43% em 1995, mulheres em sua maioria.

Na tabela 9 pode-se observar quão distintas são as estruturas etárias de homens e mulheres que moram sozinhos. Para os homens sós, ser jovem, maduro ou idoso não faz muita diferença. Já o número de mulheres sozinhas concentra-se nas de idades mais avançadas. A estrutura etária dos homens sós, registrada por um corte transversal seja em 1980 seja em 1995, leva a pensar em situações ou etapas de certa transitoriedade. Ou

TABELA 9:
Estrutura etária de homens e mulheres que moram sozinhos
Brasil, 1980 e 1995

Idade (em anos)	1980		1995	
	Homens	Mulheres	Homens	Mulheres
15-29	25,1	9,4	20,5	8,0
30-44	26,0	13,7	29,5	13,5
45-59	23,3	23,5	23,0	21,4
60 e +	25,6	53,4	27,0	57,1
Total	100,0	100,0	100,0	100,0

Fonte: Fundação IBGE, censo de 1980 e PNAD de 1995.

seja, a dinâmica masculina de entrar em uniões conjugais, sair delas e nelas reentrar, sendo os homens solteiros, divorciados ou viúvos, parece não depender da idade; daí achar-se nas quatro faixas etárias consideradas, grosso modo, um quarto do total dos sozinhos. Já para as mulheres a realidade parece ser outra. Há um sistemático aumento associado à idade, culminando com o fato de que, para cada dez mulheres sozinhas, seis encontram-se na terceira idade.

Os dados da tabela 10 permitem que se complete essa análise ao mostrar que mais da metade das moradoras sozinhas são viúvas, enquanto 84% dos sozinhos são divorciados, separados ou solteiros. Sujeitas a taxas maiores de viuvez, dada a sobremortalidade masculina, e a menores chances de recasamento, as mulheres sozinhas, com o passar do tempo, parecem encontrar menos oportunidades para mudar de situação. Não se pode perder de vista também que os filhos de mulheres de idades mais avançadas já saíram de casa ou mesmo faleceram.

Morar na casa dos filhos parece mais comum para um pai idoso, viúvo ou separado, que não voltou a se casar, dada a maior dependência de cuidados físicos por parte dos homens. Mulheres idosas, viúvas ou separadas, com possibilidades financeiras, optam por morar sozinhas, desfrutando da autonomia que nunca puderam vivenciar na companhia de maridos e

TABELA 10:
População, por gênero, segundo estado conjugal
Brasil, 1995

Estado conjugal	Homens	Mulheres
Solteiro	38,3	24,5
Divorciado ou separado	45,5	23,0
Viúvo	16,2	52,5
Total	100,0	100,0

Fonte: Fundação IBGE, PNAD de 1995.

filhos. Enfim, não se trata apenas de fatalidades rondando a vida das mulheres, mas também da conquista de novas oportunidades.[27]

AS MULHERES E O MERCADO MATRIMONIAL

Até agora as análises revelaram que, seja qual for o ângulo sob o qual se examinem os arranjos familiares, as mulheres enfrentam maior diversidade de situações, decorrentes da assimetria a que estão sujeitas no cenário matrimonial, em relação aos homens.

Um simples exercício ilustra muito bem esse fato. Tomemos, por exemplo, o número de mulheres e de homens não casados na mesma faixa etária, digamos, de trinta a 34 anos. Segundo o censo de 1991, havia 1 306 616 mulheres e 1 169 733 homens nessa condição. Se as possibilidades de escolhas matrimoniais se realizassem apenas no mesmo grupo etário e o desejo de se casar fosse universal, haveria 136 883 mulheres não casadas sem chance de escolher ou de serem escolhidas. Mas a situação é ainda mais séria para as mulheres, uma vez que a norma social tem sido que estas se casem com homens ou da sua faixa etária ou mais velhos do que elas. Ora, no mesmo censo, pouco mais de 4 milhões de homens não casados, e portanto maridos potenciais, tinham trinta anos de idade ou mais. Portanto, havia 3,2 homens não casados para cada mulher não casada de trinta

TABELA 11:

*Estimativa do número hipotético de homens para cada mulher e de mulheres para cada homem no universo dos não casados, por faixa etária**

Idade (em anos)	Número de homens para cada mulher	Número de mulheres para cada homem
20-24	3,2	2,1
25-29	3,3	5,0
30-34	3,2	11,3
35-39	2,9	21,6
40-44	2,3	33,3
45-49	2,5	48,0
50-54	1,9	56,7

* Este exercício baseou-se nos dados do censo de 1991.

a 34 anos. De acordo com a mesma regra, os homens não casados de trinta a 34 anos poderiam escolher entre pouco mais de 13 milhões de mulheres não casadas, esposas potenciais, com no máximo 34 anos. Ou seja, haveria 11,3 mulheres não casadas para cada homem não casado de trinta a 34 anos. Esse mesmo raciocínio leva a situações cada vez mais assimétricas à medida que homens e mulheres avançam em idade, ou seja, as chances no mercado matrimonial diminuem para as mulheres e aumentam para os homens.

A tabela 11 ilustra esse exercício ao mostrar que na faixa de cinquenta a 54 anos, por exemplo, um homem não casado teria uma chance trinta vezes maior de encontrar uma parceira do que uma mulher na mesma faixa etária.

Quando me dei conta, em 1986, dessa desigualdade entre mulheres e homens perante o mercado matrimonial, a idade trabalhando contra as mulheres, denominei, inicialmente, a estrutura por idade e sexo dos não casados "pirâmide da solidão".[28] Hoje, denomino-a apenas "pirâmide dos não casados", até porque às vezes é preferível estar só do que mal acompanhado e, para muitas mulheres, estar só pode ser uma opção e não tão somente um fardo.

GRÁFICO 6:

Estrutura etária dos não casados

Brasil, 1995

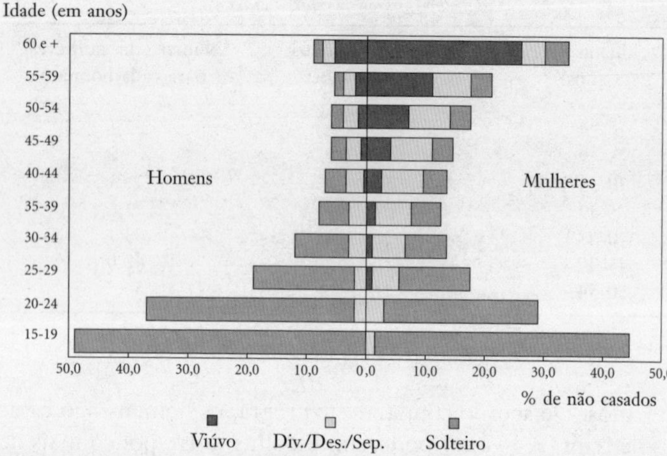

Fonte: Fundação IBGE, PNAD de 1995.

O gráfico 6, além de documentar, para 1995, a real forma assimétrica da referida pirâmide, revela o quanto o celibato, as separações e a viuvez concorrem, no caso da mulher, para esse perfil demográfico desigual, fruto de escolhas e de restrições.

7. DILUINDO FRONTEIRAS: A TELEVISÃO E AS NOVELAS NO COTIDIANO

Esther Hamburger

> *Não acredito em novela realista. O que gosto é de fantasia, quanto mais delirante melhor. Gosto do gênero do velho folhetim. Se eu pudesse todas as novelas seriam* Conde de Montecristo, Memórias de Médico, A Morta Virgem, *etc. Inclusive o nosso mau gosto também é filho de Deus e é preciso que ele tenha a sua colher de chá.*
>
> NELSON RODRIGUES, *Opinião*, 28/8-3/9/73

A penetração intensa da televisão no Brasil está inscrita na paisagem urbana e rural, nas páginas de revista, na profusão de aparelhos nos interiores das casas, nas mansões de alto luxo, nos barracos das favelas das cidades grandes, nas casas modestas e nas praças públicas de cidades pequenas. Os recordes nas vendas de televisores se explicam pela presença de diversos aparelhos por domicílio, cuidadosamente dispostos em vários cômodos das residências, às vezes em meio a altares domésticos. As inúmeras antenas parabólicas, com seus imensos discos redondos voltados para o céu, instaladas em muitos telhados de residências em favelas como a Rocinha, no Rio de Janeiro, em distantes sítios nas zonas rurais, em vilarejos da selva amazônica, no alto dos edifícios urbanos, são emblemáticas, quase falam por si só. Esse aparato tecnológico dissemina por todo o território nacional imagens acuradas emitidas por uma variedade de canais, eliminando nesse contexto algumas barreiras sociais e geográficas.

A presença maciça da televisão em um país situado na periferia do mundo ocidental poderia ser descrita como mais um paradoxo de uma nação que ao longo de sua história foi representada reiteradamente como uma sociedade de contrastes, riqueza e pobreza, modernidade e arcaísmo, sul e norte, litoral e interior etc. E, de fato, a televisão está implicada na reprodução de representações que perpetuam diversos matizes de desigualdade e discriminação.[1] A super-representação de brancos em relação a negros e mulatos consiste em um exemplo gritante da maneira como, por omissão, os mais diversos programas televisivos contribuíram para a reprodução da discriminação racial.[2]

O meio televisivo, porém, deriva sua penetração intensa na sociedade brasileira de uma capacidade peculiar de acenar exatamente o contrário. A TV capta, expressa e constantemente atualiza representações de uma comunidade nacional imaginária.[3] Longe de prover interpretações consensuais, ela fornece um repertório comum por meio do qual pessoas de classes sociais, gerações, sexo e regiões diferentes se posicionam, se situam umas em relação às outras. Ao tornar um repertório comum acessível a cidadãos os mais diversos, a TV sinaliza a possibilidade, ainda que sempre adiada, da integração plena. Ela como que alimenta cotidianamente uma disputa simbólica, uma corrida pelo domínio das informações necessárias, um jogo de inclusão e exclusão social.[4]

A televisão oferece a difusão de informações acessíveis a todos sem distinção de pertencimento social, classe social ou região geográfica. Ao fazê-lo, ela torna disponíveis repertórios anteriormente da alçada privilegiada de certas instituições socializadoras tradicionais como a escola, a família, a Igreja, o partido político, a agência estatal.[5] A televisão dissemina a propaganda e orienta o consumo que inspira a formação de identidades. Nesse sentido, a televisão, e a telenovela em particular, é emblemática do surgimento de um novo espaço público, no qual o controle da formação e dos repertórios disponíveis mudou de mãos, deixou de ser monopólio dos intelectuais, políticos e governantes titulares dos postos de comando nas diversas instituições estatais.[6]

Ironicamente esse espaço público surge sob a égide da vida privada. Não por coincidência, o programa de maior popularidade e lucratividade da televisão brasileira é a telenovela. Esses autênticos folhetins eletrônicos, produzidos inicialmente por indústrias norte-americanas de artigos de limpeza e higiene pessoal, como a Colgate-Palmolive e a Gessy Lever, tendo como público-alvo a mulher dona de casa, consumidora por excelência desses produtos, ao longo dos anos extrapolaram os limites estreitos e despretensiosos do gênero e dominaram o horário nobre da televisão no Brasil. As novelas se mantêm fiéis à estrutura básica do melodrama, com sua narrativa fortemente calcada nas aventuras e desventuras amorosas de personagens movidos por oposições binárias como bem e mal, lealdade e traição, honestidade e desonestidade.[7] Situam suas tramas em um Brasil contemporâneo construído de acordo com certas convenções de representação geradas no eixo Rio de Janeiro-São Paulo, onde se concentra a indústria televisiva, e tendo o público das grandes cidades brasileiras como alvo. As novelas difundem, por todo o país, o que os emissores imaginam como o universo glamouroso das classes médias urbanas, com suas inquietações subjetivas, sua ânsia de modernização, sua identidade construída em torno de uma atualidade sempre renovada e exibida por meio do consumo de últimos lançamentos eletrônicos, de decoração e vestuário. Nesse mundo da ficção, a desigualdade social se resolve em geral pela ascensão social, muitas vezes via casamento.

A moda, a gíria e a música que cada novela lança transmitem uma certa noção do que é ser contemporâneo. Personagens usam telefones sem fio, celulares, faxes, computadores, trens, helicópteros, aviões, meios de comunicação e de transporte que atualizam de modo recorrente os padrões do que significa ser moderno. Os modelos de homem e mulher, de namoro e casamento, de organização familiar, divulgados pela novela e sucessivamente atualizados, amplificam para todo o território nacional as angústias privadas das famílias de classe média urbana do Rio de Janeiro e de São Paulo. A novela estabelece padrões com os quais os telespectadores não necessariamente concordam mas que servem como referência legítima para que eles se posicionem. A novela dá visibilidade a certos assuntos, comportamentos, produtos e não a outros; ela define uma certa pauta que regula as interseções entre a vida pública e a vida privada.

A partir do início da década de 1970 e por cerca de vinte anos, as novelas transmitidas pela Rede Globo demonstraram alto potencial lucrativo. Elas atingiram um público diversificado, em média de 40% a 60% dos domicílios com televisão, composto de homens e mulheres de todas as classes sociais e recantos do país, feito raro para um programa de televisão comercial.[8] Nos anos 1990, a diversificação do mercado com a introdução da TV a cabo, a difusão de aparelhos de vídeo e o aumento da concorrência entre as emissoras de sinal aberto leva a uma queda dos índices de audiência das novelas. É sabido que entre 1990 e 1993 a audiência das novelas do horário das sete e das oito da Rede Globo caiu aproximadamente onze pontos.[9] Entre 1989 e 1997, a média anual de audiência da novela das sete em São Paulo decresceu de 60% para 35%.[10] Durante seu período áureo, as novelas se estruturaram em torno de determinadas convenções formais, que de alguma maneira compunham uma matriz capaz de sintetizar a formação social brasileira em seu movimento "modernizante". Com a diversificação da estrutura da televisão e com as modificações sociais e políticas em curso na década de 1990, essa força de síntese do gênero se dilui em novas representações que questionam as representações modernizantes anteriores.

A CONSOLIDAÇÃO DE UMA INDÚSTRIA TELEVISIVA DE PROPORÇÕES NACIONAIS

Em 1950, Assis Chateaubriand, proprietário dos Diários Associados, inaugurou a primeira emissora de televisão no Brasil, a Tupi de São Paulo.[11] No início a emissora pioneira contou com a assessoria de técnicos americanos da RCA Victor e com profissionais oriundos da rede do rádio. A Tupi logo expande seu raio de alcance criando as Emissoras Associadas com afiliadas em outras capitais. Em 1955 a rede já possuía estações no Rio de Janeiro, Porto Alegre, Curitiba, Salvador,

Recife, Campina Grande, Fortaleza, São Luís, Belém, Goiânia e Belo Horizonte. Nos primeiros vinte anos de história, a rede de Chateaubriand liderou o mercado de televisão, porém enfrentou a concorrência de outras emissoras praticamente desde o início da empreitada. Em 1952 surge a TV Paulista, em 1953 a Record, em 1954 a TV Rio, em 1956 a TV Itacolomi de Belo Horizonte, em 1958 a TV Cultura de São Paulo (também pertencente às Associadas). Mas, apesar da proliferação inicial de emissoras na região sudeste, é somente a partir dos anos 1970 que a indústria de comunicação eletrônica se consolida, e, seja por sua forte presença no cotidiano dos telespectadores, seja por suas peculiaridades no cenário internacional, a televisão brasileira vem merecendo a atenção de estudos brasileiros e estrangeiros.[12]

Entre as oito nações que concentram três quartos da audiência de televisão mundial, o Brasil é o único país que não pertence ao hemisfério norte; os outros países citados são Estados Unidos, Reino Unido, Canadá, Japão, Austrália, Alemanha e França.[13] O Brasil é o quarto país em número de aparelhos televisivos — eletrodoméstico que nos anos 1990 lidera a lista dos mais vendidos —, ficando atrás somente dos Estados Unidos, Japão e Reino Unido.[14] A importância dos investimentos publicitários na televisão quando comparada à dos feitos em outros meios de comunicação, como o rádio e o jornal, também é maior no Brasil que em outros países.[15] A televisão brasileira é citada ainda pela baixa porcentagem de programação importada exibida em horário nobre. Em 1983 apenas 23% da programação exibida era importada, época em que somente Estados Unidos, França, Itália e Inglaterra apresentavam índices tão baixos. Em 1991 essa proporção era de 19%.[16] Em seu livro sobre *Dallas*, Ien Ang menciona o Brasil e o Japão como os únicos dois países onde o seriado norte-americano não foi um sucesso absoluto.[17] A televisão brasileira inverteu a direção dos circuitos internacionais de mídia exportando novelas para países em todos os continentes, a começar, em 1975, por Portugal, a ex-Metrópole. A Rede Globo é apontada como um dos poucos conglomerados de comunicações que estariam a ameaçar a heterogeneidade cultural e a autodeterminação dos povos.[18]

Guardadas as transformações técnicas ocorridas, as diferenças entre os primeiros vinte anos de história da televisão, dominados pela Tupi, e os vinte anos seguintes, dominados pela Rede Globo, se expressam de maneira sintética nos logotipos — marcas que procuram vender a imagem escolhida pelas empresas — das duas emissoras-líderes. Apesar de sua intensa militância antinacionalista, o que, à época, o situava ao lado dos setores do espectro político considerados mais conservadores, e que se reuniram em torno do golpe militar de 1964, Chateaubriand adotou o desenho de um índio de olhos ocidentalizados e antenas televisivas, em vez de penas, no cocar, para simbolizar uma rede cujo nome remetia ao idioma dominante entre os índios, habitantes nativos do território brasileiro. As antenas no cocar desse índio de feições ocidentais indicam que a nova tecnologia é bem-vinda. O aborígine estilizado expressa uma fascinação recorrente de quem está preparado para sintonizar e dominar o universo aparentemente inesgotável das novas invenções e informações, sem medo de ser engolido. Havia diversas versões do indiozinho: numa delas ele dizia boa-noite e anunciava o fim das transmissões daquele dia; em outras, apresentava desenhos infantis, filmes para adultos etc.

Para além das diferenças devidas às tecnologias disponíveis em dois momentos históricos diferentes, o desenho do indiozinho feito à mão livre por Mário Foracchi contrasta com o globo virtual de Hans Donner, cujo movimento é seguido pelo toque sonoro do plim-plim eletrônico. Enquanto o logotipo da Tupi indica a apropriação de uma tecnologia exógena, a vinheta da Globo se posiciona entre iguais: manifesta a intenção de quem está perfeitamente atualizado e apto, não só para receber imagens com autonomia, mas para emitir imagens para o mundo. O cartaz desenhado à mão se contrapõe aos tons metálicos da vinheta high-tech. Ambos os logotipos, porém, expressam com força uma disposição positiva para com a modernidade que o meio televisivo "antena". O índio o faz chamando a atenção para a peculiaridade local. O plim-plim sugere a inclinação a dominar as regras da globalização.

Com uma audiência estimada em 98,7 milhões de telespectadores, em 1991 a TV atingia 71% dos domicílios brasileiros, emitindo sinais para 99% do território nacional, inclusive para regiões que na época ainda não tinham acesso à energia elétrica.[19] Porém, durante seus primeiros vinte anos de história, a televisão era um veículo de alcance limitado em razão do baixo número de domicílios que possuíam um aparelho e da reduzida extensão do território nacional capaz de receber sinais de televisão, como se pode verificar no gráfico e nos mapas a seguir.

Em 1960, dez anos após a inauguração da primeira emissora de televisão, apenas em 4,61% dos domicílios brasileiros havia um televisor. A região sudeste liderava com 12,44% de domicílios com TV, porcentagem que nas outras regiões não chegava a 1%. Em 1970, vinte anos depois da inauguração da TV Tupi, somente 24,11% dos domicílios brasileiros contavam com ao menos um aparelho de televisão. Esses domicílios se concentravam no litoral e nas regiões sul e sudeste, como se pode ver no mapa da página 370. Mas, mesmo no Sudeste, onde se encontrava a maior porcentagem de domicílios com TV, esse número não chegava à metade, ficando nos 40,64%. No Nordeste, onde se achava a menor proporção de domicílios com TV, tal porcentagem não passava de 6,28%. É interessante notar, acompanhando-se as modificações econômicas do período, que o número de domicílios com televisão na região Centro-Oeste cresceu rapidamente, ultrapassando a região Nordeste (ver mapas das páginas 371 e 372). Como se pode verificar no gráfico da página 373, o crescimento do número de domicílios com TV nas regiões Sul e Sudeste deu um salto significativo durante a década de 1970, porém nas outras regiões esse salto só ocorreu durante a década de 1980, quando a Embratel permitiu que as redes emitissem sinais abertos, capazes de ser captados diretamente do satélite por antenas parabólicas situadas em qualquer lugar do território nacional.[20]

Porcentagem de domicílios com televisão por municípios
Brasil, 1970

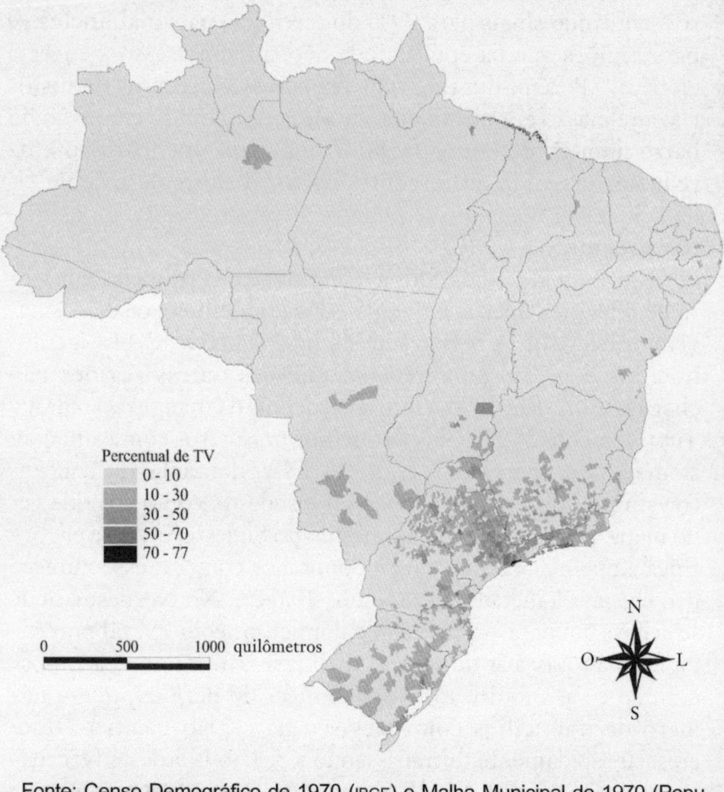

Fonte: Censo Demográfico de 1970 (IBGE) e Malha Municipal de 1970 (Population Research Center-Austin).
Produzido por: Suzana Cavenaghi e André Caetano, pesquisadores do projeto "The Social Impact of Television on Reproductive Behavior in Brazil" do Population Research Center da Universidade do Texas-Austin, sob a coordenação de Joseph E. Potter. Impresso com a permissão dos autores.

Porcentagem de domicílios com televisão por municípios
Brasil, 1980

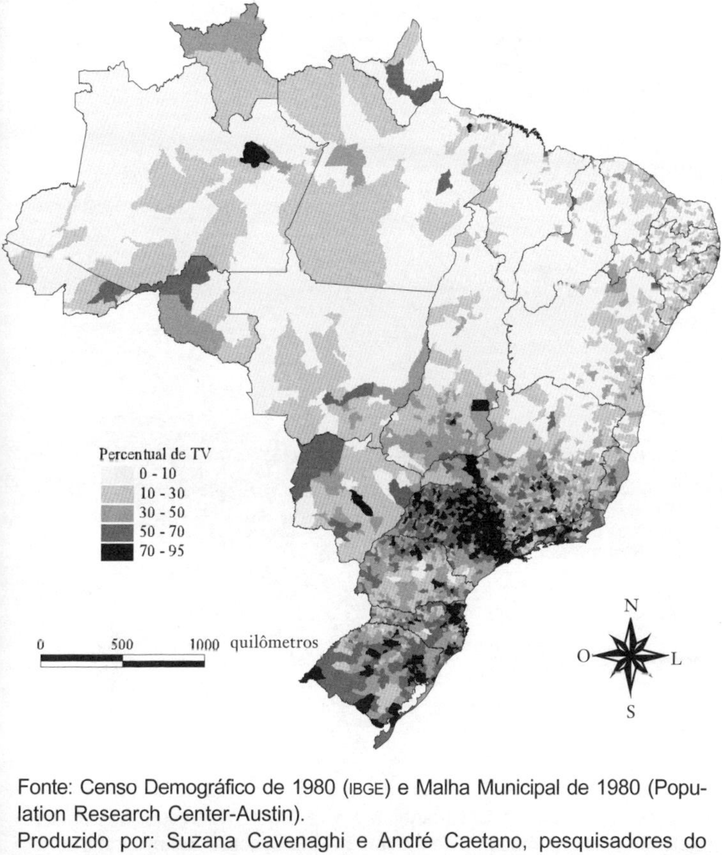

Fonte: Censo Demográfico de 1980 (IBGE) e Malha Municipal de 1980 (Population Research Center-Austin).

Produzido por: Suzana Cavenaghi e André Caetano, pesquisadores do projeto "The Social Impact of Television on Reproductive Behavior in Brazil" do Population Research Center da Universidade do Texas-Austin, sob a coordenação de Joseph E. Potter. Impresso com a permissão dos autores.

Porcentagem de domicílios com televisão por municípios
Brasil, 1991

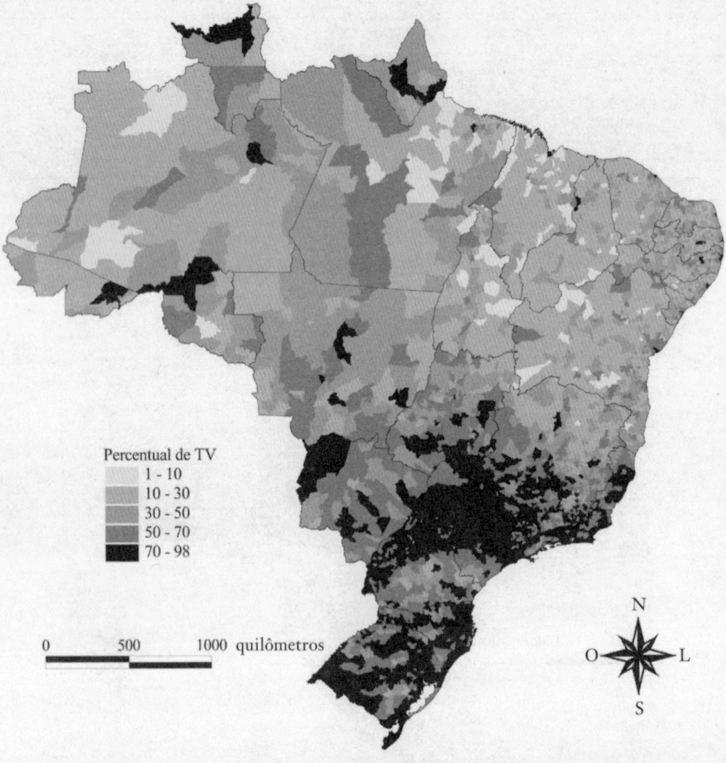

Fonte: Censo Demográfico de 1991 (IBGE) e Malha Municipal de 1991 (IBGE). Produzido por: Suzana Cavenaghi e André Caetano, pesquisadores do projeto "The Social Impact of Television on Reproductive Behavior in Brazil" do Population Research Center da Universidade do Texas-Austin, sob a coordenação de Joseph E. Potter. Impresso com a permissão dos autores.

Proporção de domicílios com televisão

	1960	1970	1980	1991
BRASIL	4,6%	22,8%	56,1%	71,0%
Norte	0,00%	8,0%	33,9%	48,7%
Nordeste	0,26%	6,0%	28,1%	47,2%
Centro-Oeste	0,34%	10,5%	44,7%	69,7%
Sudeste	12,44%	38,4%	74,1%	84,4%
Sul	0,80%	17,3%	60,5%	79,7%

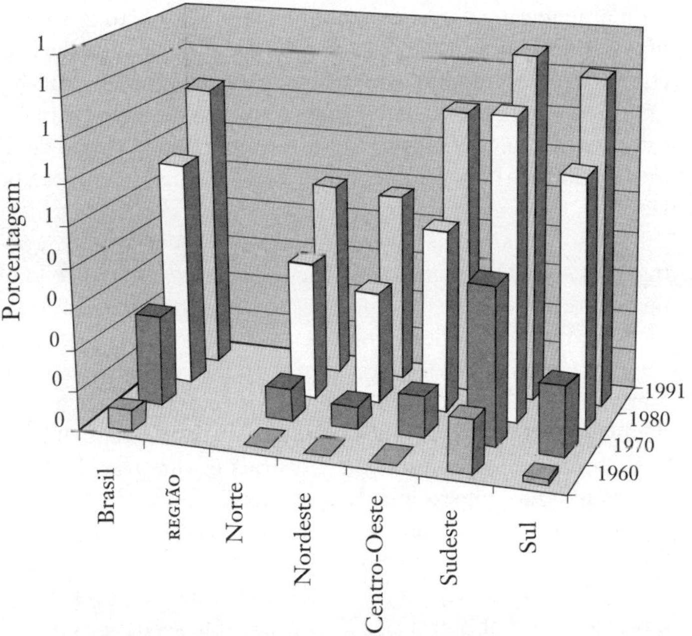

Fonte: Censo Demográfico de 1960, 1970, 1980 e 1991. Preparado com base nos dados levantados por Maria de Fátima Guedes (1960) e Suzana Cavenaghi (1970, 1980 e 1991), pesquisadoras. Projeto "The Social Impact of Television on Reproductive Behavior in Brazil", coordenado por Joseph E. Potter, Universidade do Texas-Austin.

Ao longo desses quase cinquenta anos de história da TV no Brasil, o Estado, por intermédio dos diversos governos, influiu diretamente de diferentes maneiras nessa indústria. Deteve o poder de conceder e cancelar concessões de TV, mas nunca deixou de estimular as emissoras comerciais. Nas décadas de 1950 e 1960, o poder público contribuiu para o crescimento da televisão mediante empréstimos concedidos por bancos públicos a emissoras privadas. Durante o regime militar os investimentos aumentaram na forma de instalação de infraestrutura e divulgação de anúncios publicitários.

Particularmente até o início dos anos 1960 havia pouca regulamentação sobre televisão. Durante seu curto governo o presidente Jânio Quadros criou o Conselho Nacional de Telecomunicações, regulou a duração dos comerciais e determinou que programas estrangeiros deveriam ser dublados e que as estações de televisão deveriam exibir um mínimo diário de filmes nacionais. Nos anos seguintes mais normas foram estabelecidas.

Mas é a partir de 1964, durante o regime militar, que a ingerência do Estado na indústria de televisão aumenta e muda de qualidade. As telecomunicações foram consideradas estratégicas na política de desenvolvimento e integração nacional do regime. Os militares investiram na infraestrutura necessária à ampliação da abrangência da televisão e aumentaram seu poder de ingerência na programação por meio de novas regulamentações, forte censura e políticas culturais normativas. Em 1968 foi inaugurado um sistema de transmissão de micro-ondas que estendeu o tráfego de ondas de televisão via terrestre para além dos estreitos limites anteriores. Logo depois o governo brasileiro passou a financiar a comunicação via satélite, centralizada na estação de Itaboraí. Em 1974 novas estações para a comunicação via satélite possibilitaram que sinais televisivos atingissem capitais da região Norte como Manaus e Cuiabá. Em 1981 um acordo da Embratel com as redes Bandeirantes e Globo permitiu às emissoras transmitir sinais abertos para todo o território nacional. Esses sinais podiam ser captados por qualquer antena parabólica, o que facilitava em muito o acesso a eles de regiões distantes de estações repetidoras. A nova prática estimulou o surgimento de uma indústria de antenas parabólicas. A comunicação via satélite foi incrementada em 1985 e 1986, quando foram lançados, respectivamente, o primeiro e o segundo satélites brasileiros.

É sabido que a Rede Globo foi a maior beneficiária das novas políticas.[21] A nova rede cresceu rapidamente, movida por uma combinação de diversos fatores, como relações amistosas com o regime, sintonia com o incremento do mercado de consumo, uma equipe de produção e administração preocupada em otimizar o marketing e a propaganda, um grupo de criadores de esquerda vindos do cinema e do teatro.

Tendo crescido em consonância com outros processos estruturais de mudança ocorridos no período e abordados em outros capítulos deste volume — a intensa migração do campo para as cidades, a industrialização e proletarização do trabalho no campo, a medicalização da sociedade, o desenvolvimento de um amplo mercado de consumo, o aumento do número de tipos de arranjos familiares, a diminuição do número de filhos por família —,[22] a televisão, principalmente por meio das novelas, capta, expressa e alimenta as angústias e ambivalências que caracterizaram essas mudanças, se constituindo em veículo privilegiado da imaginação nacional, capaz de propiciar a expressão de dramas privados em termos públicos e dramas públicos em termos privados.

Utilizando uma estrutura narrativa personalizada e pouco definida em termos ideológicos ou político-partidários para tratar de assuntos afetos ao espaço público, as novelas levantaram e talvez tenham mesmo ajudado a dar o tom de debates públicos. O fascínio exercido pela novela *Vale Tudo* (1988), por exemplo, estava relacionado com o julgamento de condutas desprovidas de ética, que de alguma forma remetiam a comportamentos considerados típicos em um Brasil decepcionado com a nova República. O frenesi que caracterizou as últimas semanas de exibição da novela envolvia a curiosidade em torno da identidade do assassino, e nesse caso a pergunta era: "Quem matou Odete Roitman?". A força do suspense em torno do crime estava, no entanto, na capacidade demonstrada pela novela em sintonizar uma ambivalência que estava no ar. O interesse pela resolução do mistério refletia o clássico fascínio pelos detalhes da trama e estimulou o escrutínio detalhado de cada personagem potencial suspeito. O interesse pela novela transcendia, no entanto, a conduta de cada um dos personagens envolvidos. O gesto obsceno do personagem de Reginaldo Farias ao fugir do país impune em um avião particular cheio de ouro roubado — uma banana dirigida a todos — e acompanhado pela esposa assassina (Cássia Kiss) é emblemático de atitudes que o senso comum identifica com empresários corruptos. *Vale Tudo* problematizou publicamente, quem sabe pela primeira vez, algo que viria a se tornar um tema recorrente na política brasileira até culminar com o impeachment do primeiro presidente eleito após o regime militar.

Sem fazer referência a partidos políticos, ideologias ou outras instituições públicas, *Vale Tudo* expressou, nos termos pessoais de seus personagens, a ambivalência de um país que se defrontava com consequências não antecipadas da modernização, como a sobrevivência da desigualdade social, da corrupção e da falta de ética. Outras novelas seguem a mesma estrutura narrativa para tratar de temas políticos e domésticos.

As relações entre o Estado e as emissoras de televisão se modificam novamente na década de 1990, quando os investimentos públicos se retraem, a censura é suspensa, o mercado de televisão se segmenta com a introdução da TV a cabo, e o acirramento da competição entre as redes de TV aberta leva as emissoras a uma postura crescentemente independente de governos e partidos políticos. No contexto dessas mudanças, os meios de comunicação e a TV em particular passam a ser fatores constituintes de uma esfera pública cuja legitimidade está calcada não em instrumentos institucionais consolidados, como eleições, educação formal, religiões hegemônicas ou universos ideológicos compartilhados, mas em mecanismos de mercado regidos por comportamentos de telespectadores tal como representados nas medidas de audiência criadas pelos institutos de pesquisa de opinião. Baseados em diferentes pesquisas de audiência e opinião, os profissionais de marketing, propaganda e televisão constroem imagens da audiência que gostariam de atingir e com as quais dialogam. Os mecanismos de pesquisa sintonizam emissores e receptores, e garantem uma dinâmica constante de captação e transformação de representações.[23] Indivíduos telespectadores que se formaram consumidores antes mesmo de cidadãos constituem a unidade de referência desse mercado televisivo.

DAS REMOTAS DUNAS DE AGADIR À CONTEMPORÂNEA SELVA CARIOCA

As novelas surgiram praticamente junto com a televisão no Brasil, embora só tenham atraído a preferência das emissoras e da audiência a partir do final da década de 1960 e início dos anos 1970, quando os folhetins eletrônicos transmitidos pela Rede Globo passam a figurar de maneira recorrente na lista dos dez programas mais vistos divulgada pelo IBOPE.[24] Inicialmente produzidas como comercial de companhias multinacionais de sabão como a Gessy Lever e a Colgate-Palmolive, tendo as infindáveis *soap operas* americanas como um dos referenciais inspiradores, as telenovelas aproveitaram a experiência acumulada pelas radionovelas.[25]

De 1950 a 1963, as novelas eram transmitidas somente algumas vezes por semana e não eram preferidas pelos profissionais de televisão, interessados em programas na época mais prestigiosos como os teleteatros, especialmente o *TV de Vanguarda* na Tupi ou o *Jornal de Vanguarda* na Excelsior, o último ganhador do Prêmio Ondas na Espanha em 1963.[26] A introdução do videoteipe em 1962 facilitou a produção de novelas diárias. No ano seguinte a Excelsior transmite a primeira novela diária exibida na televisão brasileira, *2-5499 Ocupado*, importada da Argentina e estrelada por Glória Menezes e Tarcísio Meira, um casal paradigmático na história das novelas, que vivenciou, através das mudanças sucessivas no perfil dos personagens interpretados em cada novela, a modificação nas representações de modelos ideais de mulher, homem e família.

Durante a década de 1960 o Brasil se inseria em uma indústria continental de fabricação de novelas. Textos cubanos eram adaptados na Argentina. Readaptados no Brasil, seguiam para a Venezuela, onde sofreriam nova transformação. No percurso, scripts passavam por alterações de local, tempo, tamanho e se ajustavam às normas eventuais da censura local. Os escritores brasileiros de novelas, que logo assumiriam posição de destaque, começaram, portanto, refazendo originais de seus colegas de outros países de fala espanhola, produzindo textos que seriam por sua vez retransformados.

O Direito de Nascer (1964), a novela cubana de Félix Caignet escrita em 1956, que já alcançara êxito estrondoso em vários países da América Latina, foi o primeiro grande sucesso de público de um gênero que em 1970 se tornaria o mais popular e lucrativo da televisão no Brasil, posição que em fins da década de 1990, quase trinta anos depois, ainda retém.[27] O elenco da novela era composto por Amilton Fernandes (no papel de Albertinho Limonta), Nathália Timberg (como Maria Helena), Isaura Bruno (Mamãe Dolores), Guy Loup (Isabel Cristina), Rolando Boldrin (Ricardo) e outros. Para se ter ideia da repercussão popular dessa novela cabe mencionar que o final de *O Direito de Nascer*, em agosto de 1965, foi celebrado com um show ao vivo no Maracanãzinho, no Rio de Janeiro, com a presença dos atores e de milhares de fãs. O gênero revelava seu potencial, mas ainda não gozava da primazia que ganharia nos anos seguintes.

A consolidação das novelas como gênero mais popular e lucrativo da televisão está vinculada a uma mudança de linguagem, saudada pelos autores brasileiros com trabalho acumulado no teatro e no cinema, com exceção de Nelson Rodrigues, autor da epígrafe deste capítulo. A oposição entre novelas "realistas", críticas da realidade social e política brasileira, e novelas "fantasiosas", ou dramalhões feitos para fazer chorar, marcou o debate entre os profissionais de novela, assim como a literatura sobre o tema. A partir do final dos anos 1960 e seguindo modelo proposto na Tupi, as novelas globais se contrapuseram ao estilo "fantasioso" que dominava a produção anterior, propondo uma alternativa "realista".[28]

Para além dessa oposição interessa antes marcar que embora a versão "fantasiosa", também conhecida como "mexicana", não admita o humor e procure se manter distante do comentário social e político, e a versão nacional abuse das origens folhetinescas do gênero, incorporando comentários sobre assuntos contemporâneos, ambas compartilham uma estrutura básica.[29]

Ainda que nos anos 1950 e 1960 o universo de telenovelistas brasileiros, em geral provenientes da radionovela, já fosse significativo, foi o trabalho da exilada cubana Glória Magadan, autora de *O Sheik de Agadir*, responsável pelas novelas da Colgate-Palmolive e depois pelo Departamento de Teledramaturgia da Rede Globo, que ficou conhecido como emblemático do período. As novelas escritas por ela, ou realizadas sob a sua supervisão, aconteciam em momentos e lugares remotos no tempo e no espaço. Seus personagens tinham nomes estrangeiros, como Maximiliano; nos diálogos se usava linguagem formal, e os figurinos eram pomposos. Magadan se especializou em produzir dramas pesados e românticos, que se passavam em terras distantes do Brasil.[30]

A vinda de Glória Magadan para a Globo fez parte da estratégia do recém-empossado Walter Clark para elevar os índices de audiência do novo canal de televisão. A estratégia, bem-sucedida, reverteu imediatamente em aumento de arrecadação financeira para a emissora por meio de uma política eficiente de marketing e de administração comercial.[31] Mas o romantismo de Magadan, preso a ambientes, lugares e épocas remotas, foi substituído em 1969 por uma ênfase em cenários contemporâneos e brasileiros, com gravações externas e o uso de linguagem coloquial, a qual desenvolveu ainda mais o potencial comercial do gênero, na medida em que estimulou referências a uma série de produtos correlatos à novela.

Em 1968 a Tupi transmite *Beto Rockfeller*, novela de Bráulio Pedroso — dirigida por Lima Duarte e produzida por Cassiano Gabus Mendes —, apontada como um marco que inspirou e precedeu o estilo global.[32] *Beto Rockfeller* trouxe as novelas para o universo contemporâneo das cidades grandes brasileiras. Introduziu a linguagem coloquial, o humor inteligente e uma certa ambiguidade. A novela atraiu um público de elite interessado em desfrutar o trabalho de profissionais, como o autor, conhecidos por sua atuação no teatro, mas que experimentavam no meio televisivo. Ao mesmo tempo, a novela sintonizou também as ansiedades liberalizantes de um público jovem, tanto masculino como feminino, recém-chegado à metrópole em busca de instrução e integração nos polos de modernização.

Inspirada em *Beto Rockfeller*, mas associando as inovações formais propostas pela novela da Tupi com um projeto agressivo de marketing, de controle de audiência e de administração comercial, a Globo se torna a maior produtora nacional de novelas. Em 1969 a emissora produziu *Véu de Noiva*, que adotava a linguagem coloquial, as gravações externas e as referências a eventos contemporâneos como as corridas de Fórmula 1. A produção de telenovelas seguiu uma estratégia de vendas que procurou encarar o seriado como o carro-chefe na promoção de uma série de produtos correlatos, de trilhas sonoras a livros, passando pelos mais diversos produtos anunciados nos intervalos comerciais, mas também por meio do merchandising, prática em vigor desde meados da década de 1970.[33] No mesmo ano a emissora do Jardim Botânico lança também o *Jornal Nacional*, primeiro programa a ser exibido simultaneamente para várias localidades, até atingir todo o território nacional, em uma época em que as novelas ainda eram apresentadas primeiro no Rio de Janeiro e dependiam da chegada das fitas para ser transmitidas em outros lugares do país.

As convenções de representação consolidadas no início da década de 1970 pelas novelas da Globo incluem a noção de que cada novela deveria trazer uma "novidade", algo que a diferenciasse de suas antecessoras e fosse capaz de "provocar" o interesse, o comentário, o debate de telespectadores e articulistas de outras mídias, o consumo de produtos a ela relacionados, como livros, discos, roupas etc. Essa ênfase no representar de uma contemporaneidade sucessivamente atualizada é visível na moda, na tecnologia, sobretudo de transporte e comunicações, e nas referências a acontecimentos políticos correntes. Mas é visível também na evolução na maneira como o amor, o romance e a mulher foram representados nas novelas dos anos 1970 em diante, assunto do próximo segmento deste capítulo.

Se de 1950 a fins dos anos 1960 a história das telenovelas passa à margem dos grandes acontecimentos nacionais e é secundária na indústria de televisão propriamente dita, a partir do final dos anos 1960 e decididamente a partir do início dos anos 1970, as novelas enfatizam o uso de linguagem coloquial e cenários urbanos contemporâneos, gravações externas e referências compartilhadas pelos brasileiros. Essa opção por uma definição clara no tempo e no espaço — a conjuntura contemporânea situada no âmbito da nação — potencializa a vocação da televisão para transmitir uma sensação de que os espectadores estão conectados com o mundo ao seu redor, e acena a possibilidade concreta da inclusão por meio do consumo.[34] A novela mimetiza e constantemente renova as imagens do cotidiano de um Brasil que se "moderniza". Essa conjuntura aparece indexada no merchandising; na moda lançada pelos figurinistas, muitas vezes com grifes de atores; nas trilhas sonoras gravadas nos discos com o selo da empresa da emissora; em livros, no caso de a novela consistir em uma adaptação literária; na representação das formas de comunicação sucessivamente atualizadas, do telegrama que anuncia a chegada do campeão de futebol Duda Coragem à sua cidade natal no interior de Minas Gerais no primeiro capítulo de *Irmãos Coragem*, em 1970, à internet, meio pelo qual o par romântico de *Explode Coração* trava conhecimento e se apaixona, em 1995.

Esse renovado senso de contemporaneidade é fruto de uma estratégia de marketing dos produtores, que se ajusta bem às pretensões críticas dos escritores, aos objetivos econômicos desenvolvimentistas dos militares, às suas ambições de integração nacional. Essa quase obsessão pela conjuntura e a moda se acomoda também à estrutura seriada e interativa do folhetim, e mobiliza repetidamente a matriz melodramática convencional. As tramas das novelas são em geral movidas por oposições entre homens e mulheres; entre gerações; entre classes sociais; entre localidades rurais e urbanas, "arcaicas" e "modernas", representadas como tendências intrínsecas e simultâneas da contemporaneidade brasileira. Outros recursos dramáticos típicos como identidades mascaradas, trocas de filhos, pais desconhecidos, heranças repentinas, ascensão social via casamento estão presentes de maneira recorrente e convivem bem com referências a repertórios nacionais e atuais na época em que foram ao ar, como o futebol em junho de 1970, logo após a euforia verde-amarela com a conquista do tricampeonato mundial e da taça Jules Rimet, em *Irmãos Coragem*, a Fórmula 1 em tempos de Émerson Fittipaldi (em *Véu de Noiva*), os coronéis mais de uma vez representados como símbolo de um Brasil autoritário, injusto, corrupto e machista a ser superado, em novelas como, de novo, *Irmãos Coragem*, *O Bem Amado* (1974), *Gabriela* (1975), *Roque Santeiro* (1985), entre outras.

Fruto da combinação paradoxal de profissionais de ideologias e intenções diversificadas, trabalhando em condições desfavoráveis sob forte censura e numa empresa que crescia a ponto de se transformar num conglomerado competitivo em nível internacional, as novelas inesperadamente passaram a constituir o principal produto da Rede Globo. Em fins da década de 1960 e início da de 1970, a Rede Globo consolidou uma série de mecanismos de produção e convenções de linguagem que configuram um sistema de feedback, o qual inclui e leva em conta certa participação dos telespectadores no momento mesmo da produção. Nesse sentido, e porque vão ao ar enquanto estão sendo escritas, as novelas foram definidas como "obras abertas".[35] Elas são capazes de "sintonizar" telespectadores com a interpretação e a reinterpretação da política, assim como de tipos ideais de homem, mulher, marido, esposa e família. A novela se tornou um dos veículos que capta e expressa padrões legítimos e ilegítimos de comportamento.

Inesperada e inusitadamente alçada à posição de principal produto de uma indústria de proporções respeitáveis, a novela passou a ser um dos mais importantes e amplos espaços de problematização do Brasil, das intimidades privadas às políticas públicas.[36] Essa capacidade sui generis de sintetizar o público e o privado, o político e o doméstico, a notícia e a ficção, o masculino e o feminino, está inscrita no texto das novelas que combinam convenções formais do documentário e do melodrama televisivo. Tal combinação de gêneros e informações pode ser encontrada, por exemplo, na sequência inicial de *Irmãos Coragem* (1970), que mostra o estádio do Maracanã lotado como em dia de clássico Fla-Flu, no melhor estilo do documentário esportivo. A sequência exibe, em enquadramentos convencionais, os movimentos e efeitos sonoros característicos da torcida embandeirada nas arquibancadas, a narrativa apressada e ritmada típica dos comentadores esportivos. O gancho para o início da narrativa propriamente dita vem de entrevista concedida pelo personagem jogador a um repórter esportivo fictício. Olhando para o telespectador através da câmera (e portanto quebrando o universo ficcional da narrativa, já que este se baseia na convenção de não reconhecimento da existência da câmera), o personagem declara que após a consagração pretende visitar a família na pequena cidade mineira de Coroado. O anúncio público nos transporta à sequência em que o telegrama anunciando a chegada dele é recebido por seu irmão caçula.

No momento histórico em que foi ao ar, a alusão ao documentário esportivo remetia a uma estrondosa e muito comemorada vitória nacional. Embora não houvesse nenhuma referência explícita à nação, ela situava a trama da novela, que se iniciava em junho de 1970, no Brasil daquela conjuntura específica. O mesmo pode ser dito da crítica ao coronel Pedro Barros, desonesto patriarca dominador decadente. Outras referências a eventos ou temáticas sociais e políticas justificam a já citada discussão sobre o caráter crítico das novelas. A reforma agrária em *Verão*

Vermelho (1969) e *O Rei do Gado* (1996); o coronelismo direta ou indiretamente tratado em novelas como *Gabriela* (1975), *Saramandaia* (1976), *O Bem Amado* (1973), *Roque Santeiro* (1985); o jogo do bicho em *Bandeira Dois* (1971); a especulação imobiliária em *O Espigão* (1974); a economia cafeeira em *O Casarão* (1976); as companhias multinacionais de leite em *Os Gigantes* (1979); a corrupção política em *Vale Tudo* (1988), *Que Rei Sou Eu* (1989), *Deus nos Acuda* (1992), entre outras, são alguns exemplos dessa vocação das novelas para incorporar temas do âmbito público em suas narrativas teoricamente voltadas para o universo privado. Mas temáticas como essas nas novelas são inseparáveis das temáticas do romance, da família, do amor, do casamento, da separação. É a lógica das relações pessoais que preside a narrativa dos problemas políticos ou sociais. Mesmo quando as referências à nação se tornam explícitas e se revelam como estratégia eficiente de marketing — o que ocorre de maneira recorrente a partir de *Roque Santeiro* (1985), com a utilização de símbolos nacionais como o verde, o amarelo e o azul, a bandeira, ou músicas como "Brasil", tema de *Vale Tudo* (1988) —, a ótica pessoal e da família continua a predominar em um universo em que, por exemplo, não interessam as filiações ideológicas ou partidárias de personagens políticas.[37] Isso acontece ainda quando a incorporação do noticiário é levada às últimas consequências, como no caso do chamado "merchandising social" em novelas recentes como *Explode Coração* (1995), que abriu espaço para a divulgação do trabalho de ONGs e também para a presença de mães de crianças desaparecidas com cartazes que divulgavam as características de seus filhos, ou *O Rei do Gado* (1996), com suas referências ao Movimento dos Sem-Terra (MST) e a presença de dois senadores da República em velório do senador da ficção. A fusão dos domínios do público e do privado realizada pelas novelas lhes permite sintetizar problemáticas amplas em figuras e tramas pontuais, e ao mesmo tempo sugerir que dramas pessoais e pontuais podem vir a ter significado amplo. A trajetória das personagens femininas, assim como a das representações do amor e da sensualidade, expressa de maneira especialmente sugestiva essa capacidade de aglutinar experiências públicas e privadas que caracteriza as novelas.

A MULHER NOVIDADEIRA

A primeira novela, ainda não diária, da televisão brasileira, *Sua Vida me Pertence* (1951), chamou atenção por um beijo ardente. Vinte anos depois o beijo ainda encarnava a sensualidade máxima nas novelas. Descrevendo as convenções visuais permitidas no início da década de 1970, Sonia Novinsky constata que "a dimensão erótica das relações entre homens e mulheres esgota-se no beijo, que é o principal signo iconográfico do amor".[38] Essa timidez na representação dramática da relação amorosa corresponde a uma certa fidelidade à meta do casamento estável, baseado em um modelo em que o espaço público do trabalho é definido como domínio do homem, encarregado do sustento da família, e o espaço privado da casa como domínio da mulher, encarregada dos serviços domésticos e do cuidado dos filhos.[39]

Mas nos anos 1970 o ritmo das transformações na maneira como as novelas representaram os tipos ideais de mulher, de relações amorosas e de estrutura familiar acelerou-se. O privilégio do beijo seria rapidamente substituído por uma liberalização crescente das novelas, que adentraram os aposentos íntimos dos personagens; cenários de quarto, casais na cama e gestos que simbolizam o orgasmo passaram a ser admitidos.

Flertando com o universo proibido do incesto, do prazer, do sexo antes do casamento, livre de filhos e obrigações legais, da separação como saída para casamentos infelizes, com a legitimidade de segundas uniões, com vida profissional e independência financeira para a mulher, com tecnologias reprodutivas, as novelas foram sucessivamente atualizando representações da mulher, das relações amorosas e da família.

Em 1975 Gabriela aparece nua no horário das dez. É também no horário das dez, no premiado seriado *Malu Mulher*, que o orgasmo será representado pela primeira vez, por meio da mão fechada que se abre como em um espasmo. Esse seriado de inspiração feminista pode ser considerado paradigmático do enfoque adotado pelas novelas para abordar modelos legítimos de mulher, família e sexualidade. *Malu Mulher* narra a história de uma mulher independente, "moderna". Ela é uma jornalista que resolve se separar do marido porque está insatisfeita no amor. O seriado sintonizou as ansiedades da mulher contemporânea, que entrava no mercado de trabalho e procurava formas de realizar plenamente, em sua vida privada, a autonomia que a vivência pública e a independência financeira lhe conferiam. A convenção iconográfica da mão que se abre sugerindo o orgasmo seria incorporada na novela das oito, em *Pai Herói* (1979), que termina com uma cena na cama em que o código da mão se repete.

A nudez seria retomada pelas novelas da Rede Manchete em fins da década de 1980 e início da de 1990, consistindo em um dos ingredientes de sucesso de novelas como *Dona Beja* (1986) e *Pantanal* (1990). Desafiada pela concorrência, porém com maior discrição e menos frequência, a Globo introduz cenas de nudez ou seminudez no horário nobre em novelas como *Rainha da Sucata* (1990) ou *Deus nos Acuda* (1992).

O sexo antes do casamento parece ter se constituído em uma convenção recorrente nas novelas, mas seu sentido vai se transformando ao longo do tempo, à medida que se desvincula da procriação e do casamento. As descrições de *Irmãos Coragem* (1970), primeiro grande sucesso da Rede Globo, se referem ao fato de que o par romântico principal, ele um "rude garimpeiro" (João Coragem, vivido por Tarcísio Meira) e ela uma filha de fazendeiro criada na cidade grande (Lara-Diana-Márcia, interpretada por Glória Menezes), apaixonado, manteve relações sexuais antes do casamento. Nas duas novelas que se seguem o herói e a heroína repetem o ato. Em *O Homem que Deve Morrer* (1971), Cyro, o médico místico (também interpretado por Tarcísio Meira), e Ester (mais uma vez Glória Menezes) mantêm relações sexuais, apesar de ela ser casada. Em *Selva de Pedra* (1972), Cristiano (Francisco Cuoco) e Simone (Regina

Duarte) igualmente incursionam por "terrenos proibidos" antes de oficializarem sua união. Nessa novela, a realização do ato sexual é apenas sugerida pela presença do herói, se vestindo, no quarto da namorada na manhã seguinte. Em *Os Gigantes* (1979) o mesmo recurso narrativo foi utilizado para sinalizar a ocorrência de um ato sexual adúltero — desmentido no final — entre Paloma (Dina Sfat) e Fernando (Tarcísio Meira).

Inicialmente o ato sexual significava gravidez imediata e matrimônio certo. O coronel Pedro Barros, por exemplo, pai de Lara-Diana-Márcia em *Irmãos Coragem* (1970), é obrigado a aceitar o casamento de sua filha única com o matuto garimpeiro que ela escolheu porque está grávida. Com o tempo, porém, o ato sexual anterior ao casamento mudou de significado, deixando de implicar tanto gravidez como casamento certo. As novelas passam a difundir a dissociação entre sexo e procriação, algumas vezes mencionando o uso da pílula anticoncepcional e mais recentemente a camisinha. Em 1973 *Estúpido Cupido* recriou a ambiência cultural e musical da década de 1960, e debateu o uso da pílula. Em 1992, a minissérie *Anos Rebeldes*, também ambientada nos anos 1960, apresenta um conflito entre pai e filha sobre o sexo antes do casamento, desencadeado pela descoberta de pílulas anticoncepcionais na bolsa dela. Mais recentemente novelas como *Deus nos Acuda* (1992) ou *Pátria Minha* (1994) se referem de maneira recorrente ao uso da camisinha como método anticoncepcional e de prevenção de doenças sexualmente transmissíveis, em especial a aids.

Outro índice da ampliação do escopo dos padrões de comportamento legitimados pelas novelas é a introdução de romances entre mulheres mais velhas e homens mais jovens. De início essa legitimação pública do amor na terceira idade ocorreu entre vilãs e gigolôs. Em alguns casos as personagens femininas são notáveis, amadas e odiadas, mulheres profissionais autossuficientes como Odete Roitman (Beatriz Segall) em *Vale Tudo* (1988), ou Loreta (Marieta Severo) em *Pátria Minha* (1994). Mas, em outros casos, o divórcio e o amor de um homem mais jovem aparecem como opções legítimas para personagens definidas como "do bem", abandonadas pelos maridos, como a personagem de Glória Menezes em *Guerra dos Sexos* (1983), ou a de Suzana Vieira na segunda versão de *Mulheres de Areia* (1993).

O sexo antes do casamento e o amor na terceira idade não constituem as únicas referências das novelas a padrões desviantes do modelo de casamento estável com marido profissional e esposa devotada à vida doméstica descrito acima. Separações, adultérios, segundos casamentos abundam. Já em *Irmãos Coragem* (1970), Potira (Lúcia Alves) e Jerônimo (Claudio Cavalcanti) abandonam seus cônjuges para "viver em pecado". Nesse caso ambos são punidos com a morte no final. A narrativa de *O Homem que Deve Morrer* (1971), por sua vez, legitima a separação e o segundo casamento antes mesmo de a lei do divórcio ser aprovada, o que ocorreu em 1977, e da permissão da legalização de segundas uniões. A protagonista Ester (Glória Menezes) vem de um casamento desfeito com o vilão da história (Jardel Filho), com quem tem um filho, e se apaixona por Cyro (Tarcísio Meira). A desagregação da família é justificada no caso de Ester pela maldade e falta de caráter do marido. Ainda para atenuar a fragmentação da família, o primeiro casamento da protagonista é como que anulado pela morte do filho. O protagonista Cyro é apresentado como um filho que desconhece a identidade de seu pai desaparecido. Este, por sua vez, ressurge no final da novela e se casa com a mãe do personagem.

Nos anos 1970, mesmo que em geral acabassem por afirmar a superioridade de um padrão de mulher dependente, fiel, obediente e restrita ao universo doméstico, as novelas opunham esse padrão a um modelo de mulher profissional, liberada e independente, captando e expressando uma discussão cujo resultado mudou com o tempo, ao menos em parte, de sinal. Mas, mesmo no tempo em que terminavam com verdadeiros discursos morais em defesa da família convencional, os folhetins eletrônicos conferiram enorme visibilidade pública à discussão de certos temas anteriormente tratados somente no âmbito privado. E talvez o fascínio e a repercussão pública das novelas estejam relacionados a essas ousadias na abordagem dos dramas privados de todo dia; e o quanto a moral final corresponde a modelos convencionais ou liberalizantes com frequência tem a ver com uma negociação imaginária indireta e cheia de mediações que envolve autores, produtores, pesquisadores de mercado, instituições como a censura, a Igreja e o público. A trama e o desenrolar da novela *Os Gigantes* (1979) constituem um bom exemplo dos mecanismos de transgressão e conformação que sintonizam produtores e telespectadores brasileiros com as novelas.

A personagem Paloma (Dina Sfat), uma referência à pomba, símbolo da liberdade, incorporava uma versão radical da mulher livre, "moderna", "forte" ou "liberada" — termos empregados por telespectadores e pesquisadores de mercado na caracterização dessa nova mulher ideal que emerge nas novelas. A personagem é jornalista, correspondente internacional em Roma. Além de profissional bem-sucedida, Paloma dá um passo a mais: declara que não pretende se casar nem ter filhos porque deseja manter sua independência. Ao recusar a maternidade e a constituição da família, Paloma vai além das outras protagonistas femininas.[40] Porém, a personagem vem ao Brasil ao encontro do irmão moribundo, que até então era responsável pelos negócios rurais da família, e cede aos apelos da mãe para que fique, se case e gere um herdeiro. Termina emocionalmente desequilibrada e se suicida, pilotando seu avião ao léu até acabar o combustível. Embora, ao que parece, a personagem não tenha sido bem-aceita, ao menos por parte do público, e a novela tenha mudado de rumo ao longo de sua trajetória, a possibilidade da recusa da maternidade e da família ganhou visibilidade e legitimidade pública.

Apenas três anos depois, em *Sol de Verão*, a personagem Raquel (vivida por Irene Ravache), dona de casa de classe média alta, abandona um casamento confortável com um homem que, além de ser bom provedor, gosta dela, movida pelo desejo de se satisfazer no amor. De volta ao apartamento da mãe no Rio de Janeiro, a personagem se apaixona pelo "matuto mecânico" vizinho.[41] É interessante notar que a transgressão de Raquel está dentro dos limites aceitos pelo público brasileiro, porque ela se separa sem negar a família ou a maternidade, mas simplesmente com o intuito de recompor uma família ainda mais feliz. Em 1983, *Guerra dos Sexos* discute vários desses temas ao opor machistas a feministas valendo-se de diversos personagens cômicos de idade e classe social variadas. Em 1985, em *Roque Santeiro*, a personagem Porcina encarna uma sexualidade extravagante e assertiva. A personagem que lançou moda entre mulheres das mais diferentes camadas sociais possui vários homens, fica dividida entre o amor do coronel, por quem ela termina optando, e o amor de Roque, mais jovem, ousado, "moderno". Porcina é firme e decidida, cuida de seus interesses e fazendas, é irreverente e não é mãe, embora não se oponha explicitamente à maternidade. Amante de luxo de Sinhozinho Malta, sonha em se casar com ele, evento sempre adiado pela oposição decidida da filha do coronel. Porcina sintetiza muitas das características da chamada "mulher forte" que as telespectadoras procuram e valorizam nas novelas.

Ainda fora dos padrões tradicionais de representação da família é interessante notar que muitos dos personagens coronéis, repetidamente retratados como emblemáticos de uma estrutura de poder patriarcal tanto no âmbito público da política local como no âmbito privado da família, têm somente uma filha mulher, o que em uma estrutura patrilinear significa o fim da linhagem. É o caso, por exemplo, do coronel Pedro Barros em *Irmãos Coragem* (1970), do coronel Ramiro em *Gabriela* (1975) — este tem um filho homem, o qual, porém, teve uma filha única —, de Sinhozinho Malta em *Roque Santeiro* (1985).

O rol das transgressões novidadeiras e da separação entre sexo, amor e reprodução é extenso e inclui, por exemplo, a discussão de tecnologias reprodutivas em novelas como *Barriga de Aluguel* (1990), a existência de uma personagem hermafrodita em *Renascer* (1993), a presença, ainda que sutil, de um casal gay feminino em *Vale Tudo* (1985) e de um casal gay masculino em *A Próxima Vítima* (1995), temática que se torna mais explícita no final dos anos 1990 com *Por Amor* (1997) e *Torre de Babel* (1998).

Essa trajetória de liberalização das representações inicialmente tímidas e contidas do papel da mulher, do amor e da sexualidade não se dá de maneira linear e unidirecional nas novelas. E embora as novelas tenham desenvolvido uma tendência a expandir o domínio do que é permitido e mesmo esperado das mulheres, tal expansão ocorreu de maneira limitada no que se refere aos personagens masculinos e às relações de gênero propriamente ditas. É possível afirmar que houve uma liberalização no que se refere à exibição do corpo masculino. Assim como lançam moda feminina, as novelas lançavam também moda masculina, ajudando a legitimar, por exemplo, o uso de camisas de gola rulê, ou de gola careca. *De Corpo e Alma* (1992) difundiu a existência e as práticas de funcionamento de clubes de mulheres, especializados em striptease masculino, e muitas novelas na década de 1990 insistiram na exibição do torso nu de personagens masculinos. Como um ator certa vez sintetizou com precisão, diante da incrementação das personagens femininas, os personagens masculinos muitas vezes tiveram seus papéis reduzidos ao de "beija-flor".

A RECEPÇÃO DA REALIDADE

As reflexões sugeridas neste capítulo sobre os mecanismos de funcionamento das novelas se completam com considerações sobre as maneiras como os telespectadores se sentem participantes desses seriados televisivos e mobilizam informações que circulam em torno deles no seu cotidiano.[42] As relações do público com as novelas são marcadas pelo caráter folhetinesco, sujeito às mais variadas pressões de instituições sociais, de índices de audiência, às reações expressas por telespectadores em contato direto com autores e produtores, ou mediadas pela imprensa e mídia especializada.

Novela é torcida. Tão importante quanto o ritual de assistir ao capítulo de todo dia, é a atividade de comentar a história com os vizinhos, os amigos, no trabalho, em casa, com o marido, as empregadas. A motivação para seguir o desenvolvimento das várias tramas está relacionada com a existência de uma verdadeira rede de especulação sobre o caráter e as ações dos personagens. Pesquisas de opinião, revistas especializadas em comentários e fofocas sobre novelas, cadernos especiais de jornais diários, programas de rádio e de televisão, cartas de fãs, trilhas sonoras, grifes de roupas, espetáculos teatrais e anúncios comerciais com atores pertencentes ao elenco de novelas que estão no ar são alguns mecanismos atuantes sobretudo nas cidades grandes e que alimentam todos os dias a conversa envolvente sobre novela. Revistas como *Contigo* e *Amiga*, ou programas de rádio como os de Leão Lobo ou Sonia Abraão, promovem pesquisas por meio das quais os telespectadores expressam a sua opinião sobre os personagens e os movimentos possíveis da trama. Fãs telefonam das mais variadas partes do Brasil para dizer o que acham. Ouvintes discutem informações colhidas nesses programas em suas conversas diárias sobre o andamento da novela e a vida pessoal dos artistas. Os principais acontecimentos da trama aparecem semanalmente nos resumos de cada capítulo publicados pelos cadernos e revistas de TV. Tal indústria é alimentada por boletins de programação produzidos pelas emissoras e distribuídos à imprensa. Mas esses boletins não constituem a única fonte de informações dos órgãos especializados. As relações entre esses órgãos e as emissoras é competitiva, às vezes conflitiva. Na disputa de informações não divulgadas pelas emissoras, revistas como a *Contigo* muitas vezes recorrem a técnicas de pesquisa e jornalismo investigativo, típicas dos grandes órgãos de imprensa.

Além da intensa cobertura de mídia, a repercussão de cada novela é avaliada de acordo com os índices de audiência obtidos e com as opiniões expressas por telespectadoras do Rio de Janeiro e São Paulo, selecionadas para participar de grupos de discussão que abordam uma pauta que vai da apreciação geral da novela ao debate da trama, "pares românticos" principais e secundários, cenários, figurinos, trilha sonora. Opiniões expressas por essas telespectadoras constituem mais um mecanismo, ainda que bastante indireto e sujeito à filtragem dos autores, de interação entre os telespectadores e a produção de novelas.

A conversa da mídia e na mídia e os relatórios de grupos de discussão alimentam o diálogo direto e ao vivo sobre a novela, e com ele compartilham uma mesma estrutura narrativa, que consiste na especulação sobre a vida das personagens, a vida íntima dos artistas e sobre as relações entre ambas. Os comentários seguem a mesma sintaxe de uma fofoca entre comadres sobre a vida dos outros. A especulação cotidiana sobre a evolução das tramas alimenta e se ajusta bem ao caráter improvisado do folhetim eletrônico, escrito ao mesmo tempo que vai ao ar. Muitos telespectadores assistem aos capítulos já tendo uma certa ideia do que vai acontecer. A dose reduzida de suspense não abala o interesse em verificar como exatamente vão acontecer as coisas. Tampouco abala a suposição de que é possível exercer alguma influência sobre as definições da trama.

Quando a repercussão é boa, a novela extrapola essa rede básica e se torna notícia também em espaços não usuais, como as primeiras páginas ou seções de política dos jornais de elite. Esse potencial de conectar espaços usualmente tratados de maneira separada é indício da força da novela. Quando a conversa ao pé do ouvido, a fofoca da alcoviteira, coincide com o assunto da primeira página dos veículos nobres de notícia, está mobilizada uma rede de comunicação e polêmica de alcance raro.

O debate em torno dos desdobramentos dos capítulos ficcionais de todas as noites se alimenta também da incerteza que cerca a história. É como se o destino previsto para um personagem pudesse sempre mudar de acordo com a vontade do autor, que por sua vez poderia ser influenciado pelas opiniões expressas em pesquisas e enquetes de diversos matizes. Essa noção de que o autor pode mudar de ideia se sente que "o pessoal" não gostou de uma linha adotada, incrementa o funcionamento da rede de comentários, que parte da rádio e das revistas e toma conta da conversa entre vizinhas no fim do dia, e em certa medida volta à rádio e às revistas. Estimula ainda o envolvimento dos telespectadores.

Os trabalhos sobre a recepção de novelas em diversas partes do Brasil revelam entre outras as posições diferentes que os televisores ocupam no espaço e na rotina das casas mais e menos abastadas, as interpretações específicas que telespectadores de classes sociais diferentes expressam sobre a mesma novela, a distância que separa os telespectadores da cidade pequena das personagens de novelas.[43]

No entanto, permanece o mistério sobre as semelhanças que caracterizam a leitura do mesmo gênero de programa, transmitido no mesmo horário, por décadas a fio, para um público que se distingue justamente por sua heterogeneidade. Ironicamente, um programa classificado pela indústria como dirigido às mulheres de classe "C" das principais praças comerciais do país, sobretudo durante os anos 1980 desfrutou da condição privilegiada de repertório compartilhado por um público nacional composto também de homens, mulheres e crianças em todos os grupos sociais e locais do território nacional. A novela foi pioneira na penetração de um sistema de mídia responsável pela emergência de um espaço público peculiar, que nos anos 1990 se diversificou e se apresenta como alternativa principal de realização pessoal, inclusão social e poder.

Pesquisa recente sugere que essa rede de comentários cotidianos constitui a base da audiência da novela e propicia que telespectadores sintetizem experiências públicas e privadas. Em suas conversas sobre a novela, as pessoas expressam divergências e convergências de opinião sobre ações de personagens e desdobramentos de histórias. Suas posições individuais se relacionam com outros conflitos e alianças vividos em seus dramas privados.[44]

Ao problematizar a novela em seu contexto familiar, indivíduos telespectadores incorporam seus papéis de mães, pais, avós ou filhos para externar de maneira inequívoca suas diferenças de valores. Os personagens classificados pelos telespectadores, por exemplo, como "modernos" ou "antiquados" servem de metáfora para a expressão de engajamentos individuais desejados. É nesse sentido que os protagonistas e acontecimentos da novela formam um repertório comum que telespectadores usam para manifestar posicionamentos diversos. O comentário diário sobre a novela versa sobre um universo que é de conhecimento amplo. Esse caráter de repertório compartilhado permite a manifestação de diferenças. Mas eventos dramáticos significativos para uns não o são para outros. Especialmente assuntos tabus, como casais homossexuais ou aborto são percebidos assim por uns, mas não por outros.

Grande parte dos telespectadores conhece as convenções dramáticas das novelas em detalhe, acompanham o desenrolar da trama, a evolução ou "transformação" de personagens cuja magia não está em uma possível integridade inicial ou final mas na trajetória desenvolvida ao longo dos meses. Esses personagens comandam um universo de aparatos pessoais que merecem escrutínio minucioso. A experiência acumulada de decodificar imagens gerou uma sensibilidade acurada e uma precisão de detalhe. O olhar dos telespectadores está treinado para observar a marca do fogão, o tipo de salada, a distribuição de funções entre o marido e a mulher. Telespectadores de classes sociais variadas demonstram o domínio de detalhes da decoração das casas de novela. Uns manifestam o orgulho que sentem pela filha que é decoradora e cuja mobília de sala de jantar é exatamente igual à da mansão do Rei do Gado na novela. Outros observam o fogão a lenha na fazenda do Rei do Gado no rio Araguaia com nostalgia de sua cidade natal no interior de Pernambuco. Nomes de artistas e personagens inspiram a escolha de nomes para crianças recém-nascidas. O figurino também é motivo de atenção especial. Ao copiar modelos das novelas, telespectadores revelam que estão "por dentro" e sugerem sua disposição de ir além dos espaços supostamente demarcados por sua condição social, sua identidade de gênero ou raça.

A novela representa o cotidiano de uma sociedade mais rica e mais branca que a brasileira, mas essa sociedade "ideal" é reconhecida como a sociedade brasileira, e os assuntos que ela pauta podem vir a ser aqueles pelos quais se pauta o debate público e vice-versa. A novela é como um fio invisível do qual poucos se orgulham mas que perpassa a sociedade e aponta um universo de segredos íntimos compartilhados. Ela oferece para o público amplo do horário nobre a visão indiscreta do cotidiano de uma certa classe média alta, urbana, moderna, glamorosa e idealizada, tal como vista de fora por um estranho ou excluído. E aquilo que é uma construção relativamente arbitrária, um reflexo caricatural dos gostos e preocupações das classes médias urbanas, ganha estatuto de realidade; se torna referencial para escolha de móveis, para o balizamento de opiniões, para o exercício do direito de julgamento. Ao assistir à novela, o público pertencente aos segmentos menos favorecidos da sociedade imagina que está penetrando o universo dos segmentos mais abastados. Estes, por sua vez, embora também se inspirem em novelas e assistam a elas, quando o fazem, alegam estar acompanhando o programa predileto das classes baixas. Dessa maneira, a novela, que é vista por muitos, paradoxalmente, é programa de todos e de ninguém.

Quando uma novela galvaniza o país, ela se torna um dos assuntos principais das conversas de todo dia, alimentadas pelos comentários da imprensa escrita, de programas radiofônicos e televisivos, em fenômeno descrito por alguns como "catártico".[45] Nesses momentos a novela atualiza seu potencial de sintetizar uma comunidade imaginária, cuja representação, ainda que distorcida e sujeita a uma determinada variação de interpretações, é verossímil, vista e apropriada como real e legítima. Tal representação de uma comunidade nacional imaginária mais branca e mais permeável à ascensão social que a sociedade real foi construída sob o signo da superação do atraso, muitas vezes personalizado nos patriarcas e nas personagens femininas restritas ao mundo doméstico. Por outro lado, a mulher que expande seus domínios para a esfera pública, sem deixar de cumprir as funções primordiais de mãe responsável pela unidade familiar, encarna de maneira singular o espírito do Brasil que se quer do futuro. A permeabilidade do espaço público brasileiro à atualização dos modelos de mulher e família curiosamente permitiu que um programa feito para o público feminino dominasse o horário nobre da televisão brasileira e se tornasse um espaço privilegiado para a problematização da identidade nacional em um período de profundas transformações sociais.

Enquanto a segregação social, econômica e cultural segmenta e divide a sociedade brasileira, a televisão acena a possibilidade de conexão, mesmo que virtual. Telespectadores de classes populares e dominantes compartilham a mesma fascinação com o que eles, em sintonia com o meio, denominam "modernidade". Via televisão, e durante os cerca de vinte anos de hegemonia absoluta das novelas, ocorre como que uma corrida social, uma disputa por integração e diferenciação. Os produtores de televisão põem à disposição dos telespectadores repertórios apresentados como específicos a determinados segmentos sociais de classe média alta. Ao fazê-lo, alimentam a fome de informação e inclusão dos telespectadores das classes populares. Mas, ao mesmo tempo, estimulam a dinâmica perversa que realimenta a diferenciação. Mulheres de todas as classes sociais consomem de diferentes formas moda lançada por novelas. Mas como "quando a moda chega no ponto de ônibus é hora de mudar", as novelas alimentam continuamente a competição sempre renovada por estilo.

A partir da década de 1990, essa matriz modernizante de representação da realidade se revela incapaz de sintonizar versões verossímeis de uma comunidade nacional, agora atenta às consequências não antecipadas da modernização, como a destruição do meio ambiente, a desigualdade social, a discriminação racial e a violência urbana. A diversificação da estrutura televisiva tende a segmentar a audiência, tornando mais raras as transmissões capazes de captar a imaginação de um público de origem social variada e morador de regiões distintas do território nacional. Resquícios do potencial anterior ainda são visíveis, já que, em fins da década de 1990, gamas variadas de telespectadores continuam revelando domínio das principais histórias das novelas que estão no ar. Eles ainda apropriam esse "repertório comum" de maneira variada, relacionando seus dramas particulares a dramas paralelos vividos pelos personagens de novelas e vice-versa. As tramas múltiplas do folhetim eletrônico permitem que os telespectadores sintetizem dramas públicos e privados.

A vivência cotidiana das novelas diárias por mais de trinta anos propiciou a participação indireta dos telespectadores e prenunciou os programas interativos e *reality shows* que capturam a imaginação contemporânea.[46] Nessa sociedade do espetáculo, o domínio de detalhes da linguagem do vídeo vai além da exterioridade conformada com a posição de telespectador passivo e envolve uma disposição de interagir com o meio, operando câmeras de vídeo independente ou caseiro, opinando em programas que abrem algum canal para o telespectador, se exibindo em programas de auditório, sonhando e/ou se preparando para uma carreira artística.[47] A fascinação pelo mundo glamouroso do espetáculo enquanto via possível de realização pessoal, meio de ganhar a vida, se adaptar e adquirir visibilidade, se expressa, por exemplo, no sonho de uma carreira de modelo que perpassa a sociedade de alto a baixo, dos bairros elegantes aos mais periféricos. O mundo do espetáculo é visto como uma porta para o mundo "real", aquele que propicia visibilidade pública. E visibilidade pública aparece como equivalente a integração plena, como se, no mundo virtual do espetáculo, as discriminações seculares de classe e raça pudessem enfim ser redimidas. Essa utopia da exibição plena solapa as delimitações clássicas do espaço público e privado. Em seu dia a dia telespectadores se mostram sempre dispostos a comparecer a um programa de auditório, a contribuir com uma performance, mesmo que esdrúxula, a emprestar seu caso especial para veiculação ampla. Se o desejo de inclusão via espetáculo pode ser encontrado de maneira bastante generalizada na sociedade, a exibição em si reinstaura as diferenças. E, perversamente, os populares programas sensacionalistas reinscrevem as marcas da discriminação, confirmando as representações que associam a pobreza ao sensacionalismo, à violência e à barbárie.

8. A POLÍTICA BRASILEIRA EM BUSCA DA MODERNIDADE: NA FRONTEIRA ENTRE O PÚBLICO E O PRIVADO

Angela de Castro Gomes

O Brasil não é isso. É isto. O Brasil, senhores, sois vós. O Brasil é esta assembleia. O Brasil é este comício imenso de almas livres. Não são os comensais do erário. Não são as ratazanas do Tesouro. Não são os mercadores do Parlamento. Não são as sanguessugas da riqueza pública. Não são os falsificadores de eleições. Não são os compradores de jornais. Não são os corruptores do sistema republicano. Não são os oligarcas estaduais. Não são os ministros de tarraxa. Não são os presidentes de palha. Não são os publicistas de aluguel. Não são os estadistas de impostura. Não são os diplomatas de marca estrangeira. São as células ativas da vida nacional. É a multidão que não adula, não teme, não corre, não recua, não deserta, não se vende. Não é a massa inconsciente, que oscila da servidão à desordem, mas a coesão orgânica das unidades pensantes, o oceano das consciências, a mole das vagas humanas, onde a Providência acumula reservas inesgotáveis de calor, de força e de luz para a renovação de nossas energias. É o povo, num desses movimentos seus, em que se descobre toda a sua majestade.

Rui Barbosa, em famoso discurso pronunciado no Teatro Lírico do Rio de Janeiro numa quinta-feira, 20 de março de 1919, em plena campanha presidencial, é quem nos introduz às reflexões sobre as venturas e desventuras da moderna política brasileira, vale dizer, da política que se inaugura num Brasil republicano e pós-abolicionista.[1] Rui Barbosa, como diria Ortega y Gasset, intelectual espanhol na época muito lido na

América Latina, era o homem e suas circunstâncias. Melhor não poderia ser.

Rui, uma das inteligências mais respeitadas da República, seu primeiro ministro da Fazenda e por duas vezes candidato de oposição à Presidência derrotado nas eleições: em 1910, pelo militar Hermes da Fonseca; em 1919, pelo oligarca civil Epitácio Pessoa. Isso sem falar das batalhas em seu estado natal, a Bahia, onde também não teve grande sucesso. Uma espécie de anticandidato, quase sem máquina eleitoral, admirado e criticado, como um D. Quixote a lutar pela utopia em que acreditava. O modelo do político liberal, bacharel formado segundo os moldes da tradição imperial e que se destacava por ser dono de uma cultura vista como excepcional embora, justamente por isso, mal adaptada ao país. Afinal, era o Águia de Haia, diante de quem a Europa se curvara, enchendo-nos de orgulho. Tratava-se, contudo, do homem dos gabinetes, caricaturado, com enorme cabeça e cercado de livros, distante da realidade social sobre a qual teorizava. Mas, sem dúvida, Rui foi e continua sendo uma das mais sólidas representações da República, povoando a memória nacional tanto com suas vitórias como com suas derrotas.

Suas circunstâncias eram as do fim da Primeira Guerra Mundial e da Revolução Russa como fato conhecido e consumado. Ninguém, nessa época, que dispusesse de alguma informação, duvidava que o mundo havia mudado radicalmente e que nunca mais seria o mesmo. As crenças políticas estavam abaladas, os nacionalismos na ordem do dia, e as demandas pela extensão de direitos políticos e sociais cresciam, como as greves e outras agitações urbanas anunciavam, mesmo no Brasil. Os tempos eram de crise, e palavras como *decadência* e *atraso* passavam a circular no vocabulário político internacional de forma intensa. Em momentos como esse, uma imperiosa necessidade de reorganização de ideias se impõe, seja para se compreender melhor o que aconteceu, seja para se poder planejar o futuro, que se anuncia perceptível e inevitavelmente como "novo". Tempos de crise são, assim, tempos de modernização nos quadros mentais e nos projetos políticos.

Os anos 1920 são estratégicos sob tal perspectiva, e o Brasil não foi neles uma exceção. Inclusive porque aqui entre nós, redimensionando uma demanda que era mundial, começavam as preocupações com os preparativos do que deveria ser a grande comemoração do Centenário da Independência, a se dar em 1922. Comemorações como essa costumam mobilizar os governantes e a sociedade em geral, pois são sempre uma oportunidade e um convite especiais à realização de balanços, quer com objetivos de engrandecimento, quer com explícita intenção crítica. Por isso, políticos e intelectuais estão particularmente nelas envolvidos, uma vez que têm como atribuição específica a produção de análises que permitam a compreensão da realidade do país, com base nas quais serão construídos projetos visando seu maior progresso. Em síntese, explicações sobre as causas do "atraso" e ideias sobre as possibilidades de "modernização".

O discurso do político e intelectual Rui Barbosa em 1919 ilustra, de forma paradigmática, como, no interior das múltiplas correntes do pensamento social brasileiro, foi se construindo, ao longo da primeira metade do século, um tipo de diagnóstico sobre o campo da política brasileira,[2] no qual domina uma grande questão, identificada, ao mesmo tempo, como sua marca original e seu trágico dilema. Para o candidato, o Brasil não era e não deveria ser o espetáculo do poder público corrompido pelas fraudes eleitorais e pela ambição de políticos que dele se apropriavam de maneira violenta e egoística. Diante das majestades da força militar ou oligárquica, ele não se inclinava. Servia apenas, em suas próprias palavras, "à razão, ao direito, à lei". Servia ao "povo", não por este representar o "número", mas por significar "a barreira do poder".[3]

Desse modo, o candidato formava com a ampla e heterogênea corrente dos que se desiludiram com a República, porém, em seu interior, demarcava a posição dos que desejavam revigorar o poder público na direção de uma política fundada nas práticas e nos valores das instituições liberais então conhecidas. É essa, pelo menos, sua imagem mais visível e compartilhada. Por essa razão ele é um símbolo "daquilo que poderia ter sido e não foi".

Mas, para a finalidade de fundo desta reflexão, pode-se refinar o significado da posição de Rui Barbosa nas três primeiras décadas republicanas. Para tanto, o recurso será a utilização de um dos mais sofisticados textos produzidos no bojo de um conjunto maior, cujo objetivo primordial era realizar um balanço da experiência republicana no ano do Centenário. O texto intitula-se "Política e letras", e seu autor é o então crítico literário Alceu de Amoroso Lima, o Tristão de Athayde. O livro em que aparece, e que se tornaria emblemático com o passar do tempo, é *À margem da história da República*, organizado por Vicente Licínio Cardoso, reunindo a jovem intelectualidade da geração de 1920, ou seja, a que não viveu a abolição e a proclamação. Uma geração que se definia com base em um posicionamento crítico e que reconhecia, como figura de referência para sua formação, o republicano histórico, intelectual combativo e político fluminense Alberto Torres.[4]

Como o próprio título indica, o objetivo de Alceu era fazer um acompanhamento das relações entre política e letras "na história brasileira, desde a Colônia até a República". Nele, visava não só demonstrar os vínculos que as condicionavam mutuamente, como denunciar a postura intelectual dos que, como a boemia literária do pós-1889, haviam se afastado da ação social e política. Uma espécie de história social concisa da literatura no Brasil, que prima pela argúcia de certas observações. Uma delas diz respeito à forma como o autor caracteriza a experiência republicana e como a personaliza nas figuras de dois atores políticos.

Em primeiro lugar, vale observar que, para Alceu, o início do período republicano data de 1870, sendo a Guerra do Paraguai seu divisor de águas. Isso porque, a partir de então, clarifica-se o "artificialismo do Império", dominado pela figura arbitral de d. Pedro II, grande responsável por uma "formação às avessas", em que inexistia política, povo, economia, artes e educação, embora existissem partidos, eleições, negócios e salões.[5] Contudo, ele mesmo reconhece, fora esse "artificialismo-oficialismo" que, como um outro lado da moeda, garantira a unidade geográfica e religiosa do país, a despeito de atropelos. A República tinha sido, nesse sentido, uma decorrência da hipertrofia desse "artificialismo político"; o fruto de uma reação das "forças reais do país" que desejavam ascender ao poder e que lutaram para alcançá-lo. Ela vinha de longe... E esse era o principal fator para se compreender a tão propalada "indiferença do povo à Proclamação". O Quinze de Novembro havia sido, de fato, muito mais uma data sinalizando para a Monarquia que partia do que para a República que chegava. Deodoro da Fonseca fora, nos mesmos termos, muito mais o marechal monarquista que afastara d. Pedro II do poder do que uma figura-símbolo da República.

Lamentavelmente, entretanto, ao artificialismo do Império sucedera-se um outro artificialismo, consagrado pela importação das fórmulas político-liberais de nossa República Federativa. Esta fora e ainda continuava a ser, em inícios dos anos 1920, o resultado contraditório de duas forças sociais sintetizadas na luta entre "cesarismo" e "caudilhismo", ou seja, no confronto entre a autoridade pública central, que se queria cada vez mais absorvente, e os poderes locais de oposição a essa autoridade, que se tornavam cada vez mais resistentes. Um confronto dramático entre poderes vigorosos, mas um confronto que não traria, segundo Alceu, uma resposta para a modernização da política e do país. No momento em que escrevia, ele reconhecia, inclusive, que se chegara a uma situação extrema em tal enfrentamento, atribuindo-a ao desaparecimento de duas figuras contraditórias e por isso simbólicas desse dualismo da formação social brasileira. Dois políticos que encarnariam, mais que quaisquer outros, os trinta primeiros anos de República: Rui Barbosa e Pinheiro Machado.[6] Eles representavam, cada um de per si, uma dessas tendências, porém representavam igualmente — e este é o ponto para Alceu e também para este texto — a tentativa de conciliá-las, donde a perda irreparável sofrida com a morte de ambos.

O retrato político do senador Pinheiro Machado tem, em primeiro plano, os signos do compromisso com o "caudilhismo". Ele é o gaúcho da fronteira, grande em tamanho físico e político, sempre ladeado de parlamentares de diferentes estados e ambições. Era um homem que "fazia presidentes", sendo conhecido por suas indiscutíveis habilidades de articulador. É sua figura, por exemplo, que inspira a peça teatral humorística escrita pelo caricaturista Raul Pederneiras: *Pega na chaleira*.[7] Mas Pinheiro Machado era também o homem que sabia corrigir a vocação caudilhesca pela "defesa da ordem social". Ele era

> o ponto de ligação entre a anarquia natural da gente brava [...] e a autoridade necessária [...] a impedir a dispersão [...]. Nada de teórico, nada de abstrato em sua intuição de dominador. Profundamente conhecedor do homem e do meio em que se movia, não se deixava prender pelos preconceitos do jurisdicismo [...]. Foi um realista político [...]. E decorava o seu sentimento imediato das coisas com umas vagas tintas de idealismo primário, que não iludiam a ninguém. Muito menos a si próprio.
>
> Rui Barbosa era o reverso [...] todo o liberalismo político do parlamentarismo do século XIX tinha moldado seu espírito. Era o homem da lei e do direito, da política de modelos [...]. Os homens o surpreendiam. Nenhuma intuição, nenhum senso do imediato [...]. O homem cujo sonho mais vivo foi fazer do Brasil, pela força do direito, potência mundial.

Contudo, como Pinheiro Machado, Rui Barbosa também tinha uma outra face, procurando corrigir os "excessos de sua alma de romântico europeu", pela adequação de seu liberalismo às "necessidades do americanismo brasileiro".[8]

Nenhuma das duas personalidades, afinal, conformava-se ao meio em que vivia, embora por motivos distintos. Ambos assinalavam tendências características e contrapostas do Brasil, e, ao mesmo tempo, "procuravam fundir esses extremos [...] Pinheiro, domando a força do caudilhismo sempre renascente; Rui modelando à feição jurídica as paixões do governismo litorâneo; Rui, contendo o espírito de autoridade; Pinheiro, contendo a anarquia". Vindos de direções inversas, encontravam-se os dois, razão pela qual foram endeusados e fulminados pela opinião pública. Uma posição complexa, pois a defesa do poder público era também a crítica de seu desvirtuamento, vivenciado no artificialismo de uma autoridade central e na corrupção dos políticos. Por outro lado, a defesa do poder descentralizado, representada pelo privatismo dos caudilhos, era igualmente a busca de sua contenção, ante a ameaça de "anarquia", um sinônimo de ruptura da unidade territorial e dos controles federais que garantiam os códigos sociais mais amplos.

O drama da República, conforme Alceu Amoroso Lima quer demonstrar, e numerosos outros pensadores seus contemporâneos e sucessores endossarão, era o de estar caracterizada por uma tensão, ao mesmo tempo constitutiva da política nacional e desintegradora de suas possibilidades de desenvolvimento nos marcos da modernidade ocidental. Ou seja, ela se situava na fronteira entre o *público* e o *privado*, sendo essa a sua principal marca e também o seu dilema, pois, como o texto magistralmente indica, o Brasil não era Rui *ou* Pinheiro; era Rui *e* Pinheiro.

Nesse sentido, a despeito da grande diversidade de análises produzidas por intelectuais que viveram em períodos distintos e fizeram opções teóricas e ideológicas diferenciadas, pode-se observar a existência de um ponto de convergência no diagnóstico da situação de fronteira em que nasce e vive a política brasileira. Seu simples registro, portanto, nada tem de original, sendo tema mais do que frequente na literatura de história e ciências sociais.[9] Sua retomada, portanto, implica o risco de se estar discutindo o óbvio. Mas, por vezes, o óbvio pode ainda oferecer algumas surpresas, e o que se tentará fazer aqui é explorá-lo um pouco mais, recorrendo tanto a certas análises importantes realizadas em momentos históricos estratégicos como à sua articulação com um imaginário político nacional, rico em mitos, símbolos e ideias.

Isso porque o trabalho desses intelectuais está sendo entendido como um esforço para tornar inteligíveis as características da realidade brasileira, com a intenção explícita de oferecer subsídios para a elaboração de projetos que visem intervenções políticas modernizadoras. A eficácia de tal esforço, que envolve a permanente construção simbólica da identidade nacional, está diretamente correlacionada às condições de plausibilidade das interpretações formuladas, o que só pode ser avaliado em razão de uma congruência tanto com a realidade social sob análise como com os paradigmas políticos e intelectuais vigentes em determinado momento.

Mas, além disso, no caso da produção de interpretações da realidade social, o que ocorre é que seus resultados são sempre "apropriados" de maneiras diversas por diferentes grupos sociais, o que os torna uma dimensão integrante e influente da própria realidade.[10] Daí os vínculos, nada diretos ou mecânicos, entre pensamento social e imaginário político. Enquanto o primeiro procura produzir uma narrativa sobre como a política brasileira assumiu as características que lhe são próprias — isto é, quais as suas "origens" profundas e o "sentido" de seus desdobramentos e possíveis transformações —, o segundo com ele se articula, combinando representações múltiplas e mesmo contraditórias, informando e mobilizando a sociedade mais ampla, de forma prolongada e relativamente impermeável a evidências "racionais". O território do imaginário envolve um amplo conjunto de valores, crenças, ideias e comportamentos, reconhecidos e compartilhados de modo difuso mas duradouro.[11] Ele traduz uma "comunidade de sentidos" entre a formulação de proposições intelectuais e as vivências de uma população.

No caso do Brasil, a situação de fronteira em que se debateria nossa política é um bom exemplo dessa interlocução entre pensamento social e imaginário político. De forma esquemática, ela aparece assumindo algumas características. Em princípio, é definida como específica do Brasil e de outros países latino-americanos, evidentemente com variações nacionais mas se distinguindo das experiências europeias e norte-americana que, tendo resolvido o impasse, deveriam ser observadas porém não imitadas. Nesses termos, as bases dessa complexa situação radicavam-se no longo processo de formação histórica de cada país, mais propriamente em seu processo de modernização política, que tinha na esfera estatal seu ponto principal de partida e/ou de sustentação. Portanto, o grande desafio a ser enfrentado pelas nações coloniais e "atrasadas" como o Brasil, envolvia duas premissas. De um lado, o reconhecimento de um certo paradigma de política moderna, entendida como o mundo dos cidadãos racionais e dos procedimentos públicos impessoais, mundo existente de fato nos países desenvolvidos. De outro lado, a necessidade de compreensão de uma realidade social que com ele se confrontava, pois se fundava em padrões de autoridade tradicionais — personalizada e emocional —, que não podiam ser ignorados e menosprezados, sob pena de total insucesso.

Justamente por isso, avalia-se a fronteira público/privado, com frequência, por um desajuste que sintetiza a principal causa de todos os nossos males e o maior indicador de nosso "atraso". Rui Barbosa é, nos termos de Alceu, uma das versões da face moderna da política, identificada com o poder público e radicada no Estado e no direito, enquanto Pinheiro Machado é nossa face tradicional.

Esse diagnóstico da política brasileira está, portanto, inteiramente ligado à construção de uma tradição dicotômica de pensar o país, muito compartilhada no campo intelectual a partir dos inícios da República e que tinha fortes raízes no pensamento sociológico conservador, com destaque mas não exclusividade. Essa tradição se desenvolveu sob o impacto de alterações que atingiram, de forma geral, todas as relações sociais até então existentes. Simbolizada pela oposição "Brasil real × Brasil legal", fixava um conjunto de oposições em que o lado "real" era representado por uma sociedade rural e exportadora, na qual dominava a descentralização e o poder patriarcal, familista, clientelista e oligárquico dos chefes da "política profissional". Já o lado "legal", visto também como "artificial", emergia como o de uma sociedade urbano-industrial, na qual o poder centralizado e concentrado no Estado teria bases impessoais e racionais, sendo exercido por uma burocracia técnica.

Valendo-se dessa dicotomia, é possível destacar dois pontos ainda não muito explorados pela literatura especializada. Em primeiro lugar, que essa tradição clássica no pensamento social brasileiro, a qual produz uma avaliação dualista de nossa formação em que, grosso modo, as causas de nossos males advêm de um desajuste em que "falta poder público e sobra poder privado", não realiza uma mera e automática identificação entre o público e o reino das virtudes e entre o privado e o dos vícios. Ou seja, uma reflexão mais atenta nos conduz à percepção de que tanto os vícios como as virtudes estão presentes nos dois lados da moeda, que se mostra mais complexa para ser analisada e "solucionada". Em segundo lugar, que, exatamente por essa razão, tal avaliação se esforça por produzir fórmulas combinatórias entre o público e o privado, o "legal" e o "real", reinventando suas fronteiras mas trabalhando na direção de sua manutenção, quer porque qualquer outro resultado fosse impossível, quer porque fosse também indesejável.

Ou seja, esse amplo consenso quanto à situação de fronteira em que vive a política brasileira ganha o sentido de uma "ambiguidade constitutiva", que não poderia nem deveria ser completamente desfeita, em razão de fatos e valores que marcam nossa formação nacional. Se essa característica é a causa de nossos males, é por meio do seu remanejamento que se poderiam encontrar novos caminhos para percorrer. A modernização política do país teria, portanto, que recorrer a procedimentos sofisticados, por não poder realizar descartes categóricos e divisões maniqueístas entre o bem, público, e o mal, privado.

Contudo, se existem numerosos textos que debatem os diagnósticos e prognósticos elaborados por vários analistas — desde o intelectual-político Alberto Torres, nos anos 1910, ao político-militar Golbery do Couto e Silva, nos anos 1960-70 —, tendo como base a dicotomia política entre o público e o privado, são raros os que assinalam ser essa uma situação de ambiguidade, que não exige uma solução para eliminar um desses polos da questão. Nesse sentido, os objetivos desta reflexão são modestos, pois trata-se de selecionar alguns autores e propostas a fim de destacar como enfrentam e reinventam tal fronteira, em busca de uma modernidade que só poderia ser traçada no escopo dessa ambiguidade.

Voltando ao texto de Alceu Amoroso Lima, é interessante observar como são os encontros e desencontros entre Rui e Pinheiro Machado que dão o tom da vida política dos inícios do século, marcada tanto pelo idealismo jurisdicional do primeiro como pelo realismo caudilhesco do segundo. As duas figuras, ao mesmo tempo que sinalizam para as tensões entre público e privado, investem na busca de uma espécie de equilíbrio possível entre eles. Pinheiro, por reconhecer o risco da radical descentralização e especializar-se no trabalho de articulação entre elites oligárquicas, tão imprescindíveis quanto ameaçadoras para uma política nacional; Rui, por conformar seu liberalismo às condições da terra e denunciar a corrupção e a inépcia vigentes no espaço público, que desejava dominante e sem vícios.

O Brasil, nessa interpretação, é a necessária interlocução entre o que Rui e Pinheiro representam, não só como polos extremos de um conflito mas também como esforços para sua domesticação. Alceu, na verdade, não avança em maiores comentários sobre a dinâmica política dessa interlocução. Ele apenas lamenta o desaparecimento de ambos, atribuindo simbolicamente, ao menos em parte, o acirramento da crise dos anos 1920 a tal ausência de referenciais e competências políticas. Afinal, o autor fazia um balanço sobre a situação das letras no país que, a seu ver, tornavam-se um campo particularmente privilegiado para o debate de ideias e o traçado de projetos político culturais, como o movimento modernista atestava. Aliás, o que esse movimento demonstrava, em sua grande diversidade, é que muitos eram os projetos existentes, pois muitas eram as modernidades consideradas possíveis e desejáveis.

Como disse o gato a Alice (aquela do País das Maravilhas), a saída depende sempre do lugar aonde se deseja chegar.

UMA SOCIEDADE INSOLIDÁRIA E PATRIARCAL

Rui Barbosa queria um Brasil liberal, onde o povo fosse a grande majestade. Queria uma modernidade política em que dominasse o espaço público e o poder do Estado, impessoal e racional-legal mas fundado em uma arquitetura institucional com partidos e parlamento, na qual o indivíduo-cidadão participasse do poder e o limitasse por meio do voto. O jurista reconhecia as dificuldades para sua implementação, porém tal fato não o levava a abandonar o paradigma clássico de moderna sociedade ocidental, que lançava suas raízes nas concepções políticas de fins do século XVIII, democratizadas ao longo do século XIX.

É esse referencial maior que sofrerá impactos profundos após o término da Primeira Guerra, permitindo uma melhor compreensão das novas orientações que passarão a marcar o pensamento social brasileiro nas décadas de 1920, 1930 e 1940. Correndo muitos riscos, pode-se assinalar que, grosso modo, para uma grande maioria de intelectuais, agora se tratava de apontar não a existência de condições adversas à vigência do modelo de Estado liberal mas a sua real impossibilidade e indesejabilidade de adaptação ao Brasil. Por conseguinte, é necessário caminhar com cuidado.

Em primeiro lugar, para observar que o paradigma liberal sofria as críticas de uma nova orientação científica, traduzida tanto pelos postulados de uma teoria elitista que atacava as ficções políticas liberais como pelos enunciados keynesianos, que defendiam um intervencionismo econômico e social do Estado, até então inusitado. Nesse sentido, se permaneciam de pé os ideais de autoridade racional-legal e de economia urbano-industrial como signos de uma sociedade moderna, os instrumentos operacionais, vale dizer, as instituições políticas para construí-la e materializá-la, sofriam mudanças substanciais, afastando-se da arquitetura liberal de forma mais ou menos radical, conforme os exemplos europeus e o norte-americano, após a crise de 1929, demonstravam.

Assim, a ideia de igualdade liberal, fundada na equidade política do indivíduo-cidadão portador de opinião-voto, era contestada pela desigualdade natural dos seres humanos que, justamente por isso, não podiam ser tratados da mesma maneira pela lei. Esse cidadão liberal, definido como possível mas, no caso do Brasil, inexistente, era de fato uma ficção, como o eram os procedimentos a ele associados: eleições, partidos políticos, parlamentos etc.

Em segundo lugar, para assinalar que, com graus e formas variadas, tais formulações críticas acentuavam a importância da criação e/ou do fortalecimento de certas instituições e práticas políticas estatais (órgãos e políticas públicas), como mecanismo de *start* para o estabelecimento de um novo modelo de modernidade. Dessa forma, se havia um enorme descomprometimento com procedimentos e valores políticos liberais, era porque havia um enorme esforço para a formulação de uma outra arquitetura institucional de Estado, cujo sentido transformador era muito amplo, abarcando esferas da sociedade até então intocadas pela presença pública. A maior intervenção do Estado em assuntos econômicos e sociais assumia o papel de elemento precípuo para a transposição do *gap* que fora identificado entre a vigência da "lei" e a ideia de "justiça", que as normas do direito deviam assegurar mas não asseguravam. Dito em outros termos e voltando ao texto de Alceu, era necessário vencer o "artificialismo legal", quer imperial quer republicano, que postulava normas inaplicáveis à realidade brasileira e, assim o fazendo, abria espaço para o arbítrio expresso no "caudilhismo" e em seus derivados: o "clientelismo" e o "personalismo" de nossa organização política. A "centralização política" e o fortalecimento do Estado eram, nessa lógica, a "nacionalização" e a "modernização" do poder no Brasil.

As interpretações da sociedade e da política brasileira, elaboradas a partir dos anos 1920, têm esse contexto político e intelectual internacional como cenário. Vivia-se sob o ataque ao liberalismo e, para intelectuais cujo desafio era construir um mundo moderno com base em constrangimentos que o negavam, a força da maré de crítica podia ser explorada como um estímulo à criatividade. A riqueza quantitativa e qualitativa dos autores e textos que então aparecem desautoriza qualquer tentativa de acompanhamento mais minucioso.[12] A estratégia será tomar um autor como guia e agregar-lhe outros nomes que com ele dialoguem, ou reforçando suas ideias ou com elas entrando em confronto.

O autor escolhido foi Oliveira Viana, e por várias razões. Ele escreveu desde os anos 1910 até sua morte, em 1951. A obra de Viana é vasta e logicamente diferenciada, mas guarda pontos muito recorrentes. Trata-se também de um intelectual que exerceu inequívoca influência entre seus contemporâneos, que com ele foram forçados a debater, quer dele discordassem quer com ele concordassem em pontos significativos.[13] Porém, a razão básica da escolha deveu-se ao fato de haver sido ele o produtor de uma das mais sólidas e duradouras interpretações sobre as causas do "atraso" político do país, tendo-a acompanhado de uma não menos sólida e duradoura proposta de "solução", mediante a intervenção de um Estado autoritário e corporativo. Ou seja, as ideias de Oliveira Viana, intelectual com nítido engajamento político, foram capitais para se compreender *como*, nesse período, a fronteira entre o público e o privado foi explicada historicamente e recriada institucional e simbolicamente em toda a sua ambiguidade.

A publicação de *Populações meridionais do Brasil*, cuja primeira edição é de 1918, é ponto de partida seguro.[14] O grande objetivo do livro, que foi de imediato saudado como fundamental, era compreender as características originais da sociedade brasileira, desconhecidas e, por isso, causadoras do que ele mesmo chamaria de o "idealismo da Constituição", em artigo do volume coordenado por Vicente Licínio Cardoso, de 1924, já mencionado. Se tais características, integrantes do "Brasil real", vinham sendo identificadas no ruralismo, na mestiçagem e no poder privado e pessoal dos caudilhos, nunca um investimento maior em sua pesquisa histórico-sociológica esteve tão legitimado. Em vista da crise internacional do paradigma político liberal, não se tratava mais de simplesmente apontar e vencer tais obstáculos. A saída era outra, pois outro era o ponto de chegada almejado.

A proposta de Oliveira Viana e de outros pensadores partia do princípio quer da impossibilidade de recriação, a curto prazo, das condições que permitiram o surgimento do liberalismo fora do país quer da total indesejabilidade de alcançá-las em uma transição para a modernidade. Isso porque a sociedade a se modernizar era outra, e outro era o timing e o ideal de ação política a se implementar. Se esta última não estava bem delineada, era inclusive porque não reconhecia modelos universais a serem seguidos, exigindo um esforço de compreensão sobre nossas singularidades que orientasse as novas diretrizes a serem traçadas. Nesses termos, o "Brasil real" não ficava desqualificado em um duplo sentido. De um lado, porque o próprio modelo de "legal" estava sendo questionado e reinventado; de outro, porque era com o "real", inevitavelmente, que se poderia chegar a um projeto eficiente, uma vez que adequado à nossa singularidade. Esse novo encaminhamento foi uma das causas do sucesso de *Populações*, que encontrou um clima propício aos estudos sociológicos, percebidos como instrumentos analíticos para a intervenção política.

Não é casual, portanto, que entre 1920 e 1940 tenham sido produzidos ensaios tão significativos para a compreensão do país e que suas interpretações povoem ainda de forma vigorosa nosso imaginário político. Esse foi um tempo de descoberta e de valorização do homem e da realidade nacionais, embora tenha dividido os intelectuais quanto à crença na possibilidade de se alcançar, no país, a modernidade nos marcos da democracia liberal. Nesse sentido, o dilema vinha de longe. Estava na fronteira entre o público e o privado, e lançava suas raízes no "período colonial": em nossa tradição rural e escravista e na cultura ibérica onde esta havia nascido.

Oliveira Viana é o tradutor, por excelência, da interpretação que consagra o "insolidarismo" como marca da sociedade brasileira. Segundo ele, nossas relações sociais haviam se desenvolvido com base no grande domínio rural, fincado na imensidão do território tropical: "Nós somos o latifúndio. Ora o latifúndio isola o homem; o dissemina; o absorve; é essencialmente antiurbano".[15] O ruralismo e o escravismo de nossa formação, demonstrando bem a força dos fatores geográficos e raciais, eram os responsáveis por um padrão de sociabilidade centrado na família e na autoridade pessoal do grande proprietário, que tudo absorvia. Os conceitos que Viana elabora para a compreensão desse modelo de sociedade são os de "função simplificadora do grande domínio rural" e "espírito de clã". O primeiro apontava para a independência e autossuficiência dos senhores de terra e escravos, que "simplificavam" toda a nossa estrutura social, dificultando o desenvolvimento de atividades comerciais e industriais e impedindo quaisquer outros associativismos que escapassem à família. O segundo, ao mesmo tempo que protegia o homem rural da falta de outra autoridade efetiva, inclusive a do Estado português, bloqueava o "espírito corporativo", que só podia afirmar-se no ambiente urbano.

Era a vida na grande família a base e a origem do "caudilhismo", personalizado e pulverizado no território nacional. Um tipo de autoridade que abarcava vínculos políticos e sociais, e que recorria à fidelidade e à afetividade, orientando-se por valores não estritamente materiais e utilitários. Para enfrentar a força do "caudilhismo", que era sempre uma ameaça à desintegração territorial e social, só um poder centralizador forte — metropolitano ou nacional —, que agisse como promotor da paz e da ampla proteção dos cidadãos. Por isso, para o autor, entre nós, essa realidade acabara por inverter o sentido mais conhecido do poder central que, de autoridade absolutista e opressora das liberdades, tornava-se o único meio de construção de um Estado moderno, isto é, orientado por procedimentos racional-burocráticos mas igualmente próximo e conhecedor da realidade nacional. Só esse novo Estado poderia, ao mesmo tempo, neutralizar o "caudilhismo" dos localismos e personalismos e o artificialismo jurídico que esbarrava em nossas tradições históricas.

Em *Populações*, portanto, duas ideias ficam claras. Embora as características de nossa formação sociopolítica não sejam desqualificadas, pois trata-se sobretudo de entender suas origens para nelas buscar orientação, elas certamente não são situadas como alvissareiras para nos conduzir à modernidade. Tais características são responsáveis pela produção de uma multiplicidade de poderes ameaçadora à unidade do espaço público. Daí a necessidade imperiosa de instrumentos capazes de estimular a integração social; de criar a nação conforme nossa realidade. Mas nossas elites políticas estavam irremediavelmente distantes desse propósito, submersas em formalismos herdados ou copiados de modelos estrangeiros que, por inadequados, eram ineficientes. Contudo, o que *Populações* faz é muito mais realizar um diagnóstico do "problema de organização nacional" do que investir em comentários sobre a maneira de enfrentá-lo. O que fica de substancial é a defesa de um Estado forte e centralizado e com autoridade incontestável sobre o país.

Como se vê, os inícios dos anos 1920 são um momento de crítica contundente ao reduzido grau de governo do Estado republicano de então. Este, por sua fragilidade institucional, não havia conseguido um bom desempenho na tarefa de forçar os principais atores privados (as oligarquias) a cooperar, abandonando seus interesses mais particulares e imediatos em nome de horizontes de mais longo prazo e, por isso, mais gerais. Era essa fragilidade, expressa na consolidação e no funcionamento insuficientes de suas instituições políticas, que bloqueava a constituição de um verdadeiro espaço público para o qual se pudessem canalizar os conflitos privados, incorporando novos atores, mediante arranjos garantidos por uma autoridade centralizadora incontestável.[16] Daí as demandas, generalizadas e às vezes pouco precisas, de ampliação do intervencionismo do Estado, que precisava assumir contornos antiliberais, em razão não só de nossa experiência recente, considerada fracassada, como do próprio modelo internacional que crescia em prestígio. Isso porque, diretamente associados à Velha República, estavam as eleições, os partidos políticos e o Poder Legislativo, todos sendo identificados com os interesses locais e particulares que só lutavam por si e, portanto, contra os interesses nacionais.

Resumindo, se a sociedade brasileira era, por formação histórica, insolidária e dominada pelo confronto entre o público e o privado, a constituição de um Estado forte e centralizado, capaz de interlocução com a diversidade de poderes privados existentes, emergia como uma autêntica preliminar para a constituição do grupo nacional. Nesse sentido, a avaliação de incapacidade política da República, fundada em práticas liberais, era fatal. O que as preocupações de vários políticos e intelectuais, durante os anos 1930 e 1940, situam como seu objeto de reflexão, é essa questão e impasse que, para eles, só seriam superados pela criação de outros arranjos institucionais capazes de construir um verdadeiro espaço público no Brasil.

O "artificialismo legal" diagnosticado, para ser afastado, precisava buscar novas formas de representação que promovessem o encontro do Estado com a sociedade, que reinventassem as relações entre o público e o privado, segundo imperativos que respeitassem nosso passado fundador e apontassem um futuro orientado pelos modernos parâmetros mundiais.

REINVENTANDO FRONTEIRAS: A SOLUÇÃO CORPORATIVA E A FORÇA DO PRESIDENCIALISMO

> Hoje, o Governo não tem mais intermediários entre ele e o povo. Não mais mandatários e partidos. Não há mais representantes de grupos e não há mais representantes de interesses partidários. Há sim o povo no seu conjunto e o governo dirigindo-se diretamente a ele, a fim de que, auscultando os interesses coletivos, possa ampará-los e realizá-los, de modo que o povo, sentindo-se amparado nas

suas aspirações e nas suas conveniências, não tenha necessidade de recorrer a intermediários para chegar ao Chefe de Estado [...]. Agora, precisa ser estabelecida a doutrina do Estado, que é a que tem por objetivo o engrandecimento da Pátria.

Um bom tempo se passou entre os debates da década de 1920, que buscavam modernizar o Brasil econômica, política, social e culturalmente, e essa fala de Getúlio Vargas, proferida em agradecimento à manifestação popular ocorrida em Porto Alegre, em 7 de janeiro de 1938.[17] Ele era então o chefe do Estado Novo, o regime autoritário estabelecido em 10 de novembro do ano anterior com o intuito explícito de varrer do país os obstáculos estabelecidos pelos "ultrapassados" princípios liberais, que insistiam em sobreviver.

Um bom tempo se passou, pois esse foi um tempo de muitos e acirrados confrontos entre ideias e armas, quando o ritmo da história pareceu se acelerar e os atores adquiriram maior visibilidade no cenário político. Nesse período, um movimento revolucionário, que uniu militares e oligarquias dissidentes, derrubou a República, desde então "Velha", em nome de um "verdadeiro saneamento de suas práticas políticas". A Revolução de 1930, como se tornou conhecida, trouxe ao centro do palco outros homens, não que fossem neófitos no métier mas que sem dúvida não haviam ainda representado papéis de tão alta envergadura. Entre eles, o próprio chefe do governo provisório que então se estabeleceu, o presidente do estado do Rio Grande do Sul, Getúlio Vargas.

É a partir daí que sua liderança começa a ganhar relevo, embora enfrentando muitos e poderosos questionamentos. Entre eles, uma guerra civil travada contra o "estado-locomotiva" da nação, São Paulo. Vencida militarmente mas nem tanto politicamente, à Revolução de 1932 segue-se um processo de reconstitucionalização que envolveu a convocação de eleições para uma Assembleia Nacional Constituinte, em 1933, e a promulgação de uma nova Constituição, em 1934. O Brasil, por conseguinte, voltava a ter eleições — e dessa feita com o voto feminino —, parlamento e vários partidos políticos. Contudo, convivendo com tudo isso, havia, desde 1931, uma legislação de tipo corporativo que estabelecia o controle do Estado sobre as organizações de "empregados e empregadores", e um grande conjunto de leis trabalhistas e previdenciárias que definitivamente determinava a intervenção do Estado no mercado de trabalho. Vinculada a essa inusitada expansão do poder público e quando da reconstitucionalização do país, experimentava-se uma nova forma de representação política nos parlamentos, não mais partidária, pois fundada na organização dos interesses profissionais, via sindicatos oficiais: a "representação classista".

Se não bastasse, o Brasil assistia à formação de dois movimentos políticos que, com propostas radicalmente opostas e alternativas às então combatidas práticas liberais, tinham como objetivo uma ampla mobilização popular. Ambos, a Aliança Nacional Libertadora (ANL), capitaneada pelo ideário da esquerda comunista, e a Ação Integralista Brasileira (AIB), inspirada nas experiências fascistas do momento, agitaram a década de 1930, até serem banidos, respectivamente, em 1935 e 1938.

No entanto, também durante os anos 1930, e sobretudo após a promulgação da Constituição de 1934 e da repressão às ações radicais da ANL e do PCB em 1935, amadurecera, em força militar e consistência político-ideológica, uma proposta de Estado autoritário e corporativo, cujo chefe acabou por ser Getúlio Vargas. Seu nome e seu prestígio não haviam cessado de crescer, alimentados por tantas intempéries e por políticas públicas cujo impacto social era maximizado por cuidadosa propaganda oficial.

Apenas esse breve inventário deixa muito claro que a Revolução de 1930 só foi o primeiro passo para o Estado Novo, porque assim o disseram e quiseram os ideólogos desse regime que, com tal afirmativa, sagravam tanto o destino centralizador de nossa história política como a grandeza de sua liderança máxima. Os anos que decorrem entre outubro de 1930 e novembro de 1937 são dominados por conflitos e negociações, violentos e delicados, conformadores de uma "incerteza" que só cessou quando as forças vitoriosas definiram que "entre o povo e o governo não haveria mais intermediários".

Essa verdadeira "fórmula política" pode ser considerada o coração de um projeto, elaborado por intelectuais que vão ser, desde então, identificados como os ideólogos do Estado Novo. Tal projeto de combate ao "artificialismo político", para se manter a referência de Alceu Amoroso Lima, será travado, grosso modo e para os objetivos deste capítulo, em duas frentes principais que se articulam, não sem dificuldades.[18]

Em primeiro lugar, a arquitetura institucional republicana precisava abandonar o "velho princípio de separação de poderes", que vinha sendo criticado e transformado pelo conceito germânico de "harmonia de poderes". Superava-se com tal opção o falso impasse entre democracias (liberais) e ditaduras, na medida em que se abria a possibilidade de existir um Estado forte e democrático mediante a revitalização do sistema presidencial de governo. Um dos procedimentos para que, no Brasil, se pudesse construir um novo tipo de democracia era justamente a conversão da autoridade do presidente em "autoridade suprema do Estado" e em "órgão de coordenação, direção e iniciativa da vida política".[19] Um Executivo forte e personalizado era instrumento estratégico para se produzir o encontro da lei com a justiça; o encontro de uma "nova democracia", não mais política, e sim social e nacional.

Em segundo lugar, essa autoridade, encarnada na figura pessoal do presidente-Executivo, tornava impossível a manutenção de partidos políticos e parlamentos, todos lentos, custosos, ineptos e, sobretudo, órgãos de manifestação dos antagonismos sociais. A "nova democracia", por conseguinte, negava a ideia de uma sociedade fundada no dissenso, postulando a tendência à unidade em todos os aspectos, fossem econômicos, políticos, sociais ou morais. No dizer de Azevedo Amaral, um dos grandes propagandistas do Estado Novo, "a democracia nova só comporta um único partido: o partido do Estado, que é também o partido da Nação".[20]

A identificação entre Estado e nação, bem como a concentração da autoridade do Estado na figura do presidente, nessa proposta, eliminava a necessidade de "corpos intermediários" entre o povo e o governante, segundo o modelo de partidos e assembleias que traduziam interesses particulares e desagregadores. Contudo, a "nova democracia" não dispensava formas de representação que deveriam ter bases diversas e adequadas às funções dos governos modernos e voltados para o interesse nacional. Estas eram, acima de tudo, funções de especialização técnica, donde a importância da criação de órgãos representativos da vida econômica do país, que podiam, como interlocutores válidos, exprimir a vontade geral-popular. Os novos mecanismos representativos envolviam, fundamentalmente, os sindicatos de "empregados e empregadores", os conselhos técnicos e as autarquias, que exprimiam as verdadeiras vivências dos vários grupos econômico-sociais, articulando-os e consultando-os com base em sua experiência direta no mundo do trabalho, isto é, em seus interesses profissionais.

Essa nova concepção de representação era o grande instrumental político para a produção de novos arranjos institucionais, permitindo a montagem de um Estado corporativo que, ao mesmo tempo, separava os indivíduos — agrupando-os em diversas categorias profissionais por sindicatos — e os reunia pela hierarquia global e não conflitiva de uma ordem social corporativa.

Projeto corporativo e fortalecimento do sistema presidencial de governo eram as duas pedras de toque de um ideal de modernização da política brasileira que reinventaria as fronteiras da dicotomia entre público e privado, promovendo "combinatórias" sofisticadas e plenas de ambiguidades. A complexa dinâmica dessa proposta iria deitar raízes na "realidade nacional", conseguindo produzir símbolos e ideias que alcançaram um amplo compartilhamento junto à população e deixaram marcas profundas e duradouras na vida política do país.

Oliveira Viana, em várias obras escritas ao longo dos anos 1930 e 1940, é quem melhor explicita as características e o sentido dessa autêntica "utopia corporativa de boa sociedade". Para ele, a nova organização corporativa era a melhor forma institucional de estabilizar a ordem político-social e promover o desenvolvimento econômico. Esse corporativismo envolvia, assim, indissociavelmente, uma teoria do Estado e um modelo de organização sindical como pontos de partida para a organização da própria sociedade.

A base do modelo era a ampliação da participação do "povo", organizado em associações profissionais, os sindicatos, que respondiam ao problema da segura incorporação de novos atores à esfera pública, o que era inviável segundo as práticas liberais, parcamente institucionalizadas e incompatíveis com a realidade nacional. Por essa razão, tais associações precisavam ser reconhecidas legalmente pelo Estado, para que então exercessem funções efetivas de canalização e vocalização dos interesses de um determinado grupo social. Tinham que se transformar em instituições de direito público, atuando por "delegação" estatal e ganhando legitimidade política e outros tipos de recursos de poder, como os financeiros, materializados no recolhimento compulsório do imposto sindical.

Como decorrência, o modelo exigia o "sindicato único" e sujeito ao controle estatal, uma vez que era reconhecido como *o* representante de toda uma categoria profissional, o que excedia em muito a seu corpo associativo. A pluralidade e a liberdade sindicais tornavam-se inviáveis nessa proposta, que se sustentava no monopólio da representação, tão essencial quanto a tutela estatal. Era em razão desse monopólio, por exemplo, que todos os trabalhadores de uma categoria profissional, fossem sindicalizados ou não, contribuíam com um dia de salário por ano — o valor do imposto sindical — para os sindicatos. Era também em razão desse monopólio que todos eram alcançados pelas decisões relativas aos contratos coletivos de trabalho, realizados pelo "único" sindicato que falava por uma categoria. Portanto, eram estas duas características articuladas — a unidade e a tutela — que "institucionalizavam" o novo tipo de arranjo associativo, tornando o "corporativismo democrático", isto é, tornando-o um instrumento crucial da "democracia social"; da organização do "povo" brasileiro.[21]

O modelo propunha, sem dúvida, muito mais uma publicização dos espaços privados de organização do que uma privatização do espaço público de tomada de decisões, embora não excluísse essa contraface. Abarcando "empregados", "empregadores" e também profissionais liberais, sua aplicação seria muito diferenciada, o que é facilmente compreensível pela posição desigual desses atores no campo político. No que se refere aos "empregadores", o "enquadramento" a que estavam sujeitos não eliminou sua antiga estrutura associativa, que subsistiu paralelamente. Mas houve perdas na negociação das leis trabalhistas e previdenciárias, por exemplo. Apesar disso, o corporativismo proporcionou, inequivocamente, um largo espaço para sua influência, quer nas instituições consultivas (os conselhos técnicos), quer nas autarquias administrativas (como o Instituto do Açúcar e do Álcool, entre outros). Já para os "empregados", a tutela e a unidade se impuseram, com a destruição de suas experiências organizacionais anteriores, muitas vezes de forma violenta. Contudo, isso não impediu que reconhecessem que, pela primeira vez na história do Brasil, tinham suas associações respeitadas pelo patronato e seus direitos sociais ampliados e garantidos por lei.

Mesmo com essas diferenças, importa em especial observar como estão sendo recriadas as relações entre o público e o privado sob o modelo corporativista estado-novista. Como a preliminar da "democracia social" negava o dissenso, o espaço público era definido como área de canalização de interesses privados que se exprimiriam organizadamente (via estrutura sindical), sob arbitragem estatal. Não se tratava de eliminar a diversidade de interesses da "realidade social" mas a premissa de incontornáveis contradições, afirmando o papel diretivo e arbitral do Estado. A dimensão pública, identificada ao Estado e à ação de seus órgãos especializados, guardava, assim, as virtudes da política, finalmente "saneada e franqueada" à participação. Já a dimensão privada, ainda que continuasse tendo um potencial ameaçador, quando devidamente "orientada" exercia papel estratégico ao permitir o conhecimento das verdadeiras necessidades e desejos da população.

O modelo corporativista proposto pode ser entendido como "bifronte" — estatista e privatista —, embora claramente controlado (e não apenas presidido) pelo Estado que, autoritário, impunha a eliminação da competição política entre os atores que dele participavam. O alto grau de subordinação ao Estado e o baixo grau de reconhecimento do confronto entre os interesses demarcam não só a proposta dos ideólogos como a experiência histórica do período, mesmo não havendo inteira coincidência entre ambas. De qualquer maneira, é fundamental reter a complexidade do novo arranjo institucional, articulando o público e o privado em uma fórmula que procurava solucionar a tensão constitutiva das relações entre Estado e sociedade no Brasil.

É necessário, para tanto, abandonar a simplificação de análises que entendem o corporativismo, em especial no Brasil, como uma forma exclusiva e escusa de produção de controles sobre o privado, obscurecendo aspectos como o da abertura do espaço público à participação e o do caráter sempre assimétrico desses arranjos, nos quais o Estado tem papel-chave.[22] Tal reconhecimento pode ser extremamente útil à compreensão de muitas das avaliações realizadas no período do Estado Novo, sobretudo entre os "empregados". Eles perceberam vantagens na existência dos arranjos corporativos, temendo sua eliminação, entendida como uma ameaça à manutenção dos direitos sociais adquiridos, ainda que vissem, claramente, a distância que os separava dos "empregadores" e o enorme poder do Estado.

Desigualdade e complementaridade se abrigavam no projeto corporativo que, segundo seus formuladores, instituía a organização do povo numa base social e econômica "real", e portanto distante das ficções liberais das eleições, dos partidos e das assembleias. Tais ficções impediam, pois desvirtuavam, o contato direto e verdadeiro do povo com o poder público, finalmente possível com a montagem da hierarquia corporativa e com a concentração do poder do Estado na figura do presidente.

É essencial, por conseguinte, atentar para a maneira como se articulavam esses pares e se desenhava a autoridade presidencial. A dinâmica era complexa, pois combinava elementos contraditórios. Teoricamente, os sindicatos eram concebidos como órgãos com poder de representação, sendo capazes de traduzir o interesse nacional, por sua amplitude, realismo e presença em várias instâncias governamentais. Contudo, essa estrutura corporativa representava o "interesse geral", na medida em que abarcava seus portadores, devidamente articulados e dirigidos pelo poder público. Por essa lógica, a forma de expressão e ação políticas do interesse nacional só surgia por meio do Estado, personificado na figura do presidente.

A autoridade máxima e a síntese do poder público moderno eram uma pessoa: o presidente. Ou seja, pelos acasos da sorte, tal formulação acabava por combinar as mais lídimas tradições da sociedade brasileira — fundada no poder personalizado do patriarca rural — com os mais vigorosos imperativos da política da época. Tradição e modernidade se fundiam harmoniosamente no empreendimento que consagrava, a um só tempo, o reforço do sistema presidencial e a construção mítica da figura de seu representante como uma encarnação do Estado e da nação. Organizacional e simbolicamente, a função presidencial era estratégica e demandava investimento cuidadoso.

As razões que explicam esse novo tipo de engenharia estatal podem ser acompanhadas e compreendidas pelos argumentos críticos que, desde fins dos anos 1910, vinham sendo esgrimidos contra a liberal-democracia. Entre eles, o de que as funções dos governos modernos eram, acima de tudo, funções de especialização técnica que dispensavam a morosidade, ineficiência e corrupção dos procedimentos eleitorais, exigindo rapidez e eficiência, só presentes nas decisões executivas, cientificamente assessoradas e voltadas para o interesse nacional. Mas a esse argumento se articulavam outros, igualmente, se não ainda mais, delicados. Eles invocavam a existência de uma moderna sociedade, dominada por mudanças aceleradas, que produziam grave desorientação entre os "governados".

Francisco Campos e Azevedo Amaral[23] trazem, nesse aspecto preciso, contribuições particularmente significativas, sendo acompanhados por inúmeros outros intelectuais do período. Campos é pedagógico ao diagnosticar a "crise" que ameaçava a sociedade de "massas", confrontada com tensões numerosas e profundas (bem mais complexas que a da luta de duas classes de Marx), e distante da possibilidade de participar de decisões políticas que exigiam, crescentemente, formação especializada. Era essa situação, envolvendo o aparelho de Estado mas o transcendendo, que aconselhava "forjar um instrumento intelectual, ou antes, uma imagem dotada de grande carga emocional",[24] capaz de ser reconhecida pelas massas e de gerar ideias e sentimentos neutralizadores de tão grande ameaça. Essa imagem, para o autor, que cita Sorel, era um mito. Um mito sobre o qual se fundaria o processo de integração da nação e que incorporaria suas características mais profundas. O valor desse mito estava em seu poder mobilizador, que dependia tanto dos elementos "irracionais" que incorporava (valores, crenças, emoções) como das relações que estabelecia com as "experiências imediatas das massas" a que se destinava.

O "mito da nação" cumprira esse papel no século XIX, mas encontrava-se em declínio ante a ascensão do "mito solar da personalidade". Vale a citação: "As massas encontram no mito da personalidade, que é constituído de elementos de sua experiência imediata, um poder de expressão simbólica maior do que nos mitos em cuja composição entram elementos abstratos ou obtidos mediante um processo mais ou menos intelectual de inferências ou ilações. Daí a antinomia, de aparência irracional, de ser o regime de massas o clima ideal da personalidade, a política das massas a mais pessoal das políticas, e não ser possível nenhuma participação ativa das massas na política da qual não resulte a aparição de César".[25]

A observação-chave a ser efetuada é a de que modo o poder do Estado moderno — o poder em uma sociedade de massas urbano-industrial — está sendo definido, não apenas como forte e concentrado mas pessoal. E de que modo tal personalização, a que os teóricos da vertente autoritária deram a conotação de virtuosa, precisava ganhar a força de um mito, identificado nos atributos do homem que ocupasse a função presidencial. Em nosso caso, ele tinha o nome de Getúlio Vargas.

O POVO E O PRESIDENTE: UMA RELAÇÃO DE INTIMIDADE HIERÁRQUICA

É trivial, em vista do que já se escreveu sobre a construção do mito Vargas e em vista do que ele, até hoje, significa na memória nacional, ressaltar o sucesso do empreendimento desenvolvido especialmente no Estado Novo. Nesse período, o autoritarismo facilitava a divulgação e consolidação de mensagens oficiais, tanto via propaganda como via censura. É igualmente trivial destacar que tal sucesso não dependeu apenas da sofisticada campanha ideológica promovida, que recorreu a imagens e ideias com largo trânsito entre a população, servindo-se dos mais modernos meios de comunicação de massa. Seu impacto e duração devem-se à articulação estabelecida com um amplo e diversificado conjunto de políticas públicas, com destaque para as sociais, entre as quais aquelas desenvolvidas pelos novos ministérios da Educação e Saúde e do Trabalho, Indústria e Comércio. Grandes hospitais, escolas secundárias e profissionais, pensões e aposentadorias, carteira de trabalho e estabilidade no emprego, e uma Consolidação das Leis do Trabalho (CLT) atestavam o vínculo entre a pessoa do presidente e "as experiências imediatas das massas". Estas, finalmente organizadas segundo arranjos institucionais efetivos, haviam sido retiradas do plano inferior em que se encontravam na democracia liberal, exprimindo suas aspirações e sendo ouvidas pelas elites políticas.

O par de interlocutores legítimos estava formado: de um lado o povo, a quem se apelava como fonte e base do governo e que era identificado na população de trabalhadores corporativamente hierarquizada; de outro, o Estado, corporificado funcional e pessoalmente na figura do presidente Getúlio Vargas.

A relação direta líder-massa tinha, nesses termos, a dupla feição da representação de interesses e da representação simbólica, e Vargas transformava-se no terminal adequado para ambas. O projeto permitia, enfim, a inserção do povo no cenário político, sob controle ao mesmo tempo científico e pessoal do Estado-presidente. Cresciam, assim, *pari passu* e harmoniosamente, tanto a face "racional-legal" desse Estado, traduzida quantitativa e qualitativamente em sua burocracia especializada e nos procedimentos que impessoalizavam e saneavam as práticas políticas correntes (os conselhos técnicos, as autarquias, os concursos públicos), como sua face "tradicional", expressa na autoridade pessoal de um líder paternal que se voltava direta e emocionalmente para "seu" povo. Como política não é um jogo de soma zero, público e privado, moderno e tradicional podiam emergir juntos de forma vigorosa. Portanto — é fundamental lembrar —, a "tradição" do poder pessoal, orientada por diretivas "racionais" e também "irracionais" (crenças, valores, emoções), era o cerne do modelo, sendo tão necessária quanto "moderna". Como Francisco Campos e Azevedo Amaral remarcam, os tempos de crise, como os que se viviam, eram os do mito da personalidade. Eram os tempos dos grandes estadistas.

Por "fortuna" e por "virtude" Getúlio Vargas seria um deles, pois havia outros, bem visíveis, no cenário internacional. A construção de sua figura e de toda a sua obra governamental, uma vez que tudo o que se fizera desde 1930 resultara de sua intervenção pessoal na direção do Estado, era fruto de um conjunto de atributos excepcionais. Vargas era um "gênio", capaz de, por sua inteligência superior, entender e resolver os complexos problemas da nacionalidade em clima de segurança e tranquilidade. Aliás, bem conforme à "índole" e à "sabedoria" particulares do povo brasileiro, finalmente valorizado e conduzido ao centro do cenário político, do qual estivera afastado pelas "ficções liberais". O presidente era, a um só tempo, "povo e patriciado", sintetizando as qualidades intelectuais de nossos "maiores" — até então desviadas de um rumo adequado à nacionalidade — e a sensibilidade e intuição privilegiadas do "homem" brasileiro. Elites e massas enfim integradas numa comunicação "direta e afetiva", sem intermediários.

Por isso, a capacidade incomparável de Getúlio de se comunicar com todo o povo, que via nele o "chefe-guia" e o "amigo-pai", o qual vibrava no mesmo compasso que sua "família". É bom ressaltar que uma das imagens mais frequentes a que os discursos estado-novistas recorriam para caracterizar o processo de construção do Estado Nacional, era a da formação de uma grande família. Nela, as lideranças sindicais eram como irmãos mais velhos, e o presidente, o pai de um povo nobre e trabalhador — "o pai dos pobres" —, a quem ele se dirigia com uma interpelação que se tornaria famosa: "Trabalhadores do Brasil!".[26]

Era essa posição, tão particular e difícil de alcançar, que singularizava a liderança do presidente. Pode-se perceber como ela resolvia um impasse crítico, colocado tanto pelos diagnósticos sociológicos sobre a natureza de nossa formação nacional como pelas complexas questões filosóficas do século XX: aquele entre racionalismo e irracionalismo, objetividade e subjetividade, legalidade e realidade, elites e massas. Uma falsa dicotomia, pois não era necessário desistir da razão para se comungar com a vida social, nem abandonar a segunda para alcançar a primeira. A obra política de Vargas, com destaque para a social-trabalhista, era apresentada como testemunho desse equilíbrio perfeito entre razão e emoção, que levava "as leis de Vargas" a serem ditadas pela "sabedoria" mas nascerem do "coração".

Entre a frieza e o impessoalismo radicais dos procedimentos legais burocráticos — o "absolutismo da razão" — e os excessos personalistas de ambição e desejo — o "despotismo da emoção" —, situavam-se a política brasileira e o coração do presidente. O coração bem traduzia as qualidades de "clarividência e generosidade" de Vargas. Estas permitiam que ele se antecipasse às demandas de "seu" povo e fizesse de sua obra legislativa uma autêntica obra de "doação", cuja força residia exatamente em "dar", pedindo em troca apenas a "retribuição", garantidora do vínculo de "reciprocidade".

Nesse contexto, a imagem do "coração" emerge de forma vasta e difusa em vários textos que trabalham em prol do mito Vargas, podendo ser interpretada como um dos símbolos do laço político — do contrato — que estava sendo firmado entre Estado-presidente e povo-nação. Tal contrato guardava a ideia do encontro entre "lei e justiça", entre "força e temperança", com frequência separadas na história do povo brasileiro mas presentes no governo de uma "pessoa" intelectual e moralmente excepcional, como o novo chefe da nação.

O "coração", como um canal orgânico, era o centro da própria vida e do contrato político, que, se desfeito, podia ocasionar a morte. O "coração" era poderoso e generoso a um só tempo, e o laço que produzia estava muito além de regras orientadas exclusivamente por critérios utilitários e maximizadores de ganhos materiais. A relação política, própria ao pacto que ele estabelecia, funcionava como um "sistema de prestação total", como um tipo de "troca generalizada", que não distinguia entre o interesse e a obrigação moral. Dessa forma, a política não era definida como "negócio de mercado", em que tudo tem um preço e, no limite, não há valores ou ética.[27] Nada tão distante das raízes do povo brasileiro, como as análises histórico-sociológicas vinham demonstrando. No Brasil, a política era outra, e seu laço pressupunha e/ou desenvolvia vínculos abrangentes, personalizados e duradouros, que incluíam as ideias de retribuição e sacrifício, impensáveis em pactos sociais instrumentais como o do modelo liberal.

O "coração" era, aliás, um símbolo caro em nossa história. Quando do processo de independência, em inícios da década de 1820, enfrentou-se, pela primeira vez, a dinâmica organizacional e simbólica de construção de um pacto político institucional, sua imagem foi mobilizada. Se, em inícios do século XIX, os vários interesses locais, representados pelas Câmaras, aderiram a uma monarquia constitucional "brasileira", fizeram-no por meio da figura daquele que seria o primeiro imperador: d. Pedro. Ele devia encarnar a nova Monarquia que se formava, sendo representado, nas várias festas então realizadas, por seu retrato e pela imagem do coração. Retrato e coração que, na tradição de uma vertente de conceituar a autoridade política legítima, significam, de um lado, a amorosidade e justiça do governante e, de outro, a fidelidade e obediência dos governados.[28]

É claro que não estou querendo relacionar de forma direta as duas experiências históricas, nem insinuar que os ideólogos do Estado Novo trabalhassem nesse marco. O "coração" é um objeto simbólico de ampla força religiosa e de uso difundido nas mitologias políticas.[29] Mas o imaginário do povo brasileiro, como o óbvio, pode ser espantoso, e alguns políticos ligados a Vargas também. Assim, não é possível deixar de registrar que, quando no ano de 1945 o Estado Novo vivia seus inegáveis momentos de declínio, o mito Vargas deu sólidas demonstrações do quanto havia tocado o povo, particularmente o das cidades. O movimento queremista, isto é, o movimento que "quer" a permanência de Vargas, primeiro como candidato à Presidência e, em seguida, como condutor dos trabalhos constituintes previstos para 1946, levou multidões às ruas e surpreendeu as oposições reunidas no combate ao ditador.

Estas trabalhavam com amplo apoio da imprensa, já livre da censura, elaborando um discurso em que se apresentava Getúlio como a própria encarnação do mal, ou seja, como o reverso do que dele havia feito o Estado Novo. A dicotomia era radical, e os confrontos não foram apenas verbais, tendo envolvido tiros e pancadaria em diversas ocasiões. Uma das manifestações programada pelos queremistas, claramente apoiados pelo Ministério do Trabalho e financiados por setores empresariais, chamou-se Dia do Fico, pois pedia-se que Vargas ficasse para o "bem do povo e felicidade geral da nação". Durante a campanha queremista, por várias vezes, o presidente recebeu os manifestantes e falou-lhes pessoalmente, nas escadarias do Palácio e nas ruas. Centenas de cartas foram escritas ao Gabinete da Presidência da República, encarregado, desde inícios dos anos 1930, de responder "ao povo" em nome de Getúlio. Nelas, os remetentes solicitavam e até mesmo exigiam a permanência dele no cargo, exprimindo, dessa maneira, suas angústias e gratidão.

No Rio de Janeiro e em outras cidades do país, corriam muitos boatos sobre o futuro de Vargas, cuja saída do poder ameaçaria o destino dos trabalhadores, vale dizer, da legislação social-trabalhista. Alguns deles passaram a integrar o folclore de casos políticos da época e do país. Conta-se que, enquanto em certos bares da Zona Sul carioca o retrato oficial de Vargas era sutilmente removido das paredes, em vários centros espíritas dos subúrbios algumas personalidades históricas se manifestavam em direção inversa. Entre elas, duas merecem menção pela genealogia que traçam e pela questão destacada nesta reflexão: Pedro I e Pinheiro Machado (note-se bem, Rui Barbosa não comparece).[30] O imperador do Fico e o caudilho dos pampas, conterrâneo de Vargas e exímio articulador de oligarquias, apresentam-se em pessoa para, em coro com o "povo", dizer que "queriam" Getúlio. Monarquia e República; poder público e poder privado; ideias, crenças, valores...

O queremismo foi, provavelmente, um dos indicadores mais evidentes da popularidade de Vargas. Esta vinha sendo cultivada e encenada em várias festas, que assumiam contornos ritualizados, como a do Dia do Trabalho, desde os inícios dos anos 1940. Não seria o último, pois o prestígio do ditador foi sentido em outras ocasiões também surpreendentes, particularmente para seus opositores. Por exemplo, quando da eleição de seu ex-ministro da Guerra e então adversário político Eurico Gaspar Dutra, conduzido à Presidência por suas mãos, para susto do brigadeiro Eduardo Gomes, herói da Segunda Guerra Mundial mas não da democracia que se inaugurava em 1945. Dutra, como registra magistralmente Protásio, irmão mais velho de Vargas, fora administrado ao país como um purgante: repugnante porém indispensável. Em seguida, por ocasião de sua própria eleição à Presidência, em 1950, com uma campanha que utilizou material publicitário produzido durante o Estado Novo e não contou com o apoio da mídia escrita e falada. Nesses dois momentos, os partidários de Vargas assumiram como símbolo de suas manifestações as marmitas — eram os "marmiteiros" —, reforçando a aliança entre o líder e os trabalhadores, honestos pais de família.

Pouco tempo depois, quando Getúlio se suicida, em 1954, sua popularidade explode em raiva e desespero popular, invertendo mais uma vez os rumos políticos traçados e considerados certos por seus opositores. Na ocasião, o povo volta a sair às ruas, chora e ataca os "inimigos" do presidente, enterrando-o em seus braços mas mantendo-o vivo na memória, como, aliás, ele havia desejado.

Vargas é, não "naturalmente", a primeira grande figura da República. Por dois motivos: por não ter antecedentes que o rivalizem em prestígio e por se constituir em mito, em modelo exemplar do que deve ser e fazer a autoridade presidencial, isto é, a autoridade política máxima do país.

Durante a Primeira República não surgira uma mística presidencial, decerto não em razão do poço de incompetência a que essa experiência política foi lançada pelos teóricos autoritários do Estado Novo, mas em razão do fato de a Presidência então ser exercida muito mais abertamente como uma delegação de poder das principais oligarquias do que como uma encarnação da soberania do povo.[31] A figura do chefe de Estado, como materialização do poder público apoiado pelo povo, só será construída no pós-30 e, paradoxalmente, como uma negação da cidadania política expressa pelas eleições e pelo voto.

O mito Vargas pode ser útil, assim, para se pensar algumas características de nosso sistema presidencial e do modelo de liderança-autoridade reconhecido pelo imaginário político do país. Um dos grandes teóricos do que os cientistas sociais passaram a chamar de "presidencialismo imperial" ou de "sistema presidencial plebiscitário" é, sem dúvida, Francisco Campos. O que tal ideia procura ressaltar é um modelo de exercício da Presidência que excederia o fato de se reconhecer que, em qualquer sistema presidencialista, há uma certa mística e personalização da função.

Segundo esse modelo, no Brasil, e também em outros países latino-americanos, a figura pessoal do presidente torna-se o centro de fixação e simbolização de todo o poder da República, advogando e recebendo maior legitimidade popular que os outros dois poderes, e até mesmo investindo "contra" eles. É como se a doutrina de separação de poderes permanecesse sob as críticas compartilhadas nos anos 1930-40, especialmente voltadas para o Legislativo e compreensíveis em virtude das condições políticas daquele contexto internacional. O Executivo personalizado apresenta-se, nesses termos, com o poder e mesmo o dever de absorver as funções de proposição legislativa, uma contraface dos *bias* antipartidário e antiparlamentar então gerados, e uma obrigação política dos que, porque concentram recursos, devem generosamente distribuí-los. São evidentes as marcas de um contrato não liberal, fundado em "trocas generalizadas" e na lógica da outorga, da política como doação.

Trata-se de um capital político imenso mas instável e perigoso, como todos os analistas do conceito reconhecem.[32] O "presidencialismo plebiscitário", mesmo não possuindo os instrumentos autoritários nascidos nos tempos getulistas e que só gradualmente lhe foram sendo retirados, permanece "autorizando" o presidente a, uma vez eleito, governar o país da maneira como julgar conveniente e suas alianças políticas permitirem. Essa situação não colabora muito para a estabilidade de um regime democrático, acentuando um viés anti-institucionalizante e reforçador de personalismos. Um contrapeso a tal característica seria, sem dúvida, o apoio partidário e parlamentar ao Executivo, o que não é um valor e uma prática simples de serem gestados em regimes presidencialistas.

Para além disso, no caso do Brasil, esse fato não se deveria tanto ao desamor votado aos "políticos profissionais", mais ou menos compartilhado internacionalmente, pois o vício da ambição privada permanece entre os que estão próximos do poder público, como a televisão mostra hoje ao vivo, em cores e em várias línguas. A questão crucial seria que tal desamor desliza para o escasso apreço à própria instituição congressual e aos procedimentos que a mantêm, envolvendo o Poder Judiciário, incapaz de combater a corrupção. A patologia, aqui, estaria menos na corrupção que na impunidade, e o grande risco continuaria a ser a crença na inviabilidade da democracia política entre nós. Uma espécie de "maldição", em que o imaginário político acreditaria, embalado por interesses, nada ingênuos, de políticos de matizes ideológicos diversificados.

Figuras carismáticas, portanto, estariam sempre no horizonte desse imaginário político, habitando, preferencialmente, os Executivos federal e estaduais. Seu modelo referencial básico, a figura de Getúlio Vargas: amado e odiado; endeusado e fulminado; guardião das virtudes públicas e privadas da política; encarnação dos vícios públicos e privados da política. De qualquer forma, um político que traduziu uma fórmula de relacionamento entre Estado e sociedade, um tipo de pacto que, conduzindo o país à modernidade econômico-social, afinava-se com as tradições de nossa mentalidade patriarcalista.

Nesse ponto específico, convém voltar a explorar um pouco mais a imagem de Vargas, projetada durante o Estado Novo, consolidada em seu segundo governo e recriada, sucessivamente, após sua morte. Como já foi dito, o presidente Vargas possuía as qualidades de nossos "maiores", embora fosse, de fato, o primeiro "estadista" de nossa história. Não tanto, como Azevedo Amaral procurava explicar, por falta de *virtú* dos que o antecederam, mas por falta de "fortuna", já que o "ambiente liberal" impedia a realização do "estadista".[33] Por outro lado, porém, o presidente Getúlio — ou simplesmente Gegê — tinha a "sabedoria do homem brasileiro", seus traços psicológicos, sua sensibilidade. Por isso, era capaz de tão bem representar a nação, ao mesmo tempo organizada hierarquicamente e "atravessada" por sua personalidade. Ou seja, um tipo de sociedade, como as análises histórico-sociológicas demonstravam que, não se pautando pelos princípios individualistas, racionalistas e materialistas, também não seguia um modelo hierárquico tradicional, em que as "distâncias" verticais se encontravam congeladas, impedindo comunicação, integração.

O Brasil não preenchia exatamente nenhum desses modelos polares. De um lado, porque, em nossa sociedade, razões culturais de fundo moral, nascidas da mentalidade ibérica de nossas classes agrárias, e razões políticas, expressas na organização corporativa inaugurada pelo Estado Novo e mantidas pela Constituinte de 1946, afastavam-nos da lógica individualista do cálculo e do lucro material. Como Oliveira Viana ressaltava, no Brasil, "tanto não só os valores espirituais contam, como o dinheiro não é tudo", e é isso que nos resguarda da "violência e cupidez" que caracteriza tantas outras experiências "modernas" das quais felizmente na época nos distanciávamos.[34] De outro lado, porque o argumento antiliberal contra o indivíduo, expresso no poder absoluto da necessidade coletiva e da nação como um "supersujeito totalizador", também não era aceito. E não o era por razões que se articulavam ao primeiro termo e apontavam para um projeto de sociedade fundada numa comunidade cultural e espiritual, que conseguia abarcar diversidades individuais e regionais sem destruí-las. O papel do Estado e de sua liderança maior era respeitar esse conteúdo "humano" da sociedade brasileira.[35]

Se o indivíduo não imperava, também não se tratava de fazer o elogio do Estado totalizador, tão em voga na década de 1930. O objetivo era construir uma coletividade nacional em que o indivíduo perdesse seus atributos egoísticos e maximizadores sem perder suas possibilidades de expressão como "pessoa humana", aliás, seguindo uma diretriz católica sempre presente em nossa formação. Vargas, como a "pessoa maior a encarnar o Estado-nação", traduzia essa dimensão e possibilidade político-cultural. Sua personalidade e autoridade paternal permitiam a manutenção das hierarquias e a proximidade com a liderança. Ele era distinto por sua superioridade, mas justamente por causa dela estava próximo, "junto" do povo. A face pública da autoridade ganhava dimensão "familiar", havendo identidade-intimidade com o poder.[36]

Vargas torna-se, mesmo no período do Estado Novo (e mais ainda em seu segundo governo), uma figura muito frequente em caricaturas que exploram suas "habilidades" de fazer política: para o bem e para o mal. Ele é personagem de peças de teatro de revista e de marchinhas populares, e objeto de histórias e piadas que demarcam e combinam amor e ódio. Como era "povo e patriciado", podia ser representado, e o era, com extrema ambiguidade, tanto porque reunia esses dois polos como porque reunia as ambiguidades características de cada um deles. Público e privado unidos, maximizados. Dessa forma, Vargas era matreiro, desconfiado, inteligente e onisciente; era sério, mas vivia sorrindo; era honesto e desonesto; carinhoso e violento; ditador e até democrata.

É claro que a censura, durante o Estado Novo, exercendo olimpicamente seu poder, punia maiores pretensões críticas. Mas também é claro que havia tolerância, orientada pelo desejo de popularização da imagem de Getúlio e da aproximação de seu perfil com o que estava sendo postulado como próprio do "ser brasileiro". Se o grande objetivo do Estado era a "humanização" da sociedade, a humanização da pessoa do presidente, seu símbolo maior, era vital. Ele devia ser poderoso e respeitado de forma bem brasileira. Ele devia se "misturar" ao povo, rompendo e mantendo, a um só tempo, as distâncias hierárquicas. Ele devia ser o modelo de chefe de Estado, paradigma exemplar de um sistema presidencialista fortalecido, simbólica e organizacionalmente. Como tal, sua presença, em especial após a morte trágica, podia impor-se como um mito: como um referencial imortal para a memória nacional.

Bota o retrato do velho outra vez,
Bota no mesmo lugar.
O sorriso do velhinho
Faz a gente trabalhar, oi.

O POPULISMO NA POLÍTICA BRASILEIRA: O DILEMA REENCENADO

A década de 1950, como o fizera a de 1920, recoloca de maneira particularmente enfática, para políticos, intelectuais e para a sociedade em geral, as questões da construção de um

Estado moderno no Brasil. Os contextos nacional e internacional eram, contudo, inteiramente distintos. Com o fim da Segunda Guerra Mundial e com a derrota nazifascista, elevara-se o prestígio dos procedimentos liberais-democráticos, ao menos naquela ampla parcela de mundo identificada, pela guerra fria, como integrante dos "valores ocidentais".

No Brasil, o fim do Estado Novo, assimetricamente conjugado com o aumento da popularidade de Vargas, causara um misto de surpresa e perplexidade em todos aqueles que se reuniram para derrotar o "ditador" na União Democrática Nacional (UDN). Portanto, seu retorno, em 1950, por meio de eleições, fora por eles considerado uma grande ameaça e também uma inequívoca demonstração do quanto se podia "manipular" o povo, mal preparado para o exercício do ritual eleitoral. Esse povo, porém, que definitivamente não sabia votar ou ainda não havia aprendido a votar, não lamentava os resultados das urnas, elegendo, como campeã do Carnaval carioca de 1951, a marchinha "Retrato do velho", de Marino Pinto e Haroldo Lobo. O Carnaval, conforme registros, foi agitado, e o segundo governo Vargas também.

De qualquer forma, o que é claro para todos esses atores, é que Vargas continuava a ser a principal figura da política brasileira, demarcando suas posições básicas. Seu suicídio, poucos anos mais tarde, evidenciando o poder de sua popularidade, tornou a questão ainda mais complexa, comprometendo seus vários herdeiros, naquele momento, com a manutenção do regime democrático, contra os que o atacavam pela "direita" e pela "esquerda".

Em um sentido muito preciso, pode-se considerar que foi nessas condições que um novo debate sobre as características e o futuro da política brasileira se reiniciou. Ele enfrentaria, por excelência, um difícil problema, que envolvia, grosso modo, uma espécie de inversão nos diagnósticos e prognósticos mais correntes até então.

Se, durante as três décadas anteriores, os arranjos corporativos e o presidencialismo forte e personalizado foram definidos e implementados como uma "fórmula" capaz de modernizar nossa política, superando organizacional e simbolicamente a dicotomia entre público e privado e promovendo sua interlocução, eles passarão a ser identificados e culpabilizados como a nova e real síntese dos males do país. Ou seja, as análises que irão ocupar o centro do debate intelectual e político, até praticamente meados dos anos 1970, retomarão a temática dualista que seria a marca de nossa sociedade, mas considerarão que as "soluções" postuladas em nosso recente passado autoritário na verdade aprofundaram nosso "atraso", lançando-nos novos e mais graves desafios.

Entretanto, se de uma forma geral as interpretações formuladas convergem para esses pontos, produzem-se alterações significativas no que diz respeito aos lugares e, portanto, aos valores atribuídos ao público e ao privado em nossa história. Sem dúvida, continua tendo curso o diagnóstico, há muito compartilhado, de que "sobra poder privado e falta poder público" no Brasil, uma sociedade dominada por arranjos clientelistas e personalistas que datariam do "período colonial". Porém, tais arranjos não se manifestariam apenas pelo "mandonismo local", expresso nos "currais eleitorais dos coronéis" do interior e pelos viciados partidos de "notáveis". Essa face "tradicional-privada" de nossa vida política estaria igualmente presente na atuação de um sistema partidário nacional e de massas, enraizado nos grandes centros urbanos mas considerado fraco e incapaz de representação legítima, sendo presa fácil dos sempre existentes "políticos profissionais".

Continuidades e descontinuidades, todavia sem maiores alterações no que diz respeito à fraqueza organizacional da sociedade civil, de um lado, e à sua força privatista e desagregadora, de outro. O que passa a se associar a essas postulações, tornando-as complexas mas não eliminando sua presença e trânsito, é um outro tipo de diagnóstico que inverte os termos da equação. Ele acusa os excessos do poder público, também localizados em nosso passado colonial e ibérico, de ser a raiz de nossos males políticos. Tais "excessos de público" estariam se atualizando de forma poderosa na força e autonomia da nova tecnoburocracia, bem como na tutela estatal sobre os sindicatos, entre outros exemplos.

Essa vertente interpretativa, portanto, introduz no campo político e intelectual a ideia de uma "tradição estatal-burocrática" em nossa formação histórica, originária da Monarquia portuguesa e expressa no conceito de "patrimonialismo". Nesse caso, é o Estado a origem de todo poder político e de todos os "negócios", sendo o fundamento do poder privado, que dele nasce e dele se alimenta. Sociedade marcada por um "capitalismo politicamente orientado" ou por um "capitalismo burocrático", o Brasil encontraria o caminho da "modernização-democracia" por meio do enfrentamento dos "vícios" de sua face pública, vista tanto pela ótica dos "formalismos legais" como pela de um "realismo pragmático", capaz de "abrasileirar" o liberalismo, fosse econômico, fosse político.[37]

Assim, se desde os anos 1920 o "insolidarismo social" de nossas "origens" coloniais (míticas ou científicas, não importa) "explicava" nosso "atraso", sendo sua "solução" encontrada no Estado encarnado na personalidade do presidente, nos anos 1950-1960 o "patriarcalismo" e o "patrimonialismo" cumpririam papel similar, interpretando nosso dilema por meio dos excessos de poder privado ou de poder público. A questão, mais uma vez, era encontrar um novo ponto de equilíbrio entre o público e o privado, desafiando tradições analíticas e práticas políticas, algumas parcamente consolidadas.[38]

Uma delas dizia respeito à compreensão do tipo de características de nosso sistema associativo-representativo. De forma geral, consagrara-se, nessas décadas, a interpretação que identificava o artificialismo de nosso sistema partidário; o seu reduzido enraizamento social; a sua indiferenciação ideológica e acentuado clientelismo, e a sua incapacidade de mobilizar eleitores e sustentar, congressualmente, políticas públicas. Assim, as análises políticas realizadas, procurando explicar o funcionamento de nossas instituições partidárias no período 1945-65, bem como as causas do colapso de 1964, aprofundaram o que se tem hoje chamado de uma "ideologia antipartidária". Tal formulação encontrava solo fértil, não só em orientações teóricas que entendiam o fenômeno político (e mais ainda, a questão da representação) como um reflexo de interesses socioeconômicos, mas também na já referida tradição intelectual que apontava o "insolidarismo social" de nossa formação nacional. Pelas duas frentes, o que sobressaía era a insuficiência e o fisiologismo dos partidos políticos e do Congresso, atingindo o Poder Legislativo como um todo.

É bem verdade, contudo, que tais vertentes trabalhavam com postulados de valor diametralmente opostos. No caso da tradição dos pensadores autoritários, como se viu, o amorfismo da sociedade e o papel organizador do Estado, via alternativa corporativa e carismática, partia e desembocava numa avaliação de que os partidos eram organizações inadequadas e indesejáveis à realidade brasileira. No caso da vertente que se fortaleceu no pós-1945, abarcando tanto os autores que insistiam no peso da burocracia estatal — do público — como os que privilegiavam a força da política de clientela — do privado —, lamentava-se a inoperância dos partidos, mas não se propunha sua supressão, nem se concluía por sua insignificância.

Essa transformação, ainda que comportando uma perspectiva muito crítica e desalentada em relação ao regime do pós-1946, indicava um deslocamento importante. Isto é, de uma interpretação-proposta que praticamente desacreditava a possibilidade de uma democracia liberal no Brasil, inclusive, embora não somente, em razão do artificialismo dos partidos, partia-se para uma abordagem que, justamente por valorizar tal possibilidade, defendia os partidos, aplicando-se em trabalhar com conceitos como os de "coronelismo", "clientelismo", "corporativismo" e "populismo".[39] Nessa perspectiva, o problema a ser resolvido era como dotar a sociedade de procedimentos políticos que "devolvessem" aos atores coletivos — fossem eles eleitores ou trabalhadores — suas margens de autonomia, já que quase apenas ao Estado e mais precisamente ao Poder Executivo era reconhecida a iniciativa de ação.

Quanto ao Legislativo, a situação apresentava um interessante paradoxo. De um lado, o Congresso era avaliado por "fraco", pois não representava a sociedade — os cidadãos — via partidos e outras associações; de outro, era "forte", pois representava interesses (escusos, por sinal) de grupos econômicos organizados, que bloqueavam a implementação de políticas públicas modernizadoras, as quais, por isso, ficavam restritas às iniciativas do Executivo. Por qualquer vertente de análise, o Congresso era "conservador e ineficiente", não tendo capacidade decisória, não cumprindo sua função governativa. Portanto, os partidos políticos eram considerados instituições problemáticas e menos representativas que outras propostas organizacionais, como os sindicatos e alguns movimentos sociais, julgados mais convenientes e operativos.

Outra questão fundamental, por conseguinte, dizia respeito ao papel dos sindicatos como alternativa à representação, envolvendo posições muito distintas. Havia propostas que defendiam a autenticidade da representação dos sindicatos por entenderem que se tratavam de associações francamente "despolitizadas", pois afastadas de debates ideológicos e submetidas à tutela estatal, numa continuidade do modelo corporativista estado-novista. No entanto, havia as que defendiam a mesma autenticidade alegando a "politização" dos sindicatos, o que significava a defesa de sua intervenção no debate das principais questões nacionais, mas não a interferência de organizações partidárias em seu interior, o que poderia lançá-los no sujo e perigoso jogo da política profissional. Neste último caso, estavam os críticos da tutela estatal, mas estavam igualmente os que não rejeitavam o "status público" que os sindicatos recebiam do Estado, com suas várias implicações, entre as quais e com destaque o monopólio da representação e o imposto sindical.

Por qualquer dos caminhos, os sindicatos, enquanto organizaçoes representativas da classe trabalhadora, eram os detentores da possibilidade de uma ação transformadora da realidade social, em distinção e oposição aos partidos políticos. Para os teóricos e amantes do corporativismo dos anos 1930-40, porque os verdadeiros interesses do povo manifestavam-se por suas demandas profissionais, canalizadas e reconhecidas pelo Estado. Para os teóricos e amantes das organizações populares dos anos 1950-60, porque os sindicatos eram o lugar das lideranças do proletariado, ator coletivo revolucionário e modernizador, por crença e por definição. Contudo, o que estes últimos verificavam era que, por seus males de nascimento — o vínculo com o "corporativismo" — e por seus males de crescimento — o vínculo com o "populismo" —, os sindicatos e a classe trabalhadora brasileira não confirmavam as expectativas neles lançadas, habitando o limbo da "falsa consciência" ou da "consciência possível".

Assim, a terceira e grande questão era a compreensão do fenômeno do "populismo", uma espécie de coroamento de todas as demais; uma síntese dos "males" do privado e do público no Brasil. Adjetivando a própria República do pós-1946, e definindo suas poucas venturas e muitas desventuras, o "populismo" tornou-se a melhor tradução do impasse a ser vencido para a conquista da modernidade política, que se entendia, mais uma vez, traída e desvirtuada. Sua força explicativa, que começou a se espraiar em meados dos anos 1950, não cessou de crescer. Mesmo após várias críticas, mais sistematizadas nas décadas de 1980-90, seu prestígio ainda não foi muito abalado, quer no espaço acadêmico, quer, sobretudo, numa retórica política presente nos meios de comunicação de massa e no senso comum da população.

Simplificando muito, pode-se dizer que o "populismo" foi definido como o produto de um longo processo de transformação da sociedade brasileira, instaurado a partir da Revolução de 1930 e que se manifestou de uma dupla forma: como estilo de governo e como política de massas. Assim, o tempo das "origens" das principais características explicativas do "atraso" de nossa formação política desloca-se do "período colonial" para "os tempos" do liberalismo oligárquico da Primeira República e para as bases do poder do Estado pós-1930, postulado como um "Estado de compromisso". Tal compromisso remeteria a duas frentes, que estabeleceriam, ao mesmo tempo, seus limites e potencialidades. Um compromisso junto aos grupos dominantes, consagrando um equilíbrio instável e abrindo espaço para a emergência do poder pessoal do líder, que passa a confundir-se com o Estado como instituição. E um compromisso entre Estado-líder e as classes populares, que passam a integrar, de modo subordinado, o cenário nacional. Ou seja, estilo de governo e política de massas, envolvendo três atores básicos: uma classe dirigente em crise de hegemonia; as classes populares pressionando por participação mas fracas e desorganizadas, e um líder carismático, cujo apelo transcende instituições (como partidos) e fronteiras sociais (de classe e entre os meios urbano e rural).

Nesse sentido, fica muito claro que o "apelo" às massas era um recurso para encontrar suporte e legitimidade, apenas em situação de instabilidade política das elites. Por isso, a categoria-chave para descrever a relação que passa a se estabelecer entre líder-Estado e massas-sociedade é a de "manipulação", remetendo à ideia de tutela do Estado mas assumindo certas especificidades. A "manipulação populista" não é, de maneira simplista, uma estratégia "urdida por políticos espertos para enganar o povo ingênuo". É bem mais complexa, pois dotada de uma ambiguidade intrínseca: é tanto uma forma de controle sobre as massas, como uma forma de atendimento de suas reais demandas. Embora seja muito mais enfatizada a dimensão do "mascaramento" existente nesse atendimento, a política "populista" é avaliada também como um caminho de acesso e de reconhecimento dos interesses dos setores populares.

Os arranjos corporativistas estabelecidos no pós-1930, a política trabalhista varguista e o sistema presidencialista personalizado estariam no cerne dessa "combinatória" entre o público e o privado; dessa "combinatória" entre controle e participação políticos. Aí residiria o núcleo da questão da incorporação das massas à vida econômica e política do país e da possibilidade de, a despeito da "manipulação", o processo ter sido vivenciado como positivo, especialmente durante os anos 1950, a década de ouro do "populismo" e de lideranças como as de Juscelino

Kubitschek, Jânio Quadros e João Goulart, sem mencionar nomes que ocuparam os Executivos estaduais. Tais lideranças teriam encarnado e praticado estilos muito diversos de "populismo", demonstrando as potencialidades da fórmula que, ainda uma vez, maximizava a face pública e privada do poder, só que em uma versão com desdobramentos mais maléficos.

Jânio Quadros foi o presidente que se aproximou do povo com seus ternos desalinhados, jeito desengonçado e discurso vibrante, salvacionista e moralizador, sensibilizando os liberais da UDN, que o tornaram seu candidato. Eleito, surpreendentemente e de um golpe, renunciou, lançando o país em uma crise e a UDN no aprofundamento de procedimentos nada liberais de tomada do poder. João Goulart, o Jango, foi um "populista" de outro tipo. Tinha sua carreira política fincada na herança trabalhista de Vargas. Por isso, era, por definição, temido pelos adversários e querido pelos sindicalistas. Um certo folclore político sustenta a memória de seu sorriso, roupas simples e espírito de negociação. Outra vertente enfatiza sua falta de realismo político, de definição, de coragem. Como não é de espantar, as fortes ambiguidades.

Contudo, é interessante observar como foi Juscelino, o JK, o presidente que não foi e não é identificado como exemplo típico de líder "populista", que se tornou um nome referencial da República assim adjetivada. Como Vargas, o GV, é considerado, com as mesmas discordâncias, nacionalista e progressista. É o construtor de Brasília; o homem do "plano de metas", que foi nome de automóvel e adorava dançar. Enfim, o presidente "bossa-nova". É certo que a popularidade de JK era grande nos anos 1950, mas cresceria muito, alimentada por sua resistência aos militares, seguida da cassação e do exílio políticos. Mais ainda, cresceria em razão das circunstâncias suspeitas de sua morte, em trágico acidente de automóvel. Juscelino, como Vargas, foi enterrado nos braços do povo, como um símbolo e uma saudade de tempos em que o Brasil acreditava em um futuro glorioso, no qual desenvolvimento econômico e democracia política poderiam e iriam conviver.

O "populismo", portanto, seria a mais perfeita tradução do renovado dilema de nosso processo de modernização política, permitindo entender não só os "limites" da experiência liberal-democrática inaugurada em 1946 como as condições que geraram o movimento militar de 1964. Isso porque, em inícios dos anos 1960, segundo diversas avaliações de políticos e intelectuais, esgotavam-se as condições históricas que possibilitavam a "manipulação populista". Chegara-se a um momento em que as massas finalmente ganhavam autonomia, o que apontaria para uma situação mais favorável ao desenvolvimento de uma democracia não mais limitada pelos controles estatais; não mais "populista". Porém, como se viu, não foi o que ocorreu.

POR UMA DEMOCRACIA SEM MITOS

Este foi o paradoxo: o esgotamento das condições tidas como impróprias à democracia a inviabilizou no Brasil. Nesses termos, numa leitura inversa e perversa, não foi o "populismo" o que limitou nossa experiência democrática mas o que a possibilitou. Tal observação é útil para ressaltar a insatisfação crescente que se instalou no campo político e intelectual, a partir dos anos 1970, sob os impactos sucessivos do endurecimento do regime militar, do fim do chamado milagre da economia brasileira, da retomada dos movimentos sociais e sindicais e do que passou a ser conhecido, nos meios acadêmicos, como "a crise dos paradigmas estruturalistas".

Na sempre apontada relação entre movimentos político-sociais, formulações intelectuais e "apropriação" de ideias pela sociedade, as duas últimas décadas foram de grandes transformações. O Brasil emergia de vinte anos de um regime militar que praticamente identificou a figura do presidente a uma patente de general. O poder público crescendo, mas a política, sempre longe do jogo de soma zero, vendo "os negócios privados" crescerem, e muito. Também o imaginário político, pleno de ambiguidades, compartilhando ideias e crenças contrapostas: um tempo de violência desmedida/um tempo de ordem social;

um tempo de austeridade e modernização econômica/um tempo de corrupção, impunidade e "atraso" político-social.

Em termos político-intelectuais, um tempo de desconstruir certos mitos duradouros e influentes mas de aprender a lidar com outros, que passam a povoar quadros mentais e projetos políticos, sempre em busca da "modernidade". De forma breve, cabe observar algumas linhas desse debate para finalizar a reflexão que preside este texto: a das relações entre o público e o privado na política brasileira.

Em primeiro lugar, é bom apontar para a importância do declínio do que se pode chamar de o "mito do cidadão democrático". Isto é, da ideia, acreditada por séculos, de que uma democracia era formada — e teria que ser — por cidadãos informados, dotados da consciência de seus direitos e atentos aos negócios públicos. Além disso, esses cidadãos se comportariam eleitoralmente de forma "racional", vale dizer, teriam interesses em participar da política e o fariam orientados por cálculos materiais maximizadores.

A descoberta de que as democracias mais acreditadas e conhecidas podiam ser, e eram, compostas de cidadãos inteiramente diferentes — mal informados, desinteressados e "irracionais" — produziu mudanças significativas nas visões e interpretações políticas que procuravam as causas do fracasso e os caminhos do sucesso de um regime democrático moderno.[40]

Dentro desse novo marco, muitas análises reconduziram ao cenário político o poder explicativo das variáveis subjetivas (ideologias, cultura política), em grande parte obscurecidas e desacreditadas. Trouxeram, ainda, com força inquestionável, a questão da escolha dos atores individuais e coletivos que, a despeito dos constrangimentos estruturais existentes, sempre possuem margens de liberdade e opções que precisam ser consideradas como uma variável conjuntural extremamente relevante para se entender a política.[41] Portanto, tais escolhas não podiam ser avaliadas como se se esgotassem em cálculos de custos e benefícios, segundo um modelo economicista, fosse ele qual fosse, devendo levar em conta a representação que os próprios atores faziam dos acontecimentos que viviam. Ou seja, a análise das percepções cognitivas e normativas dos atores sociais — fossem integrantes das elites ou cidadãos comuns — passa a ter uma importância considerável para a compreensão de decisões tomadas e de ações desencadeadas em certos contextos. A dimensão ideológica deixa terminantemente de ser vista como um simples instrumento de "dominação-manipulação", sendo tratada como um conjunto estruturado de variáveis — percepções, valores e crenças — que dão origem a significados compartilhados por um grupo social. Tal conjunto não é pensado como rígido ou imutável, mas também não é situado como arbitrário, devendo ser entendido como um fator explicativo da ação política, ao lado dos arranjos institucionais e dos interesses socioeconômicos.

Em segundo lugar, ocorre um verdadeiro desmonte do que se poderia chamar do "mito da classe operária revolucionária". Isto é, da ideia e da crença de um modelo de proletariado dotado de uma missão revolucionária de transformar as sociedades capitalistas em socialistas, porque portador de uma "consciência política", teoricamente conhecida e capaz de ser ensinada e aprendida. Do mesmo modo que no caso anterior, estudos sobre a história e o comportamento da classe trabalhadora de vários países desautorizaram a possibilidade de qualquer modelo preestabelecido para a compreensão da ação desse ator, em qualquer tempo e lugar.

Não por acaso, portanto, considerando-se o campo político e intelectual nacional, quer as análises fundadas no "dualismo" da sociedade brasileira, quer as que se sustentavam no "populismo", sofreram profundos abalos, embora isso não signifique perda de prestígio ou desaparecimento. Mas o que se pode detectar, de forma genérica, é um esforço no sentido de trazer os atores sociais "de volta" ao cenário político. Inúmeros trabalhos sobre partidos políticos e comportamento eleitoral, bem como sobre o movimento sindical, além de estudos sobre governos e políticas públicas, irão exprimir esse tipo de reorientação, mantendo relações com diretrizes de novos partidos políticos e com correntes do sindicalismo brasileiro, mais diversificado e competitivo. A questão de fundo a ser deslindada é a da construção de uma democracia duradoura no Brasil, o que requer pensar, em outros parâmetros, seus participantes.

No caso do sistema partidário, começa-se a questionar a afirmação "naturalizada" de que a marca da história política brasileira era uma espécie de relação patológica entre o público e o privado, materializada no poder do Estado, na "artificialidade" dos partidos e na "irracionalidade" dos eleitores. Revaloriza-se, assim, a experiência liberal-democrática do período 1945-65, assinalando-se que as lideranças "populistas" de então possuíam bases sociais diferenciadas e assumiam feições ideológicas diversificadas. Era, portanto, muito simplista compreender o comportamento eleitoral dos brasileiros como fruto de manobras "clientelistas" e apelos "demagógicos", ambos classificados como desvirtuamentos da "verdadeira" política. Ou seja, passa-se a afirmar a existência de uma relação de representação política "real", em que os eleitores (não as massas) aderiam às propostas dos candidatos, inclusive e até principalmente, às dos "líderes populistas". Além disso, a presença de tais lideranças não é interpretada como incompatível com vinculações partidárias e com a consolidação da força eleitoral de partidos. A questão da descontinuidade de nossas formações partidárias acaba por impor-se à observação, iluminando as dificuldades dos partidos em se consolidar como organizações e em se comunicar, criando fidelidades, com seus eleitores. Estes, por sinal, comportavam-se segundo "padrões internacionais", participando ativamente da renovação do sistema representativo, por meio do rito democrático das eleições.

Também se verificou que nosso sistema partidário, considerando o período posterior a 1945 e com a exceção dos anos de 1966 a 1981, por força dos constrangimentos do regime militar ao pluripartidarismo, embora apresentasse um número alto de partidos nominais, possuía um número de partidos eleitorais (com representação parlamentar) conforme a parâmetros comuns a inúmeras outras experiências democráticas. Ou seja, nosso sistema partidário era competitivo, não havendo patologias nem no comportamento dos eleitores, nem na atuação dos partidos. É claro que tais ponderações não significam que vivemos em uma "boa sociedade" e que a democracia brasileira alcançou níveis razoáveis de inclusão política para não considerar — por absolutamente impraticável — as imensas desigualdades socioeconômicas, que podem ameaçar processos de consolidação democrática. Elas apenas desejam apontar que não precisamos mais acreditar em nenhum "complexo de inferioridade" — colonial, racial ou moral —, uma espécie de "maldição", que possa nos impedir de lutar pela estabilização e abrangência de nossas instituições democráticas.

No caso do movimento sindical, pode-se dizer que a preocupação de fundo foi recusar a ideia de um proletariado "verdadeiro", a que a experiência histórica brasileira também não corresponderia. Os trabalhadores, suas manifestações e organizações, passam a ser tratados como dotados de "racionalidade", como atores que realizam escolhas políticas e reinterpretam discursos, deles se utilizando em suas sempre renovadas lutas. Como os eleitores, os trabalhadores não se comportavam de forma "protocívica", não eram ingenuamente "manipulados", mas, ao contrário, sabiam usar as brechas do sistema político.

E esse sistema político continuaria a ter, como ponto nuclear, o poder do Estado, em torno do qual já nos anos 1990 se constrói um debate e um conjunto de propostas que passam a dominar o campo político-intelectual, espraiando-se pela sociedade. Evidentemente, o objetivo deste texto é apenas concluir com a indicação desse tema, tão momentoso quanto mobilizador, já que, com frequência, ele tem sido abordado por meio da questão: "Chegou ao fim a era Vargas?".

Ou seja, parece que, mais uma vez, o país presencia a renovação de quadros mentais e projetos políticos, agora emoldurados internacionalmente pela "globalização", e talvez esteja assistindo, ainda mais uma vez, à construção de um "outro" mito de Estado que, modificado de maneira radical, seria capaz de conduzir a sociedade rumo à "modernidade". Nisso, nenhuma surpresa. A novidade do fato está em que, desta feita, a ideia é modernizar pela minimização do tamanho (o que é diferente do poder) do Estado e pela franca explicitação da crença nas qualidades positivas do mercado — do privado. Por isso a interrogação sobre o "fim" da era Vargas, que ganha o sentido do "fim" de um modelo de Estado intervencionista, protetivo e nacionalista.

O assunto é por demais recente e complexo. É igualmente repleto de paradoxos. Caminhando em território minado e recorrendo a posições típico-ideais, pode-se localizar, de um lado, os que lutam por reformas de várias naturezas e por políticas de privatização em nome de um "enxugamento" do Estado, que, assim, se tornaria mais ágil e eficiente. Para estes, a era Vargas precisa ser exorcizada, não guardando mais qualquer relação com o mundo de hoje. De forma geral, recebem e aceitam a designação de "neoliberais", a qual lhes é imputada como ofensa por seus adversários políticos. De outro lado, estão os que sustentam a manutenção de uma série de funções do Estado brasileiro, que precisaria manter sua dimensão nacionalista e protetiva em assuntos econômico-sociais. Nesse sentido, chegam a interpretar o "neoliberalismo" do Estado como um "neopopulismo" às avessas, apontando para uma nova "manipulação" do povo e para um novo desvirtuamento dos caminhos que nos conduziriam à modernização e à democracia. O interessante é que, se antes o Estado pecava por excessos, agora pecaria por omissões; se antes o "populismo" de Vargas merecia "combate", agora merece "defesa". Mas, entre os excessos e carências de público ou de privado, há os que debatem e se debatem para assinalar as interdependências entre Estado e mercado, as falácias dos raciocínios dualistas, os múltiplos e ambíguos sentidos da era Vargas, o seu "fim" e a sua "permanência", as continuidades e descontinuidades...

O que permanece, portanto, ao cabo deste longo percurso, é o diagnóstico da política brasileira como situada nesta tensão entre o público e o privado. O desafio é compreender as formas dessa interação, assumindo que o país não padece de nenhuma patologia ontológica em relação à democracia como caminho de uma almejada modernidade política. O desejo, retornando a Rui Barbosa, é que o Brasil não seja mais "isso". Seja "isto": uma democracia menos desigual e mais inclusiva.

9. CAPITALISMO TARDIO E SOCIABILIDADE MODERNA

João Manuel Cardoso de Mello e
Fernando A. Novais

INTRODUÇÃO

Os mais velhos lembram-se muito bem, mas os mais moços podem acreditar: entre 1950 e 1979, a sensação dos brasileiros, ou de grande parte dos brasileiros, era a de que faltava dar uns poucos passos para finalmente nos tornarmos uma nação moderna. Esse alegre otimismo, só contrariado em alguns rápidos momentos, foi mudando a sua forma. Na década de 1950, alguns imaginavam até que estaríamos assistindo ao nascimento de uma nova civilização nos trópicos, que combinava a incorporação das conquistas materiais do capitalismo com a persistência dos traços de caráter que nos singularizavam como povo: a cordialidade, a criatividade, a tolerância. De 1967 em diante, a visão de progresso vai assumindo a nova forma de uma crença na modernização, isto é, de nosso acesso iminente ao "Primeiro Mundo".

Havia certamente bons motivos para afiançar o otimismo. A partir dos anos 1980, entretanto, assiste-se ao reverso da medalha: as dúvidas quanto às possibilidades de construir uma sociedade efetivamente moderna tendem a crescer e o pessimismo ganha, pouco a pouco, intensidade.

Para tratar das relações entre as transformações econômicas e as mutações na sociabilidade, manifestas na dura vida cotidiana e na precária privacidade, comecemos, portanto, por distinguir os momentos significativos que se estendem do pós-guerra aos nossos dias. Entre 1945 e 1964, vivemos os momentos decisivos do processo de industrialização, com a instalação de setores tecnologicamente mais avançados, que exigiam investimentos de grande porte; as migrações internas e a urbanização ganham um ritmo acelerado. O ano de 1964 marca uma inflexão, com a mudança do "modelo" econômico, social e político de desenvolvimento, e esta transformação vai se consolidando a partir de 1967-8. Mas, nesse período (1964-79), as dimensões mais significativas dessa mudança não eram perceptíveis, deixando a impressão de uma continuidade essencial do progresso, manchada, para muitos, pelo regime autoritário. A partir de 1980 ("a década perdida"), finalmente, a nova realidade se impõe. Malgrado hesitantes tentativas de reinversão, consolida-se nas suas expressões limítrofes (estagnação econômica, superinflação, desemprego, violência, escalada das drogas etc.), nestes dias atuais em que vivemos.

Nossa análise da modernidade brasileira parte do otimismo para a desilusão, e jogará simultânea e permanentemente com elementos das várias fases do conjunto do período, de forma a dar conta das conexões e da diversidade de ritmos nas várias esferas da realidade em movimento.

OS NOVOS PADRÕES DE CONSUMO

Num período relativamente curto de cinquenta anos, de 1930 até o início dos anos 1980, e, mais aceleradamente, nos trinta anos que vão de 1950 ao final da década de 1970, tínhamos sido capazes de construir uma economia moderna, incorporando os padrões de produção e de consumo próprios aos países desenvolvidos.[1] Fabricávamos quase tudo. O aço, até aços especiais, na Companhia Siderúrgica Nacional, na Cosipa, na Usiminas, na Acesita, em Tubarão etc. Saíam da Petrobras e de suas subsidiárias, da indústria petroquímica, o petróleo e seus derivados, a gasolina, o óleo diesel, o óleo combustível, o asfalto, o plástico, o detergente, vários outros materiais de limpeza, os produtos que permitem a fibra sintética etc. A engenharia brasileira erguera hidroelétricas gigantescas, equipadas com geradores e turbinas nacionais, de Furnas, Três Marias e Urubupungá até Itaipu. A indústria do alumínio era uma realidade, a do cimento, a do vidro e a do papel cresceram e se modernizaram; as indústrias tradicionais, de alimentos, a têxtil, de confecções, calçados, bebidas, móveis, também. A indústria farmacêutica e a de produtos de beleza deram um salto extraordinário. Desenhamos um sistema rodoviário que cortava o Brasil de ponta a ponta, com algumas estradas de padrão internacional, as primeiras a Via Dutra, ligando São Paulo ao Rio de Janeiro, a Via Anchieta, de São Paulo a Santos, e a Via Anhanguera, de São Paulo a Jundiaí e, depois, até Campinas. Podíamos levantar arranha-céus altíssimos, feitos de aço, concreto e vidro, equipados com elevadores nacionais. Produzíamos automóveis, utilitários, caminhões, ônibus, tratores.

Dispúnhamos, também, de todas as maravilhas eletrodomésticas: o ferro elétrico, que substituiu o ferro a carvão; o fogão a gás de botijão, que veio tomar o lugar do fogão elétrico, na casa dos ricos, ou do fogão a carvão, do fogão a lenha, do fogareiro e da espiriteira, na dos remediados ou pobres: em cima dos fogões, estavam, agora, panelas — inclusive a de pressão — ou frigideiras de alumínio e não de barro ou de ferro; o chuveiro elétrico; o liquidificador e a batedeira de bolo; a geladeira; o secador de cabelos; a máquina de barbear, concorrendo com a gilete; o aspirador de pó, substituindo as vassouras e o espanador; a enceradeira, no lugar do escovão; depois veio a moda do carpete e do sinteco; a torradeira de pão; a máquina de lavar roupa; o rádio a válvula deu lugar ao rádio transistorizado, AM e FM, ao rádio de pilha, que andava de um lado para o outro junto com o ouvinte; a eletrola, a vitrola hi-fi, o som estereofônico, o aparelho de som, o disco de acetato, o disco de vinil, o LP de doze polegadas, a fita; a TV preto e branco, depois a TV em cores, com controle remoto; o videocassete; o ar-condicionado. Fomos capazes de construir centrais telefônicas, amparando a relativa difusão desse meio de comunicação. Os estaleiros, especialmente os do Rio de Janeiro, produziam navios de carga gigantescos. Chegamos até à fabricação de aviões, o Bandeirante e o Tucano, na Embraer de São José dos Campos.

Veio, também, o predomínio esmagador do alimento industrializado. O arroz, o feijão, o açúcar, as farinhas, de trigo, de rosca, de mandioca, já empacotados de fábrica em sacos de plástico e não mais na hora, retirados de tonéis, de sacos ou de vidros imensos e colocados em sacos de papel. Chegou o extrato de tomate; a lata de ervilha, de palmito, de milho, de legumes picados; o leite condensado; o leite em pó, alguns só para crianças; o creme de leite; o iogurte; novas espécies de biscoito e de macarrão; os achocolatados; a linguiça, a salsicha, a presuntada e os outros embutidos; o frango de granja toma o lugar do frango caipira, com grande perda de sabor; o mesmo acontece com os ovos; o queijo prato e a mussarela; a azeitona em lata e depois em vidro; as batatas chips; a aveia em lata, muito depois os outros cereais; salgadinhos para aperitivo; o doce de lata, a goiabada, a marmelada, a bananada; o pêssego ou o figo ou a goiaba em calda, mais caros; o pão tipo Pullman, para fazer torradas ou sanduíches, agora em moda. À cerveja, agora também em lata, à pinga, à cachaça, ao conhaque vagabundo, já tradicionais, juntaram-se a vodca, o rum, o uísque nacional ou nacionalizado, os vinhos do Rio Grande do Sul, muitos deles de qualidade duvidosa. O cigarro com filtro causou furor entre os fumantes. O consumo de refrigerantes multiplicou-se, deslocando os sucos de frutas: o guaraná, o da Antarctica preferido ao da Brahma, o Fratelli Vita, no Nordeste, a Coca-Cola, muito depois a Pepsi-Cola, as desprezadas Crush e Grapette, a um pouco menos desprezada Fanta, sabor uva ou laranja; o sorvete industrializado, primeiro o sorvete Kibon — o Eski-Bon imitando o Beijo Frio, os picolés imitando os de frutas verdadeiras —, que triunfa logo, sobretudo em São Paulo e no Rio de Janeiro, sobre a "carrocinha" ou sobre a sorveteria modesta; mas as sorveterias elegantes se multiplicam. Cresce o consumo de chocolate, do Bis, do Sonho de Valsa, do Alpino, do Diamante Negro, nome dado em homenagem ao grande jogador de futebol Leônidas da Silva, o chocolate Kopenhagen e o Sonksen, só para os ricos e, uma vez ou outra, para os remediados; depois o Nestlé e o Garoto. O cigarrinho de chocolate faz grande sucesso entre as crianças. É lançado o chiclete Adams, algum tempo depois o chiclete de bola, o primeiro Ping-Pong, substituindo o Bazooka, contrabandeado, só para pouquíssimos. Aparecem as balas de melhor qualidade com sabor artificial de frutas, avançando sobre as balas mais tradicionais como a toffee e a de framboesa, e os dropes com sabor artificial de frutas que se colocaram ao lado dos muito apreciados, de hortelã. Os dropes passaram a ser embrulhados um a um, como o pioneiro Dulcora.

Os avanços produtivos acompanharam-se de mudanças significativas no sistema de comercialização. As duas grandes novidades foram certamente o supermercado e o shopping center. O supermercado — o primeiro O Disco, no Rio de Janeiro, do poeta Augusto Frederico Schmidt — vai derrotando a venda, o armazém, o açougue — suplantado, também, pela casa de carnes especiais —, a peixaria — mantendo-se apenas as para os ricos. Vai derrotando, também, a quitanda ou a carrocinha e o caminhãozinho: suas gôndolas exibem alface, tomate, agrião, rúcula, pepino, cenoura, acelga, almeirão, repolho, vagem, espinafre, abobrinha, mamão, mamão-papaia, melão, melancia, pera, maçã, morango, uma variedade de verduras, legumes e frutas, que se incorporaram à dieta alimentar do dia a dia do brasileiro, muitas certamente, no início, por influência sobretudo do imigrante italiano. A feira, apesar de ir perdendo importância, consegue resistir bravamente. O shopping center, o primeiro do Brasil, o Iguatemi, em São Paulo, inaugurado em 1966, transformou-se num verdadeiro templo do consumo e de lazer, cheio de lojas que vendem quase tudo, de cinemas, de doceiras, cafés, lanchonetes, fast foods etc. Mas, ao lado do supermercado e do shopping center, surgem, também, as grandes cadeias de lojas de eletrodomésticos, a revendedora de automóveis. As lojas de departamento, como o Mappin e a Mesbla, buscam clientes de faixas mais baixas de renda, em vez dos seus tradicionais, de elite e de classe média alta, que se deslocaram para a loja ou a butique elegante.

Aliás, é desta época, também, o hábito de "comer fora". Dos almoços e jantares, para o empresariado, os executivos, a cúpula da burocracia de Estado, os políticos e a classe média alta, para os novos-ricos, os novos-poderosos e os novos-cultos, em restaurantes elegantes, preferidos os de comida italiana ou francesa, alguns árabes, alguns espanhóis, alguns portugueses, esses predominando no Rio de Janeiro. Pouquíssimos os de comida brasileira. Mas, ao lado da churrascaria ou da pizzaria elegante, os remediados certamente encontrariam onde comer mais barato: o rodízio, a pizzaria sem sofisticações, as cadeias de venda de comida árabe, especialmente quibe e esfiha, a cantina italiana, o restaurante mais popular. Para refeições rápidas, os privilegiados se dirigiam a lanchonetes badaladas e, depois, aos fast foods, o primeiro do Brasil o Bob's do Rio de Janeiro. Os outros, nos dias de trabalho, aos bares, às lanchonetes baratas, onde comiam o prato feito, conhecido como PF, ou um sanduíche, moda que também foi se arraigando: além do tradicional de pernil, vieram o misto-quente, o queijo-quente, o cachorro-quente, o paulistíssimo bauru, o churrasquinho, com ou sem queijo, o americano. As pastelarias se multiplicam. As crianças passaram a adorar o hot dog, as batatas chips, o sorvete com cobertura, depois o cheeseburger.

Os hábitos de higiene e limpeza, pessoal ou da casa, também se transformaram. Na casa, o detergente, junto com a buchinha de plástico, foi uma revolução; os outros produtos de limpeza, também; o sabão em pó, também; o bombril aperfeiçoando a antiga palha de aço, também. Avanço houve, e significativo, na higiene pessoal, que se pode observar na difusão para as camadas populares do uso da escova de dentes e da pasta, que substituiu o sabão, o bicarbonato de sódio, o juá do Nordeste, o fumo de rolo em Minas, ou mesmo a cinza, esfregados com os dedos; no uso do desodorante, do xampu e do condicionador de cabelos, de melhor ou pior qualidade; para mulheres, no uso do *modess*, que substituiu o paninho caseiro tradicional, culminando com o tampão; no uso dos cotonetes e do fio dental; na popularização das escovas de cabelos e dos pentes de plástico: as antigas escovas, de madrepérola, e os antigos pentes, de osso, eram o apanágio das damas e dos senhores das elites. À limpeza, neste percurso que vamos descrevendo, segue-se a modernização da beleza, sobretudo das mulheres. O rouge foi sendo preterido pelo blush, o pó de arroz pelo pó compacto, as máscaras caseiras de beleza, de abacate, de pepino, de camomila etc., pelos modernos cosméticos, pelos cremes de limpeza, que substituíram o leite de rosas e o de colônia, pelos hidratantes, esfoliantes, rejuvenescedores, da Max Factor, Helena Rubinstein, Elizabeth Arden, ou da Avon, para as classes populares. Aparece o horrível bob de plástico para enrolar o cabelo: horrível, mas eficiente. Os homens foram incorporando, um pouco mais devagar, alguns desses hábitos: por exemplo, o de lavar os cabelos com xampu, o de usar desodorantes específicos; os mais ricos chegaram até ao perfume moderno, disfarçado, de início, sob a designação de loção, até ao creme de beleza. O creme de barbear e depois a espuma de barbear substituem o pincel e o sabão comum; aparece a loção pós-barba. Os modernos salões de beleza acompanharam essa modificação nas tecnologias do cotidiano, quer os da periferia, quer os do núcleo da sociedade, para lavar e cortar os cabelos, fazer as unhas das mãos e dos pés, para alisar, tingir, colorir ou descolorir os cabelos. Os cabeleireiros de homens, já sem o tradicional barbeiro de navalha na mão, vencido definitivamente pela lâmina ou pela máquina de barbear, passaram a "fazer xampu", "fazer escova", tingir cabelo, culminando nos estabelecimentos unissex. O hábito de pintar o cabelo de mulheres e homens, para tentar evitar que parecessem velhos, consolidou-se definitivamente.

O vestuário passou por outra revolução: a do tecido sintético e da roupa feita em massa, que baratearam, e muito, os produtos. O linho, a seda, o algodão puro, a lã, tornaram-se privilégio dos consumidores de renda mais alta. Para homens, o uso do terno e da gravata ficou muito mais restrito: restrito a certas ocasiões ou ambientes, ou restrito a pessoas obrigadas a esta roupa de representação. Desapareceu o suspensório, a abotoadura, a barbatana da camisa social, o pregador de gravata, o lenço de pano, e, definitivamente, o chapéu. A camisa social, que era só branca, passou a exibir outras cores mais vivas. Generalizou-se o uso da camisa esporte, de fio sintético ou de tecido nobre, usada agora em quase todas as ocasiões sociais;

também o uso da bermuda e do short. Mas a grande mudança talvez tenha sido a da calça jeans — que era chamada, no começo, de calça rancheira ou de calça americana ou de calça *far-west* —, e a da camiseta de todas as cores ou estampadas. A cueca samba-canção sempre branca foi substituída pela cueca sem pernas, algumas coloridas ou "trabalhadas". As meias, antes quase só pretas, ou cinzas, ou marrons, ou brancas, são agora de fibra sintética e ganham outros coloridos. No pé, a grande revolução foi o uso do tênis substituindo o sapato. Mas, também, apareceram o sapato aberto, o mocassim, o *dock side*, as alpargatas, a primeira a "Alpargata Roda, está na moda", a sandália "havaiana", que substituiu os tamancos. O bigode caiu em desuso. A moda do cabelo comprido e da barba desarrumada surge no final dos anos 1960, como símbolo de afirmação e de protesto de uma nova geração "avançada", mas depois vai sumindo. Alguns homens passam a usar bolsa nos meados dos 1960.

Para a mulher, talvez o fato mais significativo tenha sido a incorporação da roupa masculina no início dos anos 1960, especialmente da calça comprida — um espanto para os mais tradicionalistas —, mas, também, da camiseta, do tênis, do paletó, da alpargata, da havaiana. Outro fato que provocou a reprovação dos caturras: mulheres fumando, fumando em público! A meia de seda com liga ou cinta-liga foi substituída pela meia de nylon e pela meia-calça, também de nylon. Desapareceram, ainda, a cinta, a anágua, e depois praticamente a combinação. O sutiã perde a armação, fica mole: resultado, inclusive, da diminuição dos seios, as mulheres, agora, muito mais magras. Os calçolões são substituídos pela calça-biquíni. Desapareceu o saiote do maiô inteiro, feito para encobrir as partes pudendas. Vem o "duas peças", depois o biquíni, culminando no fio dental. O comprimento das saias oscilou com a moda, mas o importante é que não há mais comprimento mínimo: lembremo-nos das minissaias dos anos 1960.

Vai desaparecendo, para homens e mulheres, a distinção rígida entre a roupa de ficar em casa e o traje de sair, de sair para a cidade, para visitar fulano ou sicrano, de ir à missa todos os domingos, de ir às festas. A roupa de criança aproximou-se da vestimenta do adulto: para o menino, por exemplo, a calça comprida vem logo, não espera mais os dez ou doze anos; para a menina, o vestido perde as rendas, babados, nervuras, sianinhas, os entremeios, as casas de abelha, as mangas bufantes e todas as outras particularidades dos modelos para crianças, que os distinguiam tão acentuadamente das roupas das mães. O uniforme de colégio tornou-se mais raro. A roupa do velho ou da velha aproximou-se da do moço ou moça. Desapareceu o luto fechado e mesmo o aliviado. Todos podem agora comprar relógios baratos, indispensáveis para a vida corrida e cronometrada da cidade.

Também fomos acompanhando, com um certo atraso, é claro, os progressos da indústria farmacêutica. Os remédios com base nos produtos naturais, de origem vegetal ou animal — por exemplo, os xaropes, os reguladores femininos, os fortificantes —, sendo substituídos pelos farmacoquímicos. Houve uma verdadeira revolução dos antibióticos, que começou no final dos anos 1940, da penicilina, das sulfas, da estreptomicina, da baltracina etc., que combateram com sucesso duas doenças que eram o terror dos brasileiros, a tuberculose e a sífilis; mas, também, as demais de origem venérea, a pneumonia, enfim, todo o espectro das moléstias infecciosas. Houve a revolução das vacinas, da tríplice, da Salk e depois da Sabin, contra a paralisia infantil, o temor de tantos pais e de tantas mães. Mas também vieram as vitaminas, a verdadeira mania das vitaminas, novos analgésicos e antitérmicos, os corticoides, os hemoterápicos, os hormônios masculinos e femininos, os remédios psiquiátricos, os para o coração ou para o estômago, que foram substituindo o fígado como o grande vilão da saúde dos brasileiros. E, com tudo isto, estabeleceu-se a predominância do laboratório estrangeiro sobre os nacionais. Mais ainda: o Brasil virou uma espécie de paraíso para a indústria farmacêutica, porque combinava dois quadros nosológicos distintos, o próprio aos países ricos e o peculiar a países pobres: de um lado, as "doenças do progresso", as cardiovasculares, a hipertensão, o câncer e outras doenças crônico-degenerativas, as úlceras de estômago e as gastrites, o estresse etc.; de outro, ainda persistiram as "doenças do atraso", antes de tudo as infecciosas, decorrentes, em boa medida, da má alimentação, como, por exemplo, a diarreia. Em suma, todas essas variações do consumo apontavam para os movimentos da sociedade.

UMA SOCIEDADE EM MOVIMENTO

Matutos, caipiras, jecas: certamente era com esses olhos que, em 1950, os 10 milhões de citadinos viam os outros 41 milhões de brasileiros que moravam no campo, nos vilarejos e cidadezinhas de menos de 20 mil habitantes.[2] Olhos, portanto, de gente moderna, "superior", que enxerga gente atrasada, "inferior". A vida da cidade atrai e fixa porque oferece melhores oportunidades e acena um futuro de progresso individual, mas, também, porque é considerada uma forma superior de existência. A vida do campo, ao contrário, repele e expulsa.

Como era a estrutura social do campo, naquela época? No cume, situava-se a oligarquia de latifundiários, que controlava a propriedade da terra: latifundiários capitalistas, como os fazendeiros de café e os usineiros de açúcar, ou latifundiários "tradicionais", como boa parte dos grandes pecuaristas. Abaixo deles, vêm todos os que já empregavam trabalho assalariado e produziam exclusivamente para o mercado: médios proprietários, alguns dos pequenos, os arrendatários capitalistas. Descendo, encontramos a pequena propriedade familiar capaz de assegurar um nível de vida razoável para seus donos, como a do Rio Grande do Sul. No entanto, no conjunto do país, a esmagadora maioria, cerca de 85%, é formada por posseiros, pequenos proprietários, parceiros, assalariados temporários ou permanentes, extremamente pobres ou miseráveis. Os assalariados permanentes — por exemplo, o colono da fazenda de café, o trabalhador da usina de açúcar — ganhavam pouquíssimo, mas estavam integrados ao capitalismo. Mas os posseiros, pequenos proprietários pobres, ou parceiros, praticamente não. Os pequenos proprietários ou posseiros tinham um pedaço de terra para trabalhar. Os parceiros, ao contrário, viviam dentro de um latifúndio, como o "morador" do Nordeste, obrigados a prestar certos serviços ao proprietário da terra, ou então a ceder-lhe parte da produção. Todos produziam de uma maneira tecnologicamente rudimentar, quase só para comer. As parcas sobras eram vendidas e o dinheiro apurado servia para adquirir o que era estritamente necessário: instrumentos de trabalho, sal, um pouco de carne de vaca, um pouco de pão de trigo, tecidos, uma ou outra roupa feita, uma ou outra bota ou alpargata, pouca coisa mais. Alguns deles complementavam a renda trabalhando temporariamente como assalariados, por exemplo, durante a colheita nas fazendas de café, ou durante o corte da cana nas plantações.

O que aproximava a todos, fossem assalariados permanentes, pequenos proprietários, posseiros e parceiros, era a miséria ou a extrema pobreza em que viviam. Entremos num minifúndio do sertão nordestino ou num pequeno sítio de caipiras em São Paulo, aproximemo-nos de uma família de "moradores" do Nordeste, visitemos uma "colônia" da fazenda de café ou a casa de um trabalhador da usina, para ver a vida como ela é.

A vida social girava em torno da família conjugal, dos parentes, compadres e vizinhos. A família destes homens rústicos, ensina Antonio Candido,[3] "ainda se encontrava mais próxima aos *padrões patriarcais* do que qualquer outra". "Mas de padrões patriarcais", esclarece logo, "ajustados ao tipo de vida de grupos situados nos níveis inferiores da pirâmide social." Muito próximos, porque já havia alguns sinais de mudança. O amor romântico, como critério da escolha do cônjuge, ia substituindo a determinação imperativa da família. E a sujeição da mulher ao marido não era mais absoluta. Mas seu dia a dia era muito mais sacrificado que o do homem, "pois não apenas lhe compete todo o trabalho da casa — que na roça compreende fazer roupas, pilar cereais, fazer farinha, além das atribuições culinárias e dos arranjos domésticos — mas ainda labutar a seu lado". A mulher continuava, antes de tudo, ventre gerador de uma penca de filhos: alguns morriam, mas os muitos que "vingavam" ajudariam na lavoura. A absorção dos filhos pelos pais — que dá tanta estabilidade a este tipo de família — é uma realidade muito palpável. Os pais podiam controlar os filhos apenas com os olhos. Mas empregavam-se, também, os castigos severos, a surra de relho, de vara, de correia. E os ensinavam a manejar a enxada, a foice, o machado, a cavadeira, o arado, a lavrar a terra, colher, cuidar dos animais; as meninas, também a costurar e a cozinhar. As poucas crianças que frequentavam a escola mal aprendiam a ler e a escrever. Não se julgava necessário; e era preciso trabalhar logo, auxiliar os pais. O homem passava à vida adulta pelo trabalho, aos treze, catorze anos; a mulher, pelo casamento, entre treze e vinte anos. A vida sexual do homem começava menos com a masturbação, como na cidade, do que com a bestialidade, com novilhas, eguinhas, ovelhas, cabras, porcas, galinhas. A mulher casava, em geral, virgem. A ruptura dessa regra obrigava ao casamento. Quando não podia se realizar — por exemplo, a filha de um morador engravidada pelo filho do latifundiário — a honra da família restaurava-se pela expulsão da filha, muitas se tornando prostitutas nas cidades.

Moravam, o pai, a mãe e os filhos, numa casa de taipa apertada, muito poucas de tijolo, chão de terra, telhado de sapé, algumas de telha, um ou outro móvel, água de poço, muitas vezes infectado, a "casinha" ou o mato por banheiro. O trabalho é duro, de sol a sol, do homem, da mulher, dos filhos, os de sete, oito, nove anos já fazendo algum serviço leve. Em geral, todos mal alimentados, alguns desnutridos: comiam arroz, feijão ralo, café, também ralo, farinha de milho ou a de mandioca, preferida especialmente no Nordeste, de vez em quando, uma "mistura": galinha, servida especialmente para os doentes, carne de porco, um pouco de carne de vaca, ovos. Quando havia doença na família, a farmácia estava longe, o médico também, o remédio era caro. Todos descalços, um ou outro possuindo uma bota ou uma alpargata, as crianças nuas ou só de calçãozinho, barrigudas, cheias de vermes. As mulheres, umas velhas aos trinta anos. Poucos passando dos cinquenta.

Uma vida, enfim, a desses homens, dessas mulheres, dessas

crianças, que diferia pouco, muito pouco da de seus ancestrais longínquos. Vida cheia de incertezas, vida sem grandes esperanças.

Para o posseiro, o pequeno proprietário, o parceiro, bastava um ano de colheita ruim, porque choveu pouco, porque choveu demais, porque a seca veio braba no sertão, para romper aquele equilíbrio tão precário entre as necessidades vitais e a produção de alimentos. O esgotamento do solo vinha rápido, por causa dos processos primitivos de produção, e obrigava sempre a procurar terras virgens. Os filhos constituíam novas famílias, era impossível acomodá-los naquele pedaço de chão que produzia tão pouco: mais pressão por novas terras. Mas as terras melhores e mais próximas já estavam ocupadas pelo grande proprietário. Para os assalariados permanentes, a dispensa podia chegar a qualquer momento, porque a cana ou o café foram mal, ou por desentendimentos com o administrador da fazenda ou o gerente da usina. Começava, então, a procura de emprego, que não era nada fácil.

Este era o panorama até meados dos anos 1960, quando vem a modernização selvagem da agricultura. O pequeno proprietário, o posseiro e o parceiro miseráveis não serão somente vítimas das peripécias da natureza. Nem o assalariado permanente, do vaivém da exportação do café e do açúcar, das oscilações da colheita do café devido à geada ou às pragas. Agora, milhões de homens, mulheres e crianças serão arrancados do campo pelo trator, pelos implementos agrícolas sofisticados, pelos adubos e inseticidas, pela penetração do crédito, que deve ser honrado sob pena da perda da propriedade ou da posse.

Restava sempre a saída de "aventurar-se" na fronteira agrícola em movimento.[4] O deslocamento permanente da fronteira agrícola, nestes anos que vão de 1950 a 1980, tornou-se possível porque o Estado foi construindo estradas de rodagem e criando alguma infraestrutura econômica e social (eletricidade, polícia e justiça, escolas, postos de saúde etc.) nas cidades que foram nascendo ou revivendo na "marcha para o interior do Brasil". Nos anos 1950, o trabalho na agricultura do Norte do Paraná atraiu muitos migrantes, bem como a "abertura" de terras em Goiás e no que seria hoje o Mato Grosso do Sul. Depois, nos anos 1960 e 1970, intensificou-se o movimento em direção à fronteira norte, ao Mato Grosso, Rondônia, Amapá, Sul do Pará e Sul do Maranhão. Mas, na fronteira, aqueles pobres migrantes se encontrariam sempre com a habitual violência dos grandes proprietários ou dos "grileiros", cheios de capangas, protegidos pelos governos, prontos para desalojá-los, para jogá-los para terras mais distantes e piores.

Contudo, havia alternativa para a fronteira distante, a cidade estava próxima. A cidadezinha, onde fazem a feira, assistem à missa, participam das festas, vendem o que resta de sua produção. E, também, a cidade um pouco maior, aonde vão de vez em quando. E observam: o ônibus, o trem, o caminhão, o jipe, o automóvel; o rádio do bar, que toca música, dá notícias, irradia futebol; o consultório do médico, a farmácia, o posto de saúde, tão longes; as ruas iluminadas; o cinema; o modo de vestir das pessoas; a variedade de alimentos no armazém; a escola. Depois, já nos anos 1960 e 1970, a televisão toma, no bar, muitas vezes o lugar do rádio. Até nas pequenas cidades ou vilarejos lá está ela, no alto, colocada no ponto de encontro ou na praça: todos estão vendo a novela das oito. Como na música do notável Chico Buarque, veem o Brasil na TV. Observam tudo e conversam. E recebem cartas de parentes, compadres e vizinhos que foram morar na cidade — cartas escritas e lidas pelo favor de quem é alfabetizado. E as cartas falam de outra vida, melhor, muito melhor. A cidade não pode deixar de atraí-los.

Foi assim que migraram para as cidades, nos anos 1950, 8 milhões de pessoas (cerca de 24% da população rural do Brasil em 1950); quase 14 milhões, nos anos 1960 (cerca de 36% da população rural de 1960); 17 milhões, nos anos 1970 (cerca de 40% da população rural de 1970). Em três décadas, a espantosa cifra de 39 milhões de pessoas![5]

Nas cidades, em São Paulo, o centro do progresso industrial, mas também no Rio de Janeiro, a capital do Brasil até 1960, em Belo Horizonte, Recife, Salvador, Fortaleza, Porto

Alegre, até em algumas cidades médias, a industrialização acelerada e a urbanização rápida vão criando novas oportunidades de vida, oportunidades de investimento e oportunidades de trabalho. Oportunidades de investimento na indústria, no comércio, nos transportes, nas comunicações, na construção civil, no sistema financeiro, no sistema educacional, de saúde etc., que exigem capital maior ou menor, tecnologia mais ou menos complexa. Oportunidades de trabalho, melhores ou piores, bem remuneradas ou mal remuneradas, com maiores ou menores possibilidades de progressão profissional, no setor privado ou público.

No capitalismo, a concorrência entre os homens formalmente livres e iguais é um processo objetivo que determina, que escolhe os que se apropriarão das oportunidades de investimento, mais ou menos lucrativas, e se transformarão em empresários, pequenos, médios ou grandes, integrando a classe proprietária; e os que colherão tal ou qual oportunidade de trabalho, distribuindo-se pelas várias classes e estratos de não proprietários. Do mesmo modo, é a concorrência entre os capitalistas que seleciona as empresas que irão crescer ou desaparecer, ou é a concorrência entre os trabalhadores que estabelece os que marcarão passo ou avançarão na carreira. O capitalismo cria a ilusão de que as oportunidades são iguais para todos, a ilusão de que triunfam os melhores, os mais trabalhadores, os mais diligentes, os mais "econômicos". Mas, com a mercantilização da sociedade, cada um vale o que o mercado diz que vale. Não há nenhuma consideração pelas virtudes, que não sejam as "virtudes" exigidas pela concorrência: a ambição pela riqueza e a capacidade de transformar tudo, homens e coisas, em objeto do cálculo em proveito próprio. No entanto, a situação de partida é *sempre* desigual, porque o próprio capitalismo, a própria concorrência, entre empresas e entre homens, recria permanentemente assimetrias entre os homens e as empresas.

E, convenhamos, no Brasil do início dos anos 1950 a desigualdade era extraordinária. Basta comparar os três tipos sociais que foram os protagonistas da industrialização acelerada e da urbanização rápida: o imigrante estrangeiro, o migrante rural e o negro urbano e seus descendentes.[6] Os imigrantes ou os filhos de imigrantes, italianos, libaneses, sírios, eslavos, alemães, portugueses, judeus, japoneses, espanhóis, já estavam em São Paulo, o centro da industrialização, há várias gerações. Constituíram famílias semipatriarcais solidamente estabelecidas. Pouquíssimos, em 1950, eram grandes empresários. Mas alguns tinham conseguido passar a donos de pequenos negócios, muitos trabalhavam por conta própria, ou já tinham uma tradição de trabalho na indústria. Além disso, muitas vezes com enormes sacrifícios, puderam dar educação formal a seus filhos — alguns já tendo, naquela época, chegado à universidade, mesmo que em profissões consideradas então de segunda categoria (por exemplo, contadores, economistas), valendo-se da expansão da rede pública de ensino. Já a massa dos negros das cidades continuou, após a abolição, abandonada à sua própria sorte, ocupada nos trabalhos mais "pesados" e mais precários, muitos vivendo de expedientes, amontoada em habitações imundas, favelas e cortiços, mergulhada, também, no analfabetismo, na desnutrição e na doença. Poucos os que, até 1930, tinham conseguido se elevar às funções públicas mais subalternas, ou ao trabalho especializado mais valorizado, de marceneiro, costureira, alfaiate etc. Pouquíssimos conseguiriam ir muito além do abecê na educação formal; contavam-se nos dedos os que tinham chegado à universidade. É verdade que, no início dos anos 1950, o panorama tinha se alterado, como sublinhou Florestan Fernandes neste livro magnífico que é *A integração do negro na sociedade de classes*. "O negro supera, graças a seu esforço, a antiga situação de pauperismo e anomia social, deixando de ser um marginal (em relação ao regime de trabalho) e um dependente (em face do sistema de classificação social) [...]. Eles podem, por fim, lançar-se no mercado de trabalho e escolher entre algumas alternativas compensadoras de profissionalização."[7] Mas seu ponto de partida não podia deixar de trazer as marcas ainda frescas da escravidão e do descaso dos ricos e poderosos: era muitíssimo mais baixo que o do imigrante estrangeiro, o que impunha limites estreitos à sua progressão na ordem social competitiva. Estava, isto sim, bem próximo do migrante rural.

O imigrante, italiano, sírio, libanês, espanhol, japonês, judeu etc., não poderia deixar de ser o grande vencedor desta luta selvagem pelas novas posições sociais que a industrialização e a urbanização iam criando. O dono do pequeno negócio, até o mascate, torna-se médio ou grande empresário, na indústria, no comércio, nos serviços em geral. Muitos dos que já eram trabalhadores especializados convertem-se em donos de pequenas empresas. Pais e mães ficam orgulhosos com seus filhos "formados", médicos, dentistas, engenheiros, jornalistas, advogados, economistas, administradores de empresa, publicitários etc., e acompanham suas carreiras, muitas delas meteóricas, como funcionário de empresa ou profissional liberal.

Mas o migrante rural também se sente um vencedor. Dos que se elevaram até o empresariado, a maioria "saiu do nada"; pouquíssimos vieram de "profissões liberais", poucos de postos de trabalho qualificado. Mas são incontáveis as mulheres, antes mergulhadas na extrema pobreza do campo, que se tornaram empregadas domésticas, caixas, manicures, cabeleireiras, enfermeiras, balconistas, atendentes, vendedoras, operárias, que passaram a ocupar um sem-número de postos de trabalho de baixa qualificação, alguns de qualificação média. Incontáveis são, também, os homens desprezados pela sorte que se converteram em ascensoristas, porteiros, vigias, garçons, manobristas de estacionamento, mecânicos, motoristas de táxi, até operários de fábrica. Alguns chegam a trabalhadores especializados na construção civil, pedreiros, encanadores, pintores, eletricistas, ou na empresa industrial, uma minoria às profissões liberais. Os negros, em sua esmagadora maioria, ficaram confinados ao trabalho subalterno, rotineiro, mecânico, mas também eles, em geral, melhoraram de vida.

Os trinta anos que vão de 1950 a 1980 — anos de transformações assombrosas, que, pela rapidez e profundidade, dificilmente encontram paralelo no século XX — não poderiam deixar de aparecer aos seus protagonistas senão sob uma forma:

a de uma sociedade em movimento. Movimento de homens e mulheres que se deslocam de uma região a outra do território nacional, de trem, pelas novas estradas de rodagem, de ônibus ou amontoados em caminhões paus de arara. São nordestinos e mineiros, fugindo da miséria e da seca, em busca de um destino melhor em São Paulo, no Rio de Janeiro, no Paraná da terra roxa; depois, são os expulsos do campo pelo capitalismo, de toda parte, inclusive de São Paulo, do Paraná, agora hostil ao homem; são gaúchos, que avançam pelo Oeste de Santa Catarina, passam pelo Oeste do Paraná, alguns entram para o Paraguai, outros vão subindo para Mato Grosso do Sul e Goiás, passam pela nova capital, Brasília, em direção à fronteira norte, ao Mato Grosso, Rondônia, Amapá, Sul do Pará, Sul do Maranhão, onde se encontrarão com outra corrente migratória de nordestinos. Movimento de uma configuração de vida para outra: da sociedade rural abafada pelo tradicionalismo para o duro mundo da concorrência da grande cidade, ou para o mundo sem lei da fronteira agrícola; da pacata cidadezinha do interior para a vida já um tanto agitada da cidade média ou verdadeiramente alucinada da metrópole. Movimento, também, de um emprego para outro, de uma classe para outra, de uma fração de classe para outra, de uma camada social para outra. Movimento de ascensão social, maior ou menor, para quase todos.

Em 1980, as cidades abrigavam 61 milhões de pessoas, contra os quase 60 milhões que moravam ainda no campo, em vilarejos e cidades pequenas. Nada menos do que 42 milhões viviam em cidades com mais de 250 mil habitantes. São Paulo tinha 12 milhões, contra os 2,2 milhões de 1950; o Rio de Janeiro, quase 9 milhões, contra os 2,4 milhões de 1950; Belo Horizonte tinha praticamente 2,5 milhões, contra os 350 mil de 1950; Porto Alegre, 2,1 milhões, contra os quase 400 mil de 1950; Recife, também 2,1 milhões, contra os pouco mais de 500 mil de 1950; Salvador, 1,7 milhão, contra os quatrocentos e poucos mil de 1950. Fortaleza chegara a 1,5 milhão, Curitiba, a 1,3 milhão. Santos, Goiânia, Campinas, Manaus e Vitória eram maiores, em

1980, do que Porto Alegre, ou Recife, ou Salvador, ou Belo Horizonte de 1950. Em 1980 Brasília atinge 1,1 milhão.

ESTRUTURA SOCIAL E MOBILIDADE

Diretor-superintendente, padre, lixeiro, professor primário, estivador, despachante, trabalhador agrícola, jornalista, empreiteiro, advogado, carpinteiro, escriturário, gerente comercial, pedreiro, funcionário público de padrão médio, gerente de fábrica, viajante comercial, garçom, médico, dono de pequeno estabelecimento comercial, guarda-civil, fazendeiro, sitiante, balconista, tratorista, contador, mecânico, motorista, cozinheiro (restaurante de primeira classe), condutor de trens. Convidados a classificar essas trinta profissões, no final dos anos 1950, moradores da cidade de São Paulo chegaram à seguinte ordenação: 1. médico; 2. advogado; 3. diretor-superintendente; 4. padre; 5. fazendeiro; 6. jornalista; 7. gerente comercial; 8. gerente de fábrica; 9. professor primário; 10. contador; 11. dono de pequeno estabelecimento comercial; 12. funcionário público de padrão médio; 13. despachante; 14. empreiteiro; 15. viajante comercial; 16. sitiante; 17. escriturário; 18. guarda-civil; 19. mecânico; 20. balconista; 21. motorista; 22. cozinheiro (restaurante de primeira classe); 23. tratorista; 24. carpinteiro; 25. condutor de trens; 26. garçom; 27. pedreiro; 28. trabalhador agrícola; 29. estivador; 30. lixeiro.[8]

O resultado, para nós, hoje, parece no mínimo curioso. Olhando a classificação, não é difícil perceber que foram identificados quatro grupos, de acordo, em linhas gerais, com a escala de remunerações e com a hierarquia capitalista do trabalho: o da base da sociedade (lixeiro, estivador, trabalhador agrícola, pedreiro, garçom), o do trabalho qualificado (condutor de trens, carpinteiro, tratorista, cozinheiro de restaurante de primeira classe, balconista, motorista, mecânico), o da classe média (o dono do pequeno estabelecimento comercial, o professor primário, o funcionário público de nível médio, o escriturário, o viajante comercial, o empreiteiro, o sitiante, o despachante, o guarda-civil) e o do topo da sociedade (diretor-superintendente, fazendeiro, gerentes, advogado, médico, padre, jornalista). Mas como explicar que o médico e o advogado estivessem acima do diretor-superintendente, que representava, naturalmente, a grande empresa? Como entender a posição do padre em relação à do gerente? Ou a do professor primário em relação à do pequeno comerciante?

Deve ficar claro ao leitor hodierno que o médico, o primeiro da lista, exprime a importância crucial da família. Era ele quem cuidava da saúde do corpo, portanto da manutenção da vida. Mas não só: exercia o papel de conselheiro conjugal, de confidente do casal, especialmente da mulher, de orientador da educação dos filhos, fazendo as vezes do psicólogo, do psicanalista, do psicopedagogo etc. O advogado, o segundo da lista, representa as funções de direção política da sociedade e de direção administrativa do Estado. Os homens públicos eram na esmagadora maioria bacharéis, que ocupavam, também, a cúpula da burocracia governamental, a começar pela encarregada da administração da justiça e da segurança. A alta avaliação do padre reflete a presença ainda decisiva da Igreja e dos valores católicos na constituição da subjetividade e das formas de compreensão do mundo. Mas sua posição, tanto abaixo do médico e do advogado quanto do diretor-superintendente, indica o avanço do processo de secularização e de mercantilização da sociedade. O jornalista, o sexto da lista, é, de um lado, considerado um homem público e, de outro, o símbolo de uma relativamente nova e cada vez mais decisiva forma de poder: a imprensa. O diretor-superintendente, seguido do fazendeiro, representa o núcleo das classes proprietárias, em torno do qual giram os gerentes e mesmo o contador, que era quase um gerente financeiro. O valor da educação — vista como um meio de qualificação, mas igualmente como uma extensão da família e da Igreja no processo de socialização e integração social do indivíduo — aparece na classificação do professor primário, colocado acima do pequeno empresário.

O julgamento foi realizado, portanto, a partir de dois critérios de valor: o critério do *valor mercantil* de cada profissão, que procurou obedecer à hierarquia dos rendimentos, informada aos entrevistados, e o critério de *valor social*, que considerou a importância de cada profissão para a vida coletiva. Mais ainda: o critério de valor social predomina sobre o critério de valor mercantil, na medida em que a família, a política e o Estado, a vida religiosa ou escolar, são consideradas formas superiores de existência em relação à atividade dos negócios.

A interpretação rigorosa do resultado a que chegou a pesquisa dirigida por Hutchinson não é, no entanto, tão simples. Os valores mercantis já haviam penetrado profundamente no seio da família. E a visão utilitária da prática religiosa ou política, que nos acompanhava desde os tempos coloniais, continuava presente.

A família, como assinalou com propriedade Luiz Pereira, é considerada o centro da vida e se torna um empreendimento cooperativo para a ascensão social. O pai, a mãe, a educação dos filhos perseguem tenaz e sistematicamente a subida de renda e a elevação na hierarquia capitalista do trabalho. O meio é a iniciativa individual exercida no duro mundo da concorrência.

O horizonte de expectativas dependeria, é claro, da posição inicial do pai, o "chefe da casa", e de sua capacidade maior ou menor de colher as oportunidades de vida que a industrialização e a urbanização rápidas criariam entre 1950 e o início dos anos 1960.

Comecemos pelas famílias do topo da sociedade urbana. No início dos anos 1950, nosso empresariado abrigava um conjunto reduzido de capitalistas de maior porte. Eram sobretudo banqueiros ou homens ligados direta ou indiretamente (por exemplo, os Guinle, detentores da concessão do porto de Santos) ao comércio de exportação e importação. Na indústria, há uns poucos magnatas que chefiam grupos econômicos fincados nos setores tradicionais (alimentos, têxtil, cimento etc.), como Matarazzo e José Ermírio de Morais, alguns donos de grandes indústrias, como, por exemplo, Crespi, Calfat, Pignatari, Klabin, Guilherme da Silveira, alguns grandes comerciantes. Nas comunicações encontramos um potentado, Assis Chateaubriand, dono de muitos jornais, rádios e TVs, e uma meia dúzia de donos de grandes jornais e rádios. Havia, isto sim, uma massa de pequenos e médios empresários, da indústria e dos serviços. Uma boa parte dos pequenos empresários não detinha uma renda muito diferente da auferida por um profissional liberal mais ou menos bem-sucedido; alguns ganhavam menos.

O desenvolvimento econômico rápido da década de 1950 criou uma ampla gama de oportunidades de investimento, especialmente no período do governo Juscelino Kubitschek (1956-60). O Plano de Metas de Juscelino, que tinha como lema "50 anos em 5", objetivava implantar no Brasil os setores industriais mais avançados, como a indústria elétrica pesada, a química pesada, a nova indústria farmacêutica, a de máquinas e equipamentos mais sofisticados, a automobilística, a indústria naval, ou levar adiante indústrias estratégicas, como a do aço, a do petróleo e a da energia elétrica. A entrada nessas indústrias, que exigiam um volume de capital inicial verdadeiramente extraordinário e o domínio de uma tecnologia extremamente complexa, só estava aberta à grande empresa multinacional ou à grande empresa estatal.

Mas a industrialização e a urbanização multiplicaram, e muito, as oportunidades de investimento à disposição do empresariado nacional. Em primeiro lugar, no sistema bancário, que conheceu uma expansão vigorosa e que passou também, no final da década, a financiar ativamente o consumo, especialmente de bens duráveis de consumo de valor mais elevado (automóvel, TV, geladeira). Em segundo lugar, nas indústrias tradicionais de bens de consumo, como a têxtil, de alimentos, de vestuário, de calçados, de bebidas, de móveis. Em terceiro lugar, na indústria de construção civil, de estradas de rodagem, de hidroelétricas, de fábricas, escolas, hospitais, casas e apartamentos, de obras de infraestrutura urbana. Nasce, então, a figura do grande empreiteiro, que vai ganhando importância no financiamento da política brasileira. Em quarto lugar, a demanda derivada da empresa estrangeira ou da empresa pública promove o surgimento de um cordão de pequenas e médias empresas que giram à sua volta. Tomemos, por exemplo, a indústria automobilística. No final da década de 1950, estavam implantadas onze montadoras, a Fábrica Nacional de Motores (caminhões pesados e carros), a Ford e a General Motors (caminhões leves e médios), a Internacional Harvester (caminhões médios), a Mercedes-Benz (caminhão médio, caminhão pesado e ônibus), a Scania Vabis (caminhão pesado), a Simca (automóvel), a Toyota (jipe), a Vemag (caminhonete, automóvel e jipe), a Volkswagen (caminhonete e automóvel), a Willis (jipe, caminhonete, e os automóveis Aero-Willis e Dauphine-Renault). Naquele mesmo ano, o de 1960, foram produzidos, por 35 mil empregados, 65 mil caminhões, 25 mil jipes, 20 mil utilitários e 30 mil automóveis (isso mesmo: apenas 30 mil automóveis!). Mas estavam estabelecidas nada menos de 1200 empresas de autopeças, que tinham 105 mil empregados.[9] Em quinto lugar, a subida da renda urbana cria milhares de possibilidades de negócios, no comércio de alimentos e bebidas, de roupas e calçados, de remédios e de cosméticos, de móveis, de brinquedos, de eletrodomésticos e de veículos, nos transportes, de carga ou de passageiros, nas comunicações.

Todas estas oportunidades de investimento são aproveitadas predominantemente por quem já dispunha de algum capital e de acesso ao crédito. No caso de investimentos ligados ao gasto público em obras (hidroelétricas, estradas, de urbanização etc.) ou ao financiamento público (empréstimos do Banco Nacional de Desenvolvimento Econômico (BNDE), do Banco do Brasil, dos bancos estaduais etc.), por aqueles que foram capazes, ainda, de estabelecer "relações orgânicas" com políticos importantes. Mas há, também, alguns "que saíram do nada" e conseguiram se transformar em pequenos e até médios empresários.

Naqueles anos, do começo dos 1950 até o início dos 1960, a burguesia brasileira, como salientou Fernando Henrique Cardoso,[10] havia renunciado definitivamente a qualquer veleidade que porventura tivera de liderar o desenvolvimento do capitalismo brasileiro. Mergulhada na passividade tradicional, limitou-se a tirar partido da ação do Estado e da grande empresa multinacional, que, esta sim, se tornara o centro indiscutível do novo poder econômico. Para ela, progresso continuou a significar bons negócios. Um ou outro foi além desse horizonte estreito, um ou outro chegou a pensar no Brasil não apenas como um porto seguro para ganhar rapidamente dinheiro, ou no povo não só como mão de obra a ser explorada intensivamente. Os banqueiros, os chefes de grupos econômicos e o grande empresariado, agora ampliado — onde despontava o empreiteiro de obras públicas —, todos controlavam um montante de riqueza muitíssimo maior do que em 1950. E no seu entorno tinham se multiplicado os médios e pequenos empresários, que dispunham de um nível de riqueza e de renda acentuadamente mais elevado.

Deixemos, agora, o empresariado, descendo até a classe média. A estratégia familiar de ascensão social defrontava-se com uma situação de mudança.

A grande empresa privada passou a exigir um novo padrão de direção e de gestão, mais racionalizado, mais profissionalizado. Com isso, firma-se de vez a valorização do engenheiro, que já despontara no começo do século como símbolo da civilização urbano-industrial, em oposição ao bacharel. E surgem as figuras do administrador de empresas — especializado em produção, em marketing, em finanças, em organização & métodos etc. —, do economista, do atuário. As diretorias, gerências e chefias vão se especializando, se multiplicando. Surgem escolas de administração de empresas, clubes de gerentes e revistas especializadas, que tratam de difundir os padrões americanos de gestão. E vai aparecendo o profissional da publicidade, também no mais puro molde americano, junto com a escola de propaganda.

Em relação à organização do Estado, as transformações foram de enorme profundidade.

> O novo Estado que emergiu em 1930 não resultou da mera centralização de dispositivos organizacionais e institucionais preexistentes. Fez-se, sem dúvida, sob fortes impulsos de burocratização e racionalização, consubstanciados na modernização de aparelhos controlados nos cumes do Executivo Federal. Mas não se reduziu simplesmente à "desapropriação" dos instrumentos locais e regionais de poder estruturados sob o Estado Oligárquico. A centralização trouxe elementos novos, que alteraram a qualidade e a natureza do conjunto de instrumentos políticos ou de regulação e controle anteriormente vigentes. Velhos órgãos ganharam nova envergadura, estruturaram-se gradativamente as carreiras, assim como os procedimentos sujeitaram-se crescentemente à lógica racional-legal. Ao mesmo tempo, erigiu-se um novo aparelho de regulação e intervenção econômica; estruturou-se no Estado uma área social na qual passaram a ser gestadas políticas públicas de caráter nacional; finalmente, os organismos coercitivos e repressivos estatais adquiriram substância qualitativamente nova.[11]

O aparelho de regulação e intervenção econômica abrigava, em primeiro lugar, um setor produtivo estatal. A grande empresa industrial pública estava situada na siderurgia, no petróleo, na geração e distribuição de energia elétrica. Ao seu lado, o sistema financeiro público compunha-se do poderoso Banco do Brasil, que desempenhava certas tarefas de banco central e de regulador do comércio externo, do Banco Nacional de Desenvolvimento Econômico (de 1952), dos bancos regionais, como o Banco do Nordeste, dos bancos estaduais, o principal o Banco do Estado de São Paulo. Ao mesmo tempo, as agências governamentais de intervenção econômica agigantaram-se e se diferenciaram. A Superintendência da Moeda e do Crédito (Sumoc) era o embrião de um banco central. O Ministério da Fazenda vai criando funções cada vez mais especializadas nas áreas de arrecadação de impostos, elaboração do orçamento, controle do gasto público etc. Chegou-se mesmo a instituir o

Ministério do Planejamento, em 1963, cujo primeiro titular foi Celso Furtado, responsável em grande medida pela criação da Sudene, o primeiro órgão de planejamento regional. Nos estados, também as funções de planejamento passaram a ganhar relevo, desde a experiência pioneira do Plano de Ação de Carvalho Pinto, em São Paulo (1959). As máquinas de arrecadação de impostos ampliaram-se e se sofisticaram.

O aparelho social do Estado ganha corpo especialmente nas áreas de educação, saúde e previdência. O ensino fundamental (os antigos primário e ginásio) em 1960 já era ministrado, pelos estados e municípios, para cerca de 7,5 milhões de discentes, contra apenas os 860 mil dos colégios privados. O ensino superior público havia expandido suas vagas: estavam matriculados, em 1965, cerca de 89 mil alunos, contra os 42 mil dos estabelecimentos particulares.[12] Na área da saúde, a ênfase do governo federal concentra-se na medicina preventiva, que absorve, em 1965, quase 65% dos recursos. Mas a assistência médico-hospitalar vai se ampliando, por força da ação dos Institutos de Aposentadorias e Pensões, os famosos IAPs, dos bancários, dos comerciários, industriários. A rede de hospitais privados cresce, mas o peso relativo das instituições de benemerência, como as Santas Casas, ainda é grande.

Constitui-se, portanto, no setor produtivo estatal, uma alta burocracia de diretores, gerentes, chefes, assessores encarregados da gestão das empresas públicas, industriais ou financeiras. Ao mesmo tempo, na administração governamental, a figura do técnico vai ganhando vulto. Ao lado dos que desempenham as funções tradicionais do Estado — militares, delegados de polícia, membros das forças públicas estaduais, juízes, promotores, procuradores, desembargadores — ganham importância os especialistas em administração de pessoal, financeira, tributária, de comércio exterior, do sistema de saúde ou de educação etc.

As famílias de classe média procuraram, assim, utilizar todas estas oportunidades de ascensão social, abertas tanto pela expansão da grande empresa privada ou estatal quanto pela ampliação da administração pública.

Parte delas é colhida por homens "práticos". Em 97 indústrias paulistas de mais de quinhentos empregados, 120 diretores haviam concluído apenas o curso primário, 411, o secundário, 433 completaram o superior, menos da metade, portanto.[13] O panorama não devia ser muito diferente na empresa estatal.

No entanto, a exigência de qualificação fundada na educação superior — a começar pelo concurso público exigido pelos governos — impõe-se de modo crescente. Naturalmente, quando o chefe da família é empresário próspero, advogado, médico, engenheiro, juiz, promotor, delegado, professor universitário, as possibilidades de ingresso do filho na universidade são facilitadas. O acesso dos filhos de pequenos proprietários mais modestos (o dono da farmácia, da lojinha, da casa comercial do bairro, do armazém ou da quitanda etc.) encontrava maiores obstáculos. Era ainda mais difícil para os filhos das famílias de classe média baixa, chefiadas por bancários, vendedores de lojas comerciais, professores do ensino fundamental e médio, profissionais liberais de pouco êxito, trabalhadores qualificados por conta própria, funcionários públicos de nível médio, trabalhadores de escritório de empresa etc. Mas, mesmo assim, era possível. A remuneração que auferiam permitia uma vida apertada, às vezes muito apertada, mas digna. Educar os filhos representava um grande sacrifício. Havia a ajuda do sistema público de ensino, que era por vezes excelente. O estudante podia ser obrigado a trabalhar de dia e frequentar o curso noturno. A mulher de classe média vai chegando com muito esforço à universidade, vencendo a oposição dos pais, às vezes até do noivo ou do "namorado firme". O preconceito contra sua presença nas escolas mais importantes, de direito, medicina ou engenharia, ainda era muito grande. Natural, portanto, que se dirigisse predominantemente às faculdades de filosofia, com o objetivo de ingressar no professorado de ginásio, do curso clássico ou científico, uma ocupação, aliás, já transformada em feminina. Mas a maioria das moças de classe média continuava professora primária, uma "segunda mãe" do "segundo lar", a escola.

A escolha das profissões passa a refletir cada vez mais sua valorização no mercado, ao invés de traduzir as diversas "vocações", cuidadosamente acalentadas no seio da classe média "culta". No final da década de 1950, 781 ginasianos de São Paulo foram instados a indicar a ocupação que consideravam ideal: 41,5% apontaram a de engenheiro, 17,25%, a de médico, 9,1%, a de advogado, 18,8%, a de outras profissões liberais.[14] Muitas vezes, no entanto, o caminho profissional é determinado pela maior ou menor dificuldade de ultrapassar o vestibular, mais difícil para as carreiras consideradas "nobres", a de médico, advogado ou engenheiro, mais fácil para as de "segunda categoria", como administrador de empresa, economista, veterinário, agrônomo, professor, de física, de química, de história, de geografia, de português, de filosofia, de sociologia etc. Também se tomava em conta a possibilidade de o aluno poder trabalhar ou não durante o curso.

A industrialização acelerada e a urbanização rápida tendem, portanto, a quebrar a relativa homogeneidade da classe média. Na cúpula, há uma clara diferenciação, com o surgimento de uma camada de técnicos ligados especialmente à grande empresa, privada ou pública. Parte significativa dos pequenos proprietários, por outro lado, vai abandonando sua "condição média", subindo em direção ao empresariado. A distância social e de rendimentos entre a alta classe média e a baixa — que, insista-se, tinha uma vida apertada mas digna — aumenta por força de três movimentos: o de queda das remunerações relativas do funcionalismo público de médio para baixo; o de início de massificação de determinadas profissões, como, por exemplo, a de vendedor de loja; o de ampliação dos serviços de escritório das empresas, pior remunerados.

A camada de trabalhadores especializados ampliou-se muito com a grande empresa da indústria automobilística, do petróleo, química pesada, da elétrica pesada (geradores, grandes transformadores etc.), da eletrônica de consumo (geladeira, TV, rádio etc.), da siderúrgica, da farmacêutica, das hidroelétricas etc., surgidas com o "salto industrial" que começa em 1956, no governo Juscelino Kubitschek. Valendo-nos de uma pesquisa importante,[15] tomemos, por exemplo, o ferramenteiro de uma empresa automobilística, que devia saber ler e escrever bem, ter capacidade de decifração de desenhos, conhecimento de material, de ferramentas etc. Só 17% deles chegaram a trabalhar na agricultura. A esmagadora maioria já morava na Grande São Paulo antes dos "50 anos em 5" de JK; 70% tinham primário completo, 17%, ginásio incompleto, 9%, ginásio completo, só 4%, primário incompleto. Muitos aprenderam a profissão "na prática", alguns vieram de escolas técnicas. Mas a esmagadora maioria frequentou cursos especializados, patrocinados pela empresa. Seu nível de renda era muito superior ao do trabalhador comum. Seu padrão de vida aproximava-se ao da classe média. Apenas 17% das esposas trabalhavam. Não por necessidade premente, mas talvez por desejo próprio, frequentemente refreado pelo marido: "Antes de casar minha mulher trabalhava. Agora não. Não quero que ela trabalhe, por orgulho"; "Minha mulher não trabalha fora. Nunca gostei disso"; "Minha esposa trabalha. Prefiro que ela não trabalhe, mas ela quer".

A grande ambição do trabalhador qualificado é fugir da condição proletária, tornar-se trabalhador por conta própria ou pequeno empresário. Um mestre de seção de uma grande mecânica exprime muito bem essa aspiração: "O ideal de uma pessoa seria trabalhar por conta própria. Pretendo ainda, daqui a algum tempo, se Deus ajudar, montar um estabelecimento qualquer no comércio. Isto porque na minha profissão só conseguiria instalar um estabelecimento que não daria para nada. O trabalho seria em demasia para um progresso financeiro muito pequeno e lento. É essencial para isto o capital. Com bastante capital é possível uma expansão. Somente assim. O estabelecimento comercial exige para se começar menos capital".[16]

Para os filhos, pretende-se que sigam carreiras abertas pelo ensino superior. Ouçamos alguns depoimentos. "Geralmente ficam operários os filhos de operários, devido às condições financeiras da maior parte das famílias. Gostaria que meus filhos tivessem outra profissão, porque a vida de operário é sacrificada. Devem aprender uma profissão através de estudos. Se tudo correr como penso, creio que conseguirei estudar os meus filhos." "Com estudo, tem-se sempre mais possibilidade, é mais fácil conseguir emprego, viver bem. Gostaria que fossem professora, engenheiro, médico. São profissões que dão mais prazer." "Gostaria que meu filho fosse advogado. Quero ver se posso pagar os estudos. Tenho fé em Deus que isso seja possível. As meninas espero que estudem para ser pelo menos professoras."

A entrada do migrante rural no mercado de trabalho se dá, em geral, para os homens, na construção civil, e, para as mulheres, nos serviços domésticos. São os únicos canais abertos para os que têm de "aceitar qualquer serviço", pois "não têm desembaraço", "são acanhados", "afobam-se", "nunca têm a esperteza de quem já está na capital", "não entendem a linguagem da cidade", "não sabem mexer com máquinas". Na construção civil, as tarefas são as mais pesadas e as de mais baixa remuneração, por exemplo, a de servente de pedreiro. O emprego doméstico feminino era, naquela época, muito pior do que se pode imaginar hoje: começava com o amanhecer do dia e só acabava quando a louça do jantar estava lavada; folga, só aos domingos, depois do almoço; o quartinho apertado; o assédio sexual do filho do patrão, às vezes do próprio patrão. Mas são acessíveis, também, outros postos de trabalho nos serviços, em geral sem carteira assinada. Por exemplo, o de serviço de limpeza, o de carregador de sacos de cereais, o de vigia noturno, o de ajudante de caminhoneiro, ou de cozinheiro, ou de vendedor ambulante, ou de feirante, o de lavador de automóvel. Tendem a confluir, assim, nesse nível "inferior" da escala social, o migrante rural e os citadinos pobres — os descendentes dos escravos —, que também se localizavam na base do mercado de trabalho.

A passagem ao trabalho na indústria ou nos serviços organizados já era um avanço. Antes de tudo, porque representava o acesso aos direitos trabalhistas, garantidos pela legislação estabelecida basicamente no primeiro governo Getúlio Vargas: a jornada de oito horas, férias remuneradas, proteção ao trabalho da mulher ou do menor, lei de acidentes do trabalho, indenização por dispensa, salário mínimo, auxílio-maternidade, instituição das convenções coletivas, criação da Justiça do Trabalho etc.[17]

As possibilidades de ascensão do trabalhador comum são bastante limitadas. Na indústria, um ou outro consegue se erguer até o trabalho especializado ou semiespecializado; alguns passam da pequena para a grande empresa, que paga melhor. Na construção civil, uns poucos aprendem o ofício de pedreiro, de encanador, de eletricista, de colocador de pisos ou azulejos etc. Depois, pouquíssimos poderão até chegar ao objetivo sonhado por todos: trabalhar por conta própria, ganhando para si mesmo, sem patrão, sem horário rígido, sem tarefas monótonas e contínuas.

A mulher do trabalhador comum moureja geralmente como doméstica, ou na fábrica de tecidos, em confecções, "fazendo serviço para fora", de hábito como lavadeira ou costureira. "Trabalha porque precisa", "porque o salário do marido não dá." Não porque queira, pois "o certo é a mulher ficar em casa", "tomar conta da casa", "cuidar do marido e dos filhos".

Para os filhos, o caminho do estudo está fechado. "O salário dos operários não permite que o filho se forme ou estude por muito tempo, frequentam o grupo só e depois acabou, depois devem começar a trabalhar para ajudar em casa." "Esse negócio de colégio é para quem não precisa." O que se almeja é o trabalho especializado: "É um serviço duro pesado [o que eu faço]. A pessoa deseja o bem para os filhos, um futuro melhor: serviço de mecânica, carpintaria, modelador, torneiro, eletricista, marceneiro". "Eu passo sofrimento e ainda tenho um ordenado baixo." Mas, acrescenta outro trabalhador comum, "existem profissões onde eles [os filhos] poderão ganhar mais e ter uma vida mais feliz: químico, desenhista, mecânico, ferramenteiro, torneiro".

Olhada a sociedade em seu conjunto, há a família do trabalhador comum, do migrante rural recém-chegado e a dos citadinos pobres, de todos os que se encontram na base do mercado de trabalho. Há a família do trabalhador especializado. Há a família de classe média, baixa ou alta. Há a família dos empresários, pequenos ou médios. Há a família dos magnatas. Umas moram em barracos mais ou menos precários nas favelas. Muitas, na periferia, ainda cheia de poeira, sem iluminação pública, sem esgoto ou água encanada, as casas espremidas, um ou dois quartos, banheiro, cozinha, uma salinha, que pode virar quarto à noite. Outras, nos bairros operários mais antigos: a casa já é um pouco melhor. Algumas, nos bairros de classe média, em sobradinhos paredes-meias ou em casas térreas modestas, mas com um certo conforto. Umas poucas nos bairros ricos, cheios de palacetes ou de apartamentos imensos. A casa pode ser própria ou alugada. "Fugir do aluguel" é uma preocupação permanente de todos os assalariados, a começar pelo trabalhador comum, pois é a forma de constituir um patrimônio e obter uma certa segurança econômica, garantindo abrigo e alojamento numa situação de desemprego. Compra-se um terreno, geralmente a prestação. Começa, então, a construção, realizada pelo próprio trabalhador, auxiliado por parentes e amigos. Primeiro, "levanta-se" o essencial, banheiro, cozinha, um ou dois cômodos. Depois, vêm as ampliações, pouco a pouco. Aos que não têm dinheiro para comprar terrenos de preços inflados pela especulação imobiliária, resta ocupar uma área na favela, mesmo que seja mínima, erguer um barraco, mesmo que seja de zinco, e depois, quem sabe, melhorá-lo. Alguns trabalhadores especializados e a classe média poderão se beneficiar dos raros financiamentos concedidos pelos Institutos de Previdência, inclusive de funcionários públicos. Mas, em geral, é preciso fazer sacrifício e poupar na caderneta da Caixa Econômica. Às vezes, chega, para ajudar, a indenização por dispensa ou uma herança verdadeiramente providencial.

Pela casa podemos reconhecer, imediatamente, de que classe social faz parte a família. Entremos numa casa. Tem empregada doméstica? Quantas empregadas tem? Tem cozinheira, arrumadeira, lavadeira e passadeira, babá, ou só uma, para todo o serviço? Olhemos o que há para comer. Há só arroz, feijão, farinha, macarrão? Em que quantidade? O café é de má qualidade, ralo, requentado a toda hora? Ou há, também, carne de vaca ou de frango ou de porco? Com que frequência? Há, na geladeira, leite e ovos à fartura, queijo, presunto, legumes, maçãs, peras, morangos? O trivial é simples ou variado? O jantar é servido à francesa por copeiro ou mordomo? E os móveis, como são? Há guarda-roupa? Se houver, tratemos, indiscretamente, de abri-lo. Há um terno, um ou dois paletós surrados ou vários de boa qualidade? Há camisas sociais? Quantas? São de fibra sintética ou não? E sapatos de couro? E vestidos? De que tecido são? São feitos em casa, por modistas, ou por costureiras? E as blusas? Quantos sapatos e de que qualidade têm as mulheres? No banheiro, há cosméticos? De que tipo? Tem automóvel ou não? É um Volkswagen, uma perua Kombi, ou um Aero-Willis, ou um Simca Chambord? Ou o carro é importado? Um Cadillac ou um Pontiac, um Studebaker, um Citroën, um Ford ou um Chevrolet? Tem telefone? Tem televisão? Tem geladeira? Tem rádio? Tem liquidificador? Tem enceradeira? Tem vitrola? Tem máquina de lavar roupa? E os brinquedos dos filhos? Tem bola de meia, bola de borracha ou bola de couro? Quantos gibis ou revistas de fotonovela podem se encontrar na casa? A boneca de plástico é grande ou pequena? Tem cabelos de plástico "sedosos" e está bem-vestida? Ou o cabelo pintado e está malvestida? As meninas possuem miniaturas de louça? As crianças têm velocípede e bicicleta, ou não? O pião é metálico ou de madeira, feito à mão? Há uma mesa de futebol de botão ou de pebolim? O botão é comum ou é comprado? A fantasia de Carnaval é comprada ou feita em casa? Há dinheiro para o lança-perfume? Quantas bolinhas de gude tem o menino? Comprou o papagaio, a pipa e o carrinho de rolemã? Pode comprar figurinhas da bala-futebol? Ou tem uma ou outra e procura ganhar no bafo? Joga bafo na escola ou na rua? Para colar a figurinha, usa goma-arábica ou grude? Há livros de Monteiro Lobato ou não? O automóvel ou o aviãozinho ou o trenzinho ou o caminhãozinho de brinquedo é de plástico ou de ferro? Há soldadinhos de chumbo? Nacionais ou importados? Há o *Tesouro da juventude*? Ou *Vida juvenil* ou *Vida infantil*? Há a coleção Jovens de Todo o Mundo e a Terra, Mar e Ar? Ou a *Enciclopédia britânica*? O pai lê regularmente jornais diários, *O Cruzeiro*, *Manchete*, *Seleções* (*Reader's Digest*)? Impressiona-se com "Meu tipo inesquecível", que conta sempre histórias americanas de "vencedores"? A mãe lê alguma revista feminina? Quantas vezes a família vai ao cinema? Vai ao restaurante? Os pais levam os filhos para tomar sorvete? Para um lanche, com milk-shake e misto-quente, numa confeitaria? E nas férias, para onde vão? Para a casa de praia, para a casa de parentes, para a fazenda de amigos, para um hotel? Conhece o Rio de Janeiro? Foi de avião? Quantos já ouviram falar em "cérebro eletrônico"? A mãe compra na Casa Sloper, na Etam, no Mappin? Ou no comércio mais barato?

São as formas de organização capitalista que determinam a hierarquia do trabalho. Às posições objetivamente superiores e inferiores, corresponde uma estrutura de remunerações, as quais, por sua vez, dão acesso à posse da riqueza e à aquisição de bens e serviços de consumo. Por outro lado, é a *maquinaria capitalista* e não a sagacidade deste ou daquele empresário que revoluciona permanentemente os padrões de consumo e a estrutura de necessidades. Esta revolução permanente é, ao mesmo tempo, um *processo de diferenciação e generalização do consumo*. O valor do progresso, progresso do país ou progresso individual, é, pois, incorporado de maneira puramente mecânica: o mimetismo, pelos "inferiores", dos padrões de consumo e estilos de vida dos "superiores". A carreira desabalada pela ascensão social é, antes de tudo, uma corrida de miseráveis, pobres, remediados e ricos pela "atualização" dos padrões de consumo em permanente transformação.

Aliás, a via principal de transmissão do valor do progresso foi sempre, entre nós, a da imitação dos padrões de consumo e dos estilos de vida reinantes nos países desenvolvidos. No século XIX, as classes proprietárias e a classe média abonada viveram "sob a obsessão dos 'olhos dos estrangeiros'. Preocupada(s) com esses olhos como outrora vivera(m) sob o terror dos olhos dos jesuítas ou dos da Santa Inquisição. E os 'olhos dos estrangeiros' eram os olhos da Europa. Os olhos do Ocidente. Do Ocidente burguês, industrial, carbonífero".[18] Foi essa preocupação ou temor do brasileiro diante do inglês ou do francês, de quem se acha inferior diante de quem se afirma superior, que desencadeou, já no início do século XIX, a cópia febril dos estilos de consumo e de vida próprios ao capitalismo desenvolvido. Já do final do século XIX em diante, e acentuadamente a partir dos anos 1950, o grande fascínio, o modelo a ser copiado passa a ser cada vez mais o *American way of life*. Fascínio, primeiro, do empresariado e da classe média alta, que, depois, foi se espraiando para baixo, por força do cinema e da exibição, nas cidades, aos olhos dos "inferiores", do consumo moderno dos "superiores", dos ricos e privilegiados. Não é por acaso que talvez o brinquedo preferido dos meninos vá se tornando o automóvel, o símbolo maior do americanismo. Nem que a riqueza seja muitas vezes identificada com o Cadillac, o carro mais luxuoso produzido nos Estados Unidos. Não é por coincidência, também, que os meninos passem a brincar de cowboy com revólveres na mão, de metal ou de plástico.

Essa forma de consciência social, que identifica progresso a estilos de consumo e de vida, oculta os pressupostos econômicos, sociais e morais em que se assentam no mundo desenvolvido. Forma reificada de consciência, acrescentemos, peculiar à periferia, onde é possível consumir sem produzir, gozar dos resultados materiais do capitalismo sem liquidar o passado, sentir-se moderno mesmo vivendo numa sociedade atrasada.

TENTATIVA DE MODERNIDADE

A penetração dos valores capitalistas não parece, portanto, ter encontrado obstáculos difíceis de serem transpostos. O que Gilberto Freyre[19] chamou de "privatismo patriarcalista" se prolonga no familismo moderno, igualmente privatista. A casa continua a ser o centro da existência social. Apenas a vida em família não é mais governada pelo passado, pela tradição, senão que pelo futuro, pela aspiração à ascensão individual, traduzida antes de tudo pela corrida ao consumo. O valor do ócio, que marcou tão profundamente nossa formação cultural, se transfigura na ideia tão contemporânea do trabalho como meio de obtenção do conforto material. Ao mesmo tempo, a desvalorização do trabalho, herança da escravidão, se redefine no julgamento de cada ocupação de acordo com suas características mais ou menos prazerosas, isto é, conforme a visão, também contemporânea, da hierarquia capitalista do trabalho: é mais limpa ou mais suja, mais leve ou mais pesada, mais rotineira ou mais criativa, mais subalterna ou mais de direção. O valor da hierarquia — que, entre nós, se assentou basicamente na riqueza e na renda, pois nunca tivemos uma autêntica aristocracia, e sim um senhoriato que vivia da produção mercantil — reaparece no valor da concorrência, que selecionaria "superiores" e "inferiores" de acordo com seus méritos e dons. O espírito de aventura, que parecia uma manifestação tão arcaica da cobiça, quando racionalizado, isto é, calculado, transforma-se no traço mais típico do capitalismo do século XX. A brutalidade da escravidão, que reifica o homem, estende-se naturalmente na selvageria da exploração do trabalhador, que no capitalismo definitivamente não passa de uma coisa. A concepção do Brasil como simples espaço para bons negócios, e não como nação, continuou a predominar tranquilamente entre os ricos e os privilegiados. Quanto à educação, ela, aqui, não foi sempre encarada como um meio de ascensão social? A visão patrimonialista do Estado — que, entre nós, nunca foi penetrada pelos valores aristocráticos ou pelo da honra estamental do funcionário — se desdobra na ideia do Estado como uma realidade externa, como um instrumento de benesses, sejam elas um bom financiamento, uma tarifa proibitiva e eterna, o imposto baixo, um excelente emprego público, os direitos trabalhistas, o hospital, a rua asfaltada, a água e o esgoto, a iluminação, a dentadura ou a cadeira de rodas em troca do voto. Mas não é essa uma das causas da crise atual da democracia?

Os valores capitalistas — a ideia de liberdade entendida

como escolha desembaraçada da tradição e de obstáculos externos à manifestação da vontade, isto é, a concepção "negativa" de liberdade; o postulado de que cada indivíduo é capaz de ação racional, de calcular vantagens e desvantagens ajustadas à realização de seus interesses materiais ou de seus desejos, isto é, o *hommo economicus* utilitário; o pressuposto de que a concorrência entre indivíduos formalmente livres e iguais acaba premiando cada um segundo seus méritos e dons; o princípio de que o jogo dos interesses individuais leva à harmonia social e ao progresso sem limites, isto é, de que o mercado é o estruturador da sociedade e o motor da história — podem se impor graças à sua funcionalidade para o desenvolvimento do sistema econômico. Mas não devem ser confundidos com o *conjunto* dos valores modernos. Como se sabe, os valores modernos têm outras fontes morais que emergem, de um lado, da Reforma protestante e da Igreja católica, e, de outro, do racionalismo ilustrado especialmente nas suas vertentes radicais. Pensamos, sobretudo, de um lado, no valor do trabalho como fim em si mesmo, do respeito pelo próprio corpo, da família fundada no companheirismo e na educação dos filhos, da moral sexual rigorista; e, de outro, no valor da autonomia, dos direitos do cidadão, da igualdade real, da educação republicana, do desenvolvimento espiritual, da criatividade e da autenticidade. Historicamente, a modernidade resulta e avança por meio da tensão permanente entre o conjunto de valores mercantis, utilitários, propriamente capitalistas, e o outro conjunto de valores, fundamentados seja religiosa, seja secularmente. Mais ainda: são os valores modernos não mercantis, não capitalistas que, corporificados em instituições (a democracia de massas, a escola republicana, as igrejas, a família cristã etc.), põem freios ao funcionamento desregulado e socialmente destrutivo do capitalismo.

É esta conjunção marcada por tensões que, como dissemos, não se configura no Brasil. Isto tem, evidentemente, profundas raízes históricas, antes de mais nada no caráter do nosso catolicismo. Como Gilberto Freyre descreveu em páginas famosas, estamos diante de um cristianismo inteiramente esvaziado de conteúdo ético. É essa uma religião utilitária, em que Deus, a Virgem e os santos vão socorrendo a cada momento, milagrosamente, a inação dos homens. Uma religião ritualista e festiva, acentuadamente mágica, uma religião dos sentidos, destituída de interioridade. Uma religião puramente adaptativa, que reduz a quase nada a tensão entre o código moral que deve ser praticado e o mundo tal como existe. A isso deve-se somar o arquiconhecido conservadorismo social da Igreja, que sempre esteve disposta a justificar a escravidão — lembremo-nos dos célebres textos de Vieira —, e foi incapaz, para indignação de Joaquim Nabuco, de proferir uma palavra sequer a favor da abolição.

Quanto às religiões africanas, basta lembrar a observação judiciosa de Roger Bastide:

> A importância do transe nas religiões da África negra enganou os primeiros etnógrafos quanto à psicologia dos pretos. Os negros não são místicos; sua filosofia está, como por vezes se diz, mais próxima da filosofia dos anglo-saxões que daquela dos asiáticos; é uma filosofia essencialmente utilitária e pragmática, onde o que conta é o sucesso apenas. O desejo do africano de ser burocrata, intelectual, funcionário, de usar pince-nez e de ter uma Pasta Ministerial, não corresponde de modo nenhum a uma aspiração idealista, à aversão pela máquina e pelo trabalho manual, mas ao reconhecimento do status social dado pelos brancos a certas profissões em detrimento de outras. É este utilitarismo que explica no Brasil colonial e imperial a acomodação do negro à sua nova situação e seu esforço para tirar dela o maior proveito.[20]

É neste vácuo moral, nesta sociedade em que, como observou Caio Prado Jr.[21] neste livro notável que é *Formação do Brasil contemporâneo*, não há nexos éticos entre os homens, mas só relações de exploração econômica e de dominação política, nesta sociedade em que impera a "vontade de poder" em meio à espontaneidade dos afetos, que a razão instrumental pode penetrar com facilidade. O prolongamento escandaloso da escravidão até o final do século XIX e o imenso atraso econômico que acumulamos até 1930 não se deveram, por certo, às resistências culturais opostas pela tradição ou pela mentalidade pré-capitalista. Mas aos interesses econômicos e políticos de senhores de escravos, de traficantes de escravos, de fazendeiros de café, comissários, exportadores, importadores, banqueiros, da Metrópole, da Inglaterra, dos Estados Unidos, da dinastia dos Bragança, ou da oligarquia plutocrática da Primeira República.

Tudo isto é verdade. Mas é preciso convir que havia em curso, simultaneamente, um movimento de "moralização da sociedade", de surgimento de uma ética fundada nos valores modernos, tanto no que diz respeito aos cuidados e ao aperfeiçoamento de si (o trabalho, o desenvolvimento espiritual, a higiene etc.) quanto, no plano social, no que se refere à ordenação da "boa sociedade" (igualdade, educação democrática, participação política, autonomia dos cidadãos). Esse movimento tem duas matrizes: nossa "reforma católica", que agiu na base da sociedade urbana, e a penetração no seio das elites do trabalhismo de inspiração positivista, do socialismo, do comunismo e do solidarismo cristão.

Os anos que vão de 1870 ao início da década de 1920 foram de progresso católico. Nossa "reforma católica" começara com o Segundo Reinado, avançara depois da Questão Religiosa e ganhara ímpeto com a separação entre a Igreja e o Estado, determinada pela Constituição republicana de 1891. Nossa "reforma católica" significou, de um lado, romanização, ortodoxia, reforço da hierarquia eclesiástica, do episcopado e das funções de direção das várias ordens; de outro, a chegada de padres estrangeiros para suprir "a falta de vocações", o fortalecimento das ordens existentes, a vinda de outras, a moralização do clero, a melhor formação dos padres, o avanço da educação nos colégios de padres ou de freiras. E se traduziu, principalmente nas cidades, num maior controle dos pastores sobre o rebanho, em progresso católico: "progresso católico de acordo com padrões, quer brasileiros em particular, quer Ocidentais, em geral, quer Católicos em particular, quer Cristãos, em geral, do que seja aperfeiçoamento da conduta, pela maior aproximação entre os ideais religiosos ou éticos — o de castidade cristã, por exemplo — e as práticas sociais; entre as normas anunciadas como características de um sistema ético e sua objetivação se não cotidiana, quase cotidiana, no ramerrame da existência ou do funcionamento desse sistema".[22]

Naquela altura, as virtudes católicas já estavam penetradas pela noção do dever fundada em valores modernos, em consequência de um longo esforço de adaptação empreendido pela Igreja. É evidente que a prática das virtudes continuou fundamentada na Revelação, permaneceu voltada à salvação da alma. Mas o exame de consciência e a generalização da confissão habitual — meios poderosos de racionalização, de disciplina interior — avançaram, apoiados na velha ideia de livre-arbítrio, em detrimento dos aspectos exteriores, puramente ritualísticos da religião. Estabelecido firmemente o valor da responsabilidade pessoal e o da força da vontade, pode-se passar à santificação dos deveres individuais em relação à conservação e ao aperfeiçoamento de si mesmo, fundamentada na ideia de dignidade própria aos filhos de Deus, criados à Sua imagem e semelhança. Esses deveres traduzem-se numa moral sexual rigorista, na sacralização da família (como se sabe um valor moderno), na exaltação do trabalho honesto e repúdio à preguiça, na condenação redobrada do desperdício e da ostentação, consequentemente no estímulo à vida sóbria, no respeito pelo próprio corpo — que leva às obrigações de higiene em relação à alimentação, ao vestuário, à casa, e também à educação física. Valores, portanto, modernos, mas antiutilitários: os interesses dos indivíduos, sejam eles de ordem material ou de natureza psicológica, devem ser subordinados à prática das virtudes, que definem o "bom cristão". Do ponto de vista da moral social, especialmente desde as encíclicas *Rerum novarum* e *Quadragesimo ano*, o valor moderno dos direitos individuais é redefinido, por assim dizer, pelo valor católico dos direitos da pessoa humana, com base na velha teoria dos direitos naturais de São Tomás de Aquino. É exatamente em nome da pessoa humana que se condena o "materialismo capitalista", na medida em que celebra a cobiça e transforma o homem em coisa, ou o "materialismo ateu dos comunistas", que suprime as liberdades humanas. A ideia de caridade cristã, uma ação puramente individual praticada por um "superior" em relação a um "inferior", se estende no solidarismo cristão, necessário a uma sociedade em que o trabalho deve ser mais valorizado do que o capital.

No que toca à moral individual e familiar, é exatamente essa orientação que continuará guiando a Igreja brasileira, com redobrada firmeza, dos anos 1920 em diante.

A família católica, em 1950, não se reduzia às funções de promoção social de seus membros; era, também, uma agência poderosa de moralização da sociedade, ainda que já penetrada pelo individualismo. Estávamos longe, muito longe do patriarcalismo urbano.[23] O casamento romântico, que dera os primeiros passos em meados do século XIX, havia praticamente triunfado. Homens e mulheres tinham adquirido o direito de escolher o cônjuge de sua preferência, de seguir os ditames do coração. A interferência da família existia, é claro, mas estava circunscrita ao convite nem sempre amigável, dos pais aos filhos, para que examinassem mais cuidadosamente, isto é, sem paixão, a personalidade do ou da pretendente, especialmente seus possíveis defeitos de caráter, evitando o "mau passo". A escolha do futuro marido ou da futura mulher já se fazia nos ambientes sociais diferenciados da cidade, especialmente da cidade grande. No círculo das relações familiares, dos parentes e dos amigos dos parentes, mas, também, nas festinhas, nos bailes de formatura, na turma da rua ou do bairro ou do prédio de apartamentos, nas férias, nos colégios quando eram mistos, no emprego, desde que, naquela altura, já havia muitas moças que trabalhavam, no comércio, nos hospitais, nas escolas, nos escritórios; na faculdade; até nos movimentos sociais e partidos de esquerda. A iniciativa do namoro cabia ao homem, mesmo aos tímidos, ou, por astúcia da mulher, parecia caber ao homem.

No namoro, olhares tórridos, muita conversa, pouca intimidade, mão no ombro, braço dado, pegar na mão, mãos dadas, dançar de rosto colado, o beijo na boca, como no cinema, foi um progresso. No mais, era dever das moças refrear os rapazes que queriam "avançar o sinal". Do contrário, ficariam logo "faladas", conhecidas como moças levianas, ou, nas rodas de homens, como "galinhas" ou "biscates". E a probabilidade de "ficarem para titias" ou "encalhadas" aumentava muito. No noivado, não, a intimidade era maior. Tanto assim que ex-noivas eram vistas com uma certa reserva: sabe-se lá o que andaram fazendo! O homem iniciava-se sexualmente cedo, os de classe média para cima geralmente com prostitutas, às vezes com empregadas domésticas, para certo orgulho do pai, com a compreensão da mãe: afinal, era da natureza masculina. Mas, para casar, agia diferente: procurava uma moça virgem, prendada, discreta, paciente, não muito ciumenta, capaz de ser boa mãe, boa dona de casa, boa esposa. Mas este ideal, ao menos em algumas camadas da sociedade, já estava se alterando: a beleza, o charme, "ter assunto", "saber conversar", passavam a contar cada vez mais.

No casamento, havia declinado a distância social entre o homem e a mulher, que era uma das características da velha família patriarcal. A diferenciação de funções persistia: o homem continuava o "cabeça do casal", o "chefe da casa", o encarregado de prover ao sustento da família; a mulher, a mãe, a dona de casa, a esposa. A relação entre o marido e a mulher tinha deixado de ser regida simplesmente pela hierarquia de superior para inferior: há diálogo, busca de compreensão mútua, de entendimento, sobretudo em relação à educação dos filhos, mas, também, em torno do orçamento doméstico e das pequenas coisas que preenchem a rotina da vida cotidiana. Quanto ao mais, pouco se sabe: para homens e mulheres daquele tempo era interdito falar de intimidades com outros estranhos, além do padre e do médico. Mas é possível afirmar que o ideal de felicidade individual já havia penetrado profundamente, provavelmente mais na mentalidade da mulher do que na do homem. O desejo de trabalhar, de independência financeira, convivia, da classe média para cima, com o ideal da "rainha do lar"; um certo inconformismo diante do comportamento sexual dos maridos dados a aventuras caminhava lado a lado com a resignação diante da natureza do homem. A busca do verdadeiro companheirismo, da autenticidade, da sinceridade nas relações entre os cônjuges ficava, é certo, abafada pela vontade ou pela necessidade de manter a qualquer custo o casamento, sobretudo por razões religiosas, mas, também, por motivos econômicos e por preconceito social.

Os filhos ocupavam crescentemente o centro da vida doméstica. Seu número diminuíra consideravelmente, em razão do controle da natalidade que se viera praticando — especialmente entre os de maior renda e de maior formação escolar — por meio, especialmente, do uso de preservativos, do método Ogino-Knaus (a tabela) e do coito interrompido. Mas o controle da natalidade, por sua vez, se explica sobretudo pelo desejo de poder educar melhor os filhos: outro exemplo de racionalização do comportamento.

Nos ambientes sociais mais tradicionais, ainda se via a surra de relho, de cinta, de chinelo. Mas, nos maiores centros urbanos e nos ambientes sociais mais arejados, a autoridade paterna ou materna e o respeito aos mais velhos passaram a conviver lado a lado com o diálogo e as sanções morais, que levam ao desenvolvimento da responsabilidade pessoal. O trabalho honesto como um valor social, como um fim em si mesmo, era inculcado pela educação dos pais, cultuado na escola católica ou pelos professores católicos das escolas laicas, públicas e privadas, celebrado pela Igreja. Ao mesmo tempo, outros cuidados para consigo mesmo eram preceituados às crianças, como, por exemplo, os hábitos de higiene do corpo, o horror ao alcoolismo, a necessidade da educação física, que se consolida nos currículos escolares. O respeito pelo próximo, também um filho de Deus, era um imperativo garantido exteriormente pelos bons modos. Na família e especialmente na escola, os professores tratavam de difundir o valor da "cultura", do conhecimento como valor, em oposição a uma visão puramente instrumental do que era apreendido. Também na escola, os professores falavam, e muito, com orgulho do Brasil, cantado em prosa e verso nas antologias em que se aprendia a língua portuguesa, exaltado nas aulas de história e geografia. Em casa, conversava-se de um país ainda jovem mas que ia vencendo o atraso, de um povo que estava sendo capaz de produzir boa parte do que significava progresso.

Isto acontecia enquanto pais estavam lutando, em meio ao duro combate pela sobrevivência, por valores igualitários, pela participação, enfim, pela cidadania. Muitos, mesmo que fossem migrantes rurais recém-chegados à cidade, já tinham aprendido na carne quais eram as regras que presidiam o mundo selvagem do capitalismo brasileiro.

A concorrência ilude: na consciência dos indivíduos, a apropriação desigual das oportunidades de vida é percebida como resultado das qualidades pessoais. Por exemplo, o lixeiro é lixeiro e o estivador é estivador porque não têm inteligência, estudo; o advogado é advogado e o médico é médico porque têm cultura, capacidade. O pequeno empresário é pequeno empresário porque sabe ganhar dinheiro, ou então porque é esperto, desonesto.

A concorrência ilude porque as qualidades pessoais não são inatas, adquirem-se na sociedade, através da sociedade, da família, da Igreja, da escola, no trabalho etc. Há, desde logo, o fato mais elementar de já ser ou não proprietário numa sociedade capitalista. Mas as qualidades intelectuais (inteligência, compreensão, raciocínio, tirocínio), as de formação profissional (instrução, cultura, conhecimentos técnicos), as de "caráter" (constância no trabalho, responsabilidade, ambição, desonestidade, esperteza etc.), as de trato pessoal (polidez, paciência etc.), todas elas são criadas e desenvolvidas com base em certas configurações da vida social.

A distribuição desigual deste conjunto de atributos constitui, em cada momento, *monopólios* que são apropriados e estabelecem *vantagens competitivas* decisivas para classes, frações de classes, camadas sociais, indivíduos. Já vimos, por exemplo, que para ser operário especializado, digamos, ferramenteiro da Volkswagen, era preciso saber ler e escrever bem, interpretar desenhos etc., o que significava ter curso primário completo e experiência anterior de trabalho. Para entrar nas posições intermediárias do funcionalismo público, era necessário "conhecer gente importante", políticos, altos burocratas, mas já havia concursos, com exigências difíceis de ser preenchidas, ler e escrever bem, saber datilografia etc. O mesmo se pode dizer para bancários ou vendedores de lojas comerciais, que exigiam prática, boa apresentação — terno e gravata ou vestidos ajeitados —, dentes, desembaraço no trato com o público, o que quer dizer saber falar português mais ou menos bem, lidar com talonários etc. Para ser trabalhador autônomo, marceneiro, encanador, mecânico de automóvel etc., era preciso aprender o ofício, ter dinheiro para comprar ferramentas. Mas para se estabelecer, não bastava; o problema era encontrar dinheiro para pagar o aluguel, arranjar fiador. Para ser advogado, médico, engenheiro, dentista, professor de ginásio ou de curso superior etc., era imprescindível ingressar na universidade, provir de uma família mais ou menos abastada, na melhor das hipóteses remediada, mesmo que o curso superior fosse feito à noite, trabalhando. Passar a pequeno empresário ou a médio ou a grande exigia capital e crédito, coisa para pouquíssimos. Mas na base da sociedade bastava a força muscular do operário desqualificado ou do trabalhador comum dos serviços.

A luta pela igualdade é exatamente o combate coletivo pela quebra dos monopólios sociais. E ela estava se fazendo dentro dos quadros liberal-democráticos estabelecidos pela Constituição de 1946. Um verdadeiro espaço público vinha sendo construído passo a passo. As dificuldades eram grandes. Como mobilizar um povo deixado, e por séculos, na ignorância pelas classes dominantes e pelas elites que governaram em seu nome? Como valorizar os direitos dos cidadãos para homens e mulheres que ainda carregavam a pesada herança da escravidão, que quer dizer passividade diante da hierarquia social e subserviência diante dos poderosos? Mas os progressos eram evidentes. Os impulsos de mudança partiam de mulheres e homens, de jovens inspirados pelo trabalhismo de feitio positivista, pelo socialismo, pelo comunismo — no Brasil, formas de pensamento social anti-individualista que decorrem, em boa medida, da secularização, no plano da ideologia política, da ética católica —, pelo solidarismo cristão. Acima de todas as divergências de orientação, havia um valor que era comum a todos, a construção da nação e da civilização brasileira. Foram eles que deram vida à imprensa, às universidades, aos movimentos culturais, aos sindicatos, aos partidos políticos progressistas, a campanhas como a do "Petróleo é nosso". E foi o nacionalismo que soldou as aspirações de trabalhadores, de funcionários públicos, de setores da classe média, de parcela do pequeno empresariado, permitindo domar a rebeldia dos interesses do setor exportador e estabelecer os pré-requisitos (o aço de Volta Redonda, a Petrobras, o BNDE) do "salto industrializante" do período JK. "Decidiu-se" então negociar com o capital estrangeiro, mas o desenvolvimento se fez em nome da nação e dentro do regime democrático. No final dos anos 1950, o ideário era amplo, formulado às vezes com a precariedade própria de tudo o que nasce no calor da luta política. Mas, indo ao essencial, poderíamos dizer que abrangia: reforma agrária, para quebrar o monopólio da terra, atacar a miséria rural e evitar as migrações em massa, que pressionavam os salários urbanos para baixo; criar uma escola ao mesmo tempo pública, isto é, acessível a todos, e republicana, quer dizer, que preparasse cidadãos para a democracia; subida dos salários de base e ampliação dos direitos sociais; controle do poder econômico privado, representado antes de tudo pelo capital multinacional; controle público dos meios de comunicação de massas. Havia, por certo, a resistência tenaz dos interesses dominantes, seja internos — dos banqueiros, grandes empresários, da maior parte do pequeno e médio empresariado, dos latifundiários —, seja externos — especialmente o governo dos Estados Unidos —, todos sempre dispostos a bater às portas dos quartéis, sempre prontos a desfraldar o fantasma do "comunismo ateu", sempre expeditos no defender ora a ditadura, ora o liberalismo plutocrático. Esses interesses ganhavam amparo em parte expressiva da classe média, ciosa de sua superioridade em relação à massa, apegada tradicionalmente ao elitismo, sempre sensível ao impacto da elevação dos salários de base e da multiplicação dos empregos formais sobre seu padrão de vida, amparado em boa medida em serviçais pessimamente remunerados. E eram sustentados pelos principais meios de comunicação social, por boa parte da organização da Igreja, que continuava atada aos ricos e poderosos, que continuava conservadora, pelos partidos políticos de centro-direita.

O embate não dizia respeito à defesa do que já ficara sepultado no passado, a economia exportadora e a sociedade agrária, não colocava em tela de juízo a necessidade ou não da industrialização. O que estava em jogo, isto sim, eram dois estilos de desenvolvimento econômico, dois modelos de sociedade urbana de massas: de um lado, um capitalismo selvagem e plutocrático; de outro, um capitalismo domesticado pelos valores modernos da igualdade social e da participação democrática dos cidadãos, cidadãos conscientes de seus direitos, educados, verdadeiramente autônomos, politicamente ativos.

Portanto, 1964 representou a imposição, pela força, de uma das formas possíveis de sociedade capitalista no Brasil.

O CAPITALISMO DOS VENCEDORES

A "Revolução de 64", ao banir, pela violência, as forças do igualitarismo e da democracia, produziu, ao longo de seus 21 anos de vigência, uma sociedade deformada e plutocrática, isto é, regida pelos detentores da riqueza.

No final do período de crescimento econômico rápido, em 1980, as relações concretas entre as classes sociais guardavam uma semelhança apenas formal com aquelas observadas nos países desenvolvidos. As desigualdades relativas em termos de renda e riqueza eram muitíssimo maiores no Brasil. A dinâmica econômica e social se apoiou continuamente, de um lado, na concorrência desregulada entre os trabalhadores, e, de outro, na monopolização das oportunidades de vida pelos situados no cimo da sociedade.

Como resultado, em vez de a renda das grandes maiorias subir continuadamente em compasso com o aumento da produtividade social do trabalho, regulando os demais rendimentos (trabalho de direção e demais funções ligadas ao controle do capital), ocorre o contrário. Ou seja, os rendimentos dos trabalhadores subalternos são comprimidos para abrir espaço simultaneamente para lucros astronômicos e para a diferenciação das rendas e do consumo dos funcionários do dinheiro e da nova classe média.

O autoritarismo plutocrático instalado pela "Revolução de 64", em lugar de promover a reforma agrária, reforçou o monopólio da terra, através da modernização selvagem do campo. A extensão do crédito subsidiado e a tecnificação dos processos produtivos levaram à industrialização da agricultura, que se voltará especialmente para os produtos de exportação (soja, milho, depois a laranja). O latifúndio acentua fortemente seu caráter capitalista, mas as médias e boa parte das pequenas propriedades também se convertem em verdadeiras empresas rurais. E vem, nos anos 1970, a grande novidade representada pelos chamados complexos agroindustriais: em torno de uma grande empresa, a Sadia ou a Perdigão, por exemplo, giram pequenos proprietários que produzem sob encomenda, usando mão de obra familiar e um ou outro assalariado. Por outro lado, aparece uma camada mais qualificada de trabalhadores permanentes, por exemplo, o tratorista, o operador de colheitadeira, o técnico em inseminação artificial. Surgem até novas profissões de nível superior ligadas aos afazeres agrícolas, como o biólogo do centro de pesquisa da grande usina de açúcar. O antigo engenheiro agrônomo ganha destaque, mas se torna, também, vendedor de adubos e fertilizantes, ou de máquinas e equipamentos agrícolas.

A esmagadora maioria da população que ainda vivia no campo em 1980, cerca de 40 milhões de pessoas, continuava mergulhada na pobreza absoluta. Eram os mesmos posseiros ou proprietários de um pedaço de terra, ainda presos àqueles padrões de produção arcaicos, àquela economia "da mão para a boca", sempre abandonados pelo poder público. Para eles chegará, em 1971, tardia e parcialmente, a Previdência. Mas não terão acesso nem à luz elétrica, nem ao abastecimento de água, nem à fossa séptica ou à rede de esgoto, nem aos padrões modernos de consumo. A escola continua quase tão inacessível quanto antigamente, quase tão precária quanto era. O "morador" e o colono foram substituídos pelo proletário rural, o boia-fria ou "volante", que reside nas cidades, vaga de um lado para o outro do país à procura de trabalho, desenraizado da terra, por vezes até inteiramente ignorante dos procedimentos agrícolas.

Nestas circunstâncias, como já salientamos, o êxodo rural se intensifica de maneira extraordinária. Na década de 1960, abandonaram o campo quase 14 milhões de pessoas, e, na de 1970, outros 17 milhões. A miséria rural é, por assim dizer, exportada para a cidade. E, na cidade, a chegada de verdadeiras massas de migrantes — quase 31 milhões entre 1960 e 1980 — pressionou constantemente a base do mercado de trabalho urbano. Em vez de regular o mercado urbano de trabalho, para evitar que o monopólio do capital pudesse se exercer sem freios, o autoritarismo plutocrático, a pretexto de combater a inflação, pôs em prática uma política deliberada de rebaixamento do salário mínimo. Não bastasse isso, a ditadura calou os sindicatos. E facilitou a dispensa e a rotatividade da mão de obra.

Os salários do trabalhador comum, nestas circunstâncias, não poderiam deixar de ser baixos. Mas milhões de migrantes rurais e de citadinos pobres conseguiram encontrar empregos, de doméstica, na construção civil, nas ocupações não qualificadas da indústria, nos serviços mais "pesados": o crescimento econômico vertiginoso (11,2% ao ano, entre 1967 e 1973, 7,1% ao ano, entre 1973 e 1980) gerava em abundância novos postos de trabalho.[24]

Houve, por outro lado, uma extraordinária massificação de certas profissões que eram, anteriormente, de qualificação média. Na construção civil, é o caso do pedreiro, do pintor, do encanador e mesmo do eletricista, afetados pela simplificação trazida pelos novos materiais e pelas novas técnicas. Por exemplo, o rolinho substituiu as várias broxas, facilitando a tarefa de aplicação de tintas sintéticas. A massificação foi, contudo, de maior profundidade nos serviços e nos trabalhos de escritório, dando lugar ao nascimento de *uma nova camada de trabalhadores comuns*, cujos salários se aproximavam dos percebidos pelo simples operário industrial. A ampliação do ensino fundamental, mesmo nas condições em que foi feita, criou uma oferta abundante de mão de obra apta a exercer postos de trabalho subalternos, rotineiros, pouco exigentes em termos de escolaridade — praticamente só requeriam ler e escrever —, que se ampliavam rapidamente. Por exemplo: balconistas, caixas de supermercado, datilógrafos, office boys, telefonistas, caixas de banco.

Em boa medida, os empregos criados pela industrialização acelerada e pela urbanização rápida eram "com carteira assinada": o número de segurados contribuintes da Previdência Social passa de 3 milhões, em 1960, para 9,5 milhões, em 1970, e chega aos 23,8 milhões em 1980. O que quer dizer, inclusive, aposentadoria garantida, mesmo que os valores fossem baixos.[75]

Muitos dos trabalhadores comuns puderam ainda colocar seus filhos em escolas públicas e a família passou a ter acesso ao sistema de saúde. Em 1980, estavam matriculados no ensino fundamental proporcionado por estados e municípios nada menos do que 17,7 milhões de alunos (contra os 6,5 milhões de 1960). Mas a qualidade do ensino era, em geral, péssima. De cada cem alunos, apenas 37 chegavam à quarta série, e só dezoito, à oitava série: os mais pobres estavam muito sujeitos à repetência e tinham de abandonar a escola quando chegava a hora de trabalhar. Por força do crescimento do sistema escolar, multiplicou-se o número de professores, merendeiras, serventes etc. A expansão dos serviços de saúde nas cidades foi extraordinária, especialmente na década de 1970. Entre 1970 e 1980, as consultas médicas realizadas pelo INAMPS subiram de aproximadamente 36 milhões para 160 milhões, as consultas odontológicas, de 4,2 milhões para 25 milhões, as internações hospitalares, de 2,8 milhões para 9,5 milhões, os exames laboratoriais, de 10,5 milhões para cerca de 49,5 milhões, os radiológicos, de quase 2,5 milhões para quase 22,5 milhões.[26] Em consequência, criaram-se novos postos de trabalho, de médico, enfermeira, atendente, técnicos em laboratório etc. A qualidade dos serviços era ruim. Mas, para quem não tinha nada ou quase nada, parecia algo bom. Muitos, também, puderam se beneficiar da luz elétrica e do abastecimento de água encanada, que atendia, em 1980, 72 milhões de moradores urbanos; já 58 milhões dispunham de acesso à rede de esgoto ou de fossa séptica.[27]

Mesmo com salários baixos, o grosso dos trabalhadores comuns pôde se incorporar, ainda que mais ou menos precariamente, aos padrões de consumo moderno, com o auxílio da mulher, empregada doméstica ou operária, e da filha ou do filho, que labutavam no escritório de empresas ou nos serviços em geral. Poucos puderam se beneficiar dos financiamentos para a casa própria concedidos pelo Banco Nacional da Habitação (BNH). O jeito era o de sempre: juntar dinheiro, comprar um terreno a prestação, construir o mínimo, depois ir aumentando a casa. Mas uma parte foi obrigada a "morar de aluguel". Os padrões de alimentação caminharam na direção do produto industrializado em massa: mais leite, margarina, mais barata que a inacessível manteiga, óleo de soja, mais barato que a banha de porco, mais frango e ovos de granja, também relativamente baratos, ao contrário do frango e do ovo caipiras, linguiça, salsicha, outros embutidos baratos, ao contrário da carne de porco comprada antigamente em açougue, carne de vaca de segunda com mais frequência, uma ou outra fruta, uma ou outra verdura, um ou outro legume, de vez em quando doce em lata, chocolate de terceira categoria; e o de sempre, arroz, feijão, macarrão, café ralo. Os padrões de higiene foram incorporando algumas das inovações: a escova e a pasta de dentes, o sabonete barato, o papel higiênico ainda que áspero, o desodorante barato, o modess, o batom, a escova ou o pente de plástico para cabelo, o chuveiro elétrico. Os padrões de limpeza da casa se transformaram: na cozinha, onde se instalou o fogão a gás de botijão, havia detergente, sapólio, bombril, panelas de alumínio e louças baratas. Os padrões de vestimenta incorporaram a roupa barata produzida agora pela indústria: a calça jeans, para homens e mulheres; a camiseta; o tênis baratíssimo, de pobre, a sandália havaiana; uma ou outra camisa, uma saia, uma blusa, todas de fio sintético, uma roupa um pouco melhor para ocasiões especiais. E vieram os eletrodomésticos: o radinho de pilha, sempre o primeiro a ser comprado, a geladeira, tão indispensável no clima quente, a sonhada televisão preto e branco, de catorze polegadas, adquirida a prestação, com enorme sacrifício, pagando juros extorsivos: em 1960, estavam em uso apenas cerca de 600 mil televisores preto e branco; em 1979, 12,3 milhões.[28]

Em resumo: na base da sociedade urbana está o *trabalho subalterno*, rotineiro, mecânico. Falamos dos pobres, de dois terços dos trabalhadores da indústria, tanto do rés da fábrica como do escritório, da esmagadora maioria dos trabalhadores nos serviços, dos "barnabés" do serviço público. Todos, sujeitos a uma alta rotatividade no emprego — à exceção, é claro, dos funcionários do governo. Falamos de porteiros, de caixas de banco e de supermercado, de outras lojas comerciais, de empregadas domésticas, de pedreiros, pintores, encanadores, eletricistas, datilógrafos, embaladores, faxineiros, atendentes de bar, jardineiros, motoristas de ônibus, chapeiros de bar, cozinheiros, pizzaiolos, manicures e cabeleireiras, sapateiros, garçons, atendentes de farmácia, guardadores de carros, manobristas de estacionamento, mecânicos de automóvel, padeiros, chaveiros, merendeiras de escolas públicas e creches, vigias, mensageiros e office boys, atendentes de postos de saúde, simples enfermeiras e auxiliares de enfermagem, telefonistas, atendentes de consultório médico ou dentário, também de escritórios de advocacia, frentistas dos postos de gasolina, empacotadores de supermercado, prostitutas de rua, cobradores de ônibus, vendedores ambulantes, motoqueiros, sorveteiros da carrocinha, balconistas da sorveteria ou da doceira, vendedoras de porta em porta dos produtos, o pioneiro Avon e posteriormente também

Natura, operadores de xerox, vendedores de loja de departamento, de eletrodomésticos etc.

No entanto, há dois pontos extremamente importantes, que traduzem o que os economistas chamam de segmentação do mercado de trabalho. Primeiro: para o mesmo trabalho subalterno, os salários e benefícios indiretos são decrescentes em relação ao tamanho da empresa e à formalização ou não da relação de emprego. Uma coisa é trabalhar numa montadora de automóveis, outra, muito diferente, se for em confecção pequena que não registra seus empregados: os salários são maiores, existe plano de saúde, restaurante, férias, décimo terceiro salário etc.; e, o que é decisivo, há uma carreira a ser percorrida. Por outro lado, para o mesmo tipo de trabalho, os salários e os rendimentos variam segundo o respectivo mercado de consumo. Por exemplo: uma coisa é ter um ponto "chaveiro" ou uma banca de jornal nos bairros de elite, outra, num bairro da periferia. Uma coisa é ser motorista de ônibus, bem outra, o da "madame" dos bairros de classe alta. A gorjeta da manicure de rico é uma, a de pobre, se existir, é outra. Uma coisa é ser empregada doméstica de um alto executivo, outra, a faxineira de um casal formado por um analista contábil *junior* e uma secretária também *junior*. E há, também, pintores, encanadores, eletricistas etc., que estão conectados aos mercados de consumo de maior poder aquisitivo. Ganham mais. Mas os preços dos serviços são extraordinariamente mais baratos que os vigentes nos países desenvolvidos.

Quase todos os trabalhadores subalternos experimentaram ascensão social: porque se livraram da miséria rural, porque saíram da construção civil e foram para a indústria, porque se viram livres do trabalho "sujo", "pesado", "monótono" do operário: mas, também, porque, bem ou mal, incorporaram os padrões de consumo e o estilo de vida modernos.

Mas uma parcela dos trabalhadores comuns estava, em 1980, mergulhada na pobreza absoluta. Nas regiões de maior dinamismo econômico, bastava a ocorrência de algum percalço ou de alguma fatalidade para que a vulnerabilidade decorrente dos baixos salários ou da baixa renda se traduzisse em insuficiência alimentar, em precariedade habitacional etc. Por exemplo, a mulher chefe de família com muitos filhos, o migrante rural sem ponto de apoio na cidade, o velho sem aposentadoria. No entanto, onde imperava uma relativa letargia, como em algumas cidades grandes do Nordeste e mesmo no Rio de Janeiro, foi se acumulando um contingente de pobreza estrutural. Se acrescentarmos os citadinos miseráveis aos boias-frias e aos pequenos produtores rurais, igualmente miseráveis, estaremos diante dos excluídos, *les damnés de la terre.*

Os baixos salários numa economia em expansão acelerada, que ganhava produtividade, têm uma consequência óbvia: margens de lucro elevadíssimas, da grande, da média e da pequena empresa, onde quer que estejam, na indústria ou nos serviços. Isso significa um grande poder de acumulação de capital e de multiplicação da riqueza. Os lucros gordos do pequeno empresário permitem, antes de mais nada, uma vida opulenta, de fazer inveja aos seus congêneres dos países desenvolvidos. Na grande empresa, e mesmo na média, as elevadíssimas margens de lucro abriram caminho, ainda, para uma espantosa elevação das remunerações das funções de direção, exercidas por executivos, gerentes, chefes, assessores bem situados. Na empresa pública, ocorre o mesmo fenômeno: a subida pronunciada dos salários do pessoal de direção. No governo, também: os salários da cúpula disparam, descolando-se inteiramente da base do funcionalismo público.

E aqui chegamos ao topo da sociedade. Olhemos para ele, em 1980. Encontraremos imediatamente o verdadeiro núcleo duro do poder econômico e político. Às grandes corporações multinacionais já operando com sucesso em 1960, vieram se juntar várias outras recém-chegadas, ou as de há muito instaladas que ampliaram significativamente suas atividades, como, por exemplo, a Ford e a General Motors: todas acumulam capital aceleradamente e crescem vertiginosamente. Na banca, tinha havido uma ampliação enorme dos negócios acompanhada por uma concentração expressiva de capital e pela profunda renovação das instituições financeiras líderes (o caso especialmente do Bradesco e do Itaú). Surgira uma megaempresa de comunicações, a Globo, uma grande editora de revistas, a Abril, e a imprensa se transformara definitivamente numa corporação moderna. O empreiteiro de obras públicas tornou-se um megaempresário, politicamente muito influente. O capitão de indústria, comandante de grupo econômico, controlava um montante de riqueza em muito acrescido. Havia agora um número bem maior de grandes empresários da indústria, do comércio, dos transportes etc.

Gravitando em torno desse núcleo, veremos os *funcionários mais qualificados do dinheiro*. Diretores: diretores financeiros, comerciais, responsáveis pela área de produção, pelo departamento jurídico, de recursos humanos, ou de vendas, ou de compras, de marketing, assistentes ou assessores de diretoria, secretárias da presidência ou da diretoria. Abaixo deles, os gerentes: gerentes de vendas, de produção, de crédito e cobrança, de grupo de produtos, de organização & métodos, de loja, de tesouraria, de treinamento, de recursos humanos, de pesquisa de mercado, de captação, de *open*, de contabilidade de custos, regional ou nacional de vendas, de importação, de manutenção geral etc. Outros diretores, gerentes e assessores estão empregados em empresas que prestam serviços às grandes: as agências de publicidade, nacionais e estrangeiras, associadas ou não a nacionais, de pesquisa de mercado, os grandes escritórios de advocacia, tributária, trabalhista etc., as grandes empresas de auditoria, nacionais ou estrangeiras, as consultorias econômicas, as empresas de projetos etc.

Segue-se o anel dos médios e pequenos empresários, da indústria e dos serviços. A pequena empresa — que é formalmente estabelecida e usa, mesmo que parcamente, trabalho assalariado — se multiplica e está por toda parte. Numa enorme variedade de setores: na indústria têxtil, de confecção, de calçados, na metalúrgica, de brinquedos, de produtos plásticos, de móveis etc.; no comércio, de roupas para homens, de produtos para mulheres, de calçados, de artigos esportivos, ou de mesa e banho, de eletrodomésticos e fogões, de brinquedos, de automóveis, de materiais de construção, de flores, de produtos de beleza, de alimentos e bebidas finas, de móveis, de aparelhos de iluminação, na locadora de vídeo etc.; nos serviços, no bar, na lanchonete, na pastelaria, na doceira, na sorveteria, na padaria, no restaurante, na churrascaria, no rodízio, na pizzaria, no cabeleireiro para homens, no salão de beleza, na academia de ginástica, de dança, de natação, no spa, no colégio particular, na loja do decorador, na oficina mecânica, na loja de conserto de eletrodoméstico, TV, som, na pequena empresa desentupidora de encanamentos, no autoelétrico etc.; nos transportes, na pequena empresa de ônibus urbano, interurbano e de turismo — que convive com a média e até com a grande —, na empresa de táxi, na locadora de automóvel; no turismo, por exemplo, no pequeno hotel ou na pousada e na pequena agência de viagens; na pequena empresa de compra e venda de telefones etc. Mas há pequenas empresas voltadas para o mercado de luxo e estabelecidas nas zonas e nos shopping centers elegantes da cidade, como há pequenas empresas voltadas para o consumo da classe média ou do pobre. Como há pequenas empresas com um raio de ação menor ou maior, dependendo do bairro e do tamanho da cidade em que estejam estabelecidas. Mas, de modo geral, pode-se afirmar que os pequenos empresários tinham e ainda têm um nível de renda e um padrão de vida muitíssimo superiores aos de seus congêneres dos países desenvolvidos, graças aos baixos salários que pagam e à sonegação sistemática de impostos e de obrigações sociais que praticam.

Na média e na pequena empresa mais complexas, defrontamo-nos, também, com diretores, gerentes, assessores, que, no entanto, integram estruturas burocráticas menos diferenciadas e gozam de situação de mercado menos valorizada que a de seus pares da empresa gigante. A média empresa e mesmo algumas pequenas, por sua vez, podem se utilizar de outras empresas prestadoras de serviços especializados, como agências de publicidade, e de profissionais autônomos, como tributaristas, auditores etc.

A todos estes grupos dominantes, que dirigem a maquinaria capitalista, há que acrescentar os que estão alojados na cúpula do Estado: executivos e gerentes das diversas empresas estatais; juízes, promotores, delegados, desembargadores, ministros de tribunais; coronéis de polícias militares, o topo da hierarquia nas Forças Armadas, professores universitários mais graduados; políticos, vereadores, deputados, estaduais e federais, senadores, governadores de estado, presidente; outros funcionários bem situados nos três poderes da República, por exemplo, chefes de órgãos importantes de ministérios e secretarias, assessores "de alto nível".

Desfrutando do gasto da elite, defrontamo-nos com uma camada de profissionais que prestam serviços, com grande proveito financeiro, ao corpo estressado e à alma talvez atormentada dos endinheirados e de suas famílias: psicanalistas, psicólogos, astrólogos, fonoaudiólogos, acupuntores, pilotos de jatinhos e helicópteros, cardiologistas, prostitutas de luxo, mesmo que disfarçadas de modelo ou miss, cirurgiões plásticos, promotoras de festas, psiquiatras, banqueteiras, videntes, parapsicólogos, proprietários de prósperas academias de ginástica, de dança ou de balé ou de natação ou de tênis, donos de colégios particulares para a elite, ou de universidades empresariais, ou de cursos de línguas, especialmente a inglesa, gastroenterologistas, figurinistas, esteticistas, professores particulares que socorrem a indolência dos filhos, geriatras, ortodentistas, cabeleireiros elegantes, advogados especialistas em desquites e divórcios ou em tributação, secretárias obsequiosas, massagistas, decoradores, endocrinologistas, alfaiates elegantes, donos de spas, psicopedagogas, dermatologistas e *tutti quanti*. Toda essa variegada gama de profissionais equalizada pelo mercado.

É a alta renda de todos estes grupos — dos que dirigem a maquinaria capitalista (grandes, pequenos e médios empresários, o pessoal de direção da empresa privada), dos que estão na cúpula do Estado e de todos os que cuidam dos endinheirados — que alimenta o mercado de consumo de luxo, de bens ou serviços. É o restaurante de luxo, a butique de luxo, a sorveteria de luxo, o salão de beleza de luxo, a doceira de luxo, o bar de luxo, o shopping center do bairro rico, a loja de alimentos sofisticados e de bebidas importadas, a casa de carnes especiais, a *boate* de luxo, a danceteria de luxo, o hotel de luxo, a agência de turismo de rico etc. etc.

Com base no gasto suntuário dos ricos e dos privilegiados, forma-se uma *nova camada de clientes* — uma espécie de agregado moderno —, constituída não mais por critérios afetivos, mas selecionada pela concorrência no mercado, ainda que, no caso de profissionais qualificados, as "boas relações" contem, e muito. Uma parte desses clientes, como vimos, é constituída exatamente pelos pequenos empresários, alguns até médios, por profissionais liberais ou por profissionais de "alta qualificação", que cuidam do corpo e da alma dos endinheirados. Mas há uma outra, composta de trabalhadores comuns, de trabalhadores especializados e mesmo de alguns profissionais de qualificação superior: é integrada por cozinheiros-chefes, garçons e maîtres dos restaurantes de luxo, empregadas domésticas qualificadas, caseiros das mansões de campo ou de praia, alguns marceneiros, alguns encanadores, alguns eletricistas, alguns proprietários de bancas de jornais, alguns chaveiros, alguns motoristas, vendedoras de lojas elegantes, jardineiros, pilotos de jatinho ou helicóptero, manicures de salões de beleza, alguns professores assalariados de academias de dança ou de ginástica, professores de "cursinhos", universidades ou escolas privadas para ricos etc.; por um verdadeiro exército de "seguranças", um prolongamento, também muito moderno, do antigo capanga.

Deixemos o mundo nucleado pelos que controlam o capital e são os donos do poder, para entrarmos no universo da nova classe média, criada pela expansão extraordinária do emprego público e privado de "qualificação intermediária".

Deparamo-nos com profissionais de nível superior de renda mais baixa, de menor êxito ou em começo de carreira, autônomos ou empregados em funções médias nas empresas ou no governo. Estão aqui os chefes, chefes de compra, do almoxarifado, de contas a pagar, de fabricação, de relações trabalhistas etc. E, também, por exemplo, funcionários públicos mais bem situados, o médico do sistema público de saúde, o plantonista do pronto-socorro privado, o engenheiro recém-formado, o professor universitário sem doutorado, o professor do ensino fundamental e médio das escolas privadas, que pagam melhor, o advogado com banca de clientes menos abonados e em menor número, o dentista de consultório da periferia. Mas a renda *familiar* desse estrato pode subir consideravelmente devido ao trabalho da mulher, também profissional liberal ou até mesmo empregada em postos de trabalho um pouco mais "baixos". Por exemplo, um médico recém-casado com uma enfermeira-chefe, o casal mais velho de advogados etc.

Outro degrau mais abaixo, e toparemos com os funcionários de escritório mais qualificados, da empresa ou do governo, que são profissionais de nível superior ou pessoas "práticas", como, por exemplo, diretores e supervisores de escolas do ensino público, delegados de polícia em início de carreira, o bancário de postos intermediários, o analista de custos ou o projetista, a enfermeira mais experiente. Também nesse caso, a renda familiar pode crescer por força do casamento, por exemplo, entre a secretária do gerente e o funcionário bem situado do banco.

A nova classe média está, em geral, plenamente integrada nos padrões de consumo moderno de massas, de alimentação, de vestuário, de higiene pessoal e beleza, de higiene da casa. Tem todas as maravilhas eletrodomésticas, inclusive a TV em cores, 21 polegadas (de 1972, quando começou a ser produzida, a 1979, foram vendidos cerca de 4,5 milhões de aparelhos). Tem telefone. Tira férias e viaja com a família pelo Brasil, de avião ou de carro; hospeda-se em hotéis "razoáveis". Mas talvez o símbolo de status mais significativo seja o automóvel, trocado a cada ano ou a cada dois anos. O automóvel e o apartamento classe média: alguns chegaram a se beneficiar de financiamento para casa própria concedido pelo Banco Nacional da Habitação; outros pouparam e compraram à vista. Usa, também, *alguns* dos serviços consumidos pelas elites, prestados por profissionais "mais baratos", ou por empresas voltadas para esta faixa de mercado: os da empregada doméstica menos qualificada, os de médicos e de dentistas particulares com preços mais em conta, ou os de convênios médicos, os de colégios, cursinhos e faculdades privadas de mensalidade menor, os de salões de beleza para a "classe média", os da prostituta da casa de massagem, o da cantina italiana e da churrascaria tipo rodízio, o do shopping center de bairro médio, a aula de natação ou de dança é realizada em academias mais modestas etc.

O padrão de vida da nova classe média beneficia-se muitíssimo dos serviços baratos. No Brasil, a empregada doméstica é barata, o churrasco-rodízio ou a pizza de segunda são baratos porque o churrasqueiro e o pizzaiolo ganham pouco, o salão de beleza é relativamente barato porque a cabeleireira e a manicure ganham pouco etc. Esse tipo de exploração dos serviçais pela nova classe média reduz seu custo de vida e torna o dia a dia mais confortável do que o da classe média dos países desenvolvidos. A subida da renda dos serviçais é contraditória com o nível de vida relativamente alto dos remediados.

Para quase todos, as ocupações características da nova classe média criada pela industrialização acelerada e pela urbanização rápida, entre 1960 e 1980, representaram uma indiscutível ascensão social. São as filhas e os filhos do pequeno empresário, dos trabalhadores especializados da indústria, do marceneiro, do eletricista, do encanador bem-sucedido, do dono da oficina mecânica, da cabeleireira do salão de beleza de "classe média", da enfermeira-chefe, da professora primária ou secundária, do chefe de seção, do bancário mais bem situado, enfim, são as filhas e os filhos de quem já estava vários degraus acima do trabalhador comum, que chegaram a cursos profissionalizantes (técnicos, de secretariado, normal) ou ao ensino superior: em 1980, nada menos do que 1,4 milhão de universitários estavam matriculados, contra os 95 mil de 1960. E daí, saltaram para este "segundo mundo". Mas sempre com a ambição de ir adiante a todo custo.

Espremidos entre a nova classe média e o trabalhador comum, estão o trabalhador manual de maior qualificação dos serviços (por exemplo, o mecânico de automóvel competente, o excelente eletricista ou o ótimo encanador) e o operário especializado da empresa privada e pública, simbolizado pelo "metalúrgico" e pelo "petroleiro". São, por exemplo, torneiros mecânicos, caldeireiros, mecânicos, controladores de produção, eletricistas ou encanadores de manutenção, ferramenteiros, fresadores, inspetores de controle de qualidade, soldadores, retificadores, instrumentistas, mandriladores, operadores de caldeiras, preparadores de máquinas etc. Seus salários são bem mais altos que os dos outros trabalhadores industriais manuais, o que aproxima seu padrão de vida ao da nova classe média. Gozam de uma estabilidade no emprego muito maior que a do trabalhador comum, da fábrica ou do escritório. Também muitos vieram de baixo, do trabalho industrial comum.

O Brasil, que já chocara as nações civilizadas ao manter a escravidão até finais do século XIX, volta a assombrar a consciência moderna ao exibir a *sociedade mais desigual do mundo*. Não é por acaso que o termo *brazilianization* vai se tornando sinônimo de capitalismo selvagem.

Entre 1960 e 1980,[29] os 5% mais prósperos — o grande e médio empresariado, os altos executivos, profissionais de grande sucesso que prestam serviços aos ricos e uma parcela do pequeno empresariado — subiram sua participação na renda dos já elevados 28,3% para espantosos 37,9%. Se acrescentarmos a esses primeiros 5% outra parte de pequenos empresários, gerentes e chefes, do grosso do pessoal de nível superior do governo, de profissionais liberais bem-sucedidos, chegaremos aos 10% superiores, que se apropriavam de 50,9% da renda total (contra os já altíssimos 39,6%, de 1960). Se adicionarmos, ainda, outra camada de profissionais de nível superior de menor renda e trabalhadores de escritório de qualificação média, na empresa e no governo, estaremos diante dos 20% superiores, que dispunham, em 1980, de 66,1% da renda total (contra 54,8% de 1960). Os 60% mais pobres, os trabalhadores subalternos do campo e das cidades, que, em 1960, detinham parcos 24,9%, passam aos escandalosos 17,8%, em 1980. Sanduichados entre os trabalhadores subalternos, de um lado, e os ricos e privilegiados, de outro, estão os outros 20%, trabalhadores qualificados e semiqualificados, trabalhadores da "classe média baixa", como bancários, vendedores, professores primários, enfermeiras, e uma faixa de trabalhadores manuais por conta própria mais bem remunerados (encanadores ou eletricistas que trabalham para os ricos e privilegiados, donos de banca de jornal, guardadores de carros nas zonas ricas, garçons de restaurante de luxo etc.). No conjunto, possuíam, em 1980, 16,1% da renda global, menos do que em 1960 (20,3%). Essa queda na participação se explica pela "massificação" e desqualificação de certos postos de trabalho, como bancário, vendedor, professor primário.

Estamos, portanto, diante de um *capitalismo plutocrático mas extremamente dinâmico*. Vivemos, entre 1967 e 1979, um período de altas taxas de crescimento, que nos levaram à posição de oitava economia capitalista do mundo. Mas nosso capitalismo combinava concentração gigantesca da riqueza e mobilidade social vertiginosa, concentração de renda assombrosa e ampliação rápida dos padrões de consumo moderno, diferenciação e massificação. Encontramo-nos, pois, perante — como tem insistido com toda a razão Celso Furtado —[30] uma *sociedade deformada, fraturada em três mundos*: o "primeiro mundo" dos magnatas, dos ricos e privilegiados, em que as características do verdadeiro Primeiro Mundo aparecem exacerbadas, especialmente na renda e na riqueza do pequeno empresariado, nos ganhos da "nova clientela" de profissionais que lidam com os problemas materiais e "espirituais" dos enriquecidos, na remuneração do pessoal de direção da empresa privada e do setor público; o "segundo mundo" da nova classe média é, na verdade, um simulacro do "primeiro", povoado de serviçais mal remunerados, que garantem um padrão de vida muito superior ao desfrutado por seus congêneres do verdadeiro Primeiro Mundo; finalmente, o "terceiro mundo", dos pobres e dos miseráveis, esses sim, mantidos à distância das condições de vida digna que prevalecem para o povo do verdadeiro Primeiro Mundo. A comunicação entre os "três mundos" é estabelecida pela concorrência entre os indivíduos no âmbito do crescimento econômico rápido e da mobilidade social. E, muito secundariamente, faz-se pela presença, confortável para uns e perversa para outros, dos pobres clientes dos magnatas, ricos e privilegiados, ou dos pobres serviçais da nova classe média.

O Estado tratou de estimular e garantir o crescimento econômico rápido, distribuindo incentivos, crédito subsidiado, fazendo investimentos maciços em obras públicas urbanas — a serviço em boa medida do automóvel —, em aço, energia elétrica, telecomunicações, petróleo, petroquímica. Para os pobres e miseráveis, reservou a expulsão do campo, a compressão dos salários de base, facilitou a dispensa, calou os sindicatos. Bastavam os empregos criados pelo crescimento econômico. E, também, políticas sociais de saúde, previdência, educação, saneamento básico: mas os assalariados deviam pagar pelo que recebiam em troca, por meio de um sistema tributário injusto, amparado nos impostos indiretos pagos por todos e nas diversas contribuições sociais, em que a parte do empresário era repassada para o preço. Pouco importava a qualidade dos serviços, pouco importava se o professor ou o médico eram relativamente mal remunerados, correndo de uma escola a outra, de um hospital a outro: não havia lugar no orçamento para coisa melhor. Sob a aparência de democratizar oportunidades, o que se fez, na verdade, foi dar uma nova face aos monopólios de sempre.

NOSSA VIDA MODERNA

O processo de secularização da cultura, que tinha dado, até 1964, apenas alguns passos, ganhou grande velocidade nos 21 anos seguintes. O autoritarismo plutocrático fechou o espaço público, abastardou a educação e fincou o predomínio esmagador da cultura de massas. Sua obra destrutiva não se resumiu, pois, à deformação da sociedade brasileira pela extrema desigualdade. Legou-nos, também, uma herança de miséria moral, de pobreza espiritual e de despolitização da vida social. Eis a base de uma verdadeira tragédia histórica que se enraizou nas profundezas da alma de várias gerações.[31]

O colapso do espaço público — que, como vimos, estava se constituindo a duras penas — teve consequências que vão muito além do que os liberais, velhos ou novos, podem imaginar. A violação dos direitos individuais e a eliminação dos direitos políticos não atingiram apenas as suas vítimas, pela morte, pela tortura, pela prisão, pelo exílio, pela perseguição, pela censura, pelo simulacro de eleições livres; nem somente feriram a consciência jurídica da nação.

É preciso compreender que uma sociedade sem liberdades fundamentais efetivas é incapaz de dar abrigo firme a valores universais e de permitir o confronto inovador entre diversas visões de mundo e distintas alternativas de organização, presente e futura, da vida coletiva. A substituição da ética católica por valores modernos fundamentados racionalmente ficou bloqueada. No colégio, na universidade, nos grêmios estudantis, nos sindicatos, nos partidos políticos, nas associações culturais, nas manifestações artísticas, calaram-se, pela força, as vozes que insistiam em falar dos direitos dos cidadãos, da igualdade e da ampliação dos direitos sociais, da escola republicana, da disciplina pública do poder econômico privado, do controle social dos meios de comunicação, do valor da autonomia, que requer mulheres e homens educados democraticamente, conhecedores do mundo social em que vivem, capazes de formular com independência juízos morais, estéticos e políticos, numa situação de diálogo entre livres e iguais.[32]

Mas, para além da violência que empregou durante o período autoritário, a "Revolução de 64" moldou uma outra forma extremamente eficaz de garantir *duradouramente* a dominação dos ricos e privilegiados. Forma até muito prazerosa, disfarçada de entretenimento, ou forma muito séria, revestida de informação objetiva: a indústria cultural americanizada.

Como demonstrou em estudo recente Maria Arminda do Nascimento Arruda,[33] a concorrência entre as grandes empresas, que cresciam aceleradamente, foi a base da constituição da indústria cultural: são elas que formam o núcleo dos anunciantes. Na outra ponta, a expansão do nível de emprego e de renda dos trabalhadores subalternos e da nova classe média vai dinamizando o mercado de bens de consumo: são eles o objeto da propaganda.

O centro da nossa indústria cultural tornou-se, como em todo o mundo, a televisão. A televisão veio para o Brasil em 1950, por iniciativa de Assis Chateaubriand, proprietário do conglomerado jornalístico Diários Associados. Mas seu raio de ação era limitado, não só pelo número reduzido de telespectadores — a classe média de renda superior — mas, também, pela frágil organização empresarial e pelas limitações tecnológicas, quer do país, quer das próprias empresas.

Estes obstáculos foram sendo vencidos. O aparelho de TV vai se difundindo rapidamente para a base da sociedade, com o auxílio valioso do crédito ao consumo. Bastaram vinte anos para que 75% dos domicílios urbanos o possuíssem: em 1960, havia em uso apenas 598 mil televisores; dez anos depois, 4584000; em 1979, nada menos do que 16737000, sendo 4534000 televisores em cores.[34]

Por outro lado, o Estado montou uma infraestrutura de telecomunicações que possibilitou, já em 1970, a instalação de rede nacional. Simultaneamente, o negócio se organiza como uma grande máquina capitalista, que utiliza os processos tecnológicos mais avançados, voltada para a produção da mercadoria entretenimento, que, consumida, dá suporte aos anúncios das grandes empresas. Os aspectos educativos e culturais da televisão ficam restritos — sem grande sucesso — às fundações paraestatais.

E o que é mais importante: a "Revolução de 64" permitiu — mas muitos acham até que estimulou — que a Rede Globo de Televisão se transformasse numa empresa praticamente monopolista, que pode opor barreiras quase intransponíveis à entrada de novos concorrentes ou ao crescimento dos que já estavam estabelecidos.[35]

No que diz respeito aos jornais e revistas, sua expansão no pós-64 está ancorada no crescimento da nova classe média, que tem renda suficiente para comprá-los. É verdade que a imprensa já vinha se modernizando desde o pós-guerra, com a reforma de *O Estado de S. Paulo* e, mais adiante, do *Jornal do Brasil*. Mas o decisivo é que as empresas jornalísticas transformam-se em umas poucas grandes organizações capitalistas, protegidas também por barreiras à entrada de novos competidores, ainda que mais frágeis em relação aos meios de comunicação de massas: em São Paulo, duas empresas controlam o mercado de jornais, no Rio de Janeiro, outras duas; e, no mercado de revistas, o poderio da Editora Abril é inquestionável. O parque editorial diversifica-se em publicações — de feitio atraente, no qual proliferam as ilustrações — voltadas para um público bem determinado: para "a pessoa bem informada", para a mulher, para o jovem, para o proprietário de automóvel, para o homem de negócios etc. As redações burocratizam-se e o jornalista se converte em simples profissional da informação, especializado nisto ou naquilo, preocupado, como todo funcionário de grande empresa, em fazer carreira, deixando de ser um homem público.

Por outro lado, no período liberal-democrático de 1945 a 1964, a escola, a universidade, os sindicatos, os partidos políticos, os movimentos culturais, todos eram palco do debate de ideias e da controvérsia política, todos iam ajudando a constituir um público que adquiria, pouco a pouco, capacidade de julgamento independente. Mais ainda: a diversidade do público embrionário tendia a se refletir nas diferentes orientações dos órgãos de imprensa. Sob o império da ditadura, o fechamento do espaço público e o abastardamento do ensino dão surgimento a um leitor de jornais e revistas que os tem como uma única fonte de informação, submetida à censura e presa aos interesses — materiais, políticos ou culturais — do proprietário.

Para além da censura imposta pelo autoritarismo, a preeminência, na TV, do entretenimento sobre a educação, de um lado, e, de outro, a liquidação do embrião de opinião pública associado ao triunfo da empresa jornalística gigante levam a um esvaecimento dos valores substantivos: a verdade cede o passo à credibilidade, isto é, ao que aparece como verdade; o bem comum subordina-se inteiramente aos grandes interesses privados; a objetividade abre espaço à opinião, isto é, à opinião dos formadores de opinião, em geral membros da elite ligados direta ou indiretamente aos grandes interesses.

O domínio da grande empresa da indústria cultural, estabelecido à sombra do autoritarismo plutocrático, caracteriza um monopólio tecnológica e organizacionalmente avançado, o dos novos meios de comunicação social, que escapa inteiramente ao controle público. Mas não é um monopólio qualquer: difunde valores — morais, estéticos e políticos — que acabam por determinar atitudes e comportamentos dos indivíduos e da coletividade.

Exposta ao impacto da indústria cultural, centrada na televisão, *a sociedade brasileira passou diretamente de iletrada e deseducada a massificada, sem percorrer a etapa intermediária de absorção da cultura moderna*. Estamos, portanto, diante de uma audiência inorgânica que não chegou a se constituir como público; ou seja, que não tinha desenvolvido um nível de autonomia de juízo moral, estético e político, assim como os processos intersubjetivos mediante os quais se dão as trocas de ideias e de informações, as controvérsias que explicitam os interesses e as aspirações, os questionamentos que aprofundam a reflexão, tudo aquilo, enfim, que torna possível a assimilação crítica das emissões imagéticas da televisão e o enfrentamento do bombardeio da publicidade.

Nos anos 1960, a publicidade no Brasil muda de natureza e se sofistica. Os "criadores" tomam o lugar dos redatores, e a concepção dos anúncios passa a envolver uma noção global, isto é, a unidade criativa, pois "o título" passa a ser subordinado à "arte".[36] O apelo à emoção e a mobilização do inconsciente desalojam a argumentação racional. A americanização da publicidade brasileira tem um papel fundamental na difusão dos padrões de consumo moderno e dos novos estilos de vida. Destrói rapidamente o valor da vida sóbria e sem ostentação. Numa sociedade em que a grande maioria é constituída de pobres, passa a fabricar ininterruptamente falsas necessidades, promove uma corrida ao consumo que não acaba nunca, mantém o consumidor perpetuamente insatisfeito, intranquilo, ansioso. Numa sociedade em que os verdadeiros valores modernos ainda não estavam enraizados, trata de vender a sensação de que o consumo pode preencher o doloroso vazio da vida, trazido pelas agruras do trabalho subalterno e pelas misérias morais e espirituais que preenchem parte do cotidiano. Numa sociedade marcada pelo privilégio e pela desigualdade, proclama alto e bom som que o homem vale o que vale apenas pelo que consome. Se o mercado educa para a busca calculada do interesse próprio, convertendo o homem em escravo do dinheiro, a publicidade educa para um apetite inesgotável por bens e satisfação pessoal *imediata*, tornando as massas em servas dos objetos, máquinas de consumo.

Os valores inoculados pela televisão são predominantemente os utilitários, quer em novelas, séries "enlatadas", filmes para adultos, programas infantis etc. A ideia de liberdade é reduzida à da escolha realizada sem obstáculos externos à vontade, isto é, liberdade negativa. Se na publicidade o consumidor é "convidado" a escolher, por exemplo, entre Coca-Cola e Pepsi-Cola, nas novelas, os personagens escolhem, por exemplo, entre ser um bom e um mau patrão, uma boa e uma má empregada doméstica. Com isto, a complexidade da vida social é reduzida a escolhas estruturadas e binárias, que validam sempre a realidade existente e impedem que se imagine ou se pense em outras formas possíveis de organização da sociedade, por exemplo, em que não haja serviçais, ou em que a cobiça dos patrões seja disciplinada pela lei. A estrutura social é reduzida a estereótipos e há uma aproximação das classes, frações de classes e camadas sociais pelo milagre da mobilidade social ascendente. As qualidades pessoais também aparecem como expressão da escolha individual, e não como modeladas pela sociedade. As novas novelas, que substituem os dramalhões, narram a realidade da vida cotidiana, falam de forma imediata da vida imediata. Numa sociedade em que as raízes da sociabilidade e da dominação estão encobertas por uma aparência de naturalidade — ou seja, cada um faz, tem ou deseja aquilo que lhe permite a divisão do trabalho e os valores dominantes —, o "realismo" duplica a mistificação que a "realidade" já impõe. E a fantasia, o happy end, funciona como uma promessa de felicidade. No telejornal, as notícias são transmitidas com uma pretensa objetividade, sem que o espectador possa estabelecer conexões entre os fatos e os processos sociais mais gerais. O consumo de seriados e os filmes são canais de penetração do individualismo de massas, o qual, na sua origem, a sociedade norte-americana, avança celeremente nos anos 1970.

O efeito deste impacto é tanto maior quanto mais a televisão se integra à vida privada dos brasileiros como a principal forma de lazer, de entretenimento e de informação, nos estratos "inferiores" quase a única. Ficava ligada, em 1980, no Rio de Janeiro e em São Paulo, cerca de seis horas por dia, de segunda a sexta. No domingo, em São Paulo, atingia a média de oito horas diárias.[37] Tornou-se a grande "auxiliar" dos pais na "educação" dos filhos.

Isto nos remete, naturalmente, à massificação do ensino, em todos os seus níveis, outra conquista cultural da "Revolução de 1964". A aprendizagem vai se tornando predominantemente um meio de profissionalização, para enfrentar a concorrência no mercado de trabalho, começando a se desvencilhar, assim, dos conteúdos éticos que continha até então. Na religião, naturalmente para os que têm fé, a dimensão transcendente vai cedendo espaço gradativamente ao velho utilitarismo renascente. Mas parcela da Igreja católica abraça a Teologia da Libertação e luta contra a desigualdade social. O protestantismo avança. Amputados os direitos políticos dos cidadãos, o Estado passa a se legitimar sobretudo pelas suas realizações materiais, enaltecidas nos anúncios televisivos do governo.

Este quadro de transformações não poderia deixar de repercutir intensamente no seio da família. O próprio casamento romântico supõe um desenvolvimento na direção de uma maior igualdade entre os cônjuges e no direito de cada um à felicidade pessoal. Este desenvolvimento foi impulsionado, da classe média para cima, pelo acesso mais amplo da mulher à universidade, pela aceleração de sua entrada no mercado de trabalho, pela disponibilidade da pílula anticoncepcional — já difundida nos países desenvolvidos a partir de 1960, mas que só chegou ao Brasil quatro ou cinco anos depois —, e pelo avanço do ceticismo e mesmo do ateísmo. Há, nestes ambientes sociais, uma valorização do prazer sexual e do amor-paixão; a educação dos filhos torna--se mais liberal. É evidente que essa tendência se articula à "revolução sexual" que estava ocorrendo nos países desenvolvidos nos anos 1960. Dos estratos sociais "superiores", a modernização da família e da moral sexual vai se espraiando para a base da sociedade.

Alguns valores substantivos, o do trabalho como fim em si mesmo, ou o da necessidade dos cuidados de si, ainda encontram amparo na industrialização acelerada, na mobilidade ascendente e até na modernização dos padrões de consumo. No entanto, outros valores modernos secularizados, como o da autonomia do indivíduo, o dos direitos do cidadão, o do desenvolvimento espiritual e o do acesso ao mundo da cultura, não encontram pontos de apoio para se desenvolver. Ao contrário, colidem com os valores utilitários difundidos pelos meios de comunicação de massas.

Mas ainda assim há resistências. Vivemos momentos decisivos do combate entre os valores modernos antiutilitários e a cultura de massas. O que foi a luta pelo restabelecimento da democracia, todos conhecemos. Sabemos ainda que a ideia de nação continuou a viver, mesmo sob as formas deturpadas pelo autoritarismo dos anos 1970, do "Brasil, ame-o ou deixe-o" ou do "Brasil, grande potência". Mas uma boa parte do embate travou--se no dia a dia da vida cotidiana, por mulheres e homens que se empenharam na prática das virtudes, no trabalho honesto, no cultivo da amizade desinteressada, na valorização do desenvolvimento espiritual, no diálogo entre iguais, no exercício da solidariedade; valores, todos, que procuraram, como puderam, transmitir a seus filhos. Mas o certo é que estávamos começando a nos despedir, sem o saber, da verdadeira modernidade.

A QUE PONTO CHEGAMOS

Os dezoito anos que se passaram de 1980 a esta parte vão revelando, pouco a pouco, segredos que ficaram obscurecidos por três décadas de crescimento econômico rápido, mobilidade social vertiginosa e generalização, ainda que restrita, dos padrões de consumo moderno. Estamos descobrindo as fragilidades econômicas do nosso capitalismo periférico, as bases débeis, de uma precariedade assustadora, sobre as quais assentamos nossa vida social, a permanência do caráter plutocrático do Estado brasileiro mesmo depois da "abertura democrática".

É uma descoberta lenta, penosa, em que a percepção da piora das condições sociais e econômicas se faz aos saltos, depois que o processo de degradação já cumpriu sua trajetória. Não é de espantar que o medo de olhar para quem somos realmente dê origem a periódicos rompantes de entusiasmo injustificado. Nem é de surpreender que surjam devaneios bovaristas, que pretendem colocar o país no Primeiro Mundo mas que, na verdade, entregam o Brasil às forças cegas do capitalismo *fin-du-siècle*, com suas recorrentes instabilidades e vocação para concentrar a riqueza e a renda.

Sérgio Buarque de Holanda, em *Visão do Paraíso*, já havia assinalado ser a nossa história uma verdadeira "procissão de milagres".[38] O milagre do ouro no século XVIII veio nos salvar quando a economia açucareira tinha perdido dinamismo, permitindo, ainda, uma verdadeira integração entre as diversas regiões da América portuguesa e o desenvolvimento do mercado interno. O milagre do café, obra da Revolução Industrial — o consumo da rubiácea se generaliza sobretudo porque os operários necessitavam de um estimulante para suportarem as jornadas de trabalho exaustivas —, caiu do céu na hora H, quando o esgotamento total das minas ameaçava-nos de uma desestruturação econômica de grande profundidade. Pois bem.

Estamos agora percebendo que nossa industrialização não deixou de ser também um desses milagres: resultou antes de circunstâncias favoráveis, para as quais pouco concorremos, do que de uma ação deliberada da "vontade coletiva".

No século XIX, por força de um regime social obsoleto, o escravismo, não pudemos incorporar os resultados básicos da "primeira revolução industrial" (1760-1830), a da indústria têxtil, do ferro, da máquina a vapor. Nem, muito menos, fomos capazes de avançar na trilha da "segunda revolução industrial" (1870-1900), a do aço, da química da soda e do cloro, da eletricidade, do petróleo, da indústria de bens de capital, do motor a combustão interna, que está na base do automóvel e do avião. No século XX, graças à relativa estabilidade dos padrões tecnológicos e de produção nos países desenvolvidos, pudemos desfrutar das *facilidades da cópia*. Até 1930, consolidamos a indústria de bens de consumo mais simples e, nos cinquenta anos subsequentes (1930-80), copiamos o aço, a eletricidade, a química básica, o petróleo, o automóvel, as maravilhas eletrodomésticas, chegando até máquinas e equipamentos mais sofisticados. Quando tudo levava a crer no nosso êxito, eis que nos vemos impotentes diante da reestruturação do capitalismo internacional, da "terceira revolução industrial", comandada pelo complexo eletrônico, e da "globalização financeira".[39] Por quê?

Por uma razão muito simples, para a qual Maria da Conceição Tavares já nos alertava em 1973.[40] Copiamos tudo menos o que é essencial: formas de organização capitalista capazes de assegurar um mínimo de capacidade autônoma de financiamento e inovação. Nossa industrialização esteve apoiada sobretudo: 1) na liderança da empresa multinacional; 2) na grande empresa nacional produtiva, que tinha um poder financeiro e de inovação tecnológica relativamente frágil e estava inteiramente desvinculada do sistema bancário nacional, dedicado, por sua vez, certamente com grande proveito, às suas funções tradicionais (financiamento de curto prazo às empresas, crédito ao consumidor, reempréstimo de recursos externos); 3) na grande empresa estatal situada nos setores de base (aço, energia, petróleo, telecomunicações). Essa estrutura organicamente desarticulada funciona muito bem para copiar, quando as condições externas são favoráveis, e muito mal, quando é preciso inovar e as condições externas são desfavoráveis.

Tudo foi muito bem no período do capitalismo mundial que hoje é conhecido como os "trinta anos gloriosos" (1945--74).[41] Mas hoje está claro que estávamos diante de um *momento muito peculiar, de um momento verdadeiramente excepcional* de sua história. Todos os homens e mulheres dos países desenvolvidos haviam sentido na carne os efeitos do capitalismo sem freios, descontrolado: as duas guerras mundiais, a crise de 1929, os horrores do nazifascismo. E existia ainda a competição entre o capitalismo e o "socialismo real", que acenava um outro tipo de sociedade, mais justa. Formou-se, então, um consenso fundamental, que abrangia conservadores, socialistas, comunistas, trabalhistas: era necessário domesticar o capitalismo, neutralizar seus efeitos destrutivos, abrindo caminho, nos países desenvolvidos, para o crescimento econômico sustentado e para políticas de reforma social, e, na periferia, para a industrialização.

Houve, por certo, uma política ativa de desenvolvimento econômico posta em prática pelo Estado brasileiro saído da Revolução de 1930. Mas esta "vontade nacional" de industrialização, para se completar, exigia transformações econômicas e sociais de uma profundidade extraordinária. Teríamos de percorrer um caminho semelhante ao do Japão da "Revolução Meiji" ou ao da Coreia, no século XX, criando uma burguesia nacional praticamente do nada; ou ao da Rússia ou da China, que realizaram uma revolução nacional apoiada na estatização dos meios de produção. Como não pudemos, "optamos" por avançar pela linha de menor resistência e recorrer à intervenção milagrosa da empresa multinacional, que vem para o Brasil, na segunda metade dos anos 1950, trazida por incentivos generosos e pela concorrência, no âmbito mundial, entre as empresas norte-americanas e europeias.

Os problemas já começam a surgir com a "crise do petróleo", em 1974, e, daí em diante, com todos os distúrbios monetários e financeiros internacionais subsequentes. Mas, outra vez, em vez de enfrentar a questão de fundo — a capacidade de financiamento e inovação —, lançamo-nos no que Carlos Lessa chamou de aventura megalômana do II Plano Nacional de Desenvolvimento, "resolvemos" levar adiante o crescimento econômico recorrendo às facilidades do endividamento externo, especialmente das empresas estatais.[42] O resultado todo mundo sabe qual foi, a crise da dívida externa.

Acompanhemos a análise percuciente de Luiz Gonzaga Belluzzo da trajetória da economia brasileira nas décadas de 1980 e 1990.[43] Para salvar o setor privado nacional, as empresas produtivas e os bancos, o autoritarismo plutocrático não hesitou em quebrar o Estado e promover um ajuste externo que, na prática, significou estagnação econômica e alta inflação. Nos anos 1980 e começos dos 1990, a estagnação econômica e a alta inflação vão rompendo lentamente os mecanismos básicos de reprodução da sociedade, a mobilidade social e a ampliação continuada do consumo moderno. Na década de 1980, a sociedade opôs resistências ao aprofundamento do ajuste e encontrou alguns mecanismos de acomodação. Os salários reais de base caem, mas não substancialmente, pois, bem ou mal, a política de indexação salarial defendia relativamente o seu poder aquisitivo. O nível de emprego foi garantido, ainda que a qualidade de boa parte dos novos postos de trabalho tenha se deteriorado: multiplicam-se os trabalhadores autônomos dos serviços, empregados geralmente por microempresas que não registram seus funcionários. É importante também salientar o papel, na criação de novos postos de trabalho, da expansão agrícola, dos grandes projetos regionais governamentais (por exemplo, Carajás), e do substancial crescimento do gasto e do emprego públicos na área social, no plano dos estados e municípios, ainda que realizados à custa de uma significativa queda dos salários reais dos servidores (por exemplo, os salários dos professores do ensino fundamental e dos médicos). Porque o desemprego foi contido, os sindicatos puderam manter-se atuantes, ajudando a impedir uma queda maior nos salários do setor privado.

Mas, no final da década de 1980, beirávamos a hiperinflação. Após a tentativa frustrada do Plano Collor, o excesso de liquidez no mercado financeiro internacional, agora globalizado, permitiu a implementação do Plano Real. Com a entrada maciça de recursos externos de curto prazo, engessamos o câmbio, abrimos a economia e multiplicamos as importações, freando a subida dos preços: nosso mais recente milagre.

Nos anos 1990, o desemprego nas áreas metropolitanas cresce assustadoramente, impulsionado por uma selvagem política de redução de custos e de modernização tecnológica posta em prática especialmente no setor industrial. O desemprego atinge não somente trabalhadores comuns e qualificados, mas também profissionais de nível superior e funcionários intermediários. A tendência ao crescimento do trabalho autônomo precário, de remuneração incerta e baixa, se acentua. Multiplica-se o número de camelôs, de vendedores ou pedintes situados nas esquinas das ruas de maior movimento das metrópoles, do "trabalho" associado à distribuição da droga e ao crime organizado. No âmbito do desfrute dos endinheirados, cresce o "volume de emprego", seja com o surgimento de novas especializações, como o passeador de cachorros, o personal trainer, o *personal stylist*, seja pela expansão e complexificação de antigas (por exemplo, os novos seguranças que têm de saber manejar bem armas muito sofisticadas, novas empresas de carros blindados). Portanto, o que chamamos elementos de resistência e mecanismos de acomodação submergem, agora, na avassaladora onda de globalização.

Tanto a política econômica de "ajustamento" dos anos 1980 como o Plano Real serviram de instrumento para a proteção e acumulação da riqueza privada. No período inflacionário, isto foi conseguido através da criação da moeda indexada, que acelerou a desvalorização da moeda dos pobres. No Real, a valorização externa da moeda vem reduzindo o crescimento, destruindo a capacidade de criar empregos, levando ao paroxismo a concorrência entre os trabalhadores. A grande empresa, os bancos e os ricos em geral saíram da década de 1980 muito mais enriquecidos do que entraram, apesar do medíocre desempenho da economia e das notórias dificuldades sociais. Correspondendo à predominância da especulação sobre a produção, surge uma nova personagem, o yuppie, sempre vestido a caráter. Nos anos 1990, atingimos o ápice deste processo com o neoliberalismo: estamos, os 160 milhões de brasileiros, sujeitos à ditadura dos mercados financeiros internacionais, que exigem a austeridade — isto é, a venda do patrimônio público para pagar dívidas, o socorro aos bancos falidos para manter a saúde do sistema financeiro, o corte de gastos sociais para equilibrar o orçamento, a usurpação dos direitos trabalhistas para aumentar a competitividade.

Em contrapartida, assistimos à crescente imobilização do Estado, dilapidado pelas altas taxas de juros, afogado em dívidas contraídas para pagar outras dívidas, incapaz de levar adiante políticas de desenvolvimento ou políticas sociais.

O que há, portanto, é um prolongamento do Estado nascido da "Revolução de 64", essencialmente plutocrático, primeiro autoritário, depois liberal, porém sempre plutocrático. Os verdadeiros donos do poder — a grande empresa multinacional, os megaproprietários dos meios de comunicação, a banca, o grande empreiteiro, agora transformado em cabeça de grupos econômicos, o capitão de indústria, o grande empresário — não só conservaram como ampliaram o poder econômico e político de que dispunham. Nos meados da década de 1980, o movimento das Diretas Já trouxe à luz essa verdade. Quase todos os que saíram às ruas bradavam por muito mais do que eleições diretas para presidente: desejavam um outro modelo econômico e social, que supunha um Estado verdadeiramente democratizado. O fracasso das Diretas Já, seguido da continuação da abertura lenta, gradual e segura, garantiu a manutenção da rota e, ao mesmo tempo, criou a ilusão de que os problemas se deviam exclusivamente à ditadura militar. A estratégia dos ricos e poderosos, que Carlos Estevam Martins chamou de "mudar o regime para conservar o poder", acabaria desembocando no neoliberalismo.[44] Para garantir sua dominação, ajudaram a transformar a política também num negócio. Seu verdadeiro meio de fazer política não são os partidos, e sim a grande imprensa e os meios de comunicação de massas, atuando protegidos por essa quase ficção que é, entre nós, a liberdade de informação. Os partidos políticos convencionais perdem importância, são meros apêndices voltados para o "toma lá, dá cá". As eleições transformam-se num espetáculo de TV, comandado por marqueteiros sempre competentes em "mobilizar emoções".

Com a globalização, finalmente, tudo vem à tona. Invertem-se as bases, já frágeis, de reprodução da ordem social existente: faltam empregos e a mobilidade torna-se descendente; muitos sofrem o rebaixamento de seu padrão de vida e nível de consumo. Consequentemente, acirra-se a concorrência, que, do sistema econômico, expande-se para todas as outras esferas de vida, esgarçando o tecido social. A competição exacerbada, selvagem, transforma a violência num recurso cotidiano para a sobrevivência. Ela se manifesta no trânsito infernal das nossas grandes cidades poluídas, servas do automóvel, atravessa as relações de trabalho, permeia os mecanismos de carreira, deforma a vida familial, chega até ao assassinato. Basta dizer que o crescimento das mortes violentas, entre 1980 e 1990, levou o Brasil a um índice semelhante aos da Venezuela, México e Panamá, o dobro do registrado nos Estados Unidos, inferior só ao da Colômbia.[45]

O avanço da violência não pode ser explicado somente pelas dificuldades econômicas ou pelas privações materiais. Uma sociedade que não dá valor à vida não pode pretender que os excluídos, do emprego, da escola, da vida familiar, considerem a vida um valor. A violência é, também, resultado da progressão avassaladora do individualismo de massas.

Em relação à família,[46] desaparecem quase por completo os aspectos sagrados do casamento, que passa a ser resultado sobretudo de um acordo de vontades, de um contrato entre livres e iguais. Essa transformação tem, por certo, um potencial libertador: o direito da mulher à igualdade, a valorização do prazer sexual integrado aos sentimentos, a busca de autenticidade entre os parceiros, a construção da vida comum pelo diálogo afetuoso.

No entanto, a revalorização do casamento ou das uniões estáveis se fundou predominantemente num comportamento adaptativo, guiado pelo medo do sofrimento e pela aversão ao risco. Foi o que constatou uma pesquisa realizada em 1995: "Apenas 15% dos homens e 12% das mulheres acham que o panorama amoroso, hoje em dia, está mudando para melhor. Os brasileiros parecem não ousar querer o luxo. Querem apenas não passar privação. Valoriza-se o que se tem, já que lá fora [do casamento] está difícil. E poucos estão dispostos a se arriscar [...]. Elas [as pessoas] veem a relação amorosa como algo difícil de acontecer, algo tremendamente ameaçado [...]. Por isso, fazem um balanço do casamento, encobrem as frustrações, valorizam as coisas boas". Por isto, também, para assegurar estabilidade e segurança, as qualidades que garantem o cumprimento da palavra, base de um contrato essencialmente não mercantil — confiabilidade, fidelidade, responsabilidade, honestidade — são muito mais valorizadas que o "amor-paixão" ou o "amor verdadeiro".[47]

Por outro lado, a educação das crianças perdeu seus aspectos francamente autoritários: o uso da violência foi justamente condenado; a comunicação e o diálogo ganharam força. Triunfou a liberdade sexual entre os jovens. Mas

> o fato é que tanto as mães como os pais se esforçam ao máximo para fazer tudo o que os filhos querem. Com algumas exceções entre famílias de classes mais baixas, pais e mães pouco definem seus papéis de educadores. Percebem-no mais do que nada como "provedores", quer seja de conforto material (fundamentalmente os pais, mas não apenas), como de afeto (as mães, mas também não somente elas). Na verdade, trata-se de provedores de felicidade para os filhos. São capazes de qualquer sacrifício para que eles estejam felizes e também para que reconheçam que são eles, os pais, que "fornecem" tanta felicidade [...] Embora repitam exaustivamente que "educam seus filhos para o mundo", dificilmente impõem limites aos desejos de seus filhos, fazem respeitar seu próprio espaço ou facilitam o convívio social.[48]

Na ausência de valores nos quais os pais possam se apoiar para modelar o caráter dos filhos e restringir seus desejos de gratificação imediata, as crianças e os adolescentes ficam desnorteados, sem parâmetros que regulem seu comportamento social. Os pais, "provedores de felicidade" em troca de reconhecimento, buscam se realizar tanto mais através dos filhos quanto menos o podem por meio da amizade, do trabalho, do próprio desenvolvimento espiritual e intelectual, na política e na vida coletiva. Há, pois, um alto grau de identificação narcísica dos pais com os filhos.

Estamos diante de uma família sitiada, que não conta com o auxílio construtivo da escola. Sitiada pela vida cada vez mais competitiva, ameaçada pelo desemprego, pela mobilidade social descendente, pelo rebaixamento do consumo, enfim, pela falta de perspectivas de futuro. Sitiada pelos falsos valores que brotam tanto do mercado desregulado e selvagem como dos meios de comunicação de massas — o êxito a qualquer custo, o consumismo exacerbado, a liberdade "negativa". Sitiada, finalmente, pela difusão crescente das drogas, um meio cada vez mais empregado para escapar de um mundo sem sentido, sem futuro, insuportável. Esta é a origem social das patologias da vida privada.

Durante um período relativamente longo, o presente tinha sido melhor do que o passado, e o futuro, melhor do que o presente. Mas, progressivamente, a ideia de um futuro de progresso individual vai se esfumando. A sociedade patina, não encontra saídas coletivas que restaurem o crescimento econômico acelerado e a mobilidade social ascendente. E as esperanças vão sendo frustradas, uma a uma: as Diretas Já, a eleição de Tancredo, o Plano Cruzado, o Plano Collor. E agora, o Plano Real, que, passada a euforia, vai revelando sua verdadeira face. O resultado é um só: a ruptura do elo que ligava, precariamente, é verdade, o esforço produtivo coletivo à luta individual. Com isso, a autoestima do povo brasileiro declina, a ideia de nação esmaece. As manifestações deste fenômeno são perceptíveis claramente na substituição da figura do cidadão pela do contribuinte e, especialmente, pela do consumidor. Volta a se impor avassaladoramente a identificação entre modernidade e consumo "padrão primeiro mundo". O cosmopolitismo das elites globalizadas, isto é, seu americanismo, chega ao paroxismo, transmitindo-se à nova classe média, que alimenta a expectativa de combinar o consumo "superior" e os serviçais que barateiam seu custo de vida. O colapso efetivo dos serviços públicos aparece à consciência social como resultado da improbidade e do desperdício, e não da pilhagem do Estado pelos grandes interesses.

Em tudo isto, a ação dos meios de comunicação social foi decisiva. Jornais e revistas, que formam a opinião das elites e da classe média, martelaram todos os dias na tecla do neoliberalismo. Os meios de comunicação de massas, que modelam a opinião popular, também. Mas, por certo, sua ação não parou por aí. A difusão do individualismo de massas, especialmente pela televisão, acelerou-se muito, nas novelas, nos filmes, nos programas infantis etc. E a identificação do valor do homem à quantidade e à qualidade do consumo se impõe esmagadoramente, entre ricos, remediados e pobres.

A dissolução da noção do dever, o apagamento das virtudes, vai tornando o brasileiro uma espécie de homem que passa a vida calculando quantidades de prazer e dor, à procura de níveis mais altos de "felicidade" pessoal. Na vida cotidiana, só funciona a disciplina mecânica imposta pelo dinheiro ou pelas grandes estruturas burocráticas. Ou a terrível disciplina interior do cálculo das "unidades de felicidade" resultantes de tal ou qual ato: terrível porque governada alternadamente pelo medo do sofrimento e pela "vontade de potência". Tudo isto, é claro, é acompanhado por sentimentos fracos de benevolência social, que não conseguem mobilizar a vontade e gerar comportamentos políticos ativos e continuados.

Chegamos enfim ao paradoxo: o tão decantado individualismo leva ao esmagamento do indivíduo como pessoa. Isto é, à perda de qualquer horizonte de vida fora da competição selvagem, implacável, diuturna, do consumismo exacerbado, do narcisismo, que aparece no "culto do corpo", na obsessão pela saúde, no medo da velhice, no pânico da morte, na identificação com todos os que conseguiram se subtrair, pela fama, ao rebanho.

É neste caldo do que Jurandir Freyre Costa[49] chamou de "cultura da sobrevivência" que florescem outras síndromes de nossa patologia social. Como o indivíduo está esmagado por engrenagens sociais que desconhece, surgem para socorrê-lo pastores eletrônicos, magos, astrólogos, tarólogos, adivinhos etc. Ao avanço do neopentecostalismo, parcela da Igreja católica replica com a prática dos "carismáticos"; as pressões de Roma contra a Teologia da Libertação são crescentes. Como não há justiça eficaz nem instituições sociais bem estruturadas, as pendências pessoais e os dramas individuais são expostos e "resolvidos" nos programas "mundo cão". Como não há intimidade autêntica, trata-se de vulgarizá-la, nos verdadeiros espetáculos de exploração do sexo que vão se tornando algumas telenovelas, alguns filmes, a propaganda. Como não há alegria verdadeira, é preciso fabricá-la, mesmo que seja à custa da piada grosseira ou da "dança da garrafa", da "dança da bundinha" ou da "dança da manivela". Nesta mesma descida, está o Disk-Sexo, nas suas várias vertentes. Ou o uso do sentimentalismo fácil para criar emoções. Ou a degradação do gosto musical. E, enfim, o círculo vicioso da teratologia: toda esta *selva selvaggia* promove a difusão de numerosas publicações de revistas especializadas e até livros, toda uma literatura de sortilégios e autoajuda, que alcançam grande êxito editorial; os altos lucros obtidos, por sua vez, estimulam a difusão daquelas práticas, e entramos no círculo infernal da modernidade monstruosa que se autorreproduz.

Finalmente, aos que se perguntarem por que tantos percursos para situar a nossa atual cotidianidade e intimidade, lembremos apenas as considerações de Theodor W. Adorno, figura exponencial da Escola de Frankfurt: "Quem quiser saber a verdade acerca da vida imediata tem que investigar sua configuração alienada, investigar os poderes objetivos que determinam a existência individual até o mais recôndito nela. Se falarmos de modo imediato sobre o que é imediato, vamos nos comportar quase como aqueles romancistas que cobrem suas marionetes de ornamentos baratos, revestindo-as de imitações dos sentimentos de antigamente, e fazem agir as pessoas, que nada mais são do que engrenagem da maquinaria, como se estas ainda conseguissem agir como sujeitos e como se algo dependesse de sua ação".[50]

10. A VIDA PRIVADA NAS ÁREAS DE EXPANSÃO DA SOCIEDADE BRASILEIRA

José de Souza Martins

Neste limiar do sexto século do Brasil ainda há muitos cenários remanescentes daqueles cenários iniciais da Conquista e do desencontrado encontro de humanidades que com ela se cumpriu. Evidências muito recentes nos falam de povos indígenas ainda desconhecidos, arredios, como os provisoriamente denominados Kanoê e os provisoriamente denominados Akuntsu, finalmente contatados em Rondônia, em 1995.[1] Em diferentes pontos do território, ainda é possível encontrar povos indígenas que, todavia, prosseguem na fuga coletiva em direção às cabeceiras dos grandes rios e em direção ao Norte para escapar da violência e do terror da Conquista do século XVI, que para eles, de certo modo, continua. Aí estão os Wãiapî na lenta fuga, de séculos, desde o Brasil central, já próximos da Guiana Francesa.[2] Os Xavante estão bloqueados na região do rio das Mortes, no Mato Grosso, cercados de fazendas que ameaçam seu território, fugindo há quase cinco séculos desde o litoral do Nordeste.[3] E originários do litoral do Nordeste, igualmente cercados por fazendas e por inimigos históricos, os povos de língua jê, estão remanescentes dos Tapirapé, do grupo tupi, que hoje habitam as margens do rio Tapirapé, afluente do Araguaia.[4]

No Mato Grosso, no Pará, em Goiás, no Tocantins, mestiços cristianizados ao longo dos séculos referem-se aos índios seus vizinhos e, muito provavelmente, seus parentes, como "caboclos". Longe do significado que os verbetes de dicionário dão a essa palavra, qualquer criança da região explica com facilidade que a humanidade está dividida em "cristãos" e "caboclos", "batizados" e "não batizados", humanos e não humanos. Os habitantes desses sertões ainda usam as mesmas referências, para diferençar brancos de índios, que podem ser encontradas nas cartas jesuíticas dos séculos XVI e XVII. Ainda se relacionam com os índios como se fossem gentios e, para muitos, por isso mesmo, animais. São de finais da década de 1980 expedições para caçar e exterminar índios Uruéu-wau-wau, em Rondônia, e Arara, no Pará, para vingar um parente morto ou raptado ou "limpar" o território. Nada muito diferente de narrativas e notícias dos primeiros séculos — a mesma concepção de ausência de humanidade do índio, a mesma concepção de que humano é unicamente o branco e cristão. A mesma mentalidade: ainda me lembro de um ocasional companheiro de viagem num ônibus por estrada que contorna o território xavante, no Mato Grosso. Procurava ele localizar no chão as terras que havia comprado no papel, possivelmente falsificado. Quando lhe perguntei: "Mas essas terras não estão no território dos índios? Os índios vão querer que você as ocupe?". E a resposta veio como um tiro: "E lá índio tem querer?".

Em muitos pontos da Amazônia, os grandes rios navegáveis e as estradas principais ainda são chamados de "caminhos reais", o que me lembra velhos documentos do século XVI, um deles uma ata da Câmara da Vila de São Paulo, de 7 de dezembro de 1589, que, referindo-se ao mais antigo caminho do mar da capitania de São Vicente, continuação da ainda hoje existente, com o mesmo nome, rua da Tabatinguera, dizia ser "caminho real muito antigo".[5] Palavra que designa não só caminhos de maior movimento, de domínio do rei, mas, por isso mesmo, "caminhos públicos", abertos ao trânsito de todos. Na designação, uma forma incipiente e antiga de distinguir público de privado.

Esse passado profundamente inscrito nas mentalidades ressurge a cada momento, se faz ver e ouvir a cada instante. Lembro-me de um posseiro do Mato Grosso que insistia em sua obstinada independência dos outros, proprietários de terra, patrões. E indicava que seria sinal de grave humilhação se tivesse que *pedir homenagem* a outrem,[6] pedir proteção e colocar-se, portanto, na condição de dependente, possuído, tutelado, vassalo e submisso.[7] A própria língua que se pode ouvir em muitos recantos de Goiás, Tocantins, Mato Grosso, Pará, Maranhão,

Amazonas, é a língua portuguesa dos séculos XVI e XVII. Soa estranha, errada e agressiva a língua portuguesa que se fala no rádio, que falam os citadinos que aparecem por aqueles confins, como os padres, as freiras, os professores e as professoras, os fazendeiros, os antropólogos e sociólogos. Um jovem padre gaúcho, designado para um povoado no Norte de Mato Grosso, apresentou-se pela primeira vez na igreja perguntando aos fiéis: "Vocês já ouviram falar *de* Jesus Cristo?". Ninguém respondeu. Para quebrar o silêncio constrangedor e temendo o padre ter sido enviado a um lugar em que nem mesmo o nome sagrado era conhecido, insistiu. Um velho morador, contrafeito, respondeu: "Aqui nunca ninguém falou *de* Jesus Cristo nem ouviu falar *de* Jesus Cristo, porque aqui é tudo cristão e temente a Deus. Mas todos nós já ouvimos falar *em* Jesus Cristo". Na correta concepção dos sertanejos, *falar de* alguém é o mesmo que ser maledicente, o que seria inaceitável no caso.

Há nessas persistências muita coisa parecida com cenários e modos de vida do passado: paisagens, fugas, medos, linguagem, lendas, histórias, mentalidades, classificações e diferenciações de coisas e pessoas. Parecida, mas substantivamente diferente. Essas formas antigas e, muitas vezes, arcaicas sobrevivem mediadas, porém, por outras relações sociais fundamentais, muito diferentes das relações sociais que permeavam tais concepções no passado distante. Portanto, a forma pode ser a mesma, mas o significado é, no geral, inteiramente outro.

Naqueles tempos iniciais, o deslocamento dos conquistadores sobre o território do que viria a ser o Brasil não pressupunha a efetiva incorporação do espaço a uma realidade econômica e político-institucional. Tudo era temporário e provisório, da casa aos objetos da casa. A questão não era predominantemente territorial. O primeiro século foi marcado por deslocamentos espaciais de brancos e cristãos caçadores de índios e gentios, para submetê-los ao cativeiro, ao trabalho forçado em favor de seus captores. Frei Vicente do Salvador, no século XVII, usa a metáfora do caranguejo para indicar o apego à orla, ao litoral.[8] Compreende-se que fosse assim. Só com a mineração e a criação do gado a territorialidade da Colônia passou a ter algum sentido, e a efetiva ocupação do sertão com arraiais, povoados e vilas passou a ser um objetivo e um destino.

Nos tempos atuais, a ocupação territorial do interior distante ganhou um sentido totalmente diverso. Para os pobres, é o movimento de fuga das áreas que os grandes proprietários e as empresas vêm ocupando progressivamente. Para os ricos, é um território de conquista. A ocupação territorial se faz em nome da propriedade privada da terra, da relevância econômica da propriedade fundiária como fonte de renda territorial e como instrumento para obtenção de incentivos fiscais e subsídios públicos.

No período colonial, a renda fundiária não desempenhava nenhum papel social e histórico relevante, não definia diferenças sociais, não fundava uma modalidade de poder político. Naquela época, o escravo é que constituía patrimônio e cabedal; era por meio dele e de sua condição racial e jurídica que se estabeleciam as diferenças estamentais de qualidade, de riqueza e de poder. O regime sesmarial e, portanto, a posse útil da terra extensa apenas completava esse direito sobre pessoas cativas. Durante toda a Colônia, por isso mesmo, manteve o rei o domínio sobre a terra, separando domínio e posse, e fazendo da posse mera e transitória concessão da Coroa. Abandonada ou mantida inculta, em curto período caía em comisso e retornava ao domínio do soberano para que fosse novamente concedida a outrem.[9] Propriedade de um bem imóvel e posse da terra não se confundiam. Um caipira pobre de São Paulo ou um sertanejo da Amazônia ou do Nordeste podia ter direito de propriedade sobre seu rancho de pau a pique, seu rancho de madeira ou sua casa de adobe em terra alheia, conservando-se distintos os direitos, o do morador e o do possuidor da terra, ressalvado ainda o domínio da Coroa sobre elas.

No Brasil atual, o regime fundiário inaugurado com a Lei de Terras de 1850, com algumas poucas exceções, unificou os dois direitos, domínio e posse, para constituir o moderno regime de propriedade. Hoje, a propriedade da terra e a renda fundiária definem os ritmos e os modos da ocupação do país, da expansão das suas fronteiras econômica e demográfica internas, da mentalidade que se nutre da possibilidade de tomar posse do território, de espoliar o índio e o posseiro, de instituir a propriedade privada da terra e uma concepção do privado com ela relacionado.

No fundo, nada há de substantivo que aproxime o atual processo de deslocamento da fronteira e o processo de deslocamento da fronteira nos tempos da Conquista. Podemos tomar como referência uma palavra que parece dizer tudo no relativo à ocupação das novas terras — a palavra *fazenda* — e ver o que aconteceu com ela. Até o século XIX, essa palavra tinha sentido completamente diferente do que tem hoje.

Fazenda era o cabedal do homem puro de sangue e de fé, branco e católico. As amplas coleções de inventários e testamentos, em muitas partes do Brasil, dizem isso a cada linha: fazenda eram os escravos, as joias, as moradias e construções, as alfaias das capelas domésticas, os objetos feitos pela mão do homem, os escassos móveis, o vestuário, os produtos da colheita, o gado, os engenhos, as ferramentas etc.[10] Até um gato entrou na definição dos bens da fazenda de um paulista dos primeiros tempos. Com a formalização institucional da renda da terra no século XIX, a terra passa a ser formalmente equivalente de mercadoria, definida por um preço, objeto de compra e de venda. Torna-se equivalente dos bens móveis, não naturais, produtos do trabalho humano. O desaparecimento da escravidão legou à terra o conceito que definia o cabedal de alguém, e fazenda passou a ser sinônimo de propriedade fundiária, confundiu-se com o imóvel e foi por ele engolida.

Nos primeiros tempos, os caçadores de índios deslocavam-se em grupos organizados institucionalmente, até com apoio oficial. Os inventários e testamentos antigos mostram, em plena floresta distante, as instituições funcionando no essencial, quando a emergência o pedia. De certo modo, esses grupos eram prolongamentos itinerantes das vilas. Havia ordem, distribuía-se justiça, e os documentos firmados nesses rincões longínquos ainda estão aí nos cartórios e nos arquivos, apensos a documentos outros feitos pela autoridade pública e deles partes integrantes.

Os grupos sertanejos itinerantes tinham a estrutura de uma comunidade, e seus membros agiam entre si como tutelados do rei e seus vassalos. No sertão, esses grupos constituíam um prolongamento vivo das instituições municipais e de suas vilas de origem. Os direitos e deveres dos vassalos, decorrentes da autonomia municipal em relação ao rei, estavam investidos nas pessoas, nos chamados "homens bons da república" e na "gente de qualidade". Eram personificados. Não era o território que dizia se as instituições deviam funcionar deste ou daquele modo, ou deviam ser suprimidas pelo arbítrio de cada um por estarem longe do controle direto e visível das autoridades, como acontece hoje.

Se justiçamentos havia, como houve, era porque a vida estava obrigada antes de tudo ao pertencimento de sangue, sendo em grande parte assunto privado. Os membros de uma comunidade de sangue podiam perdoar por escritura o homicídio praticado contra algum dos seus.[11] Mesmo que isso causasse horror a outras pessoas, um pai podia tirar a vida de um filho, como aconteceu com Fernão Dias Pais, que mandou enforcar um filho mameluco que contra ele conspirava na demorada expedição em busca de esmeraldas, na segunda metade do século XVII.[12] Os pais da pátria, como foram chamados esses patriarcas comunais até o século XVIII, estavam investidos dos privilégios de seu clã, de que decorria o chamado poder pessoal, a sua autoridade.

Hoje já não são grupos corporativos, de estrutura quase institucional, que se deslocam pelo território, em confronto com grupos étnicos a serem conquistados e subjugados. Agora, são os "adversários" que devem ser confinados ou exterminados, como aconteceu nos últimos cem anos. Devem liberar a terra para seu uso de acordo com as leis do mercado. Na atualidade, os que se deslocam acabam formando grupos concorrentes e conflitivos, com concepções opostas sobre a terra e o território, o público e o privado: de um lado, os numerosos pobres que, de diferentes regiões do país, buscam um lugar para acomodar sua pobreza; de outro lado, as grandes empresas e os grandes grupos econômicos que procuram ampliar o território do lucro.

Mas ainda há os últimos resquícios dos deslocamentos comunitários e familísticos. Ainda se deslocam, como no "tempo das bandeiras", grupos de às vezes centenas de pessoas, sob liderança de um fazendeiro e patriarca, que tutela seus protegidos e sua clientela, como se viu nas últimas décadas, de Minas Gerais, da Bahia, do Espírito Santo para Goiás, o Pará, o Mato Grosso.[13] Às vezes, são grupos milenaristas, como os da Bandeira Verde, de Maria da Praia, do Divino Pai Eterno, a Romaria de Santina, de Justino, comunidades muitas vezes familiares, de vizinhança, religiosas ou de senhorio e proteção que se movem lentamente em direção à Amazônia, em busca de terras novas e livres.[14] Os agentes humanos do deslocamento e ocupação da fronteira estão hoje divididos em classes sociais ou em grupos étnicos, contrapostos por conflitos mortais pela terra. As mentalidades são outras, como são outras as relações sociais.

Desde os anos 1950, o deslocamento da frente de expansão e o processo de ocupação das terras novas da fronteira no Paraná, em São Paulo, no Mato Grosso, em Goiás, no Tocantins, no Maranhão, no Pará, no Amazonas, em Rondônia, no Acre podem ser vistos de um modo novo, por meio do mapa geográfico da violência, pela explosão de conflitos fundiários que os acompanha. Essa é a versão moderna da Conquista. Hoje, esse movimento de ocupação territorial é desenhado no mapa do país por milhares de pontos de conflito e violência: violência do "branco" contra o índio, violência do branco rico contra o branco pobre, violência do branco pobre contra o índio, violência de modernas empresas contra posseiros e indígenas e também contra peões escravizados.

É com base nessa violência que a ocupação do território se configura como disseminação da *propriedade privada da terra*. Justamente por isso, é ao mesmo tempo um movimento de *privação* de direitos costumeiros daqueles que imaginam tê-los. A propriedade da terra, entre nós, não se difunde em decorrência das exigências e concepções de uma mentalidade que privilegie o privado como modo de vida e como visão de mundo. Muito ao contrário. Por isso, o problema sociológico está justamente no conflito entre propriedade privada e costume: a difusão dessa propriedade privada anômala, porque baseada na violência dos ricos contra os pobres e na expropriação que ela viabiliza, baseada na desigualdade e não na igualdade, destrói ou, ao menos, confina os costumes e o modo de vida que lhes corresponde.

Nas áreas de fronteira, a disseminação da propriedade privada só superficialmente se recobre de formas jurídicas relativas ao direito à propriedade privada. Essencialmente, ela se baseia em ações que prolongam a vitalidade histórica da sebaça, do saque, do direito aos bens dos vencidos. É, aqui, um direito ambíguo, embora revestido da força da forma, daí seu fácil reconhecimento por juízes e tribunais, que no fim acabam consumando graves injustiças. Quem reivindica o reconhecimento jurídico da propriedade privada não raro o faz com base na violação do privado e dos direitos sobre a terra de quem nela trabalha e, muitas vezes, trabalhou por várias gerações. Não é, ainda, um direito revestido da legitimidade de seu reconhecimento como direito pela outra parte, a vítima, como seria próprio da modernidade. O legal e o legítimo se confrontam e se opõem. Daí a extensão dos conflitos e sua gravidade. É nessa situação que se definem os limites e as possibilidades da vida privada nessas regiões. São regiões que pedem a invenção de uma sociabilidade apropriada na circunstância do conflito e da conflitividade.

Nessas regiões, o título, o documento, tem uma vida autônoma em relação à terra sobre a qual supostamente garante direitos. O documento ganha vida nos cartórios e tribunais, a vida postiça que pode lhe dar a burocracia pública. Na origem de tais papéis, o favor político, a dádiva do Estado patrimonial, premiando cupinchas e protegidos, cabos eleitorais do partido político no poder. Essa tem sido a história territorial do regime republicano e oligárquico. Sem a menor consideração pela terra efetivamente ocupada por populações indígenas, por seringueiros, posseiros, que foram se estabelecendo livremente nas terras da margem esquerda do Tocantins e do Araguaia, em direção ao Oeste e ao Norte, desde os anos 1940 pelo menos. Tais os absurdos, que uma verificação feita no período mais agudo dos conflitos fundiários, na década de 1970, no antigo estado do Mato Grosso, mostrou que a soma das áreas concedidas nesses títulos era três vezes maior do que o território do estado.

No outro lado, da parte dos pobres, dos posseiros e dos seringueiros, uma outra concepção do direito à terra. O direito se legitima pelo trabalho sobre a terra bruta. O costume revigorou na situação conflitiva as concepções de direito próprias do regime sesmarial. Na sua vigência, até 1822, a carta de sesmaria era uma confirmação de posse efetiva, de terra desbravada e ocupada de fato com a criação de gado ou a lavoura. Ficavam sempre ressalvados os direitos de outros ocupantes, muitas vezes ilhados por concessões mais extensas e abrangentes. No cadastramento fundiário de 1854 a 1856, para a regularização imposta pela lei de 1850, direitos de posse foram reconhecidos como direitos de propriedade no interior de outras propriedades.

Em toda a região amazônica ainda é forte a concepção de sinal de ferro como indicativa de amansamento da terra, amansamento que gera por si só um direito de posse reconhecido por todos, menos, evidentemente, pelos portadores de títulos e documentos de propriedade. O sinal de ferro é a marca do machado que derrubou a mata, desbravou e amansou a terra, incorporando nela o trabalho duro de quem primeiro nela trabalhou. Em muitos povoados e vizinhanças do Maranhão, do Tocantins, de Goiás, do Pará, do Mato Grosso e da Amazônia ocidental, esse direito que já foi lei prevalece no consenso e no respeito do que é de um e do que é de outro. Não se cria, no entanto, por aí, a propriedade privada. Cria-se apenas um direito de uso privado (e familiar) da terra comum.

Apesar desse trabalho inicial, a terra continua sendo concebida como um bem comum. Quase como era no tempo das sesmarias: o rei preservava para si o domínio da terra, concedendo a terceiros, condicionalmente, apenas a posse útil. Os direitos do rei é que configuravam a justiça fundiária, pois em nome do rei a terra era repartida ou, tornando-se devoluta, era arrecadada para nova distribuição. Suprimido o regime sesmarial, a separação de posse e domínio persistiu na mentalidade do povo, sendo o domínio de todos, na concepção de que a terra é uma dádiva de Deus e, portanto, um bem comum. Ainda em meados do século XIX, pouco antes da Lei de Terras, os documentos históricos se referem a "terras do comum uso público" ou "terras do comum".

Na fronteira, ainda hoje, o pobre sem terra para trabalhar não está excluído do direito de dar utilidade à terra já trabalhada por outrem e em repouso, momentaneamente desocupada, no que é justamente entendido como terra do comum. Dirige-se a esse posseiro original e pede-lhe licença para fazer seu próprio roçado na terra que já contém trabalho de outrem. Portanto, a terra está dotada de uma ambiguidade fundante que vem de suas peculiaridades como instrumento de produção e das peculiaridades do trabalho que a torna produtiva. Nessa concepção, como na dos clássicos europeus do século XVIII, é o trabalho que cria riqueza, não a terra em si, mero instrumento de labor. É no balanço dessa combinação de coisas diferentes, que encerram direitos diferentes, que a população da fronteira reinventou um direito que não separa público e privado, embora reconheça a independência e as diferenças substantivas desses dois âmbitos da vida.

Contrapõem-se, portanto, um direito gerado pelo dinheiro e um direito gerado pelo trabalho. No âmbito do primeiro, o pobre e desvalido só pode ter acesso quando privado de direitos, como trabalhador, no mais das vezes como peão. No âmbito do segundo, o acesso à terra significa também liberdade, ser dono do próprio destino. Do ponto de vista do primeiro, a ocupação livre da terra pelo trabalhador e pobre, que não possui um documento de propriedade, é um crime, uma violação do direito de propriedade. Do ponto de vista do segundo, a sobreposição dos direitos de propriedade aos direitos do trabalho é um roubo, um crime contra a condição humana. O mundo gestado nesse desencontro é um mundo em que a vida privada não existe nem pode existir substantivamente. Ainda estão separados e em esboço âmbitos como o íntimo, a vida privada, o privado, a propriedade privada. A vida privada é ainda uma *vida de privações* e não uma *vida de privacidade*.

É, pois, nesse mundo de privações, profundamente marcado pelo provisório, sinal de frágil enraizamento, pela permanente possibilidade de se ter que ir embora, expulso, desalojado, que se devem investigar os termos em que se põem os limites e as condições da vida privada na fronteira e do que, nessas condições, é a vida cotidiana de seus habitantes.

Nas áreas de conflito fundiário, o litígio não raro se completa com o despejo. Com notável justeza, Margarida Maria Moura observou que, em consequência, em diferentes regiões do Brasil rural, o contrato chega e se concretiza no momento do distrato, da expulsão da terra, do despejo.[15] Nossa Justiça, tradicionalmente omissa e indiferente em relação aos costumes e ao direito costumeiro, só reconhece no posseiro, no ocupante, no lavrador em terra devoluta a condição de sujeito de contrato, juridicamente igual, portanto cidadão, no momento em que o priva dos direitos que ele supõe ter com base no consuetudinário, no momento em que reveste de legalidade o ato de sua expulsão da terra em que mora e trabalha, no momento em que desfaz o suposto contrato entre o pretenso proprietário e o pretenso invasor. Aí se revela o caráter postiço da contratualidade das relações sociais em nossa sociedade e da própria modernidade. O contrato existe quando é do interesse de quem manda, de quem tem dinheiro e poder para invocar em seu favor as instituições jurídicas e judiciais. O que na origem e em outras sociedades é o instrumento por excelência da igualdade jurídica e da igualdade social, aqui se transfigura no seu oposto: o fictício contrato é o instrumento por excelência da desigualdade e da injustiça.

Não raro, o dramático momento da chegada do oficial de justiça e da polícia para despejar a família do posseiro e demolir sua precária casa e a cerca, onde houver, é o primeiro contato com as instituições do país e, na imensa maioria dos casos, é o primeiro contato com a instituição da justiça e com a lei. A lei e a justiça lhe chegam para assegurar direitos de outrem e para privá-lo, portanto, dos direitos que supunha ter. Ao torná-lo sujeito de direito, a Justiça o faz para desconhecer e suprimir os direitos que a tradição lhe disse que tinha. Nesse momento, a propriedade privada, fundamento do privado, da contratualidade das relações sociais, da cidadania, invade e suprime violentamente o espaço da vida privada, a casa e a terra de morada e de trabalho.

Não se distingue aí, aliás, o que seria fundamental para a distinção entre público e privado: a terra de morada e o domicílio, de um lado, e a terra de trabalho, o instrumento de trabalho, de outro. Tudo se confunde no fetiche do ato jurídico perfeito, no rito nominal da justiça executada. Uma evidência significativa de que nem mesmo o espaço da intimidade, no interior da casa, é assimilado pelo pressuposto da inviolabilidade do domicílio. Os direitos econômicos da renda fundiária e do lucro dominam tudo; sobrepõem-se aos direitos sociais do viver, do habitar, do comer, da intimidade e da vida privada.

Na fronteira, o privado se instaura de um modo ambíguo. Ele se funda na contradição e no conflito de legalidade e de legitimidade. Para a Justiça e para os novos proprietários, que a si mesmo se definem como pioneiros, a legalidade se funda no papel e no recibo, na escritura verdadeira ou falsa, desde que revestida da aparência formal do verdadeiro. Para os pobres, os posseiros, os seringueiros, a legitimidade dos direitos gerados pelo trabalho é que valem ou que deveriam valer. É com base nesse direito que os pobres do sertão e da fronteira julgam ter o direito de se *assituar*, de estabelecer-se com a família na terra livre que ainda não foi marcada pelo trabalho de alguém. E de resistir.

Mas aquela legalidade dominante é constantemente atravessada por atos ilegais: os títulos de propriedade, em vários estados e durante muito tempo, oferecidos sem critério como recompensa pela lealdade política, sem correspondência com a realidade das terras disponíveis; a ilegalidade de invasões ou de concessões em terras indígenas, constitucionalmente protegidas contra a apropriação privada; os documentos falsificados na "química" dos cartórios; jurisdições conflitivas na concessão de terras, como ocorreu no Paraná nos anos 1950 e nas terras da Fundação Brasil Central, na Amazônia, nos anos 1970, o mesmo terreno concedido por diferentes agências a diferentes pessoas. Um conjunto, enfim, de ilegalidades e falsificações sobeja, e amplamente apuradas e confirmadas por comissões de inquérito da Câmara dos Deputados e de assembleias legislativas.

Nas áreas novas, na chamada frente de expansão, estamos em face, portanto, de uma *ilegalidade fundante*, a lei imposta em favor de alguns, dos ricos e poderosos, por meio da violação dos costumes e dos direitos legitimamente tidos por outros, os pobres e desvalidos. Não se pode falar de público e privado, em relação a essas regiões, se tal ilegalidade não é levada em conta, pois se trata de uma ilegalidade estruturante, uma forma de converter o que é público em privado com base na violação dos lugares e cenários da vida privada onde ela já exista. Em ambos os lados, mencionados acima, há limites do privado e, portanto, do que poderia ser a vida privada. O privado diz respeito à apropriação e à propriedade, na mentalidade e nas concepções de fazendeiros e agentes da lei e da justiça, vedadas aos pobres, aos que "não compraram" a terra. Já a vida privada diz respeito ao viver a privacidade na vida de todo dia; no caso, em meio aos embates e à violência resultantes da disseminação da propriedade privada. A vida privada é, sobretudo, a vida de privações que cerca a privacidade; privação de meios, privação de direitos. É o esforço obstinado para preservar o núcleo da vida privada que aí se pode ter, que é a intimidade.

Entre nós, difundiu-se nas últimas décadas a concepção de que essa ilegalidade fundante é uma característica própria da chamada acumulação primitiva nos territórios supostamente virgens da fronteira, lugares dos episódios iniciais da implantação do capitalismo. Para chegar a essa conclusão, haveria que esclarecer muitas coisas, que afinal não estão esclarecidas. Em primeiro lugar que, nos exemplos clássicos, a acumulação primitiva foi o processo de conversão forçada de camponeses em mão de obra para o capital. A persistência da economia camponesa sonegava à indústria e ao capital a mão de obra de que necessitava. Em nosso caso, no geral, as expulsões violentas têm por objetivo a transformação do capital em proprietário de terra e não a integração do trabalhador rural no mercado capitalista de força de trabalho. Essa é uma diferença teórica e historicamente fundamental. Em vez de indicar uma nova modalidade de incorporação econômica e social dos pobres, indica o desenvolvimento de um padrão de organização econômica e social da sociedade que descarta os ocupantes da terra e os transforma em resíduos, sejam eles trabalhadores rurais pobres, sejam eles povos indígenas desprotegidos da voracidade do grande capital.

Os últimos trinta anos têm sido anos de uma obstinada resistência de povos indígenas a essa voracidade. Os Kayapó (no Pará e no Mato Grosso), os Xavante (no Mato Grosso), os Waimiri-Atruahi (no Amazonas) e, de certo modo, os Uruéu-wau-wau (em Rondônia), dentre muitos outros, não só resistiram à invasão branca, sobretudo à invasão das empresas, como declararam verdadeira guerra aos invasores, sustentando contra eles uma agressiva e demorada hostilidade, em que se incluía a iniciativa de ataques às fazendas e às moradias.[16] O que talvez se explique como episódio final de uma secular história de fuga em direção às cabeceiras dos grandes rios, interrompida pelo cerco que resultou da intensificação da velocidade de avanço da frente de expansão sobre os territórios indígenas.

Foi bem diferente a reação do posseiro, do agricultor pobre e sem título de propriedade, ao avanço da frente de expansão. Socializado na estratégia da itinerância e do provisório, e não raro protagonista de outras expulsões (em Rondônia encontrei velhos posseiros que já haviam sofrido sete expulsões), a categoria dos posseiros tem uma história longa, secular, de deslocamentos em direção ao que chamam de "terras livres", terras sem sinal de ferro. Portanto, não se convertem necessariamente em mão de obra dos novos fazendeiros. Nos anos 1950 e início dos anos 1960, no antigo estado de Goiás e nas zonas pioneiras do Oeste de São Paulo e do Paraná, ainda se encontrava o arrendatário forçado.

Alegando direitos, os fazendeiros, geralmente "grileiros" de terra, portadores de documentos falsos ou de legalidade suspeita, convenciam os posseiros a se converter em arrendatários por um período de três ou quatro anos. Em troca de permissão para plantio do arroz, do milho, do algodão e de outras plantas de ciclo curto, esses arrendatários forçados assumiam o compromisso de derrubar a mata, preparar o terreno, e enquanto cuidavam dos próprios cultivos em terra virgem, formavam pastagens para os supostos donos da terra. Convertiam-se em arrendatários temporários, obrigados a deixar a terra tão logo o pasto estivesse formado. Nesse período foram comuns as revoltas de trabalhadores no momento de entregar as pastagens formadas.

Esse esquema marcou a paisagem rural na fase da implantação da rodovia Belém-Brasília, nos anos 1950, e nos primeiros anos que se seguiram. Começou a ser abandonado quando entrou em vigor a legislação trabalhista rural, em 1962. Mesmo que não fossem reconhecidos direitos de posse sobre a terra trabalhada, a tendência foi a Justiça interpretar a posse como confirmação de direitos trabalhistas e, portanto, encarar a relação entre o "arrendatário" e o "proprietário" como uma relação contratual de trabalho envolvendo reciprocidade de obrigações por parte dos que alegavam direitos de propriedade.[17] Esse era o espaço da propriedade privada. As indenizações, os salários atrasados, as multas trabalhistas, mesmo quando havia acordo lesivo ao trabalhador, como foi comum, tudo enfim parece ter contribuído para o desenvolvimento de uma nova forma de esbulho e de escamoteação dos direitos que a lei reconhecia.

Foi se tornando comum, e ainda é marca forte desse processo de ocupação territorial, uma segunda violência: a da escravização de trabalhadores, sobretudo nas tarefas temporárias e transitórias de derrubada da mata e formação das pastagens.[18] Como entre os posseiros dessas regiões, no geral, não há braços excedentes e, quando há, são sempre em número insuficiente, os recrutamentos são quase sempre feitos em regiões distantes, e os trabalhadores, desamparados, submetidos à escravidão por dívida. Além disso, os fazendeiros preferem não recrutar como peão quem era posseiro na mesma terra. Evitam, assim, a confirmação de direitos em caso de permanência na terra, ainda que sob a suposta condição de assalariado.

Aí o quadro se complica, porque do lado das grandes empresas e dos grandes proprietários de terra tem prevalecido a suposição de que o capitalismo e sua expansão justificam tudo: o ilegal é legítimo e legitimado pela espécie de redenção histórica que a expansão capitalista parece representar na mentalidade dos "pioneiros", dos técnicos, dos funcionários do Estado e dos próprios governantes. A forma econômica supostamente superior, apoiada na racionalidade do capital, é apresentada como precedente às formas "primitivas" de uso da terra, no âmbito da chamada agricultura familiar, e privilegiada em relação a elas.

Escravizações e despejos são expressões e meios extremos, mas frequentes, do atual movimento de ocupação das terras novas. Por isso, são esses casos que permitem conhecer melhor quais são os limites à disseminação da vida privada na fronteira e quais são as dificuldades para que a vida cotidiana saia dos limites estreitos da rotina e do costume para se desdobrar no que se poderia propriamente chamar de expressões da cotidianidade. Estamos, portanto, em face de processos sociais e históricos que nos falam mais daquilo que não é (e não tem podido ser) do que daquilo que propriamente é: a vida privada e a vida cotidiana. Nesse sentido, a fronteira é também fronteira e limite daquilo que define a modernidade, como a vida cotidiana e a vida privada, porque nela tudo se propõe de maneira incompleta, inacabada, insuficiente. Por isso, também, a fronteira é sociologicamente um lugar de contraditória combinação de temporalidades, lugar em que o processo histórico flui em ritmos lentos, mais lentos, sem dúvida, do que nas instâncias e espaços centrais e dinâmicos da sociedade, mesmo que a ocupação territorial seja veloz.

Sociologicamente, a fronteira é um lugar em que essas temporalidades desencontradas adquirem substância em sujeitos sociais, protagonistas, classes, etnias, instituições, mentalidades, costumes, variações linguísticas igualmente desencontrados. Não raro, entre um juiz que julga uma ação de reintegração de posse de um proprietário suposto ou real e os posseiros que serão alcançados por sua sentença de despejo existe um abismo de quase dois séculos. Uma boa reconstituição da mentalidade dos posseiros, para os quais a legalidade do título de propriedade deve ser confirmada na posse efetiva, no trabalho, mostra que suas concepções de direito e do que é justo e injusto estão referidas, como mencionei antes, à legislação sesmarial, abolida poucos meses antes da Independência, em 1822. Naqueles tempos, o título, a carta de sesmaria, legalizava a posse e o cultivo efetivos. Só mais tarde, com a Lei de Terras de 1850, é que posse e propriedade se combinaram mediante unicamente o ato de compra. Sucessivas tentativas de atenuar esse direito absoluto de propriedade, como o Estatuto da Terra, de 1965, culminam com as disposições ambíguas da Constituição de 1988 sobre a chamada terra produtiva.

A fronteira é um bom posto de observação da persistência da mentalidade arcaica no âmago mesmo de um processo que parece pedir o novo e a inovação. Ela é indicativa de como entre nós o novo se apossou do arcaico que o viabiliza. Menos em razão de uma mentalidade antiquada e persistente do que em razão das condições estruturais de realização do capitalismo e da reprodução ampliada do capital nas bordas mais distantes da sua racionalidade. Essa racionalidade não é a mesma nos núcleos dominantes do capitalismo e nos seus pontos extremos. Nestes últimos, há que considerar a renda da terra, sobretudo a renda diferencial determinada pelo espaço que separa a produção (e a exploração do trabalho) da efetivação do lucro, a realização da riqueza aí produzida, que é a distância a ser percorrida pelos produtos da fronteira até os lugares de consumo.

Nesses pontos extremos, a reprodução do capital não se dá necessariamente de modo capitalista, para que a reprodução da força de trabalho não comprometa a reprodução ampliada do capital. É nesses extremos que o irracional, como a destruição da natureza e o revigoramento do trabalho escravo, se torna racional para o capital, embora irracional e bloqueador do processo de emancipação do homem. Onde esse capitalismo superficial e predatório esgotou suas possibilidades, ficam as cidades decadentes e mortas, o pasto estéril, ralo e arenoso, o despovoamento, o refluxo para a economia mercantil simples sustentada na economia de subsistência.[19] À margem do Tocantins, aí estão Pedro Afonso e Miracema do Norte, por muito tempo regiões estagnadas depois da experiência transitória de serem fronteira e limite com a construção da Belém-Brasília; ou a decadência de Porto Nacional, com a substituição da navegação pela nova rodovia. Só com a política de incentivos fiscais e de colonização, a partir de 1964, portanto com a transferência de maciços recursos públicos compensatórios, drenados da sociedade inteira, é que as últimas ondas de expansão da fronteira também criaram cidades e levaram fragmentos da modernidade a um esdrúxulo espaço de coexistência com a violência, a escravidão e a miséria.

São essas ondas revoltas de modernização superficial, nem sempre duradouras, essas formas irracionais de expansão territorial e econômica, que revelam um fenômeno singular e essencial para a compreensão histórica e sociológica das persistências culturais, dos costumes antigos que afloram constantemente nesse cenário que combina temporalidades com datas e historicidades distintas. Pouca atenção se pôs no fato de que os enormes conflitos da frente de expansão, neste último meio século, no Paraná, no Oeste de São Paulo, em Goiás, no Mato Grosso, no Pará, no Maranhão, no Amazonas, no Acre, em Rondônia, são, como disse antes, conflitos em que os protagonistas não disputam sobre a interpretação de um código comum, de mesma idade e mesma historicidade. A violência que invadiu o cotidiano dessas regiões é a expressão viva do descompasso histórico que separa populações inteiras no dia a dia, desde a linguagem cotidiana até a versão cotidiana do direito na concepção do que é justo e do que é injusto.

No mais das vezes, a concepção do que seriam os direitos dos pobres, dos que sofrem despejos e expulsões da terra, é concepção que tem sua origem no velho direito colonial, de que ficaram resquícios arraigados na mentalidade popular, como se pode facilmente verificar em muitas regiões do país, não só na fronteira. São esses resquícios que sustentam a reivindicação de justiça.

Tais resquícios não se circunscrevem ao âmbito da concepção popular de direito. Eles articulam outras sobrevivências, realimentadas pela marginalização social e pela pobreza, na habitação precária, nos recursos poucos, nos grandes riscos do viver.

A vida cotidiana é pontuada e definida pela prosaica coleção de objetos do rancho de madeira e palha, da casa de adobe ou de barro coberta de folhas de babaçu, desenho habitacional dos povoados, até imensos, da região amazônica. E definida pelos gestos, atos, expressões e relacionamentos por eles mediados, torna-se assim repositório de uma visão de mundo, de uma coerência de mentalidade. Ambos, meios de vida e visão de mundo, são essenciais para compreendermos o lugar que o descompasso das temporalidades que atravessam a vida de todos os dias tem na defesa de um modo de vida que encontra na intimidade um alto sentido defensivo. A fronteira combina, assim, uma vida familiar e comunitária altamente integrada e ordenada com os perigos próprios do viver instável no limite da sociabilidade compreensível, limite de espaços, de etnias, de visões de mundo. Limite, também, da distinção entre homem e natureza, entre o cultural e o animal.

Quando os novos perigos representados pela expansão capitalista ameaçam e afetam esse equilíbrio e essa ordem, como se tem observado no último meio século, aqueles resquícios culturais e sociais é que constituem entre nós os sucedâneos dos direitos sociais e dos privilégios do costume observados por Thompson e Marshall na sociedade inglesa.[20] Parâmetro e referência para compreendermos a fonte ativa de proposição e construção de uma sociabilidade alternativa àquela que se impõe em nome do lucro predatório e desumanizador da fronteira. E por muitos meios coercitivos imposta ao homem comum.

É com base, pois, nesse passado que os pobres reivindicam seu lugar no futuro, que tentam influir na definição de uma base social para reformulação dos direitos de todos. Querem estabelecer uma premissa. Pela primeira vez na história do Brasil, o movimento de expansão e de reprodução da riqueza encontrou uma barreira social exigente. Desde as lutas camponesas lideradas pelo posseiro José Porfírio, nos anos 1950, na região de Trombas e Formoso, em Goiás, com a politização dos trabalhadores rurais, essa barreira começou a ser levantada.[21] E, também, desde a revolta camponesa do Sudoeste do Paraná, em 1957,[22] ficou evidente que o republicano progresso da ordem chegava ao fim, que o esbulho territorial em nome do progresso e do desenvolvimento excludentes não era legítimo; que os pobres, os trabalhadores rurais, reconheciam-se e proclamavam-se senhores e protagonistas de direitos. Essas lutas são o nosso equivalente da resistência das corporações de ofício na Europa e dos direitos sociais que elas proclamavam em face dos direitos econômicos do capital que nascia, ganhava forma e figura, de que falam Marshall e Thompson. Esse é um capítulo não encerrado da história do país.

Assumidas inicialmente pelos partidos de esquerda, com alguma relutância, e mais tarde pelas igrejas, ganhou mediação institucional: a fala que fora quase sempre mística e messiânica se tornou uma fala política.

É nessas mediações politizantes que a pobreza residual dessa expansão territorial do capital, realizada pelo empresário absenteísta, ganha coerência e sentido. É nelas, também, que o misticismo, o messianismo e o milenarismo tão próprios de nossas tradições sertanejas, e aparentemente tão ineficazes para expressar uma esperança consequente, encontram uma base nova e consistente para mediatizar sua utopia como tempo do novo e da inovação social. Esse é o ponto que quero sublinhar, como núcleo mais importante desta análise.

É aí que está, no meu modo de ver, o fator dinâmico de uma sociabilidade que parece tradicional mas que se alimenta dos conteúdos novos das mediações a que me refiro. Mediações que dão abrangência e universalidade aos antagonismos no que muitos pensam ser meramente conflitivo.

Nesse movimento, pode-se observar uma criação cultural que, guardadas as óbvias e imensas diferenças, corresponde sociologicamente ao que Ariès observou na França do século XVIII em seu famoso texto sobre a vida privada.[23] Aqui também, o confinamento criativo de uma certa tradição (que não é a da família pequeno-burguesa) ganhou consistência como base da invenção social, da invenção de um modo de vida que se insere no mundo moderno por meio de formas culturais a ele relativas, mas subjugadas e postas em funcionamento na tradição do familismo e de um certo comunitarismo de vizinhança, próprios dos antigos bairros rurais do Sudeste ou dos povoados tão típicos do Centro-Oeste e do Meio-Norte.

A expressiva série de fotos que David Burnett fez para a revista *Geo*, em 1979, na região de São Félix do Araguaia, documenta como esse modo de viver é personificado pelo próprio bispo, d. Pedro Casaldáliga.[24] O interior das igrejas, os objetos sacros, os cômodos despojados da casa episcopal, tudo está em continuidade com os cenários domésticos de um modo de vida construído com base no provisório, no inseguro e no instável. Já não mais o transitório sem sentido, resto e residual. A poesia de d. Pedro, seus diários, suas anotações, vão revelando a renovação de significados dessas coisas, desses cenários, dessas casas, dessas concepções residuais que, não obstante, ganham corpo numa visão de mundo e num modo de vida.[25]

O amplo painel que o padre Cerezo Barredo pintou para a modesta e simples Catedral de São Félix mostra uma impressionante compreensão da tensa relação que a fronteira propõe entre o sagrado e o profano, entre o monumento e a vida cotidiana, entre a religião e o trabalho, entre a terra de trabalho e a terra de negócio, entre a vida e a cerca. O Cristo ressuscitado se move com grande leveza num cenário de fios de arame farpado que cercam terras devastadas. E a pesada cruz do cotidiano de sofrimento e de conflitos disseminados pelas cercas do latifúndio, da apropriação privada da terra, é carregada por homens de terçado no cinto, mulheres e crianças de pés descalços, gente dessas mesmas casas despojadas, cujo mobiliário é reduzido a poucos e rústicos objetos. O cotidiano dos despojados de tudo nesse mundo de privações tão amplas é integrado ao próprio monumento religioso, seus significados, seus conteúdos teológicos, sua dimensão não cotidiana. Na arte e na teologia, tão essencialmente históricos e não cotidianos, esse despojado cotidiano da fronteira, por seus grandes confrontos humanos, é que constitui o monumento.

Se nas casas se tem sempre a impressão de que as pessoas podem partir a qualquer momento, no fadário incerto, como aconteceu, e muito, nesses anos todos, nos cenários de igreja, ao contrário, pode-se facilmente observar uma mentalidade que inverte significados, que dá um sentido de romaria com destino certo nesse carregar comunitário da cruz da vida. Os grandes embates históricos que invadem o dia a dia de índios e de lavradores pobres transfiguram o modo de viver em modo de fazer História, a História vivenciada. A História por meio da qual o homem se faz, e a sociedade se transforma e se propõe, assim, como a transfiguração da vítima em protagonista da Esperança. A fronteira produziu, enfim, um imaginário enraizado na situação e na consciência de seu protagonista principal porque mais dramático, a vítima. O protagonista que proclama na insistência, na resistência e na luta a dignidade do viver como limite para a voracidade inescrupulosa do desenvolver sem condicionamentos e sem mediações propriamente sociais.

Não é a primeira vez que na fronteira ocorrem movimentos sociais orientados para a descoberta e afirmação de valores e concepções residuais, do transitório. Foi assim na Guerra do

Contestado, em 1912-6, no Paraná e em Santa Catarina, também região de fronteira vivendo conflitos de certo modo parecidos com os do período recente na Amazônia.[26] Ali, também, velhas tradições e concepções folclorizadas, reduzidas à condição de aparentes sobrevivências de uma cultura vencida e do passado, revigoraram-se até mesmo no plano militar, redefiniram profundamente a vida de todos os dias da população regional, descotidianizaram a rotina simples de sempre na chamada guerra santa, sacralizaram e militarizaram a vida diária no grande embate entre o bem e o mal, entre a justiça e a injustiça. Nos anos 1950, em escala muito menor, o mesmo se observou no movimento milenarista do Catulé, em Minas Gerais, na então frente de expansão do Vale do Rio Doce.[27] Mas, nesses e em outros casos, a sociedade brasileira estava polarizada entre o que podia ser reconhecido como politicamente digno e aceitável e o que era interpretado como manifestação de primitivismo e barbárie. A sociedade, portanto, suas vanguardas políticas, sua elite intelectual, não podiam integrar essas experiências de ruptura da ordem na sua própria compreensão do mundo e da vida.

No período recente, na Amazônia, a fronteira tornou-se cenário e fundamento de uma ampla revisão da consciência social da sociedade brasileira, sobre o modo de vida dos pobres, sobre o seu modo de lutar por causas que não estavam na pauta das concepções dominantes das formas "corretas" e aceitáveis de reivindicação social. O imaginário religioso que se difunde na região de São Félix expressa essas redefinições. Constitui uma espécie de documento cultural sobre mudanças profundas nas mentalidades alimentadas pela conflitividade própria da fronteira.

As indicações de mudanças profundas na mentalidade também das populações regionais de modo algum significam que houve grandes transformações nos costumes e nas tradições. Ao contrário. Mesmo com a "importação" e a assimilação de hábitos e modos de origem urbana e remota, que chegam com as mercadorias que discrepantemente se integram aos ambientes domésticos, como o rádio, a máquina de costura, um ou outro objeto de plástico, a tinta cor-de-rosa, azul ou verde-clara que decora as poucas casas de alvenaria dos povoados, os costumes de algum modo se mantêm.

Os cenários domésticos são verdadeiras colagens de objetos, coisas e pessoas de data diversa, cada qual carregando sua própria data histórica e sua própria inserção histórica original, anunciando visual e simbolicamente as insuficiências e contradições do desenvolvimento na margem do capitalismo. Chega o retrato da coisa, muitas vezes num recorte de página de revista colado na parede, mas não chega a coisa.

Numa das belas fotos que David Burnett fez em São Félix do Araguaia, essa composição fica evidente: no que parece ser um bar sertanejo, a penumbra do salão amplo de piso de tijolos, a cobertura de quatro águas com troncos finos e as paredes de pau a pique. Aparentemente, três portas abertas. No centro, uma mesa de bilhar. Na parte dianteira da foto, o bispo, com chinelo de dedo, sentado a uma mesa, no que parece ser a única cadeira do lugar, conversa com o dono da casa. Este, de pé, debruça-se sobre a mesa para conversar com ele e pôr seu rosto no mesmo nível do interlocutor, um óbvio sinal de deferência. Sobre a mesa, diante do bispo, uma lata usada de cerveja servindo como caneca. Sobre outras duas pequenas mesas, latas idênticas.

Encostado numa das portas um homem jovem, de chapéu na cabeça. Encostado na mesa de bilhar, também de chapéu, um senhor de meia-idade. Não estão jogando. Contemplam os dois homens que conversam, prestam atenção na conversa de ambos, embora os dois interlocutores formem uma cena de conversa em particular: o bispo está de costas para eles, não está conversando com eles. As outras fotos dizem a mesma coisa: quando há duas ou mais pessoas conversando, as outras assumem claramente o papel de espectadores e coadjuvantes. Não estão na conversa, mas se sentem no direito de apreciá-la. Isso é comum na fronteira, como é comum nas áreas sertanejas do país, de que a fronteira é extensão: não passaria pela cabeça de ninguém retirar-se do recinto para que a conversa ostensivamente particular ocorresse em privado. Do mesmo modo, não passaria pela cabeça de ninguém que pudesse continuar uma outra atividade ou uma outra conversa no mesmo cenário. A coadjuvação silenciosa é uma questão de respeito. Nessas fotos são muitos os sinais de respeito entre as pessoas. A permanência nesses locais é uma indicação de que a conversa em particular não tem cabimento em certos recintos, como certos cômodos da casa, o bar, a igreja. Os "outros", a comunidade, proclamam assim o seu direito de intromissão auditiva na vida alheia. Reconhecem, valorizam e preservam o íntimo, mas desconsideram e desconhecem culturalmente o privado e a privacidade.

Das quatro pessoas, três estão encostadas em alguma coisa, um gesto antagônico ao gesto do trabalho, do corpo em movimento, gesto que tão frequentemente foi e tem sido interpretado como indicação do cansaço permanente e da preguiça do brasileiro. Não estão fazendo nada de seu; deixam-se ficar. No mais, a profundidade da foto decorre menos da extensão do ambiente do que de seu despojamento, de sua pobreza.

Em duas fotos da casa do bispo, o cenário é o mesmo. As paredes nuas de tijolo aparente, duas pequenas camas do tipo patente, bem-arrumadas, o bispo sentado sobre uma delas, a sua, lendo documentos. Numa outra foto, na mesma casa pequena, o bispo trabalha em sua máquina de escrever. Mas a foto revela nesgas de outros cômodos, as paredes nuas, a falta de objetos, o piso de tijolos, a iluminação que depende muito mais de portas abertas do que de janelas.

Em muitos desses lugares, a casa é concebida como uma espécie de continuidade da rua. A porta da rua está quase sempre aberta. Aqui e ali uma meia-porta veda a entrada dos animais. Mas é uma porta-janela. Como se o interior da casa devesse estar sempre exposto ao olhar dos de fora e à luz que ilumina lá dentro. Mesmo que não haja ninguém no cômodo da frente. Isso não é uma invenção da fronteira. Em lugares sertanejos do Nordeste e do Centro-Oeste é assim há muito. Em cidades históricas como Juazeiro do Norte, no Ceará, ou Vila Boa de Goiás, esse padrão ainda persiste. Nos povoados da fronteira, onde há algum recurso, a porta sempre aberta continua no corredor comprido que leva à cozinha. Ela é o lugar de conversação dos não estranhos, daqueles com quem os moradores da casa têm familiaridade e não necessariamente parentesco. Lugar dos que podem ir entrando, bastando gritar o costumeiro "Ó de casa!". Não são estranhos, mas também não são parentes. Na entrada, a saleta para receber os propriamente estranhos, limite de seu acesso ao interior da casa. Em São Pedro da Água Branca, na divisa do Maranhão com o estado do Pará, me foi cedido o quarto ao lado dessa sala, numa casa de pau a pique e chão de terra batida. Ali pude armar minha rede e depositar minhas coisas. Como acontecia no quarto de alpendre das casas antigas do "tempo dos bandeirantes". Uma forma de acolher sem integrar, sem dar acesso ao interior da casa, a cujos cômodos se chega, como a cozinha, apenas a convite do dono.

Se há essa demarcação do interior da casa quanto à intimidade, numa gradação da sua relação com a rua e os da rua, há também uma significativa abertura da casa para a rua e para o que é propriamente público. "Rua" nem sempre é apenas a via de passagem. É também, no mais das vezes, a designação de povoado. É público o lugar de trânsito, sobretudo entre as casas. Algumas atividades da casa, em especial as femininas, desenvolvem-se no dia a dia do lado de fora da porta da casa: fiar o algodão na roca, pilar o arroz, bordar ou costurar. Vizinhas próximas levam suas coisas para perto da porta de uma delas para trabalhar e conversar, à tarde, enquanto vigiam as crianças que estão brincando por perto. É nesse momento que um estranho pode conversar com elas sem violar complicadas interdições de acesso. A frente da casa torna-se uma extensão a céu aberto da sala da casa ou do cômodo da frente. Este é, aliás, o cômodo da sociabilidade masculina, enquanto a cozinha o é da sociabilidade feminina, como feminina é, também, a frente da casa. Simbolicamente, a casa é, nesses casos, muito mais extensa do que as quatro paredes que compõem o seu núcleo principal e mais protegido. A mulher que fia algodão na rua ainda está "em casa", na parte da casa que se comunica com as casas dos outros, com a comunidade, o terreno em que se transita entre o privado e o público. Quando varre o chão de terra batida de sua casa, a mulher estende a varrição a uma área bem demarcada da rua, um quadro mais ou menos equivalente à área de sua casa.

Na relação da mulher com a rua diante de sua casa, há uma clara separação das duas modalidades de trabalho no dia a dia feminino. De um lado, a da subsistência, na cozinha. De outro, aquilo que a consciência conceitual já separou do trabalho doméstico e define como propriamente trabalho, fazer coisas que em grande parte não estão necessariamente vinculadas à casa e ao trabalho doméstico: como fiar a linha que vai ser usada no tear doméstico, quando há; costurar a roupa; bordar (ou pintar, uma novidade moderna) os panos da casa, como os panos de prato; pilar o arroz, em muitos lugares remotos já levados à máquina de descascar. É significativo que essas últimas atividades se desloquem do interior da casa para o espaço aberto, mas ainda simbolicamente doméstico, das ruas abertas e públicas. São atividades que historicamente, nos lugares mais desenvolvidos, se deslocaram da casa para o recinto especializado das oficinas e das fábricas. Ou seja, mesmo antes de separar-se da casa, já estão de algum modo dela separadas na consciência dos moradores, porém com base na sociabilidade corporativa do trabalho, que ainda é uma extensão da vida doméstica. No meu modo de ver, em grande parte porque, embora as atividades econômicas, mesmo na roça, se desenrolem num espaço que é considerado extensão da morada, constituem algo que é efetivamente estranho ao íntimo e à intimidade e, portanto, às funções simbólicas da casa na relação com a vida e o vivido. Temos aí as duas faces da sociabilidade da mulher decorrentes de sua ambiguidade — uma voltada para o íntimo e para o interior da casa; outra voltada para a comunidade e o público, ainda assim no limite dos espaços de transição e igualmente ambíguos, na rua.

A matriz desse feixe de significados e definições é o lugar mais protegido e íntimo da casa: o quarto do casal. O cômodo do casal é nessas habitações, em muitos lugares, chamado de camarinha, o equivalente da alcova das casas-grandes antigas. São cômodos quase sempre sem janela, e quando têm janela, fica ela fechada todo o tempo. É um cômodo escuro para evitar o olhar intruso dos visitantes que eventualmente se atrevam a mirar o interior do aposento, fato em si considerado ofensivo ao dono da casa. A escuridão da camarinha tem por objetivo proteger a intimidade do casal, escondendo do curioso objetos, panos manchados, coisas enfim que possam denunciar a intimidade, expô-la à curiosidade dos outros. Se é uma forma de decoro, como parece ser, é nesse contexto também uma forma de proteção contra o olhar perigoso de quem não tem relação de sangue com o casal e os membros da família, o mau-olhado. O sangue da mulher é especialmente vulnerável a esse olhar ameaçador. Os líquidos femininos que fluem pela vagina, como o sangue menstrual e o sangue do defloramento, são considerados mágicos em muitas regiões do país, e sua posse ou visão por estranhos podem trazer benefícios a quem os possui e danos à mulher e, por meio dela, a seus parentes.[28]

A camarinha não se define simplesmente pela concepção secularizada de lugar das relações íntimas do casal. A camarinha é o lugar da fecundação e da procriação, é o lugar da conversão da impureza do ato pecaminoso na pureza da concepção. Tanto que as crianças, quando morrem, têm seu corpo tratado e enfeitado com símbolos de alegria, diferente do que acontece com os adultos. São, além do mais, sepultadas em lugares separados nos cemitérios do sertão, para justamente preservarem a pureza de que são portadoras.

A inocência e a pureza estão seguramente na base da definição do íntimo e da intimidade. Há aí uma certa centralidade simbólica da mulher na estruturação das relações sociais, na definição da espacialidade da casa e, sobretudo, da concepção de lugar do íntimo e da própria intimidade. Nas grandes cidades brasileiras e em todas as classes sociais, ainda hoje é comum ouvir a afirmação depreciativa de que "fulana não presta" para designar a "mulher à toa", a mulher desregrada e livre, a que já não é virgem embora não seja casada nem viúva e que, portanto, não está sujeita a vínculos. O verbo é aí um verbo intransitivo.

Porém, foi na Amazônia que ouvi uma versão completa e esclarecedora dessa expressão: "Fulana não presta *mais*", que deve ter sido a frase completa em outros lugares e em outros tempos — o verbo pede complemento. O homem que usou essa expressão numa conversa comigo, não a usou para depreciar a pessoa a quem se referia. Usou-a apenas para lamentar a "perda" da virgindade de uma moça. Com a expressão queria dizer que a referida moça, tendo perdido a virgindade, já não prestava mais. Em vez de ponto-final depois da palavra *mais*, percebi que havia reticência, desnecessidade de continuar a única explicação plausível: tendo deixado de ser virgem, a moça já não servia para as primícias do desvirginamento, já não prestava para o derramamento propiciatório do sangue virginal. Ela já não prestava para a cerimônia do defloramento e da primícia, da oferenda ritual e mágica da virgindade ao esposo (e à comunidade), base simbólica dos liames de família, dos vínculos de sangue e de comunidade, na premissa do poder contaminador do sangue. E dos líquidos, como a saliva e o esperma. É comum ver-se a mãe limpando e arrumando os filhos pequenos com a própria saliva, para remover uma mancha ou alinhar o cabelo. Como também ouvi dizer que a mulher, por receber na vagina o esperma do homem, recebe e aprisiona sua força; daí a maior fragilidade masculina, em relação à mulher, depois de uma certa idade. Há aí uma certa concepção de troca social entre sangue e esperma, personificados pela mulher e pelo homem, troca que a mulher não virgem não pode realizar. Essas concepções só têm sentido no imaginário referido ao íntimo e à intimidade.

O íntimo não se confunde, portanto, com o privado, nem o comunitário se confunde com o público. São, porém, o seu equivalente culturalmente mais complexo. Aliás, entre nós, em outras regiões, o desaparecimento ou a atenuação dessas concepções mágicas e sacralizadas, como ocorre sobretudo nas cidades caracterizadas por grande número de migrantes, não se completa com o desenvolvimento da vida privada e de uma concepção propriamente moderna de privacidade. Os espaços externos e internos são ocupados indistintamente pelo público e pelo privado, sem o correspondente surgimento de um modo de vida privado, a não ser em certos grupos e em certas camadas sociais.

Nas áreas de fronteira, o corpo, e sobretudo o corpo ambíguo da mulher, é o demarcador desses limites entre o íntimo e o comunitário, que às vezes fica melhor definido como o feminino e o masculino. Nos povoados, o banho diário é quase sempre no aberto e em lugares públicos, na beira de um rio. Lugares públicos porque irremediavelmente abertos. Sujeitos, no entanto, a uma ordenação consensual em que o espaço aberto fica sujeito à interdição do olhar. Espaços assim são desdobramentos do espaço doméstico do íntimo. Num lugarejo do Mato Grosso, em que estive, o banheiro, como é chamado o lugar de banhar, como às vezes se diz, era comum para homens e mulheres. Por isso, havia horários distintos para pessoas de um sexo e outro, de qualquer idade. Todas as pessoas do mesmo sexo deviam tomar seu banho juntas e no mesmo horário. Seria ofensa que alguém tomasse seu banho sozinho e em horário distinto, criando com isso o risco de ser visto por quem não devesse vê-lo ou vê-la. Até porque, no caso, o banheiro era também o lugar de lavar roupa.

Num outro local, no Pará, havia banheiros distintos para homens e mulheres, no mesmo rio, separados por uma curva e suficientemente distantes para proteger os banhistas do olhar indevido de alguém do outro grupo. Mas havia a convenção de que o banho dos dois grupos seria sempre no mesmo horário, no final da tarde.

Numa pequena comunidade do interior do município de Viana, no Maranhão, o banho podia ser individual, numa clareira no meio da mata, avisados os demais de que alguém ia banhar-se. O interessado levava consigo o balde de água e uma caneca de lata para jogar água no corpo. Mas pessoas do mesmo sexo, adultos e crianças, compareciam e rodeavam o local, encostados nas árvores, examinando o banhista nu e proseando com ele.

O mesmo corpo, tão protegido na relação com a casa, fica assim mais exposto quando a pessoa se encontra em outros lugares, fora da casa. Nos povoados que visitei, é comum a mulher, muitas vezes mulher casada, ficar de cócoras para conversar com os outros, inclusive estranhos e do sexo masculino. No Maranhão, sobretudo, com um gesto automático da mão direita, enfiam o vestido ou a saia no meio das pernas, para proteger o próprio sexo do olhar do interlocutor, e se agacham para o bate-papo, sem qualquer constrangimento ou vergonha.

Nessas regiões, a casa é uma casa uterina:[29] a casa física é, ao mesmo tempo, uma casa simbólica e sagrada. Disso nos fala o modo como os moradores lidam com o corpo de quem morre, o modo como distribuem as redes dos moradores no interior dos cômodos e as eventuais e raras camas que uma casa possa ter. Isto é, não colocam camas nem se deitam nas redes com os pés na direção da porta da casa para a rua, que é a posição dos mortos. A porta da frente é o lugar de entrada e saída desse útero simbólico. Os mortos são retirados de dentro da casa com a cabeça para dentro e os pés para fora, o inverso do nascimento: a cabeça para fora e os pés para dentro.[30] Nessas inversões, sinais de morte e de vida e sua força mágica.

Os principais ritos domésticos ocorrem nessas ocasiões. Seu objetivo é expulsar a morte com o morto quando o corpo sai da casa. E assinalar o nascimento como acontecimento que traz a vida para dentro da casa. O cântico de incelenças nos velórios, no Mato Grosso, é rito estritamente ligado à morte e ao morto. Quando perguntei a um cantador de incelenças em Ribeirão Bonito se poderia explicar-me os cânticos e cantá-los para que eu os gravasse, reagiu assustado e negou-se a fazê-lo. O cântico é exclusivamente reza funerária e parte integrante dos atos de consumação do morrer, no momento culturalmente ambíguo que vai do último suspiro ao sepultamento. A morte é certamente o grande demarcador de espaços e situações nessas regiões. Ela define os lados da realidade social: o de dentro e o de fora, o puro e o impuro, o seguro e o perigoso.

A morte é, também, evento que diz respeito ao público em oposição ao privado, diz respeito à comunidade em oposição ao íntimo.[31] Esse é seguramente o único momento em que as pessoas, os vizinhos, os conhecidos e até os estranhos têm acesso livre ao interior da casa e ao leito do moribundo. Tal liberalidade denota certamente a solidariedade própria dessas horas. Todos, de algum modo, se revezam na preparação do corpo, no velório e no enterro. Entretanto, são muitas as indicações de que esse envolvimento comunitário é também expressão da concepção de que, embora o morto seja da família, pois existem os "donos" do corpo, a morte, ao contrário, é assunto da comunidade.

Quando o morto é um homem casado, a viúva raramente vai até o cemitério e raramente as mulheres de sua família participam do enterro. Do mesmo modo, as mulheres que têm vínculos de sangue muito próximos com qualquer morto despedem-se do corpo na soleira da porta da casa de que sai o enterro. Ao se apossar do corpo, e dele afastar a família, a comunidade pratica os ritos funerários apropriados e por meio deles se protege contra os malefícios da morte. Os ritos e procedimentos observados nessas ocasiões dizem respeito à demarcação simbólica restrita do espaço do morto, preservando e protegendo o espaço dos vivos, inclusive a casa em que o morto viveu. O modo de retirar o corpo da casa, as demarcações simbólicas que na casa são feitas em rezas e novenas, tudo indica o intento coletivo de afastar o morto da casa e dos vivos, e assegurar seu confinamento na cova e no cemitério. São procedimentos que tentam romper o apego do morto à sua casa e à sua família, e desse modo assegurar, em nome da comunidade, o doloroso transe, a efetiva partida de quem morreu. São, também, expressão do reconhecimento de que a morte pode contaminar ambientes não demarcados pelas rezas e pela luz das velas. Geralmente, a demarcação se faz mantendo na penumbra os ambientes de que se quer afastá-la, pois seria supostamente atraída (e o morto) pelas áreas iluminadas. Daí a importância da vela e das janelas abertas do cômodo em que está o morto durante os velórios. Pode contaminar, também, pessoas, especialmente as mulheres, pelo motivo simples de que é no corpo da mulher que se gera a vida, antagônica da morte.

A relação entre o morto e o espaço ainda é um tema de decifração difícil, carregado de ambivalências, especialmente quando se trata da morte de mulher. Pouco depois do acontecimento, visitei na periferia de Rio Branco, no Acre, uma invasão de terreno baldio destinado à construção de um conjunto habitacional. Mas o terreno fora invadido por uma multidão de pobres, moradores da periferia, expulsos dos seringais transformados em pastagens. Eram os primeiros dias de construção dos primeiros barracos por centenas de pessoas que para ali afluíram. Um dos líderes mostrou-me a planta do lugar, desenhada a lápis numa folha de papel de embrulho. No desenho, havia um centro, um ponto de partida de um tosco arruamento, cujo eixo era uma rua mais larga. No ponto de origem, dividindo a rua longitudinalmente ao meio, havia um cruzeiro, lugar em que pouco antes fora assassinada a prostituta Hosaná. Quando a população soube da sua morte violenta, começou uma verdadeira romaria ao local em que estavam as manchas de sangue. Ali foi fincado o cruzeiro, ponto de irradiação do "projeto urbano" dos invasores. A invasão, o loteamento e a ocupação do terreno com a construção dos primeiros barracos começaram no próprio dia do encontro do corpo.

Há vários componentes simbólicos nessa de certo modo esdrúxula combinação de elementos culturais. Prostituta, Hosaná sofria a discriminação que acompanha as mulheres nessa condição. Mas é crença geral, também, que a prostituição é o destino das pobres mais pobres, as que por "não prestarem mais" não têm com quem casar e não têm quem as sustente. Na rodoviária de Porto Velho, ouvi e anotei a conversa entre duas mulheres em que uma criticava uma terceira por ter se separado do marido. E constatava: "O marido é o emprego da mulher". No caso de Hosaná, seu assassinato acrescentava um sofrimento extremo e definitivo a uma vida de sofrimentos e privações.

Hosaná aparentemente personificava a contraditória combinação de puro e impuro, sem que sua impureza contaminasse, porém, a sacralidade de seu sangue, a possibilidade e a necessidade social de redimi-lo. Como é habitual em todo o Brasil, colocou-se ali a cruz que assinala a terra que absorveu sangue humano. O assassinato foi reinterpretado como rito sacrificial, que inverte completamente todos os significados, julgamentos e discriminações. Nele se revela a natureza profunda do pertencimento. Não era só de Hosaná o sangue derramado: era o sangue dos inocentes, um sangue libertador que libertou a terra para as vítimas da pobreza e da injustiça, as Hosanás potenciais. O sangue comunitário e perigoso para a própria comunidade. A existência, em poucas horas, de uma planta improvisada, rigorosamente respeitada por todos, bem demonstra a existência de uma articulada concepção de ordem na mentalidade dessa sociedade de chegantes, como é próprio da fronteira, em que as pessoas mal começam a se conhecer.

Nesse caso, a contradição de Hosaná se resolveu com a posse comunitária do lugar do sacrifício, num ato provavelmente expiatório, um claro indício de que a morte pertence à comunidade, mas também lhe pertence o corpo sem dono da morta solitária. A comunidade deles se apossa para proteger-se contra eles. Hosaná discriminada e marginalizada teve seu antagonismo com a sociedade, e os riscos que isso representava a partir de sua morte, submetido a um amplo e inovador rito comunitário de purificação da morta, seu sangue derramado como dádiva. Daí a posse coletiva do terreno em que isso ocorrera. Na cultura popular, a morte encerra o poder de realizar inversões como essa, expor e resolver as ambivalências, reintegrar simbolicamente os excluídos para confiná-los no mundo próprio dos mortos, para reafirmar os direitos da comunidade sobre eles. Uma relação de trocas e de recompensas entre vivos e mortos, justamente para que os mortos se mantenham longe do mundo dos vivos.

A frente de expansão, lugar do estranho e do chegante, tem sido um cenário de encontro de pessoas sem identidade, muitas vezes sem nome e sem família, como se vê nas tumbas do cemitério antigo de São Félix do Araguaia, na barranca do rio, mortas pela malária e pela violência. Milhares de homens, sobretudo jovens, têm chegado para trabalhar no desmatamento e na formação de novas pastagens. São os chamados peões, na maioria submetidos à escravidão por dívida. *Peão* é na região do Araguaia, do Tocantins, em certas partes de Rondônia e do Acre uma palavra quase ofensiva. Designa o homem sem eira nem beira, sem vínculo de família, abandonado, que se sente desobrigado de observar a moral e os bons costumes. É grande o pavor dos posseiros, lavradores, de que suas filhas se casem com alguém assim, mais instável do que eles próprios.

Na região de Imperatriz, no Maranhão, encontrei um notável fenômeno de reinvenção do casamento para abrandar esse temor de instabilidade. Peões e, sobretudo, garimpeiros, muitas vezes casados em outras regiões do país, especialmente no Nordeste, onde deixaram família constituída, mulher e filhos, acabam casando com moças da região de chegada, como se fossem solteiros. Como sem desquite e divórcio isso não é legal, acabaram descobrindo, certamente com a ajuda de algum rábula do interior, um meio de contornar a situação e de convencer as donzelas de que estão casando de papel passado, como se diz. Vão ao cartório e fazem com a moça um contrato de prestação de serviços, em que as obrigações de cada parte são formalmente estabelecidas. Tomam por padrinhos as testemunhas do documento e ainda mandam publicar o ato em jornal da região, como se fosse um verdadeiro proclama. Uma das melhores indicações do vigor das formas numa situação de grande instabilidade social e de grande incerteza pessoal.

A sociabilidade dos peões é a dos cabarés, os prostíbulos sertanejos, a sociabilidade dos sem-família, para onde afluem nos intervalos entre um período de escravização e outro. Uma prostituta de Porto Alegre do Norte, nas cabeceiras do rio Tapirapé, Mato Grosso, definiu para mim essa situação: "A puta e o peão são da mesma classe" — a classe dos que não têm ninguém, ainda mais sujeitos ao cativeiro de quem os explora. Um posseiro do rio das Mortes explicou-me o que isso significa: não ter quem ponha uma vela nas mãos do peão moribundo, morrer fora de casa, não ter quem cumpra os ritos próprios do doloroso transe, quem assegure ao morto, na luz, à espera do Dia do Juízo. Morrer como cristão, completou. O sertão foi se povoando de mortes assim perigosas, desestruturadoras; mortes de facada ou tiro na zona do meretrício dos povoados, como animal e não como pessoa. A vítima enterrada pela própria polícia, sem velório nem reza, vestida com a mesma roupa profana do pecado, ainda manchada de sangue, cercada da caridade de alguns curiosos.

A relação antagônica e complementar entre a morte e a casa nos fala justamente de uma concepção de público e privado. A morte inverte a casa em termos físicos, seus espaços se tornam acessíveis e vulneráveis a todos, inclusive aos estranhos. E faz também a sua inversão simbólica: a intimidade do corpo do morto pertence à comunidade e não à família. A morte nos fala de uma concepção-limite do que é propriamente público nos confins do sertão, a máxima violação tolerada dos recônditos da casa.

Justamente daí decorre o outro elemento estruturador do espaço doméstico: os nascimentos. No meu modo de ver, junto com as interdições que pesam sobre as mulheres na relação com o corpo do morto, os nascimentos indicam o outro elemento da feminilidade da casa. É um dos raros momentos em que outras pessoas, basicamente mulheres, podem ter acesso ao cômodo em que se encontra a parturiente ou a mãe com o bebê. Mesmo aí, muitos cuidados são tomados, como a colocação de objetos, tecidos ou fitas de cor vermelha para afastar o mau-olhado. A fita vermelha assinala e demarca a disputa sobre a criança, entre a família e a comunidade. Essas providências interditam simbolicamente o espaço ao redor da criança, justamente porque o nascimento enseja uma certa liberdade de acesso ao cômodo em que ela se encontra. Os nascimentos são nascimentos da comunidade, sobretudo porque todos sabem que esse é um momento de perigo para mãe e filho, o perigo da morte.

O nascimento é, também, um momento de ambiguidade e perigo, de pureza e impureza. O filho incestuoso é geralmente intocável porque comunica perigo e pode contaminar quem o tocar, pois é impuro. A concepção de incesto é ampla: compadres e comadres não podem ter relações sexuais, caso em que ele se torna lobisomem e ela se torna mula sem cabeça. Padres e freiras estão sujeitos à mesma interdição. Justamente um caso de casamento de um padre com uma freira muito conhecidos e muito benquistos no Norte de Mato Grosso, com as devidas licenças e dispensas da Igreja, sugere como o incesto pode, eventualmente, contaminar a própria criança, fazendo-a impura.

Quando nasceu o primeiro filho desse casal, muitas pessoas, especialmente mulheres, foram visitar a criança, como é costume. Para estranheza do pai e da mãe, as pessoas não entravam na casa, mas ficavam conversando com eles pela janela. Visitas demoradas porque, segundo ambos, procuravam a oportunidade de ver a criança nua. Souberam depois que eram verdadeiros embaixadores da vizinhança e da comunidade, que vinham ver se a criança tinha rabo; vinham verificar se a criança tinha sido contaminada pelo pecado contagioso do incesto. É comum nesses casos até mesmo evitar tocar o corpo do impuro, apertar-lhe a mão, por exemplo, quando já adulto. Essas pessoas evitavam o interior da casa e, assim, o risco do contato físico com a criança antes da certeza de que ela, por alguma razão, não fora contaminada pelo incesto e não carregava, pois, o sinal do pecado.

Mas há exceções. Eu me encontrava num povoado do Norte mato-grossense quando faleceu conhecida e caritativa parteira, responsável por muitos nascimentos no lugar. Ela foi objeto de todas as atenções que normalmente cercam o defunto e sua família nessas ocasiões, desde o velório e a realização do enterro, até depois. Havia com ela, no entanto, um problema, de que tomei conhecimento casualmente no dia seguinte ao do sepultamento. Quando saía do povoado, lugar de sua casa, para ir ao sertão com um conhecido que me guiava, encontrei na rua um compadre e vizinho da morta, bastante abatido. Apresentado, apertei-lhe a mão e ele me abraçou em prantos, agradecendo os pêsames, que não lhe dera, pois ele não era membro da família da falecida, nem eu sabia que ele esperava a condolência. No caminho, explicou-me o amigo que me acompanhava, que o homem, casado como ela, compadre e vizinho de parede-meia da morta, ia diariamente à sua casa pela manhã para tomar com ela o café. Ficavam longo tempo conversando, como se fossem dois irmãos. Os moradores, porém, murmuravam. Diziam, mesmo, que em noites de lua cheia o tinham visto, mais de uma vez, perambulando e uivando, sinal evidente de que era lobisomem e de que, portanto, tinha com a comadre relação incestuosa.

No entanto, ela continuava fazendo os partos. Aparentemente, porque por meio do contato físico que pudesse ter com as crianças que nasciam não podia contaminá-las, protegidas por sua própria pureza sagrada, a pureza dos inocentes. O que parece sugerir que só a criança impura, fruto de incesto, é que poderia contaminar os outros, quando tivesse no corpo o sinal do maligno e do pecado, a cauda, por exemplo, por ser justamente fruto da combinação de sangues interditados.

Se a relação da casa com o corpo, sobretudo o corpo feminino, ajuda a entender a concepção de íntimo nas regiões de fronteira e sugere uma limitada concepção de vida privada, em germe, é possível tomar uma outra situação extrema para compreender os contornos do que é o público (e não necessariamente vida pública). Uma aglutinação oposta de significados pode ser encontrada na escola e na escolarização, no meu modo de ver. Metodologicamente, prefiro a escola à Igreja, como expressão de uma concepção nova do que é público e vida pública, mesmo que capturada por uma mentalidade tradicional. A Igreja institucionaliza a mediação do sagrado e fica "fora", portanto, do cotidiano da sociedade de fronteira, pois é essencialmente lugar social do não cotidiano, da festa e do tempo cósmico, qualitativo e cíclico. A escola é aí a melhor expressao institucional do secular e de uma rotina propriamente cotidiana, dominada pelo tempo linear, quantitativo e repetitivo.

O que logo chama a atenção do pesquisador que percorre essas regiões, seja no Acre, seja no Maranhão ou no Mato Grosso, é uma extrema valorização da escola e da escolarização. Essa valorização envolve um grande sacrifício dos pais e das crianças. No povoado de Floresta, no Vale do Pindaré, no Maranhão, um grande número de crianças frequentava as aulas particulares de um mestre-escola de tipo antigo, que para isso tinha um largo cômodo em sua casa de pau a pique. As crianças iam para a escola levando cada uma o caderno, o lápis e um tamborete. Na sala lotada, sentavam no tamborete e escreviam sobre os joelhos, usando-os como carteira. Por seu trabalho, o professor recebia um pagamento mensal dos pais das crianças, pais muito pobres num lugar de dinheiro escasso.

No outro extremo da Amazônia, no Acre, numa área que estava começando a ser ocupada, mal haviam construído seus próprios ranchos, lá estavam os pais em mutirão construindo com grande sentido de urgência o rancho em que funcionaria a escola para seus filhos. Mesmo numa área comparativamente próspera, como a do assentamento de colonos gaúchos no Projeto Canarana, muitas crianças e adolescentes trabalhavam durante o dia e estudavam à noite. Em toda parte, a mesma concepção da escolarização: a atividade escolar numa relação hierárquica de secundário e primário com o trabalho, ela própria um desdobramento do trabalho e do afã do trabalho.

Nessas escolas aprendem-se, pelo menos, duas coisas. De um lado, a disciplina que faz de cada criança uma pessoa de bem. Na escola de Floresta, o mestre-escola tinha sobre a mesa de caixote uma sólida palmatória. Tudo o que escapasse à tosca ordem em cujo centro estava a escola era devidamente disciplinado com uns tantos bolos nas mãos do aluno.

De outro lado, aprende-se a ler e escrever. É notório, porém, que aprende-se sobretudo a ler. Notei que nessas regiões a ideia de escolarização envolve um certo "bilinguismo", um certo reconhecimento de que a própria língua cotidiana e tradicional não é mais a *língua*, mas é *outra língua*. Há nesses lugares uma certa consciência de que a língua escrita e lida é um meio necessário para compreender e decifrar significados das novas e diferentes relações e concepções que chegam com os novos protagonistas das relações sociais: empresários, gerentes, grandes fazendeiros, policiais, juízes e promotores, padres e freiras, profissionais de diferentes áreas.

Num povoado do Vale do Pindaré, ficou-me claro esse "bilinguismo" nascente. Perguntou-me uma jovem professora do lugar, vinda de uma das cidades da região, o que eu estava fazendo ali. Expliquei-lhe qual era meu trabalho de sociólogo e que estava fazendo um estudo sobre maneiras de viver e de pensar de populações de um povoado como aquele. Para isso, tinha que conversar com as pessoas. Ela revelou-me seu espanto sugerindo que "esta gente nem sabe falar".

Na verdade, "aquela gente" não só sabe falar, mas sobretudo fala corretissimamente a língua portuguesa. O vocabulário, a construção das sentenças, tudo está referido ao português que se falava no período colonial, um português de literatura antiga. Encontrei grupos que falavam dessa maneira no Maranhão, no Pará, no Mato Grosso, em Goiás, no Amazonas. Num certo sentido, mesmo falando de coisas cotidianas, falam uma língua notoriamente barroca, cuja sonoridade é amplamente marcada por um vocabulário de ornamentos que prolongam a demora da fala, e dos diálogos, e a enfeitam. É, num certo sentido, uma fala com estilo, aspecto negligenciado no estudo da sociedade brasileira dos tempos coloniais. É uma pena que não se possa reproduzir num texto escrito um exemplo dessa sonoridade. Essa fala e essa língua chegaram até nossos dias e hoje se defrontam com os simplismos e simplificações de uma língua portuguesa adaptada aos requisitos utilitários e interesseiros da modernidade.

O que a professora queria dizer, sem o saber, é que o português "daquela gente" era incompreensível para ela e para pessoas "como nós", os "modernos", os que vínhamos da cidade. Escolarizar era e é, em grande parte, ensinar às crianças essa "outra língua" portuguesa, a "correta". Compreende-se que o maior sonho do mestre-escola de Floresta fosse o de ter um dicionário completo, que lhe dissesse o significado das muitas palavras que não conhecia, pois ele era na verdade um trabalhador rural alfabetizado que dava aulas. Encontrei a mesma preocupação entre grupos indígenas vivendo a dificuldade do contato com os brancos. Ao lado de uma consciente e acentuada valorização de sua própria língua, como ocorre com os Xavante, uma simultânea preocupação com o aprendizado da língua dos brancos e dos modos de expressá-la.

Para esses diferentes grupos humanos, boa parte da cilada desses relacionamentos profundamente desiguais estava na estranha forma da linguagem dos estranhos e adventícios: não só a falada, mas a escrita e lida. Sempre que um grupo de posseiros ou um grupo indígena sofre um esbulho, o esbulho se baseia num papel escrito, o documento. Sempre que são lesados, a lesão se baseia na leitura de um desses papéis, no comunicado verbal do seu conteúdo. Assim são feitos os despejos, a maior violência que atinge a vida doméstica do trabalhador rural. Assim são comunicadas as sentenças que decorrem da lei escrita, quando um posseiro é julgado e condenado, mesmo que tenha agido motivado por uma concepção tradicional e costumeira de justiça, que agora a lei considera crime. Para ele, muitas vezes, é como se o documento tivesse um conteúdo mágico e maléfico.

O texto escrito representava para todos eles um mistério e uma dificuldade enorme. Justamente, a maior dificuldade dos alunos que estudei no Mato Grosso, mas sobretudo no Maranhão, era a distinção entre língua falada e língua escrita. Nas composições que pedi que fizessem para mim, narrando as razões da ida de suas famílias para os lugares em que estavam, na fronteira, escreveram como falavam. Daí um grande cuidado para marcar corretamente os sons e usar partículas redundantes para assinalar a passagem de uma frase para outra. Nos povoados, praticamente ninguém sabia acentuar palavras nem conhecia os acentos. Por essa razão, acrescentavam um erre a todas as sílabas tônicas finais, nas palavras oxítonas, quase reinventando a escrita da língua portuguesa. O mesmo em relação às partículas separadoras de frases, já que também não conheciam as pontuações ou tinham dificuldades para lidar com elas.

Quando se lê um texto desses, escrito com notório sacrifício, pode-se sem muito esforço identificar as pausas respiratórias de quem o escreveu. O lugar das letras maiúsculas também não fica claro. E cheguei até mesmo a encontrar textos em que uma palavra que envolvesse dupla consoante para indicar som expirado tinha a dupla consoante substituída por uma única, porém maiúscula. Por exemplo: em vez de *assim*, *aSim*, como se vê nos documentos coloniais até o século XVIII, documentos mais de uma língua dominada pelo falar do que dominada pelo escrever.

Não se trata, portanto, propriamente de aprendizado, mas de reinvenção da língua, com base nos indicadores novos de que a velha língua falada tornou-se impotente e de que a nova língua, escrita, contém perigos. O fetiche do papel escrito é antigo na nossa cultura, cercado de uma certa aura de poderes mágicos: a popularidade dos patuás, com suas orações escritas e hermeticamente fechadas, verdadeiros segredos, é bem indicativa disso.

No Mato Grosso, eu estava tentando encontrar uma das versões de um romanço do Padre Cícero, um folheto de cordel que todos apontam como o livro das profecias que recomendavam a busca das "Bandeiras Verdades", a romaria dos pobres do Nordeste seco em direção à Amazônia verde e úmida. Encontrei vários grupos ao longo do Araguaia, no Mato Grosso e no Pará desses romeiros que buscavam a terra prometida nos anos 1970. Mas nunca conseguira ver o texto impresso do folheto, embora todos me falassem dele. Finalmente, localizei uma pessoa que tinha uma das versões: na verdade, uma cópia manuscrita cuidadosamente guardada na borda de dentro do chapéu de um posseiro do Mato Grosso, como se fosse um patuá — a mais original biblioteca que já encontrei em toda a minha vida.

Não se tratava apenas da palavra escrita, mas do poder da palavra escrita. A mesma coisa, de certo modo, ocorria com as crianças das escolas: a escolarização consistia sobretudo em converter a palavra falada em palavra escrita. E, portanto, guardá-la no papel e não necessariamente no entendimento. Isso talvez explique um fenômeno mais comum do que se pensa na zona rural: a desalfabetização. Na maioria das vezes, os educadores se equivocam supondo que a alfabetização é irreversível. É reversível quando não é vital, quando não se inscreve no elenco das necessidades básicas da vida cotidiana.

Pode-se compreender, então, que a escola, mesmo particular, é uma relação, uma atividade e um lugar públicos. *Público* aqui quer dizer assegurado por todos para todos: do construir a escola ao sustentar o professor. Esse é o âmbito do público, porque é o âmbito do comunitário: os protagonistas do público são concretos e não abstratos, como na vaga concepção de cidadão.

Eu veria aí, também, um outro ingrediente da concepção de público na sociedade da fronteira: a imaturidade, o que diz respeito às crianças e aos inocentes, isto é, o território do exercício da paternidade. Estão no âmbito do público os que precisam de proteção e amparo e que são, portanto, motivadores de deveres da comunidade e não protagonistas de direitos. Não só as crianças, mas também as mulheres, as melhores expressões dessa cultura de tutela. Nos povoados sertanejos da fronteira, há um certo comunitarismo da paternidade: uns estão sempre cuidando também dos filhos dos outros, velando, vigiando, protegendo. E esperando que os outros façam o mesmo com seus filhos. A palmatória do mestre-escola é uma expressão extremada dessa corresponsabilidade dos vizinhos na educação das crianças.

A imaturidade reaparece nas concepções de Igreja e religião, como coisa de mulher e de criança, sobretudo como algo circunscrito a uma certa etapa da vida. É sempre proporcionalmente pequena a presença de homens nas igrejas, nas missas e celebrações. Ora, as atividades religiosas são, no sertão, as que mais claramente envolvem a coletividade. São elas claramente o momento em que o familismo se desdobra no seu extremo, o comunitarismo da vizinhança.

Esse comunitarismo tem seu melhor e, de certo modo, mais problemático desdobramento nos mutirões, sobretudo os mutirões de roça. Nas regiões de fronteira, os mutirões foram e têm sido grandes momentos de solidariedade temporária. Deram e dão certo quando ao trabalho concreto podem associar a convicção interior de que há no gesto e na participação uma inquantificável doação desinteressada, expressão propriamente da caridade, algo que não comporta retribuição compulsória. Fracassou-se, no entanto, em quase todas as tentativas de transformá-los numa espécie de comunitarismo econômico, um pré--socialismo sertanejo. Em grande parte, porque o trabalho não é, nos setores mais tradicionais da sociedade de fronteira, trabalho abstrato, mas trabalho concreto. A doação de trabalho que se faz a outrem no mutirão é doação de trabalho concreto. Eventualmente, essa doação pode se transformar em troca de dia, isto é, em expectativa da contrapartida de uma doação semelhante. Mesmo assim, do ponto de vista dos que trocam é troca de trabalho concreto, não é trabalho pelo trabalho: é limpa *de roça*, colheita *de milho* ou *de arroz*.

Quando se pensa, porém, em converter o dever moral da solidariedade no mutirão num modo de vida, numa forma permanente de trabalho cooperativo entre várias famílias, o trabalho se torna inevitavelmente trabalho abstrato e, portanto, incompreensível e impraticável. Nesse caso, a quantidade de trabalho necessário deixa de ser medida por um parâmetro fácil de compreender: a subsistência de um determinado número de pessoas de uma família.

Na agricultura familiar da fronteira, o que cultivar e quanto cultivar é medido pelo número de bocas a alimentar e também pelo número de braços de que dispõe a família.[32] A divisão do trabalho nas etapas do processo de trabalho se faz tomando como referência essas duas indicações. Quando, nessa circunstância, se acumula, é uma acumulação medida pelas necessidades da cíclica desacumulação ou de produtos da colheita ou de bens acumulados já tendo em vista circunstâncias especiais: um falecimento, um casamento; ou mesmo mandar a criança à escola. Existe, sem dúvida, acumulação nessa sociedade sertaneja, mas acumulação para desacumular, o que se concentra no limitado período de maior vitalidade do chefe da família e no quanto ainda dispõe dos braços jovens dos filhos solteiros para ajudá-lo.

Quando se pensa em acumular comunitariamente, essas referências perdem visibilidade ou até mesmo desaparecem, o que cria inquietação entre as pessoas. Os objetivos da acumulação nesse tipo de cooperativismo são os objetivos de criar mecanismos sociais que assegurem a acumulação pela acumulação progressivamente, o que impõe ao trabalhador acreditar numa coisa que jamais se concretiza materialmente como produto de suas próprias mãos.

É nesse sentido que o propriamente público aparece como transitório e emergencial e extraordinário, caritativo ou festivo, em grande parte como desdobramento do indefinido privado que há na família como núcleo de realização e proteção do íntimo.

No cenário conflitivo da fronteira, camponeses de mentalidade tradicional são alcançados pela expansão da propriedade privada e, por meio dela, da expansão da empresa capitalista moderna. Essa expansão tem se dado, em grande medida, pela grilagem de terras, pela violência, em nome do privado e dos direitos formais gerados pela legalidade da propriedade privada. O conflito nasce em razão da completa desconsideração ao costume e ao costumeiro. Mais do que luta pela terra, estamos em face de uma luta por concepções antagônicas de direito. Um direito moral fundado sobre a precedência do trabalho e um direito racional fundado sobre a terra como equivalente de mercadoria. De um lado, um direito fundado na concepção de que a terra é um bem comum, ao qual se tem acesso pelo trabalho. De outro lado, um direito fundado na concepção de que a terra é uma mercadoria, cuja posse legítima decorre de um ato original de compra. Portanto, dois clamores sobre um mesmo território com base em pressupostos antagônicos. A violência na fronteira tem sido a violação da legitimidade da concepção de que a terra é um bem comum.

As vítimas dessa violência, em sua reação, descobrem o privado na propriedade privada e o privado como o antagônico dos pobres, como meio de violência contra a vida porque contra a reprodução da vida — comer, morar, viver —, o privado como injustiça. Na sua economia mercantil simples, a roça é um complemento da morada e o modo material de assegurar a existência da família. Não é a economia da roça que determina como a família é e vive. É a família e sua reprodução material e cultural que determina qual roça, quanta roça. A economia moral da roça está fundada nas indistinções próprias do mundo camponês e nas distinções tênues que ali podem ser encontradas na organização do modo de vida, como o íntimo e o comunitário.

A propriedade privada, e sua violenta expansão na fronteira, porém, não hierarquiza pessoas, não distingue níveis de sacralidade que se escondem na concepção de íntimo: iguala juridicamente e, em consequência, produz a desigualdade econômica. Atinge indiscriminadamente homens adultos, mulheres, crianças. Estes descobrem-se no comunitário pela mediação da violência privada e do privado.

Seus supostos direitos, embora fundados na tradição, já não são legitimados pela própria tradição. Essa legitimidade depende, agora, do Estado, do direito escrito, dos tribunais. Quando o trabalhador rural vitimado pela ameaça de expulsão, pela própria expulsão, pelo despejo e pelo próprio direito em que essas ações se fundam, dirige-se aos governantes, pensa logo no presidente da República, a quem imagina como um pai da pátria do século XVIII e de quem espera uma decisão pessoal, uma proteção pessoal. As cartas que escrevem são quase sempre inocentes súplicas à pessoa que imaginam personificar a autoridade. Mas as respostas que recebem, quando as recebem, são burocráticas e impessoais. O encaminhamento burocrático de seus pedidos dilui numa coleção de carimbos e papéis essa figura imaginária e imperial do governo e do governante. É o poder que responde e não a pessoa nem a autoridade. A súplica se funda numa concepção de direito e o despacho se funda em outra.

É nesse desencontro que os membros da sociedade de fronteira se veem lançados no âmbito do público, sem terem vivido antes o privado. Porque é em nome do bem comum que agem e é ao tutor do bem comum, o Estado, que se dirigem. Para fazê-lo, personificam-se na comunidade de vizinhança: a imensa maioria dos milhares de litígios que conheço, ocorridos sobretudo nos últimos trinta anos, são protagonizados, de um lado, pelos moradores de um povoado, de uma pequena comunidade rural; de outro, por um isolado e grande proprietário de terras, geralmente uma grande empresa, em nome da propriedade privada.

A propriedade privada, portanto, está numa relação antagônica com essa população da fronteira. Quando se mobilizam para defender-se, fazem-no em nome do que é oposto à propriedade privada. A mística da luta pela terra vem da tradição, das concepções tradicionais da economia moral familista e comunitária dos moradores do sertão. Na fronteira, o conflito lança os posseiros da roça e do povoado numa luta aberta em defesa de sua terra de trabalho, de suas posses, de suas moradias e de sua família. Isso se faz pela exacerbação e até mesmo reinvenção da comunidade e da vida comunitária, em alguns casos no limite de fazer delas uma forma de Estado incipiente paralelo, como se viu no Contestado e vi em algumas áreas do Mato Grosso, do Maranhão e do Acre. Mas esse "Estado" comunitário exacerba, também, suas intromissões no âmbito do íntimo, se torna invasivo e ameaçador para o íntimo. Tem sido comum, passados os momentos mais perigosos e ameaçadores do conflito fundiário, uma reação autodefensiva em nome do íntimo e da intimidade contra os controles e intromissões do comunitário. Porém, a mediação dos processos politizantes mais amplos, do Estado, da Igreja, de uma certa concepção de cidadania relativa à defesa dos interesses das vítimas da violência, acaba por remeter o íntimo para o que é propriamente vida privada. É esse processo que equivale, na fronteira, à reação autodefensiva da pequena nobreza, na França estudada por Ariès, em face do açambarcamento, pelo Estado, de direitos que eram da família e do privado. Ao se defender do Estado, fechando-se em si mesma para preservar o que restava de privilégios antigos, a pequena nobreza criou um estilo de vida, a vida privada, com todos os seus desdobramentos nas relações sociais fora da família. Aqui, para se defender do latifúndio e do Estado, os pequenos agricultores da fronteira revigoraram a comunidade, da qual tiveram que se defender num momento posterior, dando ao íntimo a dimensão de vida privada. Uma forma de realizar o que é, no fundo, o cotidiano da revolução burguesa.

É significativo que, sendo os povoados e vizinhanças da fronteira lugares de arribação, ajuntamentos de chegantes, que nem sempre se conhecem, façam um discurso comunitário na defesa de seus interesses contra o perigo da expulsão e do despejo. É como se, ao disseminar-se pela violência, a própria propriedade privada gestasse uma lógica oposta em tudo perfeita. Ela exacerba e revitaliza aquilo que lhe é contrário. É como se ela contivesse embutido o seu anticódigo, uma lógica contrária que se difunde espontaneamente a partir do momento em que a propriedade privada se expande de maneira anômica. É essa anomia que mobiliza o conhecimento de senso comum de suas vítimas, por esse meio induzidas a restabelecer uma certa ordenação da vida social, na concepção do que é justo contra o que é injusto. Por isso, as comunidades, enquanto espírito comunitário e cultura comunitária, têm muito de transitório e, também, de provisório. Mesmo que esse comunitarismo tenha uma durabilidade extrema, como ocorreu nos quase quatro anos da Guerra do Contestado, em Santa Catarina, também região de fronteira na época, ou ele se dilui e se transforma em outra coisa ou ele ganha um caráter messiânico ou milenarista.

A comunidade, que é desdobramento ampliado da família e da cultura familiar, se vê, nesses conflitos, protagonizando o público contra o privado. Reside aí, no meu modo de ver, a contradição desse processo, as limitações e as características da incipiente vida privada que se pode encontrar na sociedade de fronteira.

O modo de vida privado nasce, então, como dupla reação: a reação comunitária à violência da propriedade privada, e, como desdobramento, a reação autoprotetiva dos particulares à opressão do comunitário. Podem-se apontar essas duas fases na sequência dos movimentos sociais: no momento dos enfrentamentos, da luta pela terra e pelo povoado,[33] as pessoas se articulam no comunitário e em torno da ideia da comunidade; assegurados os "direitos", os grupos se fragmentam em facções e partidos, uma forma de assegurar a emergência do indivíduo e de seus interesses sobrepostos aos da comunidade. Esse é o germe da vida privada, pois levanta uma barreira, um limite, à ação da comunidade e representa uma insurgência contra a ideologia comunitária. Em grande parte, porque a ação do primeiro momento ganha sentido nas mediações políticas, nas leis que valem.

Esse movimento promove o desdobramento do íntimo em vida privada, força a redemarcação do território da casa para criar interdições às invasões, intrusões e opressões do comunitário. Força uma certa consciência de privacidade, mais ampla do que a de intimidade. Cria as condições e desencadeia o desenvolvimento histórico do indivíduo e do cidadão.

Considerações finais
BRASIL: O TEMPO E O MODO

Qualquer conclusão "que se quer conclusão" supõe um fecho. No entanto, o mero desenlace certeiro pouco avança se não se voltar ao ponto de partida da obra, e mais especificamente ao percurso, que é em si ainda mais revelador.

Com efeito, dois grandes eixos acompanharam todo o desenvolvimento da coleção: a temporalidade e a peculiaridade. O primeiro deriva do fato de ser esta uma obra histórica, cuja duração não é dada de forma matemática e fixa, mas se vincula à própria particularidade dos objetos recortados. O segundo lembra a singularidade do caso brasileiro, de uma privacidade que se constrói em um ambiente determinado.

Falemos em primeiro lugar da *temporalidade*, fenômeno que se apresenta a partir de historicidades diferentes — breve, curta e longa — e que mostra de que maneira a obra histórica persegue tempos distintos e processos divergentes de mudança. É certo que foi o historiador Fernand Braudel quem definiu esses termos de modo mais preciso, mas nada como voltar o olhar para a própria coleção. À curta duração corresponderiam a particularidade, os critérios que organizam os volumes bem como as excentricidades de cada um dos momentos: a especificidade da rebelião na vida colonial, as formas de protesto escravo do Brasil Império, a dinâmica da transição tecnológica na Nova República, as vicissitudes do processo de globalização.

Na duração média vemos fenômenos comuns aos diferentes períodos mas peculiares em sua afirmação, redescobertos nas lógicas e argumentos que perpassam os capítulos de cada um dos volumes. É nessa perspectiva que percebemos a nacionalidade em formação no período colonial, seu processo de consolidação no Império e a luta pela sobrevivência, mais contemporaneamente. Também a forma de organização familiar passou por momentos diversos mas que guardam um certo diálogo em sua afirmação patriarcal, semipatriarcal durante o Império e nuclear no Brasil contemporâneo.

Mas o que fez da coleção uma obra conjunta foi a percepção de que uma série de fenômenos persiste e aparece reiteradamente na longa duração. A falta de identificação do brasileiro com sua terra, a ausência de integração geográfica, a extroversão ou mesmo essa forma particular de introduzir modelos de fora e fazê-los dialogar com esta realidade local — para o bem ou para o mal —, a sociabilidade que combina com a afirmação de uma religiosidade expandida, a falta de identidade que leva a um patriotismo muitas vezes ingênuo, são alguns poucos exemplos de uma história que se constrói como um processo que reconhece mudanças mas apresenta persistências. Isso sem falar das condições de provisoriedade em que vive boa parte da população brasileira — tema de um dos capítulos que abre o primeiro volume, motivo de análise do último texto que fecha a coleção.

Não há, dessa maneira, por que optar entre o acontecimento e a longa duração, a conjuntura e a estrutura. É na fronteira entre essas dicotomias que percebemos a construção de processos, que, se falam de temporalidades distintas, marcam também singularidades; sinalizam para as peculiaridades da história desenhada no cenário brasileiro.

Na verdade, não se tratou aqui de tomar qualquer história, e sim a história de um determinado contexto, de uma nação específica. Em questão estavam *peculiaridades* locais e, em especial, um recorte particular, que é a vida privada. Pensar no que faz do "Brazil, Brasil", ou em (afinal) que país é esse, implica destacar, no paralelo, elementos que delimitam um processo distinto. Seja por meio das trapaças que a cultura prega diante da diferença nas estações do ano, de uma condição periférica e colonial que se perpetua nos novos jogos cotidianos, de um passado escravocrata que deixa marcas de natureza econômica mas também cultural e social, enfim, estamos falando não só dos tempos históricos variados, como também das especificidades que levam a reconhecer um processo, no mínimo, singular.

Os diferentes volumes expressam, assim, perspectivas variadas que estão vinculadas, por sua vez, a temporalidades peculiares. O primeiro volume, por exemplo, tem como objeto central entender a vida privada local enquanto um processo em constituição; um fenômeno que a rigor não existe nessa "América portuguesa" que não é sequer Brasil. Trata-se de um momento em que os limites da vida privada estão relacionados à ausência do Estado e à presença crescente dos domicílios; à descontinuidade e descontiguidade desse território extenso e escassamente povoado. O que se constata, portanto, é a afirmação da privacidade *apesar* de todos esses óbices, que a tornam um foco, quase, virtual. Por outro lado, a escassez de imagens, advinda de uma falta de tradição portuguesa em representar esse tipo de tema, levou a uma opção por fontes muitas vezes inéditas, que pudessem se confrontar com o domínio absoluto da iconografia religiosa barroca.

Já no volume referente ao Império, a temática da privacidade aparece ligada à problemática da escravidão e à sua difícil convivência com a modernidade. Nos hábitos, nos costumes e na linguagem; na cultura e na política é a questão da escravidão que permeia essa sociedade. Além disso, em seu conjunto, buscou-se retomar um recorte que distinguia o enfoque regional como eixo básico de análise. Sem descurar do lado eminentemente rural dessa nação em processo formativo foi possível traçar o perfil de diferentes núcleos de sociabilidade, destacando-se, porém, o lado centralizador e irradiador que guardava a Corte, como polo cultural de difusão de modas e valores. Por fim, com vistas a repensar nas distâncias que normalmente separam o "retrógrado Império" da "moderna República", o volume inovou ao contrastar as famosas pinturas e aquarelas dos acadêmicos classicistas com o rico material da imprensa nacional e os grandes avanços na área da fotografia.

O volume que recuperou os primeiros momentos republicanos selecionou, sobretudo, o impacto da modernização sobre uma sociedade recém-egressa da escravidão e pouco acostumada ao jogo da cidadania. Visando não só as comunidades tradicionais como os crescentes núcleos urbanos, os capítulos traçaram, valendo-se de ângulos distintos, os impasses gestados por essa "era dos meios de comunicação" cujo grande signo é a aceleração. Nesse processo, toma forma acentuada o modelo citadino, redefinem-se domicílios e relações de gênero, novos e velhos rituais entram em choque. Na vasta iconografia do período todo um estilo que lembra a mais "pura e genuína modernidade" dialoga com as marcas do arcaico: as sociedades rurais que ainda representam a maior parte da população, as ondas imigrantes que enfrentam os problemas do difícil processo de instalação em um país de costumes, climas, hábitos e gentes estranhas.

O quarto volume é aquele que retoma um passado mais recente, quase imediato, mas marcado por uma transformação ainda mais acelerada. É o momento em que o Brasil se enquadra em uma economia globalizada — em uma aldeia global — onde compartilham espaços o mais "absoluto atraso" e a mais "recente modernidade". Nesse contexto em que apocalípticos convivem com integrados, a festa com a internet e a televisão dita padrões de comportamento, mais uma vez não é só a temporalidade que interessa repisar, mas uma certa peculiaridade que se destaca como que relendo, com base nas especificidades locais, um trânsito de informações que é mais e mais generalizado.

Mas nada como terminar com o recurso às imagens; sem dúvida um grande trunfo da coleção. Em um país que — tanto se disse — carecia de uma tradição iconográfica, esta empreitada premiou os olhos com o diálogo das ilustrações. Consideremos as quatro últimas imagens do caderno de fotos digital. Nelas, em comum, apenas (se é que é apenas) o contraste: novo e velho, moderno e antigo, tradicional e contemporâneo, sagrado e profano.

Cruzando-se os quatro volumes, certas permanências tomam forma, mesmo que relidas com base em contextos particulares. O Brasil nunca foi tão integrado e ao mesmo tempo tão original; "espelho da civilização" ou sua "imagem deformada"; comum e particular. No ambiente simples da arquitetura colonial, globos e livros sugerem alguns símbolos da cultura ocidental. A modernidade do Império traz em si a convivência de contrários: a fé da Igreja, a afirmação do Estado e a escravidão. No Rio de Janeiro de inícios do século XX, o "cartão-postal" da nova República apresenta uma divisão clara de espaços entre a tecnologia, o templo e a natureza. Por fim, bem no meio da pujante Amazônia impõe-se a imensa antena parabólica, que unifica e desmonta antigas formas de sociabilidade. É assim também que se delimita o movimento da história em dois eixos, que marcam tanto a mudança como a permanência.

Terminamos, portanto, alardeando uma espécie de proposta que, se não chega a representar uma definição acabada, significa, pelo menos, uma aproximação a um objeto complexo. Temporalidade e especificidade fizeram parte das preocupações de toda a obra e recortaram os volumes, ora desrespeitando, ora retomando cronologias estabelecidas. Se conseguimos perceber e distinguir essas diferentes durações, sem perder nelas a sua originalidade, chegamos bem próximo dos desafios que animaram, logo de início, o desejo de fazer de uma série de textos, de fato, uma obra coletiva.

Lilia Moritz Schwarcz,
Laura de Mello e Souza e
Fernando A. Novais

NOTAS

1. IMIGRAÇÃO: CORTES E CONTINUIDADES [pp. 12-45]

1. Estou chamando de vida privada uma noção cujo âmbito mais relevante, mas não exclusivo, concentra-se no lar e na família.

2. T. HANDA, *Memórias de um imigrante japonês no Brasil*, pp. 5 e ss.

3. E. BOSI, *Memória e sociedade*, p. 441.

4. G. de ALMEIDA, *Cosmópolis*, p. 62. O texto se encontra também em J. LESSER, *O Brasil e a questão judaica*, p. 71.

5. C. CASTALDI, "O ajustamento do imigrante à comunidade paulistana", em B. HUTCHINSON et al., *Mobilidade e trabalho*, p. 291.

6. H. SALEM, *Leon Hirszman*, p. 21.

7. J. DELUMEAU, *La Peur en Occident*, p. 44.

8. Infelizmente, os dados a respeito de imigrantes que retornaram a sua terra de origem são muito precários. Para uma discussão a respeito, ver T. H. HOLLOWAY, *Imigrantes para o café*.

9. Apud R. MORSE, *Formação histórica de São Paulo*, p. 263.

10. B. FAUSTO, *Crime e quotidiano*. As cenas referem-se a um período de intenso desenvolvimento da cidade, entre 1890 e 1900, quando, graças principalmente ao influxo dos imigrantes, ela cresceu a uma taxa geométrica anual de 14%.

11. G. de ALMEIDA, *Cosmópolis*, p. 40.

12. A. ELLIS Jr., *Populações paulistas*, p. 198. Apud O. TRUZZI, *Patrícios*.

13. G. de ALMEIDA, *Cosmópolis*, p. 25.

14. A. ELLIS Jr., *Populações paulistas*, p. 197. Uma expressão ficcional bem mais sofisticada da rivalidade entre nacionais e estrangeiros aparece em *Macunaíma* de Mário de Andrade. Refiro-me à luta entre o italiano Wencelau Pietro Pietra (o gigante Piaimã) e o herói sem nenhum caráter, que termina com a morte do gigante em um tacho de água fervente, a macarronada a escorrer-lhe pela carantonha, o sangue transformado em massa de tomate e a célebre frase final antes de exalar o último suspiro: "Falta queijo". Sem entrar na controvérsia interpretativa da cena, transcrevo o seguinte trecho de carta de Mário de Andrade a Manuel Bandeira, datada de 7 de novembro de 1927, que me parece bastante expressivo: "Se Macunaíma mata Piaimã, nunca jamais em tempo algum não tive a intenção de simbolizar que brasileiro acabará vencendo italiano (*ideia que só agora me veio escrevendo* — o itálico é

meu). Mata porque de fato mata na lenda Arecuná". Extraí o trecho de carta de H. de CAMPOS, *Morfologia do Macunaíma*, p. 67.

15. M. C. N. HOMEM, *O prédio Martinelli*, p. 42.

16. Depoimento de Lilia Moritz SCHWARCZ.

17. O termo *microssociedade* é utilizado por M. PERROT, "Maneiras de morar", em M. PERROT (org.), *História da vida privada — da Revolução Francesa à Primeira Guerra*, v. 4.

18. A. TRENTO, *Do outro lado do Atlântico.*

19. B. FAUSTO, *Trabalho urbano e conflito social (1890-1920)*.

20. T. R. DE LUCA, "Inmigración, mutualismo e identidad", B. FAUSTO e R. GRÜN (orgs.), *Estudios Migratorios Latinoamericanos*, abr. 1995, ano 10, n. 29, pp. 209-15.

21. Uma descrição mais detalhada do convívio em uma sinagoga sefaradi de São Paulo, nos anos 1940, se encontra em B. FAUSTO, *Negócios e ócios.*

22. M. M. LEITE, *Retratos de família.*

23. R. CARDOSO, *O papel das associações juvenis na aculturação dos japoneses.*

24. W. DEAN, *A industrialização de São Paulo*, p. 81.

25. P. ARIÈS, *História social da criança e da família*, p. 265.

26. R. VAINFAS, "Moralidades brasílicas", em F. A. NOVAIS (dir.) e L. de MELLO E SOUZA (org.), *História da vida privada no Brasil — cotidiano e vida privada na América portuguesa*, v. 1.

27. C. A. LEMOS, "O morar em São Paulo no tempo dos italianos", em L. A. DE BONI (org.), *A presença italiana no Brasil*, v. II, p. 402.

28. Id., ibid., p. 405.

29. C. CASTALDI, "O ajustamento do italiano à comunidade paulistana", em B. HUTCHINSON et al., *Mobilidade e trabalho*, p. 289. Observe-se, no relato, a proximidade entre o cortiço e o mercado, facilitando a vida dos imigrantes bareses, cuja atividade se concentrava no comércio de peixe.

30. M. PERROT, "Maneiras de morar", em P. ARIÈS e G. DUBY (dir.), e M. PERROT (org.), *História da vida privada — da Revolução Francesa à Primeira Guerra*, v. 4, p. 307.

31. C. A. LEMOS, "O morar em São Paulo no tempo dos italianos", em L. A. DE BONI (org.), *A presença italiana no Brasil*, p. 407.

32. E. BOSI, *Memória e sociedade*, p. 227.

33. J. L. FERRAZ, "Era uma vez na mansão", *Veja São Paulo*, 9/7/97.

34. M. C. N. HOMEM, *O prédio Martinelli*, p. 39.

35. Id., *O palacete paulistano e outras formas de morar da elite cafeeira (1867-1918)*, p. 231.

36. A privatização obrigatória das cerimônias religiosas não católicas, no tempo em que inexistia separação entre Igreja e Estado, era consagrada constitucionalmente. A Constituição imperial de 1824 preceituava que o culto das religiões não católicas seria doméstico ou particular, em casas para isso destinadas, sem forma alguma exterior de templo.

37. *Sefaradi*: um dos ramos em que se dividiu historicamente a população judaica. Em sentido estrito, refere-se aos judeus que foram habitar a Península Ibérica (*Sefarad* corresponde a *Espanha* em hebraico), de onde foram expulsos no fim do século XV, espalhando-se pela Holanda e sobretudo pelo Mediterrâneo. Os sefaradis desenvolveram uma língua própria, o ladino, cujo tronco original é constituído por antigas línguas regionais da Península Ibérica e pelo hebraico.

38. *Asquenaze*: o outro grande ramo em que se dividiu originalmente a população judaica. Os asquenazes concentraram-se a princípio na Alemanha, espalhando-se depois pelo Leste europeu, em particular a Polônia. Criaram uma língua própria, o iídiche, composta inicialmente de línguas alemãs e do hebraico, a que se incorporou um extenso vocabulário eslavo.

39. Como expressão de novos tempos, introduziu-se, em anos mais recentes, uma cerimônia semelhante ao bar mistvá para as meninas, ou seja, o bar mistvá.

40. Depoimento de Lilia Moritz SCHWARCZ e *Encyclopaedia judaica*, v. 5, p. 571.

41. Depoimento de Célia SAKURAI.

42. C. CASTALDI, "O ajustamento do imigrante à comunidade paulistana", em B. HUTCHINSON et al., *Mobilidade e trabalho*, p. 326.

43. Id., ibid.

44. E. BOSI, *Memória e sociedade*, p. 126.

45. C. SAKURAI, *Romanceiro da imigração japonesa*, p. 71.

46. Id., ibid., p. 43.

47. C. CASTALDI, "O ajustamento do imigrante à comunidade paulistana", em B. HUTCHINSON et al., *Mobilidade e trabalho*, p. 349.

48. C. A. LEMOS, "O morar em São Paulo no tempo dos italianos", em L. A. DE BONI (org.), *A presença italiana no Brasil*, p. 402.

49. Certamente, não foi o imigrante, sobretudo o imigrante pobre, quem influenciou o menu de almoços e jantares nos palacetes da elite paulistana. Conforme a descrição de Maria Cecilia Naclério Homem, servia-se à francesa nos jantares de cerimônia. Duas copeiras e uma auxiliar apresentavam as travessas na seguinte ordem: *hors-d'oeuvre* ou massa, peixes, aves, carnes vermelhas e, como sobremesa, queijos, doces e frutas. M. C. N. HOMEM, *O palacete paulistano e outras formas de morar da elite cafeeira (1867-1918)*, p. 249.

50. E. da Silva BRUNO, *História e tradições da cidade de São Paulo*, v. I, p. 59.

51. T. HANDA, *Memórias de um imigrante japonês no Brasil*, p. 155.

52. H. SALEM, *Leon Hirszman*, p. 19.

2. AS FIGURAS DO SAGRADO: ENTRE O PÚBLICO E O PRIVADO [pp. 46-144]

1. Para uma primeira notícia histórica sobre a Aparecida, ver o relato do padre José Alves Vilela, datado de 1745, em E. HOORNAERT, *História da Igreja no Brasil*, p. 350.

2. *Folha de S. Paulo*, 7/1/96.

3. *O Estado de S. Paulo*, 4/1/96.

4. L. LANDIM, *Sinais dos tempos*, P. MONTEIRO, "Magia, racionalidade e sujeitos políticos", *Revista Brasileira de Ciências Sociais*, São Paulo, out. 1994, ano 9, n. 26, e P. SANCHIS, "O campo religioso será ainda hoje o campo das religiões?", em E. HOORNAERT (org.), *História da Igreja na América Latina e no Caribe, 1945-1995*.

5. P. BOURDIEU, *A economia das trocas simbólicas*.

6. R. MARIANO, "Neopentecostalismo".

7. Devo a meus orientandos do Programa de Pós-Graduação em Antropologia Social do Departamento de Antropologia da Faculdade de Filosofia, Letras e Ciências Humanas da Universidade de São Paulo (FFLCH-USP), em nível de doutorado e mestrado, boa parte da reflexão que aqui se apresenta. A Carlos Siepierski, de formação teológica protestante, e que realiza um interessante trabalho sobre a crescente presença evangélica na política, devo a maior parte da sistematização dos dados históricos sobre a evolução das novas igrejas do protestantismo moderno, bem como importantes insights sobre o seu significado. A Sidney Silva, membro do Centro de Estudos Migratórios e da Pastoral do Migrante, que pesquisa o significado das festas devotas como elemento de recriação de identidade entre imigrantes bolivianos em São Paulo, devo valiosas referências bibliográficas para uma visão interna das transformações recentes do catolicismo, bem como estimulantes discussões sobre alguns dos impasses com que se confronta o novo projeto de "inculturação" da Igreja católica. A Marcos Alvito de Souza, professor da Universidade Federal Fluminense, que atualmente conclui um primoroso trabalho etnográfico sobre o significado da violência em Acari, devo a descoberta de todo um mundo de símbolos nos subúrbios cariocas, além do compartilhar constante de inquietantes surpresas diante das metamorfoses das religiões afro-brasileiras e do catolicismo popular, num contexto marcado pela presença do tráfico e o crescimento das igrejas pentecostais. Anteriormente, já havia aprendido a frequentar esse universo com minha orientanda de mestrado Ana Lucia Lopes, que concluiu em 1997 um interessante trabalho sobre os desafios enfrentados pela educação nesse mesmo contexto, estudando as escolas públicas de primeiro grau em Belford Roxo. A Jocélio Teles dos Santos, professor da Universidade Federal da Bahia, que pesquisa em Salvador o envolvimento de representantes de terreiros de candomblé e das elites políticas na criação de uma verdadeira mitologia da

"Bahia negra", devo a atenção para com a significação sociopolítica mais ampla dos processos recentes de legitimação das religiosidades afro-brasileiras, bem como a de alguns dos impasses com que hoje elas se confrontam. Aos meus orientandos de mestrado, Elisa Regina Gomes Torquato Salles e Cristina Rocha, devo, respectivamente, a reflexão sobre a continuidade do etos festivo do catolicismo e suas transformações na sociedade brasileira contemporânea, e relevantes informações sobre as metamorfoses das religiões orientais no contexto brasileiro atual. Em particular, a Ana Cristina Lopes devo o acesso a uma bibliografia internacional altamente especializada sobre o budismo tibetano que hoje, após a invasão chinesa do Tibete, se difunde por todo o mundo, assumindo características inesperadas no contexto brasileiro. A congruência dos dados de pesquisa sobre a violência no Rio de Janeiro com a situação encontrada, ainda que de forma menos visível, em São Paulo, me foi confirmada numa rápida pesquisa de campo "selvagem" — incidental — que compartilhei com Terezinha dos Santos Rosa, mãe-pequena do Ilê Axé Ossanyin, em São Paulo, e Ricardo Vieira de Carvalho, aluno do curso de Ciências Sociais da FFLCH-USP, aos quais, como aos outros, devo meus mais sinceros agradecimentos, ao mesmo tempo que ressalvo minha inteira responsabilidade pela utilização dos dados bibliográficos, de pesquisa documental e de campo que por eles me foram fornecidos.

8. D. STOLL, *Latin American Is Becoming Protestant.*

9. L. A. G. de SOUZA, "O novo e a novidade no 'mundo das crenças'", em L. LANDIM (org.), *Sinais dos tempos.*

10. P. SANCHIS, "O campo religioso será ainda hoje o campo das religiões?", em E. HOORNAERT (org.), *História da Igreja na América Latina e no Caribe, 1945-1995.*

11. C. GERTZ, *A interpretação das culturas.*

12. M. SAHLINS, "Cosmologias do capitalismo", *Religião e Sociedade*, v. 15.

13. Desde meados do século XIX, diante de um processo acentuado de decadência, intensifica-se a tendência na Igreja à centralização do poder nas mãos do papa, cuja infalibilidade é reafirmada, produzindo-se igualmente uma supervalorização da moralização dos costumes e uma "espiritualização" do clero, enclausurado nas questões da Igreja e desligado dos problemas sociais e políticos. Esse seria um processo essencialmente vertical, incidindo sobre a organização interna do clero e guardando rigidamente as ordens estabelecidas.

14. R. AZZI, *A neocristandade.*

15. Id., ibid., p. 29.

16. P. RICHARD, *Morte das cristandades e nascimento da Igreja.*

17. R. AZZI, *A neocristandade*, pp. 105-28.

18. M. M. ALVES, *A Igreja e a política no Brasil.*

19. R. AZZI, *A neocristandade*, pp. 130-58.

20. Frei O. de Figueiredo LUSTOSA, *Presença da Igreja no Brasil.*

21. R. AZZI, *A neocristandade.*

22. M. M. ALVES, *A Igreja e a política no Brasil.*

23. L. BOFF, "Eclesiogênese", SEDOC, out. 1976.

24. E. HOORNAERT et al. (orgs.), *História geral da Igreja na América Latina*, t. II: *História da Igreja no Brasil*, e P. SIEPIERSKI, "(Re)(des)cobrindo o fenômeno religioso na América Latina", em E. HOORNAERT (org.), *História da Igreja na América Latina e no Caribe, 1945-1995.*

25. E. DUSSEL, "Sistema-mundo, dominação e exclusão", em E. HOORNAERT (org.), *História da Igreja na América Latina e no Caribe, 1945-1995*; A. F. PIERUCCI, "O povo visto do altar", *Novos Estudos Cebrap*, São Paulo, 1986, n. 16.

26. E. de KADT, *Catholic Radical in Brazil*; R. DELLA CAVA, "Igreja e Estado no Brasil do século XX", *Novos Estudos Cebrap*, n. 12; M. M. ALVES, *A Igreja e a política no Brasil*, e S. MAINWARING, *Igreja católica e política no Brasil.*

27. R. DELLA CAVA e P. MONTEIRO, *E o Verbo se fez imagem.*

28. D. e K. KANAGHAN, *Católicos pentecostais*; e R. PRANDI, *Um sopro do espírito.*

29. L. R. BENEDETTI, "Igreja católica e sociedade nos anos 90".

30. M. M. ALVES, *A Igreja e a política no Brasil*, p. 46.

31. C. P. F. de CAMARGO (org.), *Católicos, protestantes, espíritas*, e C. T. SIEPIERSKI, "Os evangélicos e a política".

32. R. MARIANO, "Neopentecostalismo".

33. C. P. F. de CAMARGO (org.), *Católicos, protestantes, espíritas.*

34. Id., ibid.

35. E. WILLEMS, "Religious Mass Movements and Social Change in Brazil", em E. BLAKANOFF, *New Perspectives of Brazil.*

36. Id., ibid., p. 224.

37. Id., ibid., p. 227.

38. C. T. SIEPIERSKI, "Os evangélicos e a política".

39. R. MARIANO, *Neopentecostalismo.*

40. C. T. SIEPIERSKI, "Os evangélicos e a política".

41. P. FRESTON, *Fé bíblica e crise brasileira.*

42. A. F. PIERUCCI, "Representantes de Deus em Brasília", *Anpocs-Ciências Sociais Hoje.*

43. P. FRESTON, "Protestantes e política no Brasil", e R. MARIANO e A. F. PIERUCCI, "O envolvimento dos pentecostais na eleição de Collor", *Novos Estudos Cebrap*, São Paulo, 1992, n. 34.

44. C. T. SIEPIERSKI, "Os evangélicos e a política".

45. A. F. PIERUCCI, "O povo visto do altar", *Novos Estudos Cebrap*, São Paulo, 1986, n. 16.

46. A. RAMOS, *O negro brasileiro.*

47. S. F. FERRETTI, "Voduns da Casa das Minas", em C. E. M. de MOURA (org.), *Meu sinal está em teu corpo.*

48. R. BASTIDE, *As religiões africanas no Brasil.*

49. V. G. da SILVA, *Candomblé e umbanda.*

50. R. N. RODRIGUES, *O animismo fetichista dos negros bahianos.*

51. Contam-se, entre eles, casas de culto da Bahia ou no Maranhão, a exemplo da Casa Branca do Engenho Velho, o Gantois, e o Axé Opô Afonjá, em Salvador, e a Casa das Minas, em São Luís. As três casas de Salvador originaram-se de um mesmo núcleo religioso comum, o Ilê Yiá Nassô ("Casa de Mãe Nassô"), cuja criação data de fins do século XIX e se deve a três ex-escravas africanas de origem ioruba, Adetá, Iyakala e Iyanassô. Membros da Irmandade de Nossa Senhora da Boa Morte, as três provavelmente dividiam entre si as tarefas de direção do culto africano, mas, com o seu falecimento, em gerações sucessivas, a disputa pela chefia da casa deu lugar a dissidências, de que se originariam outras duas famosas casas de santo, Iya Omi Axé Iyamase, o conhecido terreiro do Gantois, fundado por Maria Júlia da Conceição, e, mais tarde, o Ilê Axé Opô Afonjá, também originário de outra dissidência da casa de Iyanassô, criado em 1910 por Eugênia Ana Santos, brasileira filha de africanos, e Joaquim Vieira da Silva, africano que viera do Recife para Salvador (V. da Costa LIMA, "A família de santo dos candomblés jije-nagôs da Bahia"; E. CARNEIRO, *Candomblé da Bahia*; D. M. SANTOS, *História de um terreno nagô.* Em São Luís, pesquisas históricas revelaram que desde finais do século XVIII a Casa das Minas teria sido o centro de difusão dos cultos dos *voduns* ligados à família real do Daomé, em razão de ter a rainha Agontime vindo parar no Maranhão, vendida como escrava após a derrota do rei seu marido, vencido por um rival (P. VERGER, "Uma rainha africana mãe de santo em São Luís", *Revista USP*, São Paulo, 1990, n. 6.

52. L. MOTT, "Cotidiano e vivência religiosa", em F. A. NOVAIS (org.) e L. de MELLO E SOUZA (org.), *História da vida privada no Brasil*, v. 1.

53. H. KOSTER, *Viagens ao Nordeste do Brasil* (*1816*), e T. EWBANK, *A vida no Brasil ou Diário de uma visita ao país do cacau e das palmeiras.*

54. L. de MELLO E SOUZA, *O Diabo e a Terra de Santa Cruz.*

55. J. B. de Andrada e SILVA, *Projetos para o Brasil.*

56. L. M. SCHWARCZ, *O espetáculo das raças.*

57. R. N. RODRIGUES, *O animismo fetichista dos negros bahianos.*

58. R. MOURA, *Tia Ciata e a pequena África no Rio de Janeiro.*

59. Y. MAGGIE, *Medo do feitiço.*

60. M. de ANDRADE, *Macunaíma* e *A arte religiosa no Brasil.*

61. J. AMADO, *Capitães de areia* e *Jubiabá.*

62. Ver L. M. SCHWARCZ neste volume.

63. A. RAMOS, *O negro brasileiro.*

64. E. CARNEIRO, *Candomblés da Bahia* e *Religiões negras, negros bantos.*

65. R. BASTIDE, *Estudos afro-brasileiros* e *As religiões africanas no Brasil.*

66. P. VERGER, *Orixás* e "Uma rainha africana mãe de santo em São Luís", *Revista USP*, São Paulo, 1990, n. 6.

67. M. H. V. B. CONCONE, *Umbanda, uma religião brasileira*; R. PRANDI, *Os*

candomblés de São Paulo; V. G. da SILVA, *Candomblé e umbanda*, e L. N. NEGRÃO, "A umbanda como expressão de religiosidade popular", *Religião e Sociedade*, Rio de Janeiro, 1979, n. 4.

68. L. N. NEGRÃO, "A umbanda como expressão de religiosidade popular", *Religião e Sociedade*, Rio de Janeiro, 1979, n. 4.

69. R. ORTIZ, *A morte branca do feiticeiro negro*.

70. C. P. F. de CAMARGO (org.), *Católicos, protestantes, espíritas*, pp. 173-4.

71. R. PRANDI, *Os candomblés de São Paulo*, e L. N. NEGRÃO, *Entre a cruz e a encruzilhada*.

72. C. P. F. de CAMARGO (org.), *Kardecismo e umbanda*.

73. J. do RIO, *As religiões no Rio*.

74. R. MOURA, *Tia Ciata e a pequena África no Rio de Janeiro*.

75. R. PRANDI, *Os candomblés de São Paulo*.

76. D. M. dos SANTOS, *História de um terreno nagô*.

77. V. G. da SILVA, *Candomblé e umbanda*.

78. M. L. MONTES, "Cosmologias e altares", em E. ARAÚJO e C. E. M. de MOURA (orgs.), *Arte e religiosidade no Brasil*.

79. R. F. THOMPSON, *Flash on the spirit*.

80. P. VERGER, *Orixás*.

81. V. G. da SILVA, *Candomblé e umbanda*.

82. C. GEERTZ, *A interpretação das culturas*.

83. J. BENCI, *Economia cristã dos senhores no governo dos escravos*.

84. G. FREYRE, *O mundo que o português criou*.

85. E. HOORNAERT, *Formação do catolicismo brasileiro*, e E. HOORNAERT et al. (orgs.), *História da Igreja no Brasil*.

86. M. de Moura CASTRO, *Ex-votos mineiros*.

87. Id., ibid., p. 341.

88. Apud id., ibid., p. 340.

89. Apud E. ARAÚJO (org.), *O universo mágico do barroco brasileiro*, p. 14.

90. Pe. A. VIEIRA, apud E. HOORNAERT et al. (orgs.), *História da Igreja no Brasil*, p. 351.

91. F. GUERRA, *Velhas igrejas e subúrbios históricos*, apud E. HOORNAERT et al. (orgs.), *História da Igreja no Brasil*, p. 354.

92. E. V. de CASTRO, "O mármore e a murta", *Revista de Antropologia*, São Paulo, 1992, v. 35.

93. E. ARAÚJO (org.), *O universo mágico do barroco brasileiro*.

94. N. SEVCENKO, "A magia do barroco", em E. ARAÚJO (org.), *O universo mágico do barroco brasileiro*.

95. J. BURCKHARDT, *A cultura do Renascimento na Itália*.

96. C. GEERTZ, *A interpretação das culturas*.

97. M. L. MONTES, "Entre a vida comum e a arte", em E. ARAÚJO (org.), *O universo mágico do barroco brasileiro*.

98. M. L. DEL PRIORE, *Festa e utopia no Brasil colonial*.

99. L. da Câmara CASCUDO, *Dicionário do folclore brasileiro.*

100. J. SCARANO, *Escravismo e devoção*; F. K. LANGE, *A música nas Minas setecentistas*, e R. BASTIDE, *As religiões africanas no Brasil.*

101. L. G. MACHADO, *O barroco mineiro.*

102. M. L. MONTES, "1789", em *Atas do Congresso Imaginário e Política no Brasil.*

103. G. BALANDIER, *Modernidad y política.*

104. E. H. KANTOROWICZ, *Os Dois Corpos do Rei.*

105. M. L. DEL PRIORE, *Festa e utopia no Brasil colonial.*

106. A. ÁVILA, *O lúdico e as projeções do mundo barroco.*

107. S. F. MACHADO, *Triunfo eucharistico*, em A. ÁVILA, *Resíduos seiscentistas em Minas.*

108. R. DARNTON, *O grande massacre de gatos e outros episódios da Revolução Francesa*, e I. KANTOR, "Pacto festivo em Minas Gerais".

109. M. L. MONTES, "Entre a vida comum e a arte", em E. ARAÚJO (org.), *O universo mágico do barroco brasileiro*, pp. 365-72 e pp. 375-7.

110. L. M. SCHWARCZ, *As barbas do imperador.*

111. Id., ibid., pp. 198-230.

112. C. P. F. de CAMARGO (org.), *Católicos, protestantes, espíritas.*

113. M. MEYER, "Tem mouro na costa, ou, Carlos Magno Reis de Congo", e *Caminhos do imaginário no Brasil.*

114. P. RIBEIRO e M. L. MONTES, *Maracatu.*

115. G. MOURA, "Ritmo e ancestralidade na força dos tambores negros".

116. R. C. FERNANDES, *Os cavaleiros do Bom Jesus.*

117. D. Antônio Mazzarotto, bispo de Ponta Grossa, carta pastoral, fev. 1931, apud R. AZZI, *A neocristandade*, p. 96.

118. Apud R. AZZI, *A neocristandade*, pp. 96-7.

119. Apud id., ibid., pp. 97-8.

120. Apud id., ibid., p. 98.

121. Apud id., ibid., p. 99.

122. Apud R. RIBEIRO, *Religião e relações raciais*, pp. 90-1.

123. M. QUERINO, *Costumes africanos no Brasil.*

124. M. WEBER, *A ética protestante e o espírito do capitalismo.*

125. M. ALVITO, "Um bicho de sete cabeças", em A. ZALUAR (org.), *Um século de favela.*

126. Id., ibid.

127. Id., ibid.

128. Z. VENTURA, *Cidade partida.*

129. Naturalmente, todos os relatos desta seção têm por base a experiência pessoal da pesquisadora, não pretendendo de forma alguma inovar na análise de um fenômeno já agora bastante conhecido, graças sobretudo aos estudos pioneiros de Alba Zaluar. A esse respeito, ver A. ZALUAR, *A mágica e a revolta*, *Condomínio do diabo* e seu capítulo neste volume.

130. M. TAUSSIG, *Shamanism, Colonialism and the Wild Man* e *The Nervous System*.

131. P. CLASTRES, *A sociedade contra o Estado*.

132. M. MORAIS FILHO, *Festas e tradições populares do Brasil*.

133. R. MARIANO, "Neopentecostalismo".

134. L. S. TRINDADE, *Exu, poder e perigo*.

135. MCPHERSON, *A teoria política do individualismo possessivo*.

136. C. C. MACEDO, *Tempo de Gênesis*.

137. G. VELHO, *Individualismo e cultura*.

138. O. FERREIRA, *Os 45 cavaleiros húngaros*.

139. P. BIRMAN, "Identidade social e homossexualismo no candomblé", *Religião e Sociedade*, Rio de janeiro, 1985, n. 12.

140. A. C. DE MELLO E SOUZA, *Os parceiros do Rio Bonito*.

141. J. G. MAGNANI e L. de Lucca TORRES (orgs.), *Na metrópole*.

142. M. AUGRAS, *O duplo e a metamorfose*, e C. E. M. de MOURA (org.), *Meu sinal está em teu corpo*.

143. J. BRAGA, *O jogo de búzios*.

144. C. E. M. de MOURA (org.), *Olóòrisà*.

145. S. A. REILY, "Renuimo's fulião".

146. R. de Cássia AMARAL, "Festa à brasileira".

147. M. OZOUF, *La Fête révolutionnaire*.

148. P. SANCHIS, "O campo religioso será ainda hoje o campo das religiões?", em E. HOORNAERT (org.), *História da Igreja na América Latina e no Caribe, 1945-1995*.

149. L. H. de TOLEDO, *Torcidas organizadas de futebol*.

150. M. MEYER e M. L. MONTES, *Redescobrindo o Brasil*.

151. M. MAFFESOLLI, *O tempo das tribos*.

152. J. G. MAGNANI, "O neoesoterismo contemporâneo", *Revista USP — Dossiê Magia*, São Paulo, nov. 1996, n. 28.

153. L. LANDIM (org.), *Sinais dos tempos*.

154. S. L. GOULART, "As raízes culturais do Santo Daime".

155. A. C. LOPES, "Histórias da diáspora tibetana", *Revista USP — Dossiê Magia*, São Paulo, nov. 1996, n. 28.

156. M. HARNER, *O caminho do xamã*.

157. R. PRANDI, "Perto da magia, longe da política", *Novos Estudos Cebrap*, São Paulo, nov. 1992, n. 34.

3. NEM PRETO NEM BRANCO, MUITO PELO CONTRÁRIO: COR E RAÇA NA INTIMIDADE [pp. 145-99]

1. O livro foi editado originalmente pela editora Francisco Alves, e sua autoria é atribuída à polêmica madame Chrysanthème — Cecília Bandeira de

Mello Rebelo de Vasconcelos. Estranha displicência essa que fez a publicação inglesa da The Sheldon Press creditar a obra a uma escritora de nome Crisântemo. *The Black Princess and Other Fairy Tales from Brazil* foi escrito por Chrysanthème (que na edição inglesa aparece com o nome de Christie T. YOUNG) e ilustrado por Julião Machado. Agradeço a Donald Ramos pelo envio do material e sugiro a leitura da tese de M. de Lourdes ELEUTÉRIO, *Esfinges e heroínas*, para um perfil da escritora.

2. C. T. YOUNG, *The Black Princess*, pp. 149-60.

3. J. B. LACERDA, *Sur les Mestis au Brésil*, pp. 18-9.

4. R. BARTHES, *Mitologias*, p. 27.

5. Para uma visão mais abrangente da posição de Nina Rodrigues sugiro a leitura de "Mestiçagem, degenerescência e crime" ou do livro *As raças humanas e a responsabilidade penal no Brasil*, no qual o autor defende a criação de dois códigos penais: um para brancos, outro para negros.

6. E. da CUNHA, *Os sertões*, p. 96. Retomo neste momento algumas concepções desenvolvidas em artigo de minha autoria intitulado "Questão racial no Brasil".

7. A partir de meados do século XIX, e tendo o IHGB como sede e a monarquia como financiadora, um grupo de jovens intelectuais — entre literatos, historiadores e jornalistas — passou a se reunir, havendo selecionado o indígena idealizado como a nova imagem para a nação. Sobre o tema ver, entre outros, A. CANDIDO, "O romantismo".

8. C. F. von MARTIUS, "Como se deve escrever a história do Brasil", *Ciência Hoje*, São Paulo, 1991, v. 14, n. 77, p. 13.

9. Como nesse capítulo se pretende analisar a década de 1930 e os momentos mais recentes, abrimos mão de caracterizar com maior vagar a produção intelectual anterior a esse contexto. Para um desenvolvimento do tema sugiro a leitura do importante trabalho de T. E. SKIDMORE, *Preto no branco*, e de meu livro *O espetáculo das raças.*

10. O questionário foi aplicado na Universidade de São Paulo e sua tabulação coordenada por mim.

11. Ver C. TURRA e G. VENTURI (orgs.), *Racismo cordial.*

12. A pesquisa vem sendo realizada por João Batista de Jesus Félix, mestrando pelo Departamento de Antropologia Social da Universidade de São Paulo.

13. F. W. TWINE, *Racism in a Racial Democracy*, p. 68.

14. M. BANTON, *The Idea of Race*, p. 264.

15. Estamos falando de autores como A. de GOBINEAU, *Essai sur l'inégalité des races humaines*, G. LE BON, *Les Lois psychologiques de l'évolution des peuples*, e H. TAINE, *Histoire de la littérature anglaise* (1923), que procuraram estabelecer uma correlação entre atributos externos (físicos) e internos (morais), tornando a raça um elemento ontológico e definidor do futuro das nações.

16. A. S. A. GUIMARÃES, "Racismo e antirracismo no Brasil".

17. K. A. APPIAH, *Na casa de meu pai*, p. 75.

18. T. SOWELL, *Race and Culture*, p. 96.

19. Entrevista à revista *Time*, 19/1/98.

20. Nos volumes 1 e 2 desta coleção abordou-se com mais vagar a questão da introdução de mão de obra escrava no país e seu enraizamento em contextos diversos.

21. S. B. de HOLANDA, *Raízes do Brasil*, p. 32.

22. É claro que a existência de quilombos durante todo o período escravocrata e de confrarias negras no decorrer do século XIX atesta um certo espaço de atuação. No entanto, para a grande parte dos cativos o jugo absoluto do senhor de terras era uma realidade insofismável.

23. Sobre o tema ver capítulo escrito por L. F. de ALENCASTRO e M. L. RENAUX no segundo volume desta coleção, *Império: a corte e a modernidade nacional*. J. de Sousa RAMOS apresenta, também, documentos reveladores de uma política premeditada de branqueamento. Revela como em 1925 a Sociedade Nacional de Agricultura (SNA) produziu e distribuiu, a mais de 6 mil representantes do setor, um questionário composto de dez perguntas, algumas absolutamente diretas: "3) Pensa que essa imigração deva ser exclusivamente branca? Dá preferência a alguma nacionalidade? [...] (6) Qual a opinião do senhor acerca da imigração negra? [...] (&) Se V. Exa. aceita, em princípio, a imigração negra, acha que ela deva ser acolhida incondicionalmente?", "Dos males que vêm com o sangue", em M. C. MAIO e R. V. SANTOS (orgs.), *Raça, ciência e sociedade*, p. 69.

24. Jim Crow: nome que se convencionou dar às práticas discriminatórias adotadas nos Estados Unidos. A expressão é também usada de forma pejorativa para designar os negros. Ver, nesse sentido, A. W. MARX, "A construção da raça e o Estado-Nação", *Estudos Afro-Asiáticos*, Rio de Janeiro, 1996, n. 29.

25. Segundo Fernando A. NOVAIS, em entrevista ao jornal *Folha de S.Paulo* datada de 25 de maio de 1997, o processo brasileiro de abolição da escravidão foi diverso do norte-americano, pois como o cativeiro existia em todo o país, seu final não provocou a divisão, o que aconteceu nos Estados Unidos, onde existia um claro impasse entre o Norte e o Sul.

26. Por outro lado, ainda que no Brasil tenha ocorrido uma mestiçagem extremada, tal fato se explica por motivos circunstanciais e históricos — em razão do projeto de colonização e da desproporção entre os sexos — e não apenas pela propalada índole mais democrática dos portugueses.

27. M. de ANDRADE, *Macunaíma*, pp. 37-8.

28. A fábula das três raças é uma espécie de ladainha contada desde os tempos coloniais. Retomada de forma mais oficial por Carl von Martius — que em 1844 a apresentava como parte do artigo que preparara para o concurso do IHGB —, ela aparece nas obras de outros autores como S. ROMERO, *História da literatura brasileira*, e J. B. LACERDA, *Sur les Métis au Brésil*.

29. A. BOSI, "Situação de Macunaíma", em M. de ANDRADE, *Macunaíma*, p. 177.

30. Id., ibid.

31. Id., ibid., p. 178.

32. B. ANDERSON, *Imagined Communities.*

33. Para uma discussão mais aprofundada do tema ver E. HOBSBAWN e T. RANGER, *A invenção das tradições*, H. BAHBA, *Nation and Narration*, e S. HALL, "A questão da identidade", entre outros.

34. Ver nesse sentido, entre outros, H. VIANNA, *O mistério do samba*, e S. SCHWARTZMAN et al., *Tempos de Capanema.*

35. G. FREYRE, *Casa-grande & senzala*, p. 18. Freyre refere-se à sua estada, como estudante, nos Estados Unidos e seu contato com as teorias culturalistas de Franz Boas, que relativizava a importância da raça para a compreensão dos grupos humanos e destacava, em contrapartida, a relevância do ambiente, da história e sobretudo da cultura.

36. Id., ibid., p. 307.

37. M. BANDEIRA, *Poesia completa e prosa*, pp. 335-6.

38. A obra de Freyre já foi objeto de análise de inúmeros autores. Entre outros destaco a obra de R. B. de ARAÚJO, *Guerra e paz*, T. SKIDMORE, *Preto no branco*, e D. M. LEITE, *O caráter nacional brasileiro.*

39. Os estudos de Donald Pierson tiveram grande influência nas análises sobre a singularidade das classificações raciais no Brasil. Entre outros destacam-se os trabalhos de M. HARRIS, *Patterns of Race in the America*, e T. de AZEVEDO, *As elites de cor.*

40. Sobre o tema ver a importante análise de P. FRY, "Feijoada e soul food", em *Para inglês ver*, que revela como a utilização da comida de escravos nos Estados Unidos passou por um processo diametralmente oposto.

41. Para um maior desenvolvimento do tema ver L. V. REIS, "A aquarela do Brasil", *Cadernos de Campo.*

42. Id., ibid., p. 12.

43. Ver J. B. A. de SOUZA, "Mãe negra de um povo mestiço", *Estudos Afro-Asiáticos*, Rio de Janeiro, 1996, n. 29.

44. Freyre inclusive "exportaria", anos depois e com o apoio do regime de Salazar, um certo modelo brasileiro que deveria servir para todo o Império português. O termo *luso-tropicalismo* fala das aspirações do autor. Nesse sentido, ver O. R. THOMAZ, "Ecos do Atlântico Sul". É preciso dizer, ainda, que nos anos 1930 Vargas se utilizaria tanto do projeto modernista paulista como do regionalismo de Freyre, o que, em certo sentido, significou uma forma de reação ao modelo do Sul.

45. Apud L. V. REIS, "A aquarela do Brasil", *Cadernos de Campo.*

46. J. SEVERIANO e Z. H. de MELLO, *A canção no tempo*, p. 196.

47. Esse projeto foi em seguida ampliado e houve novas pesquisas, que foram conduzidas pela cadeira de Sociologia I da Faculdade de Filosofia, Ciências e Letras da Universidade de São Paulo (a partir de então mais conhecida como Escola Paulista de Sociologia). Fernando Henrique Cardoso,

Otávio Ianni e Renato Jardim realizaram projetos vinculados, em áreas onde a proporção de negros era a menor em todo o Brasil, buscando as formas peculiares de introdução da escravidão.

48. Em 1995, Florestan Fernandes publica, com Roger Bastide, *Relações raciais entre negros e brancos em São Paulo*, mas é em *A integração do negro na sociedade de classes* — editado pela primeira vez em 1965, mas originalmente sua tese de cátedra em sociologia, defendida em 1964 — e em *O negro no mundo dos brancos* (1972) que o autor retoma de forma mais evidente os impasses da situação racial brasileira. Para maiores informações sobre a obra de Florestan Fernandes ver M. A. ARRUDA, "A imagem do negro na obra de Florestan Fernandes", em L. M. SCHWARCZ e R. QUEIROZ (orgs.), *Raça e diversidade*, e "Dilemas do Brasil moderno", em M. C. MAIO e R. V. SANTOS (orgs.), *Raça, ciência e sociedade*.

49. F. FERNANDES, *O negro no mundo dos brancos*, p. 21.

50. Era assim, informado pelas novas vertentes sociológicas e pelo materialismo histórico, que Florestan Fernandes entendia o tema, sem deixar de estabelecer relações entre o processo de formação de uma sociedade de classes e a manutenção de mecanismos de discriminação, ainda, vigentes no país. Nesse sentido, ver A. S. A. GUIMARÃES, "Racismo e antirracismo no Brasil", p. 140.

51. F. FERNANDES, *O negro no mundo dos brancos*, p. 23.

52. Id., ibid., p. 27.

53. Id., *A integração do negro na sociedade de classes*, p. 30.

54. O momento de fundação do MNU está associado, geralmente, ao ato público de 7 de julho de 1978 em São Paulo. É importante destacar que esse não foi nem o único nem o primeiro movimento negro brasileiro. Data de 1931 a criação da Frente Negra Brasileira e de seu jornal, *A voz da raça*. Além deste, no mesmo contexto existiam outros periódicos negros atuantes, como *O Clarim da Alvorada* e *O progresso*. Anos mais tarde surgiriam novos veículos, como *Os Cadernos de Cultura Negra*, e seriam gestadas novas iniciativas; um bom exemplo é o Teatro Experimental do Negro criado por Abdias Nascimento.

55. G. R. ANDREWS, "Desigualdade racial no Brasil e nos Estados Unidos", *Revista Afro-Asiática*, 1992, n. 22, p. 76. Essa lei (n. 1390), de 3 de julho de 1951, tornava imputável e considerava contravenção penal a recusa de hospedar, servir, atender ou receber cliente, comprador ou aluno por preconceito de raça ou de cor. Também considerava crime a recusa de venda em qualquer estabelecimento público. A punição variava sempre de quinze dias a treze meses.

56. A ineficácia da medida, mais conhecida como Lei Caó (em homenagem a seu idealizador, Carlos Alberto Caó, PDT), pode ser comprovada pelo pequeno número de condenações: só três em todo o país.

57. Afinal, em vez de *e* o texto da lei apresenta um *ou*, revelando como nessa interpretação os termos são homólogos. Lembro, ainda, que só existe uma raça no Brasil ou em qualquer parte do mundo: a humana. No entanto, não é o caso de negar o critério e sim de nuançá-lo.

58. O artigo número 2 foi impedido.

59. A lei, n. 11 995, foi aprovada em 16 de janeiro de 1996, mas posta em prática só no ano de 1997. Mais uma vez, ainda que misturadas a outros itens, *raça*, *cor* e *origem* estão presentes.

60. Além do mais, o boletim de ocorrência para casos de racismo é específico, e a vítima que vai à delegacia prestar queixa, para poder utilizá-lo, tem que saber o número da lei a fim de evitar que o inquérito corra por outras vias. Por fim, é necessária a contratação de um advogado, que deve fornecer "provas de racismo".

61. C. TURRA e G. VENTURI (orgs.), *Racismo cordial*.

62. Apud R. DAMATTA no ensaio intitulado "Você sabe com quem está falando?", em *Carnavais, malandros e heróis*, p. 163.

63. Não se desconhecem as dificuldades para a aferição da cor no Brasil. Os critérios pouco objetivos, bem como o uso elástico do conceito "cor", serão motivo de análise mais adiante neste capítulo.

64. N. do VALLE E SILVA, "Aspectos demográficos dos grupos raciais", *Estudos Afro-Asiáticos*, Rio de Janeiro, 1992, n. 23, p. 7.

65. M. A. R. BATISTA e O. M. GALVÃO, "Desigualdades raciais no mercado de trabalho", *Estudos Afro-Asiáticos*, Rio de Janeiro, 1992, n. 23, p. 83.

66. N. do VALLE E SILVA, "Uma nota sobre raça social no Brasil", *Estudos Afro-Asiáticos*, Rio de Janeiro, 1994, n. 26.

67. S. ADORNO, "Violência e racismo", em L. M. SCHWARCZ e R. QUEIROZ (orgs.), *Raça e diversidade*, p. 257.

68. Id., ibid., p. 260.

69. Id., ibid., p. 273.

70. F. ROSENBERG, "Segregação espacial na escola paulista", *Estudos Afro-Asiáticos*, Rio de Janeiro, 1990, n. 19, pp. 100-3.

71. L. C. BARCELOS, "Educação — um quadro das desigualdades raciais", *Estudos Afro-Asiáticos*, Rio de Janeiro, 1993, n. 23, pp. 45-6.

72. G. R. ANDREWS, "Desigualdade racial no Brasil e nos Estados Unidos", *Revista Afro-Asiática*, 1992, n. 22, p. 62.

73. O IBGE afirma que em 1995 o Brasil apresentava uma população de 154 milhões de habitantes.

74. O censo de 1940 mostrava que os brancos já haviam alcançado a marca de 63,5%, ao passo que a população parda havia se reduzido (VALLE E SILVA, "Aspectos demográficos dos grupos raciais", *Estudos Afro-Asiáticos*, Rio de Janeiro, 1992, n. 23, p. 7). Por outro lado, em 1990 os resultados do censo mantinham a proporção: 55% brancos, 34,3% pardos, 4,9% pretos e 0,8% amarelos.

75. Id., ibid.

76. Id., ibid., p. 8.

77. Id., ibid.

78. C. H. WOOD, "Categorias censitárias e classificação subjetiva da po-

pulação negra brasileira", em P. LOVELL (ed.), *Desigualdades raciais no Brasil contemporâneo.*

79. A. BERCOVICH, "Fecundidade da mulher negra", *Textos Nepo*, Campinas, 1987, n. 11, pp. 47-101.

80. E. BERQUÓ, "Nupcialidade da população negra", *Textos Nepo*, Campinas, 1987, n. 11, p. 44. Lembramos, novamente, que dois fatores devem ser levados em conta: a mestiçagem efetiva e o branqueamento na autotitulação.

81. Dados raciais também podem ser retirados das PNADs de 1976, 1984 e 1987.

82. Ver nesse sentido C. TURRA e G. VENTURI (orgs.), *Racismo cordial* e J. E. M. POSADA, "Cor segundo os censos demográficos", entre outros.

83. J. E. M. POSADA, "Cor segundo os censos demográficos", p. 224.

84. Até recentemente, em determinadas cortes norte-americanas, qualquer pessoa com "*one drop of African blood*" ou algum ancestral africano reconhecido era considerada negra. Esse raciocínio também vale quando se nota a presença de termos classificatórios que remetem sempre à origem: *Afro-American*, *Italian-American*, e assim por diante.

85. Apesar das possíveis respostas em tom de chacota, pode-se pensar nas representações presentes, em virtude da insistência com que os termos aparecem.

86. Existe em curso uma longa discussão sobre o termo que deveria substituir o nome *pardo*. Muitos têm se manifestado favoráveis à designação *moreno*, que nessa relação recebeu 34% das autoatribuições. O termo *afro-americano* tem sido também destacado, sobretudo em virtude de sua popularidade no contexto norte-americano. Essa discussão, porém, escapa aos objetivos deste capítulo.

87. N. do VALLE E SILVA, "Uma nota sobre raça social no Brasil", *Estudos Afro-Asiáticos*, Rio de Janeiro, 1994, n. 26, p. 70.

88. C. VELOSO, *Verdade tropical.*

89. L. SANSONE, "Pai preto, filho negro", *Estudos Afro-Asiáticos*, Rio de Janeiro, 1993, n. 25, p. 88.

90. Apud M. A. ARRUDA, "A imagem do negro na obra de Florestan Fernandes", em L. M. SCHWARCZ e R. QUEIROZ (orgs.), *Raça e diversidade*, p. 288.

91. H. KOSTER, *Viagem ao Nordeste do Brasil*, p. 58.

92. N. do VALLE E SILVA, "Uma nota sobre raça social no Brasil", *Estudos Afro-Asiáticos*, Rio de Janeiro, 1994, n. 26, p. 76.

93. A narrativa foi coletada por M. da Gloria da Veiga MOURA e incluída na sua tese de doutorado *Ritmo e ancestralidade na força dos tambores negros.*

94. Estou me referindo à festa de Moçambique, de origem africana, que acontece em algumas comunidades rurais de descendentes de quilombos. Para um aprofundamento ver id., ibid.

95. Com a atual voga do "politicamente correto" cada vez mais têm se

alterado os papéis de negros nas novelas. Para uma análise melhor do tema ver capítulo de Esther Hamburger neste mesmo volume.

96. C. VELOSO, *Verdade tropical*, p. 505.

97. M. SAHLINS, *Ilhas de história*.

98. Em outros países da América Latina conceitos paralelos podem ser reconhecidos: "raça cósmica", na concepção do mexicano José Vasconcelos, ou a imagem do "café con leche", usado pelos venezuelanos para descrever a cor da população.

99. J. de Souza MARTINS, "Apontamentos sobre vida cotidiana e história", *Revista do Museu Paulista*, p. 8, e *O poder do atraso*.

100. S. B. de HOLANDA, *Raízes do Brasil*, p. 107.

101. Id., ibid., p. 101. Diz o historiador: "É que nenhum desses vizinhos soube desenvolver a tal extremo essa cultura da personalidade que parece constituir o traço decisivo dessa evolução, desde tempos imemoriais" (p. 32).

102. Id., ibid., p. 119.

103. A. CANDIDO, "Dialética da malandragem", em *O discurso e a cidade*.

104. Id., ibid., p. 51.

105. R. DAMATTA, "Você sabe com quem está falando?", em *Carnavais, malandros e heróis*.

106. Ver nesse sentido entrevista de Laura de Mello e Souza e Fernando A. Novais à *Folha de S.Paulo*, 25/5/97.

107. Nesse sentido, parece que estamos bastante próximos da realidade norte-americana. Segundo a revista *Times*, de fevereiro de 1998, a maior parte dos condenados à morte, nos estados que adotam tal tipo de punição, são negros e sua idade oscila entre dezesseis e 22 anos.

4. PARA NÃO DIZER QUE NÃO FALEI DE SAMBA: OS ENIGMAS DA VIOLÊNCIA NO BRASIL [pp. 200-63]

1. Este texto é a síntese de vários outros já escritos por mim tendo como base os dados de numerosas pesquisas e leituras realizadas nos últimos dezoito anos, algumas diretamente relacionadas com o tema da violência, outras apresentando profundas articulações com ele. Minhas pesquisas sobre o assunto começaram em 1980 em Cidade de Deus, Rio de Janeiro, e o primeiro texto que redigi sobre o novo tipo de violência, que então surgia em muitas cidades brasileiras, foi publicado em 1981.

2. Neste texto, violência é tudo aquilo que é consequência de golpes, feridas ou traumatismos, resultantes de intervenções exteriores e brutais, tal como definida por J. C. CHESNAIS, *Histoire de la violence*, não importando se intencionais ou acidentais.

3. A análise está em A. ZALUAR, "As imagens da e na cidade", *Cadernos de Antropologia e Imagem*, 1997, v. 3, n. 2.

4. Essa análise se encontra em S. E. MERRY, *Urban danger*, e J. VARGAS, "A espera do passado".

5. O argumento é desenvolvido por A. MCROBBIE e S. L. THORNTON, "Rethinking Moral Panic for Multi-Mediated Social Worlds", *British Journal of Sociology*, 1995, v. 46, n. 4, pp. 559-74.

6. Os dados que confirmam isso estão em A. L. PAIXÃO, "Crime, controle social e consolidação da cidadania", em F. W. REIS e G. O'DONNELL, *A democracia no Brasil*, e A. ZALUAR, C. ALBUQUERQUE e J. C. NORONHA, "Violência", *Cadernos de Saúde Pública*, n. 10, supl. 1, e "Pobreza não gera violência", *Ciência Hoje*, v. 20, n. 115.

7. Essa análise está em A. ZALUAR, *Condomínio do diabo*.

8. Ver C. BEATO, R. ASSUNÇÃO e M. C. SANTOS, "Análise da evolução temporal da criminalidade violenta em Minas Gerais".

9. Os dados são de M. H. MELLO JORGE, "Mortalidade de jovens das cidades do Rio de Janeiro e São Paulo", *Revista de Saúde Pública*, São Paulo, v. 30, n. 4, ago. 1996.

10. Análises diferenciadas que, porém, convergem para esse ponto estão em T. P. CALDEIRA, "City of walls"; J. VARGAS, "A espera do passado"; A. ZALUAR, *Condomínio do diabo*, e S. ZUKIN, *The Cultures of Cities*.

11. Ver T. P. CALDEIRA, "City of Walls", e J. VARGAS, "A espera do passado".

12. Ver D. SPERBER, *La Contagion des idées*.

13. Ver M. MAUSS, *Ensaio sobre a dádiva*.

14. Para um ou outro conceito da precariedade e relatividade da ordem ver N. ELIAS e E. DUNNING, *Quest for Excitement, Sport and Leisure in the Civilizing Process*, e T. ADORNO, *Negative Dialectics*.

15. Estilo é o conceito usado para substituir os de cultura e subcultura que têm pressupostos e consequências teóricas inaplicáveis por causa da rapidez com que identidades e práticas sociais vão sendo modificadas e operadas pelos agentes sociais no mundo globalizado. Usado primeiramente para designar aquilo que era chamado "cultura jovem", *estilo* passou a ser o termo mais adequado para se falar das incorporações rápidas e efêmeras da moda em vestuário, música, arte, linguajar e outros comportamentos juvenis que não mais conseguiam ser interpretados apenas pela perspectiva holística da religião ou da cultura de classe, embora não estivessem totalmente desconectados destas.

16. Ver M. CASTELS, e J. MOLLENKOPF (eds.), *Dual City*; S. SASSEN, *The Global City*; M. SULLIVAN, "Crime and the Social Fabric", em M. CASTELS e J. MOLLENKOPF (eds.), *Dual City*, e S. ZUKIN, *The Cultures of Cities*.

17. Ver J. MAILLARD, "Le Crime a venir", *Le Débat*, 1997, n. 94, pp. 99-138, e E. de la MAISONNEUVE, *La Violence qui vient*.

18. Esse último ponto é o mais ressaltado por A. GIDDENS, *As consequências da modernidade*, enquanto os primeiros foram inicialmente apontados por U. BECK, *Risikogesellshaft*.

19. A ideia está em J. HABERMAS, *Pensamento pós-metafísico.*

20. Segundo J. HABERMAS, ibid., os contratos mafiosos prejudicam terceiros e, embora possam vir a evitar conflitos, baseiam-se nos interesses instrumentais dos participantes. De acordo com A. CAILLÉ, *Don, intérêt et désintéressement*, as relações de lealdade pessoal e reciprocidade também não são fruto de um ato livre da pessoa, mas impostas sobretudo pela ameaça de violência física ou mesmo terror. No caso dos traficantes, as demonstrações de generosidade e magnanimidade dos chefes existem, porém dependem de seus humores e do arbítrio do seu poder pessoal, deixando pouco espaço para que o sujeito da argumentação e da reivindicação apareça. A mistura de medo, respeito e afeto que seus seguidores sintam por eles, não nega o caráter despótico do seu poder.

21. Essa ideia é de P. RICOEUR, *Soi-même comme un autre.*

22. O argumento é de C. LASCH, *Culture of Narcissism.*

23. Essa análise está em S. SASSEN, *The Global City*; M. FEATHERSTONE, *O desmanche da cultura*, e S. ZUKIN, *The Cultures of Cities.*

24. Ver U. BECK, *Risikogesellshaft.*

25. Para uma leitura atualizada desse debate ver A. ZALUAR, "Exclusão e políticas públicas", *Revista Brasileira de Ciências Sociais*, 1997, v. 12, n. 35, pp. 29-47.

26. O conceito de máfia está imbricado no de crime organizado e é objeto de interminável polêmica iniciada no século XIV. P. ARLACHI, *Mafia Business*; P. REUTER, *Disorganized Crime*; F. CALVI, *La vita quotidiana della Mafia dal 1950 a oggi*; G. BETTANCOURT e M. GARCIA, *Contrabandistas, marimbondos y mafiosos*; L. TULLIS, *Handbook for Research on Illicit Drug Traffic*, e A. LABROUSSE e M. KOUTOUSIS, *Géopolitique et géostratégies des drogues*, discutem seu caráter organizado ou desorganizado. Esses autores e mais F. THOUMI, *Economia, política e narcotráfico*, debatem o seu estatuto de crime ou trabalho ou empresa. De qualquer modo, não resta dúvida de que se trata de um conjunto de atividades em rede que tem um componente de empreendimento econômico, ou seja, implica atividades que se repetem ao longo do tempo (mesmo sem a disciplina, regularidade e direitos jurídicos do mundo do trabalho), visando o lucro (tanto mais fácil e alto quanto mais bem colocado se está na rede de intermediários e atacadistas) como um negócio e utilizando moedas variáveis nas trocas baseadas em características comuns às relações secretas ou subterrâneas, bem como valendo-se do escambo. A existência de leis que proíbem tais atividades e de censuras morais fortes impostas às atividades desenvolvidas impõe práticas e formas organizacionais que, além de permanecer subterrâneas, apelam para meios violentos na negociação (ameaças, coações, chantagens, extorsões) ou na resolução de conflitos (agressões, assassinatos, terrorismo), comerciais ou pessoais.

27. Esses e outros dados pertinentes estão em J. MAILLARD, "Le crime a venir", *Le Débat*, 1997, n. 94, pp. 99-138, e E. de la MAISONNEUVE, *La Violence qui vient.*

28. O argumento é de A. LABROUSSE e M. KOUTOUSIS, *Géopolitique et géostratégies des drogues.*

29. Ver A. ZALUAR, *Condomínio do diabo.*

30. Esse argumento está em A. ZALUAR, ibid.; C. GEFFRAY, *Rapport d'activité n. 2 du projet*, e A. LABROUSSE e M. KOUTOUSIS, *Géopolitique et géostratégies des drogues.*

31. O conceito de rede é usado de dois modos principais nos estudos relativos ao tráfico de drogas hoje no mundo. O primeiro ancora-se nos conceitos de territorialidade e hierarquia com os quais a geografia tem analisado as metrópoles internacionais, nacionais, regionais e as cidades para estudar o fluxo de informações e produtos que passam de uma para as demais através dos nós e pontos de interconexão que, hierarquicamente, cada uma exerce. O segundo, mais próximo da concepção antropológica de rede social, é usado para analisar as atividades ilegais que têm o caráter de negócio contínuo e que fluem por meio de relações interpessoais baseadas no segredo, na confiança sempre posta à prova, no conhecimento das pessoas e nos acordos tácitos estabelecidos entre elas. Na segunda acepção, aplica-se especialmente aos níveis mais baixos do tráfico de drogas, que, de acordo com o relatório da UNDCP 1997, têm uma intricada malha descentralizada, de difícil controle, ao contrário do que acontece com os negociantes atacadistas e grandes financistas do tráfico, que tendem à centralização e à hierarquia em cartéis e máfias.

32. Esses argumentos encontram-se em F. DUBET, *La Galère;* M. SULLIVAN, "Crime and the Social Fabric", em M. CASTELS e J. MOLLENKOPF (eds.), *Dual City*; A. DEAN, "Cocaine and Crime in Britain", *Cocaine Today*, 1991, n. 44; M. S. JANKOWSKI, *Islands in the Street*, e S. GENDROT, *Ville et Violence.*

33. Ver K. E. BAUMAN e S. T. ENNET, "On the Importance of Peer Influence for Adolescent Drug Use", *Addiction*, 1996, v. 91, n. 2.

34. Os dados estão em L. TULLIS, *Unintended Consequences.*

35. Ver id., ibid., e UNDCP 1997.

36. Sobre isso há consenso entre G. FONSECA, "Economie de la drogue", *Revue Tiers Monde*, 1992, n. 131; P. SALAMA, "Macro-Economie de la drogue"; D. BETTANCOURT e M. GARCIA, *Contrabandistas, marimbondos y mafiosos*; L. TULLIS, *Handbook for Research on Illicit Drug Traffic* e *Unintended Consequences*; A. LABROUSSE e M. KOUTOUSIS, *Géopolitique et géostratégies des drogues*, e o relatório da UNDCP 1997.

37. A análise é de P. SALAMA, "Macro-Economie de la drogue".

38. No estado de Mato Grosso, o preço do grama e do quilo da cocaína já subiu várias vezes em relação ao preço com que saiu da área de produção.

39. Ver A. DEAN, "Cocaine and Crime in Britain", *Cocaine Today*, 1991, n. 44; M. SULLIVAN, "Crime and the Social Fabric", em M. CASTELS e J. MOLLENKOPF, *Dual City*; J. A. INCIARDI e A. E. POTTIEGER, "Crack-Cocaine Use and Street Crime", *Journal of Drug Issues*, 1994, v. 24, n. 2, pp. 273-92; L. TULLIS, *Handbook for Research on Illicit Drug Traffic* e *Unintended Consequences*;

C. P. RYDELL e S. S. EVERINGHAM, *Controlling Cocaine*; H. L. SANER e P. L. ELLIKSON, "Concurrent Risk Factors for Adolescence Violence", *Journal of Adolescent Health*, 1996, v. 19, n. 2, pp. 94-103, e UNDCP 1997.

40. Ver em M. SULLIVAN, "Crime and the Social Fabric", em M. CASTELS e J. MOLLENKOPF, *Dual City*.

41. Ver H. LAGRANGE, *La Civilité à l'épreuve*, e W. FATELA, *O sangue e a rua*.

42. Os dados são impressionantes. Na Inglaterra, houve 88 agressões em cada 100 mil habitantes em 1914, quando a taxa de pobreza ainda era muito alta nas cidades, subindo a partir de 1960 até atingir 600/100 000 habitantes em 1980 e 850/100 000 em 1989, o que representa um crescimento de 800%. Os roubos com violência subiram de 0,5/100 000 habitantes em 1914 para 50/100 000 em 1980, ou seja, um aumento de 10 000%; os homicídios subiram de 0,5/100 000 em 1914 para 1,1/100 000 em 1987, um aumento de 100%. Na França, a estatística policial revela irrupção da delinquência nos anos 1960, subindo ainda mais durante os anos 1970, quando do primeiro governo socialista: no período de 1963 a 1989 aumentaram vinte vezes os roubos com violência. Entre 1976 e 1986, os assaltos à mão armada aumentaram 110%, os roubos 130%, o tráfico e consumo de drogas 100%, e os homicídios voluntários 250% (H. LAGRANGE, *La Civilité à l'épreuve*, pp. 145-6).

43. Essa análise está em S. GENDROT, *Ville et violence*.

44. A afirmação é de J. KATZ, *The Seductions of Crime*, pp. 118-9.

45. Os dados são de S. GENDROT, *Ville et violence*.

46. Para a análise desse fascínio ver J. KATZ, *The Seductions of Crime*, e M. S. JANKOWSKI, *Islands in the Street*.

47. O conceito é de N. ELIAS, *Quest for Excitement*, *Sport and Leisure in the Civilizing Process*.

48. A bibliografia sobre o assunto é extensa, mas para a conexão entre isso e a violência juvenil ver W. FOOTE-WHYTE, *Street Corner Society*; J. KATZ, *The Seductions of Crime*, e M. S. JANKOWSKI, *Islands in the Street*.

49. No século XIII, antes das reformas institucionais que criaram o monopólio estatal da violência, quando o Estado passou a controlar rigidamente as armas nas mãos dos cidadãos comuns, e que formaram um corpo policial altamente técnico e investigativo, essa taxa era maior do que nos Estados Unidos de hoje.

50. Segundo N. ELIAS, *Os alemães*, o processo de desarmamento da população civil não foi bem-sucedido na Alemanha, onde os duelos continuaram a fazer parte dos hábitos masculinos para a preservação da sua honra e, por isso, os papéis militares permaneceram muito valorizados até a Segunda Guerra Mundial.

51. Os dados são de H. LAGRANGE, *La Civilité à l'épreuve*.

52. O dado pode ser encontrado em S. GENDROT, *Ville et violence*.

53. Em 1998 havia computadores pessoais em 40% dos lares estadunidenses, mas encontram-se armas de fogo em dois terços, ou seja, em 75% deles.

54. A mesma ideia está presente na discussão de M. MAUSS, *Ensaio sobre a dádiva*, sobre o dom. Para ele, o dom, uma das formas de reciprocidade presente nas sociedades arcaicas e nas atuais, se caracterizaria pela ambiguidade entre a obrigação de retribuir e a liberdade, o interesse e o desinteresse, a rivalidade e a gratuidade. Por isso fala da obrigação livre e da liberdade obrigatória. Segundo um de seus exegetas — B. KARSENTI, *L'Homme total* —, o dom não tem o mesmo estatuto teórico do contrato entre indivíduos livres e iguais, e não pode ser entendido como uma reedição das ideias de Hobbes sobre o estado da natureza. O dom é racional e irracional, constrói a sociabilidade na manutenção da rivalidade e na destruição de riquezas. É isso que leva Mauss a terminar seu ensaio com a afirmação aqui reproduzida como epígrafe.

55. O dom é também um recurso do poder, usado em rituais de exibição de *status*, garantindo uma posição de prestígio e poder ao doador, ou seja, não é puro desinteresse nem absoluta prodigalidade, mas seu caráter interessado é muito mais simbólico do que material. J. L. BOILLEAU, *Conflit et lien social*, explora o caráter agonístico do dom.

56. Para uma apresentação deste debate ver A. ZALUAR, "A globalização do crime e os limites da explicação local", em G. VELHO, *Cidadania e violência*.

57. Essa teoria foi de fato acionada para explicar o *hooliganism*, ou seja, a violência das torcidas jovens na Inglaterra surgida nos anos 1970. Entre os hooligans, a habilidade e a disposição para brigar (sem regulamentos nem simbolismos), tal como acontece nas gangues americanas, nas galeras cariocas e nas quadrilhas, é a chave para o prestígio do jovem.

58. Ver F. DUBET, *La Galère*, e H. LAGRANGE, *La Civilité à l'épreuve*.

59. Ver M. HUGGINS, *From Slavery to Vagrancy in Brazil*, e B. FAUSTO, *Crime e cotidiano*.

60. Essa análise se encontra em B. FAUSTO, ibid., e S. CHALHOUB, *Trabalho, lar e botequim*.

61. Ver A. L. PAIXÃO, "Crime, controle social e consolidação da cidadania", em F. W. REIS e G. O'DONNELL, *A democracia no Brasil*; A. ZALUAR, C. ALBUQUERQUE e J. C. NORONHA, "Violência", *Cadernos de Saúde Pública*, 1994, n. 10, supl. 1; T. P. CALDEIRA, "City of Walls", e C. BEATO, R. ASSUNÇÃO e M. C. SANTOS, "Análise da evolução temporal da criminalidade violenta em Minas Gerais".

62. Os dados estão em G. MARTINE, "A redistribuição espacial da população brasileira durante a década de 80".

63. Essa análise pode ser encontrada em A. ZALUAR, C. ALBUQUERQUE e J. C. NORONHA, "Violência", *Cadernos de Saúde Pública*, 1994, n. 10, supl. 1 e "Pobreza não gera violência", *Ciência Hoje*, 1995, v. 20, n. 115.

64. A noção é de Sérgio Buarque de HOLANDA no livro *Raízes do Brasil*.

65. Ver o capítulo de Lilia Moritz SCHWARCZ neste volume.

66. Ver capítulo de Maria Lucia MONTES neste volume.

67. A feliz expressão é do nosso bardo Chico Buarque de Holanda no samba "Vai passar".

68. O texto é de R. DAMATTA, "Esporte e sociedade", em *Universo do Futebol*, hoje um clássico no assunto.

69. As tabulações especiais e o texto estão em R. RIBEIRO DA SILVA e A. L. SABOIA, "Crianças e adolescentes na década de 80", em I. RIZZINI, *A criança no Brasil hoje*.

70. Ver I. RIZZINI (org.), *A criança no Brasil hoje*.

71. Sobre o tema ver E. BERQUÓ neste volume.

72. Ver A. ZALUAR, *Condomínio do diabo*.

73. Ver id., ibid.

74. Os dados podem ser encontrados em M. SCHIRAY, "Les Filières--stupéfiants", *Futuribles*, n. 185; L. TULLIS, *Unintended Consequences*; C. GEFFRAY, *Rapport d'activité n. 2 du projet*, e A. LABROUSSE e M. KOUTOUSIS, *Géopolitique et géostratégies des drogues*.

75. Para o desenvolvimento do tema ver Fernando A. NOVAIS e João Manuel Cardoso de MELLO neste volume.

76. A biografia, *Um escurinho direitinho*, foi escrita por L. F. VIEIRA, L. PIMENTEL e S. VALENÇA.

77. Essas histórias estão em M. VELLOSO, *O modernismo no Rio de Janeiro*; S. CABRAL, *As escolas de samba do Rio de Janeiro*; H. VIANNA, *O mistério do samba*; A. GARDEL, *O encontro entre Bandeira e Sinhô*, e S. BRAGA, *O lendário Pixinguinha*.

78. Em H. VIANNA, *O mistério do samba*, pp. 124-5.

79. Id., ibid., p. 127.

80. Trata-se do espetáculo denominado *Bring in' da noise*, *Bring in' da funk*, grande sucesso *off* e *on* Broadway, em Nova York, que conta a história dos negros na América por meio do sapateado e da música. Esse musical, cujo texto foi escrito por Reg E. CAINES, parte da perda do barulho, do batuque, reconquistado hoje com o funk.

81. A única proibição nesse sentido de que ouvi falar foi a feita por um traficante, fiel da Igreja Universal, o qual proibia o pai de santo, que vivia na sua área de domínio, de bater no terreiro para a realização do culto do candomblé.

82. Ver H. VIANNA, *O mundo funk carioca*.

83. Esse tema também é tratado por Lilia Moritz SCHWARCZ neste volume.

84. Esse livro foi inicialmente publicado sob o pseudônimo de Francis Newton, em 1961: *The Jazz Scene*. Já está traduzido para o português — *A história social do jazz* — com o nome verdadeiro do autor, Eric Hobsbawn.

85. Id., ibid., p. 7.

86. Id., ibid., p. 37.

87. Ver R. e S. VALENÇA, *Serra, Serrinha, Serrano o Império do Samba*; A. ZALUAR, *A máquina e a revolta*, e M. L. V. C. CAVALCANTI, *Carnaval carioca*.

88. Apud R. e S. VALENÇA, *Serra, Serrinha, Serrano o Império do Samba.*

89. Essa expressão cobre um campo semântico que vai desde a capacidade de defender sua mulher, seu time de futebol, seu local de moradia até a disposição para "não levar desaforo" nem ser humilhado publicamente por quaisquer ínfimos motivos, quando a vingança seria a morte do autor da humilhação. Não é apenas o valor da honra que define o "sujeito homem", mas também da insubmissao às regras para mostrar a sua "disposição". A distância da concepção de honra de sociedades tradicionais está bem clara. Não se trata de defender a virgindade das mulheres da família, pois as mulheres não vão mais virgens para o casamento, mas a exclusividade dos seus serviços sexuais e a impossibilidade de que se neguem a manter a relação. São comuns hoje as histórias de meninas mortas nas favelas porque se recusavam a ficar com os homens que as queriam.

90. A expressão é encontrada no romance de P. LINS, *Cidade de Deus*, e em M. ALVITO, "A hora de Acari", em G. VELHO, *Cidadania e violência.*

91. A análise é de M. L. V. C. CAVALCANTI, *Carnaval carioca.*

92. Ver id., ibid., e F. CHINELLI e L. A. MACHADO DA SILVA, "O vazio da ordem", *Revista do Rio de Janeiro — UERJ*, 1993.

93. Os dados e a análise encontram-se em M. SEPÚLVEDA, "Mangueira e Império", em A. ZALUAR e A. ALVITO (orgs.), *Cem anos de favela.*

94. Ver M. P. VELLOSO, *O modernismo no Rio de Janeiro.*

95. Esses dados estão em J. KATZ, *The seductions of crime*, e M. S. JANKOWSKI, *Islands in the street.*

96. Ver. F. DUBET, *La Galère.*

97. A situação das favelas cariocas é muito diferenciada hoje, não só em termos das condições de infraestrutura urbana, do nível socioeconômico dos moradores, da qualidade das moradias, mas também em virtude do maior ou menor poder nelas adquiridos pelas quadrilhas de traficantes. Na Serrinha, por exemplo, os traficantes nunca tiveram o poder que têm em outras favelas onde dominam as associações, o que facilita hoje a implementação do Projeto Favela-Bairro.

98. A história das escolas de samba está repleta de letras criticando as escolhas, as decisões dos juízes, as diretorias de escolas. Alguns desses sambas se tornaram imortais, gravando na memória não só da cidade mas de todo o país os nomes dos seus autores e de suas escolas.

99. Essa ideia desenvolvi mais longamente em A. ZALUAR, "Teleguiados e chefes", *Religião e Sociedade*, 1988, n. 1.

100. Ver J. KATZ, *The Seductions of Crime.*

101. Ver A. ZALUAR, "Teleguiados e chefes", *Religião e Sociedade*, 1988, n. 1, e P. LINS, *Cidade de Deus.*

102. Ver A. ZALUAR, "Teleguiados e chefes", *Religião e Sociedade*, 1988, n. 1, e *Condomínio do diabo*, e P. LINS, *Cidade de Deus.*

103. Essa análise está em id., ibid. Por causa da facilidade e dos altos lucros, aqueles que se envolvem no tráfico, seja qual for a classe social, o gênero e o nível de renda, os policiais brasileiros afirmam: "Quem trafica uma vez,

sempre volta". Mas isso não quer dizer que não haja quem trafique "por necessidade". No tráfico capilarizado nas pontas nos bairros pobres e nos centros de boemia das cidades, muitas mulheres, mais comumente ex-prostitutas ou prestadoras de serviço de baixa qualificação, como manicuras, faxineiras etc., são também vendedores comuns.

104. Os dados se acham em L. E. SOARES, J. T. S. SÉ, J. A. S. RODRIGUES e L. PIQUET CARNEIRO, *Violência e política no Rio de Janeiro*.

105. Ver D. MATZA, *Delinquency and Drift*.

106. Uma discussão dos dados dessa pesquisa em torno da questão da cultura popular na educação está em A. ZALUAR e M. C. LEAL, "Cultura, educação popular e escola pública", *Ensaio*, v. 4, n. 11, abr.-jun. 1996.

107. A primeira análise disso foi feita por A. ZALUAR, *Condomínio do diabo*, em P. S. PINHEIRO (org.), *Crime, violência e poder* e *A máquina e a revolta*.

108. A primeira análise disto foi feita por H. VIANNA, *O mundo funk carioca*.

109. Ver F. CECCHETTO, em H. VIANNA, *Galeras cariocas*.

110. Em J. KATZ, *The Seductions of Crime*.

111. Minha argumentação, neste particular, diverge da de Sérgio Buarque de Holanda, embora, como ele, esteja preocupada com a fraqueza do institucional no Brasil. É que o apelido no diminutivo não aponta para uma inflação do privado sobre o público, mas para um estilo de sociabilidade que não devemos jogar fora junto com a água do banho. Como já afirmei antes, nossas matrizes teóricas são diferentes, visto que não me inspiro nem na teoria da modernização nem na teoria da oposição entre o público e o privado.

112. Em J. KATZ, *The Seductions of Crime*.

113. A expressão foi concebida por R. DAHRENDORF, *A lei e a ordem*, para outros países.

114. Em C. GEFFRAY, *Rapport d'activité n. 2 du projet*.

115. Chico Buarque de Holanda, mais uma vez em seu "Vai passar".

116. Apud S. ADORNO, "Violência urbana, justiça criminal e organização social do crime".

117. Os dados estão em L. E. SOARES, J. T. S. SÉ, J. A. S. RODRIGUES E L. PIQUET CARNEIRO, "Criminalidade urbana e violência".

118. Ver M. MESQUITA, "Homicídios de crianças e adolescentes".

119. O fluxo refere-se ao percurso seguido pelos vários registros envolvendo acusações criminais a pessoas dentro do sistema de justiça, que começa com o boletim de ocorrência (BO ou RO), passa pelo inquérito policial, o qual pode transformar-se ou não em denúncia judicial, que, por sua vez, pode ocasionar ou não a abertura de um processo judicial que termina com o julgamento ou o arquivamento.

120. Nessa pesquisa consideramos apenas os artigos 12 e 16 do Código Penal brasileiro, o primeiro referente ao tráfico, o segundo ao uso e posse de drogas. A pesquisa foi realizada no rico município de Campinas, no interior

do estado de São Paulo, que em 1996 tinha 907 995 habitantes, atendidos por apenas quatro varas criminais, e no município do Rio de Janeiro, a segunda maior cidade do Brasil, com cerca de 6 milhões de habitantes, que conta com 38 varas. Foram levantados os processos cujos resultados estavam registrados nos livros de tombo entre 1980 e 1991 com algumas características dos réus, tais como idade, gênero, profissão declarada. Posteriormente entrevistaram-se advogados, promotores, juízes, defensores públicos e prisioneiros. No Rio de Janeiro, nove das varas não puderam ser investigadas, mas o estudo aprofundado de 364 processos sobre os crimes relativos às drogas de 1991 permitiu acrescentar itens referentes à cor do réu, à condição de defesa e às provas materiais constantes no auto de prisão em flagrante.

121. Em A. I. RIBEIRO, "A questão do tráfico e do uso indevido de entorpecentes".

122. Em 16/4/95, pesquisa do jornal *Folha de S.Paulo* atestou o aumento da participação feminina no registro das infrações: de 10% em 1993 para 30% em 1995. Isso se explica porque a prostituição ficou menos rentável devido ao pânico gerado pela aids e porque houve uma estratégia dos traficantes para envolver as mulheres na rede de circulação da droga ilegal, pois elas despertam menos suspeita. Os processos examinados envolviam mulheres chefes de família, com vários filhos de pais diferentes e que vendiam "por necessidade" e não "por ambição", como os homens, segundo elas, fariam.

123. O levantamento dos livros de tombo das numerosas varas criminais do Rio de Janeiro foi feito inicialmente pelo meu assistente de pesquisa Jorge Luis Carvalho de Nascimento, que prepara sua dissertação de mestrado sobre a discriminação racial nesse gênero de crime, auxiliado depois por Luis Fernando Almeida Pereira, Laerte Vallerini e Ana Paula Ribeiro.

124. Em A. I. RIBEIRO, "A questão do tráfico e do uso indevido de entorpecentes".

125. Ver A. ZALUAR, "The Drug Trade", *Dialectic Anthropology*, 1995, v. 20, pp. 95-108.

126. Essas entrevistas, assim como o levantamento dos livros de tombo das varas criminais de Campinas nos crimes relativos às drogas cometidos por mulheres, foram feitas por Beatriz Labate, aluna da Unicamp e estagiária na pesquisa que montei e coordenei.

127. Ver R. KANT DE LIMA, "A cultura jurídica e as práticas policiais", *Revista Brasileira de Ciências Sociais*, 1989, v. 4, n. 10.

5. CARRO ZERO E PAU DE ARARA: O COTIDIANO DA OPOSIÇÃO DE CLASSE MÉDIA AO REGIME MILITAR [pp. 264-336]

1. L. F. VERÍSSIMO, "Recapitulando", *O Estado de S. Paulo*, 7/6/98, p. D3.
2. M. RIDENTI, *O fantasma da revolução brasileira*, pp. 68-9 e 122.

3. J. LINZ, "The Future of an Authoritarian Situation or the Institutionalization of an Authoritarian Regime", em A. STEPAN (org.), *Authoritarian Brazil.*

4. A melhor e mais abrangente história política do período ainda é T. E. SKIDMORE, *Brasil de Castelo a Tancredo.* Igualmente importante, embora mais condensada, é a visão de B. FAUSTO, *História do Brasil*, pp. 463-516.

5. A percepção dos limites do novo regime, segundo um grupo de destacados intelectuais de esquerda, está em C. FURTADO (org.), *Brasil tempos modernos.*

6. M. RIDENTI, *O fantasma da revolução brasileira*, p. 70. Para uma história desses grupos, ler especialmente cap. 1, pp. 25-72.

7. As únicas organizações de esquerda que rejeitaram cabalmente a luta armada, embora por motivos diversos, foram o Partido Comunista Brasileiro e o minúsculo Partido Operário Revolucionário (trotskista).

8. A interpretação mais consagrada pela oposição de esquerda é, sem dúvida, a de R. DEBRAY, *Revolução na revolução?*, que começou a circular no Brasil em 1967. Mas a primeira — e, em seu momento, influente — interpretação voluntarista da experiência cubana a chegar ao Brasil está em J. P. SARTRE, *Furacão sobre Cuba*, editada em português em 1962. Grande importância teve também no Brasil C. W. MILLS, *A verdade sobre Cuba.*

9. Entre os textos influentes que marcam a revalorização da democracia destacam-se C. N. COUTINHO, "A democracia como valor universal", em *Encontros com a Civilização Brasileira*, n. 9, e F. WEFFORT, "Por que democracia?", em A. STEFAN (org.), *Democratizando o Brasil.* Ver, sobre o assunto, M. H. T. de ALMEIDA, *Tomando partido, formando opinião.*

10. Cf. M. RIDENTI, *O fantasma da revolução brasileira*, p. 122.

11. P. C. U. CAVALCANTI e J. RAMOS (orgs.), *Memórias do exílio*, p. 58.

12. Id., ibid., p. 60.

13. Id., ibid., p. 59.

14. Anina viajou para o Chile e depois morou em Paris.

15. *Brasil dia a dia*, p. 81.

16. G. A. D. SOARES, "A censura durante o regime autoritário", *Revista Brasileira de Ciências Sociais*, jun. 1989, v. 4, n. 10, p. 21.

17. Boas análises do movimento cultural do período estão em H. B. de HOLLANDA, *Impressões de viagem*, e I. XAVIER, *Alegorias do subdesenvolvimento.*

18. *Brasil dia a dia*, p. 81.

19. Z. VENTURA, *1968, o ano que não terminou*, p. 94.

20. A. BOAL, *Milagre no Brasil*, p. 7.

21. L. C. MACIEL, *Geração em transe*, pp. 167-8.

22. H. WERNECK, *Chico Buarque*, p. 136.

23. *Brasil dia a dia*, p. 82.

24. H. WERNECK, *Chico Buarque*, p. 135.

25. B. LERER, "Chico fugindo da tevê", *Opinião*, 13-20/11/72, n. 2, p. 24.

26. Esse episódio foi motivo de discórdia entre os oposicionistas do meio teatral. Para uma visão crítica da ação do grupo de Plínio Marcos e Maciel, ver Z. VENTURA, *1968, o ano que não terminou*, pp. 75-96.

27. Id., ibid., p. 83.

28. Depois de 1968, Chico Buarque, Marieta Severo, sua mulher, e Toquinho foram para Roma; Caetano Veloso e Gilberto Gil, para Londres; Geraldo Vandré, para o Chile, e Augusto Boal, para Portugal.

29. M. A. de AQUINO, "Censura, imprensa e estado autoritário (1968-78)", p. 18. Ver também G. A. D. SOARES, "A censura durante o regime autoritário", *Revista Brasileira de Ciências Sociais*, jun. 1989, v. 4, n. 10, pp. 21-43.

30. R. de Oliveira CAMPOS, "O livro negro do comunismo", *Folha de S.Paulo*, 19/4/98, Cad. 1, p. 4.

31. M. A. de AQUINO, "Censura, imprensa e estado autoritário (1968-78)", pp. 25-30.

32. Id., ibid., p. 78. Ver também B. KUCINSKI, *Jornalistas e revolucionários*.

33. M. A. de AQUINO, "Censura, imprensa e estado autoritário (1968-78)", p. 137, e "Caminhos cruzados", p. 97.

34. Id., "Censura, imprensa e estado autoritário (1968-78)", pp. 143 e 147.

35. M. A. AMARAL, *A resistência*, p. 38.

36. P. MARKUN (org.), *Vlado*, pp. 36-8. Ver também F. P. JORDÃO, *Dossiê Herzog*.

37. C. de CASTRO, "Réquiem para uma calça Lee", em M. C. L. dos SANTOS (org.), *Maria Antônia: uma rua na contramão*, p. 92.

38. É. SADER, "Duas invasões", em id., ibid., p. 160.

39. F. L. e SILVA, "Rua Maria Antônia", em id., ibid., p. 134.

40. Ver, por exemplo, o depoimento de A. SIRKIS, *Os carbonários*, cap. 2.

41. A. B. de MENEZES, "Maria Antônia: década de 60", em M. C. L. dos SANTOS (org.), *Maria Antônia: uma rua na contramão*, p. 128.

42. Z. VENTURA, *1968, o ano que não terminou*, p. 54.

43. H. DANIEL, *Passagem para o próximo sonho*, pp. 93-4.

44. Para uma história pormenorizada das organizações de esquerda no período, ver M. RIDENTI, *O fantasma da revolução brasileira*, cap. 1, pp. 25-72, e D. A. REIS FILHO, *A revolução faltou ao encontro*.

45. V. CALDEVILLA, *Vitral do tempo*, p. 152.

46. A. SIRKIS, *Os carbonários*, pp. 67-8.

47. Apud Z. VENTURA, *1968, o ano que não terminou*, p. 66.

48. J. L. PATARRA, *Iara, reportagem biográfica*, p. 128.

49. É. SADER, "Duas invasões", em M. C. L. dos SANTOS (org.), *Maria Antônia: uma rua na contramão*, p. 162.

50. R. CASTRO, "Fim de tarde no Jangadeiro enquanto Edson morria", *O Estado de S. Paulo*, 18/4/98, p. D3.

51. C. de CASTRO, "Prova de fogo", em *Urgência e ruptura*, p. 56.

52. V. CALDEVILLA, *Vitral do tempo*, p. 154.

53. A. SIRKIS, *Os carbonários*, p. 118.

54. *Brasil dia a dia*, p. 42.

55. F. GABEIRA, *O que é isso, companheiro?*, p. 76.

56. C. N. P. COELHO, "A transformação social em questão", p. 147.

57. Id., ibid., p. 150.

58. M. R. PAIVA, *Feliz ano velho*, p. 136.

59. Id., "Geração dos 70 comemora conquistas", *Folha de S.Paulo*, 20/9/97, Cad. 4, p. 12.

60. M. SUZUKI Jr., "Libelu era trotskismo com rock e fuminho", *Folha de S.Paulo*, 20/9/97, Cad. 4, p. 12.

61. F. GABEIRA, *O que é isso, companheiro?*, p. 75.

62. M. PRESTES, *Meu companheiro*, p. 27.

63. D. DELLA PORTA, *Social Movements, Political Violence and the State*, cap. 5, pp. 113-35.

64. A. SIRKIS, *Os carbonários*, p. 140.

65. C. E. PAZ, *Viagem à luta armada*, p. 72.

66. I. ALMADA, *A metade arrancada de mim*, p. 47.

67. J. L. PATARRA, *Iara, reportagem biográfica*, parte IV.

68. H. DANIEL, *Passagem para o próximo sonho*, pp. 35-6.

69. C. E. PAZ, *Viagem à luta armada*, p. 149.

70. Id., ibid., pp. 26-7.

71. H. DANIEL, *Passagem para o próximo sonho*, pp. 41-2.

72. A. SIRKIS, *Os carbonários*, pp. 141-2.

73. J. L. PATARRA, *Iara, reportagem biográfica*, p. 330.

74. A. SIRKIS, *Os carbonários*, pp. 112-3.

75. Id., ibid., p. 339.

76. R. TAPAJÓS, *Em câmara lenta*, p. 160.

77. A. BOAL, *Milagre no Brasil*, p. 8.

78. C. H. CONY, "O AI-5 visto pelo meu umbigo", *Folha de S.Paulo*, 13/12/97, Cad. 1, p. 2.

79. I. ALMADA, *A metade arrancada de mim*, pp. 54-5.

80. F. GABEIRA, *O que é isso, companheiro?*, p. 197.

81. *Brasil nunca mais*, p. 87.

82. C. H. CONY, "A crise (ou a falência) das 'cabezas' trocadas", *Folha de S.Paulo*, 10/10/97, Cad. 4, p. 5.

83. Exposição na mesa-redonda "Cinema, História e ficção: 'O que é isso, companheiro?'", *XXI Encontro Anual da Anpocs*, Caxambu, 22/10/97.

84. Á. CALDAS, *Tirando o capuz*, p. 81.

85. F. GABEIRA, *O que é isso, companheiro?*, p. 198.

86. Á. CALDAS, *Tirando o capuz*, p. 84.

87. Ver também L. WESCHLER, *Um milagre, um universo*, pp. 59-60.

88. A. M. SIPAHI, "A cidade vista da janela", em I. ALMADA et al. (orgs.), *Tiradentes, um presídio da ditadura*, p. 232.

89. R. TAPAJÓS, "A floresta de panos", em id., ibid., p. 345.

90. N. Y. KOBASHI, "Pequenas estratégias de sobrevivência", em id., ibid., p. 312.

91. R. TAPAJÓS, "A floresta de panos", em id., ibid., pp. 343-53.

92. R. SIPAHI, "Em nome da rosa", em id., ibid., p. 186.

93. Á. CALDAS, *Tirando o capuz*, pp. 133-4.

94. Z. VENTURA, *1968, o ano que não terminou*, p. 26.

95. M. L. DAHL, *Quem não ouve o seu papai, um dia... balança e cai*, p. 95.

96. Ver, especialmente, P. C. U. CAVALCANTI e J. RAMOS, *Memórias do exílio*, e A. de Oliveira COSTA e outras, *Memórias — das mulheres — do exílio.*

97. Z. VENTURA, *1968, o ano que não terminou*, p. 36.

98. H. DANIEL, *Passagem para o próximo sonho*, p. 96.

99. A. de Oliveira COSTA e outras, "Vânia, janeiro de 1977", em *Memórias — das mulheres — do exílio*, p. 113.

100. *Jornal do Brasil*, 3/10/76, p. 30, apud G. A. D. SOARES, "A censura durante o regime autoritário", *Revista Brasileira de Ciências Sociais*, São Paulo, jun. 1989, v. 4, n. 10, pp. 21-43

101. G. VELHO, *Nobres & anjos*, p. 118.

102. A. de Oliveira COSTA e outras, "Vânia, janeiro de 1977", em *Memórias — das mulheres — do exílio*, p. 111.

103. Ver depoimentos em M. OLIVEIRA e M. NEHRING, *15 filhos.*

104. M. PRESTES, *Meu companheiro*, p. 135.

105. Id., ibid., p. 125.

6. ARRANJOS FAMILIARES NO BRASIL: UMA VISÃO DEMOGRÁFICA [pp. 337-62]

1. F. F. JARDIM, "Os recenseamentos e a estatística do estado conjugal", *Revista Brasileira de Estatística*, jul./set. 1954, v. 15, n. 59, p. 165.

2. R. N. RYDER, "The Centrality of Time in the Study of the Family", em E. BERQUÓ e P. XENOS, *Family Systems and Cultural Change.*

3. S. A. FIGUEIRA, "O 'moderno' e o 'arcaico' na nova família brasileira", em S. A. FIGUEIRA (org.), *Uma nova família?.*

4. No censo, o termo *casada* refere-se a uniões legais ou concubinato. Essa categoria abrange, portanto, a gama variada e fluida de arranjos matrimoniais existentes na sociedade brasileira.

5. A. M. GOLDANI e L. WONG, "Tendências da nupcialidade no Brasil", *Anais do II Encontro Nacional de Estudos Populacionais.*

6. M. GUTTENTAG e P. F. SECORD, *Too Many Women?.*

7. E. BERQUÓ e M. C. OLIVEIRA, "Casamento em tempo de crise", *Revista Brasileira de Estudos de População*, jul./dez. 1992, v. 9, n. 2.

8. O censo de 1991 determina que, "segundo a localização do domicílio,

a situação pode ser urbana ou rural, definida por lei municipal em vigor em 1º de setembro de 1991. Na situação *urbana* consideram-se as pessoas e os domicílios recenseados nas áreas urbanizadas ou não, correspondentes às cidades (sedes municipais), às vilas (sedes distritais) ou às áreas urbanas isoladas. A situação *rural* abrange a população e os domicílios recenseados em toda a área situada fora desses limites, inclusive os aglomerados rurais de extensão urbana, os povoados, e os núcleos".

9. E. BERQUÓ e M. A. LOYOLA, "A união dos sexos e estratégias reprodutivas no Brasil", *Revista Brasileira de Estudos de População*, jan.-dez. 1984, v. 1, n. 1-2.

10. E. BERQUÓ e M. C. OLIVEIRA, "The Family in Brazil".

11. Coortes de nascimento são pessoas que nasceram numa mesma época.

12. E. BERQUÓ, "Como, quando e com quem se casam os jovens brasileiros", em *Jovens acontecendo nas trilhas das políticas públicas.*

13. F. MADEIRA e L. WONG, "Responsabilidades precoces".

14. M. GREENE, "A compressão do mercado matrimonial e o aumento das uniões consensuais no Brasil", *Revista Brasileira de Estudos de População*, Belo Horizonte, jul./dez. 1992, v. 9, n. 2.

15. Id., ibid.

16. No Brasil, e em alguns outros contextos, o desequilíbrio entre os sexos tem se resolvido de forma semelhante: um homem reciclando mulheres. O que não quer dizer que essa seja a única solução possível dado um mesmo tipo de evidência.

17. Explica o censo de 1991: "Considerou-se como *particular* aquele domicílio que servia de moradia a uma, duas, ou no máximo cinco famílias, mesmo que estivesse localizado em estabelecimento industrial, comercial etc. O prédio em construção onde residiam até cinco pessoas, embora sem laço de parentesco e/ou dependência doméstica, também foi considerado como domicílio particular. Nas casas de cômodos (cabeças de porco, cortiços etc.) e nos edifícios de apartamentos, considerou-se cada unidade residencial como um domicílio particular".

18. A. M. GOLDANI, "A crise familiar no Brasil hoje", *Travessia. Revista do Migrante*, São Paulo, jan. 1991, v. 4, n. 9.

19. E. BERQUÓ, M. C. OLIVEIRA e S. M. CAVENAGHI, "Arranjos familiares 'não canônicos' no Brasil", *Anais do VII Encontro Anual de Estudos Populacionais*, v. 1, p. 99.

20. E. BERQUÓ e M. C. OLIVEIRA, "A família no Brasil", *Ciências Sociais Hoje.*

21. Isso porque não existem dados consistentes antes desse período.

22. M. C. OLIVEIRA, "A família no Brasil", em *Classe social, família e reprodução.*

23. T. MERRICK e M. SCHRINK, "Female-Headed Households and Urban Poverty in Brazil".

24. M. G. CASTRO, "Gênero, geração e raça".

25. M. C. OLIVEIRA, "Condição feminina e alternativas de organização doméstica", *Anais do VIII Encontro Nacional de Estudos de População*, v. 2.

26. J. C. HASKEY, "The Determinants of Middle Aged People Living Alone".

27. E. BERQUÓ e S. M. CAVENAGHI, "Oportunidades e fatalidades", *Anais do VI Encontro Nacional de Estudos Populacionais*, v. 1.

28. E. BERQUÓ, "Pirâmide da solidão?".

7. DILUINDO FRONTEIRAS: A TELEVISÃO E AS NOVELAS NO COTIDIANO [pp. 363-98]

1. O debate sobre as implicações políticas dos meios de comunicação de massa é vasto e marca a literatura sobre o assunto desde os estudos seminais dos autores vinculados à Escola de Frankfurt, como Adorno e Horkheimer, aos estudos provenientes de autores inspirados pelo trabalho de Gramsci e ligados à Escola de Birmingham, na Inglaterra, e aos estudos contemporâneos que, partindo de diversas perspectivas, procuram superar as oposições dualistas entre dominação e resistência resultantes do embate teórico anterior, pesquisando os mecanismos por meio dos quais receptores e emissores interagem, os pluralismos de significado, as implicações dos meios de comunicação de massa para a redefinição das relações de gênero, das relações entre fluxos globais e locais, do espaço público e privado tal como definidos pela teoria social moderna. Ver A. HUYSSEN, *After the Great Divider*; J. MEYROWITZ, *No Sense of Place*; R. WILLIAMS, *Television*; L. MULVEY, "Melodrama in and out of the Home", em C. MACCABE (ed.), *High Theory/Low Culture*; L. JOYRICH, "All that Television Allows", em L. SPIGEL e D. MANN (eds.), *Private Screenings*; L. SPIGEL, *Making Room for TV*; P. CHAMBAT e A. ERHENBERG, "Les *Reality Shows*, Nouvel Age Televisuel?", *Esprit*; 1/1/93, M. J. BARBERO, "Matrices culturales de la telenovela", *Estudios sobre Culturas Contemporaneas*, 1988, v. 2, n. 4-5, e M. J. BARBERO e S. MUÑOZ, *Televisión y melodrama*.

2. Sobre a questão racial ver Lilia Moritz SCHWARCZ neste volume. Consulta à base de dados sobre telenovela da Escola de Comunicação e Artes da Universidade de São Paulo sugere que das 463 novelas exibidas no Brasil de 1963 a 1994 apenas 21 abordaram a problemática racial. Entre as oito novelas que trataram do assunto nos anos 1970 e 1980, a maioria se refere ao abolicionismo. É apenas em 1994 que a novela *Pátria Minha*, de Gilberto Braga, ousa representar uma cena de conflito racial explícito que causou polêmica e levou organizações do movimento negro a negociar o desenvolvimento da história com os autores e com a emissora. A novela seguinte, *A Próxima Vítima*, de Sílvio de Abreu, insistiu no assunto racial com uma abordagem diferente, dessa vez inspirada na ação afirmativa. Sobre o debate provocado por *Pátria Minha* ver E. HAMBURGER e O. THOMAZ, "Em

preto e branco", *Folha de S.Paulo*, *Mais!*, 1994. Para uma análise das representações das relações raciais em filmes comerciais recentes ver C. RIAL, "Japonês está para TV assim como mulato para cerveja". Para o contraste entre a visibilidade que as novelas conferiram a questões de gênero e a invisibilidade a que elas relegaram a questão racial ver E. HAMBURGER, "Novas faces da cidadania", *Cadernos de Pesquisa Cebrap*, 1996, n. 4.

3. B. ANDERSON, *Imagined Communities*, cunhou a noção de "comunidade imaginária" para descrever a emergência dos Estados Nacionais na Europa do século XIX. O autor associa a consolidação do sentimento de pertencimento a uma comunidade imaginária ao surgimento da imprensa escrita e das línguas nacionais. A performance simultânea do ritual de leitura do jornal é apontada como exemplo de ritual que contribui para a consolidação desse sentimento de comunidade nacional. A noção é útil para entender o significado das telenovelas no Brasil da segunda metade do século XX, na medida em que o ato de assistir a esses programas em um determinado horário, ao longo dos anos, constituiu um ritual compartilhado por telespectadores em todo o território nacional, que dominam as convenções narrativas consolidadas pelas novelas e que mencionam padrões mostrados pelas novelas como referenciais de acordo com os quais definem tipos ideais de família brasileira, mulher brasileira, homem brasileiro. Ao me referir, portanto, neste capítulo à noção de uma comunidade nacional imaginária, reporto-me às representações sobre o Brasil veiculadas pelas novelas e às maneiras como elas configuram ou não referenciais importantes para a atualização sucessiva da conceitualização do país. No caso brasileiro as representações do país veiculadas pelas novelas resultam de uma dinâmica complexa em que o Estado é apenas um dos agentes. Para casos em que melodramas televisivos veiculam representações oficiais da nação, ver L. ABU-LUGHOD, "On Screening Politics in a World of Nations", *Public Culture*, 1993, n. 5, e P. MANKEKAR, "Televisions Tales and a Woman's Rage", *Public Culture*, 1993, n. 5, entre outros. Para autores que debatem o caráter globalizante homogeneizador ou não dos programas televisivos ver I. WALLERSTEIN, "Culture as the Ideological Battleground of the Modern World System" e "Culture is the World System", *Theory, Culture and Society*, 1990, v. 7, n. 2-3; C. SCHNEIDER e B. WALLIS, "Introduction", em C. SCHNEIDER e B. WALLIS (eds.), *Global Television*; H. I. SCHILLER, *Culture Inc.*, e J. D. STRAUBHAAR, "Brazil", em L. S. Gross (ed.), *The International World of Electronic Media*, entre outros.

4. A televisão pode ser pensada como veículo que constantemente reatualiza o significado das distinções sociais construídas através do consumo diferenciado. A TV coloca repertórios exclusivos a determinados grupos à disposição de um público genérico. Dada a perda de sua especificidade, os grupos originais modificam as marcas manifestas em seus hábitos de consumo. Sobre repertórios compartilhados ver N. G. CANCLINI, *Consumidores e cidadãos*.

5. J. MEYROWITZ, *No Sense of Place*, sugere o deslocamento de repertó-

rios de esferas restritas a homens ou mulheres, jovens ou adultos, como uma característica importante da televisão. N. G. CANCLINI, *Consumidores e cidadãos*, afirma que os meios de comunicação podem se sobrepor às instituições políticas estatais no fornecimento de informação sobre direitos de cidadania.

6. *Telenovela* é o termo técnico que a bibliografia especializada utiliza para tratar do que é popularmente conhecido como "novela". Emprego aqui o termo técnico nessa primeira referência e toda vez que o uso do termo se fizer necessário para evidenciar a distinção em relação a radionovelas ou novelas literárias. Nas demais ocasiões adoto o uso corriqueiro do termo.

7. A literatura sobre melodrama televisivo é vasta. Para o trabalho que inspira muito dessa bibliografia ver P. BROOKS, e de inspiração feminista, para abordagens diferentes, ver L. MULVEY, "Melodrama in and out of the Home", em C. MACCABE (ed.), *High Theory/Low Culture*, e L. JOYRICH, "All that television allows", em L. SPIGEL e D. MANN (eds.), *Private Screenings*. Para um apanhado introdutório sobre o espectro amplo coberto pelo modo melodramático ver C. GLEDHILL, "The Melodramatic Field", em C. GLEDHILL (ed.), *Home Is Where the Heart Is*. Para uma contribuição recente sobre melodrama na televisão brasileira ver I. XAVIER, "From the Religious Moral Sense to the Post-Freudian Common Sense".

8. Há poucos trabalhos acadêmicos sobre a flutuação do perfil da audiência de novelas ao longo do tempo. Os raros estudos disponíveis baseiam-se nos dados do IBOPE, restritos às principais praças comerciais do país. De acordo com R. ORTIZ, *A moderna tradição brasileira*, que por sua vez cita depoimento da diretora do Departamento de Pesquisa da Rede Globo, a partir de *Irmãos Coragem* (1970), a composição por sexo da audiência da novela ficou em 40% de homens e 60% de mulheres.

9. T. AIDAR, "Análise quantitativa dos índices e do perfil de audiência de telenovela por segmento da população".

10. *Folha de S.Paulo*, *TV Folha*, 11/3/97, p. 10.

11. Para um perfil biográfico de Chateaubriand e detalhes sobre a inauguração do canal ver F. MORAIS, *Chatô*. Para mais informações sobre a Tupi ver I. F. SIMÕES, "TV à Chateaubriand", em M. R. KEHL, A. H. da COSTA e I. F. SIMÕES (eds.), *Um país no ar*.

12. Os estudos sobre a televisão brasileira adotam periodizações diferentes, mas de modo geral é possível afirmar que eles apontam para uma longa fase inicial "experimental" ou "elitista", seguida por uma fase de "racionalização" ou "populista" (R. ORTIZ, *A moderna tradição brasileira*; S. MATTOS (org.), *Um perfil da TV brasileira*). Enquanto a Tupi dominou a primeira fase, que se estende até o final da década de 1960, a Globo dominou a segunda. Para Mattos a fase populista teria sido sucedida por uma fase de avanço tecnológico (1975-85) e uma fase de transição e internacionalização. Para os fins deste capítulo as três últimas fases serão consideradas como uma só, um período de grandes transformações sociais, de regime militar, de domínio da Rede Globo

e das novelas que representaram a emergência do "país do futuro". Esse período (1970-90) se contrapõe ao anterior (1950-69), de regime democrático, televisão incipiente e novelas "fantasiosas". Contrapõe-se também ao período de diversificação que se inicia em 1990, quando há diversificação institucional, segmentação do mercado, multiplicação das opções de novelas disponíveis nos diversos canais, queda de audiência das novelas da Rede Globo e representação das consequências não antecipadas da modernização. De modo geral, os estudos brasileiros e estrangeiros procuram identificar o conteúdo ideológico da programação exibida. Enquanto os estudos brasileiros demonstram as conexões entre emissoras de televisão, o conteúdo de sua programação e o regime político e social vigente, salientando os compromissos da televisão com uma determinada situação de dominação social, a literatura estrangeira se dedicou a discutir as especificidades de uma indústria local de televisão que se diferencia de outras por sua capacidade de incorporar a cultura popular, de contribuir para a emancipação das classes populares, produzir alternativas aos programas importados dos países centrais. Há também o trabalho de Amelia Simpson, que focaliza o fenômeno Xuxa da perspectiva da sexualidade e da política.

13. T. VARIS, "Trends in International Television Flow", em C. SCHNEIDER e B. WALLIS (eds.), *Global Television*, p. 96. R. ORTIZ, *A moderna tradição brasileira*, afirma que a audiência da televisão brasileira é a oitava do mundo.

14. S. MICELLI, "O dia seguinte", em *Rede imaginária*.

15. Para um apanhado recente dessa relação ver J. D. STRAUBHAAR, "Brazil", em L. S. GROSS (ed.), *The International World of Electronic Media*.

16. O dado referente a 1983 é de R. ORTIZ, *A moderna tradição brasileira*, e o referente a 1991 é de J. D. STRAUBHAAR, "Brazil", em L. S. GROSS (ed.), *The International World of Electronic Media*. A. MATTELART, M. MATTELART e X. DELCOURT, *International Images Markets*, também notam que apenas dois entre os dez programas de maior audiência no Brasil eram importados.

17. I. ANG, *Watching Dallas*.

18. B. H. BAGDIKIAN, "Cornering Hearts and Minds", *The Nation*, 1989, v. 248, n. 23.

19. A estimativa refere-se ao número de domicílios com TV divulgado pelo censo de 1991 (IBGE), multiplicado pelo número médio de quatro habitantes por domicílio. Em 1991, também de acordo com o censo, a porcentagem de domicílios servidos por energia elétrica é de 86%.

20. Para uma análise detalhada e comprovada da lógica de expansão dos sinais de televisão nas regiões Sudeste e Nordeste do país ver J. E. POTTER et al., "The Spread of Television and Fertility Decline in Brazil".

21. Para uma análise das políticas públicas referentes à televisão, bem como das relações entre a Rede Globo e o regime, ver M. R. KEHL, "Eu vi um Brasil na TV", em M. R. KELL, A. H. da COSTA e I. F. SIMÕES (eds.), *Um país no ar*, H. GUIMARÃES, "Literatura em televisão", e S. MATTOS, *Um perfil da TV brasileira*, entre outros.

22. Sobre a diversidade dos arranjos familiares ver E. BERQUÓ neste volume. Sobre o aumento vertiginoso da participação da mulher na força de trabalho durante esse período ver C. BRUSCHINI, "Maternidade e trabalho no Brasil". Sobre as modificações das condições de trabalho no campo ver SORJ, "Reforma agrária em tempos de democracia e globalização", *Novos Estudos Cebrap*, 1998, n. 50. Ver também V. E. FARIA, "Políticas de governo e regulação da fecundidade", *Ciências Sociais Hoje*, n. 5, e V. E. FARIA e J. E. POTTER, "Television, Telenovelas and Fertility Change in Northeast Brazil" para uma sistematização desses processos de mudança.

23. Para uma discussão das relações entre consumidores e cidadãos ver N. G. CANCLINI, *Consumidores e cidadãos*. Fátima Jordão expôs a ideia de que o consumidor se formou antes do cidadão em debate na Reunião Anual da Associação Nacional de Pós-Graduação em Ciências Sociais, realizada em Caxambu, em 1995.

24. Arquivos do IBOPE, Cesop, Unicamp.

25. Sobre as radionovelas ver o capítulo de N. SEVCENKO no terceiro volume desta coleção, *República: Da Belle Époque à era do rádio*. O autor chama atenção para a ligação virtual propiciada pelo rádio, uma ligação semelhante à sensação de conexão com o mundo transmitida pela televisão, décadas mais tarde.

26. Sobre os programas mais prestigiosos nas décadas de 1950 e 1960 ver depoimentos de Walter Durst e Álvaro Moya no Museu da Imagem e do Som, em São Paulo.

27. Para fichas técnicas das novelas brasileiras ver I. FERNANDES, *Memória da telenovela brasileira*.

28. Ver R. ORTIZ, *A moderna tradição brasileira*; R. ORTIZ, S. BORELLI e J. M. RAMOS, *Telenovela, história e produção*; M. R. KEHL, "Eu vi um Brasil na TV", em M. R. KEHL, A. H. da COSTA e I. F. SIMÕES (eds.), *Um país no ar*; N. VINK, *The Telenovela and Emancipation*; M. MATTELART e A. MATTELART, *The Carnival of Images*, e W. ROWE e V. SCHELLING, *Memory and Modernity*.

29. Para um paralelo entre o folhetim francês do século XIX e a telenovela no que se refere ao comentário de assuntos contemporâneos, ao *fait divers* e à interação com o público, ver M. MEYER, *Folhetim, uma história*.

30. A. XEXEU, *Janete Clair*, cita declarações de Janete Clair nesse sentido. Depoimento de Walter Durst se refere à resistência de Magadan a histórias que se passassem no Brasil.

31. W. CLARK e G. PRIOLLI, *O campeão de audiência*.

32. Ver J. M. de MELO, *As telenovelas da Globo*; A. FADUL, E. MCANANY e O. T. MORALES, "As temáticas sociodemográficas nas telenovelas brasileiras (1980-1995)"; J. D. STRAUBHAAR, "Brazil", em L. S. GROSS (ed.), *The International World of Electronic Media*. R. ORTIZ, *A moderna tradição brasileira*, e R. ORTIZ et al., *Telenovela, história e produção*.

33. Vários autores chamam a atenção para a importância econômica dessa indústria fonográfica que mereceu a criação de uma empresa especializada, a

Som Livre: J. M. de MELO, *As telenovelas da Globo*; A. FADUL, E. MCANANY e O. T. MORALES, "As temáticas sociodemográficas nas telenovelas brasileiras (1980-1995)", e I. FERNANDES, *Memória da telenovela brasileira*.

34. Para um estudo sugestivo das maneiras como a televisão norte-americana nos seus primórdios realizava essa vocação de transmitir uma sensação de estar "conectado" com o mundo, ver L. SPIGEL, *Making Room for TV*. M. MEYER, *Folhetim, uma história*, sugere que, como o folhetim, a novela supõe certa interatividade com o público, ambos sugerem essa sensação de conexão ou de "janela para o mundo". Ainda sobre esse parentesco entre telenovelas e folhetim ver R. ORTIZ, *A moderna tradição brasileira*.

35. Ver, por exemplo, M. MATTELART e A. MATTELART, *The Carnival of Images*, W. ROWE e V. SCHELLING, *Memory and Modernity*, e N. VINK, *The Telenovela and Emancipation*.

36. É interessante observar que, embora a telenovela renda mais, de acordo com J. M. de MELO, *As telenovelas da Globo*, o setor de telejornalismo continua a absorver mais recursos das emissoras. Essa desproporção só reforça o meu ponto de vista sobre o caráter não planejado e/ou propositado da expansão do escopo das novelas.

37. Para um estudo específico das maneiras como *Vale Tudo* expressou o sentimento de frustração com a Nova República, ver E. HAMBURGER, "*Vale Tudo* e as consequências não antecipadas da modernização", *Imagens*, 1998.

38. I. FERNANDES, *Memória da telenovela brasileira*, p. 11; S. M. P. de Barros MICELLI, "Imitação da vida", p. 84.

39. Para análises diversas do conteúdo ideológico dessas representações ver J. J. SARQUES, *A ideologia sexual dos Gigantes*, S. NOVINSKY, "Imitação da vida", O. F. LEAL, *A leitura social da novela das oito*, e N. VINK, *The Telenovela and Emancipation*.

40. Sobre *Os Gigantes* ver J. J. SARQUES, *A ideologia sexual dos Gigantes*. A autora relata a trajetória do conflito do consagrado escritor Lauro César Muniz com a direção da emissora, que levou à substituição dele. Para Sarques, o afastamento de Lauro César, aliado ao final moralista da novela, demonstraria o "conservadorismo" recorrente nas novelas e que se sobreporia "à aparente revisão de valores" (p. 97). De acordo com a autora, que entrevistou mulheres empregadas domésticas e patroas de Brasília, o público saudou o final conservador. *Os Gigantes* constitui também um exemplo paradigmático das maneiras como as novelas desse período lograram abordar problemas da esfera pública valendo-se do enfoque personalizado da vida amorosa dos personagens. A história pessoal de Paloma, primeiro dividida entre sua vida independente, no exterior e longe da família, e suas obrigações de filha e irmã, depois dividida entre dois amores, inicialmente fascinados pela irreverência da ex-namoradinha de infância, agora de volta, interrompendo carreira bem-sucedida em uma profissão paradigmática do mundo moderno, acontece sobre o pano de fundo da disputa entre fazendeiros da região e uma companhia

multinacional de leite que pretendia engolir suas fazendas. Fiel a seus ideais de esquerda nacionalista, Lauro César Muniz procurou integrar o romance a uma visão crítica da realidade brasileira.

41. *Sol de Verão* se caracterizou também por altas doses de sensualidade associada ao verão carioca e a novidades como a discussão sobre a conveniência ou não de se perder a virgindade antes do casamento. Para uma análise da recepção dessa novela ver O. F. LEAL, *A leitura social da novela das oito*.

42. As considerações contidas nesta seçao derivam do material colhido na pesquisa "O impacto social da televisão" realizada pelo Cebrap em colaboração com o Population Research Center, da Universidade do Texas, Austin, e com o Cedeplar, da Universidade Federal de Minas Gerais, assim como de outros estudos de recepção, entre eles O. F. LEAL, *A leitura social da novela das oito*, e R. M. PRADO, "Mulher de novela e mulher de verdade".

43. A partir de meados da década de 1980, diante da insatisfação com os trabalhos que se limitavam a interpretar o conteúdo ideológico de programas televisivos, ou priorizavam a análise da estrutura político-institucional da indústria cultural, o foco dos estudos recaiu sobre a recepção. A motivação desses trabalhos inovadores foi revelar que os telespectadores são intérpretes ativos daquilo a que assistem, atribuindo significados diferentes aos mesmos textos de acordo com as especificidades de sua situação demográfica, seu país de moradia, sua classe social, geração e gênero. No Brasil, desde o início da década de 1970, os estudos sobre novelas procuram incorporar as interpretações do público. Aqui, os trabalhos sobre a recepção procuraram discutir as diferenças de interpretação entre segmentos determinados de um público nacional: classe social e situação geográfica foram as variáveis privilegiadas. Para os principais estudos estrangeiros de recepção ver T. LIEBES e E. KATZ, *The Export of Meaning*; T. MODLESKI (ed.) *Studies in Entertainment*; D. MORLEY, *Family Television*; I. ANG, *Watching Dallas*; J. LULL, *Inside Family Viewing*, entre outros. Para a discussão metodológica suscitada por esse enfoque ver V. NIGHTINGALE, "What Is Ethnography about Ethnographic Audience Research?", *Australian Journal of Communications*, 1989, v. 16, pp. 50-63; J. RADAWAY, "Reception Study", *Cultural Studies*, 1988, v. 2, n. 3; D. SPITULNIK, "Anthropology and Mass Media", *Annual Review of Anthropology*, 1998, n. 22, pp. 293-315. Para uma revisão crítica da literatura sobre recepção na América Latina, ver E. MCANANY e A. LAPASTINA, "Telenovela Audiences". Para os principais trabalhos brasileiros ver S. NOVINSKY, "Imitação da vida"; J. J. SARQUES, *A ideologia sexual dos Gigantes*; O. F. LEAL, *A leitura social da novela das oito*; R. M. PRADO, *Mulher de novela, mulher de verdade*; C. E. L. SILVA, *Muito além do Jardim Botânico*, entre outros. Este capítulo parte das considerações levantadas por essa bibliografia para sugerir que, dado o caráter protointerativo das novelas, as maneiras como o público se apropria desses programas e os interpreta em seu cotidiano podem ser mais bem compreendidas se a recepção for abordada como parte de uma dinâmica que ao longo dos anos consolidou

convenções formais de narrativa que são de amplo domínio do público. Este capítulo sugere também que as diferenças de leitura e interpretação de textos de novelas nas diferentes classes sociais e regiões do país são possíveis porque todos veem a novela. É essa característica de repertório compartilhado por amplos segmentos da sociedade brasileira que está em questão aqui.

44. Pesquisa realizada pelo Centro Brasileiro de Análise e Planejamento — CEBRAP, Universidade do Texas, Núcleo de Estudos Populacionais da Universidade de Campinas e Cedeplar da Universidade Federal de Minas Gerais.

45. M. MATTELART e A. MATTELART, *The Carnival of Images.*

46. Sobre a proliferação dos chamados *reality shows*, programas que de alguma forma se baseiam na revelação pública de histórias privadas de indivíduos que se dispõem à ampla exposição, ver P. CHAMBAT e A. ERHENBERG, "Les *Reality Shows*, Nouvel Age Televisuel?", *Esprit*, 1/1/93.

47. Sobre a disposição de manipular a própria produção de imagens entre os índios ver T. TURNER, "Defiant images", *Anthropology Today*, 1992, v. 8, n. 6.

8. A POLÍTICA BRASILEIRA EM BUSCA DA MODERNIDADE: NA FRONTEIRA ENTRE O PÚBLICO E O PRIVADO [pp. 399-451]

1. R. BARBOSA, *A questão social e política no Brasil*, pp. 8-9.

2. Usarei os conceitos de campo político e intelectual segundo as formulações de P. BOURDIEU.

3. R. BARBOSA, *A questão social e política no Brasil*, p. 9.

4. T. de ATHAYDE, "Política e letras", em V. L. CARDOSO, *À margem da história da República*, pp. 47-79.

5. Id., ibid., pp. 51 e ss.

6. Id., ibid., pp. 58-9; as citações que se seguem encontram-se nessas páginas.

7. A chaleira de água quente, que alimenta a bomba de chimarrão, representa a roda de bajuladores que cerca Pinheiro Machado por toda a parte. "Ser um chaleira" e "chaleirar alguém" torna-se gíria que ultrapassa esse momento.

8. O exemplo dado é a atuação de Rui Barbosa como ministro da Fazenda, promovendo incentivos e proteção tarifária à indústria e ao comércio nacionais. Pode-se pensá-lo como o primeiro de uma sucessão de ministros liberais, que praticam políticas opostas às suas convicções por pragmatismo político. Entre eles estaria, por exemplo, Souza Costa, o ministro de Vargas durante o Estado Novo.

9. Não usarei citações para tal exemplificação, uma vez que a literatura é copiosíssima, e o número de comentaristas cresce a partir dos anos 1970. O texto fará escolhas pontuais e, como sempre, arbitrárias, mas justificadas por seus objetivos.

10. Essa circulação entre o trabalho intelectual de interpretação da realidade e sua apropriação e integração pela própria sociedade pode ser traduzida pela ideia de dupla hermenêutica do sociólogo A. GIDDENS. O conceito de apropriação utilizado é do historiador R. CHARTIER.

11. Preferi empregar o conceito imaginário, e não cultura(s) política(s), justamente por sua maior heterogeneidade e fluidez de conteúdos, além de sua maior imprecisão no que se refere a grupos sociais. Sobre ele ver B. BAZCKO, "Imaginação social", *Enciclopedia Einaudi*. J. M. CARVALHO, em *A formação das almas*, também trabalhou com esse conceito.

12. É interessante ressaltar como o período entre guerras assinala a emergência de um conjunto variado, consistente e alternativo de propostas às ideias e experimentos de liberal-democracia. Autoritarismo e totalitarismo estão presentes no fascismo, no nazismo e em corporativismos de diversos tipos. No Brasil, o diálogo estabelecido pelos pensadores autoritários, muitos diretamente vinculados ao Estado Novo, será privilegiado neste texto. Contudo, aqui também houve outras propostas, como o integralismo da Ação Integralista Brasileira (AIB) e o comunismo, já presente no Partido Comunista Brasileiro (PCB), nos anos 1920, e na Aliança Nacional Libertadora (ANL), nos anos 1930.

13. Dois bons exemplos de interlocutores que dele discordam são Sérgio Buarque de Holanda e Gilberto Freyre. Ambos, em seus respectivos textos do período, *Raízes do Brasil* e *Casa-grande & senzala*, citam-no e a ele se contrapõem.

14. O. VIANA, *Populações meridionais do Brasil*. O sucesso do livro diminuirá no correr dos anos 1930, quando mais questionado, sobretudo em sua visão da questão racial. Mas o autor não perde prestígio e não deixa de marcar o campo intelectual.

15. Id., ibid., v. 1, p. 48.

16. É claro que se pode argumentar, hoje, com sólidas evidências históricas, que a República Velha tinha, na época, tantos problemas de governabilidade e de incorporação de atores quanto as democracias europeias consideradas clássicas. Mas o que importa assinalar é que, nos anos 1910, 1920 e 1930, elas foram vistas, primeiro, como modelos a serem seguidos, ainda que não copiados, e depois, embora não de forma generalizada, como experiências a serem abandonadas.

17. G. VARGAS, "A solidariedade dos rio-grandenses e a libertação do Rio Grande", *A nova política do Brasil*, v. V, p. 134.

18. As reflexões que se seguem foram bem mais desenvolvidas em meu livro *A invenção do trabalhismo*, caps. V, VI e VII.

19. Diversas citações foram retiradas de artigos da revista *Cultura Política*, publicada de março de 1941 até 1945 pelo Departamento de Imprensa e Propaganda (DIP), na qual escreviam muitos intelectuais do período. No caso, o artigo é de P. A. FIGUEIREDO, um dos colaboradores mais assíduos: "O Estado Nacional como expressão das necessidades brasileiras", *Cultura Política*, Rio de Janeiro, jan. 1942, n. 11, pp. 33-50.

20. A. AMARAL, "Realismo político e democracia", *Cultura Política*, Rio de Janeiro, mar. 1941, n. 1, p. 170.

21. A unidade sindical e a cobrança do imposto complementavam-se com o poder normativo da Justiça do Trabalho, desenhando um modelo de relações entre capital e trabalho que, em vários aspectos, existe até hoje. É fundamental lembrar também que toda essa engenharia só se aplicava ao mundo urbano-industrial, não atingindo os trabalhadores rurais. Em agosto de 1998 houve uma série de projetos governamentais que envolvem mudanças na CLT e na Justiça do Trabalho, projetos que atingiram a unicidade, a cobrança compulsória da contribuição sindical e o poder normativo.

22. A noção de corporativismo bifronte é de G. O'DONNELL. Estou compartilhando uma posição teórica, presente na literatura nacional e internacional, que situa o corporativismo como uma forma de representação de interesses em que o Estado tem papel fundamental, havendo sempre assimetria e caráter bifronte nos arranjos institucionalizados. Tais arranjos podem envolver não só classes sociais como igualmente os chamados *policy takers* ("receptores de políticas públicas", na linguagem de C. OFFE), sendo sempre fundamental observar o tipo de regime político em que ocorrem e o grau de liberdade/competitividade entre os interesses organizados.

23. De F. CAMPOS trabalharei especialmente com *O Estado Nacional*; de A. AMARAL, além dos artigos de *Cultura Política*, com o livro *Getúlio Vargas*.

24. F. CAMPOS, *O Estado Nacional*, p. 8.

25. Id., ibid., pp. 15-6.

26. Estou me utilizando fartamente, para tais considerações, dos artigos de *Cultura Política* e de uma série de discursos pronunciados pelo ministro do Trabalho, Indústria e Comércio, Alexandre Marcondes Filho, no programa radiofônico *A Hora do Brasil*, entre 1942 e 1945. Ver, especialmente, o capítulo VI de meu *A invenção do trabalhismo*.

27. Venho trabalhando, livremente, com esses conceitos da antropologia de M. MAUSS, presentes sobretudo no "Ensaio sobre a dádiva", *Sociologia e antropologia*.

28. Agradeço a Iara Lins de CARVALHO ter me cedido seu texto, "A adesão das Câmaras e a figura do imperador", com base no qual pude tecer tais considerações.

29. M. H. CAPELATO, em recente trabalho sobre a propaganda política nos governos Vargas e Perón, mostra o amplo uso da imagem do coração na Argentina, muito ligado a Eva Perón.

30. E. B. A. CABRAL, *O queremismo e a redemocratização de 1945*, apud J. FERREIRA, *Quando os trabalhadores querem*.

31. Não quero dizer, de forma alguma, que tal "ausência" se devesse aos critérios de exclusão eleitoral vigentes (por idade, sexo e escolaridade), já que estes eram compartilhados internacionalmente. As democracias europeias clássicas eram, na época, também regimes em que havia limites à participação

pelo voto, à competição política, e em que tinham curso fraudes eleitorais e corrupção de políticos. A República Velha não foi especialmente mais instável e ineficiente que outras experiências institucionais suas contemporâneas. O lugar histórico, contudo, que lhe foi atribuído por inúmeros intelectuais críticos ou céticos em relação ao liberalismo no Brasil, e a visão idealizada do paradigma anglo-saxão conferiram e, em boa parte, ainda conferem a ela uma incômoda posição de fracasso político.

32. Estou seguindo as considerações e debates de vários cientistas políticos, entre os quais ressalto G. O'DONNELL, F. WEFFORT, B. LAMOUNIER e W. G. SANTOS.

33. A. AMARAL, *Getúlio Vargas.*

34. A. de Castro GOMES, "A ética católica e o espírito do pré-capitalismo", *Ciência Hoje*, Rio de Janeiro, 1989, v. 9, n. 52, p. 28.

35. Esse "conteúdo humano" da sociedade brasileira aparece expresso por vários conceitos em vários autores. Eles guardam especificidades, mas há uma equivalência estrutural que permite aproximá-los. Os destaques, no caso, são a "cordialidade" de Sérgio Buarque de Holanda e a "mentalidade pré-capitalista" de Oliveira Viana.

36. A noção antropológica de "intimidade hierárquica" pode ser útil para se pensar o aspecto que está sendo destacado.

37. O melhor texto de referência é R. FAORO, *Os donos do poder.* O mesmo autor, em artigo de 1993, "A aventura liberal numa ordem patrimonialista", *Revista da USP*, São Paulo, mar./maio 1993, n. 17, observa que o introdutor da ideia (não do conceito) de "patrimonialismo" teria sido Caio Prado Jr. No seu célebre livro de 1948, *Formação do Brasil contemporâneo*, a Colônia seria entendida como um "negócio do Rei", e o marxismo, hereticamente, seria o solo de uma explicação que privilegia o Estado perante as classes sociais.

38. Muitas das considerações que se seguem beneficiam-se de reflexões realizadas em dois textos de minha autoria: "Política: história, ciência, cultura etc.", *Estudos Históricos*, Rio de Janeiro, 1996, v. 9, n. 17, e "O populismo e as ciências sociais no Brasil", *Tempo: Revista do Departamento de História da UFF*, Rio de Janeiro, 1996, v. 1, n. 2.

39. Dois autores são clássicos para a questão do mandonismo-coronelismo-clientelismo: V. N. LEAL e M. I. P. de QUEIROZ. J. M. de CARVALHO tem sido dos melhores estudiosos e comentaristas desses conceitos. Quanto ao corporativismo, muitos são os trabalhos importantes, bem como quanto ao "populismo". Mas, neste último caso, o destaque maior será dado às formulações de F. WEFFORT.

40. O conceito de poliarquia de R. DAHL traduz esse achado. Ele está em *A Preface to Democratic Theory*, de 1957. No Brasil, tal conceito passa a circular de forma mais ampla e compartilhada nos anos 1980, frequentando a literatura das ciências sociais.

41. Os trabalhos de E. REIS, entre outros, são exemplos dessa prática, a

qual defende que a perspectiva da escolha racional não perde seu poder explicativo quando considera o universo valorativo dos atores analisados. Ela tem usado, de forma profícua, o conceito de cultura política, e trabalha com elites e com o cidadão comum.

9. CAPITALISMO TARDIO E SOCIABILIDADE MODERNA [pp. 452-533]

1. Para as linhas gerais de interpretação da industrialização brasileira, cf. J. M. C. de MELLO, *O capitalismo tardio*; M. da Conceição TAVARES, "Acumulação de capital e industrialização do Brasil", e W. CANO, *Raízes da concentração industrial em São Paulo.*

2. Os dados demográficos utilizados no trabalho foram retirados dos censos do IBGE de 1950, 1960, 1970 e 1980.

3. A. CANDIDO, *Os parceiros do Rio Bonito*, pp. 230 e ss. Para o Nordeste, ver M. C. de ANDRADE, *A terra e o homem no Nordeste.*

4. Cf., neste volume, o capítulo de autoria de José de Souza MARTINS.

5. Para as estimativas de migração rural-urbana, ver T. W. MERRICK, "A população brasileira a partir de 1945", em E. BACHA e H. S. KLEIN (orgs.), *A transição incompleta.*

6. Para o imigrante estrangeiro, ver, por exemplo, o capítulo de autoria de Boris FAUSTO neste volume; para o negro e seus descendentes, F. FERNANDES, *A integração do negro na sociedade de classes*; para o migrante rural, E. DURHAN, *A caminho da cidade.*

7. F. FERNANDES, *A integração do negro na sociedade de classes*, v. II, p. 160. Ver também, neste volume, o capítulo de autoria de Lilia Moritz SCHWARCZ.

8. Cf. B. HUTCHINSON et al., *Mobilidade e trabalho.*

9. Cf. R. GATTÁS, *A indústria automobilística e a segunda revolução industrial no Brasil*, pp. 324 e ss.

10. F. H. CARDOSO, *Empresário industrial e desenvolvimento econômico no Brasil.*

11. S. DRAIBE, *Rumos e metamorfoses*, p. 62.

12. Para as estatísticas educacionais utilizadas no decorrer deste trabalho, ver os dados primários do MEC-SEDIAE-SEEC, retrabalhados pelo Núcleo de Estudos de Políticas Públicas (NEPP) da Unicamp, 1997.

13. Cf. F. H. CARDOSO, *Empresário industrial e desenvolvimento econômico no Brasil*, p. 108.

14. Cf. J. B. LOPES, "Origem social e escolha ocupacional de ginasianos", em B. HUTCHINSON et al., *Mobilidade e trabalho*, pp. 75-99.

15. Cf. L. M. RODRIGUES, *Industrialização e atitudes operárias.*

16. Para os depoimentos de operários cf. L. PEREIRA, *Trabalho e desenvolvimento no Brasil.*

17. Ver, neste volume, o capítulo de autoria de Angela de Castro GOMES.

18. G. FREYRE, *Sobrados e mucambos*, v. II, p. 246.

19. Id., ibid., v. I, p. XLVII.

20. Cf. R. BASTIDE, *As religiões africanas no Brasil*, v. I, p. 100. Ao acentuarmos o caráter essencialmente utilitário das religiões no Brasil, não desconhecemos outras dimensões significativas desse campo entre nós (por exemplo, as práticas rituais, as manifestações culturais ligadas à religiosidade etc.). Salientamos, na realidade, o que é decisivo para se compreender por que, no Brasil, não se configurou ou apenas chegou a se configurar de maneira extremamente precária uma autêntica cultura moderna. Ver, neste volume, o capítulo de autoria de Maria Lucia MONTES.

21. Cf. C. PRADO JR., *Formação do Brasil contemporâneo*.

22. Cf. G. FREYRE, *Ordem e progresso*, v. II, p. 574.

23. Para o que se segue, ver C. BAZZANESI, "Mulheres dos anos dourados", em M. DEL PRIORE (org.), *História das mulheres no Brasil*, pp. 607 e ss.

24. Para o movimento geral da economia brasileira entre 1964 e 1980, ver J. SERRA, "Ciclos e mudanças estruturais na economia brasileira do pós-guerra", em L. G. BELLUZZO e R. COUTINHO (orgs.), *Desenvolvimento capitalista no Brasil*, pp. 56 e ss.

25. A fonte dos dados são os Boletins Estatísticos do INPS, dos anos 1960-80.

26. Cf. Relatórios de Atividades do INAMPS.

27. Para estes dados, ver Censo de 1980, IBGE.

28. Para as estatísticas de aparelhos de TV em uso no Brasil, entre 1951 e 1979, ver os dados estimados pela Abinee, Associação Brasileira da Indústria Eletroeletrônica.

29. Para os dados de distribuição de renda, ver J. SERRA, "Ciclos e mudanças estruturais na economia brasileira do pós-guerra", em L. G. BELLUZZO e R. COUTINHO (orgs.), *Desenvolvimento capitalista no Brasil*.

30. C. FURTADO tem chamado a atenção para esta problemática desde *Um projeto para o Brasil*, até os seus mais recentes trabalhos.

31. No mesmo sentido, cf. W. N. GALVÃO, "As falas, os silêncios", em *Desconversa*.

32. Cf., neste volume, o capítulo de autoria de Maria Hermínia Tavares de ALMEIDA e Luiz WEIS.

33. Cf. M. A. do Nascimento ARRUDA, *A embalagem do sistema*.

34. Cf., neste volume, o capítulo de autoria de Esther HAMBURGER.

35. Cf. C. BOLAÑO, *Mercado brasileiro de televisão*.

36. Cf. M. A. do Nascimento ARRUDA, *A embalagem do sistema*.

37. Dados extraídos da revista *Meio e Mensagem*, nov. 1984, n. 25, informe espec.

38. S. B. de HOLANDA, *Visão do Paraíso*, p. 323.

39. Cf. J. M. C. de MELLO, "As consequências do neoliberalismo", *Economia e Sociedade*, Campinas, Instituto de Economia da Unicamp, n. 1.

40. Cf. M. da Conceição TAVARES, "Natureza e contradições do desenvolvimento financeiro recente", em *Da substituição de importações ao capitalismo financeiro*, pp. 209 e ss.

41. Cf. L. Aureliano, "Nuevas relaciones centro-periferia, consecuencias sociales y políticas", em J. CHONCHOL (org.), *La invención y la herencia*; também M. da Conceição TAVARES e J. L. FIORI (orgs.), *Poder e dinheiro*.

42. Cf. C. LESSA, "A estratégia de desenvolvimento 1974-1976".

43. Ver de L. G. BELLUZZO especialmente *Ajustamento e crise monetária nos anos 80*.

44. Cf. C. E. MARTINS, *Capitalismo e modelo político no Brasil*.

45. Cf., neste volume, o capítulo de autoria de Alba ZALUAR.

46. Cf., neste volume, o capítulo de autoria de Elza BERQUÓ.

47. Cf. pesquisa realizada por V. ALDRIGHI, da Clínica de Comunicação e Marketing, durante o ano de 1995. "Constou de uma fase qualitativa, com dez discussões em grupo, e de uma etapa quantitativa, com 880 entrevistas. Foram ouvidos homens e mulheres de 20 a 49 anos, heterossexuais, casados, separados e solteiros, das classes A e B, moradores de São Paulo, Rio de Janeiro, Belo Horizonte, Porto Alegre e Recife." Publicada na revista *Cláudia*, maio 1996, pp. 237 e ss.

48. Cf. estudo sobre a criança e a família conduzido por H. QUADRADO para a McCann-Erickson do Brasil, em 1995, pp. 8-9.

49. Cf. J. F. COSTA, "Narcisismo em tempos sombrios", em H. FERNANDES (org.), *Tempo do desejo*.

50. T. W. ADORNO, *Minima moralia*, p. 7.

10. A VIDA PRIVADA NAS ÁREAS DE EXPANSÃO DA SOCIEDADE BRASILEIRA [pp. 534-82]

1. Cf. V. VALADÃO, "Os índios ilhados do igarapé Omerê", em C. A. RICARDO (ed.), *Povos indígenas do Brasil, 1991/1995*, pp. 545-53.

2. Cf. D. T. GALLOIS, "Migração, guerra e comércio" e "Mairi revisitada".

3. Cf. B. GIACCARIA e A. HEIDE, *Xavante*.

4. Cf. H. BALDUS, *Tapirapé*.

5. Cf. *Actas da Camara da Villa de São Paulo*, v. I, p. 374.

6. À medida que as palavras saem de seu contexto ou que palavras novas e raras chegam ao sertão, pronúncias são inventadas para inserir o novo no velho. A palavra *usucapião*, que passou a ser muito usada no final da ditadura militar, nos anos 1980, é invariavelmente pronunciada "usocampeão", assimilada a outra palavra nova de vago sentido nesses rincões, a palavra *campeão* e, curiosamente, não a palavra *uso*, que indicaria um direito fundado na posse e no uso. Durante o governo sandinista na Nicarágua, a palavra *sandinista*, que não tem sentido em língua nenhuma, era em vários lugares da Amazônia

pronunciada "sanguinista", o que acarretava juízos negativos e temores aos sandinistas, na suposição de que na raiz estivesse a palavra *sangue*.

7. Aproximadamente com o mesmo sentido, porém na perspectiva inversa de quem tem poder, a expressão "tomar homenagem" aparece três vezes e "dar homenagem" aparece uma vez em frei Vicente do SALVADOR, *História do Brasil (1500-1627)*, pp. 241, 271, 280 e 353. Num documento de 1655, d. João IV, rei de Portugal, estendeu aos oficiais da Câmara da Cidade de Belém, da capitania do Grão-Pará, os mesmos privilégios concedidos em 1490 aos cidadãos da cidade do Porto, pelos quais os fidalgos do reino "não possam ser presos por nenhuns crimes, somente sob suas homenagens [...]". Cf. A. R. FERREIRA, *Viagem filosófica ao rio Negro*, p. 335. No mesmo sentido que encontrei na Amazônia, uma pesquisadora observou no interior de Minas Gerais o uso da expressão "pedir homenagem" aproximadamente no sentido de implorar caridade. Cf. M. M. MOURA, *Os deserdados da terra*, p. 75.

8. Cf. frei Vicente do SALVADOR, *História do Brasil (1500-1627)*, p. 59.

9. Cf. P. T. de Almeida P. LEME, *Nobiliarquia paulistana histórica e genealógica*, t. I, p. 222; R. C. LIMA, *Pequena história territorial do Brasil*; P. C. MAIA, "Sesmarias", *Revista do Arquivo Municipal*, e V. RAU, *Sesmarias medievais portuguesas*.

10. Cf. J. de Souza MARTINS, *O cativeiro da terra*, pp. 23-4.

11. Cf. P. T. de Almeida P. LEME, *Nobiliarquia paulistana histórica e genealógica*, t. II, pp. 73, 217, e M. E. de Azevedo MARQUES, *Apontamentos históricos, geográficos, biográficos, estatísticos e noticiosos da província de São Paulo*, t. II, p. 225.

12. Cf. P. T. de Almeida P. LEME, *Nobiliarquia paulistana histórica e genealógica*, t. III, pp. 68-9.

13. Sobre grupos que, nas décadas recentes, se deslocaram do Espírito Santo e da Bahia para o Tocantins, um dos quais constituído por cerca de duzentas pessoas, cf. J. HÉBETTE et al. "Área de fronteira em conflito", pp. 25-8.

14. Sobre esses grupos, cf. M. A. da Costa VIEIRA, *Caçando o destino*; cf., também, da mesma autora, "Maria da praia", e, de A. CANUTO, "Maria da praia".

15. Cf. M. M. MOURA, *Os deserdados da terra*, especialmente p. 68.

16. Na pesquisa que fiz na frente de expansão, registrei, entre 1968 e 1987, 92 ataques de brancos a populações indígenas, organizados por grandes fazendeiros, e 165 ataques de diferentes grupos indígenas às grandes fazendas. Cf. J. de Souza MARTINS, *Fronteira*, p. 29.

17. Cf. M. M. MOURA, *Os deserdados da terra*, passim.

18. Cf. J. de Souza MARTINS, *Fronteira*, especialmente cap. 2: "A reprodução do capital na frente pioneira e o renascimento da escravidão", pp. 79-112.

19. Ianni observou que, no Sul do Pará, a partir de 1910, com a crise do extrativismo, antigos seringueiros refluíram para uma agricultura de roça e de subsistência. Cf. O. IANNI, *A luta pela terra*, especialmente pp. 61-4.

20. Cf. E. P. THOMPSON, "The Moral Economy of the English Crowd in the Eighteenth Century", *Past and Present*, n. 50, pp. 76-136, e *The Making of*

the English Working Class, p. 261; e T. H. MARSHALL, *Cidadania, classe social e status*, especialmente pp. 57-114.

21. Cf. J. G. GARCIA, *O caminho de Trombas*; M. CARVALHO, "A guerra camponesa de Trombas de Formoso", *Movimento*, São Paulo, 21/8/78, n. 164; J. AMADO, "Movimentos sociais no campo", e M. E. F. CARNEIRO, "A revolta camponesa de Formoso e Trombas".

22. Cf. J. W. FOWERAKER, "Political Conflict on the Frontier" e *A luta pela terra*; M. C. COLNAGHI, "Colonos e poder", e I. Z. GOMES, *1957*.

23. Cf. P. ARIÈS, "Por uma história da vida privada", em P. ARIÈS e R. CHARTIER (orgs.), *História da vida privada*, v. 3, pp. 7-19.

24. Cf. J. B. TREASTER, "The Bishop", *Geo*, Nova York, set. 1979, v. 1, pp. 98-120.

25. A fronteira tem sido referência de literatura e até de literatura de referência de autores que nela viveram ou vivem e que retiram diretamente do vivido os materiais de seus escritos, inclusive no período atual, como é o caso de d. Pedro Casaldáliga, poeta e memorialista. Alguns textos dele têm importância documental como registros de grande sensibilidade sobre a história contemporânea do país vista e vivida desde a fronteira e desde o limite da civilização e da modernidade. A importância documental de sua obra está sobretudo no fato de que é um registro feito valendo-se de referências não cotidianas, como a poesia e a teologia, e, ao mesmo tempo, é um modo de repensar a teologia e a poesia baseando-se nas tensões, contradições e conflitos da fronteira, no limite do humano. Cf. d. Pedro CASALDÁLIGA, *Antologia retirante*, *Todavia estas palabras*, *Yo creo en la justicia y en la esperanza*, *En rebelde fidelidad* e *La morte che da senso al mio credo.*

26. Cf. M. I. P. de QUEIROZ, *La "guerre sainte" au Brésil*; Boletim n. 187; M. V. de QUEIROZ, *Messianismo e conflito social*; D. T. MONTEIRO, *Os errantes do novo século*, e O. R. CABRAL, *A campanha do Contestado.*

27. Cf. C. CASTALDI, "A aparição do demônio no Catulé", em M. I. P. de QUEIROZ et al., *Estudos de sociologia e história.*

28. L. da Câmara CASCUDO, *Dicionário do folclore brasileiro*, p. 893.

29. Id., ibid., p. 199.

30. Cf. J. de Souza MARTINS, "A morte e o morto: tempo e espaço nos ritos fúnebres da roça", em J. de Souza MARTINS (org.), *A morte e os mortos na sociedade brasileira*, pp. 258-69. Numa sociedade, como a calabresa, diferente da nossa mas com muitos traços culturais comuns com a nossa, Satriani e Meligrana registram a mesma concepção da posição do corpo. Cf. L. M. L. SATRIANI e M. MELIGRANA, *Il Ponte di San Giacomo*, p. 14.

31. Mesmo em sociedades culturalmente muito diferentes da nossa, essa característica se repete. Cf. D. SUDNOW, *La organización social de la muerte*, especialmente p. 184.

32. Cf. J. LISANSKY, *Migrants to Amazonia*, passim, e R. C. M. R. LUNA, "A terra era liberta", passim.

33. A luta pela terra na fronteira tem, com alguma frequência, abrangido a luta pelo povoado, muito provavelmente porque a terra de roça é entendida como extensão da moradia e vice-versa. Percebendo isso, empresas e latifundiários no último meio século procuraram destruir, pela força, essas formas incipientes de vida coletiva e urbana. São vários os episódios desse tipo. O mais conhecido é o do ataque dos jagunços e do gerente da Fazenda Codeara ao povoado de Santa Terezinha, no Mato Grosso, em 1973, para o qual a empresa tinha um plano urbano totalmente diverso do povoamento espontâneo e do espaço construído e habitado, dos próprios posseiros. Houve enfrentamento armado, e os posseiros e moradores conseguiram fazer valer seus direitos.

BIBLIOGRAFIA

1. IMIGRAÇÃO: CORTES E CONTINUIDADES

ALMEIDA, Guilherme de. *Cosmópolis*. São Paulo: Nacional, 1962.

ARIÈS, Philippe. *História social da criança e da família*. Rio de Janeiro: Zahar, 1978.

BOSI, Ecléa. *Memória e sociedade: Lembrança de velhos*. 3. ed. São Paulo: Companhia das Letras, 1994.

BRUNO, Ernani da Silva. *História e tradições da cidade de São Paulo*. Rio de Janeiro: José Olympio, 1954. v. I: Arraial de Sertanistas (1554-1828).

CAMPOS, Haroldo de. *Morfologia do Macunaíma*. São Paulo: Perspectiva, 1971.

CARDOSO, Ruth. *O papel das associações juvenis na aculturação dos japoneses*. São Paulo: Centro Regional de Pesquisas Educacionais de São Paulo; Seção de Publicações, 1959. (Série Monografias, n. 1).

CASTALDI, Carlo. "O ajustamento do imigrante à comunidade paulistana: Estudo de um grupo de imigrantes italianos e de seus descendentes". In: HUTCHINSON, Bertram et al. *Mobilidade e trabalho*. Rio de Janeiro: Inep, 1960.

DE LUCA, Tania Regina. "Imigración, mutualismo e identidade: São Paulo (1890-1935)". In: FAUSTO, Boris; GRÜN, Roberto (Orgs.). *Estudios Migratorios Latinoamericanos*, ano 10, n. 29, abr. 1995.

DEAN, Warren. *A industrialização de São Paulo*. São Paulo: Difel, 1971.

DELUMEAU, Jean. *La Peur en Occident: XIVᵉ-XVIIIᵉ siècles*. Paris: Fayard, 1978.

ELLIS JR., Alfredo. *Populações paulistas*. São Paulo: Nacional, 1934.

ENCYCLOPAEDIA judaica. Jerusalém: Keter Publishing House, [s.d.]. v. 5.

FAUSTO, Boris. *Trabalho urbano e conflito social (1890-1920)*. São Paulo: Difel, 1977.

——. *Crime e quotidiano: A criminalidade em São Paulo, 1880-1924*. São Paulo: Brasiliense, 1984.

——. *Negócios e ócios*. São Paulo: Companhia das Letras, 1997.

FERRAZ, Janete Leão. "Era uma vez na mansão". *Veja São Paulo*, São Paulo: Abril, 9 jul. 1997.

HANDA, Tomoo. *Memórias de um imigrante japonês no Brasil*. São Paulo: T. A. Queiroz, 1980.

HOLLOWAY, Thomas H. *Imigrantes para o café: Café e sociedade em São Paulo, 1886-1934*. Rio de Janeiro; São Paulo: Paz e Terra, 1984.

HOMEM, Maria Cecília Naclério. *O prédio Martinelli: A ascensão do imigrante e a verticalização de São Paulo*. São Paulo: Projeto, 1984.

____. *O palacete paulistano e outras formas de morar da elite cafeeira (1867-1918)*. São Paulo: Martins Fontes, 1996.

LEITE, Miriam Moreira. *Retratos de família*. São Paulo: Edusp, 1993.

LEMOS, Carlos A. "O morar em São Paulo no tempo dos italianos". In: DE BONI, Luis A. (Org.). *A presença italiana no Brasil*. Porto Alegre: Fondazione Giovanni Agnelli; Escola Superior de Teologia, 1990. v. II.

MORSE, Richard. *Formação histórica de São Paulo*. São Paulo: Difel, 1970.

PERROT, Michelle. "Maneiras de morar". In: ARIÈS, Philippe; DUBY, Georges (Coords.); PERROT, Michelle (Org.). *História da vida privada*. São Paulo: Companhia das Letras, 1987. v. 4: Da Revolução Francesa à Primeira Guerra.

SAKURAI, Célia. *Romanceiro da imigração japonesa*. São Paulo: Idesp; Sumaré, 1993.

SALEM, Helena. *Leon Hirszman: O navegador das estrelas*. Rio de Janeiro: Rocco, 1997.

TRENTO, Angelo. *Do outro lado do Atlântico: Um século de imigração italiana no Brasil*. São Paulo: Nobel, 1988.

TRUZZI, Oswaldo. *Patrícios: Sírios e libaneses em São Paulo*. São Paulo: Hucitec, 1997.

VAINFAS, Ronaldo. "Moralidades brasílicas". In: NOVAIS, Fernando A. (Coord.); MELLO E SOUZA, Laura de (Orgs.). *História da vida privada no Brasil*. São Paulo: Companhia das Letras, 1997. v. 1: Cotidiano e vida privada na América portuguesa.

2. AS FIGURAS DO SAGRADO: ENTRE O PÚBLICO E O PRIVADO

ALVES, Márcio Moreira. *A Igreja e a política no Brasil*. São Paulo: Brasiliense, 1979.

ALVITO, Marcos. *As cores de Acari*. São Paulo: FFLCH-USP, 1997. Tese (Doutorado em Antropologia Social). Mimeografado.

____. "Um bicho de sete cabeças". In: ZALUAR, Alba (Org.). *Um século de favela*. Rio de Janeiro: FGV, 1998.

AMADO, Jorge. *Capitães de areia*. Rio de Janeiro: Record, 1986.

____. *Jubiabá*. Rio de Janeiro: Record, 1987.

AMARAL, Rita de Cássia. *Povo de santo, povo de festa: O estilo de vida dos adeptos do candomblé paulista*. São Paulo: FFLCH-USP, 1992. Dissertação (Mestrado em Ciência Social).

____. *Festa à brasileira: Significados do festejar no país que "não é sério"*. São Paulo: FFLCH-USP, 1998. Tese (Doutorado em Antropologia Social).

ANDRADE, Mário de. *Macunaíma, o herói sem nenhum caráter.* São Paulo: Martins, 1980.

ANDRADE, Mário de. *A arte religiosa no Brasil.* São Paulo: Experimento, 1993.

ARAÚJO, Emanoel (Org.). *O universo mágico do barroco brasileiro.* São Paulo: Fiesp; Sesi, 1998.

ARAÚJO, Emanoel; MOURA, Carlos Eugênio Marcondes de (Orgs.). *Arte e religiosidade no Brasil: Heranças africanas.* São Paulo: Secretaria Estadual de Cultura; Pinacoteca do Estado, 1997.

AUGRAS, Monique. *O duplo e a metamorfose: A identidade mítica em comunidades nagôs.* Petrópolis: Vozes, 1983.

ÁVILA, Affonso. *Resíduos seiscentistas em Minas: Textos do Século de Ouro e as projeções do mundo barroco.* Belo Horizonte: Centro de Estudos Mineiros; UFMG, 1967.

____. *O lúdico e as projeções do mundo barroco.* São Paulo: Perspectiva, 1980.

AZZI, Riolando. *A neocristandade: Um projeto restaurador.* São Paulo: Paulus, 1994.

BALANDIER, Georges. *Modernidad y poder: El desvío antropológico.* Madri: Edgar Júcar, 1988.

BASTIDE, Roger. *O candomblé da Bahia.* São Paulo: Nacional, 1978.

____. *Estudos afro-brasileiros.* São Paulo: Perspectiva, 1983.

____. *As religiões africanas no Brasil.* São Paulo: Pioneira, 1985.

BENCI, Jorge. *Economia cristã dos senhores no governo dos escravos* (1700). Porto: Apostolado da Imprensa, 1954.

BENEDETTI, Luiz Roberto. *Igreja católica e sociedade nos anos 90.* São Paulo, [s.d.]. Mimeografado.

BIRMAN, Patrícia. "Identidade social e homossexualismo no candomblé". *Religião e Sociedade,* Rio de Janeiro: Iser; CER, n. 12, pp. 2-21, 1985.

BOFF, Leonardo. "Eclesiogênese: As Comunidades Eclesiais de Base reinventam a Igreja". *Sedoc,* Petrópolis, out. 1976.

BOURDIEU, Pierre. *A economia das trocas simbólicas.* São Paulo: Perspectiva, 1974.

____. *O poder simbólico.* Lisboa: Difel; Rio de Janeiro: Bertrand Brasil, 1989.

BRAGA, Júlio. *O jogo de búzios.* São Paulo: Brasiliense, 1988.

BRANDÃO, Carlos Rodrigues. *A festa do santo de preto.* Goiânia: Funarte; UFGO, 1985.

____. *Os deuses do povo: Um estudo sobre a religião popular.* São Paulo: Brasiliense, 1986.

BURCKHARDT, Jacob. *A cultura do Renascimento na Itália.* São Paulo: Companhia das Letras, 1991.

CAMARGO, Cândido Procópio Ferreira de. *Kardecismo e umbanda.* São Paulo: Nova Fronteira, 1961.

____. (Org.). *Católicos, protestantes, espíritas.* Petrópolis: Vozes, 1973.

CANDIDO, Antonio. *Os parceiros do Rio Bonito.* Rio de Janeiro: José Olympio, 1964.

CARNEIRO, Edison. *Candomblés da Bahia*. Rio de Janeiro: Civilização Brasileira, 1978.

____. *Religiões negras, negros bantos*. Rio de Janeiro: Civilização Brasileira, 1981.

CASCUDO, Luís da Câmara. *Dicionário do folclore brasileiro*. Rio de Janeiro: Inep; MEC, 1962.

CASTRO, Eduardo Viveiros de. "O mármore e a murta: Sobre a inconstância da alma selvagem". *Revista de Antropologia*, São Paulo, 1992, v. 35.

CASTRO, Márcia de Moura. *Ex-votos mineiros: As tábuas votivas do ciclo do ouro*. Rio de Janeiro: Expressão e Cultura, 1994. In: ARAÚJO, Emanoel (Org.). *O universo mágico do barroco brasileiro*. São Paulo: Fiesp; Sesi, 1998.

CLASTRES, Pierre. *A sociedade contra o Estado*. Rio de Janeiro: Francisco Alves, 1982.

CONCONE, Maria Helena Vilas Boas. *Umbanda, uma religião brasileira*. São Paulo: USP; CER, 1987.

CORREA, Norton F. *O batuque no Rio Grande do Sul: Antropologia de uma religião afro-rio-grandense*. Porto Alegre: UFRS, 1992.

DARNTON, Robert. *O grande massacre de gatos e outros episódios da Revolução Francesa*. Rio de Janeiro: Graal, 1986.

DEL PRIORE, Mary Lucy. *Festa e utopia no Brasil colonial*. São Paulo: Brasiliense, 1994.

DELLA CAVA, Ralph. "Igreja e Estado no Brasil do século XX: Sete monografias recentes sobre o catolicismo brasileiro". *Estudos-Cebrap*, São Paulo, n. 12, pp. 5-52, 1975.

DELLA CAVA, Ralph; MONTERO, Paula. *E o Verbo se fez imagem*. Petrópolis: Vozes, 1989.

DUSSEL, Enrique. "Sistema-mundo, dominação e exclusão: Apontamentos sobre a história do fenômeno religioso no processo de globalização da América Latina". In: HOORNAERT, Eduardo (Org.). *História da Igreja na América Latina e no Caribe, 1945-1995: O debate metodológico*. Petrópolis: Vozes, 1995.

EWBANK, Thomas. *A vida no Brasil ou Diário de uma visita ao país do cacau e das palmeiras*. São Paulo: Edusp; Belo Horizonte: Itatiaia, 1976.

FERNANDES, Gonçalves. *Xangôs do Nordeste*. Rio de Janeiro: Civilização Brasileira, 1937.

FERNANDES, Rubem César. *Os cavaleiros do Bom Jesus: Uma introdução às religiões populares*. São Paulo: Brasiliense, 1982.

FERREIRA, Oliveiros. *Os 45 cavaleiros húngaros*. São Paulo: Hucitec, 1986.

FERRETTI, Sérgio F. "Voduns da Casa das Minas". In: MOURA, Carlos Eugênio Marcondes de (Org.). *Meu sinal está em teu corpo*. São Paulo: Edicon; Edusp, 1988.

FRESTON, Paul. *Fé bíblica e crise brasileira*. São Paulo: ABU, 1992.

____. *Protestantes e política no Brasil: Da Constituinte ao impeachment*. Campinas: Unicamp, 1993. Tese (Doutorado em Ciências Sociais).

FREYRE, Gilberto. *Casa-grande & senzala*. Rio de Janeiro: Maia & Schmidt, 1933.

____. *O mundo que o português criou*. Rio de Janeiro: José Olympio, 1940.

GEERTZ, Clifford. *A interpretação das culturas*. Rio de Janeiro: Zahar, 1978.

GOULART, Sandra Lúcia. *As raízes culturais do Santo Daime*. São Paulo: FFLCH-USP, 1996. Dissertação (Mestrado em Antropologia Social).

GUERRA, Flávio. *Velhas igrejas e subúrbios históricos*. Recife: Prefeitura Municipal, 1970.

HARNER, Michael. *O caminho do xamã*. São Paulo: Cultrix, 1989.

HOORNAERT, Eduardo. *Formação do catolicismo brasileiro*. Petrópolis: Vozes, 1974.

____. (Org.). *História da Igreja na América Latina e no Caribe, 1945-1995: O debate metodológico*. Petrópolis: Vozes, 1995.

HOORNAERT, Eduardo et al. (Orgs.). *História geral da Igreja na América Latina*. Petrópolis: Vozes, 1977. t. II: História da Igreja no Brasil: Primeira época.

KADT, Emmanuel de. *Catholic Radicals in Brazil*. Londres: Oxford University, 1970.

KANAGHAN, Dorothy; KANAGHAN, Kevin. *Católicos pentecostais*. Pindamonhangaba: O. S. Boyer, 1972.

KANTOR, Iris. *Pacto festivo em Minas Gerais: A entrada triunfal do primeiro bispo na Sé de Mariana*. São Paulo: FFLCH-USP, 1996. Dissertação (Mestrado em História Social).

KANTOROWICZ, Ernest H. *Os Dois Corpos do Rei: Um estudo sobre teologia política medieval*. São Paulo: Companhia das Letras, 1998.

KOSTER, Henry. *Viagens ao Nordeste do Brasil*. Rio de Janeiro: Nacional, 1942 [1816].

LANDIM, Leilah (Org.). *Sinais dos tempos: Igrejas e seitas no Brasil*. Rio de Janeiro: Iser, 1989. (Cadernos do Iser, n. 21).

LANGE, Francisco Curt. *História da música nas irmandades de Vila Rica*. Belo Horizonte: Arquivo Público Mineiro, 1979. v. I: Freguesia de Nossa Senhora do Pilar de Ouro Preto.

LIMA, Vivaldo da Costa. *A família de santo dos candomblés jeje-nagôs da Bahia: Um estudo de relações intergrupais*. Salvador: UFBA, 1977. Dissertação (Mestrado em Ciências Sociais).

LOPES, Ana Cristina. "Histórias da diáspora tibetana". *Revista USP: Dossiê Magia*, São Paulo, n. 28, nov. 1996.

LUSTOSA, frei Oscar de Figueiredo. *Presença da Igreja no Brasil*. São Paulo: Giro, 1977.

MACEDO, Carmen Cinira. *Tempo de Gênesis*. São Paulo: Brasiliense, 1986.

MACHADO, Lourival Gomes. *O barroco mineiro*. São Paulo: Perspectiva, 1991.

MACHADO, Simão Ferreira. *Triunfo eucharistico exemplar da christandade lusitana em publica exultaçaõ da fé na solemne trasladaçaõ do Divinissimo Sacramento da Igreja de Nossa Senhora do Rosario, para um novo Templo da Senhora do Pilar em Villa Rica, corte da capitania das Minas. Aos 24 de mayo de 1733. Dedicado á Soberana Senhora do Rosario pelos irmaõs pretos de sua irmandade e a instancia dos mesmos exposto á publica noticia por Simam Ferreira Machado, natural de Lisboa e morador das Minas*. In: ÁVILA, Affonso. *Resíduos seiscentistas em Minas: Textos do Século de Ouro e as projeções do mundo barroco*. Ed. fac-sim. Belo Horizonte: Centro de Estudos Mineiros; UFMG, 1967.

MAFFESOLI, Michel. *O tempo das tribos*. Rio de Janeiro: Forense Universitária, 1987.

MAGGIE, Yvonne. *Medo do feitiço: Relações entre magia e poder no Brasil*. Rio de Janeiro: Arquivo Nacional, 1992.

MAGNANI, José Guilherme. "O neoesoterismo contemporâneo". *Revista USP: Dossiê Magia*, São Paulo, n. 28, nov. 1996.

MAGNANI, José Guilherme; TORRES, Lilian de Lucca (Orgs.). *Na metrópole*. São Paulo: Edusp, 1997.

MAINWARING, Scott. *Igreja católica e política no Brasil: 1916-1985*. São Paulo: Brasiliense, 1985.

MARIANO, Ricardo. "Neopentecostalismo: Os pentecostais estão mudando". São Paulo: FFLCH-USP, 1995. Dissertação (Mestrado em Sociologia).

MARIANO, Ricardo; PIERUCCI, A. F. "O envolvimento dos pentecostais na eleição de Collor". *Novos Estudos Cebrap*, São Paulo, n. 34, pp. 92-106, 1992.

MCPHERSON. *A teoria política do individualismo possessivo*. Rio de Janeiro: Paz e Terra, 1979.

MELLO E SOUZA, Laura de. *O Diabo e a Terra de Santa Cruz*. São Paulo: Companhia das Letras, 1995.

MEYER, Marlyse. "Tem mouro na costa, ou, Carlos Magno Reis de Congo". In: I e II Simpósios de Literatura Comparada, 1987. *Anais*... Belo Horizonte: UFMG, 1987.

____. *Caminhos do imaginário no Brasil*. São Paulo: Edusp, 1993.

MEYER, Marlyse; MONTES, Maria Lucia. *Redescobrindo o Brasil: A festa na política*. São Paulo: T. A. Queiroz, 1985.

MONTERO, Paula. *Da doença à desordem: A magia na umbanda*. Rio de Janeiro: Graal, 1985.

____. "Magia, racionalidade e sujeitos políticos". *Revista Brasileira de Ciências Sociais*, São Paulo, ano 9, n. 26, out. 1994.

MONTES, Maria Lucia. "1789: O ideal republicano e o imaginário das Luzes". In: ____. *Imaginário e política no Brasil*. Belo Horizonte: Fundação João Pinheiro, 1993.

____. "Cosmologias e altares". In: ARAÚJO, Emanoel; MOURA, Carlos Eugênio Marcondes de (Orgs.). *Arte e religiosidade no Brasil: Heranças africanas*. São Paulo: Secretaria Estadual de Cultura; Pinacoteca do Estado, 1997.

____. "O erudito e o que é popular: Estética negra e espetáculo de massa no desfile das escolas de samba". *Revista USP: Dossiê Sociedade de Massa e Identidade*, São Paulo, n. 32, dez.-fev. 1996-7.

MONTES, Maria Lucia. "Entre a vida comum e a arte: A festa barroca". In: ARAÚJO, Emanoel (Org.). *O universo mágico do barroco brasileiro*. São Paulo: Fiesp; Sesi, 1998.

MORAIS FILHO, Melo. *Festas e tradições populares do Brasil*. Belo Horizonte: Itatiaia; São Paulo: Edusp, 1979.

MOTT, Luiz. "Cotidiano e vivência religiosa: Entre a capela e o calundu". In: NOVAIS, Fernando A. (Dir.); SOUZA, Laura de Mello e (Org.). *História da vida privada no Brasil*. São Paulo: Companhia das Letras, 1997. v. 1: Cotidiano e vida privada na América portuguesa.

MOURA, Carlos Eugênio Marcondes de (Org.). *Olóòrisà: Escritos sobre a religião dos orixás*. São Paulo: Ágora, 1981.

____. (Org.). *Meu sinal está em teu corpo*. São Paulo: Edicon; Edusp, 1989.

MOURA, Glória. *Ritmo e ancestralidade na força dos tambores negros: A pedagogia da festa nos quilombos contemporâneos*. São Paulo: FE-USP, 1997. Tese (Doutorado em Educação).

MOURA, Margarida Maria. "A morte de um rei do Rosário". In: MARTINS, José de Souza (Org.). *A morte e os mortos na sociedade brasileira*. São Paulo: Hucitec, 1983.

MOURA, Roberto. *Tia Ciata e a pequena África no Rio de Janeiro*. Rio de Janeiro: Funarte; INM, 1983.

NEGRÃO, Lísias Nogueira. "A umbanda como expressão de religiosidade popular". *Religião e Sociedade*, Rio de Janeiro, n. 4, pp. 171-80, 1979.

____. *Entre a cruz e a encruzilhada*. São Paulo: Edusp, 1996.

ORTIZ, Renato. *A morte branca do feiticeiro negro*. Petrópolis: Vozes, 1978.

OZOUF, Mona. *La Fête révolutionnaire*. Paris: Gallimard, 1989.

PIERUCCI, Antônio Flávio. "O povo visto do altar: Democracia ou demofilia". *Novos Estudos Cebrap*, São Paulo, 1986, n. 16, p. 79.

____. "Representantes de Deus em Brasília: A bancada evangélica na Constituinte". *Anpocs: Ciências Sociais Hoje*, São Paulo: Vértice; Anpocs, 1989.

PRANDI, Reginaldo. *Os candomblés de São Paulo*. São Paulo: Hucitec, Edusp, 1991.

____. "Perto da magia, longe da política: Derivação do encantamento no mundo desencantado". *Novos Estudos Cebrap*, São Paulo, n. 34, pp. 81-91, nov. 1992.

____. *Um sopro do Espírito*. São Paulo: Edusp; Fapesp, 1997.

QUERINO, Manuel. *Costumes africanos no Brasil*. Rio de Janeiro: Civilização Brasileira, 1938.

RAMOS, Arthur. *O negro brasileiro*. São Paulo: Nacional, 1938.

REILY, Suzel Ana. *Renuimo's fulião: Um estudo etnomusicológico sobre as companhias de Reis na grande cidade*. São Paulo: FFLCH-USP, 1990. Tese (Doutorado em Antropologia Social).

RIBEIRO, Pedro; MONTES, Maria Lucia. *Maracatu*. Recife: Secretaria Estadual de Cultura, 1998.

RIBEIRO, René. *Religião e relações raciais*. Rio de Janeiro: MEC, 1956.

RIBEYROLLES, Charles. *Brazil pitoresco*. Rio de Janeiro: Typ. Nacional, 1859.

RICHARD, Pablo. *Morte das cristandades e nascimento da Igreja*. São Paulo: Paulinas, 1982.

RIO, João do. *As religiões no Rio*. Rio de Janeiro: Organizações Simões, 1951.

RODRIGUES, Raimundo Nina. *O animismo fetichista dos negros bahianos*. Rio de Janeiro: Civilização Brasileira, 1935.

____. *Os africanos no Brasil*. São Paulo: Nacional, 1977.

SAHLINS, Marshall. "Cosmologias do capitalismo". *Religião e Sociedade*, v. 16, 10 dez. 1992.

SANCHIS, Pierre. "O campo religioso será ainda hoje o campo das religiões?". In: HOORNAERT, Eduardo (Org.). *História da Igreja na América Latina e no Caribe, 1945-1995: O debate metodológico*. Petrópolis: Vozes, 1995.

SANTOS, Deoscóredes Maximiliano dos (Mestre Didi). *História de um terreiro nagô*. Belo Horizonte: Itatiaia; São Paulo: Edusp, 1988.

SANTOS, Jocélio Teles dos. *O dono da terra: O caboclo nos candomblés da Bahia*. Salvador: Sarahletras, 1995.

____. *Nação corretamente política?* São Paulo: FFLCH-USP, 1998. Tese (Doutorado em Antropologia Social). Mimeografado.

SCARANO, Julita. *Devoção e escravidão*. São Paulo: Nacional, 1975.

SCHWARCZ, Lilia Moritz. *O espetáculo das raças: Cientistas, instituições e questão racial no Brasil*. São Paulo: Companhia das Letras, 1993.

____. *As barbas do Imperador: Reflexões sobre a construção da figura pública do monarca tropical d. Pedro II*. São Paulo: FFLCH-USP, 1998. Tese (Livre-Docência em Antropologia).

SEVCENKO, Nicolau. "A magia do barroco". In: ARAÚJO, Emanoel (Org.). *O universo mágico do barroco brasileiro*. São Paulo: Fiesp; Sesi, 1998.

SIEPIERSKI, Carlos Tadeu. *Os evangélicos e a política*. São Paulo: FFLCH-USP, 1997. Tese (Doutorado em Antropologia Social). Mimeografado.

SIEPIERSKI, Paulo. "(Re)(des)cobrindo o fenômeno religioso na América Latina". In: HOORNAERT, Eduardo (Org.). *História da Igreja na América Latina e no Caribe, 1945-1995: O debate metodológico*. Petrópolis: Vozes, 1995.

SILVA, José Bonifácio de Andrada e. *Projetos para o Brasil*. São Paulo: Companhia das Letras, 1998. (Coleção Retratos do Brasil).

SILVA, Vagner Gonçalves da. *Candomblé e umbanda: Caminhos da devoção brasileira*. São Paulo: Ática, 1994.

____. *Orixás na metrópole*. Petrópolis: Vozes, 1995.

SOUZA, Luiz Alberto Gómez de. "O novo e a novidade no 'mundo das crenças'". In: LANDIM, Leilah (Org.). *Sinais dos tempos: Igrejas e seitas no Brasil*. Rio de Janeiro: Iser, 1989. (Cadernos do Iser, n. 21).

STOLL, David. *Latin America is Becoming Protestant*. Califórnia: University Press, 1990.

TAUSSIG, Michael. *Shamanism: A Study in Colonialism, and Terror and the Wild Man Healing*. Chicago: University of Chicago, 1987.

——. *The Nervous System*. Nova York: Rutledge, 1992.

THOMPSON, Robert Farris. *Flash of the Spirit: African Art and Religion in the Americas*. Nova York: Vintage, 1991.

TOLEDO, Luiz Henrique de. *Torcidas organizadas de futebol*. Campinas: Autores Associados; Anpocs, 1996.

TRINDADE, Liana Sálvia. *Exu, poder e perigo*. São Paulo: Ícone, 1985.

VELHO, Gilberto. *Individualismo e cultura*. Rio de Janeiro: Zahar, 1981.

VELHO, Yvone Maggie Alves. *Guerra de orixá*. Rio de Janeiro: Zahar, 1975.

VENTURA, Zuenir. *Cidade partida*. São Paulo: Companhia das Letras, 1994.

VERGER, Pierre. *Orixás: Deuses iorubás na África e no Novo Mundo*. Salvador: Corrupio; Círculo do Livro, 1985.

——. "Uma rainha africana mãe de santo em São Luís". *Revista USP*, São Paulo, n. 6, pp. 151-8, 1990.

VIEIRA, padre Antônio. *Sermão de santo Antônio pregado na cidade de São Luís do Maranhão no ano de 1654*. São Paulo: Melhoramentos, 1963.

WEBER, Max. *A ética protestante e o espírito do capitalismo*. São Paulo: Pioneira, 1967.

WILLEMS, Emilio. "Religious Mass Movements and Social Change in Brazil". In: BLAKANOFF, Eric. *New Perspectives of Brazil*. Nashville: Vanderbilt University, 1966.

ZALUAR, Alba. *A máquina e a revolta*. São Paulo: Brasiliense, 1986.

——. *Condomínio do diabo*. Rio de Janeiro: Revan; UFRJ, 1994.

3. NEM PRETO NEM BRANCO, MUITO PELO CONTRÁRIO: COR E RAÇA NA INTIMIDADE

ADORNO, Sergio. "Violência e racismo: Discriminação no acesso à justiça penal". In: SCHWARCZ, Lilia Moritz; QUEIROZ, Renato (Orgs.). *Raça e diversidade*. São Paulo: Edusp; Estação Ciência, 1996.

ALENCASTRO, Luiz Felipe de; RENAUX, Maria Luiza. "Caras e modos dos migrantes e imigrantes". In: NOVAIS, Fernando A. (Coord.); ALENCASTRO, Luiz Felipe de (Org.). *História da vida privada no Brasil*. São Paulo: Companhia das Letras, 1997. v. 2: Império: A corte e a modernidade nacional.

ANDERSON, B. *Imagined Communities*. Londres: New Left, 1983.

ANDRADE, Mário de. *Macunaíma, o herói sem nenhum caráter*. Brasília: CNPQ, 1988.

ANDREWS, George Reid. "Desigualdade racial no Brasil e nos Estados Unidos". *Revista Afro-Asiática*, n. 22, 1992.

APPIAH, Kwame Anthony. *Na casa de meu pai: A África na filosofia da cultura*. Rio de Janeiro: Contraponto, 1997.

ARAÚJO, Ricardo Benzaquen de. *Guerra e paz: Casa-grande & senzala e a obra de Gilberto Freyre nos anos 30*. Rio de Janeiro: Ed. 34, 1994.

ARRUDA, Maria Arminda. "A imagem do negro na obra de Florestan Fernandes". In: SCHWARCZ, Lilia Moritz; QUEIROZ, Renato (Orgs.). *Raça e diversidade*. São Paulo: Edusp; Estação Ciência, 1996.

____. "Dilemas do Brasil moderno: A questão racial na obra de Florestan Fernandes". In: MAIO, Marcos Chor; SANTOS, Ricardo V. (Orgs.). *Raça, ciência e sociedade*. Rio de Janeiro: Fiocruz; CCBB, 1996.

AZEVEDO, Thales de. *As elites de cor: Um estudo de ascensão social*. São Paulo: Nacional, 1955.

____. *Classes e grupos de prestígio: Cultura e situação racial no Brasil*. Rio de Janeiro: Civilização Brasileira, 1966.

BANDEIRA, Manuel. *Poesia completa e prosa*. Rio de Janeiro: Nova Aguilar, 1996.

BANTON, Michael. *The Idea of Race*. Boulder: Westview Press, 1977.

BARCELOS, Luiz Claudio. "Educação: Um quadro das desigualdades raciais". *Estudos Afro-Asiáticos*, Rio de Janeiro, n. 23, 1992.

BARTHES, Roland. *Mitologias*. 5. ed. São Paulo: Difel, 1982.

BASTIDE, Roger; FERNANDES, Florestan. *Relações raciais entre negros e brancos em São Paulo*. São Paulo: Unesco; Anhembi, 1955.

BATISTA, Marta Aimée R.; GALVÃO, Olívia Maria. "Desigualdades raciais no mercado de trabalho". *Estudos Afro-Asiáticos*, Rio de Janeiro, n. 23, 1992.

BERCOVICH, Alícia. "Fecundidade da mulher negra: Constatações e questões". *Textos Nepo*, Campinas: Nepo; Unicamp, n. 11, pp. 47-101, 1987.

BERQUÓ, Elza. "Nupcialidade da população negra". *Textos Nepo*, Campinas: Nepo; Unicamp, n. 11, 1987.

BHABHA, Homi. *Nation and Narration*. Londres: Routledge, [1990].

BOAS, Franz. *Anthropology and Modern Life*. Nova York: Dover, 1962.

BOSI, Alfredo. "Situação de Macunaíma". In: ANDRADE, Mário de. *Macunaíma, o herói sem nenhum caráter*. Brasília: CNPQ, 1988.

CANDIDO, Antonio. "Dialética da malandragem". In: ____. *O discurso e a cidade*. São Paulo: Duas Cidades, 1993.

CUNHA, Euclides da. *Os sertões*. São Paulo: Cultrix, 1973.

DAMATTA, Roberto. "Você sabe com quem está falando?". In: ____. *Carnavais, malandros e heróis*. 3. ed. Rio de Janeiro: Zahar, 1981.

ELEUTÉRIO, Maria de Lourdes. *Esfinges e heroínas: A condição da mulher letrada na transição do fim do século*. São Paulo: FFLCH-USP, 1997. Tese (Doutorado em Sociologia).

FERNANDES, Florestan. *A integração do negro na sociedade de classes*. São Paulo: Nacional, 1965. 2 v.

____. *O negro no mundo dos brancos*. São Paulo: Difel, 1972.

FREYRE, Gilberto. *Casa-grande & senzala*. Rio de Janeiro: Maia & Schmidt; José Olympio, 1933.

FRY, Peter. "Feijoada e soul food". In: ____. *Para inglês ver: Identidade e política na cultura brasileira*. Rio de Janeiro: Paz e Terra, 1982.

GOBINEAU, Arhur de. *Essai sur l'inégalité des races humaines*. Paris: Gallimard; Pléiade, 1983.

GUIMARÃES, Antonio Sérgio Alfredo. *Racismo e antirracismo no Brasil*. São Paulo, USP, 1997. Tese (Livre-Docência).

HALL, Stuart. "A questão da identidade cultural". *Textos Didáticos* n. 18, IFCH-Unicamp, 1995.

HARRIS, M. *Patterns of Race in the America*. Nova York: Walker and Company, 1964.

HASENBALG, Carlos A. *Discriminação e desigualdades raciais no Brasil*. Rio de Janeiro: Biblioteca de Ciências Sociais, 1979.

HOBSBAWN, Eric; RANGER, T. *A invenção das tradições*. São Paulo: Paz e Terra, 1987.

HOLANDA, Sérgio Buarque de. *Raízes do Brasil*. Rio de Janeiro: José Olympio, 1936.

KOSTER, Henry. *Viagem ao Nordeste do Brasil*. São Paulo. Nacional, 1942.

LACERDA, João Batista. *Sur les Métis au Brésil*. Paris: Devouge, 1911.

LE BON, Gustave. *Les Lois psychologiques de l'évolution des peuples*. Paris, 1902.

LEITE, Dante Moreira. *O caráter nacional brasileiro*. 4. ed. São Paulo: Pioneira, 1983.

MARTINS, José de Souza. *O poder do atraso: Ensaios de sociologia lenta*. São Paulo: Hucitec, 1994.

____. "Apontamentos sobre a vida cotidiana e história". *Anais do Museu Paulista*, v. 4, pp. 49-58, jan./dez. 1996.

MARTIUS, Carl F. von. "Como se deve escrever a história do Brasil". *Ciência Hoje*, São Paulo, n. 14, p. 77, 1991.

MARX, Anthony W. "A construção da raça e o Estado-Nação". *Estudos Afro-Asiáticos*, Rio de Janeiro, n. 29, 1996.

MOURA, Maria da Gloria da Veiga. *Ritmo e ancestralidade na força dos tambores negros: O currículo invisível da festa*. São Paulo: FE-USP, 1997. Tese (Doutorado em Educação).

NOGUEIRA, Oracy. *Tanto preto quanto branco: Estudos de relações raciais*. São Paulo: T. A. Queiroz, 1985.

PIERSON, Donald. *Brancos e pretos na Bahia: Estudo de contacto racial*. São Paulo: Nacional, 1971.

POSADA, J. E. M. "Cor segundo os censos demográficos". [S.l.], manuscrito, [s.d.].

RAMOS, Jair de Souza. "Dos males que vêm com o sangue". In: MAIO, Marcos Chor; SANTOS, Ricardo V. (Orgs.). *Raça, ciência e sociedade*. Rio de Janeiro: Fiocruz, 1995.

REIS, Letícia Vidor. "A aquarela do Brasil: A mestiçagem e a construção da capoeira". *Cadernos de Campo*, São Paulo, 1996.

REIS, Letícia Vidor. *O mundo de pernas para o ar: A capoeira no Brasil.* São Paulo: Fapesp; Publisher Brasil, 1997.
RIBEIRO, Darcy. *O povo brasileiro: A formação e o sentido do Brasil.* São Paulo: Companhia das Letras, 1995.
RODRIGUES, Nina. *As raças humanas e a responsabilidade penal no Brasil.* Bahia: Progresso, 1957.
ROMERO, Sílvio. *História da literatura brasileira.* 5. ed. Rio de Janeiro: Imprensa Nacional, 1953.
ROSENBERG, Fulvia. "Segregação espacial na escola paulista". *Estudos Afro-Asiáticos,* Rio de Janeiro, n. 19, 1990.
ROSENBERG, Fulvia; PINTO, R. P. "Saneamento básico e raça". In: XV Encontro Anual da Anpocs, out. 1991, Caxambu. *Anais...* Caxambu, 1991. Mimeografado.
SAHLINS, Marshall. *Ilhas de história.* Rio de Janeiro: Zahar, 1982.
SANSONE, Lívio. "Cor, classe e modernidade em duas áreas da Bahia (algumas primeiras impressões)". *Estudos Afro-Asiáticos,* Rio de Janeiro, n. 23, 1992.
____. "Pai preto, filho negro: Trabalho, cor e diferenças de geração". *Estudos Afro-Asiáticos,* Rio de Janeiro, n. 25, 1993.
____. "Nem somente preto ou negro: O sistema de classificação racial no Brasil que muda". *Afro-Ásia,* Rio de Janeiro, n. 18, 1996.
SCHWARCZ, Lilia Moritz. *O espetáculo das raças: Cientistas, instituições e questão racial no Brasil.* São Paulo: Companhia das Letras, 1993.
____. "Questão racial no Brasil". In: SCHWARCZ, Lilia Moritz; REIS, Letícia Vidor. *Negras imagens.* São Paulo: Edusp, 1996.
SCHWARTZMAN, Simon et al. *Tempos de Capanema.* Rio de Janeiro: Paz e Terra; São Paulo: Edusp, 1984.
SEVERIANO, Jairo; MELLO, Zuza Homem de. *A canção no tempo: 85 anos de música brasileira.* São Paulo: Ed. 34, 1997.
SKIDMORE, Thomas E. *Preto no branco: Raça e nacionalidade no pensamento brasileiro.* Rio de Janeiro: Paz e Terra, 1976.
SOUZA, Juliana Beatriz Almeida de. "Mãe negra de um povo mestiço". *Estudos Afro-Asiáticos,* Rio de Janeiro, n. 29, 1996.
SOWELL, Thomas. *Race and Culture.* Nova York: [s.n.], 1994.
TAINE, Hippolyte. *Histoire de la littérature anglaise.* Paris: [s.n.], 1923.
TAMBURO, Estela Maria Garcia. "Mortalidade infantil da população negra brasileira". *Textos Nepo,* Campinas: Nepo; Unicamp, n. 11, 1987.
THOMAZ, Omar Ribeiro. *Ecos do Atlântico Sul: Representações sobre o Império português.* São Paulo: FFLCH-USP, 1997. Tese (Doutorado em Antropologia Social).
TURRA, Cleusa; VENTURI, Gustavo (Orgs.). *Racismo cordial.* São Paulo: Ática, 1995.
TWINE, France Winddance. *Racism in a Racial Democracy: The Maintenance of White Supremacy in Brazil.* New Jersey: Rutgers University, 1997.

VALLE E SILVA, Nelson do. *Black-White Income Differentials: Brazil, 1960*. Michigan: Universidade de Michigan, 1992. Tese (Doutorado em Sociologia).

____. "Aspectos demográficos dos grupos raciais". *Estudos Afro-Asiáticos*, Rio de Janeiro, n. 23, 1992.

____. "Uma nota sobre raça social no Brasil". *Estudos Afro-Asiáticos*, Rio de Janeiro, n. 26, 1994.

VALLE E SILVA, Nelson do; BARCELOS, L. C. "Notas sobre miscigenação racial no Brasil". *Estudos Afro-Asiáticos*, Rio de Janeiro, n. 16, 1989.

VELOSO, Caetano. *Verdade tropical*. São Paulo: Companhia das Letras, 1997.

VIANA, Oliveira. *Populações meridionais do Brasil*. Rio de Janeiro: José Olympio, 1952.

VIANNA, Hermano. *O mistério do samba*. Rio de Janeiro: Zahar, 1995.

WOOD, Charles H. "Categorias censitárias e classificação subjetiva da população negra brasileira". In: LOVELL, P. (Ed.). *Desigualdades raciais no Brasil contemporâneo*. Belo Horizonte: Cedeplar; UFMG, 1991.

4. PARA NÃO DIZER QUE NÃO FALEI DE SAMBA: OS ENIGMAS DA VIOLÊNCIA NO BRASIL

ADORNO, Sergio. "Violência urbana, justiça criminal e organização social do crime". São Paulo: USP; Núcleo de Estudos da Violência, 1990. Mimeografado.

ADORNO, Theodor. *Negative Dialectics*. Nova York: The Seabury, 1973.

ALVITO, Marcos. "A honra de Acari". In: VELHO, G. *Cidadania e violência*. Rio de Janeiro: UFRJ, 1996.

ARLACHI, Pino. *Mafia Business: The Mafia Ethic and the Spirit of Capitalism*. Londres: [s.n.], 1986.

AZEVEDO, Aluísio. *Mattos, Malta ou Matta*. Rio de Janeiro: Nova Fronteira, 1985.

BAUMAN, K. E.; ENNET, S. T. "On the Importance of Peer Influence for Adolescent Drug Use". *Addiction*, Abingdon, v. 91, n. 2, 1996.

BEATO, Claudio et al. "Evolução temporal da criminalidade violenta em Minas Gerais (1985-1997)". In: XXII Reunião da Anpocs, 1997, Caxambu. *Anais*... São Paulo: Anpocs, 1998. Mimeografado.

BECK, Ulrich. *Risikogesellshaft*. Frankfurt am Main: Suhrkamp, 1986. Trad. ing. *Risk Society*. Londres: Sage, 1992.

BETTANCOURT, G.; GARCIA, M. *Contrabandistas, marimberos y mafiosos: Historia social de la Mafia colombiana*. Bogotá: TM, 1994.

BOILLEAU, Jean-Luc. *Conflit et Lien social: La Rivalité contre la domination*. Paris: La Découverte; MAUSS, 1995.

BRAGA, Sebastião. *O lendário Pixinguinha*. Rio de Janeiro: Muiraquitã, 1997.

CABRAL, Sérgio. *As escolas de samba do Rio de Janeiro*. Rio de Janeiro: Lumiar, 1996.

CAILLÉ, Alain. *Don, Intérêt et désintéressement: Bourdieu, Mauss, Platon et quelques autres*. Paris: La Découverte; MAUSS, 1994.

CALDEIRA, Teresa P. *City of Walls: Crime, Segregation and Citizenship in São Paulo*. Berkeley: University of California, 1992. Tese (Doutorado em Antropologia).

CALVI, Fabrizio. *La vita quotidiana della mafia dal 1950 a oggi*. 3. ed. Milão: Biblioteca Universale Rizzoli, 1993.

CASTEL, Robert. *Les Métamorphoses de la question sociale: Une Chronique du salariat*. Paris: A. Fayard, 1995.

CASTELS, Manuel; MOLLENKOPF, John (Eds.). *Dual City: Restructuring New York*. Nova York: Russel Sage Foundation, 1992.

CAVALCANTI, Maria Laura V. C. *Carnaval carioca: Dos bastidores ao desfile*. Rio de Janeiro: Funarte; UFRJ, 1995.

CECCHETTO, Fátima. "Galeras funk cariocas: Entre o lúdico e o violento". In: VIANNA, H. *Galeras cariocas*. Rio de Janeiro: UFRJ, 1997.

CHALHOUB, Sidney. *Trabalho, lar e botequim*. São Paulo: Brasiliense, 1986.

CHESNAIS, Jean Claude. *Histoire de la violence*. Paris: Pluriel, 1981.

CHINELLI, F.; MACHADO DA SILVA, L. A. "O vazio da ordem: Relações políticas e organizacionais entre o jogo do bicho e as escolas de samba". *Revista do Rio de Janeiro*-UERJ, Rio de Janeiro, UERJ, 1993.

DAMATTA, Roberto. "Esporte e sociedade". In: ____. *Universo do futebol*. Rio de Janeiro: Pinakotheke, 1982.

DAHRENDORF, Ralph. *A lei e a ordem*. Brasília: Instituto Tancredo Neves, 1987.

DEAN, A. "Cocaine and Crime in Britain: An Emerging Perspective". In: *Cocaine Today: Its Effects on the Individual and Society*, UNICRI, n. 44, 1991.

DUBET, François. *La Galère: Jeunes en Survie*. Paris: Fayard, 1987.

ELIAS, Norbert. *Os alemães, a luta pelo poder e a evolução do habitus nos séculos XIX e XX*. Rio de Janeiro: Zahar, 1997.

ELIAS, Norbert; DUNNING, Eric. *Quest for Excitement, Sport and Leisure in the Civilizing Process*. Oxford: Blackwell, 1993.

FATELA, João. *O sangue e a rua*. Lisboa: D. Quixote, 1989.

FAUSTO, Boris. *Crime e cotidiano: A criminalidade em São Paulo (1880-1924)*. São Paulo: Brasiliense, 1984.

FEATHERSTONE, Mike. *O desmanche da cultura*. São Paulo: Studio Nobel; Sesc, 1997.

FONSECA, German. "Économie de la Drogue: Taille, caractéristiques et impact économique". *Revue Tiers Monde*, Paris, n. 131, jul./set. 1992.

FOOTE-WHYTE, William. *Street Corner Society*. Chicago: University Press, 1943.

GARDEL, André. *O encontro entre Bandeira e Sinhô*. Rio de Janeiro: Biblioteca Carioca, 1996.

GEFFRAY, Christian. *Rapport d'activité n. 2 du projet: Effets Sociaux, économiques et politiques de la pénétration du narcotrafic en Amazonie brésiliene.* [S.l.]: ORSTOM; CNPQ; Museu Goeldi, 1996.

GENDROT, Sophie. *Ville et violence.* Paris: PUF, 1994.

GIDDENS, Anthony. *As consequências da modernidade.* São Paulo: Unesp, 1991.

HABERMAS, Jurgen. *Pensamento pós-metafísico.* Rio de Janeiro: Tempo Brasileiro, 1991.

HOLANDA, Sérgio Buarque de. *Raízes do Brasil.* 26. ed. São Paulo: Companhia das Letras, 1995.

HUGGINS, Martha K. *From Slavery to Vagrancy in Brazil.* New Jersey: Rutgers University, 1985.

INCIARDI, J. A.; POTTIEGER, A. E. "Crack-cocaine Use and Street Crime". *Journal of Drug Issues,* v. 24, n. 2, pp. 273-92, 1994.

JANKOWSKI, Martin Sanchez. *Islands in the Street.* Berkeley: University of California, 1991.

KANT DE LIMA, Roberto. "A cultura jurídica e as práticas policiais". *Revista Brasileira de Ciências Sociais,* v. 4, n. 10, 1989.

KARSENTI, Bruno. *L'Homme total.* Paris: PUF, 1997.

KATZ, Jack. *The Seductions of Crime.* [S.l.]: Basic Books, 1988.

LABROUSSE, Alain; KOUTOUSIS, Michel. *Géopolitique et géostratégies des drogues.* Paris: Economica, 1996.

LAGRANGE, Hughes. *La Civilité à l'épreuve: Crime et sentiment d'insecurité.* Paris: PUF, 1995.

LASCH, Christopher. *Culture of Narcissism.* Nova York: Warner, 1979.

LINS, Paulo. *Cidade de Deus.* São Paulo: Companhia das Letras, 1997.

MAILLARD, Jean. "Le Crime à venir". *Le Débat,* n. 94, pp. 99-138, 1997.

MAISONNEUVE, Eric de la. *La Violence qui vient.* Paris: Arléa, 1997.

MARTINE, George. "A redistribuição espacial da população brasileira durante a década de 80". *Texto para discussão,* n. 329. Rio de Janeiro: Ipea, 1994.

MATZA, David. *Delinquency and Drift.* Nova York: Wiley, 1964.

MAUSS, Marcel. *Ensaio sobre a dádiva.* São Paulo: EPU; Edusp, 1974. v. II: Antropologia e sociologia.

MCROBBIE, A.; THORNTON, S. L. "Rethinking Moral Panic for Multi-Mediated Social Worlds". *British Journal of Sociology,* v. 46, n. 4, pp. 559-74, 1995.

MELLO JORGE, Maria Helena P. "Mortalidade de jovens das cidades do Rio de Janeiro e São Paulo". *Revista de Saúde Pública,* São Paulo, USP, v. 30, n. 4, ago. 1996.

MERRY, Sally Engle. *Urban Danger: Life in a Neighborhood of Strangers.* Filadélfia; Temple University, 1981.

MESQUITA, Myriam. "Homicídios de crianças e adolescentes". In: Encontro Nacional de Produtores e Usuários de Informações Sociais, Econômicas e Territoriais, 1996, Rio de Janeiro. *Anais...* Rio de Janeiro: IBGE, 1996. Versão preliminar.

PAIXÃO, Antonio L. "Crime, controle social e consolidação da cidadania". In: REIS, F. W.; O'DONNELL, G. *A democracia no Brasil: Dilemas e perspectivas.* São Paulo: Vértice, 1988.

____. "A organização policial numa área metropolitana". *Dados*, Rio de Janeiro, v. 25, n. 1, p. 1, 1982.

PINHEIRO, Paulo S. et al. "Violência fatal: Conflitos policiais em São Paulo (1981-89)". *Revista da USP*, n. 95, 1991.

REUTER, Peter. *Disorganized Crime: Illegal Markets and the Mafia.* Massachusetts: MIT, 1986.

RIBEIRO, Alexandre I. "A questão do tráfico e do uso indevido de entorpecentes". Campinas: Unicamp, 1994. Monografia de final de curso. Mimeografado.

RIBEIRO DA SILVA, Rosa; SABOIA, Ana Lucia. "Crianças e adolescentes na década de 80". In: RIZZINI, I. (Ed.). *A criança no Brasil hoje.* Rio de Janeiro: Universidade Santa Úrsula, 1993.

RICOEUR, Paul. *Soi-même comme un autre.* Paris: Seuil, 1990.

RIZZINI, I. (Ed.). *A criança no Brasil hoje.* Rio de Janeiro: Universidade Santa Úrsula, 1993.

RYDELL, C. P.; EVERINGHAM, S. S. *Controlling Cocaine: Supply Versus Demand Programs.* Santa Monica: Drug Policy Research Center, Rand Corporation, 1994.

SALAMA, Pierre. "Macro-Économie de la drogue". Paris: GREITD-CEDI, 1993. Mimeografado.

SANER, H. L.; ELLIKSON, P. L. "Concurrent Risk Factors for Adolescence Violence". *Journal of Adolescent Health*, v. 19, n. 2, pp. 94-103, 1996.

SASSEN, Saskia. *The Global City: New York, London, Tokyo.* Princeton: University Press, 1991.

SCHIRAY, Michel. "Les Filières-stupéfiants: Trois Niveaux, cinq logiques". *Futuribles*, Paris, n. 185, mar. 1994.

SEPÚLVEDA, Myriam dos Santos. "Mangueira e Império: A carnavalização do poder pelas escolas de samba". In: ZALUAR, Alba (Org.). *Cem anos de favela.* Rio de Janeiro: FGV, 1998.

SOARES, Luis E. et al. *Violência e política no Rio de Janeiro.* Rio de Janeiro: Relume Dumará, 1996.

SPERBER, Dan. *La Contagion des idées.* Paris: Odile Jacob, 1997.

SULLIVAN, Mercer. "Crime and the Social Fabric". In: CASTELS, Manuel; MOLLENKOPF, John (Eds.). *Dual City: Restructuring New York.* Nova York: Russel Sage Foundation, 1992.

THOUMI, Francisco. *Economia, política e narcotráfico.* Bogotá: Tercer Mundo, 1994.

TULLIS, LaMond. *Handbook for Research on Illicit Drug Traffic: Socioeconomic and Political Consequences.* Nova York: Greenwood, 1991.

____. *Unintended Consequences; Illegal Drugs and Drug Policies in Nine Countries.* Boulder: Lynne Rienner, 1995.

UNDCP. *World Drug Repport*. Londres: Oxford University, 1997.

VALENÇA, Rachel; VALENÇA, Suetônio. *Serra, Serrinha, Serrano o Império do samba*. Rio de Janeiro: José Olympio, 1981.

VARGAS, João. *A espera do passado*. Campinas: Unicamp, 1993. Dissertação (Mestrado em Antropologia).

VELLOSO, Monica P. *O modernismo no Rio de Janeiro*. Rio de Janeiro: FGV, 1996.

VIANNA, Hermano. *O mistério do samba*. Rio de Janeiro: Zahar, 1995.

VIANNA, Hermano. *O mundo funk carioca*. Rio de Janeiro: Zahar, 1988.

VIEIRA, L. F.; ALBUQUERQUE, C.; NORONHA, J. C. "Pobreza não gera violência". *Ciência Hoje*, Rio de Janeiro, v. 20, n. 115, 1995.

VIEIRA, L. F.; PIMENTEL, L.; VALENÇA, S. *Um escurinho direitinho: A vida e a obra de Geraldo Pereira*. Rio de Janeiro: Relume Dumará, 1995.

ZALUAR, Alba. *A máquina e a revolta*. São Paulo: Brasiliense, 1985.

____. "Condomínio do diabo: As classes populares urbanas e a lógica do ferro e do fumo". In: PINHEIRO, P. S. (Org.). *Crime, violência e poder*. São Paulo: Brasiliense, 1983.

____. "Teleguiados e chefes: Juventude e crime". *Religião e Sociedade*, n. 1, 1988.

____. *Condomínio do diabo*. Rio de Janeiro: UFRJ; Revan, 1994.

____. "O medo e os movimentos sociais". *Revista Proposta*, ano 23, n. 66, pp. 24-32, 1995.

____. "The Drug Trade: Crime and Policies of Repression in Brazil". *Dialectic Anthropology*, Países Baixos, Kluwer Academic, v. 20, pp. 95--108, 1995.

____. "A globalização do crime e os limites da explicação local". In: VELHO, G. *Cidadania e violência*. Rio de Janeiro: UFRJ, 1996.

____. "Gangs, galeras e quadrilhas: Globalização, juventude e violência". In: VIANNA, H. *Galeras cariocas*. Rio de Janeiro: UFRJ, 1997.

____. "As imagens da e na cidade: A superação da obscuridade". *Cadernos de Antropologia e Imagem*, v. 3, n. 2, 1997.

____. "Justiça, violência e dinheiro fácil". Paris, paper apresentado no Institut des Hautes Études sur la Justice, mar. 1997. Mimeografado.

____. "Exclusão e políticas públicas". *Revista Brasileira de Ciências Sociais*, v. 12, n. 35, pp. 29-47, out. 1997.

____. "Violência: Pobreza ou fraqueza institucional?". *Cadernos de Saúde Pública*, Rio de Janeiro, Fiocruz, n. 10, supl. 1, 1994.

ZALUAR, A.; LEAL, M. C. "Cultura, educação popular e escola pública". *Ensaio*, v. 4, n. 11, abr./jun. 1996.

ZUKIN, Sharon. *The Cultures of Cities*. Oxford: Blackwell, 1995.

5. CARRO ZERO E PAU DE ARARA: O COTIDIANO DA OPOSIÇÃO DE CLASSE MÉDIA AO REGIME MILITAR

ALMADA, Izaías. *A metade arrancada de mim*. São Paulo: Estação Liberdade, 1989.

ALMEIDA, Maria Hermínia Tavares de. *Tomando partido, formando opinião: Cientistas sociais, imprensa e política*. São Paulo: Sumaré, 1992.

AMARAL, Maria Adelaide. *A resistência*. São Paulo: [s.n.], 1979. Manuscrito, versão original.

AQUINO, Maria Aparecida de. *Censura, imprensa e estado autoritário (1968-78): O exercício cotidiano da dominação e da resistência:* O Estado de S. Paulo *e* Movimento. São Paulo: FFLCH-USP, 1990. Dissertação (Mestrado em História Social).

____. *Caminhos cruzados: Imprensa e Estado autoritário no Brasil (1964-80)*. São Paulo: FFLCH-USP, 1994. Tese (Doutorado em História Social).

ARQUIDIOCESE DE SÃO PAULO. *Brasil: nunca mais — Um relato para a história*. São Paulo: Vozes, 1985.

BOAL, Augusto. *Milagre no Brasil*. Rio de Janeiro: Civilização Brasileira, 1979.

BRASIL dia a dia. Ed. espec. do Almanaque Abril. São Paulo: Abril, [s.d.].

CALDAS, Álvaro. *Tirando o capuz*. Rio de Janeiro: Codecri, 1981.

CALDEVILLA, Vinícius. *Vitral do tempo*. São Paulo: Xamã, 1994.

CAMPOS, Roberto de Oliveira. "O livro negro do comunismo". *Folha de S.Paulo*, São Paulo, 19 abr. 1998. Cad. 1, p. 4.

CASTRO, Consuelo de. "Réquiem para uma calça Lee". In: SANTOS, Maria Cecília Loschiavo dos (Org.). *Maria Antônia: Uma rua na contramão*. São Paulo: Nobel, 1988.

____. "Prova de fogo". In: ____. *Urgência e ruptura*. São Paulo: Perspectiva, 1989.

CASTRO, Ruy. "Fim de tarde no Jangadeiro enquanto Edson morria". *O Estado de S. Paulo*, São Paulo, p. D3, 18 abr. 1998.

CAVALCANTI, Pedro Celso Uchoa; RAMOS, Jovelino (Orgs.). *Memórias do exílio: Brasil 1964-19??*. São Paulo: Livramento, 1978.

COELHO, Claudio Novaes Pinto. *A transformação social em questão: As práticas sociais alternativas durante o regime militar*. São Paulo: FFLCH-USP, 1990. Tese (Doutorado em Sociologia).

CONY, Carlos Heitor. "A crise (ou a falência) das 'cabezas' trocadas". *Folha de S.Paulo*, São Paulo, 10 out. 1997. Cad. 4, p. 5.

____. "O AI-5 visto pelo meu umbigo". *Folha de S.Paulo*, São Paulo, 13 dez. 1997. Cad. 1, p. 2.

COSTA, Albertina de Oliveira et al. (Orgs.). *Memórias — das mulheres — do exílio*. Rio de Janeiro: Paz e Terra, 1980.

COUTINHO, Carlos Nelson. "A democracia como valor universal". In: *Encontros com a Civilização Brasileira*. Rio de Janeiro: Civilização Brasileira, n. 9, 1979.

DAHL, Maria Lucia. *Quem não ouve o seu papai, um dia... balança e cai*. Rio de Janeiro: Codecri, 1983.

DANIEL, Herbert. *Passagem para o próximo sonho*. Rio de Janeiro: Codecri, 1982.

DEBRAY, Regis. *Revolução na revolução?*. [S.l.]: Ed. clandestina, 1967.

DELLA PORTA, Donatella. *Social Movements, Political Violence and the State: A Comparative Analysis of Italy and Germany*. Londres: Cambridge University, 1995.

FAUSTO, Boris. *História do Brasil*. São Paulo: Edusp, 1995.

FURTADO, Celso (Org.). *Brasil tempos modernos*. Rio de Janeiro: Paz e Terra, 1965.

GABEIRA, Fernando. *O que é isso, companheiro?*. São Paulo: Companhia das Letras, 1996.

GORENDER, Jacob. *Combate nas trevas*. São Paulo: Ática, 1987.

HOLLANDA, Heloisa Buarque de. *Impressões de viagem: CPC, vanguarda e desbunde: 1960/70*. 3. ed. Rio de Janeiro: Rocco, 1992.

JORDÃO, Fernando Pacheco. *Dossiê Herzog: Prisão, tortura e morte no Brasil*. São Paulo: Global, 1979.

KOBASHI, Nair Yumiko. "Pequenas estratégias de sobrevivência". In: FREIRE, Alípio; ALMADA, Izaías; PONCE, J. A. de Granville (Orgs.). *Tiradentes, um presídio da ditadura*. São Paulo: Scipione Cultural, 1997.

KUCINSKI, Bernardo. *Jornalistas e revolucionários: Nos tempos da imprensa alternativa*. São Paulo: Página Aberta, 1991.

LERER, Bernardo. "Chico fugindo da tevê". *Opinião*, São Paulo, n. 2, p. 24, 13-20 nov. 1972.

LINZ, Juan. "The Future of an Authoritarian Situation or the Institutionalization of an Authoritarian Regime: The Case of Brazil". In: STEPAN, Alfred (Org.). *Authoritarian Brazil: Origins, Outputs, Future*. New Haven: Yale University, 1973.

MACIEL, Luiz Carlos. *Geração em transe: Memórias do tempo do tropicalismo*. Rio de Janeiro: Nova Fronteira, 1996.

MARKUN, Paulo (Org.). *Vlado: Retrato de um homem e de uma época*. São Paulo: Brasiliense, 1985.

MENEZES, Adelia Bezerra de. "Maria Antônia: Década de 60". In: SANTOS, Maria Cecília Loschiavo dos (Org.). *Maria Antônia: Uma rua na contramão*. São Paulo: Nobel, 1988.

MILLS, C. Wright. *A verdade sobre Cuba*. Rio de Janeiro: Zahar, 1961.

OLIVEIRA, Maria; NEHRING, Marta. *15 filhos*. Vídeo, 1996.

PAIVA, Marcelo Rubens. *Feliz ano velho*. São Paulo: Mandarim, 1997.

____. "Geração dos 70 comemora conquistas". *Folha de S.Paulo*, São Paulo, 20 set. 1997. Cad. 4, p. 12.

PATARRA, Judith Lieblich. *Iara, reportagem biográfica*. 4. ed. Rio de Janeiro: Rosa dos Ventos, 1993.

PAZ, Carlos Eugênio. *Viagem à luta armada*. Rio de Janeiro: Civilização Brasileira, 1966.

PRESTES, Maria. *Meu companheiro: 40 anos ao lado de Luís Carlos Prestes*. Rio de Janeiro: Rocco, 1992.

REIS FILHO, Daniel Arão. *A revolução faltou ao encontro*. São Paulo: Brasiliense, 1990.

RIDENTI, Marcelo. *O fantasma da revolução brasileira*. São Paulo: Unesp, 1993.

SADER, Éder. "Duas invasões". In: SANTOS, Maria Cecília Loschiavo dos (Org.). *Maria Antônia: Uma rua na contramão*. São Paulo: Nobel, 1988.

SARTRE, Jean-Paul. *Furacão sobre Cuba*. Rio de Janeiro: Zahar, 1961.

SILVA, Franklin Leopoldo e. "Rua Maria Antonia". In: SANTOS, Maria Cecília Loschiavo dos (Org.). *Maria Antônia: Uma rua na contramão*. São Paulo: Nobel, 1988.

SIPAHI, Aytan Miranda. "A cidade vista da janela". In: ALMADA, Izaías; FREIRE, Alípio; PONCE, J. A. de Granville (Orgs.). *Tiradentes, um presídio da ditadura*. São Paulo: Scipione Cultural, 1997.

SIPAHI, Rita. "Em nome da rosa". In: ALMADA, Izaías; FREIRE, Alípio; PONCE, J. A. de Granville (Orgs.). *Tiradentes, um presídio da ditadura*. São Paulo: Scipione Cultural, 1997.

SIRKIS, Alfredo. *Os carbonários*. 13. ed. Rio de Janeiro: Global, 1994.

SKIDMORE, Thomas E. *Brasil de Castelo a Tancredo*. Rio de Janeiro: Paz e Terra, 1988.

SOARES, Glaucio Ary Dillon. "A censura durante o regime autoritário". *Revista Brasileira de Ciências Sociais*, São Paulo, v. 4, n. 10, pp. 21-43, jun. 1989.

SUZUKI JR., Matinas. "Libelu era trotskismo com rock e fuminho". *Folha de S.Paulo*, São Paulo, 20 set. 1997. Cad. 4, p. 12.

TAPAJÓS, Renato. *Em câmara lenta*. 2. ed. São Paulo: Alfa-Ômega, 1979.

____. "A floresta de panos". In: ALMADA, Izaías; FREIRE, Alípio; PONCE, J. A. de Granville (Orgs.). *Tiradentes, um presídio da ditadura*. São Paulo: Scipione Cultural, 1997.

VELHO, Gilberto. *Nobres & anjos: Um estudo de tóxicos e hierarquia*. Rio de Janeiro: FGV, 1998.

VENTURA, Zuenir. *1968: O ano que não terminou*. Rio de Janeiro: Nova Fronteira, 1988.

VERÍSSIMO, Luís Fernando. "Recapitulando". *O Estado de S. Paulo*, São Paulo, p. D3, 7 jun. 1998.

WEFFORT, Francisco. "Por que democracia?". In: STEPAN, Alfred (Org.). *Democratizando o Brasil*. Rio de Janeiro: Paz e Terra, 1988.

WERNECK, Humberto. *Chico Buarque: Letra e música*. São Paulo: MPM; Companhia das Letras, 1989.

WESCHLER, Lawrence. *Um milagre, um universo: O acerto de contas com os torturadores*. São Paulo: Companhia das Letras, 1990.

XAVIER, Ismail. *Alegorias do subdesenvolvimento: Cinema novo, tropicalismo e cinema marginal*. São Paulo: Brasiliense, 1993.

6. ARRANJOS FAMILIARES NO BRASIL: UMA VISÃO DEMOGRÁFICA

BARROSO, C. "Sozinhas ou mal acompanhadas: A situação das mulheres chefes de família". In: I Encontro Nacional de Estudos de População, 1978, Caxambu. *Anais*... Caxambu: Abep, 1978.

BERQUÓ, Elza. "Pirâmide da solidão?". In: V Encontro Nacional de Estudos Populacionais, 12-16 out. 1986, Águas de São Pedro. *Anais*... Águas de São Pedro: Abep, 1986. Mimeografado.

____. "Como, quando e com quem se casam os jovens brasileiros". In: *Jovens acontecendo nas trilhas das políticas públicas*, Brasília: CNPQ, v. 1, 1998.

BERQUÓ, Elza; CAVENAGHI, S. M. "Oportunidades e fatalidades: Um estudo demográfico das pessoas que moram sozinhas". In: VI Encontro Nacional de Estudos Populacionais, 1998, Olinda. *Anais*... Olinda: Abep, v. 1, 1988.

BERQUÓ, Elza; LOYOLA, M. A. "A união dos sexos e estratégias reprodutivas no Brasil". *Revista Brasileira de Estudos de População*, v. 1, n. 1-2, jan./dez. 1984.

BERQUÓ, Elza; OLIVEIRA, M. C. "A família no Brasil: Análise demográfica e tendências recentes". In: Encontro Anual da Anpocs, 1990, Águas de São Pedro. *Ciências Sociais Hoje*. São Paulo: Vértice; Revista dos Tribunais, 1990. pp. 30-64.

____. "Casamento em tempo de crise". *Revista Brasileira de Estudos de População*, v. 9, n. 2, jul./dez. 1992.

BERQUÓ, Elza; OLIVEIRA, M. C.; CAVENAGHI, S. M. "Arranjos familiares 'não canônicos' no Brasil". In: VII Encontro Nacional de Estudos Populacionais, 1990, Caxambu. *Anais*... Caxambu: Abep, v. 1., out. 1990.

CASTRO, Mary G. *Family, Gender and Work: The Case of Female Heads of Household in Brazil. (States of São Paulo and Bahia) 1950-1980*. Gainesville: University of Florida, 1989. Tese (Doutorado em Sociologia).

____. "Gênero, geração e raça: Famílias matrifocais pobres no Brasil". In: International Union for the Scientific Study of Population, "El Poblamiento de las Américas", Veracruz, v. 3, pp. 369-408, 1992.

FIGUEIRA, S. A. "O 'moderno' e o 'arcaico' na nova família brasileira: Notas sobre a dimensão invisível da mudança social". In: FIGUEIRA, S.A. (Org.). *Uma nova família?: O moderno e o arcaico na família de classe média brasileira*. Rio de Janeiro: Zahar, 1986. pp. 11-30.

GOLDANI, A. M. "A crise familiar no Brasil hoje". *Travessia: Revista do Migrante*, São Paulo, v. 4, n. 9, pp. 14-21, jan. 1991.

GOLDANI, A. M.; WONG, L. "Tendências da nupcialidade no Brasil". In: II Encontro Nacional de Estudos Populacionais, 1981, Caxambu. *Anais*... Caxambu: Abep, 1981. pp. 343-402.

GREENE, M. "A compressão do mercado matrimonial e o aumento das uniões consensuais no Brasil". *Revista Brasileira de Estudos de População*, Belo Horizonte, v. 9, n. 2, jul./dez. 1992.

GUTTENTAG, M.; SECORD, P. F. *Too Many Women?*. Beverly Hills: Sage, 1983.

HASKEY, J. C. "The Determinants of Middle Aged People Living Alone: Evidence of Those Aged 30 to 59 in Great Britain". Vancresson: IUSSP, Seminar on New Forms of Familial Life in MDC'S, out. 1987.

JARDIM, F. F. "Os recenseamentos e a estatística do estado conjugal". *Revista Brasileira de Estatística*, v. 15, n. 59, pp. 165-9, jul./set. 1954.

MADEIRA, F.; WONG, L. "Responsabilidades precoces: Família, sexualidade, migração e pobreza na Grande São Paulo". In: Seminário A Família nos Anos 80: Dimensões do Novo Regime Demográfico, 18-19 ago. 1988, Campinas. *Anais*... Campinas: Nepo; Unicamp; Anpocs, 1988. Mimeografado.

MERRICK, T.; SCHRINK, M. "Female-Headed Households and Urban Poverty in Brazil". In: Workshop on Women in Poverty: What do We Know, 30 abr.-2 maio 1978, Belmont. *Anais*... Belmont: Conference Center, 1978.

OLIVEIRA, M. C. "A família no Brasil". In: ____. *Família e reprodução: Reflexões teóricas e empíricas*. São Paulo: FAU-USP; Fupam, 1979. pp. 19-38.

____. "Condição feminina e alternativas de organização doméstica: As mulheres sem companheiros em São Paulo". In: VIII Encontro Nacional de Estudos de População, 1992. *Anais*... [S.l.]: Abep, v. 2, 1992.

OLIVEIRA, M. C.; BERQUÓ, Elza. "The Family in Brazil: Demographic Analysis and Recent Trends". In: BERQUÓ, Elza; XENOS, P. *Family Systems and Cultural Change*. Oxford: Clarendon, 1992.

RYDER, B. Norman. "The Centrality of Time in the Study of the Family". In: BERQUÓ, Elza; XENOS, P. *Family Systems and Cultural Change*. Oxford: Clarendon, 1992. pp. 161-75.

7. DILUINDO FRONTEIRAS: A TELEVISÃO E AS NOVELAS NO COTIDIANO

ABU-LUGHOD, Lila. "On Screening Politics in a World of Nations". *Public Culture*, Chicaco, n. 5, pp. 465-7, 1993.

____. "Finding a Place for Islam: Egyptian Television Serials and the National Interest". *Public Culture*, Chicago, n. 5, 1993.

ADORNO, Theodor. "Culture Industry Reconsidered". *New German Critique*, Durham, n. 6, 1975.

ADORNO, Theodor; HOKHEIMER, Max. *Dialetic of Enlightment*. Nova York: Seabury Books, 1972.

AIDAR, Tirza. "Análise quantitativa dos índices e do perfil de audiência de telenovela por segmento da população: Grande São Paulo e Rio de Janeiro, de 13/08/90 e 31/12/93". Campinas: Nepo; Unicamp, 1996. Relatório interno.

ANDERSON, Benedict. *Imagined Communities*. Londres: Verso, 1983.

ANG, Ien. *Watching Dallas: Soap Opera and the Melodramatic Imagination*. Nova York: Methuen, 1985.

____. "Culture and Communication: Towards an Ethnographic Critique of Media Consumption in the Transnational Media System". *European Journal of Communication*, v. 5, pp. 239-60, 1990.

BAGDIKIAN, Ben H. "Cornering Hearts and Minds". *The Nation*, v. 248, n. 23, pp. 805-20, 1989.

BARBERO, Martin J. "Matrices culturales de la telenovela". *Estudios sobre Culturas Contemporaneas*, v. 2, n. 4-5, pp. 137-62, 1988.

BARBERO, Martin J.; MUÑOZ, S. *Televisión y melodrama: Géneros y lecturas de la telenovela en Colombia*. Bogotá: Tercer Mundo, 1992.

BARROS, José Roberto Mendonça de; GOLDENSTEIN, Lídia. "O novo capitalismo brasileiro". *Gazeta Mercantil*, São Paulo, 12 ago. 1996.

BORELLI, Silvia; RAMOS, José Mário. *Telenovela, história e produção*. São Paulo: Brasiliense, 1988.

BROOKS, Peter. *The Melodramatic Imagination: Balzac, Henry James and the Mode of Excess*. New Haven: Yale University, 1976

BRUSCHINI, Cristina. "Maternidade e trabalho no Brasil", 1994. Mimeografado.

CAMPEDELLI, Samira Youssef. *A telenovela*. São Paulo: Ática, 1987.

CANCLINI, Néstor Garcia. *Consumidores e cidadãos*. Rio de Janeiro: UFRJ, 1995.

CARVALHO, Elizabeth; RIBEIRO, Santosa Naves. *Anos 70: Televisão*. Rio de Janeiro: Europa, 1979.

CHAMBAT, Pierre; ERHENBERG, Alain. "Les *Reality shows*, nouvel age televisuel?". *Esprit*, [S.l.], 1 jan. 1993.

CLARK, Walter; PRIOLLI, Gabriel. *O campeão de audiência: Uma autobiografia*. São Paulo: Best Seller, 1991.

FADUL, Anamaria; MCANANY, Emile; MORALES, Ofélia Torres. "As temáticas sociodemográficas nas telenovelas brasileiras (1980-1995)". In: XX International Conference in Social Communication Research, 18-22 ago. 1996, Sydney. *Anais*... Sydney: [s.n.], 1996.

FARIA, Vilmar E. "Políticas de governo e regulação da fecundidade: Consequências não antecipadas e efeitos perversos". *Ciências Sociais Hoje*, São Paulo, n. 5, pp. 52-103, 1989.

FARIA, Vilmar E.; POTTER, Joseph E. "Televisión, Telenovelas and Fertility Change in Northeast Brazil". *Texas Population Research Center Papers*, Austin: Cebrap, 1994.

FERNANDES, Ismael. *Memória da telenovela brasileira*. São Paulo: Brasiliense, 1997.

FISKE, J. *Television Culture*. Londres: Methuen, 1987.

GLEDHILL, Christine. "The Melodramatic Field: An Investigation". In: ____ (Ed.). *Home Is Where the Heart Is*. Londres: BFI, 1987.

GUIMARÃES, Hélio. "Literatura em televisão: Uma história das adaptações de textos literários para programas de televisão". Campinas: Unicamp, 1995. Dissertação (Mestrado em Teoria e História Literária).

HALL, Stuart. "The Redescovery of Ideology". In: GUREVITCH, Michel; BENNET, Tony; WOOLLACOTT, Janet (Eds.). *Culture, Society and the Media*. Nova York: Methuen, 1983.

____. "Encoding/Decoding". In: HALL, Stuart et al. (Eds.). *Culture, Media, Language*. Londres: Hutchinson, 1986.

HAMBURGER, Esther. "Novas faces da cidadania: Identidades políticas e estratégias culturais". *Cadernos de Pesquisa Cebrap*, São Paulo, n. 4, 1996.

____. "*Vale Tudo* e as consequências não antecipadas da modernização". *Imagens*, Campinas: Unicamp, 1998.

HAMBURGER, Esther; THOMAZ, Omar. "Em preto e branco: A polêmica sobre raça na novela das 8 mostra que o Brasil mudou". *Folha de S.Paulo*, São Paulo, 1994. Caderno Mais!

HUYSSEN, Andreas. "Introduction to Adorno". *New German Critique*, Durham, n. 6, 1975.

____. *After the Great Divider: Modernism, Mass Culture, Post-Modernism*. Bloomington: Indiana University, 1986.

JOYRICH, Lynne. "All That Television Allows: TV Melodrama, Postmodernism and the Consumer Culture". In: SPIGEL, Lynne; MANN, Denise (Eds.). *Private Screenings: Television and the Female Consumer*. Minnesota: University Press, pp. 227-52, 1992.

KATZ, Elihu; WEDELL, G. *Broadcasting to the Third World: Promise and Performance*. Cambridge: Harvard University, 1977.

KEHL, Maria Rita. "Eu vi um Brasil na TV". In: KEHL, Maria Rita; COSTA, Alcir H. da; SIMÕES, Inima F. (Eds.). *Um país no ar: História da TV brasileira em três canais*. São Paulo: Brasiliense; Funarte, 1986.

LAPASTINA, Antonio. "Field Work Report: Macambira RGN", 1998. Manuscrito.

LEAL, Ondina Fachel. *A leitura social da novela das oito*. Petrópolis: Vozes, 1986.

LEAL, Ondina Fachel; OLIVEIRA, S. "Summer Sun". *Theory, Culture and Society*, v. 5, 1988.

LIEBES, Tamar; KATZ, Elihu. *The Export of Meaning: Cross-Cultural Readings of Dallas*. Oxford: University Press, 1990.

LULL, James. *Inside Family Viewing*. Londres: Routledge, 1990.

MANKEKAR, Purima. "Television Tales and a Woman's Rage: A Nationalist Recasting of Draupadi's Disrobing". *Public Culture*, n. 5, 1993.

MATTELART, Armand; MATTELART, Michelle; DELCOURT, Xavier. *International Images Markets*. Londres: Comedia, 1984.

MATTELART, Michele; MATTELART, Armand. *The Carnival of Images: Brazilian Television Fiction*. Nova York: Bergin and Garvey, 1990.

MATTOS, Sérgio (Org.). *Um perfil da TV brasileira: 40 anos de história, 1950-1990*. Salvador: A Tarde, 1990.

MCANANY, Emile G.; LAPASTINA, Antonio. "Telenovela Audiences: A Review and Methodological Critique of Latin America Research". *Communication Research*, v. 21, n. 6, pp. 828-49, dez. 1994.

MELO, José Marques de. *As telenovelas da Globo: Produção e exportação*. São Paulo: Summus, 1988.

MEYER, Marlyse. *Folhetim, uma história*. São Paulo: Companhia das Letras, 1996.

MEYROWITZ, Joshua. *No Sense of Place*. Oxford: University Press, 1984.

MICELI, Sérgio. "O dia seguinte". In: *Rede imaginária*. São Paulo: Companhia das Letras, 1991.

MODLESKI, Tania. "Introduction". In: ___. (Ed.). *Studies in Entertainment: Critical Approches to Mass Culture*. Bloomington: University of Indiana, 1986.

MORAIS, Fernando. *Chatô: O Rei do Brasil*. São Paulo: Companhia das Letras, 1995.

MORLEY, David. *Family Television: Cultural Power and Domestic Leisure*. Londres: Comedia, 1986.

MULVEY, Laura. "Visual Pleasure and Narrative". *Cinema Screen*, v. 16, n. 3, pp. 6-18, 1975.

___. "Melodrama In and Out of the Home". In: MCCABE, Colin (Ed.). *High Theory/ Low Culture: Analyzing Popular Television and Film*. Manchester: University Press, 1986.

NIGHTINGALE, Virginia. "What is Ethnography About Ethnographic Audience Research?". *Australian Journal of Communications*. v. 16, pp. 50--63, 1989.

NOVINSKY, Sonia. *Imitação da vida*. São Paulo: USP, 1974. Dissertação (Mestrado em Sociologia).

ORTIZ, Renato. *A moderna tradição brasileira*. São Paulo: Brasiliense, 1987.

POTTER, Joseph E. et al. "The Spread of Television and Fertility Decline in Brazil: A Spacial-temporal Analysis, 1970-1991". In: Annual Meeting of Population Association of America, 2-4 abr. 1998, Chicago. *Anais*... Chicago, [s.n.], 1998.

PRADO, Rosane Manhães. "Mulher de novela e mulher de verdade: Estudo sobre cidade pequena, mulher e telenovela". Rio de Janeiro: Museu Nacional; UFRJ, 1987. Dissertação (Mestrado em Antropologia Social).

RADAWAY, Janice. "Reception Study: Ethnography and the Problems of Dispersed Audience and Nomadic Subjects". *Cultural Studies*, v. 2, n. 3, pp. 359-76, 1988.

RIAL, Carmem. "Japonês está para TV assim como mulato para cerveja". In: XIX Encontro Anual da Anpocs, 1995, Caxambu. *Anais*... Caxambu: Anpocs, 1995. Mimeografado.

ROWE, William; SCHELLING, Vivian. *Memory and Modernity: Popular Culture in Latin America*. Londres: Verso, 1991.

SARQUES, Jane Jorge. *A ideologia sexual dos Gigantes*. Goiânia: UFG, 1986.

SCHILLER, Herbert I. *Culture Inc*. Oxford: University Press, 1989.

SCHNEIDER, Cynthia; WALLIS, Bryan. "Introduction". In: SCHNEIDER, Cynthia; WALLIS, Bryan (Eds.). *Global Television*. Nova York: Wedge, 1988.

SEVCENKO, Nicolau. "A capital irradiante: Técnica, ritmos e ritos do Rio". In: NOVAIS, Fernando A. (Dir.); SEVCENKO, Nicolau (Org.). *História da vida privada no Brasil*. São Paulo: Companhia das Letras, 1998. v. 3: República: Da Belle Époque à era do rádio.

SILVA, Carlos Eduardo Lins da. *Muito além do Jardim Botânico*. São Paulo: Summus, 1985.

SIMÕES, Inima F. "TV à Chateaubriand". In: KEHL, Maria Rita; COSTA, Alcir H. da; SIMÕES, Inima F. (Eds.). *Um país no ar: história da TV brasileira em três canais*. São Paulo: Brasiliense; Funarte, 1986.

SIMPSON, Amelia. *Xuxa: The Mega-Marketing of Gender, Race and Modernity*. Filadélfia: Temple University, 1993.

SODRÉ, Muniz. *O monopólio da fala: Função e linguagem da televisão no Brasil*. Rio de Janeiro: Vozes, 1977.

____. *A máquina de Narciso: Televisão, indivíduo e poder no Brasil*. Rio de Janeiro: Vozes, 1984.

SORJ, Bernardo. "Reforma agrária em tempos de democracia e globalização". *Novos Estudos Cebrap*, n. 50, 1998.

SPIGEL, Lynn. *Making Room for TV: Television and the Family Ideal in Postwar America*. Chicago: University of Chicago, 1992.

SPITULNIK, Debra. "Anthropology and Mass Media". *Annual Review of Anthropology*, n. 22, pp. 293-315, 1993.

STRAUBHAAR, Joseph D. *The Transformation of Cultural Dependence: The Decline of American Influence on the Brazilian Television Industry*. Washington: The Fletcher School of Law and Diplomacy, 1981. Tese (Doutorado em Filosofia).

____. "Brazil". In: GROSS, Lynne Schafer (Ed.). *The International World of Electronic Media*. Nova York: McGraw-Hill, 1995.

TURNER, Terence. "Defiant Images: The Kayapo Appropriation of Video". *Anthropology Today*, v. 8, n. 6, pp. 5-16, 1992.

____. "The Kayapo on Television". *Visual Anthropological Review*, v. 8, n. 1, pp. 107-12, 1992.

____. "Anthropological Knowledge and the Culture of Broadcasting". *Visual Anthropological Review*, v. 8, n. 1, pp. 113-7, 1992.

VARIS, Tapio. "Trends in International Television Flow". In: SCHNEIDER, Cynthia; WALLIS, Brian (Eds.). *Global Television*. Nova York: Wedge, 1988.

VINK, Nico. *The Telenovela and Emancipation: A Study on Television and Social Change in Brazil*. Amsterdam: Royal Tropical Institute, 1988.

WALLERSTEIN, Immanuel. "Culture as the Ideological Battleground of the Modern World System". *Theory, World and Society*, v. 7, n. 2-3, pp. 31-56, 1990.

____. "Culture is the World System: A Reply to Boyne". *Theory, Culture and Society*, v. 7, n. 2-3, pp. 63-6, 1990.

WILLIAMS, Raymond. *Television: Technology and Cultural Form*. Nova York: Schoken, 1974.

XAVIER, Ismail. "From the Religious Moral Sense to the Post-Freudian Common Sense: Image of National History in Brazilian Telefiction". In: 5th Conference on Latin American Popular Culture, out. 1996, New Orleans. *Anais*... New Orleans: Tulane University, 1996.

——. "Melodrama: A sedução da moral negociada". *Folha de S.Paulo*, São Paulo, 1997. Caderno Mais!

XEXÉU, Artur. *Janete Clair*. Rio de Janeiro: Relume Dumará, 1996.

8. A POLÍTICA BRASILEIRA EM BUSCA DA MODERNIDADE: NA FRONTEIRA ENTRE O PÚBLICO E O PRIVADO

AMARAL, Azevedo. *Getúlio Vargas: Estadista*. Rio de Janeiro: Irmãos Pongetti, 1941.

ARAÚJO, Angela; TAPIA, Jorge. "Corporativismo e neocorporativismo: Exame de duas trajetórias". BIB, Rio de Janeiro, n. 32, pp. 3-30, 2. sem. 1991.

BARBOSA, Rui. *A questão social e política no Brasil*. São Paulo: LTD; Rio de Janeiro: FCRB, 1983.

BAZCKO, Bronslaw. "Imaginação social". In: *Enciclopédia Einaudi*, "Anthropos--Homem". Lisboa: Imprensa Nacional; Casa da Moeda, v. 5, 1985.

BOURDIEU, Pierre. *O poder simbólico*. Lisboa: Difel, 1989.

CAMPOS, Francisco. *O Estado Nacional: Sua estrutura, seu conteúdo ideológico*. Rio de Janeiro: José Olympio, 1940.

CAPELATO, Maria Helena. "A imprensa e a propaganda no Estado Novo". In: Seminário Estado Novo: 60 anos, nov. 1997, Rio de Janeiro. *Anais*... Rio de Janeiro: Cpdoc; FGV, 1997. Mimeografado.

CARDOSO, Vicente Licínio. *À margem da história da República*. Brasília: UnB, 1981. 2 v.

CARVALHO, Iara Lins de. "A adesão das Câmaras e a figura do imperador". In: IV Congresso Internacional da Brasa, 1997, Washington. *Anais*... Washington: Brasa, 1997. Mimeografado.

CARVALHO, José Murilo de. *A formação das almas: O imaginário da República no Brasil*. São Paulo: Companhia das Letras, 1990.

——. "Mandonismo, coronelismo, clientelismo: Uma discussão conceitual". *Dados: Revista de Ciências Sociais*, Rio de Janeiro, v. 40, n. 2, 1997.

CHARTIER, Roger. *A história cultural entre práticas e representações*. Lisboa: Difel, 1990.

CULTURA Política: *Revista mensal de estudos brasileiros*. Rio de Janeiro, 1941-5.

DAHL, R. *A Preface to Democratic Theory*. Chicago: University of Chicago, 1957.

FAORO, Raimundo. *Os donos do poder*. Rio de Janeiro: Globo, 1958.

——. "A aventura liberal numa ordem patrimonialista". *Revista da USP*, São Paulo, n. 17, pp. 14-29, mar./maio 1993.

FERREIRA, Jorge. "Quando os trabalhadores querem: Política e cidadania

na transição democrática de 1945". *História Oral: Revista da Associação Brasileira de História Oral*, São Paulo, n. 1, jun. 1988.
FREYRE, Gilberto. *Casa-grande & senzala*. Rio de Janeiro: Maia & Schmidt; José Olympio, 1933.
GIDDENS, Anthony. *Capitalismo e moderna teoria social*. Lisboa: Presença, 1984.
GOMES, Angela de Castro. "A ética católica e o espírito do pré-capitalismo". *Ciência Hoje*, Rio de Janeiro, v. 9, n. 52, 1989.
____. "A dialética da tradição". *Revista Brasileira de Ciências Sociais*, São Paulo: Vértice, v. 5, n. 12, pp. 15-27, 1990.
____. "A práxis corporativa de Oliveira Vianna". In: BASTOS, E. R.; MORAES, J. Q. (Orgs.). *O pensamento de Oliveira Vianna*. Campinas: Unicamp, 1993. pp. 43-62.
____. *A invenção do trabalhismo*. 2. ed. Rio de Janeiro: Relume Dumará, 1994.
____. "Política: história, ciência, cultura etc.". *Estudos Históricos*, Rio de Janeiro: FGV, v. 9, n. 17, pp. 59-84, 1996.
____. "O populismo e as ciências sociais no Brasil: Notas sobre a trajetória de um conceito". *Tempo: Revista do Departamento de História da UFF*, Rio de Janeiro: Relume Dumará, v. 1, n. 2, pp. 31-57, 1996.
HOLANDA, Sérgio Buarque de. *Raízes do Brasil*. 19. ed. Rio de Janeiro: José Olympio, 1987.
LAMOUNIER, Bolivar. "O modelo institucional dos anos 30 e a presente crise brasileira". *Estudos Avançados*, São Paulo, v. 6, n. 14, pp. 39-57, 1992.
LEAL, Vitor Nunes. *Coronelismo, enxada e voto*. São Paulo: Alfa-Ômega, 1975.
MAUSS, Marcel. "Ensaio sobre a dádiva: Forma e razão da troca nas sociedades arcaicas". In: ____. *Sociologia e antropologia*. São Paulo: EPU, 1974. v. II.
NUNES, Edson de Oliveira. "Tipos de capitalismo, instituições e ação social: Notas para uma sociologia política do Brasil contemporâneo". *Dados: Revista de Ciências Sociais*, Rio de Janeiro, v. 28, n. 3, pp. 347-72, 1985.
O'DONNELL, Guillermo. "Anotações para uma teoria do Estado". *Revista de Cultura e Política*, São Paulo: Cedec; Paz e Terra, n. 3-4, nov./jan. e fev./abr. 1981.
OFFE, Claus. *Capitalismo desorganizado*. São Paulo: Brasiliense, 1989.
QUEIROZ, Maria Isaura Pereira de. "O coronelismo numa interpretação sociológica". In: FAUSTO, Boris (Org.). *O Brasil republicano*. São Paulo: Difel, 1976. v. 3. Coleção História Geral da Civilização Brasileira, n. 9.
REIS, Bruno P. W. "Corporativismo, pluralismo e conflito distributivo no Brasil". *Dados: Revista de Ciências Sociais*, Rio de Janeiro, v. 38, n. 3, pp. 417-58, 1997.
REIS, Elisa M. P. "O Estado Nacional como ideologia: O caso brasileiro". *Estudos Históricos*, Rio de Janeiro, v. 1, n. 2, pp. 187-203, 1988.
____. "Opressão burocrática: O ponto de vista do cidadão". *Estudos Históricos*, Rio de Janeiro, v. 3, n. 6, pp. 161-79, 1990.
REIS, Elisa M. P.; CHEIBUB, Zairo. "Valores políticos das elites e consolidação

democrática". *Dados: Revista de Ciências Sociais*, Rio de Janeiro, v. 38, n. 1, pp. 31-56, 1995.

SANTOS, Wanderley Guilherme. *Razões da desordem*. Rio de Janeiro: Rocco, 1993.

——. "Da poliarquia à oligarquia: Eleições e demanda por renovação parlamentar". *Sociedade e Estado*, Rio de Janeiro, v. XII, n. 1, pp. 11-53, jan./jun. 1997.

VARGAS, Getúlio. *A nova política do Brasil*. Rio de Janeiro: José Olympio, 1938. v. V.

VIANA, Oliveira. *Populações meridionais do Brasil: Populações rurais do Centro--Sul*. 7. ed. Belo Horizonte: Itatiaia; Niterói: Eduff, 1987.

——. *Problemas de direito corporativo*. 2. ed. Brasília: Câmara dos Deputados, 1983.

WEFFORT, Francisco. *O populismo na política brasileira*. Rio de Janeiro: Paz e Terra, 1978.

9. CAPITALISMO TARDIO E SOCIABILIDADE MODERNA

ADORNO, Theodor W. *Minima moralia: Reflexões a partir da vida danificada*. 2. ed. São Paulo, Ática, 1993.

ALDRIGHI, Vera. *Cláudia*, São Paulo, maio 1996.

ANDRADE, Manoel Correa de. *A terra e o homem no Nordeste*. 2. ed. São Paulo: Brasiliense, 1964.

ARRUDA, Maria Arminda do Nascimento. *A embalagem do sistema*. Sao Paulo: Duas Cidades, 1985.

AURELIANO, Liana. "Nuevas relaciones centro-periferia: Consecuencias sociales y políticas". In: CHONCHOL, Jacques (Org.). *La invención y la herencia*. Santiago, 1997.

BASTIDE, Roger. *As religiões africanas no Brasil*. São Paulo: Pioneira, 1971.

BAZZANESI, Carla. "Mulheres dos anos dourados". In: DEL PRIORE, Mary. *História das mulheres no Brasil*. São Paulo: Unesp, 1997.

BELLUZZO, Luiz Gonzaga. *Ajustamento e crise monetária nos anos 80*. Campinas: Instituto de Economia da Unicamp.

BOLAÑO, Cesar. *Mercado brasileiro de televisão*. Aracaju: Universidade Federal de Sergipe, 1988.

CANDIDO, Antonio. *Os parceiros do Rio Bonito*. 7. ed. São Paulo: Duas Cidades, 1987.

CANO, Wilson. *Raízes da concentração industrial em São Paulo*. São Paulo: Difel, 1977.

CARDOSO, Fernando Henrique. *Empresário industrial e desenvolvimento econômico no Brasil*. 2. ed. São Paulo: Difel, 1972.

COSTA, Jurandir Freyre. "Narcisismo em tempos sombrios". In: FERNAN-

DES, Heloisa (Org.). *Tempo do desejo: Psicanálise e sociologia.* São Paulo: Brasiliense, 1989.

DRAIBE, Sônia. *Rumos e metamorfoses.* Rio de Janeiro: Paz e Terra, 1985.

DURHAN, Eunice. *A caminho da cidade.* São Paulo: Perspectiva, 1973.

FERNANDES, Florestan. *A integração do negro na sociedade de classes.* 3. ed. São Paulo: Ática, 1978.

FREYRE, Gilberto. *Ordem e progresso.* 3. ed. Rio de Janeiro: José Olympio, 1974.

____. *Sobrados e mucambos.* 5. ed. Rio de Janeiro: José Olympio, 1977.

FURTADO, Celso. *Um projeto para o Brasil.* Rio de Janeiro: Saga, 1968.

GALVÃO, Walnice Nogueira. *Desconversa.* Rio de Janeiro: UFRJ, 1998.

GATTÁS, Ramiz. *A indústria automobilística e a segunda revolução industrial no Brasil: Origens e perspectivas.* São Paulo: Prelo, 1981.

HOLANDA, Sérgio Buarque de. *Visão do Paraíso.* 3. ed. São Paulo: Nacional, 1977.

HUTCHINSON, Bertram et al. *Mobilidade e trabalho: Um estudo na cidade de São Paulo.* Rio de Janeiro: Instituto Nacional de Estudos Pedagógicos, 1960.

LESSA, Carlos. *A estratégia de desenvolvimento 1974-1976: Sonho e fracasso.* Rio de Janeiro: UFRJ, 1978. Tese. Mimeografado.

LOPES, Juarez Brandão. "Origem social e escolha ocupacional de ginasianos". In: HUTCHINSON, Bertram et al. *Mobilidade e trabalho: Um estudo na cidade de São Paulo.* Rio de Janeiro: Instituto Nacional de Estudos Pedagógicos, 1960.

MARTINS, Carlos Estevam. *Capitalismo e modelo político no Brasil.* Rio de Janeiro: Graal, 1976.

MEIO e Mensagem. [S.l.], nov. 1984, n. 25.

MELLO, João Manuel Cardoso de. *O capitalismo tardio.* São Paulo: Brasiliense, 1982.

____. "As consequências do neoliberalismo". *Economia e Sociedade*, Campinas: Instituto de Economia da Unicamp, n. 1, ago. 1992.

MERRICK, Thomas W. "A população brasileira a partir de 1945". In: BACHA, Edmar; KLEIN, Herbert S. (Orgs.). *A transição incompleta: Brasil desde 1945.* Rio de Janeiro: Paz e Terra, 1986.

PEREIRA, Luiz. *Trabalho e desenvolvimento no Brasil.* São Paulo: Difel, 1965.

PRADO JR., Caio. *Formação do Brasil contemporâneo.* São Paulo: Brasiliense, 1942.

RODRIGUES, Leôncio Martins. *Industrialização e atitudes operárias.* São Paulo: Brasiliense, 1970.

SERRA, José. "Ciclos e mudanças estruturais na economia brasileira do pós-guerra". In: BELLUZZO, Luiz Gonzaga; COUTINHO, Renata (Orgs.). *Desenvolvimento capitalista no Brasil.* São Paulo: Brasiliense, 1983.

TAVARES, Maria da Conceição. *Da substituição de importações ao capitalismo financeiro.* Rio de Janeiro: Zahar, 1972.

____. "Acumulação de capital e industrialização". Rio de Janeiro: UFRJ, 1976. Mimeografado. Tese (Doutorado em Economia da Indústria e da Tecnologia).

TAVARES, Maria da Conceição; FIORI, José Luís (Orgs.). *Poder e dinheiro: Uma economia política da globalização*. 2. ed. Petrópolis: Vozes, 1997.

10. A VIDA PRIVADA NAS ÁREAS DE EXPANSÃO DA SOCIEDADE BRASILEIRA

ACTAS da Camara da Villa de São Paulo. São Paulo: Archivo Municipal de São Paulo; Duprat & Comp., 1915. v. I.

AMADO, Janaína. "Movimentos sociais no campo: A revolta de Formoso, Goiás, 1948-64". Rio de Janeiro: Projeto de Intercâmbio de Pesquisa Social em Agricultura, abr. 1980. Mimeografado.

ARIÈS, Philippe. "Por uma história da vida privada". In: ARIÈS, Philippe; CHARTIER, Roger (Orgs.). *História da vida privada*. São Paulo: Companhia das Letras, 1991, pp. 7-19. v. 3: Da Renascença ao Século das Luzes.

BALDUS, Herbert. *Tapirapé: Tribo tupi no Brasil central*. São Paulo: Nacional; Edusp, 1970.

CABRAL, Oswaldo Rodrigues. *A campanha do Contestado*. 2. ed. Florianópolis: Lunardelli, 1979.

CANUTO, Antonio. "Maria da Praia". Santa Terezinha (MT): [s.n.], out. 1975. Datilografado.

CARNEIRO, Maria Esperança Fernandes. "A revolta camponesa de Formoso e Trombas". Goiânia: Universidade Federal de Goiás, 1981.

CARVALHO, Murilo. "A guerra camponesa de Trombas de Formoso". *Movimento*, São Paulo, n. 164, 21 ago. 1978.

CASALDÁLIGA, d. Pedro. *Yo creo en la justicia y en la esperanza*. Bilbao: Editorial Española Desclée de Brower, 1975.

——. *Antologia retirante: Poemas*. Rio de Janeiro: Civilização Brasileira, 1978.

——. *La morte che da senso al mio credo*. Assis: Citadella, 1979.

——. *En rebelde fidelidade: Diario de Pedro Casaldáliga, 1977/1983*. Bilbao: Editorial Española Desclée de Brower, 1983.

——. *Todavia estas palabras*. Estella: Verbo Divino, 1989.

CASCUDO, Luís da Câmara. *Dicionário do folclore brasileiro*. Brasília: INL, 1972.

CASTALDI, Carlo. "A aparição do demônio no Catulé". In: QUEIROZ, Maria Isaura Pereira de et al. *Estudos de sociologia e história*. São Paulo: Anhembi, 1957.

COLNAGHI, M. C. *Colonos e poder*: *A luta pela terra no Sudoeste do Paraná*. Curitiba: UFPR, 1984. Dissertação (Mestrado em História do Brasil).

FERREIRA, Alexandre Rodrigues. *Viagem filosófica ao rio Negro* [1785]. Belém: Museu Paraense Emílio Goeldi, [s.d.].

FOWERAKER, Joe W. "Political Conflict on the Frontier: A Case Study of the Land Problem in the West of Paraná". Oxford: University of Oxford, abr. 1974.

FOWERAKER, Joe W. *A luta pela terra: A economia política da fronteira pioneira no Brasil de 1930 aos dias atuais*. Rio de Janeiro: Zahar, 1982.

GALLOIS, Dominique Tilkin. *Migração, guerra e comércio: Os Waiãpi na Guiana*. São Paulo: USP, 1986. Dissertação (Mestrado em Ciência Social).

____. *Mairi revisitada: A reintegração da fortaleza de Macapá na tradição oral dos Waiãpi*. São Paulo: Fapesp; Núcleo de História Indígena e do Indigenismo da USP, 1993.

GARCIA, José Godoy. *O caminho de Trombas*. Rio de Janeiro: Civilização Brasileira, 1966.

GIACCARIA, Bartolomeu; HEIDE, Adalberto. *Xavante: Auwe Uptabi: povo autêntico*. São Paulo: Dom Bosco, 1972.

GOMES, Iria Zanoni. *1957: A revolta dos posseiros*. Curitiba: Criar, 1986.

HÉBETTE, Jean et al. "Área de fronteira em conflito: O Leste do médio Tocantins". Belém: Núcleo de Altos Estudos Amazônicos da Universidade Federal do Pará, 1983. Mimeografado.

IANNI, Octavio. *A luta pela terra: História social da terra e da luta pela terra numa área da Amazônia*. Petrópolis: Vozes, 1978.

LEME, Pedro Taques de Almeida Paes. *Nobiliarquia paulistana histórica e genealógica*. Belo Horizonte: Itatiaia; São Paulo: Edusp, 1980.

LIMA, Ruy Cirne. *Pequena história territorial do Brasil: Sesmarias e terras devolutas*. 2. ed. Porto Alegre: Sulina, 1954.

LISANSKY, Judith. *Migrants to Amazonia: Spontaneous Colonization in the Brazilian Frontiers*. Boulder: Westview, 1990.

LUNA, Regina Celi Miranda Reis. "A terra era liberta: Um estudo da luta dos posseiros pela terra no Vale do Pindaré — MA". Natal: Universidade Federal do Rio Grande do Norte, 1983. Mimeografado.

MAIA, Paulo Carneiro. "Sesmarias". *Revista do Arquivo Municipal*, São Paulo, Departamento Municipal de Cultura, 1952.

MARQUES, Manuel Eufrásio de Azevedo. *Apontamentos históricos, geográficos, biográficos, estatísticos e noticiosos da província de São Paulo (1879)*. São Paulo: Martins, 1952.

MARSHALL, T. H. *Cidadania, classe social e status*. Rio de Janeiro: Zahar, 1967.

MARTINS, José de Souza. "A morte e o morto: Tempo e espaço nos ritos fúnebres da roça". In: MARTINS, José de Souza (Org.). *A morte e os mortos na sociedade brasileira*. São Paulo: Hucitec, 1983. pp. 258-69.

____. *O cativeiro da terra*. 6. ed. São Paulo: Hucitec, 1996.

____. *Fronteira: A degradação do outro nos confins do humano*. São Paulo: Hucitec, 1997.

MONTEIRO, Douglas Teixeira. *Os errantes do novo século*. São Paulo: Duas Cidades, 1974.

MOURA, Margarida Maria. *Os deserdados da terra: A lógica costumeira e judicial dos processos de expulsão e invasão da terra camponesa no sertão de Minas Gerais*. Rio de Janeiro: Bertrand Brasil, 1988.

QUEIROZ, Maria Isaura Pereira de. *La "Guerre sainte" au Brésil: Le Mouvement messianique du "Contestado"*. São Paulo: USP, 1957. Boletim n. 187.

QUEIROZ, Maurício Vinhas de. *Messianismo e conflito social: A guerra sertaneja do Contestado — 1912-1916*. Rio de Janeiro: Civilização Brasileira, 1966.

RAU, Virgínia. *Sesmarias medievais portuguesas*. Lisboa: Presença, 1982.

SALVADOR, frei Vicente de. *História do Brasil (1500-1627)*. 7. ed. Belo Horizonte: Itatiaia; São Paulo: Edusp, 1982.

SATRIANI, Luigi M. Lombardi; MELIGRANA, Mariano. *Il Ponte di San Giacomo: L'ideologia della morte nella società contadina del Sud*. Milão: Rizzoli, 1982.

SUDNOW, David. *La organización social de la muerte*. Buenos Aires: Tiempo Contemporáneo, 1971.

THOMPSON, E. P. "The Moral Economy of the English Crowd in the Eighteenth Century". *Past and Present*, Oxford: Past and Present Society, n. 50, pp. 76-136, fev. 1950.

——. *The Making of the English Working Class*. Harmondsworth: Penguin, 1968.

TREASTER, Joseph B. "The Bishop". *Geo*, Nova York, v. 1, pp. 98-120, set. 1979. Fotos de David Burnett.

VALADÃO, Virginia. "Os índios ilhados do igarapé Omerê". In: RICARDO, Carlos Alberto (Org.). *Povos indígenas do Brasil, 1991/1995*. São Paulo: Instituto Socioambiental, 1996. pp. 545-53.

VIEIRA, Maria Antonieta da Costa. *Caçando o destino: Um estudo sobre a luta de resistência dos posseiros do Sul do Pará*. São Paulo: PUC-SP, 1981. Dissertação (Mestrado em Ciências Sociais).

——. "Maria da Praia". São Paulo, 8 jul. 1996. Manuscrito.

[illegible]

[illegible]

[illegible]

[illegible]

[illegible] Thompson, E. P. "The Moral Economy of the English Crowd in the Eighteenth Century." [illegible] and Present [illegible]

[illegible]. *The Making of the English Working Class*. Harmondsworth: Penguin [illegible]

[illegible]

[illegible]

[illegible]

[illegible] Cambridge [illegible]

[illegible]

ÍNDICE REMISSIVO

Alba Zaluar foi professora titular da UERJ e da Unicamp. Publicou os seguintes livros: *Desvendando máscaras sociais* (1975), *Os homens de Deus* (1983), *Educação e violência* (1992, organizadora), *Cidadãos não vão ao paraíso* (1994), *Condomínio do diabo* (1994), *Da revolta ao crime S. A.* (1996), *A máquina e a revolta* (1999) e *Drogas e cidadania* (1999, organizadora).

Angela de Castro Gomes é mestra e doutora em ciência política pelo IUPERJ, professora titular de história do Brasil na UFF, professora emérita do CPDOC-FGV e pesquisadora emérita pela FAPERJ na Unirio. É autora de, entre outros, *A invenção do trabalhismo* (2005), *História e historiadores* (2013), *Trabalho escravo contemporâneo* (2018, com Regina Beatriz Guimarães Neto) e *Essa gente do Rio... Modernismo e nacionalismo* (2022). É organizadora de coletâneas como *Direitos e cidadania* (2007) e *Intelectuais mediadores* (2016, com Patrícia Hansen).

Boris Fausto nasceu em 1930, em São Paulo. É professor aposentado do Departamento de Ciência Política da USP e membro da Academia Brasileira de Ciências. Coordenou os tomos da coleção História Geral da Civilização Brasileira referentes ao período republicano e publicou, entre outros livros, *A Revolução de 1930* (1997), *Negócios e ócios* (1997) e *O crime da Galeria de Cristal* (2019).

Elza Berquó é demógrafa, presidente da Comissão Nacional de População e Desenvolvimento (CNPD), coordenadora da Área de Saúde Reprodutiva e Sexualidade do Núcleo de Estudos de População da Universidade Estadual de Campinas

(Nepo/Unicamp) e coordenadora da Área de População e Sociedade do Cebrap.

Esther Hamburger é ph.D. em antropologia pela Universidade de Chicago, professora titular do Departamento de Cinema, Rádio e Televisão da ECA-USP e pesquisadora do CNPq. É autora de inúmeros artigos e capítulos sobre cinema e audiovisual e de *O Brasil antenado* (2005).

Fernando A. Novais é doutor em história pela USP e autor do livro *Portugal e Brasil na crise do antigo sistema colonial* (1978), obra clássica da historiografia brasileira. Lecionou na USP, onde é professor emérito, e na Unicamp, entre outras faculdades no Brasil e no exterior.

João Manuel Cardoso de Mello é autor de *O capitalismo tardio* (1982), livro indispensável para a compreensão do desenvolvimento econômico brasileiro. Foi um dos fundadores da Unicamp e da Facamp. Lançará em breve dois livros: um que examina os últimos cem anos do desenvolvimento brasileiro e outro que é uma reflexão sobre o capitalismo desde os Trinta Gloriosos até hoje. São coautores desses livros Marilia Tunes e Davi Antunes.

José de Souza Martins foi professor de sociologia da USP durante 38 anos e professor titular da cátedra Simón Bolívar da Universidade de Cambridge entre 1993 e 1994, além de *fellow* de Trinity Hall. Entre outros livros, publicou *A chegada do estranho* (1993), *Fronteira: a degradação do outro nos confins do humano* (1997), *A aparição do demônio na fábrica* (2008), *A sociabilidade do homem simples* (2015), *Sociologia do desconhecimento* (2021) e *As duas mortes de Francisca Júlia* (2022).

Laura de Mello e Souza é professora aposentada do Departamento de História da USP e da cátedra de história do Brasil da Sorbonne. É autora de *Desclassificados do ouro* (1982), *O diabo e a Terra de Santa Cruz* (1986), *Inferno atlântico* (1993), *O sol e a sombra* (2006), *Cláudio Manuel da Costa: o letrado dividido* (2011) e *O jardim das Hespérides* (2023) e organizadora do volume *Cotidiano e vida privada na América portuguesa* (1997, coleção História da Vida Privada no Brasil), os seis últimos publicados pela Companhia das Letras.

LILIA MORITZ SCHWARCZ é professora titular sênior do Departamento de Antropologia da USP e *visiting professor* na Universidade de Princeton. É autora, entre outros livros, de *O espetáculo das raças* (1993), *As barbas do imperador* (1998, prêmio Jabuti de livro do ano), *Brasil: uma biografia* (2015, com Heloisa Murgel Starling), *Lima Barreto: triste visionário* (2017, prêmio Jabuti de biografia), *Enciclopédia negra* (2021, com Jaime Lauriano e Flávio Gomes; prêmio Jabuti de ciências humanas), *O sequestro da independência* (2022, com Carlos Lima Junior e Lúcia Klück Stumpf), todos publicados pela Companhia das Letras.

LUIZ WEIS é jornalista.

MARIA HERMÍNIA TAVARES DE ALMEIDA é professora titular aposentada do Departamento de Ciência Política da USP e pesquisadora do Cebrap. É autora de *Crise econômica e interesses organizados* (1996).

MARIA LUCIA MONTES foi professora no Departamento de Antropologia da USP e trabalhou na Pinacoteca do Estado de São Paulo. Publicou *Redescobrindo o Brasil* (1985, com Marlise Meyer), *Entre o espelho e a ideologia* (1997) e o capítulo "A festa barroca", em *O universo mágico do barroco brasileiro* (1998, organizado por Emanoel Araújo).

1ª edição Companhia das Letras [1998] 7 reimpressões
1ª edição Companhia de Bolso [2023]

Esta obra foi composta pela Verba Editorial
em Janson Text e impressa pela Gráfica Bartira em
ofsete sobre papel Pólen Natural da Suzano S.A.

FSC
www.fsc.org
MISTO
Papel | Apoiando o manejo florestal responsável
FSC® C105484

A marca FSC® é a garantia de que a madeira utilizada na fabricação do papel deste livro provém de florestas que foram gerenciadas de maneira ambientalmente correta, socialmente justa e economicamente viável, além de outras fontes de origem controlada.